# INTELIGENCIA EMOCIONAL

## 4 LIBROS EN 1:

La Guía Completa Para Aprender Autodisciplina, Inteligencia Emocional, Psicología Oscura y Manipulación. Domina Tus Emociones y Elimina Las Creencias Negativas.

## Por

## Fabián Goleman

# Fabián Goleman

Nacido en New York el 24 de agosto de 1960 en el seno de una familia burgués de origen española. Fabian desde muy joven mostró una vocación artística y una sensibilidad fuera de común. Obtuvo el doctorado de Psicología en Harvard.

Gracias a los consejos de sabiduría, inspiración y amor de Fabian Goleman, muchas personas han podido redescubrir los verdaderos valores de la vida y el optimismo necesario para tener una mayor confianza en sí mismo.

El principal mensaje filosófico de Fabian que nos deja en sus libros, es que toda persona en la tierra es un milagro y debe elegir dirigir su vida con confianza y congruencia con las leyes que gobiernan la abundancia.

...Mi vigor aumentará, mi entusiasmo aumentará, mi deseo de encontrarme con el mundo superará cualquier miedo que conocí al amanecer, y seré más feliz de lo que nunca pensé que podría ser en este mundo de lucha y dolor. F.G.

Si quieres dejar tu opinión y ganarte un cheque regalo Amazon, abre este QR Code a treves de la foto cámara de tu celular o entrando directamente en este enlace:

## WWW.FABIANGOLEMAN.COM

Fabián Goleman (@fabiangoleman)

# AGRADECIMIENTO POR RESEÑA EDITORIAL A MEJORES LIBROS TOP

www.mejoreslibros.top

Fabián Goleman es un escritor estadounidense reconocido por sus aportes en el área de la psicología, la inteligencia emocional y la terapia de parejas. Sus obras repletas de consejos, inspiración, sabiduría y amor han sido la guía de miles de personas que han descubierto su valor y la capacidad de confiar en sí mismos.

Básicamente su filosofía de vida se centra en dar a conocer a sus lectores y a su comunidad que las personas en la tierra son como pequeños milagros con el poder de decidir el rumbo de su vida, y así mismo vivirla bajo las leyes que rigen la abundancia.

Entre sus libros más reconocidos encontrarás: *Inteligencia emocional, Autodisciplina, Manipulación, Psicológica oscura y Terapia de parejas*, disponibles en diversidad de plataformas e incluso en versión de audiolibros para maximizar su alcance.

Si bien es poco lo que se conoce de la vida de este escritor, sus obras se han encargado de darlo a conocer, han sido un reflejo de su personalidad, sus creencias, ese deseo innato por ayudar y las ganas de derribar los miedos siendo feliz en un mundo donde la lucha y el dolor son parte del día a día.

Fabián Goleman, se ha destacado entre quienes le conocen por ser un hombre que ha influido positivamente en las personas proporcionándoles herramientas para el autoconocimiento, el desarrollo personal, profesional y la asimilación de que existen conductas negativas que debes aprender a controlar y alejar de tu vida cuando agentes externos tocan la puerta.

En poco tiempo su alcance ha sido notorio y seguramente se escuchará mucho más de este escritor y psicólogo estadounidense, que en definitiva ha ganado seguidores e incluso hay quienes aseguran que sus escritos les han guiado en diferentes etapas difíciles de sus vidas o, les ha enseñado cómo actuar ante una situación sin que su felicidad y paz interior se vea afectada.

# AUTODISCIPLINA

# INTELIGENCIA EMOCIONAL

# PSICOLOGÍA OSCURA

# MANIPULACIÓN

15

# AUTODISCIPLINA

Descubre el Poder de la disciplina, para Cambiar de hábitos con La ciencia de la autodisciplina, aumentando la productividad, fuerza de voluntad dejando la procrastinación.

## Por
## Fabián Goleman

# Introducción

Son días para reflexionar acerca de nuestras acciones y el por qué no tenemos los resultados que esperamos en la vida. Quizás tu camino ha sido largo y no encuentras respuestas, pero aquí estoy para guiarte y tratar de dar solución a unos de los problemas más frecuentes en el logro de los objetivos.

El mundo que tenemos cuenta con innumerables ejemplos de personalidades que han dado grandes pasos, y para algunos, ha sido cuestión de suerte, y sí, si vemos la suerte como la posibilidad que establece la estadística para conseguir lo que queremos, cederemos el control de nuestra vida dejándoselo a la pequeña posibilidad de la suerte.

La pregunta es ¿cómo puedo lograr que la suerte esté de mi lado? Si basamos la vida en un conjunto de posibilidades, pues lo más recomendable es que comiences a buscar las opciones para poder encontrar lo que todos queremos en la vida: triunfar.

Pero el triunfo tiene sus complejidades y puede ir desde la tranquilidad del hogar, hasta llegar a ser uno de los grandes dirigentes del mundo; o quizás un gran emprendedor que ha dado su vida por obtener la calidad de vida que siempre deseó.

No soy quién para evaluar lo que para ti es una gran meta o no lo es. Lo que sí quiero es que comprendas algo: debes cumplir tú tarea en la vida y tienes que ser feliz.

Pero ¿por qué debes ser feliz?

Ser feliz es lo que nos mueve a conseguir más en la vida, nos mantiene en el camino para lograr lo que deseamos, y es por ello que esas personas consideradas exitosas consiguen más y más, como consecuencia de que emprendieron un camino que es impulsado por el logro de todo lo que se han planteado en la vida.

Parece fácil y sencillo, pero no lo es; todo se trata de mirar al frente y, si caes, volverte a levantar. Si te levantas, debes saber que caerás una vez más, pero tendrás la suficiente fuerza para no rendirte.

Pero si algo han tenido todos los grandes hombres de la historia, de la ciencia, de la política, empresariales y líderes naturales, es esa esencia que los empuja a ser más y más completos, pues no se detienen en ningún momento por un factor que les hace correr y correr sin detenerse: la autodisciplina.

Pero como todo antagonista, la disciplina tiene un enemigo, ese que quizás camina por tu mente y que te impide lograr la máxima plenitud en tu vida. Ese enemigo es silencioso, para algunos es una muestra de que no puedes, para otros, es sencillamente una excusa que presentas para rendirte fácilmente.

Ese enemigo es la procrastinación.

Pero ¿qué es la procrastinación? Pues en la siguiente lectura nos adentraremos en un mundo donde tú y yo vamos a entender lo complejo de esas dos condiciones humanas que pueden dejar en evidencia si tienes la llave que cierra o la llave que abre tu mundo al éxito o a la derrota.

Quisiera comenzar hablando de un líder histórico que siempre me ha llamado la atención, me refiero a Alejandro Magno.

Por ejemplo, Alejandro fue un joven que desde adolescente tuvo como intención tratar de conquistar el mundo conocido hasta ese momento, para poder llenarse de gloria y que su nombre quedase grabado en la historia.

En realidad, no se sabe qué impulsó a ese gran conquistador a lograr todo lo que se propuso en la vida, pero de algo sí estamos seguros: tenía una determinación para lograr lo que quería. De hecho, se dice que su muerte fue parte de esa actitud testaruda, que lo hizo adentrarse a una tierra desconocida y contraer una extraña enfermedad. Bueno, eso es lo que dice parte de la historia, otros dicen que fue envenenado.

Pero con 20 años, Alejandro, con un trono heredado, pudo quedarse en su palacio y disfrutar de la vida. Sin embargo, todos sabemos que no fue así. Decidió armar un gran ejército lo suficientemente fuerte para repeler cualquier reino conocido.

Sus estrategias traspasaron lo logrado, hasta ese momento, por los grandes reyes de la tierra. Pero, Alejandro tuvo un factor muy importante en la vida: una gran enseñanza.

Alejandro Magno fue discípulo del gran pensante Aristóteles, quien imprimió en el joven todo el pensamiento y la disciplina para no dejarse vencer por las circunstancias que podía presentar la vida.

Fue tanto así, que Aristóteles imprimió en Alejandro un proceso de enseñanza gradual de manera que el conocimiento fuese más empírico con la combinación del conocimiento de las artes, la filosofía, entre otros.

Esa enseñanza fue lo suficiente como para que Alejandro quedara como uno de los líderes militares más letales del mundo antiguo.

Parte de Asia, Europa y hasta África, se cuentan como parte de los territorios conquistados, pero el principal logro fue destronar a los persas, quienes, hasta ese momento, eran considerados los dueños de un gran imperio.

Pero no quiero fatigarte con tanta historia, solo que hay un aspecto muy fundamental en la historia del joven Alejandro: tuvo disciplina.

Quizás nos hemos establecido una meta, pero para llegar a ella es necesario trascender, es decir, avanzar con pequeños objetivos que irán complementando nuestro bosquejo hacia lo que queremos.

A ver, siempre lo recuerdo entre mis amigos en conversaciones. Una meta es una larga escala, empinada, y a medida que vamos adelante, se hace mucho más fuerte. Pareciera que nunca llegamos, pero el objetivo está al frente, no puedes detenerte, ella te llevará a dónde quieres.

Puede ser tu hogar, el empleo, una reunión social, alguna compra, pero debes avanzar escalón por escalón. La vida se ha hecho tan moderna que, para algunos, subir unas escaleras es parte del pasado.

Solo avanzamos en ascensores o escaleras mecánicas. Pero el éxito no llega así; o por lo menos es efímero, cuando sabes que cada nivel te lleva a una mejor condición en tu vida, en tu trabajo, en tu hogar y en tu círculo social, entonces determinas en tu mente que seguirás avanzando.

Digamos que la vida es un continuo entrenamiento para lograr una meta. De hecho, grandes atletas del mundo entero dedican gran parte de su vida para reunirse cada cuatro años y mostrar al mundo entero el resultado de su entrenamiento.

Uno de los grandes atletas de la historia es Usain Bolt. Este chico de Jamaica ha logrado romper todos los récords en velocidad y relevo, convirtiéndolo en un gran deportista; es tan famoso que está a la par de los grandes del fútbol, el baloncesto o el tenis, y eso se debe a un ciclo que comenzó cuando era muy joven.

Cuando Bolt apareció en el mundo de la velocidad no era nadie, era tan solo un chico de 15 años, pero estaba concentrado en lograr su gran objetivo: cumplir el ciclo olímpico y conseguir una medalla de oro para su querida Jamaica. Su crecimiento fue acelerado, en base a tenacidad y pudor. Lamentablemente, una lesión en los Juegos de Olímpicos de Atenas le impidió el logro.

Sin embargo, eso no lo desanimó y se preparó para el ciclo, llegando a poner números importantes, muchos récords y conseguir su medalla de oro en los Juegos de Pekín. En total fueron tres medallas más, y su nombre quedó grabado en la historia, pues sus logros en los siguientes juegos han sido la atracción en el atletismo.

Luego, algo evolucionó en Bolt, más allá de su talento, fue la capacidad de mostrarse seguro. Pero, además, tener una meta fija, y durante ese trayecto tener la disciplina suficiente para no olvidar su camino.

Pekín, Londres y Río de Janeiro son solo algunos de los escenarios donde el nombre de Usain Bolt deslumbró al mundo. Pero qué sencillo es decirlo, cuando pasas cuatro años de tu vida esperando un logro que transcurre en menos de 10 segundos. A esto, es lo que llamo constancia.

Usain Bolt dijo en una ocasión "Cuando era niño soñaba, pero dejé de soñar y empecé a hacer. Porque es el poder de lo que se realiza lo que permite el logro de los sueños"

Sin duda alguna, los sueños son el inicio, pero emprender un camino es lo complicado, en ambos extremos hay dos factores opuestos: la disciplina y la procrastinación.

Uno te hace entender que es necesario transitar un camino para llegar; otro te doblega y te adormece haciéndote entender que siempre hay un mañana, así que todo lo dejas para después.

Quizás tú tienes un talento, una capacidad y el poder para realizar lo que te plantees en la vida, pero si nunca lo haces, pues no podrás saber hasta dónde eres capaz de llegar en la vida.

La clave de muchas personas en esta vida, sencillamente es actuar, ejecutar, hacerlo.

Es posible que en algún momento de la vida te hayas encontrado con alguien que le ha favorecido el éxito, y seguro dices en tu mente: "Yo puedo hacerlo tan igual o mejor que él".

Pero qué hace la diferencia, si te encuentras entre los espectadores contemplando el éxito de otros, y en el centro de la escena están esas personas que han vencido casi todo para definir su destino.

Pues es sencillo, ellos lo hicieron y tú sigues pensando en hacerlo.

No sabemos hasta donde somos capaces de llegar si no tenemos la voluntad de comenzar. Pero, sobre todo, tener constancia. Eso nace cuando has establecido en tu vida una disciplina fuerte como la roca, y logras vencer los fantasmas que hay en tu mente que te impiden llegar a lo que te has planteado en la vida.

Muchas personas dedican parte de su vida en lecturas del horóscopo, en cualquiera de sus versiones, y piensan que su destino está fijado bajo el concepto de las estrellas. Respeto las creencias de cada uno, pero es la tenacidad que hay en tu corazón lo que permitirá que seas alguien distinto.

No te conformes con ser alguien más; debes tener la ambición de crecer, haciendo los sacrificios necesarios en la medida que sea posible para que esos sueños que hay en tu corazón puedan ser transformados en éxitos, como una clara evidencia de que todo depende del esfuerzo que hagas para lograrlo.

No quiero caer en reiterados ejemplos del mundo empresarial, pero de seguro hemos escuchado de los grandes ricos del mundo diciendo que todo depende de ti.

Y claro que es así. Si tienes una oportunidad aprovéchala. Si hay un logro frente de ti, alcánzalo. Si hay algo por conquistar, pues no lo pienses más y ve por el triunfo.

Me encantan las historias de superación, y cómo las personas con disciplina han vencido la frase de "yo no puedo". Todos coinciden en algo: son capaces de armar un plan que les ha permitido gozar de las mieles del triunfo, para convertirse en luces en un mundo que parece sumergido en la oscuridad.

21

Jim Abbott es un pitcher norteamericano que con 22 años llegó a las grandes ligas, convirtiéndose en uno de los lanzadores más sólidos de su época, y hasta lograr lanzar un no hit no run con los Yankees.

Toda una proeza que han logrado pocos jugadores en la historia de las Grandes Ligas. Pero, ¿qué distinguió a Jim del resto de compañeros en el complejo mundo del béisbol?

Pues le faltaba una mano. Sí, era un pitcher al que le faltaba una de sus extremidades debido a una limitación congénita.

Físicamente era imposible, pues siendo pitcher debía lanzar con una mano y usar el guante con la otra. Pero para Jim eso no fue un problema.

Con un mecanismo bastante complejo lanzaba, y con parte de su brazo sostenía el guante.

Al ejecutar el lanzamiento rápidamente se ponía el guante en la mano con la cual había lanzado. Era una ejecución perfecta y continua, pero imagina hacerlo unas 90 veces en cada partido. Eso era una gran proeza.

Además de eso, cuando le tocó batear, lo hacía con una mano, algo más complicado aún. Abbott, hoy día, es ejemplo entre los jugadores que se preparan y aspiran llegar a las grandes ligas.

Para tener una idea, Abbott logró estar en grandes ligas 10 años, conseguir números buenos al inicio de su carrera, y logró escalar entre el sistema de granjas en las menores, compuesto por unos 6.000 jugadores.

Jim es una muestra que en la vida es posible llegar a nuestro objetivo, cuando nos proponemos con esfuerzo y disciplina las metas que nos hemos planteado. Si en tu mente tienes claro eso, mereces una oportunidad para demostrar todo lo que eres capaz de realizar.

Es hora de demostrar tu capacidad al máximo, pero depende en gran medida de la disciplina que tengas para enfrentarlo todo.

# Capítulo 1: ¿Qué es la procrastinación?

Como ya hemos visto antes, existen grandes personajes que se han destacado en la historia por su tenacidad y, sobre todo, por la autodisciplina para lograr lo que se han propuesto en la vida.

Pero la autodisciplina, como uno de los valores más complejos de adquirir y cultivar, tiene su antítesis que echa por tierra todo el talento o la calidad de cada persona. Nos referimos a la procrastinación.

Es un término que para muchos es desconocido, pero representa un enemigo silencioso en muchas vidas, en diferentes etapas y a través de la historia.

La procrastinación es una palabra que proviene del latín procrastinare; pro se refiere a adelante y crastinus referente al futuro. En conjunto, infiere el acto de postergar o el hábito de retrasar.

Hasta aquí vamos bien. Pero, antes, debe entenderse que no todo es procrastinación, pues hay cosas que sencillamente deben postergarse como una necesidad. Podría volverse hasta una consecuencia de alguna patología mental cuando se convierte en un hábito en la vida de las personas, por lo tanto, es un objeto de estudio bastante amplio.

Desde hace siglos los psicólogos tenían la duda sobre la procrastinación como una acción intencionada o como una manifestación que a veces resulta incontrolable para el individuo. Desde ese punto, entonces, dejar las cosas para otro día, tiene una razón evidente que nace en la mente.

Quizás para muchos, la procrastinación es la manifestación de la irresponsabilidad, pero en algunos individuos alcanza un nivel de hábito que se convierte en un perfil irracional en algunas ocasiones.

Para algunos especialistas, la procrastinación puede subyacer del hecho de una fobia, un estado depresivo, como síntoma de la ansiedad, entre otros factores.

Quizá hay algunos que han creado el hábito de dejar todo para mañana debido al desorden que hay en su vida profesional, personal o social.

Para otros es una respuesta ante un hecho que no queremos afrontar, como parte de la inseguridad por enfrentar algo inevitable.

Para otros, cuando hay una tarea asignada con un nivel alto de presión, termina en afectar la conducta de la persona al punto de dejar lo más importante para después, por atender asuntos menos importantes primero.

Es muy frecuente observar a muchos jóvenes que dejan de hacer sus responsabilidades académicas por ir a jugar un partido, compartir con los amigos o, sencillamente, distraerse en gran medida con el celular. Siendo esto último muy frecuente en la sociedad actual.

Otro aspecto digno de analizar es saber si la procrastinación aparece solo en casos particulares, pues podría darse solo en algunos contextos o en presencia de un grupo de personas. Por otro lado, es objeto de discusión si una persona tiene mejor rendimiento teniendo una "supervisión" o dejándolo "libre" en el cumplimiento de sus responsabilidades.

Para los que trabajan desde su casa es muy frecuente observar lo tedioso que resulta vencer todas las distracciones en el hogar, por ello, muchos trabajadores autónomos prefieren establecer una oficina fuera de su hogar para poder mecanizar las tareas a cumplir.

Por otro lado, hay un caso diferente que es posible que te sea muy familiar: dejar de ir al dentista por el miedo al dolor. Aun cuando es necesario ir a recibir la atención requerida, te resistes cada día por el temor que hay en ti.

Quizás es un ejemplo muy cotidiano, pero a lo mejor eres del tipo de persona que adquiere otras responsabilidades para evadir algo que estás posponiendo desde hace tiempo.

En algunas ocasiones, las personas suman nuevas tareas para no afrontar algo que no les gusta mucho; por ejemplo, algunas madres prefieren trabajar ante el temor de saber que si no trabajan deben asumir todos los oficios del hogar; de hecho, hay mujeres que prefieren el ambiente laboral antes que el hogareño, lo cual resulta muy común al día de hoy.

También está el otro extremo. Hay hombres que hacen lo necesario en el hogar para no enfrentar la responsabilidad de ser la cabeza de la familia y, por lo tanto, deben buscar trabajo.

Como verás, a la luz de los últimos ejemplos, seguro has pasado por algún episodio de procrastinación que ha impedido que puedas explorar un avance en tu vida.

Siempre hay solución para todo, pero hay rutas que deben ser caminadas para poder emprender los cambios necesarios y el crecimiento personal requerido para llegar a ser lo que queremos "ser".

Querer ser no es suficiente, se necesita hacer. Pero en el recorrido de esos logros la procrastinación nos puede hacer vivir un momento en la postergación de lo que es prioritario.

Lo más importante, dentro de todo, es conocer cuáles son las prioridades en tu vida. Al saberlo, podrás tener una libre organización de los objetivos y, además, te permitirá planificar, lo que te impulsará a optimizar tu tiempo.

Hay varios aspectos que te permitirán identificar si eres o no un procrastinador:

A. **Falta de Visión**: al no tener claro lo que quieres en tu futuro, generarás ciertos vacíos en tu vida y, ante la carencia de metas, se dará cabida a la autojustificación para no cumplir con lo establecido en el trabajo, en tu hogar, o quizás en algún emprendimiento. "Para qué hacerlo, si así estoy bien".

De hecho, muchas personas tienen un buen plan, pero nunca lo comienzan. Ese retraso se hace costumbre en cada una de las facetas de la vida y, al final de todo, cuando hacen una evaluación, no han logrado nada.

Por eso, para vencer la procrastinación no hay nada mejor que comenzar.

B. **Falta de Tiempo**: es posible que poseas un trabajo que te mantiene agobiado y quieras hacer algo propio, ser tu jefe; tienes el talento, también los recursos, pero cada que quieres comenzar, el principal argumento de no hacerlo es el tiempo. En ese sentido es la procrastinación la que afecta tu orden diario y te hace creer, por así decirlo, que no tienes el tiempo para comenzar mañana, o sencillamente, te hace pensar que "siempre hay tiempo para todo".

C. Por otro lado, está la **Falta de Organización**: es uno de los aspectos que permite identificar que eres un procrastinador, ya que nunca ordenas o planificas las cosas para que así puedas establecer un logro o alguna meta. A lo mejor necesitas un ingreso extra, o ponerte en forma, ir al médico o visitar a un familiar, pero debido a tu poca organización es imposible agendar ese aspecto tan necesario en tu vida.

Conocí el caso de un amigo muy cercano, gran trabajador, pero que vivía obsesionado con sus responsabilidades laborales. En reiteradas ocasiones sus padres le llamaron para saber de él, y le dijeron que hiciera lo posible para que le visitaran, era su único hijo y querían compartir con él.

Se sentían orgullosos de todos sus logros, pero era algo distante de ellos. Él siempre decía que sacaría tiempo para visitarlos.

Un día recibió una llamada, era su madre informándole sobre la muerte de su padre. En ese instante dejó todo en el trabajo para estar en el entierro. Lamentablemente no tuvo tiempo para despedirse.

Pero lo irónico de todo, es que en ese instante entendió que nada importaba más en la vida que estar al lado de su madre en un momento tan doloroso.

Quizás era tarde, pero se vio obligado a cumplir con su amada progenitora.

D. ¿No te has dado cuenta que cuando te propones hacer algo, sencillamente **te sientes cansado** y no tienes fuerza, pues has tenido un largo día? Mientras tanto, ordenar esos archivos, hacerle servicio al auto, realizar el trabajo pendiente de ese viejo cliente y entre otros aspectos, poco a poco van quedando en un segundo plano.

Si es un cliente, pierdes credibilidad; si eres un empleado, te conviertes en prescindible; si eres padre, tus hijos ya no quieren pasar tiempo contigo; si eres un paciente, quizás sea tarde cuando apliques un tratamiento.

Es así, y cuando menos te des cuenta, ya es tarde. Y sí, si el tiempo es tu excusa perfecta para no asumir una

responsabilidad, entonces eres parte del club de los procrastinadores. Bien podría ser algún elemento que está afectando tu rendimiento, o sencillamente, tu mente tiene una predisposición que se transforma en una limitante, y es el cansancio.

E. Otro de los elementos que son fáciles de identificar es que tenemos **miedo frente a algo**, y ese temor en nuestros corazones nos impide tomar el rumbo para hacer algo importante en la vida. Poco a poco vamos aplazando todo para quedar arrastrados por un círculo vicioso que nos limita más y más.

Entonces, ese miedo no permite consumar tus anhelos, expresar tus sentimientos o asumir unas posturas más serias en el trabajo, por solo mencionar algunos aspectos que serían fundamentales para que logres lo que te propones.

El miedo te envuelve y te hace esclavo y prisionero de una oscuridad que ciega tu inteligencia, tus fuerzas, tu ímpetu y tus ganas de seguir adelante.

Además, lo que en un principio es solo miedo en el trabajo, poco a poco puede invadir cada aspecto de tu vida, hasta convertirte en un fracaso rotundo.

F. Cuando no queremos hacer algo y lo dejamos para mañana, entonces surge otro factor determinante: **todo nos distrae**.

En un mundo donde tienes a la mano internet, un celular, y hasta videojuegos de bolsillo, cualquier cosa nos puede sacar de la ruta establecida.

A veces no entendemos cómo el tiempo no nos alcanza en el día, pero si mides cada una de las actividades que realizas y que no son importantes, entonces entiendes que hay un déficit de horas/rendimiento que es imposible de compensar si no tomas decisiones.

Hay trabajadores que pasan todo el día jugando a las cartas en el computador, o se pasean por varias oficinas buscando conversaciones innecesarias.

En el caso de los estudiantes, muchos viven pegados a las redes sociales; con excusas tan sencillas ante el profesor como: No tuve tiempo profesor, pero por otro lado todo el mundo observa que realizabas un "live" en el tiempo en el que pudiste adelantar tus tareas.

Por otro lado, hay personas que se distraen con cualquier cosa, y nunca terminan con lo que es necesario, pues se desvían del plan.

G. **Sentirse incapaz de hacer algo** es otro elemento que puede afectar el rendimiento diario, puesto que muchos creen que no pueden con una tarea o no son capaces de tomar una decisión.

Eso va acompañado del miedo que tenemos, pero, muy en el fondo, es una actitud que evidencia que hay procrastinación.

A veces nos sentimos sobrepasados o sobrevalorados en algo, al punto que dudamos que podamos realizar algo en particular. No olvides que lo más importante en la vida es sentirse seguro.

Cuando hay seguridad en nuestras vidas somos capaces de vencer los más grandes obstáculos.

Algo muy importante es tener seguridad de quién eres y de lo que eres capaz de hacer, pero por encima de todo "Solo Hazlo".

Comienza por hacer algo. Hay diversas técnicas y formas de vencer éste severo hábito, pero solo depende de ti. Nadie más será responsable de vencer el mal hábito de postergar todo en tu vida, que tú mismo.

Como verás, es sencillo identificar si eres un procrastinador, pues estás acostumbrado a dejar todo para después y en ese proceso se pierde mucho tiempo. Cuando menos te des cuenta, ya será demasiado tarde.

Es lamentable, que a veces, cuando nos damos cuenta, hemos dejado muchas cosas para última hora, sin entrar en el nivel de conciencia necesario para determinar que es el momento de hacer lo que tenemos que hacer.

Hay momentos en la vida donde tienes que hacer un "alto" para verificar lo que sucede; ya que no se dan los resultados y hasta el momento sigues estancado.

Una de las causas más frecuentes es que sencillamente no tienes una hoja de control de las cosas que tienes que hacer... para hacerlas.

Son dos aspectos distintos. Lo que sabes que tienes que hacer se refiere al nivel de conciencia en donde determinas lo necesario para lograr una meta.

Pero, hacer las cosas, es otro nivel que requiere un nivel de concentración especial. Es como dice un refrán "del dicho al hecho hay mucho trecho" y sí, en muchas ocasiones planteamos un plan, pero ejecutarlo queda en un segundo plano.

Ese proceso de dilatar la acción de las cosas, de postergar continuamente, de no hacer las tareas en el momento adecuado, de evadir las responsabilidades y excusarse cada vez que no haces algo; a todo ello, se le denomina "procrastinación".

Lo que sí queda claro es que la procrastinación es un síntoma, una consecuencia de algo encerrado en nuestras mentes, y que puede ser el resultado de un trauma o alguna desviación que bien tendría un origen variado.

En este camino que vamos a compartir juntos, quiero que entiendas un poco de las consecuencias y de cómo lograr vencer la procrastinación en tu vida.

El primer paso para vencer la procrastinación es reconocer que la tienes. Sí, así como un vicio, y eso está más que claro, pues ya se ha hecho tan habitual en nosotros que lo vemos como una actitud normal, pero que realmente nos viene trayendo consecuencias negativas en la vida.

# Capítulo: 2 Motivos de la procrastinación

Muchos estudios han basado su centro de atención en las causas de la procrastinación y en si constituye un trastorno mental o no, pero todos coinciden en que puede ser un síntoma que deviene de una alternación física o psicológica.

Por lo tanto, es necesario determinar cuáles son los aspectos que bien podrían ser la causa para que una persona se convierta en un procrastinador.

En ese sentido, compartiremos algunas experiencias que evidencian que eres un procrastinador crónico.

Un estudio en España concluyó que cerca de un 20% de la población manifiesta la procrastinación, pero además aseveraron que todos podemos procrastinar, pero no todos son procrastinadores. ¿Cómo es eso posible?

La diferencia es que, con la primera, en algún momento de nuestra vida hemos creado la postergación de alguna actividad o compromiso, ya sea por no darle la debida importancia o simplemente no fue intencional.

En cambio, hay individuos que tienen en su vida el hábito de dejar todo para última hora.

Hoy en día, se habla en el campo laboral de las personas que manifiestan el síndrome del estudiante, que no es más que el mal hábito de dejar todo para última hora.

Algunos especialistas exponen que dicha conducta obedece a una continua actitud en evadir las responsabilidades sin repercusión alguna. Por lo tanto, es una posición que deja a quien es procrastinador, como un sujeto sin organización en sus prioridades.

En muchas ocasiones dejamos de cumplir ante:

Las tareas cotidianas: desde dejar de lavar los platos, hasta no lavar la ropa, es una forma muy clara de procrastinación. Las personas que viven solas caen en un círculo vicioso que no deja de girar, y que, en el acumulado de los días, genera un desorden completo.

¿No te suenan familiar expresiones como "tengo mucha ropa sucia, pero mejor lavo mañana"? ¿"¿Debo limpiar el jardín, pero lo dejo para otro día"? "¿El auto está consumiendo mucho combustible, pero voy al taller la semana entrante"?

En cada una de esas objeciones siempre buscaremos una excusa que justifique. Pero, ¿para qué justificar cuando, por ejemplo, vivimos solos? Nadie va a recriminar lo que haces o dejas de hacer. Es sencillo: la necesidad constante de tener una aprobación es importante, así sea la propia.

Pueden existir muchos motivos para no hacer lo que corresponde, pero existen algunas motivaciones que son muy usuales. Ahora, te diré algunas de ellas, y las posibles consecuencias:

## Aburrirse

Quizás es una de las más comunes entre los niños y jóvenes que cumplen un ciclo académico y, como consecuencia, bajan las calificaciones y se ponen en riesgo los años de estudios y tantos sacrificios hechos para llegar a donde está.

En algunos casos, el aburrirse puede tener su causal en el bajo nivel de motivación que imprime el docente, así como tampoco existe una razón existencial para que el estudiante se rete a mejorar.

Muchos padres no ofrecen esos espacios de conversación con los hijos, en donde les enseñen el valor de la educación y, sobre todo, a siempre luchar por ser una mejor versión de sí mismos.

Sin llegar a niveles exagerados, si desde niños nos enseñan que tener buenas calificaciones es muestra de esfuerzo y sacrificio, el rendimiento será mucho mejor.

Pero ahora, ¿qué sucede cuando el niño es muy inteligente, pero lo que le enseñan no es lo suficientemente alentador? Sencillo, se aburre.

Es necesario que el sistema educativo eleve la calidad en el proceso de enseñanza mediante técnicas dinámicas, para que se eleve el nivel de compromiso.

Pero, el aburrirse no solo se limita a la educación, pues también hay excelentes trabajadores que han perdido esas ganas de seguir adelante, y nada de lo que hagan en el trabajo les dará esa motivación para cumplir con las metas diarias o semanales de producción.

## Buscar tareas más simples o de mayor motivación

Sin duda, cuando tenemos un hábito de procrastinación, está la clásica actitud de buscar otras actividades que devenguen menos complicaciones, para así dar paso a una acumulación de tareas que son más importantes.

Es así como entendemos que la procrastinación no es solo dejar de hacer las cosas; de hecho, vemos personas que son muy laboriosas, pero no tienen la seguridad ni la fortaleza mental para afrontar una tarea que no puede postergarse.

Es decir, ¿Hay gente ocupada que es procrastinadora?

Pues la respuesta es sí. Por ejemplo, una persona que es ama de casa pasa el día cocinando, limpiando los cuartos, los baños, regando las plantas, lavando ropa, entre otras labores; pero siempre deja para "mañana" arreglar el garaje.

Aun cuando signifique menos labores que otras acciones, para ella no resulta importante dedicarle tiempo al garaje. Allí se refleja que no se trata de una cuestión de "vagancia" sino que se posterga algo que bien pudiera ser importante.

Otro ejemplo muy familiar es el de aquellos trabajadores que dejan para el siguiente día el chequeo médico laboral o la consulta mensual con la orientadora. O la entrevista con el Jefe de Recursos Humanos para pedir cierta mejora.

Son aspectos muy cotidianos, pero que poco a poco van creando en nosotros el mal hábito de dejar los compromisos para otro día.

Claro, siempre existe la posibilidad de que muchos no hagan sus deberes por simple pereza. Así de sencillo. Sobre todo, en los jovencitos, o algunas personas que viven solas o son solteros, porque dedicarle tiempo a ordenar su hogar puede resultar en algo que puede hacerse al día siguiente.

## No me gusta lo que hago

De seguro te has encontrado con actividades que sencillamente no te motivan, ya sea en los estudios, en el trabajo o en el entorno social.

Hay personas que se encuentran en el lugar menos adecuado, sienten que están fuera de lugar, como desencajados; y en ese tipo de situaciones hay personas que frecuentemente tendrán una reducción en sus deberes o en sus compromisos.

Es así como una joven que estudia educación, pero en el fondo sabe que está cursando una carrera que no le gusta, al final de cuentas, estará reprimida, pues hace algo que realmente no la motiva.

La sociedad no puede imponernos lo que no queremos, y en muchos casos, hay personas que terminan recorriendo un camino que no es el suyo, que no le gusta y que no le agrada, pero la presión social terminó influyendo en sus decisiones.

María, Carla y Andreina eran tres amigas, prontas a terminar sus estudios de bachillerato, estaban en el momento cumbre de elegir la carrera profesional y, por lo tanto, a la universidad a la cual ingresarían.

Tanto María como Carla eran excelentes exponiendo temas, con el talento suficiente para estudiar educación; en muchas ocasiones conversaban acerca de lo bien que resultaba enseñar, pero Andreina no tenía muy claro lo que quería estudiar.

Al final, sus amigas influyeron en ella, y se convirtió en una educadora y, aunque no era lo suyo, consiguió un empleo.

Cada día Andreina tenía una actitud poco pedagógica con sus alumnos, al punto en el que las evaluaciones eran muy esporádicas, así como cumplir los objetivos de enseñanza eran postergados día tras día.

Un día tuvo la evaluación de la administración de la institución, el resultado era eminente: no cumplía con su rol como una educadora.

¿La razón? Es sencilla: estaba en un lugar que no le correspondía, no tenía el talento para ello, y tampoco se sentía cómoda con lo que hacía.

Ella postergaba los deberes que tenía como maestra, pero tenía como razón fundamental que era una profesional que ejercía algo que no le gustaba.

En la vida tenemos que decidir en función de lo que nos hace sentir a gusto. De lo contrario, tendrás excusas, no habrá cumplimiento de deberes y, por lo tanto, terminarás en convertirte en un procrastinador.

Presión social: En cierta ocasión, una profesora ejercitó con sus alumnos cómo el individuo ya no tiene el poder en contraposición a la influencia social, al punto en que termina descartando sus ideas para dejarse llevar por la percepción del grupo.

En clase, la profesora les dice a sus alumnos que cuando llegue alguien más a su clase, todos dirán que la carpeta que tiene en su mano es roja, cuando en realidad es verde, para así comprobar la fuerza de decisión del individuo.

Llega otro alumno, de los que siempre suele llegar tarde a clases. Así, la profesora pregunta a varios de qué color es la carpeta, y todos responden: roja.

El alumno que llegó a última hora, observa sorprendido, pues sus ojos están viendo que la carpeta es color verde.

Llegado el turno, la profesora le pregunta a ese alumno: ¿De qué color es la carpeta?

El responde: Es roja profesora.

Todos rieron al unísono al escuchar la respuesta del alumno.

Increíble, pero cierto. Muchos de nosotros respondemos a la presión social o a lo más popular, y eso influye en nuestras decisiones, pues de igual manera es ante nuestros compromisos, que en muchas ocasiones son superados por el grupo para tan solo ser aceptados socialmente.

En muchas ocasiones aplazamos nuestros deberes, nuestras urgencias y nuestras prioridades, por tan solo atender la petición de un grupo social, que, a decir, verdad, en nada ayudará a nuestro progreso. Es tan solo falta de disciplina.

Es tan increíble la influencia social que muchos de nosotros dejamos nuestras responsabilidades para tan solo atender el llamado de un amigo.

Pero en muchas ocasiones esa influencia social tan solo es una excusa para evadir algo muy importante que tenemos que hacer.

Hasta aquí vamos entendiendo que un procrastinador no es necesariamente un holgazán, también hay que dejar claro que evadir una responsabilidad innecesaria o banal tampoco es señal de procrastinación.

Es decir, dejar de comer un helado no infiere que seas una persona procrastinadora.

Pero, evadir la petición de tu hijo de ir juntos a comer un helado, pues sí es una señal de que eres un procrastinador.

## No saber resolver una situación

En ciertas ocasiones uno de los principales motivos que puede impulsarte a ser procrastinador es que tienes temor o miedo al fracaso.

En reiteradas ocasiones escuchamos la expresión "es un mecanismo de defensa". No hay nada más cierto. Los seres humanos buscamos la manera de proteger nuestra integridad o evitar exponernos ante una situación en particular.

Esto se debe a que sencillamente no podemos ejecutar algo y entonces evadimos otra cosa importante por temor.

He escuchado de muchas personas a las que no les gusta ir al médico, esto puede ser un reflejo del temor a escuchar una mala noticia.

Saber que tienes una enfermedad y no saber cómo afrontarás la situación resulta para muchos un gran dilema, tan complejo que prefieren evadirlo.

Otros individuos en su trabajo han evadido una tarea, que en el papel deben saber, pero a la hora de aplicar sus conocimientos resulta muy compleja, por lo que la van dejando para otro día, y para otro, hasta que sencillamente debe abordarse ante la presión de una entrega.

Por otro lado, hay situaciones en las cuáles los jóvenes prefieren evadir responsabilidades antes que reconocer que no saben hacerlo; es parte del orgullo, pero debe ser superado para poder encontrar el rumbo hacia lo que queremos.

Otro aspecto muy importante en la vida es afrontar las emociones, y en tal sentido, de seguro hemos pasado por eso, conocimos algún amigo o amiga que evadió la responsabilidad de terminar con su pareja.

Y en ese deambular de la relación acumulan tantos problemas que ya los sentimientos no son iguales; pero todo ello se debe al temor que genera una ruptura. Sobre todo, por el hecho de hacer daño a alguien que aún se estima, a pesar que ya no se ama.

Quizás sea un caso muy cercano para muchos, pero ¿cuántas veces hemos observado que se aplaza la decisión de hablar sobre la voluntad del divorcio, aunque en la relación, tanto el esposo como la esposa saben que es esa la solución?

Tal vez parezcan casos muy extremos, pero hay una evidente procrastinación, que al final de cuentas afecta nuestra vida en diferentes modos.

## No hay seguridad de querer cumplir ese objetivo

Muchos objetivos quedan a un lado como consecuencia de que le perdimos el interés, y eso se debe a que simplemente surgieron como una decisión muy temporal o bajo una influencia, por lo tanto, no tienen un significado especial en nuestras vidas.

Hay un caso que evidencia procrastinación, pero dependiendo de tu estado de salud puede ser algo que afecta o no tu vida.

Me refiero al caso de prorrogar el inicio de un ciclo de visitas al gimnasio.

Contaré la experiencia de un amigo, la verdad no es obeso, pero sí algo pasado de kilos, y dado su trabajo en una oficina, lleva una vida sedentaria. Por lo tanto, ir al gimnasio no es un tema de vida o muerte, pero sí de salud.

"Mañana voy, la otra semana sí, después de las fiestas", y así vamos dejando a un lado la decisión de ejercitar nuestro cuerpo. En esos casos hay un evidente hábito de aplazar nuestras decisiones.

Está el otro extremo: el chico joven que realmente no necesita ir al gimnasio; posee buenas condiciones, es de contextura promedio, y manifiesta extraordinaria condición física.

Para ese joven ir a un gimnasio no es algo muy significativo, aunque puede ser un hábito.

Pero, siguiendo, existen casos en los cuáles el médico ha recomendado visitas constantes como tema inevitable, pues así podrá tener el control de cierta enfermedad, quizás una diabetes o enfermedades del corazón.

Sin duda son situaciones muy diferentes, pero debido a que no están motivados en ir a entrenar, irán postergando la decisión.

En el caso de las personas que deben ir por prescripción médica, es claro que es un procrastinador por dos razones: pierde interés en el objetivo y considera que no necesita ejercicios para tener una buena salud.

Como podemos ver, los procrastinadores están presentes en todas las etapas y facetas de la vida, pues se refiere a decisiones que deben ser ejecutadas, o de lo contrario pueden generar una consecuencia en la persona.

Cuando alguien oculta la realidad a la hora de evadir una decisión, nunca podrá vencer el enemigo silencioso que lleva por dentro.

En línea general no puedes olvidar que la procrastinación no es una enfermedad o un trastorno, sino que es, en sí, la consecuencia de algo. Detrás de cada decisión postergada, consiente o no, hay algo que nos impide ordenar nuestra vida para alcanzar ese paso que debemos dar.

Otro caso de pérdida del interés es cuando decides pintar tu casa.

El primer día entras con toda la motivación; compras los materiales y decides iniciar. "Una pared, que linda se ve."

El segundo día, pues ya es media pared.

Pero al tercer día, ya no hay ganas de pintar. Lo harás mañana, lo harás la semana siguiente, quizás este año.

Muchos de nosotros nos establecemos objetivos que, con el tiempo, y a veces en cuestión de horas, simplemente ya no nos importan.

Eso sí es grave, pues planificamos en función de algo que no llegará. De hecho, una autorreflexión te haría entender que no lo podrás hacer.

Y lo grave no está en negar el hecho de que "no tengo la voluntad para pintar mi casa", es serio cuando esa actitud la demuestras en tu trabajo y terminas quedando mal por no analizar bien lo que piensas hacer.

De hecho, en el mismo ámbito laboral, muchas personas acumulan una serie de responsabilidades y al final del camino, quedan mal con todos, pues no están bien organizados con el trabajo diario.

Es muy nocivo para tu salud mental, y para tu ambiente laboral, el acumular muchas responsabilidades. A veces, decir NO te puede evitar graves consecuencias.

Y este punto nos lleva al siguiente.

## Mala Organización

Sin duda, no hay algo más nocivo que tener una mala organización, un dato importante es que un 95% de las personas tienen la tendencia a ser procrastinadores. ¡Increíble, ¿no?!

Sí, muchos de nosotros tenemos una buena iniciativa y una gran responsabilidad, pero hemos decidido quedarnos sentados, acostados, hacer otra actividad, o sencillamente no hacer nada.

Pero en muchas ocasiones, a veces somos procrastinadores sin querer serlo, y eso se debe a que planificamos muy mal, y siempre hay algo que dejamos por fuera, o sencillamente lo olvidamos.

Claro, en ese caso hay una combinación de varias causas, tales como la pérdida del interés o el miedo a realizar esa actividad. Entonces debes hacer un plan que te permita dedicarte solo a cumplir con esa tarea o compromiso establecido.

Quizás organizarnos es una de las tareas más complicadas en nuestra vida, muy pocos tienen la capacidad de organizarse y debe ser por eso que son pocos los que pueden decir que tienen una vida exitosa.

La clave de los grandes ejemplos de emprendimiento o éxito laboral, parte de la base de una excelente planificación.

No podemos adentrarnos en algo si no tenemos un plan. Un plan es organizarse, e infiere el cumplimiento de pequeños objetivos para llegar a uno más grande.

Los pasos deben ser medidos hasta concretar lo que quieres en tu vida.

Es complicado asumir que muchas personas nunca son lo que quieren ser en la vida porque no tienen una planificación. La planificación es sinónimo de disciplina y, esta, la verdad no la tienen todos. Sin embargo, es algo que se puede entrenar.

Es el momento de organizar tu vida y marcar la diferencia, porque ser distinto depende de ti mismo.

Y para ello, es hora de vencer la procrastinación como elemento nocivo en nuestras vidas.

Uno de los casos más cotidianos de mala planificación es el pago de los servicios públicos.

Tienes el dinero, pero evades constantemente pagar el recibo correspondiente, aun así, cuando tienes el acceso a pagar online. Pero hay personas tan proclives a dejar todo para última hora, que a veces, solo una multa o una cesación del servicio es lo único que los haría entrar en razón.

Es familiar la expresión "mañana pago", "lo haré después". Pero, cuando se cruza la fecha de pago con otras obligaciones, entonces, ya no podrás hacerlo.

Planificar es justamente eso, ordenar el tiempo y asignar tareas en esos espacios. Y si no tienes nada para hacer en un tiempo, ese es precisamente el espacio indicado para el descanso.

## Descanso Excesivo

Para algunas personas, el descansar suele ser muy beneficioso, pues luego del mismo, arrancan con una energía y una vitalidad envidiable. Pero, hay personas que luego de un descanso, solo les provoca descansar más, y van perdiendo la motivación. Es por ello que deben provocar una acción que encienda la chispa necesaria.

A algunos les da por caminar, a otros por comer algún antojo, pero otros requieren de algo más que les motive a retomar el rumbo.

Algunos, al regresar de unas merecidas vacaciones, entran en la depresión postvacacional, lo cual genera una acumulación de tareas, pues se niegan a asumir que es necesario cumplir con los deberes.

Pero, además, esa actitud se lleva al hogar y eso hace muy complicado poder realizar las labores que surgen ahí.

No puedes permitir que la pesadumbre en tu vida te evite lograr las metas establecidas en el día o durante la semana. No olvides que el éxito requiere de un esfuerzo y en una cama, acostado, no vas a lograr lo que quieres y ambicionas para tu vida.

Es por ello que podrías observar personas que, al regresar de las vacaciones, han perdido la motivación, quieren cambiar de trabajo, se sienten deprimidos, entre otras características. Y eso se debe a que no han podido adaptarse al nuevo cambio.

Y a pesar que solo fue un mes de vacaciones, es el efecto del descanso y el no querer terminar ese periodo libre de la responsabilidad laboral.

Este síndrome genera en las personas mucho cansancio, mal humor, fatiga, sueño en el trabajo, y falta de sueño a la hora de dormir, entre otros.

Parece irónico que te sientas cansado después de regresar de las vacaciones. Pero suele pasar y es más común de lo que creemos.

Sin embargo, en lugar de pensar en ello y caer en la tentación de procrastinar durante el mes después de las vacaciones, aquí tienes 7 consejos para superar la "depresión" postvacacional y asegurarte de que tus meses a seguir empiecen con buen pie.

## 1) IDENTIFICA EL PRIMER PASO

La procrastinación se produce por varios motivos, uno de los cuales es no saber por dónde empezar. Al volver después de una pausa relativamente larga, como el periodo estivo, y probablemente con nuevas tareas aún sin realizar, a menudo puede parecer desalentador dar el primer paso hacia la productividad y el progreso.

Para Caroline Webb, colaboradora de Harvard Business Review (HBR), identificar el primer paso que hay que dar es un movimiento inicial vital que hace que las tareas sean manejables. Webb sostiene que:

el truco consiste en dividir las tareas grandes y amorfas en pequeños pasos que no supongan un esfuerzo. Mejor aún: identifique el primer paso más pequeño, algo que sea tan fácil que incluso su cerebro sesgado por el presente pueda ver que los beneficios superan los costes del esfuerzo.

## 2) PLANIFICAR CON ANTICIPACIÓN

Una vez que hayas dado ese primer paso tan importante, dedicar tiempo a evaluar las exigencias inmediatas de la tarea y a planificar tu tiempo en consecuencia puede ayudarte a vencer la procrastinación y la indecisión futuras cada vez que tengas que trabajar en tu proyecto.

Según el lema de la revista Time, "si llegas a tu mesa de trabajo y no tienes ni idea de por dónde empezar, eso puede llevarte a trabajar en tareas de bajo impacto (como consultar el correo electrónico) o a otras formas peores de procrastinar". Para combatir esto, hacer un plan de acción la noche anterior puede darte el tiempo que necesitas para reflexionar sobre lo que has conseguido hasta ahora, y permitirte ponerte manos a la obra a la mañana siguiente.

## 3) HAZ UN CRONOGRAMA

Más allá de la planificación con uno o dos días de anticipación, la elaboración de un cronograma de tareas le permite visualizar los objetivos a largo plazo y los puntos que debes alcanzar en el camino.

Esta técnica es una de las favoritas de uno de mis terapistas, y es una habilidad que enseñamos en uno de nuestros talleres. Animamos a los miembros del equipo a que trabajen juntos para crear una línea de tiempo física -literalmente en el suelo- para que luego puedan avanzar en el tiempo y repasar los problemas y los retos a los que se enfrentan por el camino.

Aplicar esta técnica a la planificación de cualquier proyecto puede dar grandes resultados, y merece la pena aprenderla si se es propenso a la procrastinación.

## 4) ADAPTE SU ENTORNO DE TRABAJO

¿Cuántas veces has oído el consejo de que trabajar en un escritorio estrecho, desordenado y ruidoso en una oficina gris no favorece tu capacidad de concentración o creatividad? Sin embargo, ¿alguna vez lo has puesto en práctica?

Para The Huffington Post, se trata de una herramienta importante en la lucha contra la procrastinación. Se afirma que "incluso si haces todo lo demás bien, trabajar en un entorno equivocado puede hacerte sucumbir a la procrastinación". Alejarse de las distracciones, pero también encontrar el entorno que funciona para ti a nivel personal, puede hacer maravillas para tu concentración y empuje.

## 5) HAZ UNA HORA DE ENERGÍA

Según Vanessa Loder, colaboradora de Forbes, "hacer una hora de energía" es un truco probado para mejorar los niveles de productividad.

Loder afirma que "una hora de energía consiste en apartar todas las distracciones y trabajar en trozos de tiempo concentrados, seguidos de breves periodos de descanso, con el fin de aprovechar el rendimiento óptimo de tu cerebro y tu cuerpo". Sugiere que si se reconocen los picos y valles naturales de concentración y se aprovechan sus tiempos, se puede maximizar el rendimiento y confinar la ensoñación y las compras online al tiempo de descanso.

## 6) NO TENGAS MIEDO A EQUIVOCARTE

Al igual que con cualquier proyecto, vencer la procrastinación no es una tarea lineal y permitirse cometer errores y aprender de ellos puede ser un consejo importante a tener en cuenta.

Según Business Insider, "la única manera de superar la procrastinación, es abandonar el perfeccionismo y no preocuparse por los detalles a medida que se avanza". Se sugiere que "recordarse a sí mismo que casi siempre hay otra oportunidad de sobresalir desprestigia el momento", lo que ayuda a superar la parálisis que supone buscar la perfección instantánea.

## 7) APRENDER A DECIR NO

Aunque puede ser tentador decir que sí a todos los proyectos nuevos y emocionantes que se presentan y ver la multitarea como una oportunidad de demostrar tus diversas habilidades y tu capacidad de gestión del tiempo, aprender a decir que no puede ser una habilidad revolucionaria.

Para el autor y gestor de redes sociales Erik Fisher, "dejar que entren en tu sistema sólo las tareas que sabes que quieres hacer o que son absolutamente necesarias es el primer paso para asegurarte de que no las pospones". Aunque no todo el mundo tiene total libertad para elegir sus tareas en el trabajo, el consejo de Fisher de que hay que fijarse en lo que permite el calendario y otros compromisos antes de lanzarse a una nueva tarea es acertado para personas de todos los niveles profesionales.

## Un Bloqueo

¿Te ha pasado que quieres hacer algo, pero no sabes por dónde o cuándo iniciar? Lo peor es que te sucede con una tarea en particular, y no conoces el por qué.

Pues si ese es el caso, entonces tu procrastinación puede ser por un bloqueo emocional o mental.

Hay actividades que nos cuesta iniciar por alguna razón determinada, que bien pudieras hasta ignorar.

Si es así, entonces debes buscar el mejor momento para realizar esa actividad. Lo más recomendable es que busques el horario cuando te sientes en mejores condiciones, para así dedicar toda esa motivación en vencer esa pared que tienes al frente y que se hace complicada de superar.

He conocido algunas personas a las que se les hace imposible realizar una actividad como consecuencia de un bloqueo.

Es por ello que lo más importante es ubicar el centro creativo de las personas y recrear las condiciones para que, así, te sientas inspirado a mejorar la percepción de lo que te rodea. A veces, esos bloqueos se deben a miedos internos o a alguna depresión que interfiere en nuestro rendimiento laboral.

Muchos niños se bloquean por miedo y, por no tener la manera de expresar lo que están sintiendo, terminan por experimentar un decrecimiento en su rendimiento escolar.

Pueden conversar con los maestros o con los alumnos, pero no saben las razones por las cuáles el estudiante ya no es el mismo, pues hay un bloqueo causado por el miedo. Algo en la institución le hace recordar una muy mala experiencia, entonces su mente genera un miedo tan severo que se le hace imposible cumplir con sus deberes escolares.

Pero ¡atentos! No solo aplica a personas en edad escolar, sino que también puede presentarse en los adultos cuando tienen viejos traumas. En ese caso, es fundamental asistir a la orientadora de la empresa o a algún psicólogo, para conversar acerca de "ese algo" que te impide explotar tu potencial.

En muchas ocasiones ese bloqueo se debe a preocupaciones internas dentro del ámbito laboral o académico. Por lo tanto, es necesario dejar todo en orden para dar paso libre a lo que tienes como responsabilidad.

En muchas ocasiones la persona se estanca en sus labores, dejando tareas indispensables para otro día, debido también a que se siente disconforme con el sueldo que gana.

Y, es probable, que esa sea una razón muy sólida para muchos empleados se terminen escudando en la expresión "para lo que me pagan"

Pero, la verdad es que tienes dos opciones: o haces tus labores y pides un aumento, o sencillamente buscas otro empleo.

Esto lo digo con la mayor responsabilidad y respeto que mereces: no es "sano" mantener un ambiente laboral tan tenso.

Pero, cada día dejas esa responsabilidad para después, y cuando menos lo pienses, alguien lo hará por ti, y si así sucede, debes preocuparte, pues ya te has dado cuenta que eres prescindible en el sitio donde laboras.

Un punto muy importante es que todo lo que te propongas hacer en la vida debes hacerlo de buena intención, para que las cosas salgan bien hechas.

Cuando tienes una actitud acorde a las expectativas, poco a poco irás armando ese gran plan para tu vida.

Sin embargo, cuando vas postergando tus responsabilidades es como cuando acumulas objetos viejos en un closet... llegará el momento en el que ya no habrá espacio y estallará.

Así es nuestra vida, cuando acumulamos metas, responsabilidades o tareas, llega un momento en el que es tanto lo que hemos postergado que, sencillamente, arruinamos nuestros planes. Es por ello que la procrastinación es un enemigo peligroso para nuestro desarrollo.

# Capítulo 3: ¿Por qué la disciplina, tarde o temprano, vencerá a la inteligencia?

"Como algunos de ustedes conocerán, está es la historia del incesable viaje de Steven Spielberg. Una persona determinada a vencer y lograr su propósito.

Steven Spielberg es una fantástica historia de motivación. He aquí por qué, Spielberg fue rechazado de la escuela de cine USC tres veces. Pero eso no lo detuvo, en su lugar, simplemente intentó una escuela diferente. Aplicó a Cal State, Long Beach, y entró en su programa de cine. Y mientras estudiaba en Cal State, consiguió una pequeña parte no remuneradas en los estudios Universal. Fue un trabajo fortuito que pronto le llevó a abandonar los estudios. Fue un movimiento calculado que le permitiría relacionarse con los directores de cine de los Estudios Universal para acortar el camino hacia la realización de su sueño.

Desgraciadamente, su pequeña pare no duro lo suficiente como para entrar en el mundo del cine como había planeado. Pero, sin desanimarse, Steven seguía colándose en los estudios, fingiendo que trabajaba allí para poder aprender más sobre el cine hasta que pudiera conseguir su oportunidad.

Cuenta la leyenda que tenía una película de 8 mm que sabía que a los ejecutivos de los estudios les encantaría si la vieran. Una película que, para terminarla, se necesitaron 2 años. Encontró la manera de hacerla llegar a las manos de los ejecutivos, pero le dieron la espalda y le dijeron que sólo la verían si la rodaba en una película de 16 mm. Así que Steven alquiló una cámara de 16 mm y volvió a rodar toda la película. Cuando la llevó a los ejecutivos, le dijeron que no volviera hasta que estuviera en una película de 35 mm. Sin dejarse intimidar, pasó por el aro y volvió a rodar la película en 35 mm.

Finalmente, los ejecutivos decidieron ceder y le dieron una oportunidad a su película. Y bueno, el resto es historia. La película ganó un premio en el festival de cine de Atlanta y ayudó a Steven a conseguir un contrato de 7 años para dirigir películas con Universal."

Sin duda, si sigues buscando tu oportunidad, llegará el día en que la encuentres. La disciplina es la base sobre la que se fundamentan la mayoría de las metas y, por lo tanto, es la clave para lograr el éxito en la vida.

En ella están basadas la mayoría de las grandes historias de superación en el mundo entero como la base sólida para los logros.

Para hablar de disciplina es necesario hablar de dos casos que, básicamente, tuvieron un reinicio como parte de los errores de sus mandatarios en el pasado. Estos países tuvieron un reseteo a mediados del siglo XX como parte de las consecuencias de la II Guerra Mundial.

Nos referimos a Japón y Alemania. Ambos países marcaron un sendero durante esa nefasta guerra, pero sus ambiciones se vieron truncadas ante la coalición de países aliados.

A fin de cuentas, sus ciudadanos pagaron las consecuencias de una guerra que dejó millones y millones de muertos.

Algunos estiman que murieron unos 60 millones de personas, siendo el caos más nefasto el holocausto judío, donde unos 6 millones de éstos fueron asesinados por el ejército nazi.

Para no entrar en muchos detalles, la guerra dejó consecuencias catastróficas para los dos principales protagonistas del Pacto del Eje, Japón y Alemania, pues además de las pérdidas humanas, muchas ciudades fueron destruidas y, en el caso de Japón, dos ciudades quedaron devastadas con las bombas atómicas.

Esto, sin duda, fue un golpe fuerte a la moral de los ciudadanos, pues debemos dejar claro que los gobiernos toman sus decisiones, pero son los individuos los que representan la fuerza y el empuje de las naciones. Cada país tiene como clave la fuerza de su gente.

## Caso Japón

En el caso de Japón, con miles de millones en pérdidas, llegó al punto en el que se estima que más del 40% de la economía quedó devastada. Así, el gobierno se vio en la necesidad de establecer una serie de cambios que fueron fundamentales en el futuro de la economía del país.

Y quiero comenzar con Japón, pues el origen de la expresión "tarde o temprano la disciplina superará a la inteligencia" tiene su origen en los expositores japoneses, que entendieron que pueden existir muchas medidas económicas, incluso las mejores, pero solo el cumplimiento de esas medidas durante un largo periodo de tiempo, era la única opción que tenían.

Es así como Japón cambió de sistema político, pero además tuvo la necesidad de equilibrar su sistema de economía con un híbrido entre el capitalismo y el socialismo, pues entendieron que era urgente proteger al obrero trabajador y que era importante establecer condiciones para la inversión privada, teniendo como aliado principal a los Estados Unidos.

De esta manera, a las medidas políticas se sumaron las medidas económicas y, así, Japón se constituyó como una potencia mundial, con un crecimiento sostenido durante unos 40 años.

Pero el gobierno tuvo claro que cada medida debía ser evaluada, pues era la única manera de establecer un cambio para un país arruinado, sin credibilidad y con una población que sufría las consecuencias de una guerra que carecía de sentido.

Fue tan efectivo su plan que todos en el mundo comenzaron a denominar a Japón como el "Milagro Económico Mundial", y así, grandes corporaciones comenzaron a surgir en el mundo como producto de una disciplinada forma de administrar los recursos.

Fueron estrictos con sus programas económicos, y el pueblo entendió claramente lo que debía hacer.

Fue un matrimonio perfecto entre el gobierno y el pueblo, y con ello, las cosas empezaron a funcionar.

"Tarde o temprano la disciplina superará a la inteligencia"

No hay nada más cierto en el mundo. Puede que no seas el más inteligente, pero sí puedes ser el más organizado en el logro de tus metas. Lo que tienes que tener es un plan que debe cumplirse.

Un ejemplo claro es la SONY, una de las corporaciones más poderosas en el mundo. Sus fundadores, Akio Morita y Masaru Ibuka eran dos japoneses que, luego de la guerra, buscaron la forma de sobrevivir.

Es así como se encuentran en el taller de Morita para comenzar una revolución con uno de sus grandes inventos: el receptor de ondas cortas.

De esa forma, teniendo el radiorreceptor el auge con el establecimiento de las estaciones de radio, el producto sencillamente se vendió en grandes cantidades. Su producto estrella fue evolucionando a tal punto que crearon la radio de bolsillo para convertirse en una marca de referencia en el mundo del entretenimiento. Sumado a ello, crearon el primer televisor portátil, así como el Triniton, una TV con alta calidad de imagen. Pero, sin duda, el "Walkman" marcó una era para muchas personas en el mundo.

Una de las frases más célebres por parte de Sony fue "Podemos cometer errores, pero nunca dos veces el mismo error" Como parte de una corriente que tenía su fundamento en la disciplina, como el abono para cultivar el éxito.

Hoy SONY es una referencia mundial y es uno de los grandes consorcios, pero la clave de ese crecimiento estuvo en los principios y en los valores inculcados por sus dos fundadores.

Ellos vieron una oportunidad y empezaron a ser proveedores a un gobierno que estaba en ruinas. Además, no se conformaron con ello, y dieron el salto para convertirse en una referencia en el mundo empresarial.

Un expositor colombiano de origen japonés, Yokoi Kenji, manifestó que su experiencia de vivir en Japón desde niño le permitió entender algo:

"Ellos no son los más inteligentes, pero sí son los más disciplinados"

Y es la verdad, los japoneses no lo han inventado todo, pero han sido capaces de mejorar cada invento en base a su constancia, disciplina y pudor por mejorar día a día.

# Caso Alemania

Otro de los ejemplos de disciplina en el mundo es sin duda Alemania, quizás con más problemas que los japoneses, pues muchas ciudades quedaron destruidas en el medio de la guerra, así como un gobierno hecho trizas.

Además de ello, durante años fueron ideologizados alrededor de un pensamiento totalmente errado.

Entonces, arruinados y sin identidad, les tocó hacer frente al mundo para poder renacer como la gran nación que es hoy día.

En 1945 luego de la rendición, los alemanes adoptaron una postura muy clara: era necesario rescatar la nación.

Y lo hicieron a tal grado que, en 1950, solo 5 años después de la guerra, se encontraban entre los países más poderosos de Europa, siendo considerados "El Milagro Económico Alemán".

El pueblo adaptó una postura bien clara. Durante los primeros años trabajaron más allá de las horas extras, se levantaron empresas, muchos obreros hicieron grandes sacrificios, hubo el cambio de la moneda, así como se abrieron al mercado de capital, para posicionar sus productos en el resto de Europa.

Sin duda, todos alaban una característica de esa Alemania: "La Voluntad del Pueblo".

Ellos querían borrar su pasado y renacer para poder emprender una nueva vida. Lamentablemente, una parte de Alemania se vio influenciada por las ideas comunistas de la Unión Soviética y así la nación quedó partida en dos por un muro.

Sin embargo, la Alemania Federal, hizo lo que debía hacer: trabajar y desarrollarse.

Uno de los casos empresariales fue la BMW, que si bien es cierto ha pasado por varios momentos "oscuros", se tuvo que reponer a las sanciones por parte de los aliados, pues tenía conexión directa con los nazis.

Luego de la guerra, BMW solo se dedicó a fabricar bicicletas, ollas y frenos. Prácticamente iniciaron de cero.

Hoy en día, ésta marca está posicionada entre las mejores del mundo, sobre todo por su calidad.

Quizás otro ejemplo es la Volkswagen, la marca alemana más conocida en el mundo, que no solo son los inventores de los muy populares Escarabajos, sino además de otros modelos muy lujosos en el mundo como: Audi, Bentley, Bugatti, Ducati, Lamborghini, Porsche, SEAT y Škoda, así como el fabricante de camiones Scania y MAN.

En ambos casos, tanto en el milagro económico japonés como en el alemán, prima la esencia del pueblo en lograr la meta de salir adelante, como un conjunto. Pero, al mismo tiempo, ese conjunto progresa sobre la base de la disciplina de sus protagonistas.

La disciplina es la constancia y la mística de hacer las cosas, y lo que permite a los grandes pueblos seguir adelante, aun cuando las guerras, el hambre o los fenómenos naturales han golpeado fuerte.

Es la disciplina lo que permite sacar fuerza en medio de los momentos más difíciles, pues es ella la que te recuerda que si no lo haces, estás destinado al fracaso.

Es por ello que quizás no eres el más talentoso, no tienes las mejores habilidades, quizás no eres el más inteligente, pero si te levantas cada mañana para lograr tu objetivo... Nadie te detendrá y nadie te desmotivará, pues tu fuerza radica en lo que te has propuesto para tu futuro.

Gracias a esto, grandes gurús del mundo moderno se han atrevido a afirmar, entre otras cosas, que la disciplina es la clave del éxito.

Esa disciplina la tienen grandes emprendedores y, para lograrlo, debes vencer aquellas barreras que te impiden seguir adelante.

Quizás los días de malas ventas te desalientan, quizás hay varios días de la semana en los que no haces ni un "centavo", pero nada de eso te debe detener en el crecimiento hacia lo que quieres y aspiras conseguir en la vida.

Los japoneses se mueven en función de unos códigos. Uno de ellos es la disciplina. Pero, la misma, es transmitida de generación en generación, por lo que se genera un valor muy importante, que es escuchar a las personas mayores.

En ese respeto, ellos deben asimilar los principios de la generación anterior como el orden, la puntualidad, la solidaridad, entre otros valores.

# Capítulo 4: Los fundamentos de la autodisciplina

En el proceso de mejorarnos en la vida y poder vencer, así, el mal hábito de aplazar todo, lo primero que debemos establecer es un correcto orden de las cosas.

Pero ese orden pasa por establecer una vida disciplinada e imponernos unas normas que, con el pasar del tiempo, se constituyan en hábitos de gran valor para todos.

De seguro has escuchado en muchas ocasiones el término disciplina, pero aún no tienes claro el valor de dicho principio.

Por ello, quiero compartir contigo este concepto, para seguir el camino hacia la autodisciplina.

La disciplina se conoce como las normas de comportamiento para mantener el orden entre los miembros de una institución, grupo y hasta en el hogar.

Es por ello que la disciplina constituye el engranaje que dinamiza todo, pues un grupo social puede tener la fuerza para seguir adelante, pero si esa energía no tiene orden, será imposible poder constituir los pasos necesarios para avanzar.

Dicho de otra manera, supongamos que tienes gran potencial, pero si no estableces ese orden, constantemente habrá una pérdida de recursos y el logro de los objetivos será más difícil.

A ver, te lo explico mejor. Un motor consta de una serie de elementos mecánicos que permiten generar una tracción en el resto del auto, pero si no hay la cantidad adecuada de combustible, entonces la chispa que es generada y, por consiguiente, la explosión interna, jamás podrá tener la fuerza necesaria para mover los pistones.

Quizás sigue siendo algo complejo, pero en la vida puedes tener la mayor de las ganas y el potencial requerido, pero nada de eso vale si no cuentas con la visión necesaria para saber a dónde vas.

La disciplina agrega ese orden en la vida para conseguir las metas que nos hemos planteado en un momento determinado.

La palabra disciplina (del latín discipulus, "discípulo, estudiante") se refiere a una manera coordinada, ordenada y sistemática de hacer las cosas, de acuerdo a un método, código o alguna consideración del modo correcto de actuar.

Por ello, una persona disciplinada es alguien que sigue los preceptos como un buen discípulo. Sin salirse de las normas, pero, además, siendo un fiel ejemplo. Un buen discípulo tiene un buen maestro.

Quizás, una de las cosas más complicadas es dejar a alguien por otra persona que se considera superior. Pero, desde ese mismo instante comienza la disciplina.

A pesar que las sociedades tienen la tendencia a ser lideradas, de manera particular resulta incómodo seguir el patrón de alguien más. Por ello, la sujeción es una de las normas más difíciles de moldear en nuestras vidas.

El ejemplo más fiel es cuando alguien se une a las fuerzas armadas. El individuo pasa por un entrenamiento muy fuerte, pero que al mismo tiempo es canalizado por una serie de figuras que adoctrinan y enseñan que seguir la voz de mando es fundamental para poder ascender dentro de un cuerpo militar.

Y así, encontramos que la disciplina puede aplicarse fácilmente en el hogar, a la organización que perteneces, a alguna actividad deportiva, entre otros.

Precisamente, la actividad deportiva es una de las áreas donde escuchamos frecuentemente la frase "llegué al triunfo gracias a la disciplina".

Un caso muy ejemplar fue el de Michael Jordan, considerado el mejor jugador de baloncesto en el mundo, demostrando con su gran calidad una forma de juego única y excepcional, al punto en el que lo llamaron "Su Majestad"

Pero curiosamente, Michael Jordan, al inicio de su carrera, no fue el mejor. La mayoría de la gente no lo sabe, pero cuando Michael Jordan estaba en el segundo año de instituto, estaba ansioso por demostrar que era un gran jugador de baloncesto. Por esto, hizo una prueba para el equipo universitario. Pero, ¿adivinen qué? Las cosas no salieron como estaba previsto. Jordan fue rechazado por el equipo.

Teniendo en cuenta que tenía grandes sueños como jugador estrella de baloncesto, ese rechazo le afectó mucho. De hecho, le afectó tanto que se fue a casa, se encerró en su habitación y lloró.

Jordan lloró, lloró por semanas, pero no se rindió. Se levantó y decidió machacarse en el equipo JV. Y lo hizo. Se dedico a entrenar aún más, que el resto de sus compañeros en la temporada baja. Incluso creció 10 centímetros. Y al año siguiente, Michael Jordan hizo lo que todos los ganadores hacen: Lo intentó de nuevo.

Esta vez, sin duda alguna, entró en el equipo, y rápidamente se convirtió en el mejor jugador de la escuela. En su último año, entró en el equipo McDonalds All-American. Luego se fue a jugar a la universidad... y el resto es historia.

Michael Jordan no se rindió. En cambio, transformó su fracaso en combustible para el éxito futuro. Luego utilizó ese combustible para convertirse en "El Michael Jordan". El hombre que anotaría 32.292 puntos en su carrera de baloncesto, conseguiría 6 campeonatos de la NBA, recogería 5 títulos de MVP y llegaría a ser conocido por muchos como el GOAT (el mejor de todos los tiempos)

Solo su dedicación y su constancia le permitieron ejecutar un estilo de juego que le abrió paso entre los mejores. El hombre que anotaría 32.292 puntos en su carrera de baloncesto, conseguiría 6 campeonatos de la NBA, recogería 5 títulos de MVP y llegaría a ser conocido por muchos como el GOAT (el mejor de todos los tiempos)

Una frase muy conocida por Jordan fue la siguiente "a veces, un ganador es un soñador que nunca se rindió".

Y así fue. Desde sus inicios en el pequeño tablero que colocó su padre en casa, Jordán demostró que el esfuerzo era lo único que lo podía llevar a la cúspide. No salía del gimnasio, practicaba ejercicios que no hacía el resto del equipo y, llegado el momento, estuvo preparado para ser el mejor.

Irónicamente, en el draft de la NBA no fue electo de primero, sino de tercero. Es posible que ese equipo que escogió de primero esté muy arrepentido.

La autodisciplina es la base del carácter de todo aquel que pretende triunfar en la vida y, al mismo tiempo, está basada en fundamentos que deben ser considerados.

Quizás una de las sociedades con mayor disciplina es la japonesa. Por ello, su modelo puede ser ejemplo, pero los grandes líderes del mundo, de cualquier país, demuestran una fortaleza en lo que quieren y desean. Para ello, aplican una sólida y fuerte disciplina en sus vidas.

Entre los pilares de la disciplina podríamos decir que estos son los más importantes, y que revierten un factor clave en el crecimiento de la disciplina de las personas:

## Determinación

Es, sin duda, uno de los aspectos más importantes en la disciplina, pues muchas personas dedican gran parte de su vida haciéndolo todo. De igual forma, no se pueden lograr demasiados objetivos si queremos hacerlo todo a la vez.

Pues, resulta, que en el proceso de la vida es fundamental determinar los objetivos que queremos lograr.

La determinación evoca una concentración necesaria en cuanto a lo que tenemos delante de la vida, y por ello, comenzamos a aplicar dos aspectos: lo que es necesario y lo que no es necesario.

Cuando decimos que una persona tiene una determinación inquebrantable significa que está clara en lo que desea.

Pero, ¿por qué es tan importante determinar algo?

Por mucha fuerza, inteligencia o talento que tengas para algo, nunca puedes abarcarlo todo. Quizás más adelante, cuando te rodeas de subalternos que siguen instrucciones, pero cuando eres solitario, tienes que tener la vitalidad para concentrarte en lo que viene por delante.

Es como fijarse un objetivo, pero al mismo tiempo, cuando tomas en cuenta todas las metas, vas sacando lo que realmente "estorba" para que no gastes energías o tiempo de manera innecesaria.

Así, se comienza un proceso de selección en el que se identifican las prioridades, desde un nivel primario, secundario y terciario.

Veamos un ejemplo:

Un joven tiene por delante algunos sueños que cumplir: graduarse, conseguir un trabajo y disfrutar de viajes por el mundo.

Sin duda, a menos de que sea un millonario, el orden correcto es ese.

En muchas ocasiones, algunas personas lo hacen al revés: viajan y viajan gastando sus ahorros, consiguen luego un trabajo, pues requieren de deudas y, dadas las circunstancias, nunca se gradúan.

Por lo tanto, es necesario clasificar lo que resulta vital para ti. Claro, el éxito es intangible, y no todos tienen la misma visión.

En Japón, uno de los principios de la autodisciplina es clasificar y, en ese sentido, separan y se desprenden de lo que es innecesario en cada área de su vida, para que puedan estar mejor enfocados hacia el futuro que desean tener.

Otra ventaja de la determinación es que te concentras en mejorar y en superar aquellas fallas que parecen imposibles de corregir.

Llama la atención el caso de la escritora J.K. Rawling, quien padeció algunos serios problemas en su recorrido al éxito. Por ejemplo, tener que sobreponerse a la muerte de su madre, un divorcio, quedarse soltera con su hija mayor y algunos problemas económicos que realmente le limitaron muchas cosas.

Todo eso sucedió en medio del proceso de escritura de su libro "Harry Potter y la Piedra Filosofal", el cual fue un éxito, incluso luego de esos traumas.

Finalmente, consiguió que una agencia llamada "Christopher Little Literary Agents", aceptara el reto de buscar una editorial para el libro.

Pero, las cosas no iban bien, y 12 editoriales sencillamente dijeron que no.

Hasta que el editor Barry Cunningham para **Bloomsbury** aceptó publicar el libro. Lo más curioso de todo, es que esto fue gracias a la lectura de una niña de 8 años, hija del presidente, a quien le gustó el primer capítulo.

Sin embargo, le recomendaron buscar otro trabajo, pues no veían mucho futuro con ese libro. Pero, un año después, en una subasta para publicar libros en los Estados Unidos, por los derechos para publicar la novela, que fue ganada por Scholastic Inc., se vendió por 105.000 dólares. Y desde entonces, comenzó el recorrido de uno de los éxitos comerciales en la literatura mundial, al punto en que es parte de la cultura de los niños y adolescentes de principios del siglo XXI.

Hoy por hoy, Rawling es una de las mujeres más ricas en el Reino Unido, y eso se debe a que se encaminó a terminar un libro en su vieja máquina de escribir, y alguien que le brindó la oportunidad de seguir adelante.

En eso consiste la determinación. Esta escritora inglesa iba cada mañana a los cafés, acompañada de su hija, y escribía poco a poco su historia, hasta lograr su meta: ser una escritora exitosa.

Ni su divorcio, ni la muerte de su madre, ni tener que vivir de la manutención del Estado; tampoco tolerar los engaños de su marido y, además, criar a una hija, al mismo tiempo en el que buscaba la forma de superarse, le impidieron lograr su objetivo.

Todos tenemos problemas, pero cuando determinas, de corazón, que la vida puede ser mejor de lo que muchos creen, entonces ni las circunstancias adversas podrán sacarte de la mente lo que quieres.

Te llamarán loco, aventurero o lo que te quieran decir, pero nadie entenderá lo importante que resulta para una persona cuando clasifica e invierte sus fortalezas en algo real en la vida.

Por ello, un espíritu disciplinado es aquel que no pierde su objetivo, y pasa por encima de las tormentas. No le importa lo que digan, pero es capaz de superarse cada día.

## Organización

Sin duda, mantener el orden es lo que nos va a permitir alcanzar muchos logros en la vida. Si ya tienes claro lo que quieres, entonces es momento de darle forma y orden a ese plan.

La autodisciplina requiere que con lo que haces en la vida, tengas la posibilidad de conseguir algo, pero organizadamente.

El momento de ordenar las cosas va fluyendo, pero en tu mente tienes un plan que sólo tú puedes entender. Pues, a fin de cuentas, es tu propia visión.

No digo que no son necesarias las opiniones de terceros, pero siempre sigue tu plan de manera instintiva, para poder dar los pasos necesarios que te darán el triunfo.

Es el momento y el lugar para comenzar a darle orden a tu vida, y de esa forma, tú cobrarás valor en el plano existencial. Ya comenzarán a mirarte de una manera muy distinta pues eres dueño de tu destino.

No puedes pretender seguir adelante si no hay señales a las cuales seguir.

Esas señales constituyen la dirección que debes tomar. Y aunque parece que estás perdido, en tu plan interno todo conspira para llegar a la meta.

Por otro lado, cuando trazas un plan, de seguro tendrás que establecer algunas estrategias. Por eso, muchos emprendedores aconsejan anotar todo para ir evaluando paso a paso las pérdidas, las ganancias y las variantes en el espacio donde estás aplicando ese plan.

De igual modo, entiende que la vida está basada en variaciones constantes, pues la sociedad no es un grupo estable ni mucho menos inerte. Cada día hay cambios que deben de tomarse en cuenta, y solo el orden es lo que te permitirá mantener el "norte", aún en los momentos más difíciles.

El concepto de organización se define en dos aspectos: *ordenar* para *lograr*.

Etimológicamente, organización proviene del griego *"organon"*, que quiere decir instrumento o utensilio usado para trabajar.

Entonces, la organización es una herramienta utilizada para conseguir algo en particular. Generalmente en el ámbito laboral, pero es aplicable a todo.

De hecho, la agilidad y destreza de las personas se mide en función de la capacidad de organización.

Por otro lado, en el complicado mundo de la autodisciplina de los japoneses hay un valor fundamental al cual denominan el "Seiton", y lo consideran importante en las estructuras organizacionales.

El mundo moderno establece nuevas pautas de organización ante la vorágine de las estructuras económicas, por lo tanto, la clave de muchos triunfos radica en ser agresivo, pero al mismo tiempo organizado.

Muchos estrategas de la gerencia actual actúan intuitivamente, pero cada decisión ha sido pensada, meditada y medida en el espacio para determinar sus consecuencias.

Por así decirlo, la organización es un tablero de ajedrez, donde cada pieza tiene una función, cada movimiento genera una consecuencia, y cada consecuencia es una causa, si se ve desde el otro lado.

Por lo tanto, la organización permite establecer las consecuencias de las decisiones que puedas tener, y al mismo tiempo, te permite tener a la mano las herramientas necesarias en cada contingencia.

En el mundo moderno, aquellas personas que tienen la capacidad de organizar la organización (paradójico, pero es cierto) son denominados como los CEO.

Si te suena moderno el término, en realidad es el acrónimo de Chief Executive Officer, cuya traducción es lo que, en antiguamente, conocíamos como el Director Ejecutivo, quien tiene el mando en las empresas y grandes consorcios.

Este cargo ha cobrado una fuerza increíble, producto de los grandes cambios en el mundo; ninguna empresa puede ir a la guerra si no tiene un pensante, un estratega, que asuma los retos, teniendo en su mano el escudo de la organización y la lanza de las decisiones.

Es por ello que el término CEO ha cobrado tanto valor en los últimos años, como una forma muy clara de anclarse en la comunidad global con el sello de ser el mejor.

Grandes empresas han crecido aún más por las características organizativas de su CEO, pero, además, otras que estuvieron estancadas, evidenciaron un claro cambio producto de un excelente Director Ejecutivo.

Una de las empresas con mayor crecimiento en el mundo es GOOGLE, y precisamente se destaca por estar en la delantera por sus grandes logros en materia corporativa, la base de ese crecimiento se debe a la capacidad de organización que tienen.

Para que Google lograse ser lo que es en la actualidad, pasó por un serio proceso de transformación, pero la cabeza organizativa fue lo que fomentó ese crecimiento exponencial.

Ellos trabajan bajo un esquema horizontal a la cabeza de todo, y siguen una estructura vertical, cada una de ellas en función de los objetivos que persigue la empresa.

Por otro lado, cada empresa persigue objetivos diferentes que deben cumplir una serie de metas requeridas en el tiempo.

Los fundadores de Google tienen una visión muy clara y por lo tanto han añadido más talento humano que va siendo agregado en diversas áreas. Pero, para lograr eso, requieren de una organización que permita conseguir los objetivos trazados.

Es por ello que, si tienes la intención de crecer, solo puedes demostrar esas ganas con un emprendimiento que esté realmente organizado.

Para poder llegar a un nivel organizativo óptimo es vital que se puedan cubrir las necesidades del cliente y de otros por captar.

Es decir, una de las claves de GOOGLE como organización es que destaca el liderazgo de las áreas que desean explotar a futuro, iniciando un ciclo de investigación con planes y metas que deben ser cumplidas.

Podría decirse que Google, ahora englobado en la figura de Alphabet Inc, es un conjunto de estructuras que se unen entre sí, pero cada área tiene su autonomía en cuanto a las decisiones y los logros.

Pero de igual modo, en el futuro, aquellas empresas que no rinden lo suficiente son fusionadas con otras áreas.

Sin duda, a pesar de que el éxito de Google proviene de su dirección ejecutiva, es innegable que su esquema organizativo ha dado los resultados suficientes para ser considerada una de las corporaciones más grandes del planeta.

Es así como el éxito ha dependido en gran medida de su capacidad inventiva, pero el liderazgo que tienen sus CEO, partiendo de la estrategia, da muestra de una empresa sólidamente organizada.

De hecho, la empresa empleó un sistema de estructura denominado Mintzberg, el cual es un modelo que optimiza las ideas basadas en un ápice cumbre, de donde nacen las ideas, para seguir en una línea media que le da forma para seguir al sector operativo.

Teóricamente, el modelo MINTZBERG es así:

- Cumbre estratégica
- Línea media
- Núcleo operativo
- Tecnoestructura
- Estructura de apoyo.

Google le ha dado su propio sello, conservando la esencia del estilo organizativo, siendo de esta forma:

- Ápice Estratégico
- Línea Media
- Núcleo de Operaciones.

Dada su efectividad en comunicaciones, Google ha logrado vencer la burocracia, lo cual determina un ahorro sustancial en cargos innecesarios y rompe la barrera que en muchos casos evita el surgimiento de grandes ideas.

En la autodisciplina que pretendes establecer es necesario que la organización sea ese escudo que te permita enrumbar la visión que tengas. Recuerda, debes estar preparado para el éxito, y solo con organización podrás controlar el desempeño y los resultados.

Justamente, la organización es uno de los aspectos más importantes en la disciplina, pues el orden está directamente relacionado con la determinación en realizar algo, pero como cualquier táctica, es necesario tener presente cuáles son las metas primarias y, en dado caso, se debe descartar aquellos objetivos que no afectan el plan principal.

Cabe recordar que las corporaciones, empresas o emprendimientos responden a los cambios sociales y, en tal sentido, pueden ser cambiantes los objetivos, pero todo debe girar en torno a un plan que será conducido efectivamente cuando existe una certera organización.

Por así decirlo, la determinación nos motiva a seguir una meta, pero la organización permite cumplir un plan para realizarla.

# Prevención

Otro de los fundamentos de la disciplina radica en la prevención, la cual es ese instinto y ese espíritu de estar un paso adelante, tanto de los problemas, como de la acumulación de los resultados.

Sí, muchas veces tenemos un plan para los problemas, pero, en pocas ocasiones tenemos uno para prevenir aquel exceso de resultados en nuestra vida.

Y ambos aspectos son fundamentales; por ello, en la disciplina no hay nada más acertado que ser prevenido. Bien lo dice el refrán: "Hombre prevenido vale por dos"

La autodisciplina aporta una exigencia en nuestras vidas que nos permite organizar todo un conjunto de medidas a tomar, en caso de contingencias, para así tener un plan B que pueda ser ejecutado.

Muchas empresas han tenido que cerrar, debido al exceso de confianza que depositan en un determinado plan. Por ello, manejar todos los posibles escenarios es característica de un buen líder.

Es por esto que la autodisciplina está muy relacionada con el campo militar. Cada general o comandante debe tener, por delante, un posible escenario en caso de contingencia, y de esto puede depender la vida de otras personas.

Ser prevenido es estar preparado. A lo mejor, nunca tendrás que emplear ese plan B ante una contingencia, y si es así, la primera acción tomada fue todo un éxito.

En la sociedad moderna se hace mucho énfasis en la importancia de ahorrar, pero no solo para conseguir algo en particular, sino tan solo para que en caso de un percance en tu trabajo o en el seno de tu hogar, tengas la suficiente fuerza para recurrir al caudal económico que has reunido durante años.

Estos planes preventivos no solo giran en torno al hogar, sino además en la empresa. Muchos directores ejecutivos han podido sortear las crisis, pues han logrado tener una buena solidez financiera como para enfrentar los momentos más complicados.

Esa confianza que tienes en tus ahorros te brinda la fuerza necesaria para tomar las decisiones adecuadas.

Hoy en día, la prevención es lo que más se destaca en los grandes líderes. No solo se trata de llevarlos hacia el éxito, sino también de mantenerlos en medio de la tempestad.

Una persona con una sólida autodisciplina tiene en su mente todo un escenario que confronta virtualmente todos los momentos posibles, y eso agrega sabiduría en sus decisiones.

Además, la prevención permite tener una flexibilidad en las decisiones que se toman. Es como ese espacio necesario para decidir con un margen de error.

Muchos planes no tienen opciones, y recuerda que las opciones se convierten en posibilidades en el mundo real.

Pero, ¿qué sucede cuando no creaste un plan en caso de contingencia? Sencillo, hay dos caminos, o se soporta la crisis o estarás encaminado al fracaso.

La palabra fracaso no puede estar en nuestro vocabulario, pero tampoco en nuestras vidas, el mejor camino es la autodisciplina. Y, si bien es cierto, nadie está exento de las derrotas, pero todos tenemos la posibilidad de enfrentar la vida con planes de previsión reales y constantes en el tiempo.

Claro, hay una característica muy importante para los grandes líderes: saben planificar, se manejan bien ante las circunstancias adversas, manejan un plan B y, además, tienen un temperamento sólido para no ser víctimas del sentimiento del fracaso.

Es decir, la prevención nos lleva a varios escenarios posibles en la vida, pero será tu carácter el que te permitirá enfrentar el peor enemigo en la vida: tú mismo.

Esto lo comparto contigo pues entre el primer plan aplicado, y la posible derrota, hay un pequeño espacio que define todo.

Ese espacio está inundado de frustración, de miedo, de temor, y hasta de la densa idea de que todo está perdido. Por ello, en ese instante es necesario:

1.  Recordar que no hay fracasos, solo hay nuevos aprendizajes en la vida, los cuáles te llevarán al éxito.
2.  Analiza muy bien qué aprendiste en la aplicación de ese primer plan fallido.
3.  Debes actualizar tu plan operativo. Es decir, utilizar ese as debajo de la manga que tienes para una circunstancia compleja.
4.  Quizás ese plan fallido solo es parte de un desajuste en el orden establecido inicialmente, entonces es hora de analizar todo en su conjunto, incluyendo los detalles paso a paso. Es importante hacer un alto para ese momento de análisis, reflexión o replanteamiento de las cosas.
5.  No te permitas jamás caer en crisis; si el mundo tiene dificultades, entonces es momento de alejarte por un momento de todo lo que te rodea, para poder tomar la decisión más adecuada.

6. Algo muy importante es que no te dejes deprimir por las opiniones de terceras personas; si hay críticas, solo transfórmalas en aspectos positivos en tu vida.
7. Depura tus pensamientos, no olvides una frase fundamental de la filosofía: "Pienso, luego existo". Por lo tanto, lo que hay en tus pensamientos es lo que reflejarás en cada acción de tu vida.

## Mantener la autodisciplina

Quizás es lo más complicado; pues mantenerse es la unión de todos los factores en función de los objetivos de tu vida.

Muchas personas opinan que lo más difícil en la vida es comenzar, y sí, es cierto, pero es necesario no desviarse en el recorrido.

Mantener el rumbo requiere de determinación, organización y prevención. Si estos tres no se fusionan en un pensamiento o acción, con el pasar de los años, lo que haces dejará de ser una pasión, y se convertirá en una pesadilla.

Eso se debe a que quizás las fuerzas ya no son iguales, hay desgaste mental y físico, ves la vida de otra manera, o sencillamente, ya no estás enamorado de eso que estás haciendo.

Parece muy romántico lo que te estoy diciendo, pero no hay mejor manera de compararlo.

Cuando ese proyecto, idea o meta se está confeccionando, todo luce como el primer amor: perfecto, sin errores, te sientes capaz de vencerlo todo, de no dejarte derrumbar por las críticas ni los malos augurios. Es el primer amor. Es la etapa de enamoramiento.

Por lo tanto, cada día debes recordarte por qué haces lo que haces; tener un encuentro con tu "yo" del pasado y reafirmar los lazos que te hicieron iniciar ese sueño tan preciado.

Por un momento debes detenerte, mirar al firmamento y conectarte con la chispa que lo movió todo.

Debes ubicar tu estrella en el firmamento.

En medio del desierto, aquel donde solo las arenas lo dominan todo, es complicado perseguir una dirección en búsqueda del camino a la salvación.

Muchas personas ignoran que cuando estamos en el desierto, si no tenemos un punto referencial, lo más probable es que caminemos en círculo. De hecho, se dice que por mucho que caminemos en línea recta, en realidad tenemos la tendencia a caminar hacia la derecha o la izquierda, dependiendo de tu pie de apoyo. Entonces, al final, estarás caminando en círculos de manera constante.

Lo peor es que en un desierto, las arenas se mueven, y tendrás la sensación de que caminas por un lugar distinto.

Entonces, ¿y si no existe ese lugar por el cual guiarnos?

Es momento de mirar al cielo y seguir la estrella que nos pueda guiar. El sol siempre estará en el mismo lugar, por lo tanto, su posición nos indicará el occidente y el oriente. Entre tanto, durante la noche, hay una estrella que siempre nos guiará al norte.

Si has perdido tu norte en la vida, es necesario que comiences a mirar esa estrella que iluminó tu corazón. Aquella que te inspiró. Nos referimos a ese momento en el cual todo comenzó.

Seguro te ha pasado en muchas ocasiones que sientes que nada es igual, que las cosas han perdido ese "sabor"

Es por ello que mantener la autodisciplina es más complicado de lo que creemos.

De hecho, muchos deportistas tienen entrenadores individuales para el momento en el que concluyen los campeonatos. Profesionales excelentes siempre viven en un constante proceso de preparación que nunca termina.

Y así, todo depende de la disciplina de cada individuo. Por ello, mantenerse en la carrera debe ser tu prioridad cada día. Que ese calor no se enfríe, que la chispa de la motivación nunca se acabe y que mires al firmamento cada noche en dirección a esa estrella que te guía.

"Esta es la fórmula de los siete pasos que quiero regalarte para que sigas, y obviamente, para cada vez que te propongas algo en tu vida. Existen muchas fórmulas y recetas para establecer objetivos. Por regla general, "cualquier plan es mejor que ningún plan". He aquí uno de los mejores y más eficaces planes o fórmulas para fijar objetivos que jamás aprenderás.

1 paso: Decide exactamente lo que quieres en un área determinada, y escríbelo claramente, con todo detalle. Haz que el objetivo sea medible y específico.

2 paso: Establezca un plazo para alcanzar el objetivo. Si se trata de un objetivo grande, divídelo en partes más pequeñas y establece plazos secundarios.

3 paso: Haz una lista de todo lo que tendrás que hacer para lograr el objetivo. A medida que vayas pensando en nuevos elementos, añádelos a la lista hasta completarla.

4 paso: Organiza la lista de pasos de acción en un plan. Un plan es una lista de actividades organizadas en función de dos elementos, la prioridad y la secuencia.

Al organizar por prioridades, determinas las cosas más importantes que puedes hacer en tu lista para lograr el objetivo. Se aplica la regla del

80/20: El 20% de las cosas que hagas supondrán el 80% de tus resultados. Si no estableces unas prioridades claras, te "especializarás en cosas menores" y dedicarás gran parte de tu tiempo a tareas pequeñas e irrelevantes que no te ayudarán a conseguir el objetivo.

Al organizarte por secuencias, determinas lo que hay que hacer antes de hacer otra cosa. Creas una lista de control. Siempre hay actividades que dependen de la realización previa de otras actividades. ¿Cuáles son y cuál es el orden lógico o la secuencia de realización?

5 Paso: Identifica los obstáculos o limitaciones que pueden impedirte alcanzar tu objetivo, tanto en la situación como en tu interior. Pregúntate: "¿Por qué no he conseguido ya este objetivo?".

Identifica el obstáculo o la limitación más importante que te está frenando, y luego céntrate en eliminar ese factor limitante. Puede ser una determinada cantidad de dinero o un recurso clave. Podría ser una habilidad o hábito adicional que necesitas. Podría ser la información adicional que necesitas. Podría ser la ayuda o la asistencia de una o varias personas. Sea lo que sea, identifíquelo claramente y póngase a trabajar para eliminarlo.

6 Paso: Una vez que hayas determinado tu objetivo, desarrollado su plan e identificado su principal obstáculo, emprende inmediatamente algún tipo de acción para lograr el objetivo. Da un paso en la fe. haz lo primero que se Te ocurra. Pero haga algo para empezar a avanzar hacia Tu objetivo más importante.

7 Paso: Has al menos una cosa cada día que te haga avanzar hacia tu objetivo más importante. Acostúmbrate a levantarte cada mañana, a planificar tu día y a hacer algo, cualquier cosa, que te acerque al menos un paso a lo que es más importante para ti.

El hábito de hacer algo cada día que te acerque a un objetivo importante desarrolla en ti el poder del impulso. La acción diaria refuerza tu creencia de que el objetivo es alcanzable y activa la ley de la atracción. Como resultado, empiezas a moverte más y más rápido hacia tu objetivo, y tu objetivo empieza a moverse más y más rápido hacia ti."

# Capítulo 5: El desarrollo de la autodisciplina

La autodisciplina significa en el mundo moderno un factor clave para el crecimiento y la concreción de muchas aspiraciones que tienes en mente. Para conseguir lo que quieres debes luchar, y solo la autodisciplina te permitirá seguir adelante en el camino.

Muchos de nosotros tenemos claro en que solo un carácter sólido es lo que nos permitirá vencer, pero el carácter no se refiere a temperamento, es la capacidad que tienes como persona para seguir adelante por encima de todos los obstáculos que la vida te presente. Por un momento llegarás a pensar que no es fácil seguir, pero es necesario sacar la fortaleza que imprime tu "ser" interior.

Pero, ¿qué es lo que nos permite que fluya esa fuerza interior que tanto nos hace falta en muchos momentos?, ¿Será acaso que solo algunas personas están predeterminadas a triunfar, o sólo es cuestión de suerte?

Pues no es así. Cada humano con sus talentos, es capaz de determinar su futuro, y ese futuro viene dado por la disciplina que demuestran en el campo de batalla.

La historia siempre nos ha demostrado que hay personas que logran detener aún el sistema para convertirse en conquistadores, y ellos han exhibido lo que todos deseamos: tener la suficiente autodisciplina para vencer.

Pero claro, todo es parte de un proceso, y ese proceso requiere de una fina estrategia que permita abrirte paso.

Antes que todo, es necesario tener un acto de reflexión, para visualizar si contamos o no con la suficiente disciplina para seguir adelante.

Si no es así, entonces debes hacer un alto en tu vida para explorar tu mundo interior y fortalecer tu disciplina, de manera que puedas enfrentar todo cuanto venga en la vida.

La autodisciplina nos permite ir contra la corriente, llegar a los lugares donde nadie ha pensado que llegarías y tener las cosas que siempre ha deseado tu corazón. Pues, además de que tienes la determinación de una roca, el universo conspira contigo para que lleguen poco a poco todas tus metas.

La autodisciplina es esa estructura sólida y el engranaje que te permite seguir. Como vimos en el capítulo anterior, los fundamentos de la autodisciplina son esenciales, pero al mismo tiempo, ella nos guía a germinar otros valores en nuestra vida, así como te hará ser admirado por quiénes te rodean.

De hecho, también nos hace más fuertes, más resistentes, y aumenta nuestra voluntad, pues sencillamente, esta última, será menor o mayor en función de la autodisciplina que exhibas en la vida.

Albert Einstein, dijo en una ocasión:

"Hay una fuerza motriz más poderosa que el vapor, la electricidad y la energía atómica: la voluntad."

Además, en cada una de las religiones del mundo, sus líderes están marcados y se distinguen de otros en función de la disciplina que evidencien.

Pues la disciplina es la autodeterminación que te impulsa al logro, genera en ti la inspiración y es lo que te obliga a vencer, una tras otra, cada una de las barreras del camino.

No es que haya personas que nacieron con mucha disciplina, es que hay individuos capaces de sembrar en la roca, segar durante la sequía y gozar de una vida plena, aun cuando el resto del mundo se derrumba.

Suena muy bonito, pero quiero que te propongas en la vida a ser mejor. Nada de tomar el camino fácil, porque eres y serás lo que quieres ser: el éxito depende de ti.

## Diferencia entre disciplina y autodisciplina

Lo primero que debemos entender antes de seguir, es que existe una gran diferencia entre la disciplina y la autodisciplina.

Ambas están relacionadas, pero una es impuesta y la otra nace. Una es superficial, la otra crece dentro de ti, una persigue una meta efímera, la otra lo quiere todo.

La disciplina implica actividades que requieren de un gran esfuerzo, de una rutina constante, de conseguir una tarea y cumplirla con plenitud. Pero, existe una supervisión o unos factores externos que te obligan al cumplimiento.

Por ejemplo, un ciudadano cuando sirve a la nación prestando el servicio militar, sabe que sirve a la nación y que es un momento en el cual puede dar lo mejor de sí por el bien de la patria.

Pero, terminado el periodo obligatorio, pues decide abandonar la carrera y dedicarse a otra cosa.

De hecho, en muchos países del mundo el servicio obligatorio muestra ciudadanos con increíbles capacidades, pero al pasar un tiempo se cansan, se aburren y ya no quieren continuar.

Dentro de ese grupo, siempre hay algunos jóvenes que se dan cuenta de que eso sí es lo suyo, que nacieron para ello y, por lo tanto, se exigen día a día para superarse, para poner nuevas marcas y para cumplir con todo el entrenamiento necesario. Además de ello, son capaces de escalar posiciones hasta convertirse parte de la élite.

En el primer caso, hay un sistema que exige disciplina, pero en el segundo caso, más allá del sistema, ese individuo ha logrado entender que desea hacerlo, que no forma parte de los que renunciarán, sino que hará una carrera militar.

Por lo general, ese tipo de personas terminan siendo comandantes o generales.

Es la voluntad que nace de tu interior la que te indicará lo que tienes que hacer, la que te ayudará a vencer los obstáculos y a convertirte en alguien diferente.

Veamos otro ejemplo más familiar:

Cuando iniciamos la etapa escolar, nos levantamos cada día del año, con esas ganas y ese ímpetu de un niño feliz; nuestros padres velan para que no faltes a clases y los resultados se evidencian en excelentes calificaciones, para convertirte en el mejor.

Competencias académicas, reconocimientos y popularidad por ser el mejor. Pero, cuando llegas a la secundaria, las cosas comienzan a ser un tanto distintas. Ya tus padres te dejan un poco solo en tus decisiones, como debe de ser, y así, tu desempeño académico decae.

La meta de ingresar becado a una universidad se hace cada vez más lejana. Pero lo logras, te matriculas en una carrera y, poco a poco, la desmotivación se adueña de tu vida. Faltas a clases, te dedicas más otras actividades, y terminas por abandonar uno de tus sueños. Ya no consigues ese título académico que querías.

Pero, ¿qué pasó?

Al inicio, como puedes notar, hubo una disciplina constante pues los padres estaban pendientes de los compromisos académicos del chico; tiene una inteligencia por encima del promedio, y con esfuerzo logra ser el mejor.

Pero claro, cuando los padres le permiten tomar sus decisiones en la etapa preparatoria, poco a poco fue perdiendo disciplina en su vida, aunque mantuvo el valor de la responsabilidad. Pero, la autodisciplina es la que te permite cumplir día a día con la meta trazada.

Al llegar a la etapa universitaria, el talentoso chico pierde mucha de la responsabilidad, y sin autodisciplina, fue incapaz de mantener la meta: convertirse en un médico.

Así transcurre la vida de muchos. Circunstancias diversas nos alejan de lo que deseamos en la vida, pero solo esa disciplina que nace dentro de nosotros es lo que nos permitirá llegar lejos.

Pero, ¿cómo puedo desarrollar mi autodisciplina?

## Desarrollar la Autodisciplina

Como todo proceso de crecimiento, es necesario un entrenamiento inicial que, luego, debe ser mantenido a completitud para encontrar los resultados.

Sin esfuerzo no hay resultados, pero, en el caso de la autodisciplina, es un hábito que debe ser forjado para que pueda perdurar.

Muchos han concordado en que uno de los retos más complicados es la autodisciplina. Si no fuese así, entonces, habría más hombres y mujeres en mejor forma; los emprendimientos serían mayores en todo el mundo, entre otros logros.

Pero, ¿por qué resulta tan complicado? Es probable que tengamos la tendencia a conseguir todo de la manera más fácil. En algunas zonas ya es un tema de cultura, pues desde niños se les enseña el valor del esfuerzo.

Entre los aspectos que ayudarán a cultivar el hábito de la autodisciplina podemos considerar:

## Motivación

Todos coinciden con que el principal punto en el cual fluye la autodisciplina es en la **motivación**. Y claro, la motivación es lo que nos mueve a ser mejores personas, profesionales, padre, madre, amigo y hasta ciudadano.

Si no existe esa motivación, jamás tendremos el empujón necesario para lograr lo que queremos. El tema radica en que nosotros, los seres humanos, respondemos a diversos puntos de motivación. Entonces, para cumplir lo que queremos, es necesario buscar en nuestro ser interior ese punto de atracción que nos mueve a lograr cosas que, hasta ese momento, eran imposibles para nosotros.

En el caso de la autodisciplina, es necesario mantener ese espíritu motivado y, si hay alguna mañana en la que no queremos cumplir con lo que debemos hacer, solo tenemos que recordarnos del por qué estamos en el camino que hemos decidido.

La motivación es una respuesta interna que activa, dirige y mantiene una conducta hacia metas u objetivos determinados. Es un impulso intangible que mueve al sujeto a realizar acciones y a persistir hasta lograr su cometido.

La motivación tiene un estímulo exterior que es procesado por la mente humana, e inicia un recorrido de pros y contras, hasta lograr una respuesta. Claro, en el sentido más básico, los seres humanos tenemos motivaciones salvajes o naturales, como el hecho de sobrevivir, alimentarse o defenderse, que responde a instintos, más que a un proceso de aprehensión.

Para mantener la autodisciplina es necesario tener la motivación en plena armonía con nuestras acciones, y en la organización de nuestra rutina diaria tenemos esa motivación principal.

Digamos que la motivación en tu vida es lo que permitirá la extensión, el alcance y te obligará a cerrar viejos ciclos, para iniciar los nuevos.

Es posible que un día te sientas muy desmotivado por los fracasos o por las metas no alcanzadas, pero debes entender que todo se trata de un crecimiento que tendrá sus resultados tarde o temprano.

Sin querer, es posible que te encuentres en un gran entrenamiento, y es la motivación la que mantendrá esa fuerza activa en tu vida.

Una persona con autodisciplina sabe lo que quiere, entiende cómo hacerlo, y recurre a ese "combustible" (motivación) para hacer hasta lo imposible. De eso se tratan los retos, y ellos te motivan a ser mejor.

Un caso de motivación fue el del fundador de la Corporación Honda, como un japonés fiel a los principios de la autodisciplina, que de ese país oriental es parte de la cultura, y es una enseñanza que se transmite de generación en generación.

Soichiro Honda fue un ingeniero que tuvo un largo recorrido, fueron muchas las derrotas, pero ese espíritu de hierro lo impulsó a luchar por lo que soñaba. Fue el fundador de Honda Motors.

Honda nació en un hogar de mecánicos, su padre reparaba bicicletas y fue una de las personas de quien aprendió muchas cosas.

Es así como a sus 15 años decidió irse a Tokio para incorporarse a la fábrica Hart Shokai. Despues de 6 años, regreso como un experto en mecánica a su natal Hamamatsu, siendo el representante de la empresa en el pequeño pueblo.

Después, decidió cumplir sus sueños, y es así como monto una pequeña fábrica de pistones, pero quebró al poco tiempo. Ese impedimento no le desmotivó a seguir creciendo, por lo que decidió entrar a la universidad.

Al salir de la universidad fundó Tokai Seiki, en donde intenta la fabricación de los anillos para la gran empresa Toyota, pero un bombardeo que tubo parte en la II Guerra Mundial destruye la planta, quedando arruinado una vez más. Perdió nuevamente otra planta que tenía en Itawa devastada por un temblor.

Sin duda, otro fracaso en su vida, pero eso no lo detuvo.

En 1946 después de la guerra, decide vender los restos de la fábrica y funda el Instituto Honda para la Investigación Técnica.

Dos años después, asociado con Takeo Fujisawa, logran fundar Honda Motor, que originalmente estaba dedicada a la venta de bicicletas con motor, pero como eran pesadas, la empresa quebró.

Sin embargo, no renunció y logró diseñar un motor más liviano, y es así como inicia el imperio de las motos Honda en el mundo.

Aun así, en 1967 lanza al mercado el vehículo icónico de la empresa: el

Honda Civic.

Sin duda, Honda es un ejemplo de constancia. Su motivación principal era trascender como uno de los grandes constructores de motos, esa era su pasión, y a pesar detodas las derrotas seguidas que tuvo en la vida, siempre siguió adelante.

Muchos de nosotros, en muchas ocasiones, decidimos olvidarnos de nuestros sueños y se pierde la motivación por un fracaso o por una derrota.

No olvides que las derrotas siempre aparecerán en la vida, pero la motivación por cumplir una promesa, un sueño o una aspiración, es lo que trastoca nuestras fibras del corazón y nos obliga a levantarnos una y otra vez.

Es así como trabaja la motivación, nos genera esa energía para luchar como un animal por lo que queremos. No permitas que el enojo o la frustración de un fracaso te hagan desistir, solo la autodisciplina te permitirá abrir caminos en este mundo tan complejo en el cual cohabitamos.

No es el más rápido el que consigue la meta, es el más constante en la vida el que consigue el cumplimiento de sus sueños.

Lucha y persiste. Debes decirte en el fondo de tu corazón:

- "Ey, ¿qué haces en el suelo? es hora de levantarse a conquistar" Solo hazlo.

Es así como la motivación juega un papel fundamental en el desarrollo de la autodisciplina.

## Tus sueños:

Recuerda que hace algunos capítulos te dije que debes buscar tu estrella en el firmamento para caminar hacia ella, y aun cuando estés en un gran desierto, o un océano que parece infinito, siempre lograrás llegar al final.

En el camino de la vida, el cual es a veces muy arduo, pesado y lleno de muchas espinas, es muy posible que nuestro curso hacia la meta se pierda, pero, ¿cuál es la fuente de motivación que nos reencausa a seguir? Los sueños.

Los sueños son un capítulo de nuestra vida, que está lleno de mucho romanticismo, encarnado en la posibilidad de hacer realidad lo que nuestros anhelos desean, para el bien de nosotros.

Perseguir los sueños es lo que nos permite tomar nuestro camino. Es tu camino. Es lo que has decidido para tu vida, lo cual no debe dejar a un lado que tus aspiraciones pueden ser compartidas.

Cuando los héroes de independencia de toda América siguieron los sueños de libertad, lo primero que hicieron fue compartir la idea. Teniendo distintos enemigos, pero una meta en común, se fijaron estrategias para conseguirlo.

De hecho, se dice que desde Europa muchos de sus ideales fueron sembrados de común acuerdo para el logro de un mundo mejor.

Así son los sueños. Una visión que nace en las personas y que poco a poco elabora un plan para lograr que el universo conspire y se den los hechos que se desean de corazón.

Por ello, cuando una persona pierde motivación, pierde autodisciplina, y cuando la pierde, es que sus sueños se han desvanecido por el ruido de la lucha.

No cabe duda de que los seres humanos estamos hechos de una fuerza interior, tenemos una chispa que puede crecer más y más, y convertirse en un gran incendio, pero todo depende de la disciplina que tengamos al avanzar.

Por ello, en el camino para desarrollar la autodisciplina, es necesario que tengamos presente a los sueños, pues ellos nos permitirán el crecimiento intrínseco que se manifestará en un sólido liderazgo.

Muchos individuos nacen con un liderazgo natural, pero que no se ha desarrollado por imposición, sino porque sus sueños inspiran a muchas personas, y es así como le siguen sin así desearlo.

"Nacido en el municipio de Springwells, en el condado de Wayne, Michigan, el 30 de julio de 1863, hijo de Mary y William Ford. Era el mayor de los seis hijos de una familia de cuatro niños y dos niñas. Su padre era originario del condado de Cork, Irlanda, y llegó a Estados Unidos en 1847 y se estableció en una granja del condado de Wayne.

El joven Henry Ford mostró un temprano interés por la mecánica. A los 12 años, pasaba la mayor parte de su tiempo libre en un pequeño taller mecánico que él mismo había equipado. Allí, a los 15 años, construyó su primera máquina de vapor.

Más tarde, fue aprendiz de maquinista en Detroit, en los talleres de James F. Flower and Brothers y en la planta de la Detroit Dry Dock Company. Tras completar su aprendizaje en 1882, pasó un año montando y reparando máquinas de vapor en el sur de Michigan."

Henry Ford, un sujeto que cambió el paradigma de la industria automovilística, expresó en muchas ocasiones lo importante que son los sueños, de las metas y de ver lo que nadie ve, pero es una visión que se construye con el día a día y con un gran esfuerzo.

"Los obstáculos son las cosas horribles que ves al dejar de fijar tu vista en la meta"

No hay nada más cierto. Si dejas de ver tu meta o si dejas de ver la cima, solo verás un gran bosque imposible de atravesar. Pero, cuando miras directo a lo que quieres, de seguro se abrirán caminos en tu recorrido.

Ford además expresó "Si le hubiera preguntado a la gente lo que quería, de seguro me hubieran dicho, autos más rápidos"

Y sí, en el siglo pasado, cuando apenas la gente tenía idea de que eran los motores, Henry Ford creo en 1909 el Ford T. El auto que revolucionó el mercado de los vehículos en el mundo entero. Nada mal para un sujeto que era pobre, granjero y fue relojero.

Pero Ford tuvo un sueño, y ese sueño lo convirtió en un plan, cada derrota de Ford era subsanada en recordar por lo que había dejado su granja para seguir adelante.

Quizás, en este momento, estás como atrapado en el desánimo, por las circunstancias que rodean el mundo. Sientes que es todo y que es hora de tirar la toalla, pero no, ¡detente! es momento de seguir, para recordar los sueños que te han hecho digno aspirante del éxito.

En algo trabajó fervientemente Henry Ford, en ver un mundo distinto. Tanto así, que fue uno de los primeros en reducir las horas de trabajo, así como un sustancioso aumento del salario. Fueron detalles que hicieron entender que, para él, su equipo era muy importante.

Generalmente, los sueños están allí, estancados, flotando en el laberinto de tu mente, sin dirección ni curso. Quizás por vergüenza no te atreves a decir nada al respecto, pero no olvides que "lo que no se dijo, no se hizo"

## Sueños Ilimitados

Mirar al firmamento y fijarse una meta de llegada no es de locos. De hecho, grandes conquistadores del mundo antiguo, con menos herramientas, pero con muchas ganas, lo hicieron.

César Augusto, el gran emperador romano que tuvo la tarea de expandir el imperio por toda Europa, se planteó desde un inicio llevar a Roma hasta su máxima gloria.

El severo emperador expresó en una ocasión "Recibí a una roma hecha de ladrillos y hoy la entrego hecha con mármol"

No hay dudas de esa expresión, pues si su antecesor Julio César emprendió la lucha por unificar la nación y hacerla sólida con un ejército formado, César Augusto tuvo la misión de conquistar a todo lo que se le interpusiera en el camino de ver crecer un gran imperio.

El sobrepasó sus límites, y aunque tuvo muchos enemigos a lo interno, fue capaz de revolucionar el mundo con un sistema que fue mejorando con sus sucesores.

Al día de hoy, no ha surgido un imperio como el romano, no tanto por su extensión, sino por todo el legado que dejó en el mundo.

Pero, ¿qué motivó a César Augusto a tales hazañas?, ¿qué le hizo pensar que lograría todo lo que se propuso? Solo sus sueños lo motivaron a concretar sus metas.

No te permitas dar límites en los sueños que tengas en la vida: la edad, las limitaciones físicas, lo económico, nada. Solo debes pensar un poco más, solo un poco más.

Seguro estarás pensando, "pero tengo que ser coherente, tampoco debo fijarme metas que no son factibles". Tienes toda la razón, pero el ser humano responde en función de las condiciones que se plantea, es decir, se hace más fuerte en la medida en que las circunstancias le exigen serlo.

Fíjate que los sueños son llaves que nos permiten abrir pasos, subir montañas, escalar cumbres empinadas, avanzar en medio de la tempestad y no dejarse vencer por los miedos.

Los límites los pones tú, pero, antes, debes luchar con el peor enemigo de todos: el miedo.

Todos sentimos miedo al plantearnos un reto, pero solo la visión de lograrlo, es lo que nos impulsa a ser mejores personas y romper los esquemas.

## Debes educar tu mente y potenciarla

Sin duda, uno de los aspectos para conseguir un efectivo desarrollo de la autodisciplina se concentra en la capacidad de crecimiento de nuestra mente. Pues, si bien es cierto, la motivación es el combustible, y los sueños son la chispa, porque en la mente se procesa todo lo que deseamos.

Para lograr que las cosas se hagan verdaderas en nuestra trayectoria por la vida, se requiere de la concentración de la mente, de tal forma que los seres humanos pasamos a convertir en real lo que hasta ese momento es irreal.

A ver, te lo explico de manera más dinámica. Hay una persona que te encanta, deseas pasar más tiempo con ella o él, pero para esto, necesitas un plan.

El plan comienza a desarrollarse en tu mente, con cada una de tus acciones o movimientos de forma virtual, hasta lograr que esa ocasión o ese momento se realice en la vida real.

Es como cuando jugamos ajedrez: hacemos una visualización de lo que haremos en el tablero, pero sólo es realidad virtual, nunca ha sucedido, y es probable que decenas de movimientos hayan pasado por tu mente antes de hacer el movimiento verdadero que te permitirá avanzar en la partida.

Eso es desarrollo mental, saber y determinar las jugadas o movimientos. Lo que llamaríamos toma de decisiones.

Para ello, necesitas de una fortaleza mental que te permita mantenerte fiel a tus acciones.

Debes recordar que un sueño forma parte de una ilusión que ha nacido en el centro de tus pensamientos, pero hasta que no se concretan, pues nunca existirán.

"La visión sin acción es una ilusión"

Tu visión de la vida está muy ligada a los sueños que se albergan en tu mente, pero si nunca se ejecutaron, tan solo serán parte de una ilusión.

Muchos de nosotros vagamos en el mundo sin visión, sin dirección o sin rumbo, y ello se debe a la poca fuerza que tenemos para accionar lo que queremos.

Alguien dijo en una ocasión "Querer es poder" y si el poder vive en la capacidad de intención que tenemos, entonces es hora de poner a prueba nuestras fortalezas para encontrar el camino hacia la felicidad.

Ahora, hasta este punto, entendemos que requieres potenciar tu mente, pero, ¿cómo puedes llegar a ello?

Algunos grandes emprendedores han entendido que es necesario dedicar un tiempo a la meditación matutina o antes de dormir. Estas personas hacen una reflexión en torno a lo que quieren en la vida, pero además de ello, dejan un espacio para que la mente descanse.

Es como si le hicieses mantenimiento a tu mente, pues entonces es hora de liberarla: escuchando música, caminando o haciendo ejercicio. Sólo dedica ese espacio para que tu mente libere carga y, seguido de ello, comienza a pensar.

Hay otras personas que han decidido escuchar música o bailar, y liberan todo el estrés acumulado internamente.

Pero si lo que buscamos es desarrollar la mente, ¿cómo liberarla de carga permitirá que se desarrolle?

Pues es sencillo, a veces la mente está atascada por toda la carga diaria, semanal, mensual y hasta anual y, por lo tanto, es vital darle un espacio para luego acelerar y sacar el máximo potencial.

Otros individuos tienen formas más complejas de generar el crecimiento mental anhelado. Algunos, pues, se dedican a jugar, sí, solo dedican tiempo a un juego.

Algunos son más cultos y lo hacen con el ajedrez o las cartas. Otros practican un deporte como el béisbol, el tenis o baloncesto. Otros, pues toman sus video juegos y drenan todo, poniendo en práctica estrategias en enfrentamientos con otras personas.

Sea cual sea la forma de liberar el estrés en la mente, pues si es efectivo en ti, síguelo haciendo, siempre y cuando garantices estar poniendo atención. Si notas una merma en tus capacidades, entonces es momento de alejarse.

Y como nuestro norte es lograr que puedas crecer como persona, pues te indicaré 8 formas de elevar tu potencial mental:

1. En forma muy ambigua te lo he indicado, es necesario distraer tu mente, y no hay mejor forma de hacerlo que haciendo ejercicios. Ejercitar el cuerpo libera hormonas, y esas hormonas provocan en tu mente un estado de placer que, a la larga, genera felicidad.

Sí, la felicidad es la fuente que crea ese efecto de tranquilidad en nosotros, por lo tanto, mientras haces tú rutina de spinning, tu caminata de la mañana, o cuando repites tus series de abdominales, entre otros ejercicios, es muy probable que te invada una emoción de alegría, al tiempo que concentras tu mente en seguir.

En ese momento, permite que tu mente descanse, y solo dedícate a pensar cómo lograrás hacer la siguiente rutina. Todo se tratará de esfuerzo físico sin que esto te genere un estrés.

Por ello, si vas a un gimnasio, te recomiendo que te olvides del resto; ignora si otros tienen mejor cuerpo, pues eso no te produce tranquilidad, sino que, al contrario, puede estresarte más de lo que crees.

Otra forma de ejercitarte es practicando algún deporte; por ejemplo, dedícate a esos deportes que hacías cuando eras niño o adolescente. Pero, ¿por qué?

Tan sencillo como esto: cuando eras niño o adolescente no tenías esa carga mental que te genera tanto estrés ahora que eres un adulto. Por lo tanto, la mente entra en una fase de descanso que es saludable para nuestro cerebro.

Desde el punto de vista físico, si sales a caminar un poco, eso te permite generar mayor cantidad de vitamina D para el organismo.

Además, hay otro factor muy importante, cuando ejercitas tu cuerpo existe una mejora sustancial en el sistema nervioso, y ello se debe a que, ante los cambios metabólicos y la liberación de toxinas, el organismo mejora la sinapsis.

La sinapsis es la energía que permite la unión entre las neuronas que son las células que unen todo el sistema nervioso central, incluido el cerebro. De esa manera, es posible que la velocidad de procesamiento sea mucho mejor y que puedas tener una óptima reacción ante las exigencias diarias.

2. Trata de hacer ejercicios de memorización mientras te mueves: es una técnica que más que lograr fortalecer tu intelecto, te permitirá elevar tu capacidad de memoria, lo cual es sumamente importante para fortalecer la mente.

Se ha comprobado que memorizar y mover el cuerpo es una conexión que ayuda a ejercitar tu cerebro mientras que alcanzas una plenitud en tu proceso de aprendizaje.

Una persona que tiene claro lo que debe hacer y, sobre todo, tiene el orden su mente, tendrá mayores posibilidades de luchar en la amplia guerra por conseguir el éxito.

Otro aspecto bien concebido es el aprendizaje neuronal, el cual potencia todas tus capacidades.

3. Otro aspecto muy importante es una sana alimentación. Sin duda, el poder lograr que nuestro organismo consuma los nutrientes y vitaminas necesarias, potencia, en gran manera, tu capacidad e inteligencia.

Muchas personas ignoran la importancia de alimentarse bien. El cerebro requiere, ante todo, tener la capacidad necesaria de oxígeno para que funcione adecuadamente.

Un alto porcentaje de grasas y azúcares terminan en el cerebro humano, o lo afectan de forma directa, por lo tanto, si hay un exceso es posible que desequilibre su funcionamiento y, así, el rendimiento sería mucho menor.

Así que es necesario consumir aquellos alimentos con una cantidad moderada de grasas, pero, sobre todo, con especial cuidado del grupo Omega. Por otro lado, cuando los niveles de azúcar se elevan, la circulación en el cuerpo se hace más irregular, y entonces el rendimiento es menor.

Esto se demuestra cuando las personas no procesan muy bien algunas ideas, o no son capaces de resolver problemas, pues el cuerpo no está en óptimas condiciones.

4. Es hora de un escape: tal como te lo recomendé al principio, nada mejor que darle a la mente un momento de relajación, así que busca esos sitios que te hacen sentir tranquilo o feliz.

Vete a la montaña, ten un fin de semana de playa, busca ese lugar favorito en el mundo para tener un reinicio o para hacer una parada durante una temporada fuerte de trabajo. Y, aunque no todos reaccionan igual, es necesario que la mente tenga el reposo para desahogar todo el estrés acumulado.

5. Busca actividades recreativas que generen retos. Nada mejor que disfrutar mientras haces una actividad, pero, al mismo tiempo, esta potencia tu inteligencia o tu astucia.

Te recomiendo que encuentres algo en lo que puedas mantener activa tu mente, pero no como una carga, sino como lo más recreativo posible.

Jugar damas chinas o ajedrez puede ser una opción. Quizás algún video juego que te entretenga y te ayude a liberar endorfinas.

Podría ser hasta un juego en línea que ponga a prueba tus habilidades. De hecho, ¿sabías que Bill Gates juega mientras que comparte con su familia? Algo muy particular del gran empresario en sus tiempos de esparcimiento.

Pero, ten cuidado con la adicción, porque muchos terminan dedicados al juego y olvidan sus responsabilidades.

6. Escucha música; pues no hay nada más relajante para la mente humana que escuchar música.

Esas ondas vibratorias que circulan por nuestro oído y que contienen letras adornadas con instrumentos musicales, causan en nosotros un estado de tranquilidad. Sobre todo, si se trata de la música que te gusta.

Algunos científicos han aclarado que escuchar música en niveles moderados eleva la cognición de las personas, crea un éxtasis general y, además, mejora tu memoria musical.

De hecho, muchos temas musicales provocan en nosotros una reflexión, y ella nos hace tener un punto de inflexión, hasta llevarnos a una meditación sobre la vida.

Cuando meditamos, existe un proceso de corrección que nos hace mejores individuos, y esto se debe a que buscamos no cometer los mismos errores constantemente.

7. Duerme, pero hazlo bien. Quizás es lo más básico que nos pide el cuerpo humano para tener un correcto funcionamiento.

Dormir es una necesidad de vida, pues en ese lapso de tiempo, además de la producción de sustancias químicas; tu reloj biológico reacomoda todo para iniciar un nuevo ciclo.

El cuerpo humano lo necesita y te pide a gritos que cumplas esa etapa de descanso, por ello recomiendan que sea entre 7 a 8 horas.

Además, el ciclo de un buen descanso se completa con la actividad que realices al levantarte. Esa rutina, te permitirá mejorar tus condiciones, más allá de las posibilidades de prepararte para el reto diario.

Muchas personas dedican esos primeros minutos del día a la meditación, otros leen la prensa mientras toman café, mientras que la mayoría se da un buen baño y dedica tiempo a su cuerpo.

8. Estudia. Es lo más básico para hacer crecer la mente. Por medio del estudio nuestras capacidades se potencian. Pero, además, en esa interrelación obligada en nuestros estudios, lleva a un aprendizaje de nuevas técnicas, estilos y formas de vida.

En resumen, culturiza más nuestra vida, haciéndonos más sabios al momento de tomar decisiones. Sin duda, agrega mayor experiencia a nuestra trayectoria y nos genera una convicción mayor al tener más y mejor información.

Por otro lado, los estudios no solo deben limitarse formalmente. Puedes estudiar desde tu casa, haciendo tus propias conclusiones, estableciendo nuevos patrones de vida, y logrando aplicar nuevas técnicas en todo lo que emprendas en la vida.

Recuerda que no todo está dicho, y las grandes ideas parten de la curiosidad y de la capacidad de inventiva.

Esto, sin duda, ayuda a fortalecer nuestra mente.

Cuando aplicas hábitos claros en el fortalecimiento de tu mente, de seguro esa motivación, esos sueños y esas metas, serán realidad. No serán parte de una fantasía, al contrario, tu entorno comenzará a admirarte por tus logros y serás guía en el camino para todos aquellos que te observan.

Si te permites desarrollar tu mente, tendrás la fuerza necesaria para confrontar cualquier eventualidad. De eso se trata la autodisciplina, de permitirte salir airoso ante cualquier eventualidad que se presente.

Nadie puede abstenerse que la vida es un conjunto de pruebas, y si esas pruebas no son superadas, se presentarán en otras circunstancias y quizás bajo otra figura.

Pero, solo la fuerza de un temperamento sólido y fundamentado en la disciplina, es lo que te permitirá superarte y crecer como individuo.

## Reconocer tus triunfos.

Un aspecto clave en el crecimiento y en el desarrollo de la disciplina, radica en el reconocimiento de los triunfos, pues ellos te permitirán identificar tu crecimiento, en medio de tu proyección como mejor persona.

Si reconoces tus triunfos, entonces, es importante que también reconozcas lo que no has logrado.

No podemos seguir en el camino del crecimiento si antes no sabemos cuáles son nuestros puntos fuertes, y esos se determinan en el momento de una lucha o alguna experiencia específica.

Por ejemplo, cuando un jugador de baloncesto disputa un juego, él sabe cuáles fueron sus ventajas durante la confrontación, las aprovechó y las capitalizó en ataque o en defensa.

Pero, de igual manera entendió, luego de reflexionar, dónde estuvieron sus fallas.

La vida es así. Cuando vamos a disputar algo, entendemos que tenemos puntos débiles, pero también puntos fuertes, y aprender de ellos, es lo que permitirá el siguiente triunfo. No lograrlo incidirá en tu rendimiento.

Sea cual sea el resultado, en ambos escenarios aprenderás, adquirirás experiencia, y será un triunfo para todos los relacionados.

No podemos andar por la vida sin entender qué es lo que nos ha permitido seguir adelante. Es posible que no te detengas a meditar en esas batallas que libras a diario en el hogar, el trabajo o en la calle. Tienes que fortalecerte en el poder de tus habilidades para que tus metas lleguen, o por lo menos, despegar el ambiente para que el camino esté allanado en el futuro cercano.

Pero, hay aspectos que no consideras una victoria, y por ello te invito a que hagas un repaso de todo aquello que te ha permitido seguir adelante.

Entre algunas victorias que deben ser celebradas y reconocidas, tenemos:

1. Emprender un nuevo proyecto de trabajo

Sin duda, es uno de los aspectos más relacionados con el triunfo en la edad adulta, pues un buen cargo reviste la responsabilidad de hacer las cosas bien. Pero, ¿qué sucede cuando no somos capaces de identificar esas pequeñas escaladas durante años de servicio? vives en una rutina sin aspiraciones, porque no te das cuenta de cuánto te has superado, y lo más interesante, tus jefes se han dado cuenta, pero es un secreto público.

Entonces, cuando eres capaz de identificar tu crecimiento laboral, tu autoestima crece, cobras seguridad, y esa imagen de persona del montón, ahora pasa a liderar un grupo de personas. Sus opiniones son escuchadas y, entonces, tarde o temprano, vendrá el ascenso, el aumento salarial, o te sentirás con la fortaleza suficiente para emprender tu propio camino.

Ya sea porque alguien se ha fijado en ti, o porque decidiste tomar la iniciativa; nuevas ideas de independencia laboral comienzan a surfear en tu mente.

Crece una visión, cobra fuerza, inicias tu lucha virtual para llevar ese sueño a la realidad, y entiendes que tienes la capacidad para lograrlo.

Es así como de la noche a la mañana, el joven que era un empleado de línea media en una empresa, termina por arrancar su emprendimiento ante la mirada de asombro de muchos, pues al final del camino, son tus aspiraciones y tus logros los que te permitirán avanzar en la vida.

Y cuando fue un secreto público, ahora eres un seguro ejemplo a seguir en la sociedad, pues te atreviste a lograrlo.

Muchas personas permanecen en el anonimato pues no se atreven a celebrar sus triunfos. Una meta dentro de la empresa es un triunfo, ser el mejor empleado es un triunfo, mantenerte por más de 10 años en una institución escalando posiciones, también es un triunfo. Ser el mejor en lo que haces es otro logro importante.

Pero, mejor aún, si en tu puesto de trabajo te tiene como el amo y jefe de lo que haces. Es decir, tú eres un emprendedor que en tu área lo haces muy bien. Entonces, no significa que seas un vanidoso si te atreves a celebrar con tus seres cercanos lo que has logrado en la vida.

No esperes que otros celebren el resultado del esfuerzo laboral. Hazlo, es parte del crecimiento, pues eso te permite empoderarte en una sociedad que es más reñida por la búsqueda de personal calificado.

Además, es una forma de motivarte a seguir, y de recordarte todo el camino que recorriste para llegar al lugar en el que estás en la actualidad.

2. Lograr tener un momento emotivo con tu familia.
Parece algo increíble, pero es otra de las razones que deben celebrarse.

¿Sabes cuán difícil es tener momentos de felicidad en el seno de tu familia? Quizás, en tu hogar es muy frecuente, por lo cual te felicito. Pero en muchos hogares del mundo las distancias en la familia cada vez son más grandes.

Muchos factores afectan la relación de pareja, de padre con los hijos y claro, entre hermanos. Sin olvidar que los padres son dejados a un lado.

Muchos hijos, al crear su propia familia, desmeritan el esfuerzo que hicieron sus padres, y eso genera una grave depresión en ellos, al punto en el que prefieren vivir ignorados por el mundo.

Pero, cuando logras en tu familia esa conexión que supera el promedio, cuando logras esos momentos con tus hijos, con tus padres y con tu pareja, pues es una razón más que suficiente para celebrar.

El mundo moderno tiene muchos elementos distractores. Los hijos son cada vez más frívolos en la relación con los padres, pero, ¿cuántos pasos has dado para que tu hijo no vea esa barrera delante de ti?

Es por ello que es necesario dedicar tiempo a la familia. Quererlos no es solo llevar el sustento para el alimento o proveer vivienda. Y con esa tesis, poco a poco, las relaciones se van congelando.

Quizás con tu pareja es un poco distinto debido a que duermen juntos y existe ese espacio para conversar. Pero no puedes olvidar la importancia de compartir en familia.

A fin de cuentas, eso también aporta felicidad.

Por ello, si hay momentos emotivos en tu familia, deben ser celebrados y valorados por el contenido y la satisfacción que generan. No olvides que los seres humanos somos emociones, y si en el hogar tus sentimientos son fuertes, entonces es un lazo que servirá de motivación constante en tu familia.

Hemos escuchado del contenido de calidad en la redacción de libros o guías de crecimiento. Pero quiero explicarte que en el hogar es necesario tener un momento de calidad. Ese que es capaz de generar un "te quiero mucho" sin la obligación fingida con la que lo hacemos a veces.

Esos "te quiero" que nacen del corazón, de manera improvisada, en el momento menos esperado, son los que más causan un efecto reconfortante.

Es tan importante reconocer esos momentos que, al día de hoy, mucho del desmembramiento de la sociedad se debe a la desintegración de la familia.

Y sí, suena muy cliché, pero la familia es la base de la sociedad.

Una persona con autodisciplina, en el fondo de su corazón, más allá de una razón de lucha y en muchos de los casos, tiene una razón que nace del seno de su hogar.

Sí, grandes emprendedores lucharon, cayeron y se levantaron, pues querían ver felices a los integrantes de sus hogares. Por ello, debes busca la forma de elevar esa afinidad intrafamiliar.

Si lo lograste, hay que mantenerlo, y si lo mantienes, hay que celebrarlo.

3. Lograste concluir un trabajo importante.
Luego de un tiempo, concluiste una tarea importante que te fue asignada, y salió a la perfección, justo como se esperaba. Entonces, es una razón para celebrar y en grande.

De igual forma, esos triunfos, al final, son ganancias que suman a tu experiencia. Aunque, no todo se refiere al campo laboral. Algunas personas se autoimponen tareas que son muy importantes dentro de su vida académica, y eso también genera satisfacción, pues es un logro.

Los logros deben recibir el mérito necesario, para que generen en ti el placer de haberlo cumplido.

Un informe importante dentro del trabajo resulta necesario. O, quizás, terminar de armar el motor de tu auto.

Muchas personas hacen tareas en su hogar y lo toman como un entretenimiento y, al concluirlos, lo toman con mucha alegría. Es otro motivo para celebrar.

De igual forma, aquellos que se preparan académicamente tienen un momento de celebración con la entrega de un trabajo final o con la conclusión de un periodo escolar.

La vida se trata de disfrutar los pequeños momentos que te generen satisfacción, y cuando mires atrás, y hagas un inventario de todos tus logros, sentirás la seguridad de que puedes alcanzar más.

4. Lograste superar un temor en tu vida.
Quizás, muchos de nosotros tenemos pequeños traumas que nos impiden ser mejores personas, pero si te esfuerzas en enfrentar esos miedos, al final de ese periodo, será un logro muy sustancial.

Por ejemplo, María es una excelente arquitecta, pero tiene un gran miedo de expresarse ante el público. Es imposible verla exponer sus ideas ante un grupo de personas.

Esto es lo que llamaríamos "miedo escénico". Sin embargo, ella se ha propuesto vencerlo, y se ha dedicado durante varios meses a hacer un curso de preparación para, así, convertirse en una profesional más integral.

Sus compañeros de curso la ayudan y le brindan la seguridad necesaria para que ella pueda crecer en su desenvolvimiento delante de un público.

Finalmente, ha concluido su preparación, por lo que ahora será necesario aplicar todo ese conocimiento en una exposición donde defenderá un proyecto para la firma con quien trabaja.

Expone con firmeza, sus ideas son seguras, no hay titubeos, y además genera risas entre los presentes. Sabe que es la estrella del momento, y ya entendió que ha vencido su miedo.

Al parecer es algo muy básico, pero es un logro muy importante, y por ello lo celebra con sus amigas y compañeros de trabajo. Entiende que es un paso en su ascenso profesional.

Muchos de nosotros aprendemos algo muy importante a mitad de nuestras vidas, y son detalles que deben ser compartidos y celebrados con alegría. No puedes privarte de la idea solo porque parece ser algo "normal" y no tan significativo. Celébralo y disfruta el momento.

Si detallas los últimos puntos, de seguro te has preguntado, ¿cómo puedo desarrollar mi autodisciplina mediante la celebración de los logros?

Parece algo efímero, pero en realidad tienen una gran relevancia en el establecimiento de las metas, pues las celebraciones de los logros adquieren importancia cuando te permiten darte cuenta del cambio realizado.

Cuando, desde tu ser interno, analizas todo lo recorrido, tendrás mejor autoestima y verás la vida con mayor compromiso, porque sabes que el esfuerzo tiene su recompensa.

Algo muy importante. Cuando te das cuenta que conseguiste la victoria, un triunfo reconforta. Pero, también una derrota puede significar un aprendizaje, que no genera el mismo placer, pero que, si la meditas detalladamente, proporciona un mayor conocimiento.

Muchos emprendedores pasaron por serias derrotas en su vida, y no fue hasta que cayeron hasta el fondo, cuando sacaron fuerza, se motivaron, y aprendieron de las derrotas.

Debes identificar el justo momento cuando en un punto de reflexión, la mente se ha hecho tan fuerte, que serás capaz de darle vuelta a todo y, desde entonces, tu vida tendrá un enfoque distinto, te sentirás diferente, y esto será posible porque habrás afinado ese sentido para los triunfos.

Eres una persona sabia y lo sabes.

## El otro lado

Es por ello que el aspecto de la derrota no puede verse como la decadencia del individuo, ni la extinción de un proyecto. Es la unión de todos los eslabones necesarios en tu vida para poder llegar al triunfo anhelado.

Por ejemplo, un muy popular equipo de béisbol en Estados Unidos, los Astros de Houston, tocaron fondo, siendo los peores durante varias temporadas. Sin embargo, durante ese periodo, fueron agregando buenos novatos y, tras varios años de récord negativo, finalmente llegaron a la élite de los mejores equipos.

Pues, justo así es nuestra vida. ¿Cómo podemos aprender de los triunfos si no hemos logrado alguno en nuestra vida, o por lo menos alguno sustancial?

De seguro te preguntas eso, pero cada derrota te permite forjar la autodisciplina. Cada golpe de la vida te convierte en un individuo, enfocado cada vez más a lo que visionas en tu futuro. Es entonces cuando das ese salto al "estrellato" y te conviertes en alguien distinto, que ha adquirido mucha experiencia.

Hay un caso muy particular de un político de Estados Unidos. Hablamos de Abraham Lincoln. Antes de llegar a ser presidente, tuvo un largo camino que recorrer. De hecho, haciendo un balance de su vida, tuvo más derrotas que victorias, pero logró dos cosas muy importantes en ese periodo de la historia: firmó el decreto de abolición de la esclavitud y logró la verdadera unión de toda la nación luego de la Guerra Civil.

A decir verdad, la Guerra Civil fue un capítulo oscuro en la historia de los Estados Unidos, con muchas pérdidas humanas. Luego de ello, se consolidó el proyecto de la unión para, así, convertirse en una potencia mundial.

Muchos políticos sabían del costo de la guerra. A decir verdad, no hubo victoria, solo que el país tuvo que recorrer todo ese camino para entender cuál es la fortaleza de la nación: Unidad.

Cómo Lincoln, muchos de nosotros estamos en un momento muy pantanoso, oscuro, sin dirección, a veces con muchas derrotas, y es necesario sacar fuerzas para vencer la depresión que se desarrolla luego de una amarga derrota.

Es fácil celebrar en lo triunfos, pero, ¿serías capaz de celebrar luego de una derrota? Tu fortaleza será entender el valor que conlleva.

No es nada fácil, pero es necesario para que puedas seguir avanzando. Es muy probable que, tras un periodo oscuro, te hayas convertido en alguien fuerte, tus convicciones sean más sólidas y, es solo en ese instante, en el que determinas que es hora de que el mundo conozca tu valor y el concepto de éxito desde tu punto de vista.

## Conserva el equilibrio total:

El equilibrio total se refiere a la armonía que debemos tener cada uno de nosotros para poder enfrentar los desafíos de la vida.

Para desarrollar la autodisciplina es necesario que tus emociones, tu capacidad, tu ímpetu y tus fuerzas, en general, mantengan un equilibrio para las batallas por venir.

Sólo por mencionar un claro ejemplo: si trabajas demasiado, te sentirás agotado, y si descansas demasiado, postergarás muchos compromisos.

En la vida todo se trata de establecer un equilibrio entre todo lo que nos rodea, de manera que poseas el mínimo común, para cada uno de los retos que tienes por delante.

Otro factor muy importante en las personas es dejar ir y aceptar.

Son dos principios fundamentales en una vida auto disciplinada.

*Dejar ir* hace referencia al poder para desprenderse de aquello que ya es una carga, por cuanto tienes otros objetivos.

Puede ser una carga emotiva, alguna relación, un mal hábito o algo en tu vida que trae recuerdos de los cuales no deseas desprenderte. Puede constituirse como un estorbo en tu salud, pero es necesario que tomes la fuerza requerida para dejar atrás lo que ya no te conviene.

Dejar ir es decir "NO", es negarse a sufrir, es iniciar un nuevo periodo en la vida, es también reconocer que ya no puedes más, pero que es un paso más para ser mejor individuo, mejor padre, mejor hijo, mejor pareja o mejor trabajador.

Quizás una de las cosas más complejas para nosotros, los seres humanos, es el apego. Hay algunos aspectos de nuestra vida que la verdad no generan nada y que solo son una carga que puede estropear tu futuro.

Otro elemento dentro de la paradójica decisión de "dejar ir" se engloba al hecho de salir de la vida de manera fácil, sin dejar la zona de confort. Sabes que ese estilo de vida es muy cómodo, pero no te permite avanzar en nada, sino que, por el contrario, estanca tu desarrollo.

Nadie puede aspirar a algo en la vida sin esperar problemas o sin tener que renunciar a cosas innecesarias.

Un político me dijo en una ocasión, "a veces perdiendo se gana"

Sin duda, requieres dejar ir esa zona de confort que te hace la vida fácil, pero no es lo necesario para alcanzar el éxito.

Muchos empresarios exitosos, en algún punto de su vida, se vieron obligados en vender todo lo que tenían para comenzar de cero, pues vieron una gran oportunidad.

Otros dejaron su tierra para adentrarse en culturas distintas, pero con el anhelo de cumplir la gran meta de su vida. Y es así, un equilibrio entre decisiones acertadas y otras desacertadas, pero que solo depende de ti saber cuál es la indicada.

Por otro lado, está "aceptar", que no solo se refiere al hecho de asimilar una pérdida, sino también al hecho de "dejar entrar" a algo o a alguien.

En este punto quiero hacer énfasis, pues muchos tienen una vida tranquila, sin mayores inconvenientes. Sin embargo, hay quienes tienen ese gran deseo de crecer y, en el fondo, saben lo que tienen que hacer, pero no aceptan la realidad.

Cuando hay negación, sencillamente estamos condenados a ser personas sin incidencia en la vida de nadie. Si quieres trascender, tendrás que sacar un momento para la aceptación, y para dar ese paso que te transformará en una persona con otro tipo de nivel intelectual.

Pero, actitudes como el orgullo, la negación, el querer permanecer pasivos, entre otros, evitan que adquieras la valentía necesaria.

Quizás muchos de los grandes emprendedores que conocemos pudieron tener una vida muy tranquila, pero tomaron la decisión y dieron el paso que revolucionó todo. En otros casos, analizaron que el triunfo solo llegaría con la ayuda de alguien más o de un equipo completo.

Seguro llegará ese momento en tu vida. Y, en ese instante, entenderás a lo que me refiero.

El punto esencial se encuentra en la siguiente pregunta, *¿quién quieres ser en la vida?*

# Capítulo 6: Rodéate del tipo de persona que te gustaría ser

La vida es un conjunto de individuos que viven en sociedad, y una sociedad es una relación en donde las partes convienen a tener ganancias iguales, o por lo menos, hay un valor agregado en la relación que bien puede ser emocional, social o económica.

Pero, en el caso de la sociedad, cada individuo vive en su conjunto como parte de un todo; al día de hoy, gracias al avance de las comunicaciones y el avance de las redes sociales, se habla mucho de la red global.

Y es que literalmente vivimos en un conjunto, y lo que antes era una relación a distancia, puede ser acortado por la tecnología.

Es probable que tengas un gran amigo que se ha ido a otro país, pero es como si aún estuviese cerca de ti, pues todos los días se comunican y expresan mutuamente sus inquietudes.

Lo cierto es, que cada vez tenemos más influencia de los que nos rodean, al punto en el que muchos patrones conductuales de grandes celebridades son copiados por millones de personas en el mundo.

Quiero partir de una premisa para entender a profundidad el tema.

"Dime con quién andas y te diré quién eres"

Es una expresión muy vieja, tanto así, que en Europa fue de uso común, al punto de influenciar a Miguel de Cervantes de plasmarlo en "Don Quijote de la Mancha". Es una expresión con profundas raíces culturales.

Muchos de nuestros padres lo llegaron a decir cuando veían que teníamos alguna amistad que, a su juicio, no era conveniente para nosotros. Es así como era una exhortación a escoger muy bien el entorno de amistades que permitiéramos a nuestro alrededor.

Generalmente, quienes nos rodean, terminan por influir en nuestros mejores amigos, aunque no siempre. Ahora, con las redes sociales, puede surgir alguna amistad de la interacción que tangamos.

Sin duda, es el campo laboral, los vecinos o los espacios recreativos que compartimos, los que nos permiten seleccionar nuestro grupo de amistades.

¿Y por qué comienzo con las amistades? Un amigo tiene más influencia, incluso que nuestros padres. De hecho, en muchos casos, nuestro futuro gira alrededor de ese grupo selecto.

Por ejemplo, tu esposo o esposa se encuentra en ese círculo primario de amistades o, por lo menos, es casi tan cercano. Tus hijos terminan compartiendo con los de tus amigos. O, quizá, muchos empleos son recomendados por un amigo.

Como verás, esas grandes decisiones tienen cierta influencia de las personas con quienes pasamos más tiempo porque, puede suponerse, que son tus amigos más cercanos.

Pero, ¿es la familia el primer círculo de influencia? De hecho, muchas de nuestras decisiones surgen por las consecuencias de las disposiciones que se toman en el hogar. Por lo tanto, partiendo desde la casa, es allí donde se consuman nuestros primeros triunfos o derrotas.

Además de ello, en muchos casos, decidimos estudiar una carrera por la referencia que tenemos de nuestros padres o, en su defecto, de algún tío o hermano mayor.

Conozco muchas familias donde hay varios abogados, o varios médicos, policías, o ingenieros. Pues, además, siguen una especie de tradición, sobre todo si hay un negocio familiar de por medio.

También es cierto que muchas personas no logran ser profesionales o aprender lo que desean en la vida por la terrible situación moral o económica en la cual crecen.

Es cierto que nadie determina quién eres, pero eso influye en tu percepción de la vida. Muchos maleantes terminan siéndolo, pues varios miembros de la familia forman parte de una banda. Otros, dada la zona donde viven, sienten la atracción de hacer lo malo como consecuencia del grupo social y, para ser aceptado, requiere seguir ciertos patrones negativos.

Otro aspecto clave es la moral. Resulta que cada grupo social tiene un concepto de la moral, y muchos niños crecen en un entorno donde lo ilegal termina siendo tan común, que no hay noción entre lo bueno y lo malo. Es así como la noción entre el bien y el mal no está claramente determinada.

Tanto Sigmund Freud, como otros investigadores, explicaron en sus teorías que estamos seriamente "marcados" por nuestro entorno. De hecho, un ejercicio práctico te dirá que es así.

Cuando emigras a otra región, con los meses, te darás cuenta de cómo la cultura influye en ti, y hasta el acento de la zona termina por dominarte. Incluso, terminas por cambiar tus expresiones faciales y tu forma de alimentarte.

Claro, en el tema de las decisiones es algo más complejo, entonces es importante que decidas ese entorno.

Por ejemplo, cuando estuve en la universidad, por un tiempo, mi nivel de superación dependía de quienes me rodeaban, y me hacía más fuerte o disciplinado en función de ese grupo, con quien cursaba algunas cátedras.

Poco a poco, terminé formando grupo con dos chicas geniales, quienes marcaron mucho de mi carácter profesional. Al día de hoy, todavía aplico muchas de sus metodologías de organización.

Además de ello, cuando veía sus calificaciones, y al saber que eran un poco mejor a las mías; pues entendía que debía mejorar, para estar a la par de ellas dos.

Existe, sin embargo, otro tipo de influencia y es la que escoges por tu cuenta, que nadie la determina. Tú mismo decidiste hacerlo pues sabías que en ese entorno conseguirías lo que deseabas. No se trata de interés, se trata de aspirar. No puedes culparte por tener una ambición a ser exitoso.

Se dice que, en promedio, tenemos muchas características de las 5 personas con quienes más nos relacionamos. Increíble. Sería interesante hacer un ejercicio al respecto para que analices quiénes son esas cinco personas con quien más te relacionas en tu actualidad.

## Las personas que más influyen en tu camino al éxito

Partiendo de la premisa del círculo de personas que nos rodea, veamos cuáles son las más cercanas, que regularmente, influyen en nuestro comportamiento y en el logro de nuestras metas.

1.  **Adversarios:** Sin duda, son los rivales los que nos impulsan a conseguir retos mayores. Desde aquel niño en la primaria a quien querías superar en las competencias de educación física, hasta aquellos que tenían notas extraordinarias.

Siempre, en la vida, buscamos un referente para tomar como ejemplo a seguir. Claro que, en la etapa escolar, buscamos ser como los más populares, pues generan esa admiración tan particular en las instituciones educativas.

Con seguridad, existía en tu aula de clases, o en el colegio, ese alguien a quien siempre decidiste seguir. Y, si eras el líder, tenías por meta ser como alguien de tu pasado o, sencillamente, las historias de tus padres eran el referencial.

Los seres humanos tenemos ese espíritu de competencia innato. Siempre buscamos ser mejores que alguien, y si no podemos, establecemos un equipo, y un plan, para superar a ese individuo.

Era muy regular que, durante la escuela, formaras equipo con personas inteligentes. Si eres uno de ellos, seguramente buscabas fortalecer aquellos puntos que considerabas débiles.

Recuerdo muy bien cuando un profesor en primaria nos asignó realizar una maqueta o pequeño plano de algo que queríamos construir, o deseábamos ver en nuestra ciudad.

Reconocía que no era el mejor en esas cosas y, por lo tanto, busqué unirme a un grupo con creatividad.

El resultado: construimos la visión que teníamos de cómo podía ser el sistema de metro en nuestra ciudad.

Por mi cuenta no lo hubiese logrado, pero en mi curso académico siempre me propuse estar entre los mejores.

Ya, en el trabajo, las cosas se ponen un poco más complicadas, lo cual es positivo, pues eso te exige a ser una mejor persona, identificándote con todos los aspectos que te permitan distinguir hasta dónde puedes llegar.

Cuando tenemos ese tipo de retos en nuestras vidas, es muy probable que experimentemos el crecimiento, y a su vez, nos obligamos a ser mejores cada día.

Ese reto es el que nos permite desarrollar nuestra disciplina y convertirnos en seres distintos. Por ello, eventualmente, debes hacer un seguimiento de tus logros. Y en ese instante analizar las razones de ese cambio.

Estimo que cuando en nuestro trabajo hay profesionales excepcionales, ello nos permitirá ser mejores personas. Por la influencia, por la dedicación, y por las experiencias que escuchamos de ellos.

Claro, en muchas situaciones, hay compañeros de trabajo que son muy recelosos con su labor, y en muy pocas ocasiones revelan sus secretos. Queda de tu parte hacer un análisis hasta dar con la clave.

De igual modo, puede existir alguien en el vecindario del cual sentimos gran admiración, y más que un rival, lo vemos como a alguien a quien emular.

Queremos superar sus logros y tenemos metas establecidas para alcanzar esos logros. A veces raya en la envidia, pero tenemos que entender que son sentimientos naturales que, cuando son bien canalizados, dan grandes resultados.

2. **Amigos**: Y sí, siempre los amigos. Ellos nos indican, de una forma u otra, el camino a seguir en la vida. Sea por su influencia, porque nos recomendaron ir a un lugar, o porque simplemente queremos ser como ellos.

Quizás, después de la pareja, son los individuos que tienen mayor impacto en la percepción que tenemos de la vida. Si eres una persona con autodisciplina desarrollada, es posible que sólo consideres algunas cosas de tu entorno de amistad.

Por eso, es importante que analices muy bien qué tipo de amigos quieres tener y, debes evaluar con suma sinceridad, cuáles son los beneficios que puedes obtener. Porque, de la misma manera, se identifican los prejuicios. Así como un amigo puede ser vital en el éxito de tu vida, también es cierto que puede ser letal.

Y eso se debe a que, en honor a la amistad, terminamos incurriendo en decisiones que cambian nuestra vida, para bien o para mal.

Suena severo decirlo, pero debes escoger muy bien tus amistades.

Un caso muy llamativo es el de las empresas nuevas que han surgido en los últimos años. En gran medida, esos emprendimientos resultan del círculo de amistades que se tienen. Es así como grandes emprendedores se rodearon de amigos que tenían sueños parecidos.

Quiero traer como ejemplo a la empresa Pompeii, una empresa española que nace de la idea de cuatro amigos que se unieron en el mundo de la confección de zapatillas, sin tener la menor idea del mercado.

Jaime, uno de los amigos que cuenta la historia, explica en sus exposiciones que, un día, estaban reunidos sus compañeros, y entendieron que el mundo de la moda tenía mucho potencial. Luego de descartar la ropa o las gafas, se decidieron por los zapatos. Con un capital de 18 mil euros y sin ninguna idea de cómo comenzar, solo decidieron escribir en Google "cómo hacer zapatillas".

La verdad, suena muy gracioso todo, pero fue la manera en cómo ellos entendieron que podían entrar en el mundo que aspiraban.

Luego de ubicar personas que confeccionaban zapatos en España, lograron hacer su primer lote de 350 pares.

Ahora, la pregunta era ¿dónde y cómo venderlos?

Sin duda, con el auge de las redes sociales, vieron en Instagram y en Facebook una forma masiva de entrar al mercado.

En su primera venta, lograron vender todo su stock, y así empezó la historia de una de las empresas de zapatillas más famosas en redes sociales.

Comenzó como un sueño entre amigos y, de la misma manera, nacieron grandes emprendimientos en el mundo.

Aunque Pompeii aún no ha despegado, y apenas estemos viendo la punta del iceberg, al día de hoy fabrican 100 mil zapatillas. Nada mal para unos chicos que no sabían nada del mundo de la confección.

Es vital aprender a conocer y a determinar tu entorno de amistades.

Muchos no prestamos atención, pero, a veces, por cosas de la vida, aparecen grandes opciones de las cuáles no tenemos ni la menor idea. Sólo aparecen, pero representan algo muy importante para nuestro futuro.

Esas opciones están en el círculo de amistades que hemos seleccionado. Solo resta de tu parte que tomes las acciones necesarias para seguir creciendo en tu vida. Quizás puedas encontrar algún inversionista o a alguien que quiera proyectar, o darle forma, a tu idea. Son solo algunas de las opciones que son válidas para poner sobre la mesa.

Por otro lado, también es necesario hacer un seguimiento de esas personas a quienes consideras tus "amigos" pues, sencillamente, a veces no son lo que esperabas y puedes meterte en líos diferentes.

Toda relación social debe ser evaluada y, sonará frío lo que te diré, pero, a veces, hay "amistades" que en nada ayudan a tu progreso, sea personal, laboral o en el logro de tus aspiraciones.

3. **Parejas**: cuando eres adulto, comienzas a tomar decisiones de manera individual; muchas de esas decisiones dependen en gran medida de la experiencia, mucha o poca, que hayas tenido durante tu adolescencia o lo que aprendiste de tus padres.

Sin embargo, hay un nuevo factor que determina gran parte de nuestras decisiones, y nos referimos a la pareja. Esa persona que has permitido que entre en tu vida. Una nueva perspectiva comienza a florecer y, ello se debe, a que mucha de la nueva influencia que recibes provenga de esa persona.

El saber si es la pareja ideal o no, lo puedes saber solo tú, pero, lo único cierto y certero, es que su ayuda será vital en la formación de una autodisciplina en tu desarrollo.

También es cierto que el amor no tiene que ver en nada con la razón, pues tiene otros aspectos más bioquímicos que racionales. Pero, sí es cierto, que nos comenzamos a fijar en personas que tienen un atractivo especial, más allá de lo físico.

Te decía, en el punto de las amistades, que en muchas ocasiones tu futura pareja puede venir de ese entorno, y ello se debe a que comenzamos a observar, a compartir y a tener experiencias bonitas con alguien en especial.

Es decir, grandes relaciones surgen del trato que va creciendo y emergiendo de un nexo de amistad y, al mismo tiempo, de un interés en común.

Puede ser el gusto por algún deporte, alguna práctica recreativa, estudios, amigos en común, y así sucesivamente. Lo cierto es, que conoces a esa persona con quien decides iniciar nuevos proyectos, una nueva vida y un nuevo rumbo.

Tan fundamental resulta ser, que en muchas ocasiones terminamos distanciándonos de las personas que tenían mayor influencia sobre nosotros, nos referimos a los padres. Aunque, es parte del ciclo de la vida.

En tal sentido, debes elegir muy bien con quien piensas compartir tu vida. No olvides que mucho de tu éxito dependerá de esa compañía.

Además, muchas historias nos terminan por enseñar que hay excelentes parejas con quienes terminas estableciendo un mejor futuro, y con quienes consigues una ruta hacia al plan que esperas cumplir.

No hay una regla para saber cómo es la persona idónea, ni tampoco hay un manual al respecto. Y, por muchos libros y enseñanzas alrededor del amor, la verdad es que no hay una regla escrita.

Solo debo decirte algo con la mayor responsabilidad que amerita el caso: esa persona debe ser alguien con quien sientas que estás creciendo en la vida. No necesariamente en todas tus facetas, pero debes tener muy claro que comparte tu misma visión.

4. **Mentores**: en la vida, suelen surgir mentores o maestros que nos hacen crecer en todos nuestros aspectos, a tal punto, en el que se constituyen como guías profesionales, sin así planearlo.

Ese tipo de personas nos explican una ruta para llegar más rápido hacia el éxito. Esos mentores aparecen a lo largo de todo el trayecto de la vida y están involucrados en cada uno de nuestros aspectos. Son como ángeles en el camino. Y si bien es cierto, no serán los mejores, pero sí lo necesario como para ser un punto de apoyo cuando más lo necesitamos.

Claro, ellos no son responsables de nuestro éxito, y tampoco de nuestra derrota, pero son individuos que aparecen en la vida para aconsejarnos.

El valor de un consejo es más grande de lo que muchos usualmente estimamos, así que cuando una persona tiene la gentileza de darnos uno, no hay que rechazarlo, sólo escucharlo.

En el mundo moderno, se habla del **mentoring**, como la forma de conseguir mentores que nos ayuden a tomar decisiones, o en su defecto, a mirar mejor el futuro, ante las diversas decisiones.

Son muchos los casos de mentores que aparecen en la vida de las personas, pues no solo ayudan a clarificar las cosas, sino que son fuentes de sabiduría y, sobre todo, nos inspiran.

Son tan fundamentales en la vida de las personas, que logran cambiar la visión de lo que entendían hasta ese momento, y ello se debe, en gran medida, a la experiencia que han adquirido.

Y es que los mentores se vuelven grandes por todo el camino que han recorrido y, en base a triunfos y fracasos, logran adquirir una visión clara de la vida.

Todos hemos escuchado la historia de Martin Luther King. Es una de las personas con mayor influencia en el mundo. Fue forjado en medio de una versión racista de los Estados Unidos, sobre todo en el sur y el centro del país. Sus acciones marcaron un antes y un después, para poner fin a la segregación racial en la nación.

Pero, Luther King encontró en alguien un perfecto mentor. Hablamos del profesor Benjamin Mays, un catedrático de larga trayectoria académica, y luchador en contra del racismo.

Mays se encargó de moldear en el joven Martin un espíritu y unos principios sólidos. De hecho, algunas de las grandes decisiones de Luther King debieron pasar por el consejo de Mays.

Para Benjamin Mays fue un episodio muy triste tener que dirigir las palabras en el funeral de Martin Luther King.

Es, sin duda, un ejemplo de lo que puede ser un mentor. Por eso, asesorarte hacia el camino del éxito, hacia el cumplimiento de tus sueños y hacia el logro de las metas, es importante. Ellos hacen de ti un mejor individuo, y potencian la autodisciplina que va creciendo en ti, como la llave que te permitirá abrir la puerta del triunfo.

# Capítulo 7: Hábitos

Los hábitos son acciones que vamos asimilando y que, dado el tiempo de practicadas, se arraigan en nuestras vidas de forma sistemática. Por así decirlo, se convierten en una acción que, sin medirla, o programarla, simplemente se ejecuta.

En la psicología conductual, un hábito es aquella conducta que predispone a un sujeto a realizar de manera perfecta alguna actividad.

Los hábitos pueden ser buenos o malos, y constituyen la base de muchas empresas, para lograr una productividad efectiva y en masa.

El mismo Aristóteles define que los hábitos pueden ser como una reacción frente a un hecho y que, sin la necesidad de pensarlo mucho, solo sucede.

Partiendo del hecho de que nadie nace con un hábito, los mismos son adquiridos con el pasar del tiempo, para que el gasto mental o físico sea mucho menor.

Al nacer un niño, lo primero que pide es que lo alimenten. Por ello, es acercado al seno de la progenitora para que vaya aprendiendo cómo alimentarse. Luego de un tiempo, ya el niño reconoce olores, la piel y hasta la posición para saber que le alimentarán.

Es uno de los hábitos más conocidos, y así, el ser humano va desarrollando todo con actitudes que se convierten en acciones rápidas, de modo automático.

Cuando somos niños, muchas acciones las aprendemos por imposición de los padres y, con el pasar del tiempo, llegan a constituirse como respuestas naturales.

Es por ello que cuando afianzan en nosotros los hábitos de cordialidad, tales como: saludar, dar los buenos días y ofrecer disculpas; estos, pese a que al principio eran algo incómodos, con el tiempo se convierten en un hábito.

En este caso, son los hábitos los que evidencian la buena educación, el respeto y los buenos modales. Pero, otras acciones más complejas, requieren de una práctica constante y de pasar por mucho "ensayo y error", hasta que, finalmente, ya es muy fácil para nosotros.

Otro ejemplo es manejar bicicleta. Al principio es tan difícil, que solo con ruedas de apoyo lo podíamos hacer. Sin embargo, con el pasar del tiempo vamos aprendiendo para que, eventualmente, tomemos el control con el volante.

Lo mismo ocurre con un sinfín de actividades, pero en nuestro objeto de estudio, queremos establecer aquellos hábitos que serán fundamentales en la concreción de un carácter recio y seguro, para enfrentar los retos. Tanto con los momentos de fracaso, como con los triunfos.

Los hábitos son los eslabones en la consolidación de la autodisciplina.

Etimológicamente, un hábito es la manera de ser. Viene de "habitus" que tiene que ver con el vestido o con la apariencia física.

Por lo tanto, un hábito es la identificación externa de nuestro modo de vida. Es lo que nos distingue, o nos hace parecer, a otro individuo.

Así, el hábito representa la forma en cómo llevamos nuestra vida, por lo que repercute de manera directa en la formación de un ser auto disciplinado.

Pero, ¿cuánto puede demorar un hábito en establecerse en nuestras vidas como forma y actitud? Es una respuesta bastante compleja, pero todo depende del interés que tengas para poder aprender esa acción y que se convierta, así, en un estilo de vida.

Los humanos tenemos la posibilidad de renovarnos e incluir aprendizajes distintos en muchas etapas de nuestra vida, por lo tanto, todo dependerá de la actitud que tomemos frente a un hecho, para poder superarlo.

Hay muchas formas de aprender un hábito, pero quizás la repetición, el ensayo y error, entre otras técnicas, te permitirán agregar una nueva destreza en función del interés que tengas.

Cada individuo es distinto, pero todos pueden aprender algo nuevo, moldear su vida, y darle la forma que desea.

Por ejemplo, cuando alguien aprende técnicas de autodefensa; son tantas las prácticas que, al momento de aplicarlas, es posible que respondas con una facilidad que ni tú mismo creerás, y ello se debe a que ya es un hábito en tu vida.

Levantarse de mañana y extender las sábanas de tu cama, ir al baño y cepillarte, luego leer la prensa y tomar un café.

El día que no cumplas con ese patrón, de seguro te sentirás muy extraño. Y no es para menos, sobre todo cuando llevas haciéndolo durante unos 10 años.

Existen algunos hábitos que, la verdad, no interfieren para nada en nuestras vidas, no aportan, ni dejan un fundamento de amplios beneficios. Sin embargo, aquellos que sí son importantes, suelen convertirse en herramientas fundamentales que ayudan a alcanzar el éxito, y eso se debe a la persistencia.

El investigador y psicólogo William James dijo que la formación de los hábitos es el pilar fundamental en el desarrollo físico y mental, pero, además, estamos en un ciclo constante de cambios que permitirán una nueva corriente de pensamiento y, así, modificar el concepto de la vida misma.

James fue enfático en decir que toda nuestra vida es una masa de hábitos, que para bien o para mal, están ordenandos de forma sistemática.

Siguiendo sobre el tema, el investigador también fue enfático en decir que sólo la práctica constante de actividades útiles es lo que nos permitirá avanzar y evitar que otros hábitos inútiles se infiltren en nuestra vida, creando prácticas nocivas como la procrastinación, el deseo de dejar las cosas a medias, postergar las metas, entre otras.

De tal forma, en nuestros primeros años de vida tenemos hábitos buenos o malos, y en la medida en que vamos creciendo, podemos determinar cuáles pueden seguir o no, en función de nuestra visión hacia el mundo.

Para muchos es un hábito tomar café de mañana, para otros no es necesario, aunque de igual forma lo consuman solo por presión y tendencia social.

## Cómo adquirir hábitos en nuestras vidas

Los investigadores del conductismo, cuya base de estudio es la conducta del ser humano, han hecho mucho énfasis en que gran parte de nuestra percepción y nuestras decisiones en la vida, provienen de acciones que hemos aprendido con el pasar del tiempo.

Algunas conductas han sido enseñadas, otras han sido aprendidas, otras surgieron como una acción fortuita, pero que al final, terminan condicionando gran parte de nuestras decisiones.

Es por ello que William James, padre del conductismo, fue uno de los psicólogos con mayor énfasis en el tema de los hábitos en el ser humano.

Es muy interesante lo planteado por James, en cuanto a los cambios de conducta, haciendo énfasis en los hábitos.

En su estudio, explicó que los seres humanos tenemos una estructura suficientemente débil para permitir el avance de otras conductas que terminan por cambiar el rumbo del camino.

Imagina por un momento que tienes en tu vida la posibilidad de ser médico, pero de un momento a otro, decidiste cambiar de opinión, pues la influencia social te hizo entender que eras la persona perfecta para convertirte en un ingeniero.

Quizás no suene muy familiar, pero es un hecho muy común entre la juventud.

A esa capacidad de plasticidad se le denominó como "neuro plasticidad", la cual se refiere a que nuestros pensamientos, concepciones y visión que tenemos de la vida, cambian en función de una experiencia.

Es tanto así, que, para William James, hasta el cerebro cambia físicamente, modificando todo lo que era una verdad para nosotros. Pues hay un impacto que nos impresiona a tal punto, que somos capaces de cambiar todo lo que habíamos preservado como valioso.

En nuestros días, hay una proliferación enorme de creencias religiosas. Unas nuevas y otras que llegan al nivel de una secta, que se involucran tanto con el individuo, de manera que lo van haciendo cambiar, en la medida en la que va aprendiendo más y más de esos credos.

Entonces, en esos casos, comienza un nuevo "algoritmo" en la vida de la persona, de manera que reinicia completamente todo lo que había valorado como triunfo o como éxito.

Esa neuro plasticidad dependerá, en gran medida, de la experiencia que tenga la persona alrededor de un hecho en particular.

Hace algunos días, leía la impactante historia de Jet Li, el famoso actor, peleador de artes marciales, y considerado, en su momento, como el sucesor de Bruce Lee.

Parte de su historia gira en torno a su meteórico ascenso en el mundo de las artes marciales, llegando a tener exhibiciones ante el mismo presidente de los Estados Unidos, cuando apenas era un adolescente. Luego, inicia la carrera en el cine, constituyéndose como un ícono de las películas de ese estilo.

Teniendo una vida prolífica, con gran éxito, y con algunas metas aún por lograr, su vida cambió en unas vacaciones. Resulta que, durante el Tsunami en Indonesia, la familia Li estaba en una de las pequeñas islas.

Explica que todo fue tan repentino y, al ver que el agua venía, decidió correr con sus hijos. De no haber sido por la ayuda de otros sujetos que arriesgaron su vida, quizás hubiese fallecido.

El actor acepta que ese momento de la vida lo hizo cambiar para siempre, y comenzó a dedicarse más a las actividades filantrópicas, siendo embajador de la Cruz Roja en el mundo.

El tema es, que cada individuo es libre para tomar decisiones y generar cambios en su vida. De igual forma, debido a ese nivel de conciencia que surge tras un hecho, en muchas ocasiones, aprovechamos esa fuerza de motivación para cambiar aspectos de la vida que no aportan nada, partiendo desde la cosmovisión de cada persona.

Ahora bien, es necesario reflexionar por un instante, y determinar qué podemos hacer para reforzar nuestro camino al éxito, o replantearnos si lo que hacemos está bien o no.

La autodisciplina exige en tu vida patrones conductuales que te encaminen, de una vez por todas, al éxito anhelado. No puedes permitirte vivir estancado y sin aspiraciones. No olvides, cada minuto cuenta.

Hemos entendido todo hasta ahora, entonces debemos hacer un inventario de hábitos necesarios: ¿cuáles son los hábitos que generan crecimiento, los que perjudican y los que no representan nada?

Recuerda que, en la vida, es necesario dejar de lado toda aquella carga que no es necesaria, para obtener grandes resultados. Resulta vital que entendamos que para conseguir cosas "grandes", pues es necesario hacer modificaciones.

Partiendo de los estudios de William James tenemos como pasos básicos en el aprendizaje de los hábitos, los siguientes:

**Estímulo Activador.**

**Acción**

**Recompensa.**

Recuerda que, ese estímulo activador, es aquella acción que impacta en nuestra neuro inteligencia para tomar un nuevo rumbo. Puede ser una vivencia, alguna experiencia o algún mensaje.

A la final, cualquier elemento que motive nuevas acciones para tener mejores resultados.

Tan pronto como te sientas motivado, entonces es momento para emprender, tomar las acciones, decidir y no dejar de persistir.

Quizás lo más difícil es iniciar un nuevo hábito, pues a veces, solo a veces, significa romper paradigmas en nuestras vidas.

Ello significa que llevará un poco más de un tiempo y, por lo tanto, se requiere de una acción pronta, para evitar que algún prejuicio o algunas ansias de postergación, cambien nuestras decisiones.

## ¿Cómo adquirimos nuevos hábitos?

Primero que todo, vamos a hacerlo al estilo de la vieja escuela: instala en tu habitación, o en el sitio que más frecuentes, una cartelera con las metas de los hábitos que debes seguir. Toma tu libreta de anotaciones y escríbelos. Con seguridad, eso te permitirá comenzar.

Lo más difícil es comenzar, pero no deja de ser importante persistir.

### *Prepararse:*

Lo primero es comenzar un inventario de vida, es decir, debes hacer una lista de todos los hábitos que tienes actualmente, ya sean buenos o malos.

Seguidamente, tras identificarlos, debemos saber cuáles son los hábitos realmente necesarios e imprescindibles. Pero claro, no olvides que muchos de ellos sirven para la vida en general, y otros dependerán del plan que piensas emprender.

Por ejemplo, si quieres escribir un libro, pero no estás habituado a levantarte fácilmente, entonces la recomendación es que te replantees la idea de salir temprano de la cama, pues es muy probable que, durante la mañana, tengas la mente más fresca para comenzar a escribir.

Si deseas hacerlo durante la noche, es necesario establecer un hábito que rompa con un viejo comportamiento, que se convierte en un "obstáculo".

Otro aspecto en esta etapa de preparación que vamos a establecer, es descartar aquellos hábitos que ya no sirven. Es decir, esos patrones de vida que realmente son un perjuicio, más que un beneficio.

Quizás en tu nuevo estilo de vida necesitarás más tiempo, pues tienes dos elementos que vencer: la procrastinación y la poca fuerza de voluntad.

Ambas están muy unidas, son los enemigos número uno del crecimiento de las personas y, por lo tanto, son contrarias a la necesidad de establecer nuevas metas.

Los buenos hábitos hacen que nuestra vida sea más sencilla, pues marcan el establecimiento de los objetivos, en función de lo que deseamos para beneficio de nuestra ruta de éxito.

Por ejemplo, hay personas que tienen el hábito de analizarlo todo y de crear un esquema de riesgos para los perjuicios, que sean efectivos a la hora de tomar una decisión. Sin embargo, existen personas que no piensan nada y, muchas de sus reacciones, provocan serias consecuencias a futuro.

Sin duda, el no meditar las cosas, resulta un mal hábito, por lo que requieres hacer un ejercicio en medio de una situación, a la que habitualmente respondes de manera impulsiva.

En este caso tienes un hábito que, de seguro, ha creado un mal ambiente alrededor, pues si bien es cierto que a veces hay que ser reaccionario, la mayoría de los casos es preferible esperar, escuchar, meditar y tomar una decisión.

Además, en esta etapa de preparación, tienes que tener en cuenta un aspecto muy importante: depurar.

Es necesario que, en ese inventario, saques los viejos y malos hábitos para, entonces, dedicar tiempo y espacio a los nuevos y los buenos.

Todo lleva su tiempo, y representa un acto de interés hacia una nueva dimensión en tu vida. Es posible que al principio lo veas muy difícil, pero, con el paso del tiempo, entenderás que no es nada complicado si estableces un control de todo lo que haces.

### Debes de creer en ti mismo:

Nada mejor para comenzar una nueva vida, que contar con la fortaleza de tener la suficiente confianza, para emprender un nuevo camino o para cimentar las bases que permitan alcanzar algo grande.

No puedes olvidar que muchos de nuestros éxitos o fracasos dependen, en gran parte, de la actitud que tengamos frente a los hechos; muchos de nosotros queremos iniciar algo, aun con serias dudas de lo que somos capaces de hacer.

Empezar una nueva vida con el nivel de confianza bajo, es algo que ayuda muy poco, realmente, pese a la motivación que puedas tener. si esa fuerza que genera la autoconfianza es la necesaria para emprender "giros" históricos en tu vida, entonces podrá funcionar.

Pero ¿por qué decimos nueva vida? Es sencillo, cuando integras, en tu desarrollo personal, un conjunto de hábitos, harás una modificación de muchos conceptos que, hasta ese momento, creíste que eran los indicados para llegar al éxito. Es muy probable que tengas muchas dudas, pero cuando haces una reevaluación, entenderás que lo mejor está por venir.

Un ejercicio muy importante es visualizarte en el futuro. Comienza a imaginarte cómo serías con todos esos hábitos que consideras necesarios.

Recuerda muy bien que son acciones que han surgido de la necesidad de generar cambios en tu vida, pues entiendes que el modo de llevar las riendas de tu destino, no es el más adecuado. Es por ello, que tomaste esa decisión a partir de una experiencia que te ha hecho reflexionar. Ese es tu punto de partida.

Ten en cuenta que, si esperas tener los mismos resultados, pues, sencillamente, sigue con los mismos patrones de conducta. Los buenos hábitos son la carta principal en una vida autodisciplinada. Sin ellos, difícilmente podrás llegar al éxito anhelado.

Es importante que te fijes más en los resultados que en el recorrido. De lo contrario, terminarás postergando la decisión del cambio.

## *Descubre el corazón de tus metas*:

Tomando un poco de confianza en lo que haces alrededor de tu vida, no habrá nada mejor que enfocarte en lo que quieres, para buscar el centro de todos esos cambios que aspiras lograr.

No es suficiente solo con la motivación que activó esa actitud de cambio. También es vital mantener la visión de lo que deseas para ti, en un tiempo acordado. Por lo tanto, para que ese momento se pueda establecer, es necesario que concentres tu atención en el fin, para poder lograr todos los cambios en tu vida.

Cada individuo tiene una meta muy marcada, y detrás de ella, se fomentan otros objetivos necesarios.

Así, por ejemplo, si deseas lograr ser un excelente gerente, pues entonces tienes que rodearte de una serie de hábitos necesarios, pero con el enfoque en el liderazgo. Todo buen gerente debe tener un efecto masivo en las personas que tiene a su disposición.

De esa manera, podrás establecer los cambios que deseas. No te conformes con ser un gerente más, si quieres aprovechar la oportunidad al máximo. Como parte del proceso, se vuelve necesario comprender que, llegar a ese puesto, solo ha sido una oportunidad dentro de una gran organización.

Llegar a ese cargo te costó "sudor y lágrimas", pero has entendido que, más allá de una oportunidad merecida, la vida te ha premiado, pese a no tener los mejores hábitos. Es en ese momento cuando la persona se dice así misma: "Puedo ser mejor"

Pero, para llegar a ser el mejor, debes rodearte de un buen equipo, debes prepararte más y, sin duda, debes ser un gran líder.

Es ahí cuando comienzas a levantarte más temprano, a leer con precisión, a tomar decisiones en equipo, pensar cada acción antes de actuar, no te conformas con presentar un informe regular, dedicas más tiempo a las cosas de provecho y has logrado explotar algo a lo que no le prestabas mucha atención: el carisma.

Entonces, en este caso, el corazón de la meta de este joven gerente es ser el mejor en la empresa y, para ello, debe equiparse con las mejores herramientas que se constituyan en hábitos, para poder acelerar el cambio que desea.

Algunas personas dicen que los cambios vienen con el cargo y, la verdad, eso es cierto en alguna medida. Pero, ¿qué sucede cuando alguien desea un cargo? Sabe lo que tiene que hacer, y entonces elabora un plan para lograrlo.

Esa es la médula central de todo un esquema que lo ha llevado a ser una persona muy distinta.

Otro caso muy común se ve reflejado en aquellas personas que son diagnosticadas con diabetes, quizás una de las enfermedades más letales y silenciosas del mundo moderno.

Desde el diagnóstico, este paciente, a quien llamaremos Carlos, decidió cambiar todos sus hábitos alimenticios, así como incluir actividad física.

Para ello, Carlos se sintió obligado a modificar todo su estilo de vida. Con horas de alimentación bien planificadas, y con mayor cantidad de consumo de vegetales y frutas.

Al mismo tiempo, abandonó otros hábitos, como: fumar, el consumo de bebidas alcohólicas, trasnochos innecesarios, y el consumo de alimentos saturados de grasas o con alto contenido de azúcar.

Por otro lado, incluyó en su nueva vida las visitas al gimnasio, las caminatas los fines de semana, y algunos cambios en su estilo de socializar. En parte, porque sentía que estar con sus viejos amigos lo tentaría a consumir lo que afectaría a su salud.

Sin duda, la rutina de Carlos cambió, cuando su médico le dijo que, si no modificaba su estilo de vida, estaba condenado a ser un esclavo de la diabetes, pero, peor aún, que recortaría su tiempo de vida súbitamente.

En el caso de Carlos, el corazón de sus metas era mejorar su salud para preservar su vida.

Y, nuevamente, reiteramos que será una experiencia increíble lo que nos impulsará como el agente motivador de cambio, para, así, establecer una vida auto disciplinada y con hábitos, que nos harán mejores individuos y mejorarán nuestra calidad de vida.

Igual es el éxito, claro, no se expone la vida misma, pero está en juego la esencia de lograr ser alguien significativo, para poder disfrutar de manera certera de los beneficios de vivir plenamente feliz.

Pero, ¿cuál es el centro de tus metas?, ¿qué hace posible dinamizar todos los cambios en tu vida, como para establecer un nuevo estilo alrededor de una reestructuración total o parcial de quién eres?

### *Diseñar un nuevo patrón de vida:*

Es importante que las personas puedan determinar un plan para cada uno de los hábitos que desean establecer. Es por ello, que el fundamento para lograrlo radica en medir los resultados.

Sin resultados no es posible considerar o visualizar los avances. Pero, si consigues que, con el paso del tiempo, medites y analices qué es lo que has logrado, entonces habrás creado un nuevo patrón de comportamiento.

Antes, debes establecerte un tiempo. Recuerda escribir en una agenda, específicamente, cuáles son los hábitos que deseas adquirir y, cada día tendrás la oportunidad de medir o establecer un informe de los resultados obtenidos con cada práctica. Parece algo exagerado, pero es la forma más efectiva de mejorar en el día a día.

Muchos deportistas han tomado como hábito el poder realizar un número determinado de ejercicios, por ejemplo, abdominales.

Hacer 300 abdominales por día no es cosa fácil, pero grandes deportistas lo lograron en cada sesión. Llegaban un poco más temprano, y comenzaban a hacer las cosas un poco distintas.

Por ejemplo, el jugador brasileño de fútbol, Vinicius, ha decidido cambiar su patrón de entrenamiento y, es por ello, que optó por copiarse de uno de los mejores: Cristiano Ronaldo.

Para ello, el jugador ha decidido contratar a un entrenador quien, acompañado de un cocinero personal, ha establecido un patrón de entrenamiento, parecido al de Cristiano Ronaldo.

Para un jugador parece sencillo hacer un cambio en su entrenamiento diario, pues viven de ello. Pero, en realidad, es algo complejo porque implica una modificación de todo un régimen, que va desde la alimentación, hasta la musculatura, entre otros aspectos de orden mental.

Por supuesto, la gran diferencia del brasileño es que tiene un mentor que le recuerda todos los días lo que debe hacer y cómo hacerlo. El lujo de ser millonario.

Quizás, tú no tienes los millones de Vinicius Junior, aunque sí cuentas con la capacidad de establecer tu rutina en cualquier hábito que deseas empezar a aplicar.

Todo depende del plan que ejecutarás, a corto o mediano plazo.

### Entrenar el nuevo hábito:

Ya entendiste que es necesario tener un plan para seguir adelante en la conformación de nuevos hábitos en tu vida. Ahora, viene lo más esencial: aprender a aplicar ese nuevo hábito.

No temas a la idea de copiar el concepto de otra persona para el aprendizaje. Aunque, cada experiencia es muy particular, también es cierto que podemos aprender de otras personas que han pasado previamente por un proceso.

No olvides que no basta solo con aprender el hábito, es necesario también establecer un patrón conductual que te lleve a una automatización, hasta convertirlo en algo propio.

De eso se trata un hábito. Debes repetirlo una y otra vez, hasta que ya es tan "propio", que resulta en una acción automática.

Por ejemplo, esos hábitos deben ser parte de tu diario vivir. Tal es el caso de las hermanas Gómez del Pozuelo, quienes, con inventiva y mucha creatividad, decidieron crear Womenalia, una red social solo para mujeres profesionales.

Aunque aún distan mucho de las grandes redes sociales del mundo, estas mujeres se han fijado una meta, y su hábito más importante es hacer *networking* para lograr un efectivo trabajo en equipo, mediante una comunicación efectiva.

Sin duda, fueron aprendiendo cada una de las técnicas y prácticas usuales en el mundo de las redes sociales, aunque estaban claras en algo "no es necesario saberlo todo, lo vital es lograr que el equipo esté unido"

Una frase muy interesante es: "es necesario hacer las paces con la ignorancia". Es verdad, no lo sabemos todo, pero para poder dar el paso que nos distinga, debemos armar un equipo al cual vamos a liderar.

Hace 22 años, una de las hermanas, Elena, montó la primera empresa. Hoy en día, tienen 13 compañías y 250 mil seguidoras en su red social.

Ahora, hay algunos hábitos que deben ser analizados en nuestra vida laboral, como llegar temprano, no perder tiempo, tratar de resolver y ser más proactivo, creativo, permitir que el concepto de ideas fluya, entre otros.

Sin embargo, la clave principal está en practicar, practicar y practicar.

Es como cuando aprendes a manejar un vehículo. Al inicio todo es un poco tenso, no tienes control del volante, te asustan los autos que te pasan por el lado, el frenado es brusco, y también se apaga el auto. Más aún, si es un auto con sistema de velocidad manual.

Pero, con el tiempo, luego de practicar y de vencer ese miedo, solo te montas en el auto y avanzas con una naturalidad increíble.

Todo es parte de un recorrido, y durante ese trayecto asimilas, comprendes y la mente humana hace el resto. Pues, no hay una máquina más perfecta que tu cerebro, al combinarse con la capacidad física.

### Avanzar y retomar, en caso de una caída:

Luego de entrenado ese nuevo hábito, es necesario entonces, seguir avanzando hasta llegar al punto máximo de control.

En ese momento es cuando sabes que tienes control sobre la nueva acción y, sin mayores contratiempos, permite una reacción. Es decir, te levantas, pues ya sabes que viene un buen baño y luego una excelente reflexión. Hubo una molestia, te sientas y meditas el momento. Tu equipo te aglomera con muchas quejas, entonces los ordenas y lideras el control.

De esa manera, podrás ir incorporando precisión en lo que haces. Eventualmente, podrás convertirte en un ejemplo a seguir para los demás, porque envidiarán el hecho de que para ti "sea tan fácil".

Y, probablemente no lo fue, solo que te concentraste tanto en ese momento, que ya sabes qué hacer y cómo hacerlo.

Esos aspectos son los que marcan el devenir en la apropiación de una nueva actitud frente a la vida. Es por ello que las condiciones de crecimiento dependen, en gran medida, de la disciplina con que adoptemos estos nuevos hábitos que, a la final, terminan solo aportando cosas positivas.

Todo dependerá de la manera en la que asumimos el momento. Si bien es cierto, hay una carga motivacional que nos permite seguir adelante, por lo que, es prioritario que siempre pienses en los beneficios que trae consigo cada hábito.

Los seres humanos respondemos por premio o castigo; por lo tanto, si hay un beneficio en un hábito, es posible que respondamos mejor a su aprendizaje. Pero, ¿qué pasa si perdemos la brújula?

En ese instante, es necesario reflexionar y entender que, más allá del beneficio, hay un objetivo superior para cada hábito aprendido.

No olvides que, un solo hábito, no te concederá el camino al éxito o te permitirá alcanzar una nueva reconfiguración de tu vida. Es el conjunto de hábitos, el que permitirá cambiar la forma y la perspectiva de muchas cosas en tu entorno.

Es muy importante que tomes confianza y, si la perdiste, es necesario recobrarla. Además, debes tener la certeza de que cometerás errores, pero ellos forman parte del aprendizaje.

Recuerdo bien la primera clase de manejo de un amigo. Tomó el volante con toda confianza, probó cada una de las velocidades antes de arrancar, avanzó, lo cual le brindó la confianza del inicio, pero, no había recorrido media cuadra cuando chocó su auto con la esquina del cercado de una casa.

La verdad, fue un momento muy cómico. Aunque, pasaron algunos días para que recobrara la confianza, luego entendió que, si quería usar su auto, debía aprender a adquirir carácter.

Entonces, si no has logrado salir de esa pequeña "zanja", es necesario que crees un plan de emergencia, el cual tendrá un ciclo de reinicio.

Interioriza el por qué emprendiste la idea de apropiarte de ese hábito; entiende que es solo un paso para conseguir tus metas; comprende que todos nos equivocamos, pero debes saber que, siempre podemos ser mejores personas, aplicando cosas como la constancia y el entusiasmo.

## Cómo mantener los hábitos

De seguro, has entendido la importancia de un hábito, así que vas a querer saber cómo mantenerlo en tu vida y hacerlo propio de tu personalidad.

Así, tal y como anotaste en tu libreta los hábitos que deseas para tu vida, también es necesario que establezcas un cronograma para ejecutar aquellos que no realizas con mucha frecuencia, pero que requieren ser puestos en práctica, para que no dejen de ser precisamente eso... un "hábito".

Recuerda que es fundamental tener autodisciplina, pues esa es la que te mantendrá activo en el logro de las metas a corto o mediano plazo. Por lo tanto, que se establezca o no, depende, en gran medida, de la certeza que tienes de lograr lo que te propongas.

Compartiré contigo algunos pasos necesarios para mantener un hábito en tu vida:

**Un disparador:** digamos es que la acción que te impulsará a retomar un hábito. Es como la chispa que enciende el ciclo en la rutina de esa actividad.

Es, por lo tanto, como un indicador de que es la hora de ejecutarlo. Al volverse una acción mecánica, de seguro pasarás al siguiente paso, sin necesidad de pensarlo demasiado.

Por ejemplo, tienes el hábito de darle las buenas noches a tus hijos.

Quizás, el disparador es cambiarte de ropa antes de dormir porque, después de hacerlo, es cuando te diriges a su habitación.

Otro disparador matutino podría ser: tomarte un café antes de salir a caminar. Ya tu cuerpo está tan habituado que, cuando tomas el primer sorbo, empiezas a sentir motivación y saltas a prepararte para caminar los 30 minutos que dispones a diario.

Otro caso son los empleados de un periódico al llegar a la oficina. Al sentarse en su silla, lo primero que hacen es revisar las notas de otros medios, de manera que cuando comience su trabajo diario, estará al tanto de alguna novedad.

En fin, un disparador es una acción mecánica que no genera nada, pero que sí te recuerda que es necesario pasar a la ejecución de esa acción que ya es un hábito en tu vida.

Es una pequeña alarma, que permite que no pierdas en "hilo" de lo que deseas para tu rutina.

Ahora, debes entender qué patrón dentro de tu rutina te permitirá establecer un disparador. Puede ser algo que es necesario o que haces todos los días, pero que te recordará la necesidad de continuar con el entrenamiento, para lograr establecer ese hábito como patrón de comportamiento.

Recuerda que hay hábitos que no logramos aplicar por el tema de la postergación, pues, a pesar de que sabemos que es necesario, lo vamos dejando para otro día.

Ese día se convirtió en semanas, en meses, en años, y nunca logramos esa meta. Debes luchar con ello, y recordar constantemente que la satisfacción del trabajo realizado será mucho mejor.

Cada hábito positivo que logres aprender en tu vida te permitirá crecer, y ese crecimiento te llevará a un proceso de maduración que encenderá la llama del éxito.

**Acciones medibles:** los seres humanos tenemos una tendencia clara a hacer las cosas de manera muy flexible, por lo tanto, existe una autojustificación al no cumplir una meta, si no hay una cifra, o un término mínimo, que sirva para sacar la conclusión de que se ha cumplido.

Una acción medible es cuando decimos: "Voy a caminar todas las mañanas" y, pues, al principio lo hiciste de manera enfocada y lograste recorrer varios kilómetros. Pero, luego de unas semanas, sales a caminar, y empiezas a perder la motivación. Ya no caminas de la misma forma que antes, ni recorres las mismas distancias.

En este caso, es importante establecer una meta: "Voy a caminar todos los días 5 kilómetros o 2,5"

Trata de que esa acción medible vaya aumentando, hasta sentir que ese hábito está al nivel de tus expectativas y está dando los resultados requeridos. Por ejemplo, si te sientes más saludable al mirarte al espejo, seguro tendrás unos kilos menos. O sencillamente, es porque logras despejarte lo suficiente, para iniciar la acción diaria en tu trabajo.

El tema central, es que tienes que establecer un objetivo claro para cumplir con la meta de convertir ese hábito en parte de tu rutina. De lo contrario, empezarás a justificarte y, eventualmente, a dar razones innecesarias que no serán argumento suficiente, pero que harán que pierdas la motivación y la constancia.

No es igual lograr hacer 10 páginas de un informe, a completar 20. Claro que es muy distinto; pero en el primero sólo dijiste "adelantaré parte del informe", y en el segundo "completaré 20 páginas de mi informe"

Entonces, te enfrentas con otro enemigo de los hábitos "la disonancia cognitiva"

Psicológicamente hablando, es la creencia personal que tenemos frente a un hecho, ya que existe una contradicción entre lo que debes hacer y lo que no hiciste. Entonces, tus creencias entran en conflicto con el nuevo comportamiento.

Las personas que adaptan un comportamiento de justificar todo lo que han dejado de hacer, suplantan los beneficios de ese hábito, por otros que en nada tienen que ver con el crecimiento personal. A fin de cuentas, es una excusa.

**Recompensa:** Trata de recordarte lo importante de incluir ese nuevo hábito en tu vida. No te impidas disfrutar el momento de lograr algo nuevo. Entonces, el nivel motivacional será mejor y lo suficientemente fuerte para proseguir.

Quizás, lo más complejo en la vida es lograr un nuevo hábito, aunque, sin duda, son los malos hábitos los que son más fáciles de establecer.

Esto sucede porque el nivel de recompensa es casi instantáneo y, por lo tanto, es más sencillo aprenderlo puesto que el factor motivador es más cercano en el tiempo.

Generalmente los buenos hábitos tienen un efecto más largo para medir su recompensa, pero los efectos a largo plazo son decisivos en el devenir de nuestra vida.

Por ejemplo, "comer bien" versus "comer comida chatarra".

Sin duda, un buen hábito es comer sano, pues además del aspecto físico, los beneficios en la salud son directos; como por ejemplo evitar enfermedades coronarias, diabetes, tener mejores condiciones físicas, mayor longevidad, mejor concentración, entre otros.

Como verás, son beneficios que son solo medibles con el tiempo y, por lo tanto, la gran mayoría pierde el interés en esas cosas que se hacen esperar.

En cambio, comer comida chatarra genera una satisfacción inmediata en las personas. Disfrutar de un rico pollo frito, o comer una pizza con mucho queso fundido, son algunos ejemplos.

Pero, ese estilo de alimentación solo genera en nosotros perjuicios letales en la salud.

Entonces, para fijar una buena alimentación, debe existir una concentración y un enfoque claro acerca del esfuerzo que se hace y de su beneficio, a largo plazo.

**Recordatorios:** es necesario que hagamos una lista de lo que no podemos dejar de hacer en nuestras rutinas. Parece mentira que, con el tiempo, a veces perdemos hábitos que nos dieron muy buenos resultados. Entonces, en ese instante, es necesario volver a encaminarse.

El éxito de una rutina radica en tener presente por qué decidimos tomar ese hábito. Por lo tanto, un recordatorio debe estar asociado a un disparador, para que se inicie el ciclo.

Esa alarma te indica que hace falta algo que hacías con mucha frecuencia. Por ejemplo, para un estudiante universitario, llegar temprano al aula de clase para revisar las guías de estudio y tener una mejor precisión de la clase del profesor, es un hábito que es muy importante, pues ello le permite un mejor rendimiento.

Pero, su rutina se ha visto impactada por alguna actividad que evita que pueda llegar temprano a clases. En este caso, su disparador era comprar un café cada mañana en la cafetería, cosa que no podrá hacer esta vez. Posiblemente, eso genere un desacuerdo en su motivación, ya que son cosas que él no puede controlar.

Claro, en este caso, los resultados se reflejan en bajas calificaciones y ya no tiene el mismo nivel de participación. Por lo tanto, le cuesta más el poder comprender la clase correctamente.

Es por ello que ese recordatorio es como un refuerzo, que bien puede ser positivo o negativo, encenderá las alarmas para que retomes el camino.

Además, existe la posibilidad de aplicar la forma clásica: escribe en tu cartelera de compromisos diarios (esa que está en tu habitación) cada una de las actividades que prometiste que lograrías todos los días.

Así mismo, entre tu equipo de trabajo, comparte las experiencias que te permiten rendir mejor y, de seguro, el día que no lo hagas, ese compañero te recordará que tienes algo pendiente.

Es el momento de ensayar lo aprendido. Así que, comencemos con el ciclo de incorporar un nuevo hábito en tu vida. ¡Vamos, es hora de comenzar!

# Capítulo 8: La Mente

La mente es la fuerza de todo ser humano. Desde allí, se dirigen todas nuestras acciones y, aunque a veces suele decaer, podríamos decir que es el comando general de cada individuo.

Durante la lectura hemos reflexionado acerca de los elementos más importantes para construir un ser humano más centrado en lo que quiere, enfocado para optimizar el tiempo y los recursos, así como para hacer de todos nosotros, mejores instrumentos para el bienestar social.

Suena complejo, pero es la clave de todos los grandes emprendedores que hay en el mundo entero. Es por ello, que nosotros tenemos la importante misión de establecer la autodisciplina para explotar el máximo potencial de lo que somos capaces de lograr.

Todo depende de la capacidad que tengamos para potenciar la mente. Seguro escuchaste en infinidad de ocasiones que la mente humana apenas es utilizada en su mínima capacidad, por lo cual, si logras un nivel alto de orientación hacia lo que quieres, existe una alta posibilidad de exteriorizar una mejor versión de ti.

Pero, ¿qué es la mente?

La mente se refiere a la concentración de toda la información, emociones, acciones, comando de acción y todo lo que gira alrededor del consciente y el inconsciente. Por lo tanto, en esencia, es la torre de control del ser humano.

Cuando hablamos de mente, de inmediato nos referimos al cerebro, pues allí residen todas las acciones mentales del ser humano, y es uno de los órganos con mayor concentración de energía, porque desde allí emerge toda la carga de mando del proceso neuronal en el cuerpo.

La mente es tan compleja, que contiene un número inmenso de archivos de toda tu vida, y los lleva al momento necesario cuando así lo necesitas.

Por otro lado, existe un espacio espejo, el cual no se encuentra activo pero que nos recuerda muchas experiencias que están almacenadas en un sitio especial, para que no nos hagan daño. Esto es lo que conocemos como inconsciente.

Al mismo tiempo, la mente tiene la responsabilidad de mantener el control en los momentos de reacción, acción y planificación, así como el descanso.

Muchos filósofos encasillaron la mente como el poder de voluntad que tiene cada persona, así como el designio que ha definido para sí mismo.

Proviene del latín "men" y se refiere a pensar. Por lo tanto, desde que se forma el cerebro, comienza un proceso de trabajo en donde pensamos y definimos nuestras acciones.

Desde la evolución de la ciencia, la mente ha sido abordada desde distintas perspectivas que dividen su objeto de estudio. Antes era solo estudiada por los filósofos; al día de hoy, entre muchos, significa el centro de investigación de los neurólogos, de los psicólogos, los psiquiatras y la neurociencia. Además, se estudian procesos químicos que tienen como escenario el cerebro, y en tal sentido, buscan resultados en el epicentro de la mente.

¿Te has preguntado cuán poderosa es tu mente?

# El Poder de la Mente

La mente, que tiene su base de operaciones en el cerebro, representa uno de los órganos de mediano tamaño, del ser humano, que concentra una de las mayores responsabilidades.

Para tener una idea del poder de la mente, debemos ver el órgano tangible desde donde opera: el cerebro.

De hecho, puedes tener vida sin cerebro, pero si éste no funciona, sencillamente perderá sentido, debido al significado que tiene para cada uno el concepto de "existir".

El cerebro tiene un peso que no sobrepasa el kilo y medio. Y utiliza el 25% de la sangre que bombea el corazón. Está conformado por tejidos frágiles que, a su vez, contienen millones y millones de neuronas que dirigen el cuerpo humano.

Se establecen millones de conexiones neuronales, lo cual hace resaltar la amplia cantidad de neuronas que tiene el cerebro.

Es tan pequeño y tan frágil, pero tan fuerte y complejo que, aún, hay muchos misterios por descubrir alrededor de su funcionalidad.

Algunas cifras son impactantes: en menos de 13 milésimas de segundo, la mente es capaz de determinar una imagen que puede viajar a más de 360 kilómetros por hora. Los circuitos del cerebro están en constante trabajo, pues aun cuando dormimos, hay un cúmulo de información que almacenamos sin parar.

Requiere de descanso constante para poder mantener su longevidad y, por lo tanto, hace necesario disfrutar del mínimo de sueño recomendado. Un 60% de la energía que requiere el cerebro es utilizada para mantener las conexiones entre las neuronas.

El cerebro del hombre es más grande que el de la mujer, pero el de ellas está mejor organizado.

Los datos del cerebro están agrupados en 100 regiones distintas. Es como si un CPU tuviese 100 discos duros, destinados a guardar información específica. Pero de igual manera, tiene 150 mil kilómetros de nervios y 150 mil km de vasos sanguíneos.

Y otro dato interesante es que el cerebro puede producir tanta energía como para encender una lámpara pequeña.

Como verás, son números que hacen pensar, irónicamente, en la importancia de la mente, y en toda la energía que con ella adquirimos.

Fisiológicamente, la mente tiene un poder respaldado por un gran procesador, que es el cerebro. Por eso, no debes temer en poner a funcionar la mente humana, para que funcione como el gran interruptor que te permitirá lograr cosas grandes durante tu desarrollo personal. Ya verás que, el entenderla, te hará ser mejor persona.

Solo es cuestión de asegurarte de que estés al máximo de tu concentración, para llegar a ser un ser que se distinga del resto. Cuando estés en modo "ataque", serás capaz de poner a tu disposición miles de decenas de herramientas, que te pueden servir para conseguir lo que quieres.

Ahora, debe existir una coordinación bastante definida entre lo que quieres, el correcto funcionamiento de tu cuerpo y el ordenar las ideas de lo que aspiras hacer realidad.

Lo maravilloso de la mente se centra en el hecho de que puedes expandir tu mundo interno, hasta tener la certeza de proyectarlo a tu realidad mediante procedimientos que están basados en mecanismos ya comprobados.

Es decir, tú eres capaz de poner a prueba todo un amplio plan con estrategias, en la medida en que sientas la seguridad para ejecutarlos.

Pero, ¿qué brinda esa seguridad? Esta nace desde la mente, basados en un juicio de valores, impulsados por la motivación que nace día a día por querer trascender. Los seres humanos queremos liderar, sentirnos socialmente aceptados, pero también existe una ambición de dejar un legado para que nuestro nombre quede en la posteridad.

Esas motivaciones, en muchas ocasiones, son potenciadas o limitadas por los sentimientos, los cuáles son catalizadores en momentos determinados de la vida.

¿Qué sucede, entonces, cuando nuestros sentimientos, motivación y preparación física e intelectual están sincronizados para ser el mejor? Corre, no pierdas tiempo, pues ahora es el momento para hacer lo que tienes que hacer.

### Cómo potenciar nuestra mente:

Podemos potenciar la mente de muchas formas, pero debemos establecer que existe una relación directa entre el cerebro y la mente.

La mente es lo intangible, lo que no podemos medir... lo empírico. El cerebro, por su parte, es lo tangible, lo medible, la zona física.

Por ello, resulta fundamental ejercitar el cerebro por medio de:

**Practicar deportes y actividades físicas**: no podemos ignorar que el cerebro, como órgano que es parte del cuerpo humano, requiere ser cuidado con la correcta y medida alimentación. No puedes entrar en una nutrición incorrecta que afecte su funcionamiento.

Muchos de nosotros somos muy hábiles e inteligentes, pero la alimentación es pésima. Por eso, hay que dedicarle tiempo al entrenamiento físico, combinado con la ingesta de alimentos saludables.

La cultura alimenticia actual está llena de muchos alimentos procesados, saturados en grasas, que tienen una incidencia directa en el correcto funcionamiento del cerebro. Así, los Accidentes Cerebro Vasculares son más frecuentes al día de hoy, y cuando hay una sobre exigencia del cerebro, aparecen con más frecuencia.

Por otro lado, las actividades físicas ayudan a la producción de hormonas que generan tranquilidad y felicidad, así como permiten espacios para la recreación y el esparcimiento que es necesario para todos.

**Entrena la memoria de trabajo**: dedica espacio para que esas tareas diarias tengan una mejor ejecución. Retener información es una forma muy fácil de ejercitar la mente. Tu objetivo es permitir que la mente experimente una expansión y puedas cumplir a cabalidad con las metas laborales.

Ese tipo de entrenamiento puede ayudar a otras labores, pues no solo es una forma de mejorar tu capacidad de retención, sino que, también, te permitirá tener mayor agilidad mental. Es como ir al gimnasio porque deseas perder algunos "kilos": no solo lograrás eso, sino que tendrás más fuerza corporal y mejor estado de salud.

**Lee**: si hay algo que ayuda a desarrollar la mente es la lectura. No hay nada mejor que ayudar al conocimiento directo de tu inteligencia. Pero, de igual modo, la lectura es una forma muy placentera de alimentar tu cultura general.

Desde la lectura de una novela, hasta estadísticas, investigaciones, aventuras, hechos de la vida real o el diario. Todo lo que conlleva a la lectura, permite la correcta expansión de la mente.

**Potencia la creatividad**: la clave de la creatividad es practicarla.

No hay secretos. Aquellas personas que realizan actividades donde ponen en ejecución su creatividad, son más propensas a ser más inteligentes. Puedes pintar, escribir tu diario en forma de novela, ambientar tu jardín, construir algo en tu garaje; cualquier actividad que alimente tu espíritu creativo permitirá abrir una puerta, que será clave para adentrarse en el mundo moderno.

**Tener mayor contacto con la naturaleza**: pasar tiempo en un ambiente natural permitirá dos cosas importantes. Primero, tendrás la libertad de estar en un lugar que no esté rodeado de estrés, sin mayor contacto con la tecnología y donde aprovecharás tus habilidades físicas. Segundo, te permitirás generar el espíritu de la creatividad, pues empezarás a tratar de comprender la naturaleza que te rodea.

Más allá de la liberación de estrés que brinda el poder tener contacto con la naturaleza, es importante que te regales esos momentos recreativos en beneficio del descanso mental.

A. Conociendo tu capacidad mental:
La mejor manera de ir a una batalla es conocer las herramientas (o las armas) con las que cuentas. Es imposible que puedas salir invicto si no tienes el poder para establecer una estrategia, conociendo tus puntos fuertes o débiles.

Y, por ello, en el plano mental y en la ampliación de las destrezas de la mente, es necesario conocer su potencial y saber cuáles son los puntos que debes cuidar, para no perder la primera batalla, antes de emprender este importante camino: ser una mejor versión de ti mismo.

- Conocer la composición de tu mente: la mente humana tiene un gran universo que aún tiene mucho por conocerse, pero que se estima que está compuesta por:
1. **El cerebro reptil**: es la sección de tu mente instintiva y la que abriga tu parte salvaje. Los grandes impulsos de preservación nacen de esa zona, pero también aquellos elementos que responden ante un momento en el que se vean afectadas las necesidades primarias.
2. **El cerebro límbico**: es la zona de las emociones. Se considera parte importante en la creación de la motivación, así como en el impulso que generan los sentimientos.
3. **La neo córtex**: es la zona racional de tu cerebro, donde se establece la parte analítica, de pensamiento y, de igual forma, la creativa y la intuitiva.
Todas estas partes del cerebro son vitales y la justa forma de hacerlos aflorar hará de ti un ser excepcional. La razón debe dar parte a la zona primitiva, pero también deben ir cohesionados con las emociones, para poder crear algo indestructible.

Además, hay elementos empíricos necesarios para lograr el máximo crecimiento mental, entendiendo este como el desarrollo constante y positivo de la misma.

Pues, la mente requiere de un proceso de concentración.

- Vigilar el pensamiento: partiendo de lo dicho anteriormente debemos entender que la mente tiene una serie de cortocircuitos que deben ser activados, hasta que todas las capas de actividad puedan estar en completo funcionamiento. Aunque, este, es un punto que detallaré contigo más adelante.

Hay que estar en plena consciencia de lo que hacemos. ¿No te ha sucedido que haces algo, tu mente ha dado una orden, pero tú nivel de consciencia no sabe por qué? Esto se debe a que, a veces, el cerebro está en piloto automático. Sin embargo, hay ciertas acciones que deben ser eliminadas para que no sean perjudiciales.

A ver, lo explico mejor. Tienes 10 años haciendo ensalada con salsa de mayonesa, pero un día decidiste hacerla diferente.

Al ser un proceso mecánico, y que se vuelve automático, entonces preparas todos los ingredientes. Sin querer, le agregas mayonesa y, no será precisamente porque le hayas dado una orden al cerebro, sino porque, estás tan acostumbrado a hacerla así, que fue una decisión inconsciente.

Suele pasar en muchas ocasiones y, por ello, cuando pretendes tomar decisiones, es vital que vigiles muy bien aquellas acciones que se han vuelto habituales. Como el cerebro funciona como una computadora, pues hay instrucciones que no han salido del comando de orden. Por ello, es necesario vigilar la mente.

Otro factor, que es importante hoy en día, es que tenemos una alta influencia de muchos mensajes, historias, y tantas cosas que están en las redes sociales que, a veces, solo a veces, nos convertimos en constantes receptores de un mensaje, y sin darnos cuenta, hacemos justamente lo que habíamos decidido no hacer.

- Pensamiento Divergente: otra de las maneras de entrenar la mente es aplicando opciones que estén fuera de los parámetros usuales, para que se tengan en cuenta dentro de tu inconsciente. Para escalar a esa nueva dimensión en tu vida, debes decidirlo y salir de la zona de confort.

Seguro donde estás te sientes muy cómodo, pero es momento de dar el salto, que no será fácil, pero que de seguro traerá grandes resultados, en la medida en la que exista una buena estrategia con una fina planificación.

Trata de hacer las cosas de manera distinta, prueba y comprueba; y si fallas, puede ser que cada intento es una forma más segura de perfeccionar el plan deseado.

En tal sentido, debes aceptar los cambios bruscos para que tengas una solución pronta. Quejarte solo hará que pierdas tiempo porque, como dicen por ahí, el tiempo vale oro y eso es todo lo que tienes.

Si tienes un reclamo, también está bien que lo manifiestes, pero representa una pérdida de tiempo que, a la final, traerá consecuencias.

El tiempo es una de las cosas que no regresa y cada segundo cuenta.

- Hay que tener plena conciencia: así como te dije antes, es necesario estar enfocado y, por ello, es vital tener plena conciencia de lo que hacemos día a día. Ello te llevará a tener seguridad en cada una de tus acciones. La fuerza que genera un cambio, generará los resultados.

Todo dependerá de la conciencia que tienes del hecho. A veces solo nos dejamos llevar por alguna emoción, lo cual no es malo, sólo que debes proyectar ese futuro y evaluar las consecuencias de cada una de las decisiones que tomas.

No puedes solo decir "sí" y saltar a la acción. Se necesita un acto reflexivo, con todas las consecuencias. Jugar a proyectarte en el futuro no es malo.

Además, trata de dejar a un lado todo aquello que te distrae y ordena tú alrededor en el momento cuando más lo necesites. No puedes permanecer a baja velocidad cuando tu mente, sencillamente, te pide mayor énfasis en lo que haces.

Seguro hay buenas ideas en tu mente, pero están dispersas, requieren ser unidas y completar ese rompecabezas.

Que en ese estado de concentración se aglomere la experiencia, la creatividad, la inteligencia y decidas dar el paso de ejecutar.

- Hay un aspecto que caracteriza a las personas que han arriesgado para conseguirlo todo. Nos referimos al acto de fe, a la acción de "actuar como si".

Es prepararnos de la mejor manera ante un hecho que aún no sucede, pero que tienes la certeza de que sucederá. Es tener la plena confianza. Esas acciones te impulsarán a pensar mejor, para que tu mente pueda experimentar una redimensión.

Te fijas que hay personas que, en algún momento, tienen una respuesta y una acción para todo. Es como si viajaran al futuro y generaran una contingencia ante cada hecho.

Pues, no es que sean adivinadores; nada que ver, solo son visionarios.

Un visionario es aquel que es capaz de prever cada movimiento en un complejo tablero de ajedrez llamado la vida.

- Muy necesario en la vida para expandir tu mente a otra dimensión: Nuevos Hábitos. Sí, hemos conversado ya del tema.

Los hábitos nos permiten evolucionar y dar grandes pasos hacia el complejo mundo que nos espera ante una nueva decisión. Pues algo sí puedo decirte es que, salir de tu comodidad no será fácil, pero sí te traerá la satisfacción de lograr lo que te planteaste en un inicio.

Los nuevos hábitos son la elongación y la plasticidad; que requieren tus pensamientos y tu mundo mental, para luchar por todo.

- Y finalmente, trata de traer a flote tu inconsciente. En donde residen las experiencias, los recuerdos, las acciones y los viejos aprendizajes; permite que se conecte con la zona consciente, para lograr una mente sólida y equilibrada.

Es por ello que tienes que dedicar tiempos de meditación, de proyección y de descanso.

## "Pendiente, la mente nos miente"

Muchos de nosotros hemos visto ejercicios donde, por cierre perceptivo o por rapidez mental, incurrimos en el error de tomar una mala decisión o de emitir una opinión infundada, debido a los juicios de valores que tenemos.

Es por ello que, con cada decisión que la mente toma, es importante que establezcas un patrón reflexivo antes, de decir algo o ejecutar otra acción.

Pero ¿a qué se debe?

Esto sucede porque nuestra parte reactiva y nuestro cerebro primitivo, tienen la tendencia a tomar decisiones rápidas, debido a un razonamiento urgido del momento. Por ello, en muchas ocasiones se toman decisiones sin medir las consecuencias.

Esto pasa porque nuestro cerebro ha decidido ir por el camino más fácil. ¿Sabías que la mente es perezosa por naturaleza? Es por ello la importancia de entrenarla y de que tengamos el enfoque necesario para pensar, con tiempo, antes de determinar algo.

En nuestra mente existen muchos juicios de valor que nos hemos creado por lo que escuchamos y lo que vivimos. Ese conjunto de prejuicios crea una percepción hacia algo o alguien. A eso le denominamos cerebro emocional.

Muchas de las decisiones tomadas no miden las consecuencias debido a una reacción que bien pudiera ser defensiva. Ese lado del cerebro es rápido, automático y mantiene dominadas muchas decisiones.

Por lo tanto, hay un nuevo enfoque, al que denominan inteligencia emocional, que debe ser la encargada de controlar todos esos sentimientos ante un hecho, y proceder a emitir un juicio de valor que sea preciso, que lleve su tiempo, y que permita reflexionar con atención plena.

Te puede suceder que deduces un hecho sin antes percatarte de la realidad del contexto; solo la mente consciente será la que evitará que cometas un error.

De hecho, hay malas vivencias que, sin darte cuenta, generan una equivocada percepción de un alimento en particular, pues está relacionado con ese hecho. Entonces, tu mente te hará reaccionar negativamente. Puede ser una fragancia, o algún lugar en específico.

Por ejemplo, puede suceder con la pérdida de un ser especial en un lugar. Para todos, es el mejor lugar del mundo, pero para ti es un sitio oscuro, no te genera nada, y nunca volverías a ir.

Tu prejuicio sobre ese lugar te lleva a creer que es un lugar espantoso, pero realmente no lo es.

Estos hechos pueden extenderse a otras situaciones relacionadas con una persona, un lugar, una percepción, entre otros, y es el cerebro emocional quien actúa sin darte cuenta. Por ello, requieres de entrar en plena consciencia de tus actuaciones.

# Capítulo 9: Importancia de eliminar la procrastinación y cómo la autodisciplina es la clave del éxito

Hemos hecho todo un recorrido por aquellos elementos que impiden el logro en nuestras metas, pero también aquellos que son fundamentales en el crecimiento durante la vida.

Muchos de nosotros tenemos la tendencia de negar que somos responsables de gran parte de lo que sucede en nuestra vida, y sí, hay ocasiones muy excepcionales, donde por causa mayor estamos enfrentados a un hecho que nos supera.

Pero en lo demás, eres tú el responsable de tus acontecimientos, de tus causas y, por ende, de las consecuencias de lo que haces. No puedes permanecer inerte en el mundo, viendo como todos los demás pasan por tu lado, superándote, creciendo y obteniendo mayores resultados.

Por ello, tanto la procrastinación, como la autodisciplina, se contraponen.

Y lo digo con la certeza que genera el saber que he dejado muchas cosas para otro momento, pero que luego entiendo que muchas decisiones solo se presentan una vez en la vida. No podemos permanecer estáticos.

Mientras que, en el mal de postergar las cosas nos escudamos en falsos conceptos de la autodisciplina, hay un espíritu de acero dispuesto a seguir adelante sin importar las veces que no se ha logrado la victoria.

## Importancia de Eliminar la Procrastinación:

En primera instancia, debes tener muy claro si tienes la tendencia a dejar las cosas para otro momento. No olvides que hicimos un recorrido para identificar la procrastinación en las personas.

Hay dos elementos que conllevan al postergar las cosas:

Eficiencia: nadie que deje todo para última hora, para otro día o para la otra jornada, puede ser una persona eficiente. La eficiencia está relacionada con el hecho de cumplir a cabalidad con las labores en el hogar, el trabajo o en los estudios.

Una persona que deja todo para el otro día representa un alto riesgo para la productividad de una empresa, por lo tanto, es un punto de cuidado.

Por otro lado, existen personas que, para disimular la procrastinación, incurren en el grave error de ocultar las verdades y de no hacerse responsables de sus acciones. Al final, se constituyen como individuos deshonestos.

Eso sí es grave. Pero llega a ser un hábito en tu vida, y te conviertes en el peor trabajador, en el padre que no cumple las promesas y en el vecino con quien nadie cuenta.

Eso no dice nada positivo de ti y, por lo tanto, es momento de tomar medidas en el asunto. El mal hábito de postergar los compromisos y las responsabilidades puede ser hasta letal para tu salud. Es una carga que se hace pesada y es inversamente proporcional al éxito que deseas alcanzar.

Imagina por un momento que has logrado desechar la procrastinación. Eres competente, responsable, puntual y tienes tiempo para muchas cosas en tu vida. Vale la pena el esfuerzo.

Productividad: todo jefe desea tener a alguien productivo, proactivo, creativo y lleno de energía. Pero, cuando la procrastinación invade tu mente, nada de eso fluirá, pues eres un reflejo de la irresponsabilidad. Tus días están contados en el trabajo. Pero, peor aún, al ser una persona con el hábito de dejar las cosas para otro momento, corres el riesgo de perder a tu familia, y te quedarás en un letargo sin fin, hasta quedar solo y abrumado.

Parece un paisaje bastante oscuro, pero es la verdad. No exagero en decir que es fundamental que saques de tu vida la procrastinación, pues te afectará en todo sentido.

Por lo descrito, es momento de tomar medidas, y de hacer un cambio en la concepción que tienes del mundo, dejando a un lado la procrastinación.

## La Autodisciplina es la Clave del Éxito

De igual modo, tenemos en el otro extremo a la autodisciplina, como la punta del iceberg de quién eres en realidad. Una persona con disciplina es capaz de generar cualquier tipo de motivación, pues se ha hecho de una serie de herramientas importantes.

Los buenos hábitos son visibles, todo es un engranaje perfecto y, aunque tendrás días de muchos problemas, serán más los momentos de satisfacción, pues has entendido que tienes el éxito en tus manos.

Cuando el individuo acoge el sistema de la disciplina, va comprendiendo que, poco a poco, requiere de otros aspectos, de nuevos hábitos y de un mejor modo de vida. Si algo tiene la autodisciplina, es que te permite entrar en un nuevo nivel de comprensión, que genera beneficios en ti y en todos aquellos que te rodean.

No es una ficción, se trata del "secreto público" de muchos emprendedores en el mundo. Grandes exitosos como Steve Jobs, Jeff Bezos, Sam Walton, entre otros, alcanzaron el éxito al no dejar de persistir en sus sueños.

Todos ellos tuvieron que pasar por momentos oscuros y difíciles... unos más que otros. Otros emprendedores comenzaron de la nada, sus sueños nacieron en los recovecos de su mente, en una pequeña habitación, o en la esquina de un aula de clases.

Todos ellos se formaron bajo condiciones contrarias, no crean que el emprendedor tiene todo a la mano. No te dan la bienvenida al mundo de los emprendedores; tampoco cuentas con el apoyo total de tu familia y el dinero no abunda. Quizás, ellos vienen de fallar en otras ideas; pero tienen un espíritu ferviente que les hace luchar sin rendirse. Esos personajes se forjaron en el fuego de la autodisciplina.

Aun así, ninguno de esos momentos difíciles resultó ser un contratiempo, y eso se debe a que las personas con alta disciplina no sienten la obligación de hacer lo que tienen que hacer. Ellos tienen la seguridad de que solo seguir adelante es lo que les permitirá el logro de sus metas.

Hay una motivación suprema. Ellos saben aprovechar los momentos y también tienen adversidades, pero sacan provecho de cada momento de su vida.

La autodisciplina te permitirá entender lo que sucede a tu alrededor. Habrá enorme claridad en cada uno de tus pasos, pues reconocerás lo que sucede. No harás nada a medias y persistirás en encontrar la respuesta a los hechos que sigues sin comprender.

Basado en el conocimiento del contexto que te rodea, tendrás la capacidad de tomar decisiones acertadas y, si no sabes, no te costará apoyarte en el equipo de trabajo, pues liderarás y considerarás que cada uno es importante.

Un individuo auto disciplinado se toma su tiempo, pero no dejará de tomar una decisión.

Hace lo que tiene que hacer y no se permite postergar una responsabilidad. Aún, dejar de hacer algo representa un hecho que está dentro de su planificación. La autodisciplina es la llave que abre las puertas, en la medida en que tus patrones conductuales cumplan con las expectativas internas y externas.

# Capítulo 10: Comprométete contigo mismo, no te dejes para después. (Esfuerzo)

Uno de los aspectos más determinantes en la vida de todo individuo es lograr entender qué quiere en la vida y hacia dónde va.

Muchos estamos cargados de miles de responsabilidades, comprometidos con la sociedad, con el trabajo, con la familia, con el amigo, con el vecino... hay tantos compromisos, que deja de haber espacio para ti.

Muchos piensan que resulta egoísta pensar en nuestros sueños, pero es parte de los principios de cualquier persona que desea alcanzar el éxito. "Quien no se ama no tiene la fuerza de amar"

Y así inicia este proceso. Si no tenemos la concentración y la fuerza para fijarnos en nuestros logros y aspiraciones, jamás podremos extender el mundo de éxito que hemos dibujado en nuestra mente.

Quizás eres el tipo de persona que se encuentra en medio de un torbellino, con muchas decisiones que giran alrededor de ti, y te resulta muy agobiante tomar el camino indicado, pues esa decisión puede cambiar el rumbo de tu vida.

A veces, es difícil establecer un rumbo o una dirección, pues eso implica dejar a un lado los sentimientos y las emociones. ¿Cómo saber cuál será la mejor decisión? Pues, nadie lo sabe. En ese momento hay que utilizar dos destrezas necesarias: la razón y la intuición.

**La razón** te permitirá sopesar en una balanza las ventajas de ir hacia un destino específico. Te proyectas en el futuro y te miras en cada circunstancia. No te engañes. Por ello, te recomiendo que escribas cada resultado obtenido tras un importante análisis.

Establece las razones. Si es necesario, puedes aplicar un análisis con oportunidades y amenazas.

De seguro tendrás muchas dudas, así que, por ahora, sigamos al siguiente paso.

**La intuición,** es la parte primitiva que tenemos. Está en la zona reptil y maneja muchos impulsos solo por corazonada. Su motor de acción se basa en hechos y antecedentes, así como en la visión de algo que solo tú sabes. A veces, se mueve bajo un juicio de valor, pero deja un espacio necesario para volver a confiar en alguien.

Muchos grandes empresarios y líderes del mundo terminan tomando decisiones solo por intuición y, ello se debe, a que luego de muchos estudios, análisis, reuniones y consultas, decidir se pone difícil. Se van a su casa, meditan lo trascurrido y hacen lo que tienen que hacer.

Para triunfar en la vida es necesario pensar en uno mismo. Un ser auto disciplinado sabe que, para conquistar, es necesario ser aventurero y, muchas de las historias escritas (y que aún están por escribirse) dependen, en gran medida, de la capacidad de establecer un compromiso contigo mismo.

## Eres tú Prioridad:

Comprometerse significa dejar a un lado todas esas acciones que, de alguna manera, te impiden concretar esa promesa. Un compromiso es un pacto. Así que, es la hora de establecer un pacto contigo.

No puedes postergar tu camino al éxito y tu destino a ser feliz. Sí, es cierto, quizás sea muy difícil, pero ya es hora de luchar por tus sueños. Es posible que tengas dudas en ese deambular, pero no puedes olvidar que todo lo que obtengas se retribuirá de manera centrípeta.

La fuerza centrípeta explica la generación de una energía circular que se mantiene en constante movimiento, y cuyo punto en el centro tiene la mayor concentración de poder.

Si tomas ese compromiso, y o conviertes en tu fuente de motivación, generarás una energía tan fuerte que provocarás un movimiento circular constante y potente.

Tu compromiso contigo está en el centro, y todos los beneficios de tus logros irán ampliándose a tu familia, a tu campo laboral, a tus amigos, y a todo aquel que se acerque a esa fuerza motora que nadie puede detener, pues todos los días su combustible nace de la motivación que tiene para seguir.

Tu fuerza centrípeta está bajo control, tus emociones y acciones se concentran en un solo punto: la meta que quieres.

Es por ello que muchos consejeros indican que, en el orden de prioridades, debes estar de primero. Nadie puede dar lo que no tiene.

En cierta ocasión, un avión experimentó una fuerte turbulencia. Fue tan estrepitosa que, el personal recordó a los pasajeros cuáles eran las acciones a tomar en caso de emergencia. De repente, los respiradores se desprendieron de la parte alta de los asientos.

Una madre desconsolada, en medio de los nervios, trató de poner primero la mascarilla a su bebé, pero en medio de los fuertes movimientos, fue víctima de los nervios y fue afectada por un ataque de asma.

Afortunadamente, una azafata fue en su ayuda, le colocó a la madre la mascarilla y luego al niño. Al pasar la turbulencia, la dama, agradecida, se acercó a la gentil chica, y ésta le recordó:

"Cuando damos las indicaciones, siempre primero debe usted colocarse la máscara de oxígeno para luego asegurar a su hijo. En esos momentos, la primera que puede salvaguardar a su hijo es Usted. Por lo tanto, asegúrese primero, no es un acto de egoísmo, es un protocolo de seguridad"

Esas palabras llegaron a la joven madre, pero luego entendió que la inteligencia emocional debe entrar en ejecución para la seguridad de ambos.

Es posible que algunas de nuestras decisiones se vean así, como en esa escena. No quiere decir que siempre serás primero en todo, pero en muchos momentos se requiere de pensar con el enfoque necesario para determinar que el próximo movimiento puede ser clave en el logro de tus triunfos en la vida.

¿Dónde quedarán todos esos sueños si has librado una vida luchando por el sueño de otros? Eres dueño de tu destino, pero mañana no puedes culpar a nadie, ya que tu futuro reside en tu toma de decisiones.

Hay actos muy simbólicos en nuestra vida pues, aunque parezca increíble, los seres humanos respondemos muy motivados a recordar esas extrañas promesas. Por ejemplo, reunirte todos los años en el mismo lugar con tu esposa, compartir religiosamente con el reencuentro universitario, hacer promesas de mejorar entre tus compañeros de trabajo, entre otros.

Te invito a establecer un acto donde te comprometas contigo mismo y tengas algún elemento que sea testigo de tu promesa. Anótalo en tu habitación y compra un objeto que te recuerde lo que tienes que hacer.

Establece el compromiso de conseguir el éxito que merece tu vida. Es la alianza que harás con el nuevo "Yo". Y así, con el pasar de los años irás concretando cada meta hasta ver realizado la visión de lo que quieres para ti.

De eso se trata la felicidad, de sentirse plenamente realizado. Y, cada individuo, en su justa medida, será el responsable de romper las fronteras para conquistar nuevos sueños.

# Capítulo 11: Elecciones y decisiones

¿Te has preguntado cómo sería tu vida si hubieses tomado otra decisión en un momento determinado? Es una pregunta que más de uno se ha hecho y, es que muchos de nosotros meditamos antes de dormir sobre los hechos que acontecen a nuestro alrededor.

"Más vale haber dicho que sí", "Por qué me cuesta tanto decir no", "Y si me hubiese quedado al margen". Son muchas las cosas que nos atormentan y que, al mismo tiempo, representan algo importante en nuestro presente.

Aunque, no podemos arrepentirnos de lo que hemos hecho, sí existe un margen para determinar lo que nos conviene o lo que no.

Todo en nuestro camino depende de decisiones, para bien o para mal. Ellas, cohabitan en nuestras vidas como una carga o como una fuerza de impulso. Decidir no es nada fácil y, en esos momentos claves de la vida, es vital que establezcas un debido análisis de las cosas.

"Elegir y decidir" Dos palabras cuya aplicación determina tanto y en las que concurren innumerables hechos, que han afectado la historia de la humanidad. Y hoy ¿Cuál es la decisión que vas a tomar en tu vida?

Existen conflictos en nuestras vidas que nos impiden tomar una decisión o elegir cual es el mejor camino. En todo caso, tenemos que aprontar una solución, porque no se puede esperar que el momento llegue y agobie, causando estrés general y, en consecuencia, que se tomen malas decisiones.

En muchas ocasiones tomamos muy malas decisiones por un mal criterio de los hechos o del contexto que nos rodea y, aunque no es la regla, a veces es necesario reflexionar muy bien acerca de lo que haremos a futuro.

Una persona con autodisciplina es capaz de estimar los daños colaterales de una decisión pues, como es sabido, todo lo que hagamos es efecto, pero se convierte en una causa de los hechos siguientes.

Es una cadena constante, sin fin, y que genera consecuencias en ti y en tu ritmo de vida. Aunque, todo depende de la magnitud de los hechos.

Por otro lado, toda decisión debe pasar por un mínimo de atención: debe ser analizada para encontrar cuáles fueron las razones que llevaron a tomarla, quién podría estar afectado, y qué tanto me beneficia en el mañana.

Además, es importante que te hagas las siguientes preguntas:

¿Ocurrirá algo? Sin duda es la primera pregunta de muchas. Si lo que harás resulta intrascendente, pues carece de importancia, por lo cual, cada paso que des en la vida debe estar marcado y forjado con el hierro de decisiones que tienen esencia, valor y que dejarán un aporte sustancial al logro de tus metas.

No puedes andar tomando decisiones solo para afectar a alguien, o porque tus emociones han dominado tu razón. Ese tipo de reacciones, a la larga, generan efectos negativos.

Recuerda que la disciplina te guiará por el camino para conseguir el mejor disfrute de lo que quieres. Y sí, es innegable que muchos queremos demostrar muchas cosas, sobre todo a aquellos que nos desestimaron. Tranquilo, no te preocupes, la mejor forma de lograrlo es triunfando y siendo ejemplo en la vida de otros.

¿Cuáles son las consecuencias en mi entorno? Otra pregunta que debes hacerte. Y, si de alguna manera afectará a alguien apreciado por ti, recuérdale que todo será para mejor. Entonces tendrás la motivación para demostrar que no te has equivocado.

Sin embargo, trata de medir el impacto en otros pues, a veces, aunque tengamos la fuerza para tolerar o asumir algo, muchos seres queridos se sienten afectados y, quizás, no entienden las razones. El éxito de la decisión dependerá de la manera en que comuniques las razones, ya sea en tu trabajo, en tu hogar o en un entorno social.

Y claro, la pregunta clave es, ¿qué gano y qué pierdo con esta decisión? Como notarás, todo está relacionado. Cada decisión debe ser balanceada en función del pasado, el presente y el futuro.

Y no es que nos preocupe tanto lo que pasó, sino que el pasado te guiará con la sabiduría de la experiencia. Pese a que estás en un camino lleno de "minas explosivas", ya conoces la ruta. Así que recurre al pasado cuando sea necesario.

El presente te llevará al análisis de los hechos en su justa medida, analizando el origen de la decisión y si, de alguna manera, sigue el patrón para alcanzar tus metas. Requieres de tu inteligencia, y por qué no, de apoyarte del equipo que te rodea. Ten en cuenta que la intuición jugará un papel importante.

El futuro es lo que no sabemos; pero la autodisciplina te ha convertido en un ser sabio, sin fisuras, y ahora te proyectas en cada posibilidad que pudiera presentarse al tomar una decisión. Nadie conoce el futuro, pero de seguro hay pequeñas "señales" que te guiarán y que te ayudarán a sentirte seguro.

Tanto el pasado, como el presente y el futuro, te enseñan que no hay nada mejor que tomar las decisiones en su justa medida. No puedes demorarte demasiado, tampoco ser muy precipitado, pero nunca dejes de tomar una decisión. A menos de que no hacerlo, ya sea en sí misma, una respuesta ante el problema.

Por otro lado, está el tema de la elección. El tener algunas variantes frente al tablero, en donde se ponen varias opciones posibles.

Ese tipo de situaciones, realmente, son muy complejas, pues si bien es cierto, hay algunas muy sencillas, pero también hay elecciones que son muy complicadas. De seguro, a esta altura en tu vida, tienes el dilema de entender qué es lo que puedes hacer.

Elegir viene del latín "eligere", que puede traducirse como "escoger" y se deriva de los siguientes léxicos:

El prefijo "e-, ex-", que es sinónimo de "de entre" y El verbo "legere", que se utiliza para hacer referencia a "escoger".

En concreto, es tomar una opción ante varias otras existentes. Si bien es una acción distinta a decidir, las decisiones provienen de conceptos y preceptos que tomamos desde el interior de nuestra mente.

Pero, la elección nos presenta dos o más opciones. Por un lado, resulta algo sencillo, pues si tenemos que decidir, siempre escogeremos lo mejor para nosotros. Pero, ¿qué sucede cuando las opciones son interesantes y, en medio de todo, podría afectar a terceras personas?

En ese momento, cuando la decisión deja de ser sencilla, pasa a convertirse en una decisión seria.

Debemos entender, sin embargo, que podemos tomar decisiones sin elegir, pero para una elección hay que tomar una decisión.

En el camino hacia una óptima autodisciplina, el elegir representa un acto muy importante, pues es cuando definimos dónde queremos trabajar, quiénes serán nuestros amigos, la pareja con la que queremos compartir, entre otros aspectos.

Todos esos elementos tienen una incidencia directa en la conformación de nuestro carácter y en la manera en la que entendemos muchas cosas.

En el camino hacia el éxito es necesario elegir sabiamente. Pero, ¿cuántas veces nos hemos equivocado al elegir mal?

Muchas veces, y seguiremos equivocándonos en muchas decisiones. Lo ideal es tratar de disminuir el margen de error, para tener menos complicaciones en nuestro recorrido.

Las elecciones, en muchas ocasiones, dependen de la experiencia que hemos adquirido en la vida, y claro, del conocimiento que tengamos frente a un hecho.

Hace algunos años, un juego de TV se hizo muy famoso, en donde las personas escogían respuestas entre varias opciones e iban avanzando hasta llegar a la pregunta 15. Al llegar allí, el premio mayor era para el individuo, quien demostraba conocimiento e inteligencia.

De hecho, tenía algunos comodines de apoyo, que podían pedirse entre el público presente. Nos referimos al programa popular "Quién quiere ser Millonario"

A veces, quisiéramos que la vida fuese tan sencilla a la hora de elegir. Pero podría decirte que, en muchas ocasiones, tenemos la posibilidad de apoyarnos para tomar decisiones importantes.

## Los comodines a la hora de elegir

Tenemos frente a nosotros una serie de opciones, muchas de ellas definirán gran parte de nuestro futuro laboral o familiar. Por lo tanto, se necesita de la mayor concentración. Hay muchas personas a la expectativa.

Existe tensión y preocupación, como si se tratara de un programa de TV. Entonces, llega el momento de decidir cuáles son esos comodines que podrían permitir que elijas de manera adecuada.

Entre ellos tenemos:

**La audiencia**: en ese programa había la opción de consultar a la audiencia, que no era más que permitir que las personas pudieran votar para apoyar la respuesta. En muchos de los casos, la audiencia no se equivocaba. De hecho, no tengo memoria de un error de la audiencia.

Eso se debe al comportamiento estadístico ya que, por lo general, la mayoría tiene la razón.

Es posible que estés en el momento de elegir, y no sabes qué hacer. Siempre la primera consulta es a lo interno. Te debates y reflexionas acerca de una elección. Pero, ¿qué sucede cuando no tienes la respuesta?

Entonces es momento de recurrir a la audiencia. "La audiencia" se refiere al comportamiento social frente a un hecho. Son las experiencias por las que han pasado otras personas y, a partir de esos informes, podrás tener la intención de tomar una decisión.

Es importante que partas de tu experiencia personal, pero cuando nunca has tenido un antecedente frente a un hecho, entonces es necesario que análisis los antecedentes que otros individuos han experimentado.

Las estadísticas casi nunca fallan, a menos de que sea un comportamiento social irregular o que esté fuera de lo común. Por ello, tras no tener una respuesta, la audiencia te puede ayudar a tomar el mejor camino hacia la elección adecuada.

¿Qué sucede cuando la audiencia no sabe, no existen datos sobre el hecho o no sabes quién se ha enfrentado a situaciones similares? Es muy complicado. Entonces es hora de llamar a un amigo.

**Llamar a un amigo**: siempre existe ese alguien en nuestra vida que tiene la respuesta a muchas situaciones. Por ello, su presencia y su conocimiento serán fundamentales en la toma de tus decisiones. Por mucho que te sientas preparado, siempre es importante confiar en el equipo, o integrar a alguien que posea nuevas habilidades.

No tienes mucho tiempo para tomar la decisión de "consultar". En la vida real, los demás no pueden esperar para que hagas una elección. Tampoco nadie está dispuesto para ti las 24 horas. Sin embargo, siempre ese amigo estará. Por ello, no dudes en preguntarle porque sabes muy bien que te dará la respuesta adecuada. Ten en cuenta que debes tener la garantía de que sea una persona objetiva, y que realmente se preocupe por tu bienestar.

En este apartado quiero que entiendas algo claramente: ese amigo sólo te ayudará a tener una mejor visión de las cosas, pero debes saber que nadie es culpable de las decisiones que tomas en la vida.

Sin embargo, ayudará de mucho tener a alguien de experiencia que nos brinde una mejor visión de una situación.

**El 50/50**. Sin duda, en medio de una situación que nos ponga a elegir, pues es muy importante que descartes. Comienza a evaluar entre los más factibles y, luego, quedarás con menos opciones a elegir. Esto te permitirá tener una mejor visualización.

Por ejemplo, si tienes que elegir entre varias opciones laborales, comienza a presentar cada una de las ventajas o desventajas. Poco a poco, lograrás tener el panorama más claro.

A diferencia de los otros "comodines", en éste, tendrás un mayor protagonismo pues, por descarte, buscas establecer lo que más te conviene para el futuro.

Como verás, tomar una decisión no es sencillo, pero elegir tampoco lo es cuando hay varias opciones complejas. En estos casos, debes buscar entender cada escenario, para entender qué consecuencias podría traerte.

Cuando reúnas la suficiente voluntad para ser disciplinado, entonces empezarás a tomar mejores decisiones.

# Capítulo 12: La perspectiva y la perseverancia

No podemos conseguir mejores metas en nuestra vida si no tenemos una nueva perspectiva, lo que nos obliga a redimensionar nuestra visión.

La perspectiva es la visión que tienes de algo en particular. Por ello, está muy ligada a los planes que deseas emprender para concretar tus metas.

Sin embargo, la perspectiva está muy relacionada a un gran aspecto: la perseverancia.

Si tenemos una eficiente perspectiva, combinándola con perseverancia en lo que hacemos, es muy probable que solo sea cuestión de tiempo para obtener resultados.

Veamos cada uno de esos aspectos de manera conceptual.

## La Perspectiva:

También es cierto que existen personas que mantienen una clara perspectiva, al punto en el que su plan les ha dado muchos resultados, como para ser considerados como personas exitosas.

Pero, realmente, ¿qué es la perspectiva?

Generalmente, la perspectiva está asociada a la visión que tenemos de la vida y, en función de ese panorama, creamos un plan de vida que, hasta ese momento, más nadie está viendo. Por ello, se habla de que hay personas con "gran perspectiva."

Por otro lado, la expresión está muy relacionada al punto de vista de cada individuo.

Perspectiva proviene del latín perspectivus "relativo a lo que se mira"', derivada de perspicere 'mirar atentamente o a través de algo', compuesta de la preposición per 'a través de' y specere 'mirar'.

Entonces, la definición nos deja un claro concepto de la palabra: es la forma en como miramos la vida a través de la visión que tenemos sobre ello.

Por eso, cada emprendedor, líder o toda aquella persona que emprende un proyecto, elabora un plan individual que solo él entenderá a razón del punto de vista que aplicará.

Es así como la perspectiva podría ser explicada como cuando un pintor comienza a crear su obra de arte. Nadie la entiende, al principio son solo trazos, pero cuando la termina, su obra tiene una interpretación de la vida, basada en los colores, líneas, sombras y hasta del uso de un lienzo en específico.

Eso se aplica al arte, pero nadie puede negar que la vida es arte. Cada persona establece los patrones conductuales que, a su juicio, serán capaces de culminar lo que quiere hacer.

Para unos es un camino largo, pero para otros es corto; mientras que para unos es fácil, para ti puede ser muy complejo.

La perspectiva es como el mapa hacia el progreso, pero tampoco es un esquema rígido, pues esa perspectiva puede evidenciar ciertos cambios que serán para mejor o para peor. Todo dependerá de las elecciones que tomes en la vida en función de la autodisciplina que dispongas para ese momento.

Existe lo que se llama dirección y sentido. La perspectiva está concadenada con esas dos definiciones pues, en su conjunto, determinarán el éxito que anhelas.

La mente tiene que estar muy atenta a la perspectiva pues, de lo contrario, será un viaje vacío y sin sentido.

En este aspecto quiero detenerme por un momento.

**El sentido** es el significado que le damos a las cosas y a los planes de la vida. Por medio de él encontramos mayor orden en lo que hacemos. Desde un punto de vista físico, es la orientación que fijamos hacia algo o hacia un lugar, considerando que es parte de un plan de conseguir lo que queremos.

Si deseas realmente llegar a un lugar pues, lógicamente, debes darle sentido a tu vida. Quizás es una expresión muy escuchada y un cliché moderno, pero no hay nada más cierto que eso.

No es suficiente caminar, avanzar o imprimir toda la fuerza necesaria para seguir nadando en "un mar" de problemas.

Podemos tener la mayor fortaleza, las mejores herramientas para triunfar en la vida, pero, ¿de qué sirve todo si no tenemos clara nuestra orientación?

Por otro lado, está la dirección, que hace referencia al rumbo que tenemos. Va unida al sentido para establecer una bitácora clara y precisa.

Muchos de nosotros nunca llegamos a lo que queremos pues no estamos claros en lo que necesitamos hacer. Los grandes líderes del mundo estaban claros en eso para poder sustentar su visión y para que fuese respaldada por sus seguidores.

Digamos que la perspectiva es parte de la seguridad y de la confianza con que avanzamos. Pero si no hay una expresión cierta de nuestra dirección y de nuestro sentido, no llegaremos a ningún lado.

Por ejemplo, imagina que Bill Gates, cuando empezó a crear su imperio, no tenía claro lo que quería, pues no llegaría a ningún lado. Tuvo que tomar decisiones que fueron muy criticadas. Muchos se alejaron de él, otros se sumaron. Pero cada adición en su equipo de trabajo debía estar fundamentada en la aceptación de un plan de trabajo que tenía una visión muy clara: quería marcar un mundo donde las computadoras hiciesen más fáciles algunos procesos.

En realidad, Gates no inventó nada o, por lo menos, no lo hizo de forma directa. Cada invento tuvo como protagonistas a su equipo de trabajo. Algunos otros adelantos fueron impulsados por él, pero ingeniados por un grupo de personas que cumplieron parte del sueño de este gran emprendedor.

Bill Gates estaba claro con la perspectiva que debía asumir; pero, además, le sumó sentido y dirección a cada plan. Ahora, aunque parecen planes aislados, cada uno era parte de un proyecto más grande, hasta que, en el momento menos esperado, surgió un imperio mundial con él a la cabeza.

¿No deseas encontrar el éxito, estás agotado de buscar la felicidad, lo intentas una y otra vez, pero sientes que cada esfuerzo es en vano? Pues, déjame decirte que tu momento llegará en cuanto apliques una perspectiva sólida y le ofrezcas sentido y dirección a tu emprendimiento.

Además, puedes tener un excelente plan de trabajo, pero si en esa barcaza todos reman en sentido diferente, es probable que se quede en el mismo sitio, sin avanzar y solo dando vueltas.

Tienes que precisar en la vida si vas a la derecha, a la izquierda, seguirás al centro o, por otro lado. Ubícate en el espacio.

¿Dónde estás parado en el plano existencial del mundo, por dónde sería más factible que logres tu objetivo?

Es momento de ajustar ese volante. Imprime velocidad, y ajusta tu vida en función del mapa que ya tienes en tu mente. Si es necesario cambiar la bitácora de tu vuelo, pues no es problema, sólo no debes perderte, debes seguir con perspectiva todo lo que haces.

Nuestra vida es como un avión en medio de una turbulencia, atrapado sin nada en el horizonte, pero que cuenta con una torre de control que le brinda instrucciones para evitar que se estrelle.

La torre de control en tu vida es la perspectiva, el sentido te lo dará el plan que hay en tu imaginación, y la dirección será cada uno de los objetivos que van fluyendo, poco a poco.

Por muy desastroso que se vea, si esos objetivos se están cumpliendo, entonces puedes estar tranquilo. Sigue adelante, el plan se está cumpliendo. En este caso, necesitarás de un elemento primordial: la perseverancia.

## La Perseverancia:

No hay nada en la vida que se consiga sin perseverancia. Si bien es cierto, hay personas que consiguen algunas metas de forma fácil, pero es muy probable que lo que estemos viendo sean solo pequeños objetivos de una gran meta que persigue ese individuo.

La perseverancia es uno de los valores más requeridos a la hora de conseguir un plan. Si no persistimos en lo que queremos, será imposible que llegue la recompensa.

Crecemos viendo a esos héroes de novelas, de películas, de grandes logros y hazañas, pero, sin duda, uno de los valores en los cuáles siempre nos queremos ver reflejados es en la perseverancia.

¿Cuán difícil es para los seres humanos ser persistentes? Renunciamos muy fácil a nuestros sueños. Dejamos atrás las ilusiones de grandes personas. Dejamos de soñar, de la noche a la mañana, porque ya hay un obstáculo pequeño que interfirió con el proceso.

"La marca esencial que distingue a un hombre digno de llamarse así, es la perseverancia en las situaciones adversas y difíciles".

Fue una frase de Beethoven. Y cuanta verdad hay encerrada en esa afirmación, pues nosotros, todos, tenemos la mala costumbre de dejar todo para última hora, de postergar los proyectos y de olvidar el porqué de algo. Sencillamente desistimos. Quizás esa es la peor derrota, no seguir luchando.

La palabra **perseverancia** viene del latín "perseverantia" que significa constancia, insistencia.

En el camino hacia la autodisciplina es la clave, es la fuerza que mantiene unidos los eslabones de la perspectiva que tienes para cumplir objetivos.

Ningún plan puede avanzar si no hay perseverancia. Los seres humanos requerimos que ese valor crezca más en nosotros, pues al mismo tiempo nos convierte en personas más valientes, llenos de ideas, y en conjunto con la motivación, son ingredientes necesarios para alcanzar el éxito.

El que es perseverante saca lo mejor de las cosas, y de cada derrota aprende algo nuevo, pues tiene claro que debe seguir sin importar cuantas veces ha caído.

Insiste una y otra vez en lo que quiere. ¿De dónde crees que saca fuerzas para seguir perseverando? Pues se mira en el espejo y entiende que ya no puede seguir dependiendo de otros, que no puede abandonar sus sueños una vez más; mira la suela de sus zapatos y, pese al desgaste, no se priva y entiende que, detrás de los obstáculos, viene una gran bendición para su vida.

Un ejemplo de perseverancia fue Milton Snavely Hershey, el creador de los famosos chocolates. Realizó los estudios en confitería, para luego dedicarse a la confección de dulces. Primero, hizo un intento para montar su fábrica en Filadelfia, pero fracasó.

Luego, lo intentó Nueva York y Chicago, tratando de ubicar un mejor público consumidor. En ambos casos fracasó.

Con un sentimiento de derrota, decidió regresar a casa, al lado de su Madre y su Abuela, quienes le apoyaron en su proyecto. Entonces, iniciaron una pequeña empresa en Filadelfia.

Confeccionó unos caramelos en base a leche, y dado su gran sabor, se convirtió en un éxito. Sin embargo, ese no era su sueño, él quería más. Así que decide vender esa fábrica por el valor de 1 millón de dólares. Un excelente precio para finales del siglo XIX.

Milton tenía un objetivo, tratar de competir en el mercado con el apreciado chocolate suizo, por lo que creó un chocolate con leche, muy distinto al consumido en su país.

Así llegó el éxito. Hoy en día, uno de los chocolates más vendidos en el mundo es el "Hershey". En cada aeropuerto del mundo, de seguro verás algunos de esa marca.

Quizás Milton pudo rendirse en el primer fracaso, y dedicarse a otra cosa, pero nunca desistió de su sueño.

De hecho, creó un nuevo sistema para preparar el chocolate al cual se le denomina el Proceso de Hershey.

Tienes un sueño, te preparas, estudias las experiencias de otros y cursas estudios con los mejores.

Pero, nadie te prepara para la derrota. Precisamente de ello se trata la perseverancia. Así como Milton, invertimos tiempo, dinero y capacidades, pero caemos una, dos y muchas veces.

El sentimiento de derrota nos invade y, ese instante, reflexionamos y decimos "Esto no es lo mío"

Sin embargo, en lo profundo de tu corazón hay un sentimiento que te dice "No lo hagas"

Esa voz es la perseverancia, es la persistencia, es la insistencia por lograr lo que queremos en la vida.

Hay un aspecto muy importante en la perseverancia. Y es que, en muchas ocasiones, y dado el sentimiento de derrota, creemos que ya es tarde para seguir. Pero, justo en ese instante recuerdas la chispa de ese sueño que te hizo recorrer todo ese camino.

Solo basta con una chispa para que se genere un gran fuego en nuestros corazones. No dejes que se apague. Lucha sin parar y persiste.

Puede que ese sueño evolucione en algo mejor, pero no permitas que ese fracaso te haga perder la guerra.

Muchas veces perdemos batallas importantes, pero eso no quiere decir que hayamos perdido la guerra. Aún hay mucho en ti para seguir adelante.

Solo sigue adelante, paso a paso, y no olvides hacer un replanteamiento, en caso de ser necesario.

Esto nos lleva al siguiente capítulo.

# Capítulo 13: Trampas que desafían tu mente e influyen en la autodisciplina

Es probable que, durante mucho tiempo, hayas persistido con un sueño, intentándolo constantemente y sin rendirte. Sin embargo, la idea de que hacerlo es necesario no pasa por tu mente, porque consideras que, al no lograrlo, estás fracasando y te concentras es en eso.

A este punto, debo aconsejarte algo importante: Hay proyectos que deben ser dejados a un lado, cuando realmente están interfiriendo en el proceso de adquirir resultados. A la final, lo que realmente importa es ser exitoso, entonces debemos aprender a distinguir lo que no se logrará.

¿Parece una locura? Lo sé. Pero debo decirte que la mente juega con nosotros y nos plantea eternos laberintos, de forma muy inconsciente. No sabemos a dónde ir y son trampas que pueden ser muy peligrosas en nuestra vida.

Esas trampas son tendencias de pensamientos, ante hábitos de conductas que repetimos durante la vida. Si estamos acostumbrados a no renunciar a las cosas ante un problema, pues ese patrón se hará presente, aun cuando todo apunta que lo más correcto es descartar y cambiar de rumbo.

Aquí, es donde se vuelve muy importante el saber decidir cuándo aceptar que las circunstancias nos obligan a ceder.

Además, esas tendencias nos hacen perder el tiempo que debe ser invertido en otros objetivos para armar el gran rompecabezas que tienes por delante.

Hay algunos aspectos que hacen complicadas esas trampas:

- En primera instancia, están en nuestro mundo inconsciente y ello se debe a que hemos ejercitado la autodisciplina al nivel de no renunciar a los planes de la vida. Es por ello, que la mente hace una "jugada" que puede ser muy peligrosa para nuestro éxito. Pues nos tendrá envueltos en un posible dilema del cual no podremos salir, por un impulso habitual a "no renunciar". Lo más correcto, en este caso, sería considerar esa derrota como parte del proceso de aprendizaje.
- Es una trampa que, aparentemente, no tiene ningún perjuicio, y entonces la mente te hace creer que su presencia no afecta en nada al plan de vida que tienes. Podría decirse que llegas al punto de convencimiento de que no hace daño y su presencia podría ser una opción a largo plazo para tu bienestar. Pero no es así. Recuerda que debes desprenderte de todo aquello que no es necesario en tu vida.

- Lo más grave de estas trampas de la mente, es que te has acostumbrado, es un hábito en tu vida, es una acción que te llevó años cultivar y, pues, no sientes que sea un problema. Sin embargo, desde una retrospectiva externa, es el principal problema que afecta tu vida.

Te costará desprenderte de ella, pues está a tu lado y es parte de ti. Entre algunas de esas trampas, tenemos:

a. **Cuando la mente nos hace creer que debes persistir**: es una las trampas más comunes y es muy recurrente en las relaciones de pareja, pues nos hace entender que debes seguir luchando por el amor perdido, aun cuando todas las condiciones apuntan a que es momento de desistir. A fin de cuentas, muchos terminan obsesionados, lo cual es sumamente peligroso, porque se pierden en un laberinto oscuro y sin sentido.

b. **Cuando la mente nos hace creer que hay que invertir más tiempo o dinero**: éste es otro error muy recurrente en los negocios. Basado en muchas historias y en el aliento de algunos malos consejos, terminas en la bancarrota porque sigues invirtiendo más y más, en algo que no es lo tuyo. Tanto el tiempo como el dinero se han perdido, como para seguir pensando que tomaste una correcta decisión. Quiero aclararte que no es malo invertir más tiempo o dinero a un sueño, solo que hay que retroceder un poco y pensar si fue la decisión más adecuada.

c. **Cuando la mente nos hace creer que hay que tener una fijación en un objetivo**: es otro espejismo, pues esperamos algo que quizás nunca llegará. Debes, por un momento, confiar en tu instinto y analizar que las cosas no están dadas. En ese instante, entenderás que se ha perdido tiempo valioso porque, además, ese objetivo depende de un tercero. Y, ¿qué podría pasar cuando esa persona no tiene el mismo interés que tú? Es fácil imaginárselo.

d. **Haber dejado de hacer algo**: Es otra de las jugadas que nos hace la mente. En muchas ocasiones, terminamos con un terrible espíritu de culpa que no es positivo. Por lo cual, necesitas entender que te equivocaste. Perfecto, es hora de seguir, pero no puedes seguir estacado en el "pantano" que generan esos sentimientos de culpa.

e. **Cuando crees que eres capaz de todo**: es, de todas las trampas, la más terrible, porque es muestra de un nivel de desconfianza muy alto. Además, es evidencia de que no sabes trabajar en equipo; ya sea como líder o como parte de él. No puedes hacerlo todo, es vital que manejes un equilibrio, pues estás generando un desnivel, que traerá consigo desgaste y pérdida de interés.

Como verás, son algunas trampas en las cuales se suele caer y, eso se debe, a que hay una confrontación en lo que somos. Muchos de nuestros hábitos son realmente correctos, pero se tomó una mala decisión, y eso nos hizo incurrir en un círculo vicioso muy perjudicial. Por ello, algunos grandes empresarios terminan arruinados, y otras personas, con gran intelecto,

131

nunca logran nada en la vida.

Existe una trampa extra, la cual es terrible. Ya la hemos conversado al principio, y se trata de la idea de dejar las cosas para otro día. Sí, nos referimos a la procrastinación.

f.  **La Procrastinación**, es un enemigo de temer. En los primeros capítulos le dedicamos tiempo y espacio a un enemigo que, silenciosamente, nos hace incurrir en serios errores, pues maneja la postergación como una forma de autogenerar la justificación de que no está mal dejar las cosas para otro día.
    Para algunos es un defecto, pero para muchos especialistas es una consecuencia de algún perfil psicológico. En todo caso, significa que algo no está bien, pues no hay ninguna fuerza de motivación regular para cumplir con las metas en el tiempo necesario.
    Detrás de la procrastinación hay una larga lista de excusas que provocan una severa acumulación de tareas. Al final, el individuo acostumbrado a dejar todo para última hora, es incapaz de establecer un correcto paradigma de la vida. Y ello se debe a que solo cumple un patrón en función de lo que otros hacen.

# Capítulo 14: El fracaso. ¿Cómo utilizarlo a nuestro favor?

Todos hemos experimentado un fracaso, pero son pocas las personas que se sienten cómodas al asumirlo. Unos, antes de hundirse un barco, prefieren huir, y se lanzan al mar, porque es un instinto de preservación. Pero, al final de la historia, el solo asumir las derrotas se convierte en una victoria.

He compartido contigo que, en muchas ocasiones, la experiencia juega un papel fundamental. Por eso, cada vez que fracasas, es una nueva oportunidad para hacer las cosas de mejor forma, porque tendrás la ventaja de conocer el camino.

Durante la historia del hombre hemos visto como las grandes sociedades han emergido, pero también han tenido que asumir sus derrotas y, desde las cenizas, han podido levantarse para ser grandes potencias.

Alemania, Japón, Francia, entre otros países, fueron devastados durante la II Guerra Mundial, pero aprendieron de sus errores para convertirse en naciones que ahora son ejemplo en el mundo.

Pero, ¿qué genera el fracaso?, ¿acaso es posible que ese sentimiento tan amargo nos permita crecer en la vida? Puede ser.

## El sentimiento del fracaso

Hay algo muy triste y es que, cuando sabes y sientes que has fracasado, es cuando la derrota te hace sentir amargado y frustrado.

Recuerdo muy bien que, en una ocasión, como fanático del béisbol y fiel seguidor de los Yankees de Nueva York, seguí a mi equipo favorito durante toda una temporada. No vi todos los partidos, pero sí me enteraba de cada resultado.

Finalmente, llegó la Serie Final contra otro gran equipo. Fueron siete partidos que se libraron a muerte y, aún en el último momento, tenía la esperanza de que podíamos ganar el campeonato.

Luego, llegó ese hit. El que nos quitó de las manos el anhelado trofeo.

Pasé una noche terrible; la verdad es que estuve de mal humor durante varios días, así como muchos de mis compañeros se burlaban y me hacían sentir peor. Pero, a la larga, el sentimiento se va perdiendo y surge la esperanza de que vendrá otro campeonato que será mejor.

No hay ni punto de comparación con ver cómo tu equipo favorito es derrotado, pero es algo que nos hace expresar como seres humanos. A fin de cuentas, al arraigarnos con algo, empezamos a experimentar un sentimiento de identidad y familiaridad.

Cuando has fracasado en un negocio, un emprendimiento o en tu ámbito laboral, los sentimientos son más poderosos y, en muchos casos, inmanejables, por muchos de nosotros.

Pero, no todo puede ser así. Puedes superar ese momento, y puedes sacarle el provecho a esa derrota. Eso te permitirá ser tu mejor versión, aún en el día más oscuro.

Una derrota puede describirse como lo contrario a la felicidad y, por lo tanto, no hay "ganas" de seguir adelante.

Luego de superar ese momento de "duelo" podrías entender que las mejores cosas están por venir.

Un individuo que ha desarrollado una personalidad fuerte a través de la autodisciplina, es capaz de superar cualquier mal momento, teniendo como punto de apoyo la seguridad de saber que puedes superar cualquier cosa, porque tienes la fuerza y la grandeza de hacerte más fuerte luego de cada derrota.

## ¡Cuidado con el Síndrome del Fracasado!

El Síndrome del Fracasado es la sensación que invade a una persona luego de asimilar varias derrotas y de no tener una respuesta para poder salir adelante.

En este tipo de síndrome, las personas no pueden salir de esa fosa que se llama *derrota*. Y son tan persistentes en el tema, que logran contagiar a otras personas con esa desmotivación.

Las características de una persona con el Síndrome del Fracasado son:

- Siente que no ha logrado nada: sin duda, es el principal sentimiento. "Perdí mi tiempo", "No logré nada"; son parte de las expresiones que evidencia una persona que se siente fracasada.
  No logra entender que pueden abrirse otras oportunidades y, además, la depresión y la desmotivación se evidencian en su comportamiento.
- Siente que no tiene posibilidades: aun cuando siente que la derrota no es su responsabilidad, las consecuencias latentes radican en que siente que no tiene posibilidad alguna en su campo laboral, en su hogar o ante un nuevo emprendimiento.
- Tiene miedo a otro fracaso: no puede emprender algo nuevo, pedir una nueva oportunidad de trabajo, reiniciar su vida, entre otras acciones, pues sencillamente tiene miedo de volver a perder o a fracasar. No comprende que las derrotas son parte de la vida, y si no asume otra actitud, pues nunca podrá superar el momento oscuro que está viviendo.
- Por otro lado, hay otra particularidad en aquellas personas que tienen el síndrome del fracasado: siempre se sienten insatisfechas y nunca lo que hacen es suficiente. Lo cual, les convierte en personas obsesivas, sin dirección ni rumbo.

- Lo peor, es que muchas personas se terminan de abrigar en ciertos vicios como el alcohol o las drogas, como efecto placebo. En resumen, el individuo pierde el control de su vida.

Ahora, si te identificas con alguna de esas características, es hora de que rompas ese ciclo. Los seres humanos estamos hechos para triunfar, pero también para experimentar derrotas en nuestra vida. Nadie está exento al fracaso, pero todos tenemos la oportunidad de convertirlo en un triunfo.

## Ver lo bueno de lo malo: Convirtiendo el fracaso en una ventaja.

Muchos de nosotros hemos pasado por un mal momento, pero lo más complejo es entender cómo podemos superarnos, aun cuando acabamos de pasar por una dolorosa derrota.

Lo primero que debemos aceptar es la realidad de que hemos sido derrotados. Si nos cubrimos de excusas, es probable que nunca entendamos porqué suceden las cosas en la vida.

Digamos que tu vida es un conjunto, en donde lo positivo y lo negativo conforman un solo ser. Tal cual es la sociedad, con elementos negativos y positivos.

Sin embargo, si no logras comprender el concepto de derrota, no estarás preparado para disfrutar de un triunfo. Pues, entre los sacrificios que exige la autodisciplina, está el tener un sentido de conciencia sobre cada acto que ejecutes en el día a día.

Entre las ventajas de la derrota, podríamos identificar:

1. **Todo se trata de un aprendizaje**: sin duda, cuando sufrimos una derrota, bajo la óptica del análisis, es muy probable que experimentemos una mejor visión de las cosas, en donde entendemos la razón de una circunstancia.
   No es igual tratar de entender algo que le ha sucedido a alguien, a compartir una enseñanza, porque la entiendes a partir de la experiencia.
   Cuando entiendes el punto de vista de la derrota, puedes ser capaz de voltear las condiciones, al estar preparado para la victoria.
   No olvides que en la vida se requiere de motivación para enfrentar, con fuerza, cada momento oscuro. Ten en cuenta que, después de la tormenta, llega la calma.

2. **Pensamiento autocrítico**: nadie es capaz de aprender el valor de algo si antes no ha pasado por el momento de la pérdida.
   Aun cuando muchas personas tratan de entender las emociones de recuperarse, por "ponerse en los zapatos del otro", no será lo mismo.
   Ese momento te hará tener la empatía necesaria para aportar una crítica clara y precisa de un hecho en particular. Es lo que se llamaría ser objetivo.

135

3. **Te permitirá salir de la peligrosa zona de confort**: muchos no han experimentado una derrota o no han podido superarse a sí mismos porque no han sentido la necesidad. Cuando se "sale" de la zona de tranquilidad tras una derrota, se entiende la importancia y el poder que tiene una persona para superarse cada día más. Nada mejor que saber que no somos invulnerables, para entonces sacar las energías y emprender un mejor camino.

   Estamos atados a ese espacio, sin saber que algo mejor nos espera. Por lo tanto, en una jugada de la vida, tenemos que salir de un grupo social, de un ente laboral o de la tranquilidad de vivir en una ciudad, para así iniciar un viaje que nos llevará directo al éxito.

4. **Motiva la creatividad**: pues sí, cuando hemos "perdido" y tenemos la entereza para entender las razones de la derrota, de seguro tendremos una idea del origen y sus consecuencias. Pero, surge algo más y es que, comienzas a buscar una solución.
   Más allá de que cierta parte de nuestro ideal se ha derrumbado, comenzamos a idear un plan y, pese a que muchos te dicen que no hay solución, inicias un estudio que permite el crecimiento creativo de todo el potencial que hay dentro de ti.
   Luego de entender el problema, confirmas tu teoría: no hay solución para ese problema en ese camino. Entonces, la solución es abrir un nuevo sendero, desconocido, pero que posiblemente brinde la solución esperada.
   Eso se debe a que tienes una mejor idea de lo que ha sucedido y, por lo tanto, empieza un proceso de descarte.
   Algo muy importante es que, comienzas a "depurar" ese círculo que amistades, y ello te enriquece más.

5. **Te muestra una mejor versión de ti**: sin duda, al poder superar una derrota, logras entender que eres más fuerte de lo que otros creían, y de lo que tú creías. "Jamás pensaste que superarías ese momento", pero allí estas, calmado, con más energía, y con la plenitud y seguridad que brinda la satisfacción de la experiencia.

# Capítulo 15: Eliminar las excusas

Las excusas son la terrible muletilla del mundo actual. Estamos rodeados de personas que hacen uso abusivo de circunstancias ajenas para justificar sus errores. Pero, lo peor, es que hemos incurrido a la excusa, y hasta a justificar su existencia como un mal necesario.

La excusa no tiene cabida en una persona con autodisciplina, pues suele hacer lo necesario para cumplir con sus responsabilidades, asumir sus culpas y cumplir con su palabra.

Una excusa puede ser el inicio de una enorme cadena de mentiras, ya que, en un determinado momento, no tendrá nada más qué decir, salvo inventar algún acontecimiento para salir airoso de sus responsabilidades.

Una excusa es lo contrario a la sinceridad.

Hay personas que utilizan pretextos para excusarse, pero sin darse cuenta, de que genera una ruptura en la confianza que las personas tienen en ti, porque tarde o temprano, entenderán que no les fuiste sincero.

Al final, un pretexto es una falsedad, corrompe poco a poco nuestros valores y la ética que has construido durante toda tu vida.

Un pretexto es una excusa falsa, un motivo o causa que se alega para hacer o dejar de hacer algo. Una excusa, en cambio, puede ser tanto falsa, como verdadera.

Se constituye en fiel aliado de la postergación, pues las personas incurren en la excusa para dejar las cosas para otro día. Pero, más grave aún, es que muchos individuos caen en la procrastinación porque son muy buenos para excusarse.

## Consecuencias de las excusas:

Pueden existir muchas razones para excusarnos en la vida, pero eso es una "muletilla" en el complejo proceso del crecimiento.

Muchos vivimos afianzados en una estructura que se construye sobre la base de una excusa, pero muy en el fondo, sabemos bien que es evidencia de una serie de factores que arruinan tu vida y te convierten en alguien más débil.

a. **Las excusas limitan tu vida**: digamos que una excusa es proyectar mis culpas hacia otra persona o al contexto que me rodea. Lo cual es totalmente opuesto al punto anterior, que es aprovechar nuestra derrota para un crecimiento.
   Alguien que vive de la excusa tiene en mente que nada de lo que sucede es su culpa. Por lo tanto, ha creado un mecanismo de defensa que lo hace irresponsable ante ese hecho.

Al no aceptar su error, jamás será capaz de entender cómo mejorar en la vida. Por ello, vivirá atascado en un pequeño mundo donde solo él tiene la razón y donde sus fallas y errores son consecuencia del error de otros.

Es increíble pensar que la excusa termina afectando la conducta del individuo, pues poco a poco, se debilita en sus conceptos y su perspectiva de la vida se hace endeble, llegando al límite de carecer de sentido en lo que hace. Al final termina solo, pues la sociedad rechaza inmediatamente las personas que no aceptan sus culpas.

b. **No es tomado en cuenta**: por otro lado, existe en nuestra mente todo un concepto irreal de lo que sucede. Así, quien usa la excusa como un vicio, termina arraigado en un mundo carente de respuestas.

Al final es aislado, sus ofertas laborales merman, se siente inútil y, en cierto modo, carece de motivación.

c. **Revela que hay miedo**: otra de las graves consecuencias de excusarse, o tener el hábito de la excusa, es una revelación de que las personas tienen miedo. Y es lógico, cuando alguien se excusa no quiere asumir su culpa por miedo a algo. Además, es evidencia de que siempre toma el camino más fácil, cuando en realidad se requiere ser más fuerte.

Un ser auto disciplinado es capaz de asumir cada responsabilidad, tanto en las buenas como en las malas, pues entiende que cada derrota le podría servir en el camino de su formación.

Como verás, para nada ayudan las excusas, entonces es necesario eliminarlas y así poder ser una mejor persona.

En una sociedad tan exigente como la de hoy, se requiere de personas con un mejor perfil en sus valores. Y la excusa no es precisamente la mejor carta de presentación.

Lo más terrible de todo, es que terminas excusando tus derrotas, para establecer una idea hacia el exterior de que nada de lo sucedido es tu responsabilidad.

Pero engañas, y no tienes la fuerza para asumirlo. Ya es momento de que la excusa no reine en tu vida. *El primer paso es sincerarse.*

# Capítulo 16: Cómo ser auto disciplinado sin ser influenciado por un ambiente tóxico

El camino para ser una persona autodisciplinada lleva su tiempo, y establece una serie de parámetros que deben ser logrados en función del éxito. Recuerda que la autodisciplina incluye una serie de valores y principios que hacen de ti un mejor individuo.

Pero, en el camino de esa formación, hay muchas personas que quieren tratar de afectar elementos tan importantes como el positivismo, las ganas de seguir adelante o el respetar a los compañeros. A ese tipo de individuos los llamamos "tóxicos" y crean un mal ambiente en el sitio donde están.

Son como una máquina generando contaminación. Tienen la tendencia de criticarlo todo, y no se detienen en sus ansias de ver fracasar el proyecto de los demás.

Se manejan con toda la astucia; son manipuladores, se sienten víctimas y buscan personas con un carácter débil para poder dominar. Al parecer, su felicidad gira alrededor de la tristeza de muchos.

Pero, ¿cómo puedes superar una persona así?, ¿qué herramientas puedes aplicar para poder ignorarlas, o mejor aún, lograr que sus palabras no te afecten en la conformación de tus aspiraciones?

La cuestión se vuelve más complicada cuando en un ambiente laboral, en tu hogar o algún sitio que frecuentas, hay varias personas con mala actitud y son "tóxicos" por naturaleza. Entonces, ese lugar se constituye en un ambiente tóxico.

## Perfil de una persona tóxica:

Una persona tóxica reúne todo un conjunto de características que hacen de su vida algo problemático, haciendo que en donde lleguen generen un torbellino de inconformidad, pues sus acciones y expresiones solo buscan debilitar a quien está a su lado.

Entre las características de una persona tóxica tenemos:

- No han madurado emocionalmente, a veces recurren a la broma o a la lástima como mecanismo de defensa para no atender o enfocarse en sus problemas. Utilizan la burla como parte de su cortina y arman un "show" cuando se sienten atacados.
- Tienen la particular habilidad de hacer sentir mal a sus compañeros; tienen una falsa humildad y pretenden ser escuchados, cuando en realidad quieren humillar al resto.
- Sobrepasan los límites del respeto, descalifican y hay una sobre exigencia con aquella persona que ha constituido en "víctima". Generalmente tienen una compañía que les secunda en todo, pero en realidad

se constituye en una mascota para apetecer sus ganas de hacer sentir mal a alguien más.

- Todo lo critican; tienen serios prejuicios y sus valores son "elásticos" de acuerdo a las aspiraciones y metas que persigue.
- Son naturalmente narcisistas, por lo tanto, se creen perfectos, y crean un mundo que aparentemente lo es. Sin embargo, son un completo desastre.
- Son muy buenos manipuladores.

Como te darás cuenta, una persona tóxica no es víctima, es un victimario; ubica a su "presa", alguien más débil, y trata de socavar los principios de aquellas personas a quienes, evidentemente, les tiene envidia.

¿Cómo un ser auto disciplinado, o que desea serlo, puede sobrevivir en ese ambiente? Imagina que no hay solo una persona tóxica, sino varias. Sería insoportable. Pero siempre hay opciones para mejorar y sobrevivir a esa carga constante.

## Pero, ¿cómo sobrevivimos a un ambiente tóxico?

Como te darás cuenta, sobrevivir a un ambiente tóxico requiere de una fortaleza extra. Hay que establecer muy claros objetivos y no permitir que ese tipo de individuos te hagan sentir mal.

Primero, hay que determinar algo: ¿estás dentro de la tendencia del problema o eres víctima del ambiente tóxico?

Segundo, hay una pregunta aún más comprometedora y que debe ser contestada con la sinceridad que amerita nuestro estudio: ¿Soy una persona tóxica?

Si es así, mereces darte una mejor vida, pues las personas tóxicas tienen un desgaste emocional extra que no favorece en nada, y al final, quedará solo y vacío sin nadie con quien compartir buenos momentos.

Pero, si no eras parte de la tendencia "tóxica" y estimas que eres una víctima o, sencillamente te has mantenido al margen, pues es momento de tomar algunos concejos muy importantes.

a.  Una persona tóxica recurre a un arma milenial, que es fuente de malestar y genera conflictos: el chisme.
Si alguien se acerca a ti, pues entonces corta la cadena, no te dejes llevar por los rumores de alguien más o, ¿por qué no? trata de solucionar el problema.

Hazle saber a esa persona que, si vas a dedicar tiempo para hablar mal de alguien, pues que no lo haga, porque sencillamente no te importa.

No podemos permitirnos que nos falten al respeto hablando mal de alguien porque, además, cada persona tiene sus conflictos.

b. Conviértete en una persona productiva: cuando existen esos ambientes tensos, donde hay un liderazgo mal aplicado, es fácil dejarse llevar por la corriente tóxica. La mejor forma de salir ileso de ese sitio es siendo productivo. Si te dedicas a trabajar y a resolver, en vez de generar más complicaciones, de seguro podrás crear una burbuja a tu alrededor.

Además, si no eres el líder, poco a poco sumarás adeptos a tu causa, pues no hay nada más admirable que aquella persona que sabe lo que quiere y trabaja solo en sus metas y proyectos.

Ahora, si eres el líder de ese grupo, el mejor consejo es asignar actividades; cada uno estará tan ocupado en sus labores que, al final, sabrás determinar quién es el tóxico o los tóxicos del lugar.

Por otro lado, es importante que sumes y no restes. No dediques tiempo a personas tóxicas porque, por mucho que quieras ayudar, esa persona requiere de ayuda profesional.

c. Elabora un plan de trabajo para poder obviar ese ambiente. Además de concentrarte en otras actividades, también puedes concentrarte en algo recreativo, de esparcimiento, que te distraiga la mente. De no ser así, estarás creando un ambiente lleno de mucha hostilidad.

Es muy terrible cuando en tu hogar convives con alguien tóxico. En ese caso, lo mejor es demostrar con tu ejemplo que ese pesimismo en nada ayudará.

Pero, como ya he compartido contigo, tienes ya una idea de cómo es una persona tóxica, entonces trata de alejarte. No ayudará en nada en la conformación de ese individuo exitoso que aspiras ser.

¿Qué sucede cuando esa toxicidad atenta contra tus valores, tus principios y tus buenos hábitos? Debes comprender que es hora de marcharse: elabora un cronograma de actividades pendientes, cumple con tu trabajo, trata de alejarte de cualquier discusión, empieza una nueva búsqueda, y cuando sientas que es el momento, solo hazlo. Es hora de buscar otro lugar.

Por mucho que pretendas cambiar el mundo de otras personas, de nada servirá si ese individuo no quiere cambiar; debes entender que un tóxico no aspira a nada, salvo a hacer sentir mal al resto o arroparlos con sus emociones "oscuras". Ese sitio no te conviene.

# Capítulo 17: Cómo enfrentar tus miedos

Uno de los elementos que más detiene, frustra y daña las aspiraciones de las personas, es el miedo. Es el detonante de posibles depresiones, así como el nacimiento de fobias y hasta el causante de la pérdida del interés por luchar.

Mucho se ha dicho sobre el miedo, pero lo cierto del caso es que cuando tememos a algo, y no lo enfrentamos, se convierte en una carga difícil de llevar.

El miedo es una de las emociones básicas, que genera una incertidumbre y una paralizante reacción que nos impide actuar ante algunos hechos. Pero también activa los mecanismos de defensa y acción ante algo que atenta contra ti.

El miedo se puede enfrentar y, bien canalizado, puede convertirse en una gran arma en medio de una circunstancia que escapa de nosotros.

El miedo, dada su función de reacción y protección ante un peligro, es el estado de alarma que genera diversas sensaciones en las personas.

Existen dos tipos de miedo. Uno que es completamente favorable, y el otro que retrasa y detiene tu accionar.

- El miedo funcional es aquel que te permite tener una reacción, pues el cerebro ordena que el cuerpo entre en modo defensivo y hasta permite segregar ciertas hormonas, para permitir una estrategia defensiva ante una circunstancia adversa.

En ese caso, el cuerpo recibe altas dosis de adrenalina, lo cual permite que nuestro cuerpo pueda enfrentar con mayor fuerza lo que significa una amenaza.

En ese instante, el corazón bombea más sangre, se dilatan las pupilas y hay una mayor segregación de azúcar en la sangre. Todo para obtener mayor energía y mejorar la efectividad de los sentidos.

- Por otro lado, está el miedo disfuncional, el cual no es adaptativo y, lejos de ser un mecanismo de protección, se constituye en una amenaza, pues entorpece todas nuestras actividades.

Es el tipo de miedo que podemos experimentar ante un ataque, en medio de una exposición ante un gran público, o cualquier acto donde sintamos que no estamos preparados para enfrentarlo.

Este miedo está muy asociado a experiencias pasadas, pues nos genera una inestabilidad que imposibilita tomar control de la conducta. Es como cuando quieres expresar algo a una chica, pero por nervios no eres capaz de decir palabra alguna. Quizás algún rechazo en el pasado sea la causa.

Es el más familiar, pues está más asociado a experiencia comunes. Por lo tanto, es el que de seguro has experimentado muchas veces en tu vida.

Pero, ¿cómo podemos enfrentar los miedos?

Existen muchas técnicas, que no son nada del otro mundo, pero que todas tienen en común, la idea esencial de que se deben enfrentar los miedos o, de lo contrario, serás esclavo y presa constante de ese sentimiento en tu vida.

Es natural que tengas miedo ante hechos que te superan, pero cuando enfrentas una situación regular, pues es importante que tomes control de tu vida.

No es igual sentir miedo ante el anuncio de un "huracán", o ante el anuncio de que tienes que defender el proyecto de la empresa ante nuevos inversionistas.

Son dos aspectos muy distintos.

Por ello, nos enfocaremos en el miedo disfuncional. Ese que nos trastoca e impide que tengamos la reacción más adecuada ante situaciones de rutina.

1. **Reestructuración cognitiva**: la aplicación de la técnica permite que podamos tener una reorganización de muchos conceptos que, hasta ese momento, consideramos peligrosos, pero que, en realidad, un poco del conocimiento del tema permitirá tener control del miedo presente.

   Por ejemplo, tienes la idea de que no eres capaz de hacer las cosas bien en tu trabajo, y temes que en cualquier momento te despidan. Pero eso no es cierto, resulta que eres muy bueno en lo que haces, solo hace falta que lo veas de esa manera para que te atrevas a ejecutar otras labores que, hasta hace poco, consideraste que no podías hacer.

   Hay que vencer el temor a equivocarnos.

2. **Afrontar el miedo**: nada mejor que afrontar el miedo que tenemos ante determinadas circunstancias. Por ejemplo, si siempre tuviste miedo de manejar autos, pues es el momento de aprender y superar esa barrera. ¿Cómo? haciéndolo.

   Otro caso muy común es cuando sabes que tienes una gran idea, pero, por temor al fracaso, pues no te atreves. No temas, solo avanza y, si no sale a la primera vez, pues tendrás nuevas oportunidades.

   Los grandes emprendedores se atrevieron a explicar propuestas que para muchos eran locura y hoy son pilares del mundo moderno.

3. **Practica aquellas situaciones donde sabes que sientes miedo**: si eres del tipo de persona que se paraliza a la hora de presentar un informe, pues tan solo hazlo una y otra vez. Pide ayuda y practícalo con un amigo.

   Recuerda que la autodisciplina exige nuevos hábitos, por lo que lograr reacomodar tu cuerpo y mente requiere de práctica. Tan solo debes brindarte la oportunidad de hacerlo.

4. **Concéntrate en las victorias más que en las derrotas**: otro aspecto que nos hace agonizar ante el miedo es que recordamos, una y otra vez, una mala experiencia de hace muchos años. No te detengas en pensar en el momento en el que tuviste miedo. Recuerda aquellos momentos donde te sentiste seguro para tomar las medidas necesarias en el momento indicado.

5. **Haz una lista de tus miedos**: reconocer los miedos es parte del trabajo para seguir adelante. Debes salir de ese confinamiento y demostrar que sí puedes. Así que debes hacer una lista de aquellas situaciones que te generan miedo y buscar la forma de confrontarlo. Pero, sobre todo, no debes tener miedo de equivocarte.

Generalmente, el miedo es la emoción que se produce al creer que no podemos hacer algo, que nos equivocaremos, o que no seremos capaces de lograrlo.

Warren Buffett, el multimillonario inversionista, durante mucho tiempo, tuvo miedo a expresarse en público. Eso era un gran obstáculo en su vida, por lo que decidió hacer un curso para mejorar ese aspecto.

Buffett entendió que, si no era capaz de comunicarse y de expresar sus ideas, jamás podría conseguir las metas que se había planteado, por lo que hizo un curso con otras personas.

Al final, Buffett entendió que para poder superar sus retos debía aprender a comunicarse con otros.

Es vital que hagas una reformulación de tus capacidades y de la realidad del conocimiento que has aprendido. O en todo caso, reformular el concepto que tienes de algo o de ti mismo.

Todo radica en tu mente, y de seguro que tendrás la fuerza necesaria para superar cada miedo y convertirlo en una fortaleza en tu vida.

# Capítulo 18: Cómo utilizar la meditación para vencer la procrastinación y ser disciplinado

La procrastinación es uno de los males del mundo moderno, y como te lo he comentado, representa uno de los malos hábitos que hacen nuestra vida más complicada.

Ello se debe a que dejas todo para última hora, ya las cosas no son iguales y, encima, tienes el alto riesgo de postergar importantes compromisos que pueden ser vitales para tu desarrollo.

En ese sentido, es una trampa de la mente al hacernos creer que siempre hay tiempo para todo, pero eso no es cierto. Todo tiene su momento, sí, el cual es muy distinto, pues debemos designar el espacio necesario para lo que realmente es importante.

Al ser un mal hábito de la mente, ¿cómo lo podemos vencer?

Pues es sencillo, con la misma mente, como tal.

Una de las herramientas más importantes es la meditación pues, por medio de ella, podemos establecer una serie de patrones que irían desde dentro de nuestros pensamientos, hacia la práctica de una vida más responsable en la distribución del tiempo y las labores asumidas.

La meditación es un acto de encuentro contigo mismo, pues tratas de apartarte del mundo exterior para tener una conversación con el mundo interno, sin que esto signifique algo que requiera de mayor esfuerzo.

En ese momento, podrás delimitar tus metas, la manera de vencer tus miedos y lograr un mejor enfoque acerca de algo que sucedió.

Quizás al inicio sea un poco complicado pues no estas acostumbrado a mantener la mente reenfocada. Es como una evaluación hacia lo interno y con tendencia a lo reflexivo.

Recuerda que muchas de esas voces que quieren hacerte creer que "tranquilo, tienes tiempo" pues provienen, en gran parte, del inconsciente. Por lo tanto, requieres hacer entender mediante la meditación, que requieres optimizar tus logros. Para ello, hay que rendir mejor cada jornada.

Por medio de la meditación adéntrate en reflexionar y aprehender que:

- Es importante que reconozcas que no puedes hacerlo todo. Por lo tanto, aprende a decir que no. Plantea que lo poco que tendrás a tu cargo, o bajo tu responsabilidad, será realizado en el tiempo establecido. Es preferible la calidad antes que la cantidad.

- Medita, y en ese espacio de descanso, aprende a desconectarte del internet. Adiós WIFI, cero redes sociales, cero distractores.

Es momento para demostrar que tienes control de tu tiempo y, sin duda, el internet es uno de los mayores factores de distracción de las personas. En ese instante introspectivo, es vital que determines el espacio para navegar en internet.

- Aprende a ser consciente de tus hechos y de tus pensamientos. En el momento que dediques para meditar, sea de noche o de mañana; analiza las acciones de tu jornada diaria: tus logros, tus fracasos, tus errores y el momento que fue desperdiciado. De seguro, verás una fisura en tu cronograma.

Entonces, trata de curar esas grietas temporales que son desperdiciadas y asume nuevas metas de producción.

- Ejecuta lo que debes hacer. No pierdas tanto tiempo en pensar lo que harás. Solo hazlo y optimiza tu capacidad de lograr muchas cosas. Cuando logres convertirlo en un hábito, verás cómo rinde tu tiempo y tendrás el espacio necesario para otras actividades.

- Es muy probable que en ese espacio de meditación tu cuerpo te pida un momento para descansar. Entonces hay que dárselo; eso sí, que sea por un tiempo estimado, de manera que no se constituya en un espacio de ocio. Es solo para descansar: tomar un café, tomarte unas horas del fin de semana para un largo sueño, caminar por el parque; o cualquier actividad que te permita relajarte.

# Capítulo 19: Ejercicios: Cómo organizar el tiempo, definir prioridades, objetivos y actuar.

Una de las situaciones más complicadas para muchos es lograr ajustar el tiempo, pues significa organizar completamente todo.

Quién logra establecer un cronograma ajustado a cada una de sus necesidades y compromisos, es realmente una persona planificada. Eso lo puedes lograr mediante la autodisciplina.

Te logras ajustar a cada una de las situaciones, pero sin salirte del plan maestro que tienes para tu vida. En ciertas circunstancias, es posible hacer modificaciones, pero todo dependerá de la capacidad para restar tiempo a algo y sumarlo a otra cosa de mayor importancia.

Pero, ¿cómo podemos organizar el tiempo, cuando es lo que menos tenemos? Sin duda, es un gran paradigma.

## Organiza tus prioridades:

Trata, en lo posible, de hacer un listado de las responsabilidades más importantes, partiendo de mayor a menor importancia. Basado en ello, lograrás tener una idea, no sólo de cuál es la prioridad, sino también el verdadero objetivo.

En ese sentido, establece un proyecto de lo que realmente es importante, así como el tiempo que le dedicas a esas actividades. Claro, recuerda que debes abordar todos los campos de tu vida. No debes dejar a un lado aquello que emocionalmente te satisface, como la familia, la pareja y el tiempo con los amigos.

Luego de tener una pirámide de prioridades, comienza a determinar el tiempo que le dedicas a cada una de esas áreas a medida que trabajas.

## Organiza el cronograma en función de los compromisos a corto, mediano y largo plazo:

Además de establecer las prioridades del día a día, es necesario que ordenes los compromisos y su inversión de tiempo, en función del cumplimiento de las responsabilidades. Es decir, si tienes un compromiso, en aras de ordenar alguna entrega o cita, entonces debes establecer cuáles son las metas a cumplir. Considera el hecho de que pasar tiempo con tu familia también es un logro.

Por otro lado, trata de colocarlo en sitios visibles, de manera que puedas recordar diariamente las fechas y lugares en donde debes estar, para que puedas responder bien al compromiso establecido.

Sin embargo, hay otras labores que, aunque no son prioridades, siempre representan algo importante para ti, como: ir al cine, pasear, hacer algún hobby, entre otros.

Luego de tener esas prioridades establecidas y ordenadas por importancia y por fecha, ahora viene algo muy importante: ACTUAR.

## Cumplir los objetivos y darles forma a los proyectos

Tras lograr que tus objetivos tengan un orden en cuanto a las prioridades y al tiempo disponible, viene lo fundamental: concretar lo pensado respecto a las acciones.

En ese sentido, debes estar muy enfocado, sin obviar las necesidades y puntos a discutir. Todo plan tiene una medida justa de elasticidad y, por lo tanto, siempre debe estar abierto a cambios que sean para bien y con la justa intención de que sean concretados.

### *Es importante que consideres:*

Ese objetivo tiene que ser factible, debido a que un proyecto busca eso, evaluar que tenga un alto grado de factibilidad.

Un buen plan piensa en los pros y los contras, pero, además, crea un estudio de lo que realmente puedes realizar.

Es por ello que, en ese concepto, debes entender si el emprendimiento es posible o si cuentas con los recursos, el tiempo y la capacidad.

Claro, hay planes muy sencillos, pero hay otros que realmente lucen imposibles. No se trata de abusar de las ganas, o engañarte, sino de darle la seriedad que te mereces, estableciendo metas que puedas lograr.

Lo ideal es establecer un punto medio que te permita considerar todos los aspectos para salir adelante.

### *Debes tener paciencia:*

Muchos de nosotros creemos que un plan, por ser muy bueno, tiene el éxito asegurado. Pero, hay condiciones que a veces retrasan los objetivos. No olvides que vives en una sociedad y son muchas las variables.

Por lo tanto, debes tener paciencia, no puedes apurar las cosas, porque todo se dará en su justo momento. Solo debes avanzar en el cumplimiento de las metas, y poco a poco se darán los resultados.

A veces, entramos en zona de conflicto y se nos sale de las manos la situación; si te llega a suceder, ten a la mano un plan de contingencia.

Un aspecto que debes tener en cuenta es saber renunciar al proyecto. Parece contradictorio, pero si luego de un largo proceso de reflexión y de análisis, consideras que hay aspectos externos que afectan el proyecto, entonces es de sabios dar un paso a un costado.

Pero, si en ese análisis entiendes que hay que esperar un poco más, entonces consulta y toma la decisión más adecuada.

Muchas veces un plan requiere de la atención necesaria, tanto para cumplirse como para saber si perdió factibilidad. Te repito, vives en una sociedad que es muy cambiante, con elementos muy elásticos y que pueden modificar toda la idea preconcebida.

En ese instante es bueno consultar con quienes hayan tenido una experiencia. Debes tener mucho cuidado con las trampas de la mente. Por lo tanto, te recomiendo que, llegado ese momento, medites todo lo necesario. El buen pensar siempre llevará a buenas ideas. Y una buena planificación llevará a buenos resultados.

# Capítulo 20: Formas prácticas de entrenar tu autodisciplina y de alejar la procrastinación

Contigo he compartido diversos ejemplos de autodisciplina, de autodeterminación, de enfocar y reenfocar lo que aspiras conseguir en la vida.

Sin duda, los hábitos positivos son necesarios para tener una vida plena y llena de autodisciplina, por lo tanto, queda de tu parte echar el resto y mantenerte en forma.

No olvides que para ser el mejor requieres hacer lo mejor. Por lo tanto, necesitas una rutina que permita pulir tu autodisciplina.

No olvides que, entre más disciplinado seas, más alejada mantendrás a la procrastinación. Se adversan, son como el agua y el aceite. No puede decirse que alguien es auto disciplinado si está habituado a dejar las cosas para última hora.

Por ello, considera algunos aspectos para entrenar tu autodisciplina:

- **Necesitas mantener la rutina con todos los hábitos necesarios que te permitan ser autodisciplinado**. No olvides que todo lo que en la vida se deja de practicar, en esa misma medida se olvida.

  Pero, la autodisciplina no es como cualquier hábito, pues representa una serie de buenas costumbres que conforman un perfil.

  *Un ser autodisciplinado tiene claro algo*: hacer lo correcto. Ello le impulsa a ser un buen ciudadano y le eleva a ser mejor en la vida.
  Por ejemplo, si llegas a un punto en el que sientes que has logrado todas tus metas, felicitaciones, eres un exitoso. Pero no puedes detenerte aquí. Ahora, analiza aquellos aspectos que puedes fortalecer, más como individuo, como líder y, sobre todo, como ejemplo en tu hogar.

- **Acostúmbrate a elaborar un plan** en cada destino que definas en tu vida. Aunque parece tedioso, es la mejor manera de mantener la autodisciplina en su mejor nivel. Quizás hay momentos en los que no requieres anotar lo planeado, pero es recomendable cumplir los pasos de la lista de pendientes.

- **Trata, en todo lo posible, de mantenerte lejos de aquello que te perjudica**: si siempre tienes la idea de alejarte de aquello que atenta contra ti, contra tu salud, contra tu familia y contra tus logros, de seguro que te mantendrás alerta y eso te obligará a disciplinarte, así como en comenzar a pensar en dejar un legado.

- **Un buen líder forma otros líderes** y, en consecuencia, si ahora eres la persona que persigue otros logros y quieres escalar a mejores posiciones, nada mejor para ejercitar la autodisciplina que permitirte ser ejemplo en la vida, pues sabes muy bien que otros te observan, y que la única forma de mejorar la sociedad es dejando una herencia comprometida por un mejor futuro.

- **Siempre hay algo nuevo que aprender en la vida**. Adquiere otros hábitos, no puedes detenerte en el proceso de aprendizaje.

Todos los días hay algo nuevo que aprender, así que no puedes detenerte. Si eres joven, pues el mundo espera por ti para lograr cosas más grandes.

Recuerda que los grandes emprendedores y líderes consiguieron muchos objetivos a temprana edad, y eso les permitió recorrer un camino más largo.

No es que la edad sea una limitación, pero definitivamente tienen más tiempo. No entres nunca en una zona de confort. Sí debes descansar, pero sentirás que puedes hacer mucho más. Si mantienes esa actitud, la autodisciplina siempre perdurará en tu vida.

Los límites siempre los pondrás tú.

# Conclusión

Sin duda, la autodisciplina es el eje que mueve los grandes logros de la vida. Los grandes líderes del mundo pasado siempre tuvieron como escudo la disciplina, y su espada era el emprendimiento.

Quizás uno de los grandes marinos de la historia fue Cristóbal Colón, un italiano que no destacó mucho por su inteligencia o por su habilidad como capitán, pero creían fervientemente en una idea a la cual él dio forma.

Si los grandes filósofos decían que la tierra era redonda, aun cuando la sociedad no lo concebía así; entonces había algo al otro lado del mundo. Decidió presentar su idea, tuvo una oportunidad y no la desaprovechó. Fueron días difíciles, pero su autodeterminación y la autodisciplina que tuvo, lo llevaron a obtener un premio mayor: encontrar no solo un nuevo camino a Las Indias, sino también encontrarse con un Nuevo Continente.

¿Te imaginas cuántas veces le reclamaron que iban a morir por sus "ideas locas"? Cada noche se concentraba en sus estudios. Más de dos meses de penurias, hasta llegar a una remota isla que solo era señal de que un gran continente estaba cerca.

Ellos pensaron que eran Las Indias, pero más que encontrar una nueva ruta, tuvieron un gran encuentro con la historia.

A muchos, como a Cristóbal Colón, los han tildado de locos por querer presentar nuevos retos. Otros han fracasado, pues la principal batalla se gesta en nuestra mente.

Sin embargo, hay un factor que todo lo impulsa: la autodisciplina.

Tenemos una excelente idea, queremos plantear una solución ante un problema y desfallecemos ante las críticas y el ambiente tóxico. Luego, dejamos los objetivos y metas para otro día, postergamos todo, y el tiempo se encarga de sepultar lo que nos habíamos propuesto.

No te permitas eso, no incurras en ese error; es momento de tomar fuerza y establecer un nuevo plan que solo podrás lograr asimilando una vida llena de hábitos positivos, los cuáles se irán forjando con el fuego de la autodisciplina.

No será fácil, es cierto, pero podrás llegar lejos, sí y solo sí, entiendes que la disciplina te permitirá encontrar la vida que aspiras hoy.

Para mañana es tarde, comienza desde hoy, traza un plan, no pierdas de vista esos objetivos y comienza a labrar el éxito que quieres y que mereces.

Ten en cuenta que la postergación de las metas y de los logros sólo te llevará al retraso frente a una sociedad que demanda más de los que aspiran a ser exitosos.

La procrastinación es un enemigo letal pues afecta todos los ámbitos de la vida.

La autodisciplina es el camino que te indicará todo, desde quienes serán esos compañeros de los que debes rodearte, así como la posibilidad de establecer una familia en un entorno de tranquilidad, en base al esfuerzo y el sentido común.

Sólo un porcentaje muy pequeño de la población es exitosa. Pero, ¿por qué si todos tenemos capacidades y habilidades que nos pueden llevar al desarrollo de un mejor individuo?

Todo se define en que ese pequeño porcentaje ha sabido utilizar la autodisciplina como el engranaje que hace mover sus ideas, impulsa sus logros, proyecta su vida y le convierte en alguien muy distinto al resto. Es decir, se ha separado del montón. Suena muy despectivo, pero es la realidad de los que desean siempre alcanzar más y más.

Una persona con autodisciplina no lo es hoy y mañana no. Es todo lo contrario. Demuestra constancia y madurez en sus decisiones, y pese que al inicio todo parece muy turbulento, sigue adelante porque su plan se cumple de acuerdo a lo establecido con su equipo de trabajo.

No podemos llegar al éxito si antes no forjamos la disciplina en nuestras vidas. Es importante entender que el mundo gira alrededor de nuevas exigencias, y solo un puñado tiene la visión para lograrlo. Sin embargo, de ese pequeño grupo, solo unos pocos tienen la verdadera intención.

A fin de cuentas, de nada sirve ser muy hábil o inteligente, si el plan no se lleva a la acción. De eso se trata la autodisciplina: de adquirir el poder para concretar tu objetivo.

# INTELIGENCIA EMOCIONAL

Domina tu mente, elimina las Creencias Limitantes y alcanza la Excelencia Personal, para triunfar en la vida como el ganador que mereces ser.

## Por:

# Fabián Goleman

# *Fabián Goleman*

Nacido en New York el 24 de agosto de 1960 en el seno de una familia burgués de origen española. Fabián desde muy joven mostró una vocación artística y una sensibilidad fuera de común. Obtuvo el doctorado de Psicología en Harvard.

Gracias a los consejos de sabiduría, inspiración y amor de Fabián Goleman, muchas personas han podido redescubrir los verdaderos valores de la vida y el optimismo necesario para tener una mayor confianza en sí mismo.

El principal mensaje filosófico de Fabián que nos deja en sus libros, es que toda persona en la tierra es un milagro y debe elegir dirigir su vida con confianza y congruencia con las leyes que gobiernan la abundancia.

...Mi vigor aumentará, mi entusiasmo aumentará, mi deseo de encontrarme con el mundo superará cualquier miedo que conocí al amanecer, y seré más feliz de lo que nunca pensé que podría ser en este mundo de lucha y dolor. F.G.

Si quieres dejar tu opinión y ganarte un cheque regalo Amazon, abre este QR Code a treves de la foto cámara de tu celular o entrando directamente en este enlace:

## WWW.FABIANGOLEMAN.COM

Fabián Goleman (@fabiangoleman)

# Introducción

En la actualidad, se ha venido hablando constantemente sobre las emociones como algo intrínseco a nuestra actividad mental y al comportamiento diario. Por esta razón, se hace fundamental su estudio, al permitirnos tener herramientas para comprender cómo somos y cómo actuamos.

La inteligencia emocional es una capacidad que se construye a lo largo de experiencias conscientes que lo permiten: es una manera sana de vivir la vida y el día a día.

Al movernos constantemente entre personas, situaciones y ambientes diversos, es necesario saber cómo dar una respuesta emocional adecuada a cada uno de esos aspectos. En base a ese objetivo, diseñé varias reglas y recomendaciones para que puedas llevarlas a la práctica de manera progresiva, hasta lograr ser asertivo en la manera de resolver emocionalmente cualquier circunstancia que se presente.

A lo largo de este libro encontrarás 22 capítulos en los que podrás realizar un seguimiento a tus emociones y a las conductas que se derivan de ellas.

En el primer capítulo expondré las definiciones básicas que existen sobre la inteligencia emocional, a partir de estudios y autores conocidos alrededor de la vida en general, las empresas y el área educativa.

En el capítulo dos, hablaré sobre el poder que tiene la inteligencia emocional en diversas situaciones como las empresas, la vida en pareja y los adultos mayores.

En el tercer capítulo describiré las cinco características fundamentales de la inteligencia emocional. Allí hablaré de la autoconciencia, el autocontrol, la motivación, la empatía y la capacidad social. Cada una de estas características tiene las aptitudes que permiten su definición y construcción.

En el capítulo cuatro hablaré de cuáles son las emociones que sentimos y qué papel cumplen en nuestra vida. En la primera parte del capítulo, además de las emociones expuestas, haré una mención especial de la culpa, ya que es una sensación que perjudica el buen desarrollo de la Inteligencia emocional.

En el quinto capítulo expondré la importancia que tienen las emociones en el cuerpo en aspectos relacionados con la asertividad y las enfermedades. También, expondré los siete pilares básicos de las emociones.

En el capítulo seis hablaré del funcionamiento del cerebro en la infancia: su desarrollo, madurez, lo que hay que evitar frente al desarrollo cerebral, y otros aspectos relacionados con el crecimiento del cerebro del niño.

En el séptimo capítulo expondré los beneficios de ser una persona con inteligencia emocional. Aquí, reuniré los divesos beneficios que se han mencionado en otros capítulos del libro.

En el capítulo ocho describiré cómo los líderes efectivos manejan sus emociones y pensamientos; y cómo esto influye positivamente en sus empresas.

En el noveno capítulo expondré sobre el aprendizaje y las emociones. En este capítulo desarrollaré algunas pautas para aquellas personas que deseen optar por el camino de ser coach, tutores o asesores de personas que deseen vivir experiencias de vida y desarrollo, desde el acompañamiento.

En el capítulo diez hablaré de la educación de la inteligencia emocional en diversos entornos, cuáles deben ser las funciones de los coach, los tutores o asesores en este espacio, las actividades que pueden realizar y cómo también deben recibir formación en inteligencia emocional. También, se propone que todas las personas que conforman estas comunidades puedan recibir este tipo de formación, para que el trabajo en este aspecto pueda ser equilibrado, funcional, integral y efectivo.

En el capítulo once expondré sobre el equilibrio y la neurociencia en las emociones. Desarrollaré este capítulo a través de la metáfora del jinete y el caballo, en la búsqueda de comprender cómo tener control sobre nuestras emociones.

En el capítulo doce hablaré sobre las funciones de la neurociencia en términos de aprendizaje, en espacios educativos y los aportes que tiene la neurociencia para el acto del pensamiento.

En el capítulo trece describiré cómo influencia "ser" a nuestro entorno. En este capítulo desarrollaré temas relacionados con el espacio, el cuerpo, el ambiente familiar, la percepción de los niños y las enfermedades relacionadas con la salud mental, que se manifiestan producto del medio ambiente.

En el capítulo catorce hablaré sobre cómo desarrollar el liderazgo en relación con el conocimiento de las competencias para desarrollarlo y cómo lograr ser un líder transformacional y catalizador.

En el capítulo quince expondré sobre como evaluar la expresión de las emociones, a partir de la experiencia de llevar a cabo una selección de personal, siendo el empleador quien dinamice el proceso para obtener un resultado más acertado.

En el capítulo dieciséis hablaré de cómo se regulan las emociones y cómo identificar su estado para potenciarlas o equilibrarlas, según las necesidades propias y encaminadas en desarrollar la inteligencia personal.

En el capítulo diecisiete expondré sobre el uso de las emociones. También hablaré de lo que sucedería si las emociones no existieran: algunas personas tienen la experiencia de no tener la capacidad física de manifestar sus emociones, lo cual hace compleja su vida. Aquí expondré qué significa esa experiencia.

En el capítulo dieciocho hablaré de la importancia de conocerse a sí mismo para obtener logros en el trabajo, en el proceso de aceptación de nosotros mismos y del aumento de la autoestima.

En el capítulo diecinueve expondré sobre las estrategias para mejorar las habilidades sociales en relación con el aumento de la confianza.

En el capítulo veinte hablaré sobre cómo cambiar y reprogramar la mentalidad a través del reconocimiento del subconsciente y sus funciones y a través de la gestión de las críticas.

En el capítulo veintiuno describiré los ejercicios para mejo-rar y adquirir costumbres mentales sanas.

Es mi deseo que en el trayecto de la lectura de este libro puedas encontrar respuestas que te permitan desarrollar o fortalecer tu inteligencia emocional en diferentes aspectos de tu vida y de tus espacios de socialización.

# Capítulo 1: Definiciones básicas

En 1990 es el año en el cual, por primera vez, aparece el término "inteligencia emocional" en la literatura psico-lógica. Se hizo a través de los psicólogos americanos Peter Salovey y John Mayer.

No obstante, con el autor Daniel Goleman y la publicación de su libro "La Inteligencia Emocional" en el año 1995, el concepto se difundió con rapidez. Este mismo autor escribió en 1998 otro libro denominado "La Inteligencia Emocional en la Empresa.

La inteligencia emocional es aquella capacidad que le permite a una persona comprender sus emociones y orientarlas de tal modo que puedan ser útiles al momento de guiar la conducta y los procesos de pensamiento, con los cuales se producen mejores resultados.

Esta inteligencia incluye las habilidades de percibir, juzgar y expresar con precisión la emoción que pasa por su cuerpo, de manera que puede contactar con sus sentimientos, o generarlos, para facilitar una comprensión propia, entender las emociones y el conocimiento que resulta de ella y así regularla. De esta forma, promueve el crecimiento emocional e intelectual de sí mismo.

Daniel Goleman, quien es el principal divulgador del concepto "Inteligencia Emocional", ha señalado que el éxito empresarial se derivaría en un 80 % de esta inteligencia sin desmeritar la importancia que tiene la pericia y el cociente intelectual en el logro de objetivos de desarrollo de cualquier empresa.

Para el divulgador en mención, las competencias emocionales que dan lugar a un excelente desempeño profesional, se convierten en factores que determinan que los resultados sean superiores en el puesto. Al ser más complejo el trabajo, mayor es la importancia que toma la presencia de la inteligencia emocional en la persona.

Cuando en la cúpula de la pirámide organizativa se encuentra la relación entre la inteligencia emocional de los líderes y los resultados de la empresa el éxito es contundente.

Goleman construye su propuesta de inteligencia emocional a partir de los hallazgos científicos realizados por tres investigadores principales: David McClelland, Howard Gardner y Joseph Ledoux. Además de los aportes de los científicos mencionados, incorpora muchos otros científicos como Peter Salobey y Mihalyi Csikzentmihalyi.

Goleman encuentra la conexión entre las líneas de investigación que no se hallaban relacionados anteriormente, en la cual luego revela las implicaciones prácticas para un público grande y para la comunidad empresarial; y transmite el mensaje con un lenguaje universal.

Por otro lado, David McClelland, quien trabajaba como profesor de psicología en la Universidad de Harvard, comenzó en los años 60 a estudiar las razones que determinaban el éxito profesional. McClelland sugiere comprobar de qué forma las características personales o las "competencias" ponen en juego a aquellas personas que tienen un desempeño superior.

Respecto a Howard Gardner, con sus investigaciones se revela la existencia de las inteligencias múltiples, en las que se encuentran siete tipos de inteligencia. Estas son: verbal, lógico-matemático, espacial, cinestésica, musical, interpersonal e intrapersonal.

Se define la inteligencia intrapersonal como la capacidad de formarse rigurosa y verídicamente una idea de sí mismo y ser capaz de tomar ese conocimiento para operarlo en la vida de forma efectiva. De esta manera, los dos últimos tipos de inteligencia son los pilares básicos en el concepto de inteligencia emocional que propone Goleman.

La influencia más reciente de Daniel Goleman es Joseph LeDoux, quien, como investigador de neurofisiología, divulga sus hallazgos acerca de los circuitos neuronales del cerebro en su libro "El Cerebro Emocional", publicado en 1996. Allí nos expone que la emoción precede al pensamiento. Luego, nos explica por qué los procesos de raciocinio suceden en el neocórtex, la parte más joven que se encuentra en el cerebro. Estos procesos van muchas veces en contra de los impulsos de la amígdala, el cual se considera como la parte más arcaica del cerebro. A partir de sus investigaciones es posible reivindicar y prestigiar la realidad emocional que tenemos como seres humanos.

Volviendo a Goleman, éste elabora los nuevos cono-cimientos acerca de la neurofisiología del cerebro, teniéndolos presentes como pilares básicos en la teoría de la inteligencia emocional. Y utiliza específicamente los hallazgos sobre la amígdala para centrar la atención en uno de sus conceptos más populares denominado "el secuestro de la amígdala", que sucede en las ocasiones en las que nuestros sistemas de alarma buscan accionar la parte más primitiva y rápida del cerebro, provocando en el cuerpo una actuación inmediata con una carga emocional fuerte, que luego conduce a una situación peor que la inicial.

Basándose en las tesis de las inteligencias múltiples postuladas por Gardner, Peter Salovey y John Mayer definen en 1990 la inteligencia emocional a partir de cinco dimensiones: el conocimiento de las propias emociones, la autorregulación, la automotivación, la comprensión de las emociones de los demás y la gestión de las relaciones.

Finalmente, Goleman busca apoyarse en la experiencia y en la investigación de Richard Boyatzis, los cuales han sido pioneros en la práctica aplicación de modelos de desarrollo, que pueden mejorar las capacidades más blandas y tangibles del ser humano en su adultez. Adicionalmente, han demostrado la estabilidad en el tiempo de las mejoras experimentadas.

De esta forma, Goleman define y da operatividad a la inteligencia emocional. Reivindica también la importancia de las emociones en la vida personal y profesional, para la convivencia con la dualidad que existe entre la razón y la emoción, en donde pone de manifiesto el papel de las formas alternativas de inteligencia que han sido relegadas, hasta ahora, en el mundo de la educación y el trabajo, y donde los conocimientos y las aptitudes intelectuales han tenido la dominación durante décadas.

Adicionalmente, explica cómo el éxito profesional se encuentra ligado a un conjunto de competencias y dimensiones emocionales que pueden ser desarrolladas en la vida.

Con su libro, "La Inteligencia Emocional en la Empresa", Goleman ha hecho referencia a la "inteligencia emocional" como la capacidad de reconocer los sentimientos propios y ajenos, de generarse motivación a sí mismo y de manejar bien las emociones que ocurren tanto adentro, como las emociones que tienen otras personas. En este sentido, el autor ha considerado cinco aptitudes emocionales que se encuentran clasificadas en dos grandes grupos:

• Aptitudes personales: son aquellas que determinan el dominio de uno mismo. Estas aptitudes son: el autoconocimiento o autoconciencia, la autorregulación o autocontrol y la motivación.

• Aptitudes sociales: son aquellas que determinan el manejo de las relaciones. Estas aptitudes son: empatía y habilidades sociales.

Por otro lado, la aptitud emocional es una capacidad aprendida que se basa en la inteligencia emocional, que desemboca en un desempeño laboral sobresaliente.

## Más respaldo científico

Los estudios científicos elaborados sobre la inteligencia emocional tienen su enfoque tanto en la vida personal durante la infancia y adolescencia, como en factores que son de orden biológico y anatómico, en el papel que desempeñan la amígdala y el hipocampo en la evolución que tienen las emociones o la importancia que cumplen en las hormonas.

Existen dos grandes modelos de inteligencia emocional:

• Modelo mixto: este modelo combina las habilidades emocionales con elementos de la personalidad.

• Modelo de habilidad: este modelo se centra de forma exclusiva en el procesamiento emocional que resulta de la información obtenida de la introspección o el entorno.

El primer modelo se encuentra difundido ampliamente gracias a la publicidad y al marketing y el segundo modelo cuenta con un fuerte apoyo dentro de la comunidad científica.

# La inteligencia emocional como "Zeitgeist"

Se denomina "Zeitgeist" a la tendencia intelectual o clima cultural, en ocasiones apasionada, que caracteriza un momento determinado. El "Zeitgeist" al final del siglo XX fue favorable a lo emocional. Como resultado de la obra de Goleman, la inteligencia emocional ha encontrado protagonismo en las páginas de las principales revistas y periódicos del mundo.

Otros datos que explican la consideración de la Inteligencia Emocional como movimiento se realizan con la presencia de Goleman en la prensa diaria, sus nuevas obras, y la incidencia que luego tiene en la formación de directivos. Es importante decir que, la divulgación de esta parte del tema ha provocado ocasionalmente malos entendidos, reacciones y críticas, haciendo que "Inteligencia Emocional" como término sea controvertido.

## Investigaciones experimentales de la inteligencia emocional en el área educativa

Otro aspecto importante es comprender lo necesario de aprender e interiorizar la inteligencia emocional, para quienes se encuentran en el ámbito educativo en sus primeras etapas, y con seguridad en la universitaria. Hay elementos emocionales relevantes en la relación entre el docente y el estudiante, y esto tiene mucha importancia en el momento del aprendizaje cognitivo. La inteligencia emocional que tenga, tanto el docente como el alumno, tiene un peso importante frente al éxito del aprendizaje o su rotundo fracaso.

En este caso, existen investigaciones empíricas sobre la inteligencia emocional en el campo educativo que han sido abundantes. Los trabajos que se realizaron al respecto van desde las destrezas elementales, como el poder identificar las emociones en rostros faciales, hasta las complejas, como la regulación emocional en momentos de estrés. Las investigaciones, evaluaron distintas habilidades como la percepción de las emociones, la identificación de emociones y su positiva relación con la empatía, la emoción como herramienta facilitadora del pensamiento, la relación entre la emoción y la tarea, el conocimiento emocional y la regulación de emociones.

Hablaré de cada una de ellas.

### *Percepción de emociones*

Aquí se destaca el trabajo de investigadores que identificaron emociones entre universitarios, desde los estímulos visuales como las expresiones faciales, los colores y los diseños abstractos.

### Identificación de emociones y su positiva relación con la empatía

En la investigación se mostró que cuando una persona realizaba el test tenía un estado de ánimo negativo, la percepción tenía la tendencia hacia el efecto negativo en los estímulos que presentaba. De esta manera, los investigadores concluyeron que para comprender los estados emocionales de las personas es necesario identificar de forma previa sus emociones.

### La emoción como herramienta facilitadora del pensamiento

A través de pruebas se encontró que, los estados emocionales determinan la forma en la que se presenta la información del resultado de tareas de tipo perceptivo o tareas complejas como el razonamiento y la solución de problemas.

### Relación entre la emoción y la tarea

Aquí se determinó que cuando la tarea es muy compleja y la emoción es muy fuerte se produce un déficit en la ejecución de esa tarea.

### Conocimiento emocional

En el conocimiento emocional se estudió la capacidad de identificar emociones a partir del discurso. Desde las investigaciones se concluyó que esta destreza proviene de una fuerte sensibilidad a las reacciones emocionales externas o internas que tiene una persona, y que existe un conocimiento amplio de las conexiones entre las emociones y los pensamientos.

### Regulación de las emociones

Se realizó un estudio de laboratorio a partir del hecho de que algunas personas recurren a estrategias para alcanzar estados emocionales positivos al experimentar emociones de carácter negativo. En ese estudio se analizó cómo las personas recuperaban diversos recuerdos con el fin de reparar sus estados emocionales negativos.

# Capítulo 2: El poder de la inteligencia emocional

Es importante conocer la importancia que tiene la inteligencia emocional al liderar una empresa, al convivir con una pareja, en la experiencia cercana a la edad de ser adulto mayor y en el desarrollo fundamental de los niños en su etapa familiar y escolar.

Al recordar los dos grandes grupos por los que se clasificaba la inteligencia emocional, hay que agregar que, éstas incluyen una serie de competencias. En relación con la inteligencia interpersonal, existe desde hace tiempo una formación al respecto desde lo empresarial, mientras que, en relación con la inteligencia intrapersonal, como la conciencia propia, la autorregulación y la motivación propia, es un asunto novedoso en el campo empresarial. Por esta razón, todavía no se encuentran involucrados en proyectos de formación en las empresas. De hecho, los mismos directivos empresariales no están tan acostumbrados a cuestionar sus modos de actuar.

Estas competencias no pueden aprenderse en simples sesiones tradicionales de formación. No obstante, es posible que la conciencia sobre la necesidad de hacerlo sirva para despertar a otros, para que puedan iniciarse en el conocimiento de sí mismos. Son competencias que pueden desarrollarse realizando un trabajo personal intenso y que normalmente vienen con el acompañamiento de un entrenador al respecto.

La inteligencia emocional inicia con el descubrimiento de los valores propios y en las creencias que nos hemos formado, alrededor de esos valores, con el tiempo. Es importante recalcar que los valores son aquellos pensamientos que tenemos sobre muchos aspectos de la vida. A partir de estos pensamientos se definen creencias que pueden resultar siendo limitadoras o potenciadoras para juzgar a los demás o para ofrecer explicaciones en relación con la forma en la que nos comportamos.

Para que una persona pueda ahondar en el conocimiento de sí mismo, se le hace necesario recurrir a herramientas que le faciliten este proceso y que acelere su ejecución. Con las pruebas o evaluaciones tradicionales es posible que se revelen algunos asuntos relevantes para el individuo, al definir un estilo de personalidad, teniendo como base sus comportamientos, pero no permite que éste pueda profundizar lo suficiente en su origen, es decir, en las creencias y valores que lo constituyen como sujeto que percibe una determinada realidad, y el parámetro de vida con el que definirá su comportamiento.

Cualquiera que sea el origen de los valores, lo importante es ser consciente de ellos, por un lado, y analizar las creencias que se han desarrollado en función de éstos, para lograr someterlos a una revisión y posteriormente replantearlos.

## Para qué te sirve ser inteligente emocionalmente

La inteligencia emocional te permite tener herramientas para gestionar de forma adecuada tus emociones, para obtener el bienestar de tu integridad como persona y para desarrollar empatía respecto a las emociones de las demás personas.

Adicionalmente, tienes las posibilidades de prevenir posibles efectos perjudiciales que pueden generar las emociones negativas y de esta forma desarrollar una fuerte resistencia a la frustración, al encaminarla como una experiencia de aprendizaje.

Al encontrarte en un entorno tan competitivo, puedes ser competente en ese tipo de ambientes y a su vez también tendrás la capacidad de controlar el estrés, la ansiedad y los cambios en los estados de ánimo.

De igual forma puedes potenciar la capacidad para reconocer e interiorizar momentos de felicidad en momentos conflictivos y difíciles. Con estas herramientas desarrollarás un buen sentido del humor.

Finalmente, podrás desarrollar un mejor rendimiento académico y un deseo fuerte de afrontar retos difíciles res-pecto a la adquisición del conocimiento.

## Importancia de la inteligencia emocional en las empresas

Actualmente, la inteligencia emocional es determinante en el funcionamiento de las empresas. Por esta razón, las corporaciones invierten sumas grandes de dinero en formar a sus empleados en este aspecto.

Las empresas se han dado cuenta de que parte de la clave de la venta de sus productos y del éxito comercial radica en la forma cómo sus trabajadores pueden reconocer y controlar sus emociones y la de sus clientes. En este caso, la motivación, la empatía y el autocontrol emocional de los empleados pueden condicionar el trabajo en equipo posibilitándolo a ser más o menos satisfactorio y eficiente.

Es prácticamente impensable concebir un área de ventas que no presente habilidades en el trato con clientes, un negociador que no sea capaz de controlar sus emociones e impulsos o un empresario que se encuentre sin motivación para dirigir su compañía. Cuando el conocimiento técnico que se encuentra basado en la mejor relación entre experiencia y estudios académicos, pero la persona presenta un deficiente conocimiento de sus emociones, no podrá tener garantía de lograr el posicionamiento de la empresa. Dentro de las experiencias con la inteligencia personal en este aspecto, es posible gestionar un lenguaje propio que permite a quienes son trabajadores comerciales, convencer a otras personas para que hagan uso de los servicios de la empresa.

# Los empleados con Inteligencia Emocional son los más demandados

Es importante resaltar que en el proceso de selección de personal que realizan las empresas, existe la tendencia de poner al candidato frente a situaciones de estrés o incomodidad para verificar su reacción y sus capacidades para lidiar con las emociones que surgen de ese momento.

De esta forma, desde el método para realizar una buena selección y elección, las empresas buscan que los candidatos cuenten con habilidades interpersonales y una buena gestión de las emociones: un empleado con Inteligencia Emocional alta, resulta mucho más productivo para las empresas.

La creciente relevancia del aspecto emocional en entorno laboral viene motivada por la tendencia existente a la tercerización de la economía por parte de los países occidentales, donde el intercambio económico se encuentra mediado por la confianza entre ambos agentes.

## Los poderes en la empresa

Cuando un trabajador se siente como una parte indispensable de la empresa, escuchado y valorado, el trabajador dará lo mejor de sí mismo. En este sentido Daniel Goleman propone cinco herramientas que pueden aplicarse en cualquier empresa, sin importar lo pequeña o grande de ésta.

### *El poder de la voz*

Si las ideas no se encuentran articuladas no son útiles. De igual manera, los mejores pensamientos mueren cuando no son compartidos. En las empresas, quienes tienen mayor conocimiento deben ser vehículos de conocimiento para permitir que más personas puedan adquirir las competencias necesarias para desarrollarlas en áreas claves de la organización.

### *El poder de la imaginación*

Las empresas que son capaces de plasmar en la vida real los sueños de sus empleados en su afán de conseguir algo que parece ser imposible o ir un poco más allá de lo que es convencional terminará por imponerse. Cuando el miembro de una organización tiene imaginación puede vislumbrar un presente y un futuro distinto, más humano y cordial. Con esta habilidad es posible que pueda convertirse en un líder eficaz al tener un campo de visión amplio.

### *El poder de la contribución*

Muchas empresas se han adherido al desarrollo de la responsabilidad social corporativa que les corresponde. Y esto, no solo porque beneficiarán a las comunidades con las que tienen una interacción, o al medio ambiente, sino porque los empleados que perciben que su empresa se compromete con una causa, se sienten más orgullosos de pertenecer a esa empresa, lo que se deriva en un buen rendimiento laboral.

## El poder del compromiso

Cuando una empresa necesita contar con personas comprometidas debe cumplir con determinadas condiciones que despierten y desarrollen el talento humano. Estas condiciones son percibir que tienen propiedad en su trabajo o forma de laborar, la identidad con la empresa y sus proyectos, la autonomía para accionar, la libertad para compartir ideas y la libertad para desarrollar cambios en la empresa.

## El poder de la asociación

Este poder hace referencia a la creación, al desarrollo y al sostenimiento de alianzas que permitan la obtención del resultado de forma más productiva y efectiva. Cuando la organización tiene claras sus necesidades y además puede lograr la compatibilidad con las necesidades de sus empleados, ambos se benefician.

# La inteligencia emocional en la pareja

Generalmente no es sencillo. También pesan demasiado las emociones y con seguridad si nos sentimos desbordados en una realidad, nos cuesta afrontarlo.

Las relaciones de pareja son complejas: hay que lograr armonizar dos universos en uno solo para que puedan caminar con tranquilidad.

Con la inteligencia emocional es posible aprender y resignificar muchos aspectos de nuestra vida incluyendo la de encontrarse en pareja.

## Amar no es solo querer, implica comprender

Es importante tener presente que amar no es solo querer sino también comprender, porque esta es la base que nutre la inteligencia emocional al establecer relaciones. Esto se logra comprendiendo las emociones propias y ajenas, e identificando cuáles son las necesidades y realidades del otro.

Cuando nos conocemos a nosotros mismos podemos hallar el mejor camino para conocer y comprender a otros. En ese conocimiento podemos descubrir que a la gran mayoría de personas nos mueve el deseo por ser felices.

Es probable que en ese camino nos equivoquemos en nuestro comportamiento. Tener conciencia de esto nos permite aceptar que otros también pueden equivocarse con nosotros.

## Ser un espejo del otro

La imagen de una relación es un camino donde dos personas crecen de forma individual y mutua. Esta imagen ayuda a visualizar la necesidad que existe de permitir que cada uno tenga su forma de pensar, que tenga sus necesidades propias y que pueda madurar desde lo profesional y personal estando en pareja.

No consiste en lo absoluto en prohibir, vetar o cercar una relación donde no hay libertad. Es necesario tomar conciencia de que en las relaciones que son inteligentes, cada persona es un espejo de la otra, donde hay comprensión, respeto y reconocimiento de las realidades del otro.

No se busca cambiar al otro a voluntad propia, si no ir encajando piezas entre ambos para que la relación pueda ser armoniosa.

## Comunicación

Es importante practicar una escucha activa. En ocasiones es probable que nos digan cosas que no queremos escuchar, pero tener escucha activa implica practicarlo a partir de esa situación incómoda. Se considera que la comunicación es una parte esencial de una relación en pareja: cuando esto falla, puede fallar todo.

Por esta razón es fundamental aprender a escuchar la otra persona sin intervenir hasta que termine su turno de hablar. Puede sonar obvio, pero en muchas relaciones no existe este tipo de escucha y solo hay palabras incomprensibles y superpuestas.

Todo conflicto y diferencia precisa de un buen diálogo desde donde sea posible comunicar emociones, ideas y sentimientos. Siempre será importante verbalizar lo que sucede en nuestro mundo interior en voz alta, con palabras como "yo siento esto" "Yo pienso que" "Me sucede esto".

Procura hablar en primera persona para que puedan entenderte. Las personas que tienen habilidades en inteligencia emocional, establecen reglas a la hora de comunicar sus deseos y conflictos, saben negociar, y buscan el momento adecuado para sentarse y conversar.

Como ejemplo, hay personas que prefieren guardar silencio hasta llegar a casa o un lugar neutro donde sea posible hablar sobre lo que sienten, piensan y necesitan.

No es bueno exigir que en la conversación obliguemos a la otra persona a que hable cuando nos encontremos en plena discusión. En este escenario hay, en el medio, mucha ira que nubla la razón y es mejor tomar un tiempo en minutos u horas para continuar. Tener prisa a la hora de buscar solución a los problemas de pareja no permite que éstas se resuelvan correctamente. En ese sentido es más efectivo hablar desde la serenidad.

Si deseamos que la otra persona sepa que hay algo que nos incomoda, es recomendable señalar específicamente de qué se trata la conducta no deseada en lugar de culpar a la persona. En lugar de decir "eres una persona desastrosa, mira cómo dejaste otra vez la ropa tirada, nunca vas a cambiar" se recomienda cambiar por "quisiera que dejaras la ropa en este sitio y así quedará todo más ordenado"

### *Autoconocimiento y aceptación del otro*

Para que la construcción de una relación en pareja sea eficiente, es fundamental que primero nos conozcamos a nosotros mismos, los límites, las inseguridades y los miedos que tenemos.

Ocasionalmente, las personas que son inmaduras suelen tener más dificultares para establecer un vínculo con su pareja. Son personas que poseen muchas inseguridades, dudas, celos, y otros aspectos que no han sido resueltos o sanados de manera consciente y comprometida. Sólo haciendo el trabajo bien hecho es posible comprender lo que rodea a la otra persona.

Las descalificaciones mutuas no son buenas. Es importante entender que todos tenemos defectos, virtudes y limitaciones que es necesario identificar y aceptar. Si deseas amar una persona no pretendas cambiar su personalidad. Entre ambos es posible construir una forma de coexistir, donde los dos pueden aceptarse. Si te empeñas en cambiar la personalidad de la otra persona terminarán ambos infelices.

## La inteligencia emocional en los adultos mayores

Dentro del concepto ya expuesto sobre la inteligencia emocional se trabajan algunas fortalezas importantes como la resiliencia, la creatividad, el agradecimiento, la apertura a la experiencia, y el desarrollo de las relaciones sociales.

Aquí destacaré la importancia de la inteligencia emocional en el envejecimiento y las habilidades que se relacionan con ésta.

La inteligencia emocional permite que una persona se considere a sí misma como valiosa y segura, porque proyecta esa percepción en la relación con las personas que la rodean. Llegar al envejecimiento siendo emocionalmente sano, con la capacidad de apreciar el presente; y realizando ajustes y adaptaciones en el entorno y en los momentos, es un sinónimo de tener un envejecimiento con éxito.

Actualmente, la sociedad tiene una visión negativa de las personas mayores, donde el momento de cumplir años se asocia de inmediato con un declive físico, un deterioro en las capacidades cognitivas, lo que provoca situaciones de soledad y aislamiento social. En consecuencia, de todo esto, se genera un desequilibrio emocional con connotaciones mucho más negativas que positivas.

En este sentido, se hace profundamente importante realizar un cambio de visión de pérdidas por ganancias, de validar los éxitos y no los fracasos, de resaltar las experiencias vitales y no los sufrimientos y las torturas. El objetivo entonces es hacer conciencia, prevenir y educar en el desarrollo de esa capacidad emocional en adultos mayores.

## Los estudios

Cuando se llega a la vejez desde la flexibilidad emocional se hace posible garantizar el optimismo, el bienestar, la esperanza, y la felicidad.

Existen investigaciones que relacionan estas fortalezas con otras que son también significativas como el sentido vital o la resiliencia. Adicionalmente, en culturas orientales donde hay una fuerte presencia de la serenidad, el positivismo emocional y se cultiva el entrenamiento mental y la resiliencia, los adultos mayores son más longevos y felices.

En otros estudios, se ha determinado que las personas longevas tienen en común dos actitudes vitales muy importantes: el positivismo y la expresividad emocional elevada. También se muestra que, al potenciar las fortalezas y tener la posibilidad de ser educados durante el ciclo vital desde la salud emocional, puede lograrse la meta de ser más felices consigo mismos y con el entorno.

Se ha indicado, adicionalmente, que la habilidad para regular y controlar las emociones, y para reconocer los sentimientos propios y ajenos tienden a mejorar notablemente a partir de los 60 años. Desde la perspectiva de bienestar, es posible controlar factores internos y externos al combinar estrategias de selección, descompromiso y reevaluación de la forma de regular la vida emocional, llevándola hacia formas de armonía y equilibrio.

En otras palabras, cuando la persona va desarrollando recursos emocionales a lo largo de su vida y luego se encuentra con esa franja de edad, puede realizar una mejor comprensión de sus fortalezas en general y del proceso de envejecimiento que están llevando. En este sentido, cuando un adulto mayor es consciente de que hay realidades que no puede controlar, opta por sostener emociones positivas para lograr equilibrio, felicidad y deseabilidad social.

Cuando un adulto mayor toma consciencia de que la vida que tiene va agotándose, puede elegir desde la inteligencia emocional focalizar las conductas para tener experiencias emocionales gratificantes y vivirlas en el aquí y el ahora. Las emociones, entonces, son herramientas que permiten la adaptación, al activar cambios relacionados con la conducta, lo fisiológico y lo hormonal, para afrontar exitosamente diversas situaciones.

## El envejecimiento activo como estilo de vida

El envejecimiento activo en conjunto con su expresión emocional permite la creación de un estilo de vida y unas pautas de funcionalidad emocional e intelectual que le permiten al adulto mayor relacionarse con la prosperidad.

En ese sentido es posible desarrollar tareas que fomenten el incremento de esa inteligencia emocional. Las tareas son las siguientes:

- Desarrollar la narrativa y la comunicación escrita. Cuando se experimenta la vivencia de situaciones que se denominan como "estresoras", es importante que aprendas a desarrollar un cambio a partir de la representación escrita, al plasmar tus miedos o tu malestar. Esto proporciona una dotación de sentido a las malas experiencias.

- Desarrollar la escucha activa. En este punto es importante que pongas el foco de atención en lo que te están expresando. Al final reflejas lo que percibes ante ese mensaje o esa conversación ajena y con ello estás fomentando la comunicación, la interacción social y la empatía.

- Desarrollar habilidades sociales. Aquí es importante que acudas a actos sociales, participes en asociaciones y te permitas la interacción con grupos. Esto te será útil para que refuerces tu seguridad y confianza.

- Desarrollar la fortaleza de la gratitud. Ser agradecidos puede convertirse en un antídoto contra la depresión. También caracteriza a una persona como armoniosa y optimista. Por esta razón es necesario que realices ejercicios de gratitud diariamente. Al hacerlo podrás potenciar más estados positivos.

- Desarrollar la fortaleza del perdón. Cuando cultivas el perdón a lo largo de la vida, puedes tener una mente más amplia, tienes la capacidad de no centrarte en lo negativo y evitas las excusas y los reproches. Aquí es importante que realices una carta de perdón cuando tengas un tema que ha quedado inconcluso con alguna persona del pasado, o que esta persona te remueva emocionalmente, podrás tener el equilibrio deseado.

- Desarrollar la creatividad y la apertura a la belleza. Si desarrollas estas fortalezas y puedes hacerlo además en compañía, es posible sentir una mayor plenitud. En este caso te recomiendo que visites museos, desarrolles habilidades en la pintura, en la escritura creativa o en la danza.

- Despolarizar el pensamiento. Aquí es fundamental practicar actividades como el yoga o el "mindfulness" para lograr el equilibrio emocional al eliminar etiquetas de valor y juicio sobre aquellas cosas que ocurren a nuestro alrededor.

- Desarrollar la apertura a la experiencia. Cuando aprendes a ser más dinámico y flexible, al reconocer tus estados emocionales, asignarle un nombre y exteriorizarlo, puedes generar una experiencia emocional saludable a lo largo de tu ciclo vital. Es importante identificar la tristeza, el miedo y el enojo, pero también la alegría, el entusiasmo y la ilusión. Realizar un diario de experiencias agradables cuando finaliza el día puede ser de ayuda. Adicionalmente puedes asociar estos hechos o experiencias agradables con un objeto y llevarlo contigo.

- No focalizar la motivación en un solo objetivo. Es importante comprender que la vida se encuentra llena de experiencias en las que debemos adaptarnos desde nuestro estilo de vida y nuestras necesidades.

Como lo he expresado en otros momentos, la inteligencia emocional requiere de entrenamiento y tiempo. Cuando nos habilitamos como adultos mayores en asuntos relacionados con la empatía, la regulación emocional o las habilidades sociales, nos favorece de forma notable el proceso de envejecimiento. El objetivo en este caso debe ser hacernos conscientes para interiorizar y gestionar las emociones de manera óptima y, de esta forma, lograr un envejecimiento sano y una mejor calidad de vida.

## El cultivo de la inteligencia emocional en los niños

En otro momento hablé de la importancia de la inteligencia emocional en las personas cuando se encuentran en ambientes escolares o estudiantiles y esto aplica tanto para niños como para técnicos o universitarios.

En el caso de los niños, existe una consideración de los padres en ser conscientes de la importancia que tiene para un niño la educación y el desarrollo adecuado de sus emociones, pero no tienen las herramientas para llevarlo a cabo.

Los fuertes lazos emocionales que puedan existir entre padres e hijos, harán necesario que tanto unos como otros puedan ser emocionalmente inteligentes y conseguir una vida con mayor bienestar.

Se ha demostrado que las relaciones interpersonales, entre las cuales se encuentran las familiares, son consideradas como uno de los factores predictivos de la felicidad o del bienestar emocional.

Estas mismas relaciones también causan conflictos y malestares que provocan emociones negativas como el rencor, la tristeza y el odio. La clave se encuentra en conseguir aprender a ser emocionalmente inteligentes al desarrollar las competencias en el momento de relacionarnos.

A continuación, describo los pasos para estimular la inteligencia en los niños:

- Saber identificar las emociones propias. Los padres suelen ser modelos de comportamiento para sus hijos en el sentido de que son conscientes de las emociones propias, sus causas y posibles consecuencias. Para empezar a trabajar la conciencia emocional pueden responderse preguntas como ¿De qué manera me estoy sintiendo en este momento? ¿Cuál es la causa de que yo me esté sintiendo así? ¿Cómo puedo manifestar lo que estoy sintiendo? ¿Qué podría hacer para corregirlo?

En este caso, también es importante verbalizar los sentimientos que tenemos. De esta forma ampliamos y aportamos para el vocabulario emocional de los niños y luego damos ejemplo de cómo podemos manejar nuestras gestiones emocionales.

- Ayudar a los niños a gestionar sus emociones. Esto debe hacerse cuanto antes en el camino que llevamos con ellos. Aquí es importante enseñar a los niños la manera como pueden conectar con sí mismos para que tengan un panorama comprensivo sobre cómo se sienten. Hay que reiterar que cualquier momento o situación del día es la indicada para practicar y desarrollar la consciencia emocional.

También, es importante que tanto los padres como los hijos presten atención a las emociones que perciben en su cuerpo, tanto si son positivas como la alegría, o negativas como la tristeza y el enfado. Como muchas veces los niños no saben nombrar estas emociones es importante que progresivamente les enseñemos a etiquetarlas o nombrarlas.

Posteriormente, es importante trabajar con ellos la identificación de las razones por las cuales se presentan las emociones negativas, de manera que puedan verbalizar lo que han sentido y visualicen de dónde fue que surgió. Aquí es importante destacar que todas las emociones son legítimas y es necesario aprender a aceptarlas. El secreto está en identificar cuál es el comportamiento que se genera tras esa emoción.

Finalmente, es importante mostrarle al niño que la impulsividad puede representar un peligro. En otras palabras, hay que explicarle que enfadarse es legítimo, pero no lo es pegarle a su compañero de clase porque le quitó el juguete de las manos.

### *Recomendaciones para practicar la conciencia emocional*

Existen algunas actividades prácticas que pueden ayudar a tu hijo a construir su propia consciencia emocional.

- Para identificar las emociones pueden tomar papel y lápiz, para dibujar rostros que las expresen.

- El niño puede redactar un diario emocional, ojalá de forma privada. El ejercicio es que escriba cómo o que está sintiendo.

- va encontrando en esos sentimientos y reacciones, y cómo ha podido resolverlo.

- Realizar entre ambos una imitación de distintas emociones.

- Identificar entre ambos las emociones. El niño podrá sentir que es un trabajo en equipo y se sentirá acompañado en el proceso.

- Leer de forma conjunta literatura infantil que ayude o complemente el aprendizaje de la consciencia emocional. Puede averiguar por esto en la biblioteca más cercana o en portales de internet. Algunas instituciones médicas, hospitalarias y psicológicas también las conocen y las difunden.

### Trabajar la empatía como aspecto fundamental en la gestión de las emociones

Expresarse emocionalmente es un ejercicio fundamental para comprender las emociones de otros, saber cómo se sienten manifestándolo y poder compartirlas. La capacidad de reconocer y establecer una conexión con las emociones de otros, permite no solo comprenderlas desde la experiencia de los demás, sino que también permite identificar el surgimiento de esas emociones para ambos en determinado suceso. Este es el significado de la empatía.

Es recomendable que, como padre o madre, actúes constantemente con empatía, para posicionarte en el lugar de tu hijo y ser capaz de percibir sus mismas emociones y sentimientos. No es bueno menospreciarlos, pues para ellos tiene un valor importante y también consideran muy valioso lo que tú puedas opinar sobre ellos. El ejercicio de empatía se logra escuchándolos de forma activa en donde la comprensión y el respeto sean mutuos.

La empatía permite que haya un buen clima en el hogar: trae beneficios para que el desarrollo del niño o adolescente sea exitoso. En distintos informes científicos han descubierto que existe un grupo de neuronas conocidas como neuronas espejo, las cuales permiten que una persona comprenda las emociones del otro en la situación que se encuentre.

### Actividades para la gestión de emociones

A continuación, expongo una lista de actividades que pueden ayudar a las personas y, en especial a los niños pequeños, para que puedan fomentar sus emociones positivas y gestionar las negativas.

- Escuchar música y practicar un instrumento musical. En ese mismo sentido también es útil bailar o practicar el canto.

- Jugar y tener tiempo libre. En este caso es aconsejable que sea un tiempo que pueda compartirse con los padres en la medida de lo posible. De esta forma, refuerzan las actividades de comunicación mutua y aprenden a tolerar las frustraciones pequeñas y a mejorar el sentido del humor.

- Potenciar el contacto físico. Aquí es importante que existan caricias y palabras afectuosas. Este ejercicio tiene beneficios psicológicos comprobados.

# Capítulo 3: Las 5 características fundamentales de la inteligencia emocional

Veamos su significado y las aptitudes necesarias para interiorizarlas.

## Autoconciencia: la capacidad de producir resultados al reconocer las emociones

La autoconciencia o también autoconocimiento, consiste en identificar y reconocer los estados internos, las preferencias, los recursos y las intuiciones. Esta identificación de emociones permite facilitar actividades cognitivas como el razonamiento, la resolución de problemas y la comunicación interpersonal.

De esta forma, una persona con esta capacidad puede generar emociones vividas como complemento al juicio racional, los procesos de memoria y le permite generar los estados de ánimo que le faciliten considerar algo ante perspectivas múltiples, para que, a su vez, exista el fomento de diversos estilos de pensamiento.

También, es posible encontrar una comprensión y un análisis de las emociones. De esta manera, existe una habilidad para designar las diferentes emociones y encontrar las relaciones entre las palabras y los significados propios de la emoción.

Esta capacidad comprende tres aptitudes emocionales.

* Conciencia emocional: hace referencia al reconocimiento de las emociones propias y los efectos que tienen en cualquier entorno.

* Autoevaluación precisa: es la capacidad de identificar y analizar los recursos interiores y las habilidades disponibles; y reconocer los límites existentes o aceptables, tanto para sí mismos como para los demás.

* Confianza: hace referencia a la certeza sobre el valor y las cualidades propias para enfrentar diversas situaciones.

## Autocontrol: la capacidad de usar los sentimientos para un fin

También llamado autorregulación, consiste en la capacidad de manejar los estados, impulsos y recursos propios. Con esta capacidad es posible prevenir, reducir, mejorar o modificar una respuesta a una emoción propia o ajena.

Comprende a su vez cinco aptitudes emocionales:

* Autodominio: es la capacidad de mantener bajo control los impulsos y las emociones que son perjudiciales.

* Confiabilidad: hace referencia a la capacidad de sostener normas de honestidad e integridad de manera continua.

175

- Escrupulosidad: es aceptar la responsabilidad que conlleva el desempeño personal.

- Adaptabilidad: hace referencia a la flexibilidad que posee una persona para reaccionar ante los cambios a largo plazo o repentinos.

- Innovación: es la capacidad de estar abierto y dispuesto para la llegada de ideas, enfoques novedosos e información nueva.

## Motivación: la capacidad de descubrir la verdadera y profunda razón que impulsa la acción

La motivación hace referencia a aquellas tendencias emocionales que facilitan la obtención de metas. Es el control de la vida emocional para dirigirla hacia un objetivo, independientemente de los obstáculos. Esto permite que se actúe de forma positiva ante los contratiempos que se presentan en el camino.

En la motivación hay cuatro aptitudes emocionales:

- Deseo de triunfo: es el afán orientado en mejorar o responder a una norma de excelencia.

- Compromiso: hace referencia a la capacidad de alinearse con los objetivos que tiene un grupo u organización.

- Iniciativa: es la disposición que existe en la persona para aprovechar las oportunidades que se le presentan.

- Optimismo: hace referencia a la tenacidad que posee una persona para buscar el objetivo, aunque existan obstáculos.

## Empatía: la capacidad de sentir a los demás al entrar en flujo de contacto

La empatía es la participación afectiva que tiene una persona en una realidad que le es ajena, por lo general en los sentimientos de otra persona. Las personas que son empáticas tienen la facilidad de sintonizar con sutiles señales sociales que le indican qué pueden necesitar o querer los demás.

Las relaciones sociales suelen basarse muchas veces en la capacidad de interpretar señales verbales o no verbales que las demás personas emiten de forma inconsciente. Cuando se reconocen estas emociones ajenas se hace posible que éstas establezcan lazos duraderos y reales con nosotros.

Esta capacidad comprende 5 aptitudes emocionales:

- Comprensión hacia otros: tiene la capacidad de percibir los sentimientos y las perspectivas ajenas y, adicionalmente, interesarse de forma activa por sus preocupaciones.

- Ayuda a los demás: percibe las necesidades que los demás tienen de desarrollarse y busca fomentar su capacidad.

- Orienta hacia el servicio: busca prever, reconocer y satisfacer las necesidades que tengan los clientes en cualquier tipo de organización.

- Aprovecha la diversidad: cultiva las oportunidades y posibilidades a través de personas diversas.

- Tiene conciencia política: interpreta de forma adecuada las corrientes sociales y políticas.

## Capacidad social: la capacidad de estar con otros, tratando de comprender los movimientos que ocurren entre las personas

Esta capacidad se considera como una habilidad para inducir a otras personas a que ofrezcan las respuestas deseadas. Aquí es donde las relaciones se consolidan a través de formas acertadas de relacionamiento con las emociones ajenas.

Por otro lado, significa ser capaz de tomar esta información para ponerla a favor de las interacciones y comunicaciones diarias con otras personas, ya sean familiares, amigos, conocidos o compañeros de trabajo y estudio.

Comprende ocho aptitudes emocionales:

- Influencia: hace referencia a la capacidad de implementar tácticas de persuasión efectiva.

- Comunicación: es la capacidad de escuchar atentamente y la capacidad de transmitir mensajes convincentes a los demás.

- Manejo del conflicto: hace referencia a la capacidad de resolver o mediar los desacuerdos.

- Liderazgo: inspira y guía adecuadamente a otros.

- Catalizador de cambios: tiene la capacidad de iniciar o regular los cambios que sean pertinentes para el bienestar de las personas con las que se rodea.

- Establece vínculos: busca alimentar las relaciones saludables entre diversas personas.

- Colabora y coopera: tiene la capacidad de trabajar con otros para lograr el alcance de objetivos compartidos.

- Habilidad de equipo: crea la sinergia para trabajar por metas colectivas.

Para finalizar, el contexto que he planteado aquí, de momento, es el empresarial. En ese sentido es importante que impulsen de manera decidida programas que ayuden de forma efectiva al desarrollo humano de los empleados. Sin estos programas no se podrá lograr con firmeza y sostenibilidad el desarrollo de la organización, teniendo en cuenta que nos encontramos en un contexto mundial que es fuertemente competente y competitivo.

En todos los aspectos de la vida humana se hace necesario tener un cociente intelectual y un nivel de pericia para lograr los objetivos, sin embargo, es imprescindible la presencia de la inteligencia emocional.

## Características adicionales que presenta una persona con inteligencia emocional

Además de las características que expuse anteriormente, se encuentran otras características que posee una persona con inteligencia emocional.

- No son perfeccionistas. Las personas que se consideran perfeccionistas suelen terminar los proyectos mucho más tarde de lo planeado y además presentan dificultades para concretar las tareas. Sin embargo, las personas que tienen inteligencia emocional son conscientes en lo absoluto de que la perfección no existe. Como no poseen miedo de cometer errores, habilitan su posibilidad de tener una vida más relajada con un aprendizaje más profundo de cada experiencia.

- Son equilibrados. Estas personas saben lo que significa tener una vida equilibrada, de forma que poseen la capacidad de marcar prioridades teniendo en cuenta sus deseos y lo que el contexto les propone para cada caso. Un ejemplo de ello es que, duermen lo suficiente, procuran alimentarse de forma adecuada y pueden contemplar sus intereses y los de otras personas.

- No viven en el pasado. Las personas que tienen inteligencia emocional saben vivir el presente y pueden disfrutar de los acontecimientos que trae la vida, aunque estas se traten de situaciones negativas. Por lo general, no son personas que se estancan en el pasado, sino que tienen su corazón y mente abiertos a lo que pueda suceder en el futuro.

- Abrazan los cambios. Al no tener miedo de equivocarse, suelen tener un especial cariño por los desafíos y se lanzan a ellos con convicción y seguridad. Tienen la capacidad de fluir con los cambios que se presentan en la cotidianidad y procuran modificar aquellas cosas que les desagrada.

- Practican constantemente la escucha atenta. Antes de lanzar un juicio, se toman el tiempo de escuchar atentamente lo que ocurre en la situación. Desarrollan la capacidad de separarse de emociones para tener toda la apertura posible a los mensajes que tienen los demás por aportar.

- Son curiosos por naturaleza. Al ser personas empáticas poseen una fuerte habilidad de observar el entorno. Siempre preguntan por todo lo que les rodea y se encuentran abiertos a respuestas nuevas y a la exploración de las posibilidades que se vayan presentando.

- Saben en qué momento decir NO. Al encontrarse atentas a lo que sucede a su alrededor, las personas con inteligencia emocional se encuentran abiertos a experiencias para practicar el autocontrol. Saben identificar con certeza cuáles son las situaciones en las que es conveniente decir NO y además saben comunicarlo.

- Canalizan el enojo. Tener ira no significa necesariamente encontrarse con una emoción negativa. El secreto se encuentra en la forma como se utiliza esta ira. Una persona con inteligencia emocional tiene la capacidad de controlar el enojo y pueden realizar acciones que no perjudiquen a otros o a sí mismos.

Cultivar las cualidades expuestas en estas características implica comprender el papel del éxito y la abundancia para la vida, los cuales son el resultado de un crecimiento in-terno que requiere de tiempo, paciencia y buena voluntad.

# Capítulo 4: Las emociones

Dentro del entramado de las emociones encontramos las emociones primarias, las cuales son estados afectivos que tienen como característica el ser complejos y automáticos; y que cumplen con una función de adaptación y beneficio para el organismo al permitir una reacción favorable frente a un estímulo.

Estas emociones son variaciones de un estado de ánimo que se provoca gracias a pensamientos, anhelos, recuerdos, pasiones y sentimientos. Al surgir, produce cambios fisiológicos, psicológicos y psicosomáticos. La intensidad con la que se manifiestan estas emociones varía de acuerdo al estado físico, la personalidad y el tipo de estímulo que recibe la persona, quien previamente ya cuenta con un estado de ánimo.

Las reacciones somáticas en el cuerpo son múltiples cuando son afectadas por las emociones. En este sentido, el hipotálamo y el sistema nervioso autónomo son los responsables directos de los cambios violentos y las alteraciones que pueden afectar al sistema circulatorio, respiratorio y glandular.

Hay diversas teorías sobre cuáles son las emociones primarias, dependiendo del autor que las exponga. Sin embargo, hay que reiterar que cada emoción provoca un conjunto de reacciones en el cuerpo, en las cuales existen algunas que son evidentes:

## El miedo

El miedo se asocia al nerviosismo, la ansiedad, la preocupación y la inquietud. Cuando se llega a un nivel más grave, se le asocia con la fobia y el pánico. Con la presencia del miedo la sangre suele repartirse en lugares imprescindibles para lograr tomar una actitud evasiva a tiempo. Puede suceder que nuestro organismo se detenga o se paralice, antes de tomar una salida adecuada, pero el cuerpo está sometido a un estado de alerta máxima.

## La ira

Esta emoción se asocia con la furia, la hostilidad, la indignación y, en casos complejos, con el odio patológico. La ira hace que nuestro cuerpo reaccione enviando sangre a las manos. De esta forma se favorece el empleo de armas o que nosotros mismos nos encontremos preparados para golpear de manera contundente. Dentro del cuerpo, se acelera la frecuencia cardíaca y se eleva la hormona de la adrenalina que predispone al organismo para actuar.

## El amor

El amor se asocia con la amabilidad, la simpatía, la adoración y la afinidad. Sin embargo, puede derivar a una condición patológica como la dependencia extrema a otra persona por causa del amor.

Este es un sentimiento de ternura y complacencia sexual que genera un estado de calma, satisfacción y relajación. Predispone a nuestro organismo al entendimiento mutuo.

## La alegría

La alegría se asocia con la diversión, el placer y la armonía sexual. En niveles más altos se asocia con el éxtasis y la euforia. En esta emoción se suprimen las sensaciones incomodas o negativas y se anulan todas las reacciones fisiológicas que son importantes, excepto la sensación de calma y tranquilidad corporal.

## La sorpresa

Esta emoción permite el aumento de la información sobre el acontecimiento. De esta manera se facilita una buena elección ante la situación. La sorpresa genera un gesto particular donde se elevan nuestras cejas expresando lo que no nos esperábamos. Al hacerlo nos permite ampliar el campo visual y, adicionalmente, que nuestra retina reciba más luz.

## El disgusto

El disgusto se demuestra a través de un gesto facial que bloquea las fosas nasales en caso de percibir una sustancia que sea desagradable y de esta manera nos facilita la necesidad de expulsarla.

## La tristeza

La tristeza hace presencia en momentos de pérdidas y se asocia a una función adaptativa y reparadora. Esta emoción provoca una ilusión por las actividades cotidianas, pero con una disminución de la energía, de modo que paraliza nuestro metabolismo provocando, a su vez, que nos limitemos y nos aislemos. En momentos graves podemos llegar a la depresión.

## El interés

El interés es una emoción que nos orienta para consolidar nuestra atención en un estímulo que proviene del entorno y que, por encontrarse en una circunstancia específica, le añadimos un valor.

## La culpa

Existe, además, un sentimiento que es común en todas las personas y que lo han experimentado en algún momento de sus vidas y es el sentimiento de la culpa. La cual, si se prolonga por mucho tiempo, también genera efectos nocivos en el cuerpo.

Hay muchas razones por las cuales podemos sentir culpa y sufrir por ella. Entre las razones para que esto ocurra están las siguientes:

- Hay condicionamientos que se han adquirido desde la infancia. Por lo general, desde niños nos enseñan que debemos portarnos bien y que debemos actuar de una forma determinada para evitar hacer lo "incorrecto". Estos condicionamientos se encuentran determinados por cuestiones morales dictados por la religión, la sociedad y las creencias de nuestros padres o cuidadores.

- Necesidad de ser reconocido o aprobado. Desde pequeños llevamos a cabo ciertas conductas con el objetivo de ganar aprobación de nuestros padres, ya que de esta forma podemos sentirnos más aceptados y queridos. Todo esto puede verse reflejado posteriormente en nuestra relación con las personas en donde necesitamos ser aprobados en lo que hacemos o decimos.

- Tenemos temor de sentirnos "malas personas". La mayoría de las personas consideran que cuando no se sienten culpables por algo, se convierten inmediatamente en malas personas. En este sentido buscan todos los medios para experimentar la culpa y así quitarse esa etiqueta.

- No hacernos responsables de nuestros actos. Algunas personas tienen la preferencia de cargar toda la vida con el sentimiento de culpa a resolver lo que hicieron en algún momento, ya que eso implica realizar un sacrificio o esfuerzo.

- Pensar que merecemos sentirnos así. Muchas personas no se sienten bien desprendiéndose de su sentimiento de culpa. Creen que por lo que han hecho, merecen sufrir y torturarse continuamente.

- No hemos respetado las normas propias o las de otras personas. Tendemos a sentirnos culpables porque sentimos que no respetamos las normas o límites que nos habíamos prometido. Ocurre también cuando no respetamos las de los demás.

Aquí hay cinco consejos que pueden ayudar a aliviar la sensación de culpa.

- Procura identificar si la culpa que tienes te tortura continuamente y no te deja espacio para construir un nuevo aprendizaje a partir experiencias incómodas.

- Analiza las consecuencias que trae consigo la culpa. Reflexiona sobre las consecuencias que ha traído a tu integridad física y mental el hecho de sentirte culpable. Entre las consecuencias más comunes en esta sensación, es estar viviendo estresado o preocupado por un suceso ocurrido anteriormente y que no puede remediarse. Analiza si sientes continuamente que debes castigarte, o que no mereces cosas buenas en la vida. Estas percepciones pueden estar acompañadas de problemas para dormir.

- Pregúntate si debes continuar culpándote por lo sucedido. Destina un tiempo para pensar el motivo por el que todavía sigues culpándote a ti mismo. Evalúa si eso te ayuda a mejorar o si va a generar alguna solución. Identifica también si esa culpa te hace sentir mejor persona.

- Evalúa qué pasaría si dejas de culparte. Procura imaginar qué pasaría si dejaras a un lado la culpa y vivieras de forma y en exceso, o de manera despiadada, lo que provoca que la culpabilidad que sintamos en un momento, sea experimentada al doble y/o exagerando lo que es en realidad. Es importante aprender a ser compasivos con nosotros mismos y criticarnos de manera constructiva, desde la comprensión y el amor propio.

- Comprende que todos cometemos errores. Al sentirnos culpables, también suele suceder que sintamos que somos las únicas personas en el mundo que hemos cometido ese error y lo visualizamos como si fuera lo peor que nos está ocurriendo. En realidad, todos cometemos errores, seguiremos haciéndolo y es necesario aceptarlo. Es importante ver los errores como aprendizajes que nos impulsan a ser mejores en lo que somos y lo que hacemos.

- Existen situaciones que no podemos evitar. En este entorno es importante aceptar que no podemos tener el control de todas las cosas. Además, de la mayoría de las situaciones que ocurren en la vida no existe un control total. Esta sensación puede ser dañina porque nos podemos sentir culpables por la muerte de un ser querido en donde quizá pudimos haber hecho algo para evitar ese desenlace. De nuevo, aquí es fundamental que podamos perdonarnos.

- Procura ofrecerte a ayudar. Es probable que te encuentres en un escenario en el que hayas cometido un error de manera involuntaria o voluntaria y, en él, le hiciste daño a otra persona y no puedes remediarlo. No obstante, es posible hacer otras cosas para mejorar o para sentirte mejor. Puedes, por ejemplo, cambiar de actitud con esa persona, ayudarla en lo que esté a tu alcance. Mostrar una actitud sincera puede ser liberador para ambos.

## Modificaciones al organismo que son provocados por las emociones

Adicional a las reacciones que he posteado con cada emoción, suceden otras.

Cuando la emoción aparece, el rostro enrojece o palidece, surge una excitación nerviosa y unos movimientos reflejos. También se detienen las vísceras temporalmente, se eleva la actividad cardíaca y se modifica la capacidad pulmonar.

Y hay más modificaciones: se contraen los vasos sanguíneos de la piel, el bazo aumenta la producción de hematíes, el páncreas excreta más glucosa y se genera un aumento en la adrenalina, la cual nos hace resistentes a la fatiga. Por último, las secreciones como el sudor o la orina se generan en más cantidad que en otros momentos.

Tener presentes las consecuencias que pueden generar las malas prácticas o vicios relacionados con la salud emocional, permite que a través de la inteligencia emocional podamos prevenir el riesgo de padecer estas enfermedades o de afrontarlas con la posibilidad de sanarlas.

# Capítulo 5: La importancia de las emociones

Es indispensable saber la importancia que tienen las emociones, pues sin ellas tendríamos un problema o una vida llena de caos, desorden, insatisfacción y una baja valoración por la experiencia de la propia vida.

Tener la capacidad de expresar nuestras emociones nos libera de un peso psicológico que se asemeja a llevar una carga en los hombros. Cuando no lo hacemos, es posible que esto repercuta de manera negativa en nuestra salud física.

Expresar nuestras emociones y nuestros sentimientos hace parte de lo orgánico y cotidiano de nuestra vida. Es un profundo error pensar que debemos reprimirlos cuando en realidad se hace necesario exteriorizar eso que sentimos. Cuando impedimos que haya fluidez en las emociones podemos tener alteraciones mentales y físicas que son nocivas.

Entre los problemas emocionales más frecuentes encontramos tres que son comunes o habituales:

- Una reacción incoherente o indebida en una determinada experiencia.

- Una respuesta sin sentido en un momento vivido.

- Emociones limitadas y no acordes a lo que se está viviendo.

Cuando liberas tus emociones tienes la posibilidad de sentirte más libre, especialmente si estas emociones son negativas. Este ejercicio se denomina como catarsis.

## Las emociones y la asertividad

La asertividad es una capacidad de expresar las ideas, las preocupaciones y las convicciones de una forma franca, clara, respetuosa y serena, sin que haya necesidad de agredir a otras personas o que nuestras emociones se desborden. Al desarrollar esta capacidad, también ofrecemos al cuerpo la posibilidad de tener una salud física y mental y puedes ahorrarte padecimientos en el futuro.

## Las emociones y las enfermedades

Cuando reprimimos las emociones podemos tener el riesgo de adquirir enfermedades relacionadas con la mala función de algunos órganos. Puede suceder por ejemplo que tengamos o empeoremos padecimientos estomacales y hepáticos. Acumular sentimientos tristes puede afectar nuestros pulmones. Por otro lado, el miedo excesivo acumulado afecta los riñones y la vejiga.

Algunas emociones pueden generar sensaciones incómodas como la contracción del estómago, que haya retorcijones en los intestinos o que se produzcan dolores de cabeza fuertes. Adicionalmente, podemos padecer de insomnio, depresión y otras afecciones mentales y físicas.

Existe una representación de implicaciones físicas al llevar a cabo una determinada acción represora de las emociones. Algunos de los síntomas que se presentan al respecto pueden ser los siguientes:

- Sordera

- Ceguera

- Parálisis localizada

- Alergias

- Sarpullidos

- Temblores

Una enfermedad emocional termina por repercutir de forma grave en el cuerpo derivando en una sobre activación de los sistemas inmunológico, neuroendocrino y nervioso. Por ejemplo, el estrés se encuentra relacionado con la activación del eje hipotalámico-hipofisario-suprarrenal. Esto representa una respuesta corporal normal al estrés, sin embargo, si esta activación se encuentra mantenida a largo plazo puede tener efectos peligrosos al incrementar el riesgo de algunas enfermedades físicas, en especial las provocadas por desequilibrios en el cortisol y la tiroides.

A continuación, planteo algunos detalles relacionados con las enfermedades físicas resultado de una mala gestión en las emociones.

- Sordera. Se encuentran originadas por sentirse agredido o por un conflicto de separación. Lo que se nos dice o lo que oímos, agrede lo que pensamos o sentimos de nosotros mismos.

- Afonía. Este problema consiste en la incapacidad para hablar. Se presenta luego de un choque afectivo que logra sacudir la sensibilidad de la persona, quien posteriormente se esfuerza demasiado para hablar, aunque no exprese todo lo que su corazón quisiera decir. Este esfuerzo excesivo deja vacíos y angustias. De esta forma, los sonidos vocales acaban por extinguirse.

- Parálisis: Se encuentra frecuentemente relacionado con la acción de huir porque paradójicamente hay un miedo que paraliza. Se presenta en personas que experimentan una situación que les resulta en extremo difícil y, de la cual, desean escapar. En otras palabras, quieren evitar esa situación o quieren evitar a una persona en específico. Es el vehículo ideal para conseguir ayuda para que otro se haga cargo del problema. De esta manera no tendrá que enfrentar en soledad la situación o a la persona indeseable.

- Alergias. Las alergias son las respuestas hiperactivas por parte nuestro sistema inmunológico a un agente externo. Esta respuesta se hace presente por una causa interna. Hay que preguntarse a qué somos realmente alérgicos, o ante qué situaciones reaccionamos con hiperactividad. También es importante analizar qué es lo que origina la irritación o la respuesta fuerte y emotiva del organismo.

- Éstas se encuentran con frecuencia relacionadas con la ira o la frustración frente a una persona o frente a un suceso asociado a un producto alérgeno. La función biológica de la alergia es ponernos a salvo del agresor o de la agresión.

- Dolores en general: Hay algunos dolores que se encuentran relacionados con los sentimientos de culpa.

Adicional al listado presentado, también existen manifestaciones de dolor físico que tienen una relación con lo emocional.

- Los dolores en la espalda y en los hombros. La espalda es un espacio donde existe una mezcla de símbolos y significados. Es en este lugar donde deseamos no ser visto por los demás: es el lugar en el que solemos enterrar los sentimientos y las experiencias que nos han causado confusiones o daños. Por otro lado, la espalda contiende la columna vertebral, el cual es el elemento más importante de la estructura psicosomática, es el pilar que sustenta nuestra integridad de ser y sobre el que descansa el resto del cuerpo.

Un dolor de espalda es señal de que tenemos un deseo de evadir alguna situación. También puede ser la señal de que necesitamos librarnos de algún peso que tengamos en ella. Adicionalmente, se encuentran relacionados con las cargas emocionales como la vergüenza y la culpa. Es probable que en estos casos exista una comorbilidad con alguna condición de la piel como el vitíligo o el síndrome de Addison.

- El dolor en el pecho. Se relaciona con emociones de angustia, tristeza, aflicción y temor.

- Los dolores en las manos y las muñecas. Se relacionan con el aislamiento donde predominan emociones como el miedo, la tristeza, el resentimiento, la incertidumbre y la cautela.

- Los dolores en el cuello. El cuello es el puente que comunica la mente con el cuerpo. Cuando un cuello tiene poca movilidad, nos indica la imposibilidad que presentamos para ver en todas las direcciones. Se trata de la existencia de una visión limitada y rígida, que deriva en una mentalidad de obstinación y cerrazón. Puede, además, ser una reacción producida por un estrés extremo que inculca el deseo de limitarnos y encerrarnos.

Los dolores de cuello también se encuentran relacionados con la falta de perdón que, con frecuencia, se presenta a algún tipo de alergia. También se encuentra asociado a problemas en expresión emocional.

- Los dolores de cabeza. Es importante recordar que la cabeza es nuestro centro de comunicaciones y es el lugar desde donde nos conectamos con el mundo. Si presentamos un dolor en la cabeza, es porque las arterias se estrangulan y aceleran el pulso sanguíneo. La sangre transporta nuestros sentimientos y a través de las venas ofrecemos y recibimos amor. Cuando se estrangulan las venas de la cabeza, se indica que tenemos una incapacidad de expresar o recibir esos sentimientos.

Adicionalmente, los dolores de cabeza están relacionados al estrés elevado o crónico que puede surgir producto de una adaptación a la desesperación, a la angustia o al miedo.

- La hipertensión. El exceso de tensión emocional, se produce con frecuencia por una alta presión sanguínea o una tensión intensa y nerviosa. La causa de esta enfermedad se genera en un temor profundo y una falta de confianza. Sentimos una sensación de que corremos peligro frecuentemente y necesitamos estar alertas. Es probable que sea atribuido a una experiencia traumática en el pasado.

- El corazón. Este órgano es el centro del amor y es el núcleo de nuestras emociones. Se asocia, además, con toda la gama de sentimientos que tenemos. Cuando se presenta un ataque de corazón, se considera como una situación de desesperación en la cual el cuerpo nos está advirtiendo de que hemos ido muy lejos, que estamos enfocando nuestra atención en aspectos materiales, o que nos encontramos luchando por conseguir algo que tiene escaso valor real y no dedicamos la suficiente atención a la familia y a las experiencias afectivas.

- Las Infecciones urinarias. Éstas se deben a una falta de expresión de los sentimientos que son negativos, en los que tienen que ver las relaciones afectivas, los temores y conflictos que se encuentran conectados con el renacimiento del ser, mucho más allá de la relación con los demás.

- Los pies. Son el vehículo que nos permite guardar estabilidad, avanzar, sentirnos protegidos y seguros en nuestra relación con el mundo. Los problemas en los pies son la indicación de que existe un conflicto en la dirección y la producción de los movimientos. También indica una falta de seguridad y estabilidad en el entorno.

## Los siete pilares básicos de las emociones

Las emociones tienen múltiples funciones. Y estas funciones pueden resumirse en siete apartados o agrupaciones que expondré a continuación.

- Las emociones son útiles en primer lugar, para defendernos de estímulos que son nocivos o enemigos, y en segundo lugar para aproximarnos a estímulos que traen consigo una recompensa o que son placenteros como beber agua, jugar o tener una actividad sexual, las cuales nos permiten mantener la supervivencia. En este sentido, las emociones son motivadoras porque nos empujan o mueven a evitar, o lograr, lo que es dañino o beneficioso para nosotros.

- Las emociones permiten que las respuestas del organismo como una conducta ante diversos acontecimientos, ya sean enemigos o que estén relacionados con la alimentación, puedan ser flexibles y polivalentes. Las reacciones que de allí emergen nos ayudan a encontrar la forma de escoger respuestas más adecuadas y útiles entre un listado posible de ellas, en lugar de obtener una respuesta fija ante un determinado estímulo.

Esta situación se expande con mayor velocidad con la llegada de los sentimientos, que son la parte consciente y subjetiva de las emociones. Tanto los sentimientos como las emociones dotan de versatilidad a la conducta, derivando en utilidad para nuestra supervivencia.

- Las emociones sirven a las funciones que mencionamos anteriormente enviándonos alertas para que reaccionemos como un todo único frente a un estímulo específico. Esto incluye que haya una activación, en primer lugar, de muchos sistemas cerebrales como el sistema reticular y atencional, los mecanismos sensoriales, los motores y los procesos mentales. En segundo lugar, de sistemas endocrinos como la activación suprarrenal medular y cortical y otras hormonas. En tercer lugar, los metabólicos como la glucosa y los ácidos grasos. En general, se realiza una activación de sistemas y aparatos del organismo.

- Las emociones permiten que se mantenga la curiosidad y el interés por descubrir lo nuevo en aspectos relacionados como la alimentación, las novedades en el aprendizaje, la memoria y la ocultación de posibles enemigos que se pueden identificar a lo lejos. De esta forma, las emociones amplían el marco de seguridad para nuestra supervivencia.

- Las emociones son un lenguaje para comunicarnos con otros: se trata de una comunicación rápida y efectiva. Puede decirse también, que es un lenguaje básico entre miembros de una misma familia, como los miembros de una sociedad determinada. Adicionalmente, se crean lazos emocionales en la familia o en las amistades, que pueden tener consecuencias claras de éxito en la supervivencia biológica y en la social.

- Las emociones son útiles para almacenar y posteriormente evocar memorias de forma efectiva. A ninguna persona se le escapa un acontecimiento que se encuentre asociado a un episodio emocional, haya sido placentero o haya tenido un matiz de castigo por la duración que tuvo, o por su significado. En este sentido, se hace posible un mayor y mejor almacenamiento del suceso y rápida evocación de lo ocurrido.

- Las emociones y los sentimientos son mecanismos que tienen un papel importante en el proceso de razonamiento. Los procesos cognitivos en general, se elaboran en áreas de asociación de la corteza cerebral, a través de información que viene impregnada de un colorido emocional y de una categorización como bueno o malo. Se piensa entonces a partir de significados emocionales.

Sobre esta base, la emoción posee un papel fundamental en el momento de tomar decisiones de forma consciente. Esto nos permite entender las emociones como los pilares básicos sobre los que descansan la mayoría de las funciones cerebrales.

# Capítulo 6: Cómo funciona el cerebro

Desde el momento en que somos concebidos se inicia una formación cerebral y a medida que el niño crece esta va evolucionando.

## El desarrollo cerebral de los niños

El desarrollo del cerebro de los seres humanos se efectúa especialmente en las primeras etapas de la vida, el cual es además favorecido por la capacidad de asombro y la curiosidad que tienen los niños, siendo esto su motor de aprendizaje. Se construye también a través de los estímulos que ofrece la vida cotidiana en un ambiente adecuado dentro de la familia.

Desde la gestación, la formación del cerebro de los niños se realiza a través de la multiplicación de neuronas y de las conexiones que pueden realizarse entre ellas. Adicionalmente, los genes determinan el funcionamiento básico de los circuitos cerebrales donde también tienen participación las hormonas.

Con el embarazo se generan cambios según el entorno, donde la madre puede observar cómo puede sentirse afectada por el comportamiento propio, incluyendo sus mismos cambios en la voz. Estas particularidades van moldeando progresivamente el cerebro del bebé.

Posterior al parto, y en el momento en el que el bebé puede tener sus experiencias vitales en casa, a través de su encuentro con la cuna, el sueño, la comida y otro tipo de estímulos, va generando en él una formación de ramificaciones que progresivamente van multiplicándose. Esta actividad cerebral continúa su desarrollo a medida que en la familia se establecen rutinas, hábitos y horarios.

Para permitir un desarrollo consciente del cerebro del niño es importante que usted le permita que conozca las cosas con un nivel de libertad, que le permita acercarse a la naturaleza, a tener un ritmo propio de crecimiento, a que tenga tranquilidad y un tiempo de descanso y juego. De esta forma el niño va tomando gusto por el conocimiento y la novedad; y puede relacionarse con los demás. Es importante también que el niño se forme en autonomía en el descubrimiento de estas cosas, es decir, que como padres no intervengamos en el proceso natural de su desarrollo cerebral, entregándole todas las cosas o exagerando en su estimulación.

## Cómo madura el cerebro del niño

En el proceso de maduración del cerebro del niño, los lóbulos parietales cerebrales maduran desde las zonas parietales que tienen como función coordinar el movimiento del cuerpo. Esta es una de las razones por las cuales los niños se mueven constantemente en sus primeras etapas de vida. Posterior a esta etapa, se desarrollan las zonas sensoriales y las zonas cognitivas y emocionales con el sistema límbico.

La última etapa de maduración del cerebro se encuentra en la corteza prefrontal, considerada como la zona donde se forma la base del pensamiento de la persona en asuntos relacionados con los impulsos, el control y la toma de decisiones.

## Qué hacer y qué evitar frente al desarrollo cerebral durante el embarazo

### Qué evitar

Una de las prácticas habituales que debe evitarse en el momento de estar en embarazo es el consumo de drogas, fumar y tomar alcohol. Sin embargo, deben evitarse también otras cosas.

El estrés puede generar efectos negativos en el desarrollo del bebé en el útero. Debe evitarse también algunos alimentos, como los embutidos y los huevos crudos, porque esto representa un riesgo, aunque suene raro, pero es real, de contraer salmonelosis o listeriosis. Las dos enfermedades son bastante leves para un adulto que se considere saludable y fuerte, pero puede ser peligroso para un feto en crecimiento.

Deben tomarse con precaución los medicamentos. Y debe consultarse con el médico antes de consumirlos.

### Cómo favorecer el desarrollo saludable del cerebro

La mejor forma de favorecer el desarrollo cerebral es a través de prácticas que conduzcan a una vida saludable. Esto significa que es importante mantenerse alimentada de forma nutrida. También se debe tomar una vitamina prenatal todos los días, que contenga ácido fólico y DHA. En relación con la alimentación durante el embarazo, es necesario comer una gran variedad de verduras, frutas y proteínas saludables.

## El crecimiento en el cerebro del niño

### La corteza visual

Al nacer, los niños no han desarrollado completamente su capacidad de ver. Inicialmente, su visión es borrosa y pueden reconocer algunos colores brillantes. También pueden identificar patrones con contrastes, es decir, el contraste entre el blanco y el negro y los rostros humanos.

En los primeros seis meses, el cerebro se enfoca en que sus células formen la corteza visual. Ocurre también que las neuronas se alargan y los axones se mielinizan. Hacia los tres meses pueden ver las cosas con más claridad y a los seis meses se les hace posible la percepción de profundidad y enfoque, con lo que pueden ver casi tan bien como una persona adulta.

### El Cerebelo

Durante el primer año de vida del bebé, el cerebelo suele triplicar su tamaño, lo que permite que él tenga un rápido desarrollo de habilidades motoras. En ese tiempo, los bebés aprenden a rodar por el suelo, rastrear, gatear y, por último, pueden dar sus primeros pasos.

Aquí es cuando se les debe proporcionar un espacio y tiempo para que practiquen sus habilidades.

## La mielinización

Cuando las células nerviosas pasan por un proceso de mielinización, se posibilita la transferencia más rápida de señales eléctricas. De esta manera, el cerebro del bebé puede recibir y luego transmitir mensajes con más rapidez y así controlar múltiples señales de manera efectiva.

El proceso de mielinización es incompleto en muchas zonas del cerebro en el proceso de nacimiento, pero su desarrollo es rápido durante el primer año de infancia. Este suceso nos permite entender por qué los niños mayores tienen más capacidad para procesar y reaccionar frente a los estímulos, qué los bebés pequeños. Adicionalmente, este proceso puede determinar qué tipo de actividades pueden ser apropiadas para cada edad.

## Entornos enriquecedores para el desarrollo del cerebro

El entorno es un aspecto muy importante para el desarrollo temprano del cerebro. Por esta razón, debe tenerse presente una serie de consideraciones para que ese desarrollo sea óptimo a través del medio ambiente.

### La interacción social

Por naturaleza, los seres humanos somos considerados como criaturas sociales. Por eso, no es sorprendente que el comportamiento social influencie el efecto que éstos tengan en el cerebro y que pueda ser importante para el desarrollo en la etapa infantil.

Cuando un niño participa activamente en las actividades sociales, ya sea con sus padres u otros niños, se permite fomentar el desarrollo saludable de su cerebro y de sus habilidades sociales. Esta es una de las maneras en que los niños pueden aprender.

Al hablar con el bebé no solo se estimula el crecimiento en la zona del cerebro que se encuentra encargada del lenguaje, sino que además le estimula el aprendizaje de forma efectiva a través de la creación y el fortalecimiento de las conexiones que se van formando en el resto del cerebro.

### La dieta

La relación del cerebro con los alimentos suele ser compleja. Sin embargo, es claro que cuando hay una nutrición adecuada en la primera infancia es posible que el desarrollo cerebral sea exitoso.

Nuestros cerebros necesitan inmensas cantidades de nutrientes y energía para funcionar y desarrollarse de manera correcta. Por esta razón, es fundamental focalizar la buena alimentación en la primera infancia. Esto se logra a través de una dieta saludable y diversa, que esté llena de proteínas, vitaminas y minerales.

### La actividad física

La actividad física estimula fuertemente el desarrollo cerebral del niño. No hay que olvidar que la salud del cerebro se encuentra ligada a la salud del resto del cuerpo y viceversa. Hay estudios que sugieren que el ejercicio en la primera infancia posibilita un mejoramiento de la función cognitiva y, adicionalmente, puede contribuir a un hipocampo más grande. Por eso, se hace necesario animar al bebé a realizar ejercicio y a moverse a partir de una edad temprana, con actividades que le ayuden a desarrollar fuerza muscular en la espalda y cuello, así como mejorar el control de la fuerza al pasar tiempo boca abajo.

### Experiencias novedosas

Cuando los niños crecen en un entorno creativo donde se encuentran expuestos a una variedad de ideas nuevas, objetos, y experiencias estimulantes, pueden desarrollar un cerebro desde la curiosidad. Cuando se realizaron estudios con animales, se demostró que el efecto de un ambiente que se encontraba más rico en experiencias fue más destacado con los animales que se expusieron a estos entornos mucho más temprano en la vida. Las experiencias interactivas que son diseñadas pensando en la edad del niño son más enriquecedoras y efectivas.

### Evitar el estrés tóxico y desarrollar relaciones positivas y significativas

El estrés tóxico puede provocar una respuesta constante ante el estrés en un niño. El estrés es un aspecto fundamental y natural en nuestra biología, que nos permite responder de forma rápida a los peligros potenciales. Sin embargo, cuando se debe responder constantemente al estrés, es posible que el cuerpo y la mente presenten daños.

Cuando hay niveles de estrés tóxico en la primera infancia, pueden presentarse a través de factores como la pobreza familiar, la exposición a la violencia y el abandono. También puede volverse realmente tóxico cuando el niño no posee los recursos y vínculos familiares fuertes que lo reconforten.

# Capítulo 7: Beneficios de ser una persona con una buena inteligencia emocional

Quiero evidenciar algunos de los beneficios que nos otorga el ejercicio de ser inteligentes emocionalmente, dependiendo del momento de la vida en el que nos encontremos y el espacio que habitemos.

## *Como persona*

- Puedes lograr un nivel adecuado de bienestar en relación con tu integridad personal. Esto significa que tanto tu mente como tu cuerpo se encontrarán saludables y estables por mucho tiempo.

- Tienes la capacidad de desarrollar la empatía en cualquier escenario que te encuentres. Comprender y analizar tanto tus emociones y acciones, como las de los demás, te evitará iniciar o prolongar conflictos que ocasionalmente son innecesarios.

- Puedes dotar de sentido a tus estados emocionales al pasarlos por ejercicios que permitan la comprensión de lo que está sucediendo y de esta forma orientarlos para experimentarlos de la mejor manera.

- Puedes tener mejores experiencias académicas. Al tener inteligencia emocional puedes facilitar al cuerpo un nivel de consciencia, concentración y disciplina, para llevar a cabo todas las tareas que implica estudiar, sea en los primeros años de vida escolar, como en los universitarios, post universitarios y en la formación autodidacta.

- Puedes resolver los conflictos de manera adecuada en cualquier lugar que te encuentres y puedes hacerlo guardando las proporciones para cada caso.

- Tendrás la capacidad de decir NO sin sentir remordimiento, apelando al gusto, al deseo y a las posibilidades: todo sin dejarse presionar por asuntos ajenos o externos a la realidad.

- Los errores podrán ser vistos con perspectiva de aprendizaje, lo cual permitirá que emocionalmente no sea tan desgastante y abrumador lidiar con los errores o mejorar para que los mismos tomen esa nueva perspectiva.

- Tendrás capacidad de reaccionar positivamente ante los imprevistos, ya que has tenido la oportunidad de desarrollar la creatividad y, con ello, un buen listado de opciones para tomar decisiones al respecto.

- Ampliarás tus deseos de triunfo. La inteligencia emocional te permite documentar cada acierto que obtengas, así como cada error, en el que tendrás la perspectiva para asumir que cada paso que das te lleva a lograr lo que has deseado.

- Analizarás y comprenderás de forma acertada los efectos que tienen los asuntos políticos y sociales en el entorno en el que te mueves. De esta manera, podrás llevar a cabo acciones para el autocuidado y para el fortalecimiento de las redes de apoyo en tu comunidad.

- Buscarás ser excelente en las cosas que te propones sin que estas te desborden. A través de la inteligencia emocional ofrecerás tiempos definidos a cada asunto y evaluarás qué tan pertinente es dedicarles tiempo a ciertas cosas que no estén alineadas con tus propósitos.

- No permitirás que te torture el pasado. Al pasado le das su lugar y carácter, pero te permites vivir el presente y el momento con toda la atención que merecen.

## En la experiencia empresarial

- Podrás mantener la atención de tus clientes. Porque te sientes convencido de que tendrás las habilidades sociales para convencer a un cliente o un proveedor de los beneficios de comprar los servicios y/o productos de la empresa, o de que se quede para la empresa como aliado.

- Podrás ser eficiente y productivo en tu trabajo. La inteligencia emocional te enseña a ser ordenado y metódico, con lo que evitarás sobrecargas o reprocesos en las tareas empresariales.

- Podrás obtener logros y ascensos. Sabrás que para ti lo importante es confiar en tus capacidades para cumplir con los objetivos del trabajo que realizas y del perfil de colaborador que quizá se presente en una evaluación o convocatoria de ascenso.

- Podrás resolver de manera acertada los diversos conflictos que se generan en los espacios empresariales. En este ambiente podrás desarrollar la consciencia de cómo actúas frente a una situación inesperada, pero también sabrás con antelación cómo podrían reaccionar tus compañeros y jefes, porque has analizado su comportamiento.

- Generarás confianza entre tus jefes, compañeros y clientes. Al ser una persona con inteligencia emocional, serás también una persona sana. Y podrás reflejarlo en cada uno de tus actos dentro de la empresa, con lo que ganarás la confianza en ellos. También sabrás que no todas las personas con las que trabajas tienen la misma percepción de ti, porque aún no son conscientes del trabajo emocional que deben y por lo tanto el ambiente podrá tornarse difícil. Con todo esto, no te será una experiencia imposible de superar.

- Tendrás flexibilidad en el momento de compartir tu conocimiento y en el momento de establecer cambios o giros nuevos en la empresa. Cuando compartes lo que sabes, tienes las posibilidades de cultivar un futuro espacio para el liderazgo en algún momento, cuando la empresa lo requiera. También tienes claro que eres lo suficientemente creativo para compartir conocimiento sin que esto represente una amenaza para ti como creador. Sabrás qué es lo que te hace único dentro de tu campo laboral.

- Podrás tener autonomía e imaginación para lograr proyectos potentes en la empresa. Esto se derivará en una ampliación de campo de visión. Este punto podrá ser logrado si la empresa es visionaria y les permite a sus empleados desplegar su creatividad para ponerla al servicio de la empresa. Por otro lado, si eres el jefe o el dueño de la empresa, con seguridad a través de tu inteligencia emocional y tu carácter de liderazgo, te permitirá la estrategia para coordinar metodologías laborales, para que estos espacios tengan cabida en la empresa.

- Tendrás capacidad de ser comprometido. Con base en la inteligencia emocional, podrás dar lo mejor de ti, para que lo que hagas allí sea exitoso para la empresa.

- Podrás asociarte con otras personas y empresas fácilmente. Igual que con los clientes, sabrás cómo realizar alianzas que nutran las potencialidades de la empresa. Con otras empresas se podrá generar una red de alianzas que también permitirá que realicen proyectos juntos.

- Podrás influenciar de manera positiva en otros. La inteligencia emocional va generando en ti capacidades de liderazgo que se harán notables al encontrarte seguro de lo que haces en tu espacio de trabajo y en la manera de compartir tu conocimiento y tus habilidades.

- Tendrás apertura frente a la diversidad. Al reconocer tus propias habilidades y capacidades podrás encontrarla en otras personas, en las que comúnmente no creen. En ese sentido, por ejemplo, si eres el jefe en una empresa, no dudarás en tener dentro de tu equipo personas con discapacidad que van a generar cambios en la estructura de la empresa.

- Tendrás capacidad para trabajar en equipo. Reconocerás en ti y en tus compañeros de trabajo las capacidades y habilidades para llevar a cabo cualquier proyecto.

## En la pareja

- Podrás resignificar tu relación. La inteligencia emocional se construye con base en muchos momentos de introspección en los que identificarás cuales son los aspectos que debes cambiar y mejorar para que la relación prospere.

- Podrás ser empático y comprensivo con las realidades de tu pareja. En el proceso de introspección también se te hará posible descubrir las realidades de tu pareja para comprenderlas, pero también para analizar algunas situaciones de su salud emocional que es necesario revisar y sanar.

- Podrás descubrir tus propios errores a través del otro. Podrás ver a tu pareja como un espejo o un reflejo de las cosas que haces bien o mal.

- Ejercitarás la escucha activa. La inteligencia emocional enseña mucha paciencia dentro del proceso y esto se verá reflejado en tu forma de llevar los tiempos y espacios de conversación con tu pareja.

- Mejorará tu comunicación. Porqué podrás decir qué sientes y qué piensas de una manera más sólida y concisa, buscando que tu pareja en acción de interlocutor pueda comprender lo que expresas sin llegar a malos entendidos.

- Respetaremos los tiempos y espacios del uno y el otro. Esto podrá lograrse progresivamente, a medida que la comunicación vaya ofreciendo ese espacio.

- Se acepta la personalidad del otro. Suele suceder que en la pareja queremos que el otro sea como nosotros queremos. Desde la inteligencia emocional, aprendemos a mirar al otro desde su propia realidad y se hace posible caminar juntos.

- Tendrás la capacidad de trabajar en equipo. Al igual que en la perspectiva empresarial, la inteligencia emocional permite que puedas desarrollar aptitudes para trabajar en conjunto con la persona que convives. De esta forma, la relación podrá ser mucho más sana y enriquecedora.

### En adultos mayores

- Podrás ser resiliente y agradecido. A lo largo del camino hacia la inteligencia emocional, es posible que aprendas a recuperarte de muchas experiencias difíciles, lo que hará que sea muy interesante recordar con gratitud los momentos vividos y se vivirá la experiencia de la vejez con una mirada de asombro y a la vez de experiencia.

- Podrás ser creativo y abierto a otras experiencias. La vejez trae consigo otras formas de hacer y de pensar la vida y el cuerpo. Cuando tienes la apertura necesaria podrás descubrirte en una vejez llena de experiencias nuevas, importantes y bellas.

- Podrás desarrollar nuevas formas de relacionarte. Las amistades van cambiando con el paso de los años y algunos de ellos quedarán contigo y podrán compartir las experiencias de la vejez juntos. Sin embargo, al desarrollar la inteligencia emocional en este tipo de situaciones podrán traer situaciones nuevas, en el sentido de que habrá que conocer personas con las que nunca habías compartido.

Suele suceder en algunos países, que el Estado se encarga de ofrecer actividades de esparcimiento para la los adultos mayores. Esto permite que los adultos mayores se encuentren por primera vez en un espacio que es nuevo para ellos y que comparten con personas con las que no habían tenido contacto antes. Y eso puede generar sentimientos contradictorios en ellos.

- Podrás adaptarte a los cambios. A lo largo de la vida se experimentan muchos cambios. A través de la inteligencia emocional puedes aceptar de manera progresiva pero lenta, los diversos cambios que implican el llegar a la vejez en relación con la vida laboral, el esparcimiento, el tiempo y los cambios físicos.

- Valorarás las pérdidas como ganancias. La inteligencia emocional también contempla que se destaque o rescate lo bueno en medio de las experiencias de vida que generan pérdidas como los fracasos laborales, sentimentales o el fallecimiento de seres queridos.

- Podrás reforzar el equilibrio, la armonía y la comprensión. Si bien, la llegada de la vejez trae momentos de adaptación complejos, a través de la inteligencia emocional podrás realizar ejercicios que te ayuden a no perder el norte, a buscar mantener las cosas en su sitio y a comprender que lo que está sucediendo tiene un propósito.

- Podrás mejorar la comprensión de las fortalezas y del proceso de envejecimiento que se está llevando a cabo. En la vida de juventud y adultez es posible encontrarse con aptitudes que se desarrollan y se sostienen, pero que en la vejez van perdiendo vigencia. En este sentido, podrás ser consciente de recordar con gratitud el aprovechamiento de esas aptitudes que tuvieron su pleno desarrollo en esas etapas y puedes descubrir que nuevas habilidades se van desarrollando también con la vejez.

- Comprenderás que hay realidades que no es posible controlar. Cómo el cuerpo entrará en un estado complejo en el cual algunas funciones orgánicas no estarán presentes o presentarán problemas, podrás discernir entre lo que puedes controlar y lo que no. Eventualmente, podrás aceptar que necesitas la ayuda de otras personas para llevar a cabo ciertas tareas que antes podías realizar solo.

- Tendrás facilidad para focalizar las conductas que sean gratificantes. La experiencia del envejecimiento trae momentos agradables como el de ser abuelos. Esto implica una cantidad de comportamientos que en otros momentos no se tenían, en especial con los hijos. Probablemente el pasar de la etapa de una adultez vigorosa a un envejecimiento, será agradable en tanto se disfruta de la oportunidad de conocer otros seres humanos que hacen parte de nuestra sangre y que nos recuerda quienes fuimos en otro momento.

- Vivir el aquí y el ahora. Anteriormente hablé de la gratitud. A través de ella se hace posible aceptar los momentos del pasado como algo que no volverá para ser vivido nítidamente, pero sí para ser recordado con mucha alegría. Realizar este tipo de ejercicios y concentrarse en lo que se está viviendo en el momento, van permitiendo priorizar el presente en lugar de añorar el pasado.

- Podrás desarrollar tareas de conocimiento y creatividad con más tiempo. El envejecimiento trae consigo actividades de conocimiento y juego que serán agradables para ti. Muchas de estas experiencias podrás tenerlas con la llegada de la tecnología la cual aún sigue siendo compleja para muchos adultos mayores, que no han podido adaptarse a los rápidos cambios que esta trae.

- Podrás resignificar la belleza. El cuerpo va cambiando con el paso del tiempo. Resignificar la belleza te permite observar los cambios de tu cuerpo con alegría, asombro y gratitud. Cada arruga que se forma en el cuerpo es un potente testimonio de experiencia y sabiduría.

- Podrás reinventarte en la forma de perdonar. A lo largo de la vida, todas las personas nos encontramos con experiencias dolorosas, amargas y complejas, en las que se nos hace difícil perdonar la situación o a la persona con la que la tuvimos... o se nos hace imposible hacerlo porque la persona no está. El envejecimiento es una reflexión constante sobre las posibilidades de establecer un marco de paz con las experiencias que no pudimos resolver por alguna razón.

- Podrás ser más objetivo y concentrado en las cosas que te gustan. Tanto en la juventud como en la adultez, se van consolidando los gustos que tenemos y cómo estos pueden lograrse. Con la llegada de la vejez, algunas de estas cosas pueden disfrutarse con mucho más tiempo.

# Capítulo 8: Cómo los lideres efectivos manejan sus emociones y pensamientos

La relación que existe entre el liderazgo y la inteligencia emocional ha despertado el interés en la gestión empresarial los últimos diez años. No obstante, muy pocas personas comprenden correctamente a qué hace referencia el término "emocional". En este sentido es importante identificar qué es el liderazgo emocional, en qué momentos es útil y cómo practicarlo.

El liderazgo emocional consiste en orientar un equipo de trabajo o una organización, gestionando las acciones y los presupuestos relacionados con las expectativas y los sentimientos de los que trabajan en el grupo.

Un líder con inteligencia emocional, busca lograr unos objetivos planificados en el equipo que tiene a su cargo. Sin embargo, existen liderazgos que se encuentran centrados en la autoridad formal o en los conocimientos técnicos, mientras que el líder emocional busca prestar atención adicional a los intereses personales y laborales de las personas que trabajan con él.

Esto significa que, los trabajadores cualificados que no aceptan que sus tareas se encuentren excesivamente reglamentadas y que, adicionalmente, esperan que su empresa les brinde más que un salario, precisan de líderes con inteligencia emocional.

Ya he hablado en otros momentos que, al gestionar nuestras emociones y nuestros sentimientos de manera acertada, logramos que los proyectos de trabajo sean exitosos y que, al contrario de esto, cuando las emociones se encuentran fuera de control, puede ser perjudicial para nosotros mismos y para las personas con las que estamos trabajando. Es probable que los empleados puedan tener un espacio más flexible para controlar sus emociones, pero los líderes no gozan con frecuencia de esa libertad. Un líder que no sepa controlar sus emociones puede generar estragos graves en una organización, dejando un daño complejo en la moral de un empleado, lo que también afectará su desempeño y los resultados de la empresa. Cada reacción apropiada o inapropiada podrá tener consecuencias para todas las personas que se encuentran bajo el mando principal y afectará todo el éxito de la empresa.

Los líderes con inteligencia emocional suelen ser sociables, expresivos, cordiales, democráticos y honrados. Se destacan por su deseo de mantenerse informado y crear un clima de sinceridad que puede favorecer la comunicación.

También son conscientes de que la unidad y la cohesión se construyen desde los vínculos personales y buscan activar espacios que permitan los encuentros, como los partidos de futbol, o las integraciones grupales fuera de la ciudad.

Existen algunas técnicas que utilizan los líderes para controlar de manera eficaz sus emociones.

- Saben cómo y cuándo compartir sus experiencias. No es sano que los líderes se comporten como si no tuvieran emociones. Un líder eficaz es capaz de usar sus emociones para lograr conectar con otras personas al compartir sus sentimientos y, en esa perspectiva, mejorar las relaciones con sus empleados.

  Si un empleado se siente triste por el fallecimiento de un familiar, o feliz por tener unas buenas ventas esa semana, el líder sabrá cómo compartir con él sus emociones para que se sienta comprendido.

  Por ejemplo, este empleado que acabó de perder un familiar puede recibir de su jefe una conexión distinta si este le comparte que vivió circunstancias similares y cómo el sentirse apoyado y acompañado le ayudó a superar el momento. Un líder eficaz, puede aprovechar este momento para reforzar la cercanía con ese empleado al estar pendiente de cómo se va sintiendo con el paso de los días.

- Hacen lo que consideran correcto en lugar de lo que es popular. En muchas ocasiones los líderes se sienten tentados a tomar decisiones que produzcan un alivio inmediato en una situación que sea difícil y apremiante. Sin embargo, un líder eficaz, domina su impulso de ceder a las soluciones populares para centrarse en optar por lo que es correcto. Este paso requiere de valor y autoconfianza.

  Si un empleado que es considerado entre sus compañeros como impopular es objeto de burlas o es menospreciado, el líder podrá apoyar a ese empleado y poner en su lugar a los compañeros de trabajo para que ese comportamiento se detenga. Es probable que cause ciertos resentimientos por parte de los empleados que hayan causado la tensión, pero envía un mensaje al equipo de trabajo en el que comunica que la idea de intimidar a un compañero de trabajo no va a ser tolerada. Esta acción es mucho más importante que la de seguir la corriente de los empleados para ganar su simpatía.

- Confían en su intuición. Cuando un líder con inteligencia emocional tiene problemas con una decisión que debe tomar, es capaz de sintonizar y utilizar sus instintos en el momento de tomar decisiones, aunque haya razones de peso para no hacerlo: esto se hace posible porque han confiado en su intuición por experiencias del pasado y confían en que su experiencia será la mejor guía cuando no exista una respuesta clara.

  Por ejemplo, podrían decidir contratar a alguien externo a la empresa que puede adaptarse perfectamente al perfil del puesto, que promover a un empleado que es muy popular pero que no posee la iniciativa o la visión que implica asumir el nuevo papel.

- Luchan constantemente contra la inercia, la apatía y la dilación. Sucede con frecuencia, que cualquier persona experimenta un fuerte deseo por no hacer muchas cosas, o aplazarlas para hacerlas más tarde o el día siguiente. También ocurre que hay días donde hay mucho más cansancio, el día no está bien, o la semana ha quitado toda la energía para trabajar.

Los líderes con inteligencia emocional comprenden y comparten sus problemas, pero no se dan el lujo de ceder, especialmente cuando de ellos depende la toma de decisiones o la implementación de medidas, incluso cuando no tienen el deseo de hacerlo. Son líderes que ejercen la autodisciplina con la cual hacen lo que sea necesario con un nivel de independencia frente a lo que sienten. Si precisan de tener una conversación que es difícil con un cliente o empleado, lo harán, aunque se sientan tentados a aplazarlo para otro momento.

- Buscan soluciones y se responsabilizan de sus actos. Uno de los momentos más complejos de un liderazgo es el de caer en evitar responsabilidades cuando las cosas no van bien. Un mal líder busca la manera de echar la culpa a los empleados cuando las cosas están comportándose de una manera inesperada y en el cual habrá pérdidas. Es mucho más fácil evitar la responsabilidad, pero esto no es liderazgo.

Un líder, desde su inteligencia emocional es capaz de buscar soluciones. Investiga qué fue lo que salió mal para resolverlo o para evitar que el mismo problema se repita en el futuro. Se encuentran mucho más interesados en utilizar esa experiencia negativa como oportunidad para aprender y lograr los objetivos, en lugar de perder tiempo y energías en culpar a otros.

Con frecuencia, el problema es la falta de comunicación que existe entre los líderes y colaboradores. Cuando un líder es consciente de esto, admite con facilidad que sus instrucciones no hayan sido precisas o claras y buscan la manera de que se corrijan o se solucionen las cosas.

Esta actitud crea una oportunidad a los empleados que comúnmente se resisten a admitir cuando no hacen algo bien o no comprendieron la instrucción, por temor a parecer estúpidos. En este sentido, un empleado podrá entender que su jefe no va a tener una mala opinión suya por pedir que se le aclare algo que no comprendió.

Finalmente, un buen líder buscará la manera de comunicar de forma clara las instrucciones y no se desanimará si no hubo comprensión en lo que dijo. Valorará mucho la realimentación y las preguntas que puedan generarse al respecto.

# Capítulo 9: Aprendizaje y emociones

El aprendizaje tiene una conexión con las emociones, desde nosotros mismos hacia otros, como dinamizadores e influenciadores de este proceso. Este tema te puede ser muy útil, si estás emprendiendo el camino del Coaching o del acompañamiento a diversos grupos con necesidades específicas y que se encuentran acordes con tu conocimiento como persona de influencia.

Aprender es una habilidad que se adquiere de forma natural en las personas. Desde que nacemos aprendemos y lo continuamos haciendo con el paso de los años. Uno de los factores esenciales para el aprendizaje es la emoción.

Son muchos los procesos cerebrales que hacen posible el aprendizaje, como la percepción, la atención, la memoria y el lenguaje. Para que todos puedan funcionar y puedan generar un aprendizaje de forma efectiva es necesario presentar un estado emocional adecuado y positivo.

Anteriormente había expresado que las emociones son naturales en el ser humano y cumplen funciones vitales relacionadas con la adaptación y la supervivencia. Recordemos que, diferentes experiencias, situaciones y acontecimientos, provocan diferentes emociones, las cuales movilizan nuestra mente y nuestra energía hacia el hecho que provocó la emoción.

El cerebro necesita emociones que sean positivas para entrar en un ambiente de aprendizaje: la alegría, el afecto y la relajación contribuyen a crear las condiciones necesarias para que esto se logre.

Junto con el aprendizaje, existen también dos factores que se interrelacionan, la atención y la percepción.

- En la atención, nuestras emociones y motivaciones hacen que captemos determinadas informaciones. Dónde ponemos nuestra atención nos señala hacia dónde nos dirigimos y en qué nos enfocamos.

  Cuando nos sentimos alegres, solemos prestar atención a aquellas cosas que van alineadas con la alegría que estamos sintiendo. Las emociones que son incómodas nos reducen la atención y la concentración, mientras que las que son agradables permiten que prestemos más atención. Esto nos permite aumentar la capacidad para asociar y relacionar elementos diversos.

  Con los niños, por ejemplo, ocurre que, si están felices porque están practicando un nuevo deporte que les gusta con sus amigos, no suelen prestar tanta atención a las caídas o errores, sino que solo buscan avanzar pronto en su aprendizaje.

  El ejemplo anterior con los niños, puede permitirte entender lo que significa que otros te presten atención. Para cumplir con este objetivo con las personas que tienes a tu alrededor, debes generar emociones positivas, hacerles sentir alegres. De esta forma estarán más receptivos ante tus planteamientos, ideas, consejos o requerimientos.

- En la percepción, nuestras emociones y motivaciones afectan la forma cómo interpretamos la información. Nuestra percepción de la realidad que vemos o de las situaciones que vivimos es distinta, dependiendo de la emoción con la que podamos afrontarla. Por ejemplo, los niños suelen asustarse por que la habitación está oscura y podrán percibir que la ropa colgada es un monstruo que quiere hacerles daño.

  De nuevo, el ejemplo de los niños nos permite entender que la realidad depende de las emociones que surjan en determinados momentos. En este caso, una persona con la que establezcas una conversación en la que busques convencerla de algo, creerá que lo que expresas es imposible, si cuando hablas lo haces con inseguridad. Si procuras hablar con un tono de voz firme y agradable, la persona creerá en tus argumentos y en lo que le estés proponiendo.

A continuación, ofrezco algunas pautas para acompañar el aprendizaje en algún asunto específico o en algún tema que domines, a partir de la emoción:

- Antes de conversar con las personas, busca preocuparte por sintonizar con el estado emocional en el que se encuentren. Pregúntales cómo están, cómo se sienten y dedícales un tiempo en la conversación. Si alguna situación les preocupa o les causa una emoción negativa o nociva, es necesario atender esa emoción y permitir que salga. Procura acompañar de cariño y afecto cada momento de la conversación y el momento de aprendizaje

- Procura hacer uso del sentido del humor y de ambientar el espacio para que sea distendido y cómodo. Con este recurso, podrás generar una atmósfera que refuerce la atención.

  No obstante, es importante comprender la manera en la que se personaliza este recurso: debe tenerse en cuenta tu forma de ser. En otras palabras, no se trata de contar chistes si no hace parte de tu personalidad, pero puedes relatar alguna anécdota graciosa que oxigene el ritmo de la situación o el clima de la conversación. También puedes incorporar un toque de ironía en alguna reflexión o reírte de ti mismo si cometes algún error en la exposición de algún tema durante la conversación.

- Evita generar presiones que generen emociones negativas o una tensión innecesaria. En lugar de centrarte en los resultados, procura centrarte en el proceso neto de aprender a conversar de forma eficaz con las personas.

- Cuando te encuentres en un espacio donde se encuentren varias personas, te recomiendo que les brindes el espacio necesario para que ellos puedan guiar de forma autónoma la conversación y con base en su propio ritmo. De esta forma evitamos la presencia de emociones nocivas.

En ese sentido es importante que plantees retos en forma de resolución de problemas, proyectos o casos prácticos que los invite a compartir lo que piensan o cómo podrían resolver algún asunto que sea problemático. Lo importante en este caso es que puedan estimular la construcción autónoma de sus saberes, lo cual hará que se encuentren motivados por el deseo propio de alcanzar una meta en ese aspecto. Es importante que ellos tengan claro que pueden contar con tu ayuda.

- Cuida tu estado de ánimo. Es importante tener presente que las emociones son contagiosas. Si tratas de enseñar con estados de ánimos negativos como tristeza, enfado o miedo, con seguridad contagiarás de esos estados emocionales a las personas que les estás enseñando y eso puede interferir en su aprendizaje.

- Varía constantemente tu metodología de enseñanza. Permite que la asistencia a una conversación o exposición de proyecto sea una experiencia sorpresiva, enriquecedora y variada, ya que la rutina puede ser un elemento que produzca desmotivación. Existen muchos recursos didácticos que pueden permitirte que las personas mantengan el interés por un tiempo prolongado. Puedes hacer uso de los casos prácticos, los debates, los trabajos en grupo, y la resolución de problemas.

- Estimula la participación activa en la conversación. Procura despertar la curiosidad, la cual es el motor motivacional de las personas. Puedes hacerlo a través de preguntas sugerentes donde se genere un clima participativo y de protagonismo por parte de ellos. Esto generará todo tipo de reflexiones donde se aborden aspectos relacionados con los temas que se están tratando y con la vida.

En este sentido, es interesante analizar la posibilidad de lanzar preguntas que sean provocativas o que generen controversia, de manera que capten tu atención y los estimule a debatir. Esto te permitirá que al ofrecer tus puntos de vista o tus propuestas sean aceptadas fácilmente.

- Realiza ejemplos o experimentos prácticos que ilustren la teoría que presentes en el momento de la exposición. Esto resulta especialmente motivador para quienes te escuchan, al poderse comprobar los conocimientos recibidos teóricamente en una actividad interactiva y práctica. De esa forma pueden comprender mucho mejor los conceptos, interiorizarlos fácilmente y pueden aprender. Por ejemplo, puedes replicar experiencias que se hayan presentado en otros lugares. A través de estos ejemplos puedes proponer algo que vaya alineado con esa experiencia. De esta manera, las personas comprenderán de manera clara qué quieres expresar y saben que has investigado cómo replicar o resignificar la experiencia.

- Procura enriquecer tus conversaciones y exposiciones con todo tipo de recursos. Más allá de los contenidos que se encuentren especificados en la agenda del día o del programa, puedes utilizar recursos que los complementen, para crear un ambiente predispuesto al disfrute de la experiencia. Puedes hacer uso de fragmentos de prensa para ser analizados, o realizar la lectura conjunta de la biografía de un autor literario, científico o un empresario. También puedes reproducir vídeos o hacer uso de aplicaciones que permitan una interacción distinta con el conocimiento.

En este sentido, es importante que puedas mantener una actitud proactiva hacia todo tipo de ideas y recursos que puedan enriquecer lo que elaboras para compartir con las personas que te siguen o están a tu cargo.

- Utiliza el refuerzo positivo continuamente. El refuerzo positivo es una potente estrategia motivacional. Al utilizarlo, es posible que, quienes te escuchan, sientan confianza de que tienen la capacidad de aprender. Esto incrementa su autoestima y los motiva a seguir progresando.

Como recomendación, puedes elogiar y reconocer el logro y la participación activa de las personas. También puedes generar incentivos o recompensas en las notas a aquellos estudiantes que realicen actividades voluntarias o que realicen sus tareas a tiempo.

- Desarrolla con ellos actividades fuera del lugar donde acostumbras a reunirte o encontrarte con las personas. Con el propósito de estimular el interés y ofrecer otras alternativas a la monotonía, puedes cambiar el escenario por entornos distintos en el mismo lugar que sueles compartir como los patios, las zonas comunes o las zonas verdes.

Puedes también organizar visitas a entornos, empresas u organizaciones que se encuentren relacionadas con el tema que estás ofreciendo: bibliotecas o centros culturales. Incluso, puedes tomar escenarios deportivos para generar espacios de encuentro distintos. Las actividades fuera de los entornos acostumbrados o rutinarios favorecen una experiencia de conversación y aprendizaje que sea relajado e informal, en donde se pueden generar nuevos matices relacionales entre las personas que te siguen y los aprendizajes que pueden obtener.

- Finalizar los encuentros con interrogantes les estimula la curiosidad. De esta forma, podrás conseguir que se motiven para que la asistencia al siguiente encuentro sea segura. Adicionalmente, estimularás a que ellos mismos, al sentir curiosidad, realicen una búsqueda previa de información que vaya alineada con los interrogantes planteados.

- Busca estar dispuesto a evolucionar como coach, tutor o asesor. Considerar las recomendaciones compartidas anteriormente, pasa indudablemente por el hecho de que te encuentres dispuesto a evolucionar en el campo de manera constante. Aquí es importante que tengas una apertura mental que te permita modificar algunas metodologías de enseñanza que se encuentran arraigadas y en función de la rutina. La preparación, la organización y la inclusión de nuevos enfoques didácticos será considerado como un esfuerzo añadido a la labor docente, pero para los estudiantes significará una motivación renovada y asombrosa hacia el aprendizaje.

- Guía a tus seguidores hacia la búsqueda de sus propias motivaciones. Toda propuesta pedagógica y metodológica debe encaminarse a despertar o intensificar su motivación para aprender y formarse. Tu propósito será ayudar a generar ese impulso mediante el descubrimiento de la placentera sensación que genera la experiencia cognitiva o el planteamiento de diversas actividades que estén orientadas a metas atractivas. Cuando la motivación personal se haga realidad, la predisposición de tus seguidores hacia el aprendizaje será un proceso que no se va a detener.

- Sonríe. Es importante que seas consciente del poder que tiene una sonrisa en un proceso de aprendizaje. Para quienes te siguen, es gratificante encontrar un mentor que les sonríe y esto los predispone para que el aprendizaje sea efectivo. Todas aquellas iniciativas se encuentran encaminadas a potenciar la motivación de las personas que se encuentran en aprendizaje contigo y esto adquiere un efecto explosivo si se realiza con una sonrisa en el rostro. Cuando sonríes, le estás incorporando a tu trabajo educativo una enseñanza para la vida propia.

# Capítulo 10: La educación de la inteligencia emocional

Es importante hacer énfasis, sin embargo, en la diferencia que existe entre la inteligencia emocional y la educación emocional. Sobre la primera ya he hablado en otros capítulos, pero no sobre la segunda.

Al hablar de educación emocional es importante conocer la percepción y el trabajo que se ha venido desarrollando en diferentes espacios de aprendizaje donde puede encontrarse todo lo necesario para que el fortalecimiento de lo aprendido pueda permanecer como una experiencia significativa en todos.

La educación emocional es un proceso pedagógico continuo y permanente donde se desarrollan y se entrenan las competencias que cubren la inteligencia emocional como un elemento esencial en el desarrollo integral de las personas que están llevando a cabo un proceso contigo y que tomará tiempo. Este proceso debe cumplir concretamente una serie de características:

- Que se encuentre sistematizado y estructurado, adaptando los objetivos de las competencias a cada situación en particular.

- Que sea vivencial. Esto es útil para generar emociones, introspección y aprendizaje.

- Que perdure en el tiempo y adicionalmente genere hábitos en el día a día, que permitan la integración del aprendizaje.

- Que sea un proceso continuo y acompañado al estar presente desde el momento que se concibe el proyecto y a lo largo de éste.

- Que se inicie con el apoyo y el acompañamiento de la familia y los amigos; y se continúe o refuerce en los espacios donde se hará práctico lo que se ha aprendido. De esta manera es importante que todas las personas que rodean a quienes te siguen, vean en ti una persona confiable y con la que se puede contar más adelante al querer iniciar un proyecto contigo.

- Que se diseñe un método de educación emocional teniendo presente que las competencias emocionales se consideran como las más difíciles de adquirir. Una persona puede ser capaz de aprender importantes contenidos conceptuales y de procedimiento en su etapa escolar, sin embargo, para que pueda aprender a regular sus emociones necesita que el proceso sea insistente.

Cada vez son más las personas que incluyen en su proyecto de vida los objetivos, los métodos y las actividades de educación emocional para desarrollar su inteligencia emocional y de esta forma reforzar el desarrollo personal en todos los aspectos.

La oficina, la calle y la casa, son escenarios idóneos para comprender la necesidad de desarrollar la inteligencia emocional. Todos estos espacios son potentes lugares para vivenciar esta experiencia ya que son lugares de socialización por excelencia, donde existe la posibilidad de relacionarse con personas con las que guardan semejanzas o con las que existen profundas diferencias. Además, son escenarios en los que pasamos la mayor parte de nuestro tiempo.

La educación emocional sigue una metodología práctica que se consolida a través de conversaciones, charlas dinámicas de grupo, autorreflexiones, actividades relacionadas con la razón dialógica y los juegos. Todo esto tiene como objetivo desarrollar la inteligencia emocional, ya que los conceptos relacionados con el saber no logran ser suficiente. Es necesario saber ser, saber hacer, saber estar y saber convivir.

Finalmente, en este camino profesional es importante inculcar los valores necesarios para lograr desarrollarse exitosamente desde lo emocional. De esta forma, pueden adaptarse a la sociedad sin generar riesgos y logran afrontar las adversidades que se presenten tanto al interior de cualquier espacio cómo fuera de él.

## Gestión de las emociones en diversos entornos

Gestionar nuestras emociones puede traer buenos resultados para nuestra vida. De lo contrario, es posible resultar con afectaciones graves que pueden implicar todas las facetas del desarrollo personal y del compartir con otros.

Existen 4 afectaciones principales de una mala gestión y control de las emociones.

- Problemas sociales o marginación. En esta situación existe una tendencia a la reserva, al aislamiento y al mal humor. Adicionalmente, hay falta de energía, dependencia e insatisfacción.

- Depresión y ansiedad. En esta situación se presenta un alto nivel de miedos, preocupaciones y soledad. Por otro lado, hay falta de afecto, se exige perfeccionismo, se presenta nerviosismo y tristeza.

- Problemas de razonamiento o atención. Aquí se genera una incapacidad para prestar atención y para permanecer en una sola posición. Suele tener ensoñaciones diurnas, impulsividad, nerviosismo en exceso. Esto impide la concentración, baja el rendimiento académico y genera pensamientos obsesivos.

- Delincuencia y agresividad. Esto es resultado de relaciones con personas que son problemáticas, el uso de lenguaje engañoso y mentiroso, exceso de justificación y desconfianza. También suele exigir tener la atención de los demás y siente desprecio por la propiedad ajena. Finalmente, tiene un mal comportamiento en casa siendo grosero, caprichoso, gritón y testarudo. También habla demasiado y fastidia a los demás con su mal genio.

## Objetivos de la enseñanza de la inteligencia emocional en cualquier escenario

- Detectar los casos de bajo desempeño en el área emocional

- Identificar las emociones propias y reconocer las de los demás

- Clasificar las emociones por los sentimientos y los estados de ánimo

- Regular y gestionar las emociones

- Desarrollar la tolerancia que pueda existir en las frustraciones diarias

- Prevenir las conductas de riesgo y el consumo de drogas

- Desarrollar la resiliencia

- Emplear una actitud positiva ante la vida

- Prevenir los conflictos interpersonales

- Mejorar la calidad de vida a partir del desarrollo positivo de la autoestima

## Aspectos importantes y recurrentes en los diversos escenarios

- El bullying. Las personas que suelen ser agresivas o que ejercen el bullying a otras personas, tienen una fuerte falta de empatía, de identificar y regular sus emociones. En este sentido, es importante que las normas se resignifiquen de modo que les permita a las personas sentirse cobijadas por su derecho a participar de diversos escenarios sin ser burlados. Lo ideal sería conectarse mejor con el lugar en el que se encuentran para que puedan relacionarse y ofrecer un buen trato a quienes se encuentran allí. De esta manera se pueden prevenir diversos problemas de comportamiento disruptivo y agresividad.

- El trabajo de una persona con inteligencia emocional es identificar estas situaciones y actuar de la mejor manera para apoyar en la resolución de la coyuntura o para mitigar los efectos negativos del problema que se esté presentado.

- El uso de redes sociales. Actualmente, existen cyber usuarios que pasan muchas horas haciendo uso de redes sociales. Cuando no se hace un uso correcto de los espacios virtuales hay un fuerte riesgo de encontrarse con problemas relacionados con la salud mental, como la ansiedad y la depresión.

Cuando una persona posee problemas con las redes sociales, trae consigo un riesgo potente de implicar, relacionar o problematizar la cotidianidad de las personas con las que vive.

- Aprendizajes frente a los valores digitales. Nos encontramos en un escenario digital del cual no comprendemos mucho su manejo y su presencia en la vida de las personas. Sin embargo, es fundamental que podamos aprender cómo realizar procedimientos exitosos en un contexto diferente, donde otras personas pueden dañar nuestra vida o la vida de otros mediante el uso de información nociva que luego comparten en redes sociales; y que naturalmente se viralizan cuando estos asuntos solo deberían pertenecer a la persona que padece el acoso.

En este sentido, hay otro aspecto fundamental que implica fuertes responsabilidades. Y es precisamente el hecho de que la inteligencia emocional no solo debe partir de que cada persona debe resolver la situación, sino que es importante que quien recibe esta información también tenga la suficiente entereza desde su inteligencia emocional para no replicar este tipo de prácticas.

Habría entonces tres momentos claves en este asunto. El primero se trata del papel que juega la persona que envía contenidos nocivos que dañen el buen nombre de una persona, el segundo trata sobre el tipo de técnicas que se usan para que la persona afectada pueda hacer uso de su inteligencia emocional para hacer frente a esta difícil circunstancia y, por último, la gestión que pueden realizar otras personas para realizar actos concretos por el bienestar de la persona afectada

Finalmente, es muy importante que las políticas sociales frente a esto incorporen la salud emocional como razón principal para mitigar y controlar este tipo de casos e insistir que se lleven a cabo en los diversos escenarios de relacionamiento social.

- Las metodologías. Es importante tener instrucciones directas y pedagógicas para toda la comunidad que recibe asesorías por parte de los influenciadores, tutores o coach en relación con las habilidades para reconocer emociones, regularlas y comprenderlas. De esta forma surgen las metodologías que permitirán orientar la educación tradicional hacia la educación emocional.

En este sentido se deben promover los espacios cooperativos y el trabajo en grupos donde se encuentre implicado el incremento de las habilidades emocionales.

También se pueden generar espacios de conversación sobre las emociones en autores literarios, científicos y personas que sean importantes en la ciudad donde se encuentre la institución educativa y, a partir de allí, tener una perspectiva distinta sobre el conocimiento que adquieren al respecto.

# Funciones de los tutores, asesores y coach

- Percibir las motivaciones, intereses, necesidades y objetivos que tienen las personas a las cuales acompañan.

- Ayudar a que sus seguidores puedan establecerse objetivos de carácter personal y los cumplan.

- Facilitar el proceso de responsabilidad personal y la toma de decisiones.

  - Orientar de forma personal, concreta y prudente.

  - Establecer un clima emocional positivo, ofreciéndole apoyo social y personal para que quien reciba la orientación pueda aumentar su autoconfianza.

  - Aprender a tener escucha activa constantemente.

  - Generar un ámbito de confianza donde la persona pueda expresar sus sentimientos.

  - Potenciar la confrontación de opinión si lo considera necesario para que se consolide un espacio de libertad y reflexión.

  - Aceptar los sentimientos que tienen las personas y no mostrar indiferencia frente a sus emociones para que no se inhiban en su deseo de expresar lo que sienten.

# Actividades

Hay tres grandes actividades en las cuales puede apoyarse cualquier tutor, asesor, o coach para fomentar la educación emocional en sus seguidores

## *La música*

La música ha influido desde siempre en la vida de las personas, interviniendo en su aprendizaje y desarrollo. Por esta razón, se encuentra presente en la mayoría de espacios favoreciendo el desarrollo de la expresión personal, el aumento de la creatividad y autoestima y fomentando la expresión afectiva.

Cuando los niños pueden tener un contacto continuo con la música desde edades tempranas, se les hace posible fortalecer habilidades como la escucha, la concentración y la expresión, permitiéndoles que puedan integrar en su mundo interno lo sensorial, lo cognitivo y lo afectivo.

Adicionalmente, la música proporciona felicidad y satisfacción, lo cual estimula los centros cerebrales encargados de movilizar las emociones. De esta manera, la música ayuda al desarrollo emocional y psíquico al proporcionar el equilibrio necesario para ser felices: escuchar, hacer e interpretar música desarrolla la creatividad, la sensibilidad y la capacidad de abstracción.

Dentro de las actividades en la música que puedes trabajar, recomiendo las siguientes:

- Nuestras emociones. En un lugar cómodo o ambientado puedes escoger diversas canciones de música clásica u otros estilos de música para que las personas escuchen. Posteriormente, puedes

- preguntarles qué percibieron de cada tipo de música. Este tipo de ejercicio ayuda a que las personas puedan comprender qué tipo de emociones se despliegan en lugares públicos como los centros comerciales, supermercados e iglesias.

- La relajación. En esta actividad, buscas previamente canciones de relajación. Luego, en la reunión los agrupas en parejas, uno de ellos deberá quedarse acostado en una colchoneta mientras otro le pasa una pluma por el cuerpo. Luego intercambian de lugar. Al finalizar la sesión les preguntas como se sintieron, qué les gusto y qué no.

## *El arte*

En relación al arte, se sostiene que las personas modelan y pintan por una fuerte necesidad de expresarse y esto se encuentra directamente ligado al desarrollo de las emociones. El arte es un medio de lenguaje que permite la expresión de emociones como la ansiedad, el miedo, los problemas y las alegrías: se convierte en un lugar para la liberación.

Para que una persona pueda construir de forma correcta su pensamiento, se hace importante el uso de las imágenes. Por esta razón, es necesario estimularse a partir de actividades con estos elementos.

Es importante saber, por ejemplo, que el niño organiza sus experiencias con el mundo a través del arte, donde primero interioriza la realidad y luego va elaborando la suya mediante la realización de ejercicios de creación plástica. En síntesis, la creación artística funciona como un motor para el óptimo desarrollo de identificación propia y de la integración, los cuales son procesos muy importantes en la educación para niños.

Las actividades en el arte que puedes trabajar con tus seguidores son las siguientes.

- Dibujar las emociones a través del arte abstracto. Para esta actividad se puede tomar un fragmento de literatura que se encuentre enriquecido con diversas emociones. Las personas pueden hacer uso de diversas técnicas de pintura y de distintos instrumentos para plasmar allí lo que sienten respecto a las emociones que emergen del texto. Al final de la actividad, puede socializarse el cómo se representó esa emoción.

- Hacer un mural de emociones. Esta actividad inicia realizando una audición de la obra "Invierno" de Antonio Vivaldi. Puede usarse cualquier otro tipo de música clásica que se encuentre con dinámicas musicales que sean repentistas para el oído o que sean contrastantes.

Cada persona tomará cartulina en blanco donde deberá pintar al ritmo de la música. Posteriormente se colgarán todos los trabajos en el mural de las emociones y se socializará cómo desde la música se perciben las emociones.

## La literatura

La experiencia de tener contacto con la literatura hace que tanto los niños como adultos sean más empáticos y tolerantes. Cuando una persona lee, se pone en la piel de quien protagoniza la historia, de manera que puede despertarle diversas y contrastantes emociones como simpatía o miedo. Esto permite que en la vida real esté dispuesto a ponerse en el lugar de los demás y a entender qué es lo que pueden estar sintiendo.

Con relación a las historias de ficción, éstas pueden ayudar a predecir lo que va a ocurrir en la historia y le permite tener puntos diferentes de vista acerca de cómo se puede resolver determinada situación. Un buen lector puede imaginar cómo actuará el protagonista, cuál es el lugar donde se ubica y puede actuar para resolver una situación específica, pero es posible que el personaje de la historia resuelva el conflicto de otra manera.

Adoptar la perspectiva de otras personas y otros mundos significa adquirir una inteligencia intrapersonal y también interpersonal. Estos también son importantes en el desarrollo de la inteligencia emocional.

Por esta razón es importante que las personas se permitan experiencias emocionales a partir de la escucha de lecturas de historias y cuentos, ya que estas experiencias quedan almacenadas en sus recuerdos y luego pueden recuperarlas en contextos en que vaya a usarlos.

Dentro de las actividades que puedes trabajar desde la literatura, recomiendo lo siguiente:

- Tomar un cuento corto o un texto acompañado de ilustraciones. Esta actividad se realizará por sesiones en las que habrá tres fases de lectura. En la primera fase preguntas de qué puede tratar el cuento. En la segunda fase, al realizar la lectura también preguntas qué pueden estar representando los dibujos que aparecen entre medio. En la tercera fase, les pides que dibujen las emociones que les trae el relato y los dibujos en la historia.

Esta actividad también puede exponerse en el mural de las emociones.

# Bienestar emocional del líder, influenciador, tutor o coach

En el ámbito de la enseñanza y el aprendizaje es importante desarrollar las habilidades emocionales relacionadas con lo individual y lo colectivo, pero también lo es para quienes lo enseñan. No debe enseñarse algo que no haya pasado por el cuerpo.

Muchos de los profesionales del liderazgo son conscientes de la necesidad

215

que existe de desarrollar sus propias competencias sociales y emocionales, para sus quehaceres diarios y para el acompañamiento en el desarrollo integral de las personas que tienen a cargo. Adicionalmente, conocen el papel que cumplen las emociones en sus labores, ya que, al tener las habilidades necesarias para manejar las emociones dentro del espacio, podrá incidir positivamente en los procesos de aprendizaje, en la salud física y mental, en la calidad que obtienen al relacionarse socialmente y en el rendimiento académico y laboral. Por esta razón es fundamental la formación y el desarrollo de la inteligencia emocional de quienes ejercen estos liderazgos.

Existe una paradoja en la que, con frecuencia, los líderes enseñan competencias que no tienen. En este sentido se hace esencial que, previamente al momento de enseñar algo, deben entenderlo y a su vez adquieran los suficientes conocimientos para enseñarlo luego a quienes desean ofrecerlo. De la misma manera, no puede enseñarse con calidad ante la ausencia de un bienestar físico y emocional del líder

En el campo de la enseñanza existen niveles de desmotivación, agotamiento y frustración, donde suelen generarse síntomas del síndrome de "estar quemado" o "burn out". Este síndrome suele aparecer como consecuencia de la interacción entre múltiples factores internos y externos de la persona.

Algunos de los factores internos que permiten que aparezca esta enfermedad pueden ser: la autoestima del líder, el nivel de experiencia que tenga, el estilo de enseñanza o la personalidad que tenga al hacer sus exposiciones, talleres y trabajos. Entre las causas externas se encuentran las que están relacionadas con la presión social, los estereotipos negativos que se asocian a la profesión y al liderazgo, la falta de recursos para innovar en el espacio de aprendizaje, la incomunicación y la falta de cooperación entre compañeros, si lo realiza con equipo de trabajo.


El síndrome anteriormente mencionado puede ser la causa de patologías como el insomnio, la depresión, las cefaleas, las úlceras y las alergias. Estas patologías se van agravando con el paso del tiempo por los múltiples estresores que van surgiendo. También, es el principal motivo por el cual muchos líderes tienen situaciones complejas en su profesión.

De esta forma, la Inteligencia emocional se encuentra dentro de las causas por las cuales la enfermedad hace su aparición, es decir, hay líderes que poseen más habilidades para controlar sus emociones y pueden hacer frente a la diversidad de estresores que son responsables del malestar, pero hay otros que no han desarrollado lo suficiente estas capacidades.

### El liderazgo como profesión estresante

Se considera el liderazgo como una de las profesiones más estresantes por su función de controlar y regular tanto sus propias emociones como la de aquellos que le rodean: clientes, proveedores, seguidores y compañeros. No obstante, existen muchos líderes que poseen una alta dificultad para manejar sus emociones negativas.

Es importante recordar que las emociones negativas como la ansiedad o el estrés intervienen en la capacidad cognitiva, afectando el procesamiento de la información. Por otro lado, las emociones positivas en los líderes tienden a aumentarles la capacidad para elaborar nuevas y creativas ideas. Adicionalmente podrán tener la capacidad de afrontar las dificultades y propiciar un espacio de bienestar para los demás.

Teniendo en cuenta lo anterior, se hace posible que se genere un círculo que puede facilitar un clima de aprendizaje que favorezca una experiencia significativa para todos. Cuando el clima es adecuado, hay una repercusión positiva sobre las personas en su ajuste psicológico, permitiéndoles un desarrollo saludable, un óptimo aprendizaje y una disminución de conductas agresivas.

Los líderes que se consideran a sí mismos como profesionales con inteligencia emocional suelen utilizar más estrategias activas para sortear las situaciones estresantes del contexto de aprendizaje. Adicionalmente, logran experimentar menos consecuencias negativas resultado del estrés y pueden tener mayor satisfacción en su área de trabajo.

Es importante señalar que el líder es una persona que suele pasar más tiempo compartiendo con muchas personas durante el proceso de desarrollo social, emocional, cognitivo y educativo. También es la persona que le orienta en la experiencia de aprender a ser. Aunque existan personas que pertenecen al ecosistema más influyente y cercano de la persona, no todos ellos tienen las mismas posibilidades ni parten del mismo ecosistema. Por esta razón, resulta imprescindible en la profesión de liderazgo el poder identificar, comprender y regular las emociones para atender las necesidades emocionales de las personas que tiene a su cargo.

# Capítulo 11: El equilibro y la neurociencia de las emociones

Ya he comentado en otros momentos que la calidad de vida de una persona depende de la capacidad que tenga para sentir las emociones de manera adecuada y regularlas en circunstancias estresantes. Esto significa que no se trata de su represión si no del acoplamiento entre sus emociones y su razonamiento, en otras palabras, es un equilibrio en ambos procesos mentales.

Cuando el equilibrio no se encuentra porque los sentimientos dominan la razón, ésta puede convertirse en la estorbosa voz de la consciencia. Si la razón domina, los sentimientos podrían castigarnos de la misma manera.

Este es el caso de quien elige una pareja sexual o una carrera profesional que al parecer le convenía en lugar de la que le motiva verdaderamente. En esas circunstancias se encuentra particularmente activada la corteza cingulada anterior, la cual es una región del cerebro medial que, además de otras funciones, podría actuar como una alarma frente al desequilibrio que presenten la emoción y la razón.

Con ese panorama, no es posible que, por ejemplo, puedas sentirte completamente bien hasta que, al reflexionar sobre el asunto que te ocupa, logras convencerte de que tu sentimiento es aceptable porque posee una base racional, o hasta que en el mismo sentido de razonamiento generemos una emoción nueva que se ajuste a nuestra lógica y que suplante el sentimiento indeseable y perturbador.

Para lograr el equilibrio emocional, utilizamos principalmente la razón, ya que sobre ella podemos tener un control más directo que sobre nuestras emociones. Nuestro cerebro está organizado de manera funcional para que la capacidad de razonar pueda estar a nuestro alcance en buena medida. No obstante, por razones prácticas, muchas veces la emoción se nos impone sin que podamos evitarla con facilidad.

En definitiva, la razón sirve para gestionar de manera conveniente nuestras emociones, permitiendo que podamos expresarlas adecuadamente y generando sentimientos nuevos que reemplacen los indeseables.

La emoción y la razón, son procesos mucho más inseparables de lo que creemos. No somos seres que podemos anular o aparcar los sentimientos o la razón. Solo la enfermedad o la inmadurez cerebral pueden dar origen a comportamientos puramente racionales o emotivos y solo el equilibrio entre ambas puede garantizar el bienestar de las personas.

## Equilibrio en las decisiones

Encontrar equilibrio de manera inteligente entre lo emocional y lo racional es esencial para aumentar el éxito en el momento de tomar decisiones. Simultáneamente, el equilibrio es el resultado de la experiencia y, en consecuencia, de muchos errores.

Es posible reconocer el equilibrio a través de valores logrados como la ecuanimidad, la armonía, la sensatez, la mesura y la cordura. De forma básica, es la descripción de una persona que goza de una buena salud mental.

La primera decisión inteligente que debe tomarse al respecto es dejar de enfrentar las emociones y la razón. Hay un evento complejo que suele ser común entre las personas y es precisamente el relacionado con el enamoramiento. En esta experiencia las emociones son fuertes y tienen la tendencia a someternos a ellas en el momento de tomar decisiones. Durante esta etapa no hay visión clara sobre lo que se está viviendo.

Fuera del enamoramiento, las emociones siguen siendo influyentes en nuestras decisiones: solo las personas que tienen lesiones en la corteza orbifrontal tienen cada vez menos en cuenta las emociones.

Por otro lado, es importante tener presente los marcadores somáticos, los cuales son sentimientos que pueden servir de guía en el momento de tomar decisiones, es decir, nos permiten tener un panorama sobre cuál es la mejor opción para nuestros intereses, en especial si la razón coordina tantos elementos que se le hace difícil decidirse por una opción más clara.

Los marcadores somáticos pueden entenderse también como intuiciones que se generan mediante los aprendizajes de experiencias pasadas. Las intuiciones nos llaman la atención sobre las consecuencias de optar por ciertas decisiones. Como ejemplo, si pasamos una calle en la que en otro momento nos atascamos, tendremos la sensación que lo mejor es ir por otra vía.

Es importante saber que las intuiciones no son siempre conscientes. Por esta razón, es probable que cambiemos de calle de forma repentina sin dar una razón en el momento en que nos pregunten.

Cuando nuestro cerebro racional y nuestro cerebro emocional se encuentran en equilibrio podemos sentirnos y ser conscientes de nuestra experiencia personal, en asuntos que pueden generarnos peligros en nuestra supervivencia, donde nuestro cerebro tanto emocional como racional, pueden funcionar de manera independiente o incluso mancomunadamente.

Desde lo emocional podremos tener la energía para adoptar una medida urgente como puede ser agarrarnos de una barandilla en caso de que caigamos en un precipicio, mientras la razón buscaría el cómo dar los siguientes pasos en caso de que al tomar el agarre quedemos suspendidos.

Lo había dicho en otro momento, pero es importante reiterar que las emociones actúan ocasionalmente como una alarma frente a las opciones que no son de nuestra conveniencia. No obstante, estas advertencias no son fiables siembre. También puede ocurrir que pueden llegar a advertirnos de peligros que son poco reales, como suele suceder con las fobias. Por fortuna, con la intuición, se encuentran los procesos racionales que permiten sopesar los pros y los contras. La dualidad entre razón y emociones es la que tiene herramientas para guiar nuestras decisiones y la que nos permite seguir adelante para mantener la esperanza.

## La figura del jinete y el caballo

Esta figura fue útil para el neurocientífico Paul McLean. Consiste en comparar la relación que existe entre el cerebro emocional y el cerebro racional, con la relación existente entre el jinete lógico y experimentado y su caballo fuerte e instintivo.

Desde esta figura el panorama es el siguiente: un jinete que es competente debe aprender a dominar a su caballo si desea cabalgar sobre él. Si no se encuentran muchas barreras y el tiempo es favorable, al jinete le será fácil tomar el control. Por el contrario, si ocurre algún evento inesperado como el de una amenaza de otros animales o un fuerte ruido, el caballo buscará salir corriendo y el jinete deberá agarrarse con fuerza, procurar mantener el equilibrio y controlar con inteligencia la inquietud que pueda presentar el caballo.

De la misma forma sucede cuando las personas encuentran que su supervivencia es amenazada, tienen miedo o poseen un elevado deseo sexual. En estas situaciones suele ser mucho más complejo tomar el control. En este caso, el sistema límbico detecta y toma decisiones cuando existe una amenaza importante, con lo cual las conexiones entre el raciocinio y este sistema, tienden a ser confusas.

En investigaciones neurocientíficas se muestra que la causa de la mayor parte de los problemas psicológicos no es precisamente por falta de comprensión, sino de presiones existentes en las regiones que se encargan de forma específica de la percepción y la atención. Resulta complejo completar procesos de carácter lógicos avanzados cuando el cerebro emocional se alarma y solo puede atender a las señales que percibe como peligrosos.

### El jinete no controla al caballo

Ocasionalmente nos enfadamos con personas que amamos o sentimos miedo de algún asunto en particular o de una persona de la cual dependemos y esto produce muchas luchas. Nuestro organismo y nuestro cerebro inician una batalla en la que rara vez nos sentimos bien, independientemente del ganador.

Si el jinete, considerado como el cerebro racional, y el caballo, considerado como el cerebro emocional no están de acuerdo, podríamos decir que el caballo es quien llevaría finalmente el control, ya que posee mucha fuerza.

Es probable que este resultado se dé de esta forma antes de que nuestro cerebro termine por desarrollarse. Esto puede ocurrir alrededor de los 21 años. Antes de ello, nuestro lóbulo prefrontal no ha terminado de formarse y exceptuando que hayamos adquirido herramientas para compensar esa debilidad, se encuentra en condiciones inferiores frente al ímpetu que tiene el sistema límbico.

Cuando nuestro cerebro completa su desarrollo (aunque este no para de evolucionar), suele ser más fácil que la persona pueda ejercer control sobre su parte emotiva e instintiva, Adicionalmente, la experiencia y las herramientas que se han adquirido por el tránsito de la vida también pueden ayudar.

En ese sentido al enriquecer la experiencia con las herramientas psicológicas podemos impedir que nuestro cerebro emocional tome el completo control de nuestras conductas y pensamientos.

# Capítulo 12: ¿Para qué sirve la neurociencia?

La neurociencia es un conjunto de disciplinas científicas que estudian el sistema nervioso, con el objetivo de realizar un acercamiento a la comprensión de los mecanismos que regulan el comportamiento del cerebro y el control de las reacciones nerviosas. Actualmente existen disciplinas múltiples relacionadas como la neurofisiología, la neuroanatomía, neuroquímica y la neurofarmacología. Por esa razón, la neurociencia debe estudiarse de forma integrada y complementaria en aras de comprender la complejidad que tiene el cerebro.

## Aprendizaje y neurociencia

En esencia, aprender es la capacidad de sobrevivir. El ser humano aprendió en su momento cómo hacer fuego para cocer los alimentos, calentarse y de esta forma enfermarse menos. También aprendió a cultivar la tierra con la que podía asegurar alimento, independientemente de la suerte que pudiera tener en la caza, y construyó viviendas que lograran resistir la lluvia y el frío. Aprendiendo, el ser humano pudo forjarse un futuro y así aseguró su continuidad como especie.

El cerebro sigue siendo un órgano del cual no se saben muchas cosas. Sin embargo, hace más de 30 años lo era aún menos. Los avances en la neurociencia han permitido que se comprenda cómo funciona el cerebro y ver cómo la emoción y la curiosidad juegan un papel importante al adquirir nuevos conocimientos.

Actualmente se ha demostrado científicamente que, en la vida, o en las aulas, no es posible lograr el conocimiento memorizando o repitiendo las cosas una y otra vez, si no al experimentar, al hacer y en especial al emocionarnos. La memoria, el aprendizaje y las emociones se encuentran estrechamente relacionadas.

En "El Error de Descartes" del investigador Antonio Damasio, se describe la manera cómo funcionan las emociones en el cerebro, elaborando un sentido de identidad en las personas y orientándolas en la toma de decisiones racionales. La discusión sobre este trabajo continúa en otro que realizó posteriormente denominado "El Sentimiento de lo que Sucede". En esta obra se sostiene que el sentido de ser conscientes se origina en las emociones.

Las contribuciones de Damasio en la investigación al respecto, proporcionan una evidencia fuerte en la que sería artificial separar los pensamientos y los sentimientos. En ese sentido, Candance Pert sostiene la perspectiva de que el acto de pensar ocurre en el cerebro y en el cuerpo. Toda información que llega se procesa en todo el cuerpo, sean sentimientos, ideas o incluso impulsos espirituales. Aun cuando el cerebro tiene la mayor capacidad de procesamiento, no es el que necesariamente conduce completamente el proceso. Para Pert, es evidente que el cerebro racional no es el íntegro centro de la esencia humana.

Finalmente, cabe destacar que, desde el punto de vista de la neurociencia educativa, la inteligencia es un concepto multidimensional, por esa razón un mismo lugar de aprendizaje debe llevar a los niños a descubrir, explorar, pensar y expresar sus ideas a partir de una variedad de códigos.

## La neurociencia y la educación

Actualmente, existen diversas pruebas que demuestran que un ambiente de aprendizaje que pueda ser equilibrado y motivador, potencia el objetivo de aprender que tienen los niños. Es por esta razón que los niños aprenden desde lo colectivo, al construir activamente la comprensión y los significados a través de interacciones dinámicas y activas con los entornos físico, social y emocional, en donde suele entrar en contacto.

La neuroeducación recomienda que, en los primeros años de vida, los niños procuren entrar en contacto con la naturaleza y no se les presione a permanecer sentados o quietos mucho tiempo, pues en esas edades se interiorizan conocimientos relacionados con las formas, el movimiento, los colores y la profundidad, con los que lentamente irán asociando conceptos.

Para poder crear nuevas redes de neuronas, el cerebro precisa de experiencias nuevas. Entre los 10 y los 12 años, por otro lado, el cerebro se encuentra receptivo a aprender específicamente aptitudes por lo que es un momento preciso para potenciar la comprensión de un texto o de que pueda aprender a razonar de forma matemática. En la adolescencia, el cerebro se encuentra receptivo a lo emocional y choca con el modelo educativo actual en el que se les obliga a aprender física, biología y química, las cuales son asignaturas totalmente racionales.

Por ejemplo, muchos estudiantes han olvidado nombres de reyes a lo largo de la historia u olvidaron la fórmula para calcular cuál es la velocidad de caída de un cuerpo. Sin embargo, recuerdan con nitidez las historias divertidas de un profesor en especial que les despertaba su interés con historias sobre cada tema, o les incitaba a realizar ejercicios prácticos. Fue ese profesor por el que quizá despertaste en emoción e interés como para decidir estudiar algo al respecto después.

La emoción es esencial en el aprendizaje, tanto para quien enseña como para quien aprende. Cuando un estudiante capta la información por los sentidos, éste pasa luego por el cerebro emocional o el sistema límbico, antes de ser enviada a la corteza cerebral, que se encarga de los procesos cognitivos. Al interior del sistema límbico, la amígdala tiene una función importante: es una de las partes más primitivas que tiene el cerero y se activa ante eventos que pueden considerar fundamentales para la supervivencia. Lo que permite que se consolide un recuerdo de manera eficiente.

Otro factor que debe tenerse presente es el de la sorpresa, ya que ésta activa la amígdala. El cerebro es un órgano al que le gusta procesar patrones, es decir, entender aquellas coas que se repiten siempre de la misma manera: esta es la forma como se enfrenta en el mundo en el que se encuentra.

Todo lo que no forma parte de esos patrones se guarda en lo profundo del cerebro. Por esa razón, al usar en clase elementos que rompan con la monotonía, potencializan y benefician el aprendizaje.

Finalmente, el acercamiento emocional es una de las puertas que abre el conocimiento y la construcción del ser humano. Adicionalmente, se ha descubierto que el cerebro no es estático, sino que existen períodos en específico donde un aprendizaje se ve más favorecido que otro. Por ejemplo, el cerebro está más receptivo para aprender a hablar desde que uno nace hasta los siete años. No quiere decir que después no pueda seguir adquiriendo herramientas de lenguaje: la plasticidad que tiene el cerebro, le permitirá hacerlo, aunque le cueste un poco más.

Al descubrirse la existencia de los períodos de aprendizaje, ha abierto nuevos debates sobre la constitución del sistema educativo actual y la necesidad que existe de replantearse un nuevo modelo que se encuentre acorde con la predisposición cerebral a adquirir contenidos concretos y nuevos, por etapas.

Esto es importante tenerlo presente, pues la cantidad de jóvenes que se encuentran desmotivados porque creen que lo que están aprendiendo no sirve de nada, o porque sencillamente no quieren continuar con sus estudios, es realmente alarmante. La única manera de combatir esta postura, es motivando a los maestros a que enseñen a los niños a afrontar retos nuevos, que les permitan una amplia transformación de su cerebro y esto puede hacerse a través de la neuroeducación.

Expertos afirman que cuando las clases logren ser vivenciales más que teóricas podrá compartirse mucho más conocimiento en menos tiempo. Adicionalmente, los docentes deberían estar conectados con todo tipo de avances científicos que se generen respecto al funcionamiento del cerebro para que puedan enseñar mejor.

## Para qué sirve la neurociencia

Existen muchas razones para expresar para qué sirve la neurociencia, algunas de ellas son las siguientes:

- Es el mayor reto al que la ciencia se enfrenta. Comprender el cerebro humano es la base para que pueda construirse un futuro digno. En nuestro cerebro reside el funcionamiento de la enseñanza, la economía, las experiencias o creencias religiosas, la política y las relaciones humanas. Actualmente tenemos la tecnología para responder muchas de las preguntas que nos hemos hecho continuamente, para comprender este funcionamiento y los aspectos relacionados con la mente, la consciencia, la comunicación y la inteligencia.

- Es uno de los principales retos de la salud. Existen más de 1.000 trastornos y enfermedades que afectan el sistema nervioso. Este tipo de enfermedades generan más hospitalizaciones que cualquier otro grupo de enfermedades, aunque se incluyen las de tipo cardiovascular o el cáncer. Adicionalmente, las adicciones y los trastornos mentales generan unos costos altos que es necesario tenerlos presentes en el sistema de salud.

  Algunas de estas enfermedades son crueles, devastadoras y nos alejan de nuestros seres queridos ya que destruyen progresivamente su forma de ser.

- Es el estudio de lo que nos permite ser humanos. A la hora de definir qué es un ser humano, algunos científicos piensan en criterios físicos como su forma de caminar o sus dientes, que son pequeños para masticar. Sin embargo, la inmensa mayoría de personas, de manera inconsciente, piensan en temas relacionados con aspectos que explora la neurociencia.

## 10 aportes de la neurociencia para potenciar el acto de pensar

- Nos permite conocer el cerebro. Ya lo he dicho en otras ocasiones, sin embargo, hay que agregar un descubrimiento especial al respecto. El área frontal del cerebro puede regular nuestra conducta, nos ayuda a crear un escenario futuro y a inhibir el impulso inmediato. De la misma manera, cuando la corteza límbica es sobre estimulada por la experiencia emocional social, se producen desajustes conductuales y malestar químico.

  En este sentido, en la adolescencia, el cerebro suele sufrir un cambio importante relacionado con los ritmos de vigilia y descanso. Por esa razón, los horarios muy tempranos son contraproducentes y la escuela debe plantear la posibilidad de comenzar los cursos en horarios más tardíos sea en la mañana o en la tarde.

- Nos permite valorar la importancia del contacto con el mundo social y la naturaleza. Esto lo hace de una manera espontánea en el curso de los primeros años, pero también en la vida en general. Esto le permite reconocer las experiencias nuevas relacionadas con la exploración sensitiva, las cuales pueden enriquecer su mundo interno con sensaciones como la fantasía, la creatividad y la intuición.

- Ayuda a que el niño indague por sí mismo. En este caso se intenta que el niño busque por distintos medios hallar la explicación de los fenómenos que estudia: la curiosidad y la mente de principiante es clave para eso.

- Articular la enseñanza a los procesos cognitivos que emergen y a las capacidades que los mismos manifiestan. Por esta razón, es importante y necesario conocer cómo funciona el cerebro de un niño y de un adolescente; y qué cosas puede aprender en cada etapa.

- Valorar la motivación como el motor de aprendizaje. Es importante reiterarlo porque la motivación es un potente combustible mental para los estudiantes. Sin ello, es imposible que puedan generar aprendizajes significativos.

- Reconocer el valor de las emociones. La neurociencia nos permite comprender que las emociones permiten vínculos importantes en el aprendizaje que serán significativos para toda la vida. También nos enseña la importancia de cultivar estados emocionales positivos y equilibrados.

- Diversificar la forma en que enseñamos. Y no únicamente en el método docente, si no en la oportunidad de que los mismos compañeros de clase puedan compartir conocimientos entre sí, de manera que puedan quedar interiorizados.

- Poder reconocer problemas de aprendizaje de forma temprana para ser de ayuda a los estudiantes.

- Enseñar el autocontrol y el cultivo de las emociones altruistas. Esto permite un desarrollo sano y una orientación armoniosa a la vida social.

- Valorar las diversas capacidades y habilidades de los estudiantes. Sin pretender sobreestimar ninguna y brindando los medios adecuados para su eficaz desarrollo.

# Capítulo 13: ¿Cómo influencia nuestro alrededor a nuestra manera de ser?

El entorno es un lugar de fuerte influencia para el desarrollo y la gestión óptima de las emociones.

## Si tu espacio cambia, también lo hacen tus emociones

El espacio físico que habitas, el lugar en el cual trabajas y estudias tiene una fuerte influencia sobre tus pensamientos, emociones y en la forma de relacionarte con otros.

No es una casualidad que una persona tenga preferencia por un rincón determinado en un café o que un niño se sienta más animado o cómodo con un color específico de la pared de su escuela.

Existe una disciplina que se ocupa del cómo el medio geográfico puede influenciar las personas. Este conocimiento se tiene muy presente en el momento de construir escuelas y hospitales. Cuando los espacios educativos son dinámicos y llenos de movimiento, permiten que los estudiantes se sientan motivados y curiosos por aprender.

Desde esta perspectiva se hace importante pensar en las necesidades del público que habitará el espacio: si es para leer, conversar, reflexionar o compartir con otros de forma dinámica.

## El cuerpo y el espacio

Nuestro cuerpo suele delatarnos cuando existe un contraste en nuestras reacciones a los espacios que nos rodean. Pueden apreciarse en nuestra postura, en la forma como movemos nuestros ojos y cabeza, y especialmente en nuestra actividad cerebral.

Por otro lado, nuestra herencia genética puede afectar nuestro comportamiento, incluso en el momento de elegir un lugar para estudiar dentro del salón de clases. En asuntos relacionados con la planificación urbanística de un barrio, depende de ésta si el lugar se puede convertir en un foco de ansiedad o de criminalidad, en caso de que la arquitectura elegida sea muy agresiva. También existen estudios científicos que han revelado cómo la exposición a escenas de grandeza como los techos de una catedral ejerce una gran influencia en la concepción que podemos tener de nosotros mismos, en cómo percibimos el paso del tiempo, o cómo tratamos al prójimo.

De igual forma, cuando paseamos por una amplia calle en una zona residencial, donde las casas son inmensas, monótonas, idénticas y cortadas con el mismo patrón podemos experimentar cómo el tiempo transcurre lentamente y cómo el aburrimiento nos invade.

Desde esta perspectiva se hace importante entender cómo se mueve nuestro cuerpo en el espacio y qué es lo que nos motiva para tener las herramientas que permitan la construcción de un entorno que nos predisponga a tener sentimientos y emociones positivas.

Finalmente, también es importante leer los diversos espacios en sus intereses: los centros comerciales, por ejemplo, son lugares que guían el comportamiento del consumidor.

## La influencia del ambiente familiar en los niños

El ambiente familiar influye en la personalidad de manera decisiva. Las relaciones que se establecen entre los miembros del hogar determinan los afectos, los valores, las actitudes y los modos de ser que el niño asimila desde que nace. Por esa razón, la vida en familia es un especial y delicado medio de educación al que debemos dedicar esfuerzo y tiempo. Es importante resaltar que, aunque el espacio escolar puede complementar la tarea, en ningún caso puede sustituir a los padres.

Cada familia vive y participa de forma particular en sus relaciones. Por esta razón, cada una de ellas desarrolla peculiaridades propias que pueden diferenciarlas de otras familias. Sin embargo, el ambiente familiar tiene funciones educativas y afectivas que son importantes.

Partimos de la base de que los padres son influyentes en el comportamiento de sus hijos y que este comportamiento es aprendido, por lo regular, desde el seno familiar.

La diferencia entre unas familias y otras es que en las primeras se encuentra un ambiente familiar constructivo y positivo que favorece el desarrollo feliz y adecuado del niño. En las segundas no hay una experiencia interpersonal amorosa, lo que provoca que el niño no pueda adquirir de sus padres un buen modelo de conducta o que tenga significativas carencias afectivas.

Para que el ambiente familiar influya correctamente en los niños, es esencial que los siguientes aspectos puedan tener una presencia relevante y en el que puedan vivir la experiencia un tiempo considerable.

- El amor. Es un hecho evidente que, cómo padres, amamos nuestros hijos. Sin embargo, que lo manifestemos con claridad suficiente ya no es tan evidente. Lo importante en este caso es que el niño pueda sentirse amado. Para lograrlo, es necesario decírselo con palaras y demostrarle que nos agrada su presencia y que queremos su felicidad, que pueda sentirse seguro porque nosotros estamos ahí. También es fundamental que le ofrezcamos apoyo, reconocimiento y ayuda en lo que necesite.

Esto se consigue a través de los pequeños detalles que le ofrezcas día a día, al mostrarte interesado por sus cosas, preguntando por lo que ha hecho en el día, felicitándolo por sus logros, sabiendo cuáles son sus gustos e intereses y mostrándote paciente y comprensivo.

- Autoridad participativa. Esto tiene que ver con la forma de ejercer la autoridad. Es indiscutible que como padres debemos orientar la formar de ejercer autoridad en casa: este es un derecho y una obligación que surge como nuestra responsabilidad en el momento de educar a nuestros hijos.

La autoridad solo podrá tener una función educativa correcta si logra ejercerse de forma persuasiva cuando los niños estén pequeños y de forma participativa cuando estén grandes. Con dificultad podrán ser educativas las reglas y los mandatos que no estén precedidos de razones o que no hayan tenido en cuenta previamente las opiniones y las circunstancias que tengan los hijos.

- Intención de servicio. Cuando brindamos intención de servicio a nuestros hijos, tiene que ver con la finalidad de nuestra autoridad y las relaciones en general. Debemos buscar la felicidad de nuestros hijos para que su vida sea más plena y agradable. La autoridad no debe ser utilizada para aprovecharnos de nuestros hijos, ni asumirla como una ventaja o un privilegio que tenemos sobre ellos.

- Trato positivo. El trato que ofrecemos a nuestros hijos debe ser positivo y de calidad. En otras palabras, debe ser agradable en la forma y constructiva en el contenido. Con frecuencia, algunos hijos escuchan de sus padres más críticas que halagos. Desde esta perspectiva, es importante que comentemos todas las cosas buenas que tienen los niños y todo lo positivo que resulta de sus acciones. También debemos comentar las cosas que son negativas, pero es necesario evitar que nuestro afán por las perfecciones sólo nos haga ver los defectos por mejorar. Es importante pensar que con esto podríamos lesionar gravemente la autoestima del niño.

Finalmente, el trato positivo también debe hacerse hacia la pareja. A partir de esta actitud íntegra o de cobertura, el niño podrá entender que el trato positivo es para todos.

- Tiempo de convivencia. Es esencial tener tiempo suficiente para compartir con los niños y la pareja. Con seguridad es una condición que en muchas ocasiones no depende de nosotros o que a veces no resulta fácil conseguirla. No obstante, el tiempo debe destinarse, y hacerlo para el disfrute de pasar en familia. Esto permitirá que nos conozcamos unos a otros, explicar qué es lo que hacemos, lo que nos preocupa, lo que nos gusta y cómo podemos ayudarnos en momentos difíciles.

Si bien, lo importante sería pasar bastante tiempo con la familia, es útil aprovechar y destinar un tiempo corto, pero fijo y enriquecedor, cuando hay muchas ocupaciones. Hay padres que poseen este tiempo, pero lo utilizan de manera errónea con los hijos: algunos de ellos suelen ver televisión, hacer la cena y hablar por teléfono sin prestar suficiente atención a lo que está haciendo su hijo.

Para el niño será mucho más significativo el hecho de que dispongas un par de horas para dibujar con él, o dando un paseo en bicicleta o leyendo un cuento. Este es un tiempo de convivencia con calidad, porque tu atención se encuentra centrada en tu hijo y él reserva en su memoria estos momentos.

Cuanto más se destine tiempo y consciencia en llevar a cabo estos 5 pasos y mientras seamos atentos a las necesidades de nuestros hijos, podremos brindarles una buena educación en el entorno familiar. Gracias a esto el niño podrá:

- Recibir información adecuada en aspectos relacionados con las actitudes, valores personales y sociales que pueden considerarse correctos, por el ejemplo de sus padres.

- Recibir información de calidad sobre sí mismos a través de nuestras opiniones, juicios de valor, reacciones y calidad del trato que les ofrezcamos.

- Desarrollar autoconfianza y una alta autoestima, gracias a las manifestaciones de reconocimiento y amor con las cuales puede cubrir su necesidad de aceptación y seguridad.

## El entorno y el momento en los niños

El entorno y el momento por el que se esté atravesando siempre va a influir en el ser humano, sean niños o adultos. En el caso de los niños, cuando un entorno es poco propicio para ellos, puede derivar en trastornos importantes en el comportamiento. Si estos trastornos no se tratan a tiempo, se verán impedidos para la buena marcha de su desarrollo psicológico y emocional.

Estos trastornos pueden darse en el ámbito escolar y en el ámbito familiar. Por esta razón es importante que haya una relación fluida entre nosotros como padres y los profesores, para que ambos podamos prestar atención en caso de que el niño presente comportamientos agresivos, cambios de humor exagerados, cambios en los hábitos de sueño y descenso pronunciado del rendimiento escolar. También es importante observar si están llegando a trastornos de imagen que los lleven a la anorexia o la bulimia, o que recurran a las drogas y el alcohol, los cuales traen consigo efectos devastadores, incluyendo el ausentismo escolar.

Actualmente, se ha observado que hay padres que han cambiado drásticamente su actitud en los últimos años, donde pasan de ser rigurosos en exceso a ser demasiado permisivos, intentando de esta forma compensar la falta de tiempo que deberían dedicarles y que no pueden por asuntos laborales.

Lamentablemente, este comportamiento ha derivado en que los niños sean desobedientes, menos educados y menos respetuosos con los adultos.

Por esta razón, es importante que marquemos límites desde el principio y que elaboremos una serie de pautas y normas básicas de comportamiento que ellos deben comprender y cumplir, para evitar que ellos dominen las situaciones. Por otro lado, es necesario ser conscientes en la influencia que ejercemos en ellos. En otras palabras, las preocupaciones que tenemos como padres producto de crisis económica, falta de ingresos o pérdida de trabajo, son situaciones que, de no controlarse, pueden desarrollar en los niños un marcado sentimiento de angustia que no pueden afrontar por sí solos.

Conviene entonces que, como adultos, procuremos gestionar la ansiedad y el estrés de forma adecuada y en la que podamos independizar los problemas de la vida de los niños, dejándoles claro que ese tipo de problemas no tienen que resolverlos. Es esencial, además, en que se expliquen las situaciones de forma natural para que, si no pueden hacerse las vacaciones en un determinado momento, el niño no desarrolle un sentimiento de culpabilidad o de castigo por algo que probablemente haya hecho mal.

## El entorno y las enfermedades

Hasta aquí has podido ver que el entorno es determinante y que no solo se refiere a los espacios físicos sino también a las personas con las que compartimos.

Por esta razón, es importante contar con la compañía de personas que sean alegres, motivadoras y que inspiren a tener un buen ánimo.

Por otro lado, es esencial identificar cómo la influencia del entorno afecta nuestra salud y nuestras emociones. En algunos sectores se ha podido catalogar algunas enfermedades como "sociales" por esta razón.

Existen, por ejemplo, entornos con altos niveles de competitividad, exigencia, y un estilo de vida tan acelerado, que han derivado en el desarrollo de trastornos mentales para quienes habitan en él.

De esta manera, las enfermedades sociales se han clasificado de la siguiente forma:

- Enfermedades causadas por estrés. Entre ellas se encuentra la ansiedad y la hipertensión.

- Enfermedades causadas por la influencia social. Adicciones a los juegos o lo que comúnmente se conoce como ludopatía.

- Enfermedades adquiridas por la contaminación ambiental. Entre las enfermedades en esta sección se encuentran las alergias y el asma.

- Enfermedades ocupacionales. Que surgen como resultado de la exposición a sustancias nocivas generadas en ciertas profesiones.

- Trastornos psicológicos. Como consecuencia de la falta de bienestar en general. También se encuentra la depresión y la baja autoestima.

- Trastornos de la alimentación. Estos son derivados de la presión social o de la moda, como la anorexia, la bulimia y la obesidad.

# Capítulo 14: Cómo desarrollar el liderazgo

El liderazgo es una capacidad que puede desarrollarse para diversos aspectos de la vida. En esta ocasión quiero centrarme en el liderazgo empresarial.

El liderazgo empresarial es una figura fundamental para la supervivencia de cualquier organización: el futuro de la empresa está en sus manos y de él depende la capacidad que pueda tener la empresa para crecer y alcanzar las metas.

El concepto de liderazgo ha venido transformándose y evolucionando. En la actualidad, los enfoques sobre liderazgo son diversos, pero uno de los más populares es el enfoque transformacional. Este liderazgo se basa en la capacidad que puede tener un líder para mejorar y transformar el modo en el que los colaboradores llevan a cabo sus funciones, con el fin de fomentar el desarrollo de la organización. El líder busca que haya un cambio positivo e iniciativas nuevas. Adicionalmente, inspiran a sus equipos de trabajo y son un ejemplo claro de su propia filosofía empresarial.

## Las recomendaciones para la adquisición de competencias en el liderazgo

Existen por lo menos 10 recomendaciones para que puedas desarrollar tus competencias principales de liderazgo.

- Procura obtener motivación para desarrollar tus competencias. Aquí es importante que te preguntes si estás preparado para desarrollarte o desempeñarte en el liderazgo. Desde esta perspectiva es necesario evaluar la disposición para trabajar fuertemente todo lo que implica ese desarrollo, recibir críticas constructivas, renunciar a estrategias que son ineficaces y antiguas para darse la oportunidad de probar alternativas. Si tienes estas cosas presentes, ya hay un primer paso para desarrollar las competencias de liderazgo.

- Evalúa las fortalezas y las necesidades de desarrollo que tienes. Los programas de desarrollo deben tener un punto de partida. Puedes comenzar por evaluar las fortalezas que tengas y cuáles son las áreas en las que debes mejorar. Pregúntate en qué eres bueno. También puedes obtener esta información cuando les preguntes a tus compañeros de trabajo y superiores qué percepción tienen sobre tu forma de trabajar. De esta manera puedes tener el panorama a partir de diferentes roles y perspectivas.

- Conoce cuáles son las principales competencias que se buscan de los líderes. Para el liderazgo se necesita que la persona sea inteligente emocionalmente y que tenga el carácter adecuado para dirigir eficazmente. Son dos competencias que exigen un trabajo arduo.

- Desarrolla tus habilidades cognitivas y sociales. En el anterior punto expresé que es fundamental ser inteligente emocionalmente, pero también cognitivamente. En este sentido, debes saber qué es lo que estás haciendo y cómo estás orientando tus decisiones para que estas sean las correctas. Procura aprender sobre tu negocio y sobre cómo debes conformar y sostener un equipo de trabajo. Aprende a recopilar y a analizar datos e información que sean de utilidad para tomar decisiones.

  En el ámbito social, procura ser discreto en las comunicaciones y en la forma como ves las cosas. Lo importante es comprender qué perspectiva tienen los demás para empatizar con ellos. Finalmente, aprende a solicitar información valiosa de tus mentores, compañeros y equipo de trabajo.

- Desarrolla tus habilidades emocionales. La inteligencia emocional es la capacidad de tener una lectura correcta sobre las emociones propias y las emociones de los demás. En relación con lo propio, saber controlar los estados de ira y estrés, y en relación con los demás, saber cuándo se encuentran felices, disgustados o incómodos por lo que estás haciendo o expresando.

- Desarrollar el carácter. Desde este horizonte es importante tener por lo menos 4 virtudes predominantes en el ejercicio del liderazgo: Justicia en el trato hacia los demás, templanza para regular las emociones y pasiones, prudencia para ser sabio y considerar los puntos de vista de otros, y coraje para hacer lo correcto, tomar riesgos de forma calculada y tener la disposición de arriesgar tu carrera en lugar de hacer algo que no es ético.

## El líder como catalizador del cambio

Ser un líder catalizador del cambio implica que no se encuentre en un nivel muy superior en el liderazgo, que no sea teórico, sino que tenga la suficiente experiencia desde la práctica como para encontrarse continuamente en contacto con lo que ocurre en el entorno y así sepa cómo funcionan las cosas desde lo concreto.

A continuación, enumero las características fundamentales que debes tener si deseas ser un líder como catalizador del cambio:

- Debes ser técnicamente diestro y adicionalmente debes poseer un amplio abanico de competencias emocionales. Si deseas ser un líder transformador debes conocerte a ti mismo en lo que eres, en las virtudes y en los defectos. Este paso, como uno de los fundamentales, te ayudará a descubrir en qué aspectos es necesario trabajar y qué habilidades necesitas aprender o reforzar.

- Procura tener un alto nivel de confianza en ti mismo, así como un grado de compromiso, influencia, motivación iniciativa y optimismo, además de un instinto natural para comprender la política del mundo organizativo. En ese sentido, debes tomar tu tarea como una misión y no como un simple trabajo. Adicionalmente, busca sentirte apasionado por los cambios, las personas y las experiencias que te generen aprendizajes en el espacio laboral.

- No debes ser necesariamente innovador, aunque puedes reconocer el valor de una idea nueva o la manera de hacer las cosas, tampoco eres de los que impulsa de manera original la innovación. Sin embargo, puedes ir más allá del estilo de gestión que es habitual y puedes movilizar desde el entusiasmo a tus colaboradores.

- No pretendas emitir órdenes ni directrices de manera autoritaria, sino procura inspirar y articular tu visión en donde tus colaboradores puedan sentirse emocional e intelectualmente estimulados.

- Procura diferenciarte de las modalidades racionales de liderazgo donde los líderes recurren a las gratificaciones y ascensos para movilizar a sus colaboradores. Por el contrario, promueve un cambio orgánico fundamentado desde las emociones, apelando al valor y al sentido de cada persona. De esta forma puedes demostrar tu compromiso con una misión elevada donde se comparte una valiosa identidad.

- Articula una visión movilizadora de los objetivos de la organización. Es posible que las metas sean algo utópicas, sin embargo, el hecho de generar (se) un compromiso con ellas puede resultarte satisfactorio desde lo emocional.

- Procura tener una actitud positiva. Es probable que en tu camino al liderazgo te encuentres con momentos que incentiven a desmoronarte o renunciar en la primera ocasión. También puede ocurrir que no creas lo suficiente en tu empresa. Sin embargo, si puedes mostrarte optimista, podrás superar los retos diarios con toda seguridad. Si a eso le añades el entusiasmo y la pasión por tus labores y por la empresa conseguirás que los colaboradores del equipo de trabajo se sientan contagiados para trabajar por una meta común.

- Fortalece tus habilidades para comunicarte. Es importante tener presente que la comunicación es la clave para que la actividad empresarial sea efectiva. Adicionalmente, es importante que practiques la asertividad desde este enfoque.

- Potencia tu capacidad resolutiva. Las habilidades que poseas para tomar decisiones, negociar conflictos, priorizar y buscar soluciones creativas son fundamentales para que los equipos de trabajo confíen en tu liderazgo.

- Confía en el equipo que tienes. Esto hará que tus colaboradores se sientan valorados y provocara en ellos el deseo de involucrarse con más fuerza en la actividad empresarial. La confianza implica que escuches a los colaboradores y que tengas presente sus opiniones para potenciar y fortalecer su participación en grupo y, de esta manera, mejorar los procesos y lograr las metas de la empresa. También es importante que permitas que aporten ideas nuevas y que puedan tomar algunas decisiones. Esto permitirá que existan buenas relaciones y un clima laboral positivo.

- Continúa tu proceso de formación a lo largo de toda tu trayectoria laboral. Aquí es importante conocer lo que pasa en el mercado, actualizarse en avances, estrategias y métodos relacionados con el liderazgo empresarial.

# Capítulo 15: Evaluar la expresión de las emociones

Es importante evaluar la expresión de las emociones, especialmente en entornos empresariales donde se realiza selección de personal de forma constante y en donde hay una enorme cantidad de postulantes con hojas de vida y currículums llenos de mucha formación intelectual, pero donde existen deficiencias relacionadas con la inteligencia emocional.

El mundo laboral cambia con frecuencia. Actualmente, se valora a un empleado o candidato en el proceso de selección, que tenga habilidades cognitivas y trayectoria. Adicionalmente, se tiene en cuenta cómo esos candidatos se relacionan con el equipo de trabajo y otras personas. Por otro lado, también se evalúa su respuesta emocional en momentos complejos.

## El escenario de la contratación

Ser emocionalmente inteligente implica el nivel de flexibilidad y adaptabilidad que pueda tener una persona en un puesto de trabajo.

De esta forma, quienes tienen esta habilidad pueden tener abundantes posibilidades de adaptarse fácilmente a entornos nuevos; y relacionarse con clientes y colegas nuevos. Estas son dos capacidades que deberías tener si te relacionas con personas a las que tienes que convencer de algún asunto en específico. Las personas que poseen un bajo nivel de inteligencia emocional tienen dificultades para cultivar relaciones de forma eficaz y abordar el estrés de manera adecuada. Esto podría provocarles agotamiento o mayores conflictos con el tiempo.

Existen empleados que no logran cumplir con las expectativas de los empleadores durante los primeros 18 meses y a la mayoría les sucede esto por su falta de inteligencia emocional. Esta es la segunda razón. La primera consiste en que los empleados tienen una falta general de buena predisposición para recibir y aceptar comentarios, sugerencias o llamados de atención.

Medir la inteligencia emocional se convierte en una herramienta esencial en el momento de contratar al mejor candidato.

Algunos de estos han aprendido a fingir que son emocionalmente inteligentes y han logrado responder de manera instantánea, a través de respuestas practicadas y poco realistas, a las preguntas de rutina en las entrevistas como, por ejemplo: "¿Cuál cree que es su mayor debilidad?". La respuesta suele ser "Me preocupo demasiado por mi trabajo".

Para filtrar respuestas ensayadas y analizar profundamente el verdadero nivel de inteligencia de un candidato para un puesto. Expongo una lista de preguntas propias para realizar en una entrevista de selección de personal. De esta manera podrás descubrir cuáles son las preguntas que debes hacer y cómo puedes identificar una respuesta que sea emocionalmente inteligente.

- ¿Puedes hablarme sobre un momento de tu vida o una situación específica en la que intentaste hacer algo y no lo lograste?

  Solicitarle a un candidato en una entrevista que explique la experiencia de un proyecto fallido, es una buena manera de observar cómo actúa cuando las cosas no le suceden de la manera esperada. También es una oportunidad si tiene la capacidad de asumir la responsabilidad de sus actos o no.

- Desde esta perspectiva, es esencial buscar un candidato que pueda describir abiertamente y sin problemas un error que haya tenido recientemente, sin asignar disculpas a terceros, ni a circunstancias o momentos imprevistos. De hecho, si algunos de esos factores contribuyeron a que la situación se presentara de esa manera, debes encontrarte con un candidato que es capaz de hacerse cargo de sus errores propios y puede explicar detalles minuciosos de lo que no funcionó con un enfoque imparcial.

- ¿El candidato pudo desarrollar su explicación sobre el proyecto fallido sin ponerse a la defensiva?

  Las personas que son emocionalmente inteligentes poseen una confianza natural que les otorga la capacidad de superar los contratiempos y luego evaluar las situaciones de forma objetiva sin tener que sentirse frustradas, ni condenarse a sí mismas.

  Aquí es importante tener cuidado con los candidatos que se obsesionan fuertemente con culpar a algo externo, sea una cosa o persona, en caso de un error. La clave no es centrarse en la culpa cuando un proyecto no es funcional. Un profesional con inteligencia y emociones inteligentes, tiene las capacidades para avanzar y examinar un asunto sin que algún resentimiento nuble su juicio.

- Descríbeme y detálleme sobre algún momento en el que hayas recibido comentarios negativos por parte de tu jefe. ¿Qué cosas sentiste?

  Una de las cualidades que es posible reconocer fácilmente en una persona con inteligencia emocional es precisamente su capacidad de poner en su lugar las críticas. Las personas que poseen un alto nivel de inteligencia emocional, se encuentran por lo general, bien preparadas para recibir sin mayor problema los comentarios negativos. Adicionalmente, pueden procesar los comentarios no deseados sin que estos afecten su autoestima.

  Esto no significa que los comentarios de carácter negativo no tengan un impacto en los empleados que son emocionalmente inteligentes. Las personas que poseen un alto nivel de inteligencia emocional experimentan las emociones como cualquier otra persona. La única diferencia es que ellos saben procesar de forma completa las emociones, con calma y con una visión clara de los hechos.

Desde esta perspectiva, es importante que busques un candidato que pueda describir de forma específica los sentimientos que le surgen al recibir comentarios que sean negativos. Por ejemplo, este candidato puede decir: "Inicialmente recibí con mucha sorpresa los comentarios de mi manager sobre el proyecto y esto me dejó muy decepcionado. Sin embargo, cuando analicé las razones por las cuales estaba en desacuerdo me di cuenta que podría haber prestado una atención concreta a varias áreas claves del proyecto. En la experiencia siguiente, pude tener presente sus comentarios con los que pude desarrollar una visión integral de los pasos a seguir en el proyecto.

Esta es una respuesta que permite observar al empleador que el candidato reconoce las emociones específicas que tuvo en ese momento. Esto demuestra la presencia de una comprensión empática que tiene el candidato con respecto al manager y esto es un indicador de un gran nivel de consciencia emocional.

Aquellos candidatos que expresan que se sintieron mal, o que no tienen las capacidades de expresar puntualmente por qué los comentarios pudieron afectarlos, es probable que tengan un nivel bajo de inteligencia emocional. De la misma manera, si un candidato al puesto cree que los comentarios que se hicieron fueron injustos y no puede comprender el punto de vista de su manager, es probable que únicamente considere válida la perspectiva propia.

- ¿Puedes mencionar algún conflicto laboral que te haya hecho sentir decepcionado?

Con toda probabilidad, en alguna ocasión nos hemos sentido frustrados. Sin embargo, lo que realmente importa es cómo orientamos esa frustración.

Cuando un candidato explica una determinada experiencia laboral donde hubo conflictos puede ofrecerte como empleador datos valiosos sobre el nivel de inteligencia emocional que tenga. Los conflictos pueden generar muchos sentimientos complejos. Por esa razón si le pides a un candidato que realice una descripción de un enfrentamiento o coyuntura y cómo logró darle resolución, podrás tener una perspectiva clara sobre cómo esta persona es capaz de controlar sus emociones para empatizar con otros.

Aquí es importante no perder de vista lo que decía Daniel Goleman en otro capítulo, en relación con el autoconocimiento, el autocontrol, la conciencia social, y las habilidades sociales.

Con estas cuatro características es posible poner a prueba a las personas en situaciones de conflicto. Desde esta perspectiva, las personas que son emocionalmente inteligentes podrán hacer una descripción clara y objetiva frente a la situación; y podrán expresar cómo se sintieron justo en ese momento y cómo comprendieron los factores sociales del entorno para respaldar sus decisiones.

- ¿Puede hablarme de alguna afición que tenga fuera del trabajo? ¿En qué consiste?

Solicita al candidato que explique cuál es una de sus aficiones. Hazlo como si no superas nada al respecto. Puede ser cualquier cosa, desde la equitación o el golf, hasta realizar una colección de estampilla. Lo importante es que la actividad le interese y pueda explayarse.

A medida que vaya ofreciendo su explicación sobre su afición, realiza preguntas que lo obliguen a reducir o simplificar el tema, volver a explicarlo o cambiar la forma de comunicación para adaptarlo a tu falta de comprensión evidente.

Evalúa la forma como reacciona: si se pone nervioso, incómodo o logra adaptar su estilo de comunicación para satisfacer tus necesidades.

Las personas que tienen inteligencia emocional suelen permanecer pacientes y calmadas ante un desafío comunicacional. Pueden darse cuenta con facilidad de que no están transmitiendo claramente su mensaje y buscan cambiar el enfoque para satisfacer las necesidades que tiene la audiencia.

- ¿Cuál crees que es tu principal virtud, aquella que los colegas ven que resaltas? ¿Cuál es tu mayor debilidad?

Reconocer las debilidades propias requiere de un fuerte sentido de humildad y autoconocimiento. Para evaluar el conocimiento que los candidatos pueden tener sobre sus propias limitaciones en el ámbito laboral, puedes pedirles que expliquen cómo las demás personas perciben sus cualidades positivas y sus debilidades.

Es probable que esta pregunta pueda tomarlos por sorpresa, pero lo importante es que los candidatos ofrezcan comentarios sinceros, sin excusas y sin invalidar de inmediato las críticas que puedan tener sus compañeros.

- ¿Puedes describir una situación en la que hayas tenido que pedir ayuda para un proyecto determinado?

Las personas que son inteligentes emocionalmente tienen confianza en sí mismas, pero en su justa proporción. Suelen ser realistas en relación con sus propias fortalezas y limitaciones y no les cuesta admitir que hay cosas que no saben hacer u orientar. Son conscientes de que pueden pedir ayuda y esto les representa una fortaleza y no una debilidad como algunos lo piensan.

En este sentido es importante que desconfíes de aquellos candidatos que dudan o tienen vergüenza de admitir que ocasionalmente necesitan ayuda. Es importante que busques un profesional que pueda describir sin problemas las oportunidades en las que solicitó ayuda a un colega porque no tenía el suficiente conocimiento sobre un tema determinado.

Las personas con inteligencia emocional son transparentes en relación con expresar sus puntos débiles y demuestran su intención de mejorar teniendo todos los recursos que estén a su disposición.

# Capítulo 16: Regulación de las emociones

Evaluar las emociones permite tener aciertos en relación con la búsqueda de la persona idónea para realizar el trabajo que necesita una empresa para consolidarse o avanzar.

Por ello debes aprender a regular las emociones. Con frecuencia, nos encontramos en escenarios donde es necesario emplear herramientas, técnicas y recomendaciones que sirven para equilibrar de manera inicial nuestras emociones y evitar que éstas nos desborden.

## La regulación de las emociones

Regular las emociones implica identificar de forma personal cuáles son aquellas cosas que están aportando o impidiendo el desarrollo de la inteligencia emocional o el de una regulación consciente de las emociones.

A continuación, expongo por lo menos 10 preguntas que puedes realizar a diario para identificar cómo estás avanzando en tu aprendizaje frente al desarrollo de tu inteligencia emocional.

Posteriormente también expondré cómo puedes controlar tus emociones de manera inmediata cuando te encuentres en medio de un momento conflictivo y que necesite soluciones rápidas.

## Identificando el estado de mi inteligencia emocional

- ¿Sueles preocuparte con ansiedad por lo que otros puedan llegar a pensar de ti?

  Procura identificar si confías en ti mismo lo suficiente para comprender que no necesitas preocuparte exhaustivamente por lo que piensen los otros sobre lo que haces o dices.

- ¿Piensas en tu estado de ánimo con frecuencia?

  Observa si tus estados de ánimo cambian con mucha frecuencia. Realiza ejercicios que te permitan estabilizar tu inteligencia emocional y tu equilibrio en la salud mental. Busca un pasatiempo que te guste mucho y con lo que puedas iniciar tu día.

- ¿Cuántas veces te enojas en el día?

  Eres emocionalmente estable si son pocas las cosas que te enojan. Si te enojas por asuntos mínimos sin poder evitarlo, debes preguntarte qué es lo que está causando tu inestabilidad o el descontrol en el enojo.

- ¿Te sientes incómodo pidiendo ayuda a otra persona al buscar la solución a tu problema?

  Si sabes pedir auxilio y también sabes colaborar a otros compañeros eres una persona con una inteligencia emocional alta. Si te sientes incómodo, pregúntate cuál es la causa de la incomodidad.

- ¿Te cuesta tomar decisiones de forma seguida?

Ser objetivos en el momento de tomar una decisión en la cual dependen otras personas no es nada sencillo. Se necesita tener carácter para lograr la determinación necesaria sin ver que las emociones se afecten. Identifica cómo se comportan tus emociones en este caso.

- ¿Qué situación te ha hecho sentir frustrado?

Es normal que nos sintamos frustrados ante situaciones que se salen de nuestras manos. Lo ideal en esta situación es identificar qué emociones se disparan en tu cuerpo cuando esto ocurre y buscar la manera de estabilizar esas emociones y abordar el conflicto de una mejor forma.

- Cuando sientes tristeza, ¿sueles tener una visión positiva?

Sostener una actitud positiva puede permitirte tener muchos beneficios. Uno de ellos es que esa actitud se refleja en tu bienestar físico. Es legítimo estar tristes en un momento determinado, pero no debes dejar que esto se prolongue. Lo ideal es concentrarse en la situación real y tomar lo bueno o el aprendizaje que deja al final.

- ¿Cuáles son los dos hábitos que sueles practicar?

Es importante conocer las posibles situaciones que te hacen reír o llorar, de la misma forma ocurre con los hábitos. Identifica cuáles son los hábitos que te hacen sentir saludable y feliz, para que acudas a ellos en el momento que necesites estabilizar tus emociones.

## Lo que funciona y no funciona en el momento de buscar regular las emociones

Existen técnicas o recomendaciones que se han popularizado de boca en boca o a través de medios con los que no puede comprobarse su efectividad. Estas técnicas son:

- Intentar no pensar lo que te preocupa. Esto podrá provocar un efecto rebote. Realmente es muy complejo apartar las emociones de nuestra cabeza y cuerpo. Adicionalmente, las personas deprimidas, a quienes les suelen asaltar pensamientos negativos, se les hace contraproducente esta técnica pues al intentar suprimir las ideas, éstas regresan con más fuerza.

- Relajarte y respirar hondo. Esta recomendación es muy popular, pero tiene un inconveniente: al respirar hondo e intentar modular, el diafragma deja de lado el componente fisiológico de las emociones. Si un estado previo de relajación no evita que te enfades, tampoco lo hará cuando estés enojado.

Esto no significa que se esté invalidando las técnicas de relajación o respiración. Hacerlo es útil, pero poco funcional en el momento que tienes una emoción negativa e invasiva. En este sentido es mejor tratar las causas y no lo síntomas.

- Liberar la tensión por otras vías. Este tipo de catarsis, en el cual se busca por ejemplo romper un plato, puede generar una emoción negativa al incrementar tu agresividad en un corto plazo. De la misma forma ocurre con el ejercicio físico, el cual es bueno para el corazón, pero no puede tranquilizar tus emociones. Aquí es importante que saber que las emociones necesitan ser comprendidas para que no nos hagan daño.

- Presionarte para tener pensamientos positivos. Existe un poco de controversia respecto a los resultados de tener pensamientos optimistas para regular las emociones, ya que estas se procesan casi en su totalidad en el inconsciente, para luego pasar al consciente, que es donde puedes percibirlas.

  Lo bueno de tener pensamientos positivos, es que lentamente evitarás autosabotearte y podrás orientar tus pensamientos de manera distinta.

Por otro lado, hay técnicas que sí funcionan porque implican que identifiques lo que ha sucedido y actuar sobre las causas que lo han provocado, no solamente en los síntomas.

Cuando presentes una ocasión en la que te diriges de forma irremediable hacia un estado emocional que sea negativo, estas técnicas pueden ser eficaces para frenar reacciones en cadena.

- Procura recordar cuáles son tus virtudes y tus éxitos. Reafirmarlos hace parte de una de las mejores estrategias para que puedas gestionar tus sentimientos. Cuando las personas tienen mayor control emocional, utilizan la autoafirmación cuando las emociones están todavía bajas de intensidad y esto les da tiempo para buscar puntos de vista alternativos de la situación.

- Desvía tu atención a un asunto concreto. Esto permite que puedas gestionar tus emociones al bloquear tus estados emocionales antes de que estas te invadan por completo. Parece ser eficaz cuando, al experimentar emociones intensas, necesitan ser equilibradas rápidamente.

  Esta técnica te permite desvincularte de la emoción negativa para centrar tu atención en pensamientos neutrales. De esta forma puedes evitar que la emoción se vuelva demasiado intensa.

  Sin embargo, con esta técnica hay que tener cuidado pues es posible que a largo plazo no sea la mejor estrategia, con lo que se hace necesario buscar otra alternativa.

- Piensa en tu futuro más inmediato. Las emociones intensas pueden generar que olvides que hay un futuro y que las acciones presentes van a tener sus consecuencias. Puedes preguntarte si la emoción que vives en ese instante va a seguirse presentando dentro de una semana.

  Esta técnica es eficaz para mantener el autocontrol.

- Medita habitualmente. La meditación es eficaz para prevenir pensamientos negativos y que sean repetitivos. A largo plazo es capaz de reducir el nivel de activación de la amígdala de forma duradera.

  También puede ayudar en la reducción de la ansiedad.

  Recuerda que intentar relajarte cuando te asaltan las emociones fuertes no es eficaz. Sin embargo, al meditar regularmente y respirando de forma correcta es posible reducir la intensidad de las emociones negativas cuando éstas hacen presencia.

- Date permiso para preocuparte de algo en otro momento. Posponer una emoción para más tarde puede funcionar. Al hacerlo puedes tomar un tiempo de espera para resolver cosas inmediatas para luego concentrarte en la situación altamente preocupante.

- Piensa en lo peor que puede ocurrirte. Hacerlo, te ayudará a relativizar o jerarquizar tus problemas. De esta manera podrás tener el control.

- Escribe un diario de tus emociones. Expresar tus emociones mediante la escritura ha demostrado ser eficaz a nivel psicológico y físico. Al mantener un diario emocional sobre lo que vienes sintiendo en algunas situaciones, podrá ayudarte a reducir la presencia de pensamientos negativos.

- Tómate un respiro y un refresco o líquido, que te sirva para recuperar el autocontrol. Es importante que sepas que el autocontrol no es infinito. Si no logras dominar tus emociones, procura no exponerte de nuevo a una situación estresante, porque será probable que caigas nuevamente.

  En estas circunstancias puedes tomar una bebida que sea rica en azucares, por un lado, y usar la reafirmación positiva para gestionar nuevamente tus emociones, por el otro.

  La clave consiste en identificar cómo se encuentran tus niveles de autocontrol. Si estos están bajos, procura evitar situaciones emocionales para que puedas recuperarte.

- Cuando todo esté fallando, busca un espejo. Cuando te ves a ti mismo reflejado, tienes la capacidad de observarte desde una perspectiva objetiva y separarte por un instante de tus emociones.

  Cuanto más consciente puedas ser de lo que estás haciendo, más capacidad tendrás de controlar tus emociones. El acto de observarte en un espejo te incrementará los niveles de autoconsciencia, con lo que podrás darles a tus emociones un lugar correspondiente en cada situación.

- Encuentra el motivo o la causa de tus emociones. Como hemos visto, la clave no se encuentra en lucha contra tus emociones, sino en identificarlas y saber por qué hacen presencia en nuestro cuerpo. Aquí lo esencial es que seas honesto contigo mismo sobre las razones o las causas.

Hay muchas personas que intentan engañarse a sí mismas en sus sentimientos y no logran orientarlos por el camino correcto.

# Capítulo 17: Uso de las emociones

El abordaje de las emociones es uno de los campos más fuertes del desarrollo personal en la actualidad que es, precisamente, el coaching.

## El abordaje de las emociones en el coaching

En el recorrido de esta lectura has podido observar y explorar el universo de las emociones y cómo estas habitan en nuestro cuerpo y en nuestro comportamiento. Sabrás entonces que la vida es abundante en emociones en cada momento. Dejarlas salir o guardarlas para protegernos, siempre aflorara en una sesión de coaching y es necesario plantearnos cómo abordarlas en este escenario.

Teniendo en cuenta que las emociones son variadas y que incluso pueden nombrarse y matizarse, existe un cierto consenso en el que es posible categorizar las emociones y compartirlas con otras que las acompañan, de la siguiente manera:

- El miedo. Es la anticipación de un peligro o amenaza que produce a su vez ansiedad, incertidumbre, temor, inseguridad, preocupación, inquietud, consternación, nerviosismo, susto, angustia y en casos extremos, fobia y pánico.

- Aversión. Tiene relación con el disgusto y solemos alejarnos del objeto que nos produce esa sensación. También significa asco, desdén, desprecio, repugnancia y antipatía.

- Ira. Se asemeja a la rabia. También significa enfado, resentimiento, indignación, furia, acritud, hostilidad e irritabilidad. En casos radicales genera odio y violencia.

- Alegría. Se asemeja a la diversión. Significa también la euforia y la gratificación. Adicionalmente ofrece una sensación de seguridad y bienestar.

- Tristeza. Es semejante a la aflicción. También significa pena, desconsuelo, melancolía, pesimismo, desesperación. En casos patológicos se genera depresión grave.

Teniendo en cuenta la finalidad adaptativa de las emociones podemos distinguir diversas funciones:

- El miedo tiene una tendencia de buscar la protección.

- La sorpresa nos ayuda a orientarnos en una situación nueva.

- La aversión nos produce rechazo hacia las cosas o las personas que tenemos en frente.

- La ira nos genera deseos de destrucción.

- La alegría nos induce hacia la reproducción.

- La tristeza nos permite buscar una reintegración personal.

## El lugar del coach

En anteriores capítulos he expresado que la regulación de emociones no es una tarea fácil. En este tipo de situaciones es importante contar con la orientación de una persona para aprender a equilibrarnos. No obstante, es posible también aprender a encontrar el equilibrio interior de forma autónoma. Expongo, a continuación, tres puntos clave que son muy útiles para estos momentos.

En primer lugar, tenemos la autorrevelación, que consiste cuando se comparte una emoción personal o una experiencia. Desde la autorrevelación es posible que se provea un ambiente de intimidad que puede favorecer el vínculo o que se genere una alianza terapéutica. También ayuda a la construcción de un lazo más cercano entre el paciente y el terapeuta, generando una atmósfera de comprensión mayor. Finalmente, desmitifica la relación existente entre terapeuta y el paciente, buscando empoderar al paciente y permitiendo que la relación avance hacia una mutualidad equilibrada.

Desde el enfoque del análisis de las emociones es muy importante trabajarlas de forma prioritaria, pues éstas constituyen un aspecto esencial para la modificación de la conducta. Dentro de las pautas recomendables para analizar las emociones están las siguientes:

- Es importante asegurarse de que el coachee se encuentre preparado para implicarse en la sesión.

- Debe proporcionarse un espacio seguro para el coachee, para que pueda hablar de sus sentimientos sin tener temor de ser juzgado.

- Es necesario facilitar que las emociones no sean la parte dominante de la intervención en el coaching. Solo es necesario que sean abordadas en la medida en que sea necesario, especialmente cuando inciden en una cuestión específica de coaching.

- Es fundamental reconocer las limitaciones que existen al trabajar las emociones. En este caso, es importante identificarlas, pero no analizarlas a fondo.

Finalmente, es esencial que el coach sepa realizar una reflexión sobre las emociones que tiene el coachee y distinga cuándo este expresa sus sentimientos con el fin de desahogarse y no en su búsqueda por cambiarlos. Las ventajas de este enfoque son las siguientes:

- Implica que los sentimientos del coachee son evidentemente aceptables para el coach y por esta razón son normales.

- Le permite al coachee reflexionar sobre lo que significa su discurso personal.

- Demuestra al coachee que el coach se encuentra plenamente comprometido y que está atento a lo que está diciendo.

## Cualidades necesarias para tener un buen feedback profesional

Existen cualidades emocionales que son necesarias para el trabajo en el ámbito emocional y para establecer relaciones de forma adecuada con uno mismo y con las demás personas

Inicialmente, es importante establecer un nivel de confianza: esto, más que una actitud, es un rasgo fundamental para sacar a la luz lo mejor de uno mismo y de las personas en las que se suele depositar dicha confianza. Es un punto de partida para iniciar un diálogo interno, para reconocer los aportes que pueden brindar los demás, y así llegar a una visión compartida.

Saber escuchar no se trata simplemente de permanecer callados. Puede suceder que mientras estemos en silencio estemos pensando cómo interrumpir a quien habla o lo que haremos posteriormente a su intervención. Escuchar es aprender a captar verdaderamente lo que nuestro interlocutor busca comunicarnos, aunque eventualmente se le dificulte hacerlo con palabras.

Es importante Impulsar la insatisfacción constructiva como uno de los elementos más importantes de todo el proceso. Este, consiste en inculcarle al coach una insatisfacción sana para que pueda servirle de detonante hacia la acción. El coach debe promover la remoción de viejos condicionantes mentales y luego ayudar a vencer los diversos prejuicios. Estos son defectos que existen únicamente en la mente de la persona y esto puede incapacitarle de por vida en el momento de conseguir un logro concreto, incluso sin haberlo intentado.

Descubrir la capacidad y la oportunidad de mejorar las condiciones que tiene, implica en primer lugar, descubrir en qué áreas se puede desarrollar. En segundo lugar, tomar parámetros objetivos y habituales que le permitan establecer las competencias. En tercer lugar, vislumbrar el potencial y, por último, acompañar en el crecimiento sin ponerle límites.

De esta manera podremos avanzar con pasos firmes durante el proceso de coaching, teniendo presentes las emociones al conocerlas y sin negarlas. También es posible aprender a no darles un peso excesivo en la sesión cuando éstas pueden desviarnos del objetivo.

## Si las emociones no existieran

Si las emociones no existieran todas las cosas que ocurren a nuestro alrededor nos darían igual. Dejaríamos de trabajar porque ganar dinero no nos representa mayor cosa ni nos haría sentir bienestar o malestar. Dejaríamos de cuidar a nuestros seres queridos porque no lo serían. No aprenderíamos nuevas habilidades, ni haríamos amistades porque no tendríamos compensación emocional de ninguna forma.

También podría ocurrir que, si viene un coche hacia donde estamos, al no sentir miedo, no nos haríamos a un lado. Si una persona nos humillara, no nos enfadaríamos y no haríamos lo que esté a nuestro alcance para hacer valer nuestros derechos.

No nos entristeceríamos al perder algo porque tampoco sería importante para nosotros y no tendríamos el cuidado de mantenerlo o protegerlo. No nos sentiríamos entusiasmados de los placeres cotidianos porque sencillamente no nos causan gracia.

Sin embargo, aunque nos parezca complejo o incluso curioso, existen personas que tienen dificultades para activar sus emociones en el cuerpo.

En el campo de la medicina se introdujo el término alexitimia, para hacer referencia a un trastorno que le impide a una persona detectar sus propias emociones y adicionalmente darle un nombre al expresarlas de forma verbal.

Es un hecho que genera una interferencia en la vida cotidiana de la persona que la padece, haciendo que se le dificulten enormemente sus posibilidades de tener o mantener una relación interpersonal.

Para las personas que le rodean, esta situación es compleja porque no se sienten retroalimentadas por los actos de la persona que padece este trastorno: a menudo parecen ser personas frías, demasiado pragmáticas y razonables.

Adicionalmente, las personas que lo padecen suelen tener un nivel de sufrimiento emocional y confusión porque no saben definir lo que sienten, lo que les dificulta la tarea de autorregular sus emociones.

La alexitimia puede hacerse presente en diversos tipos de patologías, aunque es común encontrarla en trastornos del espectro autista. A continuación, expongo algunos comportamientos que son considerados como característicos del perfil de las personas que sufren de alexitimia:

- Presentan baja capacidad de fantasías y de introspección. Son personas que tienen una vida interior muy poco desarrollada. Tienen una mínima tendencia a la ensoñación.

- No reconocen ni detectan las emociones en las otras personas. Esto podría ser similar a un problema de empatía.

- Parecen mostrarse aburridos y serios.

- Hablan con muy poca frecuencia.

- Su estilo cognitivo suele orientarse hacia lo concreto y externo.

- Muestran una notable dificultad para manejar los afectos. En otras palabras, les cuesta establecer relaciones y mantenerlas. Esta situación hace que luego desarrollen comportamientos que son caracterizados por el aislamiento social o la dependencia emocional.

- Suelen ser impulsivos al reaccionar de forma desproporcional cuando se presentan emociones que ellos son incapaces de identificar.

- Son personas conformistas.

Por otro lado, las personas alexitímicas acuden a tratamiento presionados por las personas que los rodean, ya que son las personas que realmente padecen o son receptores de esos síntomas.

Para tratar la alexitimia se deben emplear técnicas que ayuden al afectado a identificar sus emociones y se le proporcionan estrategias para que pueda graduar sus emociones, teniendo en cuenta la magnitud de acontecimientos estresantes que se presenten y revisando su forma de afrontar la situación.

Así, se hace posible que él pueda incrementar el vocabulario emocional, lo que le permitirá hacer diferencias de las emociones según las circunstancias.

Existen algunos pasos para que el alexitímico pueda comprender y regular su emoción:

- Detectar la emoción que puede estar viviendo o la que puedan estar viviendo otras personas.

- Asimilar la emoción. En este caso, se hace referencia a la habilidad que puede adquirirse de tener en cuenta las emociones propias en el momento de llevar a cabo la toma de una decisión o de tener un ejercicio de razonamiento determinado. Puede decir, por ejemplo, "te hablé de esa forma porque estaba enfadado".

- Comprender. Hace referencia a entender las diferentes señales emocionales que existen. Es una especie de sensación de tención que le informa que se está enfadando.

- Autorregular las emociones. Esto puede hacerse mediante el conocimiento de diversas estrategias de control emocional y por técnicas de modificación de conductas determinadas.

251

# Capítulo 18: La importancia de conocerse a sí mismo

Es importante conocernos a nosotros mismos desde las emociones, para lograr una buena gestión de las mismas.

Algunas claves para lograr el autoconocimiento pueden hacerse mediante las siguientes preguntas:

- ¿Quién soy? Esta pregunta te permite reflexionar sobre el valor que le das a tus capacidades, historia de vida, sentimientos y emociones. Para responder a esta pregunta puedes tomar una herramienta llamada "línea de vida" donde se trata de describir los acontecimientos que han sido vitales en un orden cronológico. Luego, escribe qué fortalezas y debilidades tenías en cada uno de esos momentos.

- ¿Qué quiero? Esta pregunta tiene que ver con los objetivos que tienes. Es importante que establezcas unos objetivos realistas con los que puedas sentirte satisfecho y tengas la capacidad de comprometerte con ellos.

- ¿Por qué lo quiero? Esta pregunta hace referencia a los valores. Con ellos puedes, en primer lugar, establecer los objetivos teniendo como referencia tu propio código moral. En segundo lugar, son los que van a dar sentido a tus metas. Por último, te van a permitir priorizar unas cosas sobre otras.

## Para el trabajo

Conocernos a nosotros mismos resulta fundamental y básico ya que podremos tener mayores posibilidades de establecer relaciones sociales que sean saludables. Adicionalmente, podremos alcanzar nuestras metas, tener éxito en la vida y lograr un estado de bienestar al saber cuáles son las capacidades y las debilidades que tenemos en diferentes ámbitos. De esa manera nos orientaremos para ser mejores.

Como lo has venido observando, cuando te conoces puedes enfrentar de manera más óptima escenarios complejos como los de las entrevistas de selección, donde puedes brindar una imagen de ti mismo sin tener que exagerar ni restarte valor. También es claro que los empleadores buscan constantemente personas honestas, coherentes y con disposición para el continuo mejoramiento de su calidad de trabajo.

Sin embargo, si no te conoces o no te valores lo suficiente, es posible que termines aceptando cualquier empleo: luego, vendrán los cuestionamientos pensando que podrías estar en un lugar mejor. Esto ocurre porque tus decisiones son tomadas con base en un impulso o un sustento errado de los recursos con los que cuentas.

Otra situación que ocurrirá en este tipo de escenarios es que mantendrás actitudes defensivas y no tendrás metas claras. En consecuencia, perderás tiempo y el valor de los recursos que inviertes se irá estancando.

Entre los 15 y los 17 años, las personas pueden lograr tener una mayor conciencia de las características de su personalidad. Lo ideal es que esta conciencia sea mayor a medida que vamos creciendo y que pueda estar acompañada por sus padres, con una línea de comunicación que les permita reflexionar sobre sus acciones y las consecuencias que estas deben tener.

Existen personas que logran un amplio desarrollo personal, ya que buscan conocerse constantemente en relación con sus fortalezas y debilidades. Sin embargo, existen otras personas que prefieren no involucrarse con un especialista por temor a ser juzgados.

En ese sentido se hace sumamente importante quitar los prejuicios que existen alrededor del conocimiento de sí mismos como una enfermedad. Logrando esto, es probable que las personas tengan más facilidades de optimizar sus recursos para lograr sus proyectos concretamente.

## Aceptarte a ti mismo

Aceptarte a ti mismo implica que dejes atrás los complejos físicos y mentales que has construido por diferentes motivos. Es imposible que puedas ofrecer a otros lo que te está haciendo falta.

Quererse a uno mismo se encuentra ligado a saber aprovechar la oportunidad de sacar la mejor versión de nosotros al descubrir el potencial que tenemos en todos los niveles: romántico, espiritual y afectivo.

En este sentido, la búsqueda de aceptarte y quererte a ti mismo implica que seas honesto contigo y con los demás y llevar ese deseo a un compromiso de vida para el bienestar.

A continuación, planteo algunas claves para lograr que puedas aceptarte y quererte a ti mismo.

- Procura plantear con optimismo tu presente para construir un buen futuro. Esto significa que dejes de exigirte más de lo que realmente eres y tienes. Es un proyecto noble aspirar a ser y tener cosas en la vida, pero esto no debe llevarte a la ansiedad donde incluso te infravalores en relación con lo que eres. Es necesario que aprendas a romper con falsas creencias que condicionen tanto tu presente como tu futuro. No es bueno que pierdas la dicha de las cosas valiosas que suceden con respecto a tu vida actual y tu personalidad.

- Atrévete a ser tú mismo y a mostrarte tal cual eres. Aceptarte a ti mismo significa que te muestres como eres en cualquier ámbito que te encuentres. En este sentido es importante afrontar la realidad con los obstáculos y dificultades que se presenten. Al ser consciente de tu potencial podrás conectarte mucho mejor con las personas y enfocarte hacia el logro de objetivos personales.

- Aceptarte a ti mismo te permite amar a los demás. Esto es resultado del cuidado de tu propio bienestar psicológico. De esta forma estas generando una lista larga de buenas actitudes y buenos hábitos que pueden afectarte positivamente en la manera como enfrentas el mundo. Además, te encuentras en sintonía con las personas que también se quieren a sí mismas. Con ellas podrás entablar relaciones saludables que les permitan relacionarse contigo desde la sinceridad y lograr crecer para madurar juntos.

- Pierde las ataduras y los miedos. Cuanto te encuentras preparado para asumir quién eres, consigues amarte a ti mismo. En este sentido logras librarte de la presión por fracasar que suele ser bastante fuerte socialmente. Cuando esto ocurre puedes llegar a florecer en tu desarrollo personal.

- Libérate y abre tu mentalidad: sé consciente de que tu vida es tuya. Aquí es importante que te liberes de ciertos condicionamientos y de ciertas expectativas que otras personas han depositado en ti. No puedes permitir que tu vida tenga que transcurrir en una burbuja. Es necesario que superes las ataduras, al comprender que éstas se encuentran en tu mente. Empieza a conectar con las personas y con las aficiones que no habías tenido la oportunidad de conocer por estos condicionamientos.

- Olvídate de las máscaras sociales. Es liberador que te despojes de máscaras y convencionalismos. No tienes por qué agradar a todas las personas. Si te muestras como eres, muchas personas querrán compartir contigo y sabrán apreciar tu honestidad.

- Aceptarse también implica conocer los límites. Para que puedas quererte y aceptarte a ti mismo no se hace necesario que tengas aspiraciones y ambiciones irreales, si no luchar diariamente, desde tus posibilidades, de forma racional. Con seguridad, habrá cosas que te gustarán más y otras menos y en este sentido tendrás que escoger la que te hace feliz, para, de esa forma, profundizar en ellas.

- Procura quejarte menos y disfrutar más. Esto implica que te hagas responsable de tus propias acciones sin victimismos ni lamentos. Vivimos en un planeta que, con toda seguridad ha dispuesto una serie de factores que nos están ayudando a sentirnos mejor con nosotros mismos y el entorno y a progresar en ello.

- Desarrolla tu potencial. A partir de la teoría de las inteligencias múltiples de Gardner se nos explica que cada uno de nosotros tiene instintos y talentos que son naturales y que podemos desarrollarlos si nos lo proponemos. En este sentido, una de las claves para desarrollarte como persona es hacerlo con base en actividades que te generen pasión y diversión. Es necesario que dejes fluir tu creatividad y el ingenio para desarrollar el potencial que tienes.

- Arriésgate a vivir experiencias únicas para ti. No es enriquecedor que pasen los días y que no salgas de la rutina. Esto puede afectar enormemente tu autoestima. Es necesario que aprendas a arriesgar, en el escenario laboral, sentimental o en cualquier otro. Arriesgar significa liberarse decididamente de muchos temores que acarreas. Esta recomendación es imprescindible para que tu fuerza interior se movilice.

## Tu autoestima

Tener baja autoestima significa que hay una percepción negativa sobre ti mismo y es un factor de vida que puede limitarte. En muchas ocasiones, las personas no saben que tienen autoestima baja o no saben identificar qué experiencias los llevan a tenerla.

Hay personas que acuden al psicólogo por síntomas de ansiedad o depresión, problemas de conducta o estrés. Sin embargo, hay algunos consejos para identificar qué es lo que puede estar sucediendo y cómo solucionarlo.

Como primera medida existen síntomas principales que pueden advertirte de que tu autoestima no se encuentra en su mejor momento. Los síntomas son los siguientes:

- No te sientes seguro de ti mismo.

- No expresas tus opiniones o gustos por temor a ser rechazado o por pensar que tus opiniones no son valiosas frente a la opinión de los demás.

- No te sientes merecedor de las cosas buenas que hay en la vida.

- No te esfuerzas por conseguir lo que quieres, ya que predices que no lo vas a conseguir.

- No te relacionas con los demás como te gustaría, porque piensas que no vas a hacerlo bien o te van a hacer a un lado.

- Ves a las otras personas como seres superiores a ti y te gustaría ser como ellos.

- Tienes temor de expresar lo que sientes porque piensas que no les puede gustar.

- Sueles atribuir tus logros a causas externas y los fracasos a causas internas.

- Casi nunca estás contento con lo que haces. Siempre crees que puedes hacerlo mejor, pero crees que realmente no lo consigues.

- No te siente feliz.

- Te cuesta acabar con lo que empezaste y te desmotivas fácilmente.

- Tomar decisiones se convierte en algo complejo: decidas lo que decidas, siempre vas a pensar que es la decisión incorrecta. Tomas la opción de que los demás decidan así se trate de tu propia vida.

- Piensas constantemente en tus debilidades y casi nunca en tus fortalezas.

- Te sientes nervioso la mayor parte del día.

- Te es imposible tomar iniciativas.

- Te sientes evaluado constantemente en espacios o situaciones sociales.

- Te sientes culpable con frecuencia.

- Te sientes poco atractivo.

- Sientes envidia de lo que otros son o hacen.

- Sientes que no tienes qué aportar a tu vida y a tus sueños.

Para aumentar tu autoestima, no existen opciones mágicas. En lugar de ello, debes tomar conciencia de que cada persona puede mejorar su autoestima si es constante en realizar los cambios que necesita.

Sin embargo, aquí hay algunas claves para que puedas orientar el desarrollo de tu autoestima.

- Deja de pisotearte. Es importante ser realista con las virtudes y los defectos. Si el objetivo es ser feliz, es necesario que aceptes las cosas que no haces muy bien y aprendas de ello. Procura también no restarle importancia a las cosas que sabes hacer bien, sino darles el valor que se merecen.

- Empieza a pensar en positivo. Lo he dicho en otras ocasiones, pero no está de más reiterar que pensar en cosas positivas es un trabajo mental fuerte y que implica mucha paciencia. Aun así, es un ejercicio valioso que te ayuda a pulir tu forma de ver las cosas.

- Elabora metas que puedan ser realistas. Empieza por metas en las cuales observes que tienes la posibilidad de llegar fácil. Progresivamente puedes aumentar la dificultad del reto para que puedas adquirir más habilidades. Si fracasas, puedes aprender de ello sin tener que culparte de los errores de manera imperdonable. Fallar es una forma de saber cómo realizar las cosas de forma distinta en otras ocasiones. Aquí es importante arriesgarse.

- No te compares. Concéntrate en tu desarrollo personal y evita poner tus metas teniendo en cuenta la referencia de otras personas. Debes enfrentarte contigo mismo.

- Perdónate. Haz el ejercicio de escribir una carta donde describas todas las cosas que no te gustan de ti, y todas las cosas en las cuales te has sentido culpable. No dejes nada por fuera. Luego léela con atención para que determines qué cosas puedes mejorar. Finalmente despídete de esa carta y pártela en pedazos. Desde ese momento, empieza desde cero con todo lo que aprendiste, pero dejando la culpabilidad a un lado.

- Elabora críticas constructivas sobre ti mismo. Procura siempre que todo lo que digas de ti, sea para apuntar al desarrollo y no para estancarte o culpabilizarte. De la misma forma, aprende a encajar las críticas de manera que no tengan cómo afectarte.

- Trátate con respeto y cariño siempre. Tienes derecho a ser feliz. De esta forma contagiarás a otros para que se traten con amor.

- Regálate tiempo. Realiza actividades que te hagan sentir a gusto contigo, es una de las maneras de encontrarte contigo mismo para desarrollar tus habilidades sin presión, pero avanzando siempre.

- Supera aquellas cosas que te estorban. Identifica lo que no te funciona: un trabajo que no te satisface, una relación que no te aporta o un hábito que no te gusta. Para superarlo, es necesario que tomes un determinado control de la situación para pensar en positivo y cambiar aquellas cosas.

- Al acostarte piensa en las cosas bonitas que te trajo el día, como los retos superados, los errores cometidos y las experiencias de aprendizajes.

# Capítulo 19: Estrategias para mejorar sus habilidades sociales

Quiero enseñarte algunas estrategias para mejorar las habilidades sociales a partir del aumento de la confianza, la comunicación no violenta.

Las habilidades sociales pueden definirse como las herramientas comunicativas tanto verbales o no verbales que podemos usar con el fin de relacionarnos con los demás de forma saludable.

Estas habilidades se encuentran muy vinculadas a la autoestima, lo que significa que no se trata de conductas aisladas.

No es necesario ser el alma de las fiestas para lograr esta habilidad, ni tampoco evitar ser el centro de atención es un obstáculo para relacionarte con otros de forma brillante.

Las habilidades sociales consisten en ajustar tus conductas a las diversas situaciones que se vayan presentando. No obstante, muchas personas piensan que se nace con habilidades sociales o que definitivamente se está sin ellas. Lo cierto es que las habilidades sociales se aprenden desde una edad temprana en la que recordamos muy poco o en la que no teníamos un nivel de consciencia claro.

Es importante recordar que desde la primera infancia observas, copias y modificas las conductas que ves en los demás. Eso significa que, aunque te genere un esfuerzo, podrás hacer lo mismo una vez que te encuentres en la etapa de la adultez.

Para que puedas comunicarte con quienes te rodean de manera satisfactoria es fundamental que trabajes en tus comportamientos y reacciones. Algunas técnicas que pueden ayudarte a hacer amigos, sentirte cómodo en cualquier circunstancia y evitar conflictos innecesarios son los siguientes:

- Aprende la técnica del disco rayado. Esta técnica suele ser de mucha utilidad. Se trata de repetir constantemente una idea que te gustaría expresar. También puedes decir con frecuencia alguna frase que desees.

- Comprende los miedos sociales. ¿Sientes ansiedad o timidez en una reunión o conversación, en especial con personas que no conoces? En este punto es importante que identifiques cuál es tu nivel de introversión y qué emociones sueles experimentar en esas situaciones.

  Procura realizar ciertas técnicas para no sentirte de esa forma. Una de esas técnicas puede surgir en el teatro de improvisación, donde aprendes a sentirte más seguro de lo que haces y dices, teniendo en cuenta que el entorno es desconocido para ti.

- Cuando te encuentres involucrado en una crítica, piensa antes de reaccionar. Es cierto que a nadie le gusta ser criticado, evaluado o examinado, en especial si los resultados no eran los que se esperaban. Cuando una persona nos expresa su opinión con el deseo de ayudarnos, es importante que lo recibamos como un cumplido y no como una opinión negativa.

  Cuando te den una respuesta que no te gusta, puedes detenerte un momento y analizar por qué te han dicho eso. En lugar de enojarte, procura reaccionar sin ofrecer demasiadas justificaciones.

- Procura interesarte por las demás personas. Es normal que cada persona desee hablar sobre sí mismo y sobre quienes le rodean. Para que puedas ganarte la confianza de alguien, es acertado escucharle y realizarle preguntas sobre lo que está hablando. Al demostrar interés por lo que tu interlocutor comparte, éste puede generar un lazo de confianza y de amistad contigo.

- Utiliza la técnica del sándwich. Las críticas no son agradables ni para ti, ni para otras personas. Teniendo esto presente, cuando te sea necesario decir algo negativo sobre otra persona puedes emplear esta técnica: comienza expresando un aspecto positivo de esa persona, luego continúa con lo que podría mejorar y finalmente culmina con frases de ánimo y confianza.

- Haz uso de la empatía. Una de las fuertes bases de las habilidades sociales es comprender qué pueden estar sintiendo las otras personas. Cuando eres empático tienes la ventaja de encontrar lazos afectivos o cordiales fácilmente.

- Para mejorar tu nivel de empatía, recomiendo que prestes atención a las palabras y a los gestos que tenga el interlocutor en relación con las miradas, los silencios, los movimientos de manos y la postura. Imagina qué puede haber motivado a esa persona para actuar de esa manera y procura que se sienta escuchada y comprendida.

- Repite lo que la otra persona siente. En este caso, no se trata de hablar como un eco o como un loro. Se trata de demostrar que hemos comprendido el mensaje. Procura que esta actitud no suene superficial o forzada. Puedes usar frases como "Sé lo importante que es para ti esto..." "Comprendo tus inquietudes respecto a..." "entiendo tus miedos".

- Sé asertivo. La comunicación adecuada mejora tus habilidades sociales. Adicionalmente, te permite expresar tus opiniones, exponer tus necesidades y realizar sugerencias honestas.

  Con frecuencia, aceptamos pasivamente algunas situaciones para evitar conflictos. Cuando tenemos dificultades para decir "no" podemos tener muchas cosas en contra posteriormente.

Para que seas una persona asertiva es necesario que reemplaces tus pensamientos negativos y comprendas que las demás personas no tienen la capacidad de leer la mente y recordar que tienes objetivos y prioridades. Procura ser concreto en el momento de expresar tus motivos: no debes sentirte egoísta o mala persona si no puedes estar disponible para otras personas.

- Expresa afecto. Aunque ocasionalmente nuestra reacción se genere a partir de la vergüenza o la timidez, es claro que nos gusta sentirnos queridos. Recibir y ofrecer afecto nos ayuda a mejorar nuestras habilidades sociales y a tener unas sanas relaciones: una caricia, un abrazo, una sonrisa o una palabra de ánimo pueden ser útiles.

- Procura convencer de forma natural. La persuasión debe trabajarse de forma continua. Es una técnica que te permite negociar y establecer acuerdos con otras personas y esto te permite aumentar de nivel en tus habilidades sociales.

## El aumento de la confianza

Frente a las estrategias para aumentar la confianza se encuentran precisamente aquellas que te permitan vencer la timidez, sentirte confiado y relacionarte con las personas sin tener miedo.

La clave es que gestiones esa timidez para que no te bloquees y tengas problemas para iniciar nuevos contactos sociales.

Aquí van algunos consejos para conseguirlo.

- No tienes que evitar tus pensamientos negativos. Puedes imaginar que un día cualquiera tienes una primera cita con una persona que conociste en un portal de contactos. Esta persona es atractiva, divertida y tiene muchas cosas en común contigo.

  Sin embargo, es probable que te genere dudas si a esa persona le gustarás, o consideras que es quizá muy buena para ti, o que se va a aburrir contigo.

  Cuando le cuentas a un amigo tu propósito de verte con esa persona y los sentimientos que tienes al respecto, lo normal es que te recomiende que no pienses negativamente y que te muestres seguro de ti mismo.

  Es importante que seas consciente de que estás educado en un sistema que te invita a no aceptar tus pensamientos negativos en este tipo de circunstancias. Te proponen constantemente que ocultes estos pensamientos para esforzarte luego en aparentar lo contrario. Esto es un gran error.

  Una persona que intenta suprimir sus pensamientos, termina luchando con ellos muchas veces. Por el contrario, una persona que los deja fluir no tiene que luchar encarnadamente con ellos.

El efecto rebote que se genera con los pensamientos negativos al suprimirlos, es el mismo que ocurre con las emociones y es una de las principales causas de la depresión.

De esta manera, es importante que no suprimas o reprimas tus pensamientos y emociones negativas para que no añadas sufrimiento innecesario a cualquier experiencia que tengas.

- Reconoce tus emociones en voz alta para reducir su efecto en nuestro cuerpo. Teniendo en cuenta la situación anterior, es probable que te invadan los nervios o la ansiedad. Es importante que sepas que para sentirte mejor puedes hacerlo mediante el dialogo con ellas o el diálogo con alguien sobre ellas.

Existe una ocasión muy común en la cual puedes reconocer tus emociones y es en el momento en el que tienes que realizar una intervención en público. Si te sientes nervioso puedes expresarlo a tu público y de inmediato notarás que te sientes mejor y te ocupas de otras cosas, porque no tienes que ocultar cómo te sientes.

Respecto a la cita que puedes tener con una persona, lo ideal es que asumas que la otra persona tiene las mismas sensaciones que tu frente a las expectativas del encuentro y eso los pondrá al mismo nivel de sensaciones y de empatía al respecto.

Mantén una postura dominante para que acentúes tu confianza. Es frecuente escuchar hablar del lenguaje no verbal sobre los demás. Lo que no es muy común saber, es que el lenguaje verbal también ejerce influencia sobre nosotros mismos.

Adoptar una postura de poder significa tener posturas en el cuerpo como la cabeza erguida, los hombros hacia atrás, los brazos extendidos o las manos apoyadas sobre la cadera, generan unos efectos significativos en la conducta de las personas que lo hacen.

Permanecer erguido y en una postura dominante en una situación que te provoque estrés como una presentación en público o una entrevista de trabajo, puede ser una forma excelente de sentirte más seguro de ti mismo.

- No esperes sentirte confiado antes de actuar. Uno de los obstáculos que con frecuencia limitan a las personas con poca confianza o tímidas es de preparar algo, pero nunca llevar a cabo lo que pensaba hacer, esperando sentirse confiado.

Es probable que quieras ampliar tu círculo de amistades, pero no deseas acudir a eventos sociales. O deseas encontrar una pareja, pero no te atreves a mostrar interés a una persona desconocida. O llevas quizá años hablando de dejar el trabajo que te esclaviza, pero no lo haces.

El problema es que pretendes sentirte seguro antes de actuar. Es necesario traer la imagen de tu mismo conduciendo un coche. Aunque no estabas seguro o confiado para hacerlo, tomaste el volante y aprendiste. Lo lograste por medio de la repetición y del intento, que luego te ofreció la confianza de hacerlo mejor cada vez.

En este sentido es importante que comprendas que los actos de confianza llegan primero y las emociones llegan después. Hay muchas personas que piensan que ocurre de forma contraria.

Lo ideal es que no esperes sentirte confiado o seguro antes de enfrentarte a un reto, porque esto no será posible. Vas a desarrollar tu seguridad si te enfrentas primero sin confianza.

## La comunicación no violenta

En otros momentos de esta lectura he expresado que el poder de convicción en una conversación, así como el hecho de que este sea importante y sostenible, es fundamental para el establecimiento de relaciones sociales saludables y abiertas.

Otro aspecto importante de la comunicación es aquella que no sea violenta, para que en los procesos haya un intercambio de información necesaria con la cual se puedan llegar a acuerdos de forma pacífica. La clave para que esto se logre es mostrando las necesidades que realmente tenemos sin tener que callarlas.

Un ejemplo de esto puede ser el jefe que suele faltarte al respeto o gritarte, en lugar de contraatacar o seguir callado, puedes probar comunicarle de otra manera lo que sientes. "Cuando gritas me duele porque realmente necesito sentirme valorado. ¿Será posible que puedas dejar de hacerlo?"

Exponer tus necesidades implica abrirte. Cuando te abres puedes generar empatía y agrado en las demás personas.

## Conocer a otras personas

En otro momento también hablé sobre este asunto cuando el escenario era el de una cita en el cual te encontrabas con una persona y podrías sentirte ansioso con el encuentro.

Es importante que sepas que, aunque ser asertivo pasa por muchos de los consejos que ya has leído en este texto, todavía quizá quieras evitar conocer personas, o tener miedo de conversar con extraños por miedo a quedarte sin tema de conversación o por no saber qué decir.

Lo importante es que sepas que tienes un interlocutor. Cuando tienes la posibilidad de conectar con nuestro interlocutor podemos tener una experiencia de mucho placer para el cerebro. Si las personas que conversan contigo sienten ese placer, querrán tenerte cerca siempre.

En este sentido, no debes tener miedo de interesarte por tu interlocutor o de preguntar por él. Una de las formas más sencillas de mantener una conversación en la otra persona es preguntarle por lo que hace y ama hacer y cuáles son los motivos por los que lo hace.

## La palabra favorita

El comportamiento de las personas que suelen ser más hábiles socialmente, se refleja en la costumbre de repetir el nombre de las personas con las que conversa.

Está demostrado que cuando oímos nuestro nombre en una conversación, se activa una región del hemisferio izquierdo del cerebro asociado al placer.

No obstante, la mayoría de las personas solo preguntan el nombre del interlocutor cuando finaliza la conversación. Ocasionalmente no preguntamos por asuntos de un supuesto respeto y luego nos despedimos sin concretar esa información.

En ese sentido es esencial que, al presentarte, preguntes de inmediato su nombre para llamarle así durante el tiempo que conversen. De esta manera no serás un completo extraño para la otra persona y causarás una mejor impresión.

## Por favor no es una palabra mágica para persuadir

Negarse a un favor es mucho más difícil de lo que creemos. Sin embargo, hay una forma de ser mucho más convincentes cuando pedimos un favor, y no es precisamente cuando pedimos el favor.

La palabra acertada para este caso es cuando usamos la palabra "por qué". Es mucho más fácil que a un estudiante le prioricen un puesto en la fila del fotocopiado cuando tiene un motivo y lo expresa claramente a la persona que atiende el lugar.

Suele ser muy común que haya personas que se acostumbran a pedir cosas sin explicar los motivos para ello. Al comunicar poca información de lo que necesitan con claridad, resulta ineficiente.

## Estrategias para conectar con otras personas

Para lograr que las demás personas puedan empatizar contigo y puedan comprender mejor tu forma de ser y desarrollar tu empatía y tu capacidad de escucha, para que estas personas se sientan conectados contigo.

Una de las técnicas de comunicación empleadas para esto es precisamente la comunicación emocional.

Aquí es importante decir, que solemos hablar de forma inflexible, objetiva, tajante, sin permitir que la comunicación se produzca a partir de lo que hemos observado y sentido.

Cuando dices "Esta obra de teatro es aburrida" se trata de un mensaje inmóvil que no da lugar a un desafío del mensaje.

Si dices "Cuando vi esta película tenía muchas expectativas, pero me aburrí mucho" es un mensaje que no causa tanto conflicto porque con las experiencias y las emociones no se puede tener una discusión tan profunda.

La comunicación emocional te permite que te abras a los demás y que estas personas puedan conocerte mejor. Es probable que te sientas vulnerable, pero en realidad estas generando agrado y cercanía. Adicionalmente, ayudas a que los demás puedan empatizar contigo y se pongan en tu lugar. Las emociones son contagiosas incluso si se habla de ellas.

## El mejoramiento de la empatía

La manera más eficaz de mejorar la empatía es poniéndote en el lugar del otro. Es importante que te centres en estar presente en el momento, donde no juzgues lo que te dice el otro, dejar volar tu mente o preparar tu respuesta. Procura centrarte con toda tu atención en el interlocutor y escucha. Por otro lado, debes preguntarte las razones por las que te pregunta determinadas cosas. Evalúa qué pensamientos, ilusiones o miedos provocan esas emociones. De esa forma puedes comprender qué es lo que ha llevado a la persona a actuar de esa manera.

## Es importante demostrar que estamos escuchado

A las personas les gusta que las escuchen. Lo que realmente marca la diferencia no es cuando escuchas o no: significa que la persona se siente escuchada o no.

Una de las formas más sencillas de conseguirlo es repitiendo las últimas palabras de lo que esta persona dijo. La persona sentirá que le estás prestando atención.

## Mantén el contacto

Las relaciones a largo plazo son importantes. Procura mantener el contacto en persona, redes sociales o mensajería con esa persona por lo menos cada 15 días, este es el tiempo que debe pasar entre las interacciones que se han creado para formar una relación autentica de amistad. En este caso, la cantidad sí importa.

# Capítulo 20. Cómo cambiar y reprogramar mi mentalidad

Como cambiar y reprogramar la mentalidad a través del reconocimiento del subconsciente.

## El subconsciente

Al subconsciente no podemos controlarlo, aunque sí podemos educarlo para que nos guie mediante las intuiciones y de esta forma habitar un presente y vivir en plenitud.

Al nombrar la palabra "subconsciente" deberíamos tener presente que esta parte de nuestra mente es la que actúa como un motor de muchas de nuestras reacciones, interacciones y actos con todo lo que nos rodea.

Suele suceder que, cuando bajas las escaleras y te tropiezas, reaccionas de inmediato para no perder el equilibrio.

Existen muchas cosas que puedes realizar de forma automática, en las que ofreces respuestas sin que éstas pasen por un filtro de análisis racional. En otras palabras, son muchos los comportamientos que se encuentran regidos por tu estructura subconsciente.

Lograr que pudieras introducirte y explorar este lugar del cerebro para conocerlo mejor y controlarlo, haría posible que puedas actuar con acierto, dejar los miedos a un lado y ser una persona feliz, plena y libre.

Hay que decir que lo que se encuentra en el inconsciente no ocurre por casualidad ni por arbitrariedad: el inconsciente guarda dentro de sí toda la esencia de lo sentido, visto y vivido. Esto deja en nosotros una huella emocional dependiendo de lo que hayamos procesado.

Cada experiencia y hecho que hayamos vivido, deja una marca en nuestro inconsciente. De esta forma, es común que busquemos interpretar nuestra realidad de acuerdo a esa información guardada. Por otro lado, el inconsciente nos permite ofrecer rápidas respuestas en momentos en los que no tenemos tiempo de pensar las cosas.

Después de todo este panorama, queda preguntarse de qué nos puede servir poder programar nuestro subconsciente. Las posibilidades las enuncio a continuación:

- Nos permite conocernos mejor a nosotros mismos.

- Corregir hábitos no deseados como: fumar, tener miedos irracionales o tener miedo a intentar algo.

- Crear una realidad que sea más ajustada a nuestros deseos.

- Nos ayuda a convertirnos en la persona que queremos ser.

Antes de programar nuestro subconsciente es necesario que sepamos qué hay en él, es decir, conocer en primer lugar cuáles son esas áreas problemáticas que hay en nuestro subconsciente para sanarlas. Para lograrlo recomiendo hacer lo siguiente.

- Procura atender tus intuiciones. Las corazonadas que solemos tener son en realidad mensajes que envía nuestro subconsciente a la mente consciente. Por esta razón, se trata de informaciones que nos ofrecen una pista sobre lo que hay en él y lo que quiere decirnos.

- Lleva un diario de sueños. Deja una libreta a lado de la mesita de noche y escribe cada sueño que tengas. Hazlo en el momento en el que te despiertes antes de que se te olvide. Posteriormente, analízalo y pregúntate qué puede significar.

- Practica la meditación. Procura buscar un instante en tu día en el que puedas estar en calma para hacer ejercicios de meditación. Puede ser incluso media hora. Lo importante es que te conectes contigo mismo.

- Pinta mandalas. Este es un modo y un ejercicio que te permite centrarte en el aquí y en el ahora para conectarte también.

- Lleva un diario personal. En él, puedes apuntar tus pensamientos, tus emociones y recuerdos. Es una forma de elaborar una construcción literaria donde puedan desprenderse tu esencia y parte de tu subconsciente.

Existen 5 pasos para programar el subconsciente. Sin embargo, es importante que antes hayas trabajado bien el paso anterior relacionado con el autoconocimiento.

Cuando encuentres tus debilidades podrás iniciar el proceso de cambio en tu interior.

También es necesario que recuerdes un aspecto clave: debes ser constante. Los ejercicios deben practicarse diariamente y con mucha paciencia. Los cambios no se logran en una semana o en un mes.

- Visualiza. Practica todos los días la visualización. Imagínate dentro de un coche en el que llevas el control del volante y sabes muy bien a dónde debes llegar.

  Sientes que un viento relajante acaricia tu rostro. En el horizonte, hay un tranquilo amanecer que te llena de esperanzas e ilusiones.

  En ese punto del horizonte se encuentran tus objetivos y te diriges hacia ellos sin miedo y con mucha seguridad. Nada puede impedírtelo.

- Usa frases y palabras positivas que te otorguen poder y que sean de utilidad como "merezco ser feliz y voy a lograrlo. Los enemigos están en mi mente y los puedo vencer".

  Repite con frecuencia estas afirmaciones y en especial antes de que te acuestes.

- Vive el aquí y ahora. En este momento debes estar conectado con lo que ocurre en el presente. Si centras tu foco en el pasado o en el futuro, tu subconsciente te traicionará porque es en el aquí y el ahora donde pueden abrirse otras oportunidades.

- Haz una cosa a la vez. Procura evitar hacer varias tareas simultáneamente. El estrés que te genera querer hacer muchas cosas al mismo tiempo se convierte en un enemigo para tu paz interior.

Aprende a caminar con cada cosa que haces en su momento. Allí debes focalizar tu energía.

Procura detener los pensamientos errantes. Sé consciente de que tienes un objetivo en mente. Ser tú mismo, ser feliz y convertirte en la persona que verdaderamente deseas. Debes evitar autosabotearte.

Al evitar la mente errática podrás tener un subconsciente más maduro, seguro y con el poder que necesitas para dirigirte hacia el objetivo que te propones.

## La gestión de las críticas

Seguramente has recibido críticas en tu vida por alguna razón. Es probable que éstas sean ciertas, como también puede que no lo sean.

Ocurre también que no es lo mismo que te critiquen cara a cara y te expliquen las razones de la crítica, a que te critiquen en un lugar público, delante de otras personas y sin ofrecerte una explicación sobre lo que consideraron que hiciste mal.

Cuando estas cosas suceden, sueles pensar en lo incómodo que resultan las situaciones en las que te hacen sentir ridículo o no sabes si actuar como si no lo hubieras escuchado. También puede ocurrir que te enfades y dejes que la situación se salga de tus manos.

Es posible que no puedas evitar que una persona te critique, pero sí puedes cambiar la manera de percibir esas críticas. A continuación, expongo 10 consejos para que puedas gestionar de forma acertada las críticas que hacen los demás sobre ti.

- Evalúa la crítica y la persona que la hace. En este punto es importante que puedas ser objetivo para saber cómo vas a responder y a actuar. Existe una gran diferencia entre las críticas constructivas y las críticas de una persona que quiere hacerte daño para que tengas el descrédito de quienes te rodean. Por esta razón es importante que evalúes si es cierto lo que esa persona dice de ti.

En estas circunstancias, lo ideal es que te alejes de la situación y disminuyas tu nivel de ego. Respira profundamente y no te dejes consumir por el enfado.

- Reconoce tus emociones. La presión que el momento presenta puede dominarte si no tienes la capacidad de reconocer tus emociones o lo que es molesto de la crítica que se está haciendo. Cuando una persona te haga daño, en especial si es cercano, es mejor dejarlo pasar para no tener una confrontación que es, además, innecesaria.

  Sin embargo, es importante que reconozcas las emociones que surgen en ese momento, porque te pueden indicar que algo no se encuentra bien. Si no prestas atención a tus emociones, el problema podría prolongarse. Cuando reconoces el mensaje que te envían puede ser el principio de tratar ese problema de la forma más acertada.

  Antes de que te dejes llevar por el impulso, procura prestar atención a lo que tus emociones te están comunicando, y pregúntate qué podría decirte y qué podrías hacer para superar la situación de forma relajada.

- Establece límites claros para quienes son criticones habituales. Existe una ventaja que no puedes desaprovechar y el de decidir qué y a quién toleras en tu vida. Tanto en tu vida personal como en tu vida laboral vas a encontrarte con personas que te van a criticar. Sin embargo, tú decides qué límites pondrás a esa persona y como te sentirás respecto a lo que ella diga de ti. Es saludable para ti que te alejes de personas que pueden afectarte emocionalmente.

  No es bueno olvidar que, en el trabajo, una persona que te afecte emocionalmente puede tener un impacto negativo en tu creatividad y rendimiento, lo que perjudica el buen clima laboral.

  En este caso, debes decidir qué vas a hacer con la persona criticona si ésta continúa con prácticas nocivas. Intenta hacerle saber con calma y delicadeza que no te encuentras dispuesto a tolerar esa situación. Puedes decirle, por ejemplo, que vas a dejarlo pasar esta vez, pero si vuelve a ocurrir terminaras la relación con esa persona. Cuando le das a entender a quién critica donde está el límite, te haces respetar.

  Finalmente, si la situación se repite, cumple con tu promesa.

- Busca la verdad oculta. Los compañeros de trabajo, las personas cercanas o una persona que se encuentre en la fila del supermercado pueden responder a nuestras acciones y sus comportamientos pueden ser producto de nuestras propias palabras. Las críticas que ellos emiten, aunque sean duras o rencorosas, pueden revelar algún aspecto de nuestro comportamiento que nos hemos negado a ver. Para que una crítica sea constructiva, busca identificar esa verdad, aunque no sea siempre fácil aceptarla.

  En lugar de reaccionar con furia a las críticas, ten la entereza de preguntarte si la crítica que te hacen tiene algo de verdad. Luego, pregúntale a la persona si hay algo que puedes hacer o cambiar para que éste no se sienta ofendido.

- No permitas que digan mentiras sobre ti. Cuando una persona difunde mentiras o rumores que pueden afectar tu vida laboral o tus relaciones, no debes ignorarlo. En estas circunstancias es ideal que afrontes el problema con carácter fuerte para limpiar tu nombre.

  Para tener la mente tranquila y despejada, respira profundamente y toma un trozo de papel. En un lado escribe la mentira o el rumor. En otro lado, escribe cómo percibes esa mentira. Luego, habla con las personas que pudieron malinterpretar tus palabras o acciones y con calma explícales cómo te sientes y qué es lo que realmente ha ocurrido. Si estas personas no te creen o no aceptan, por lo menos pudiste defenderte y seguir con tu vida.

- Soluciona los problemas desde el corazón. Si hablas con los demás de manera honrada y desde el corazón podrás reaccionar mucho mejor que si lo hicieras de forma impulsiva y rencorosa. Cuando actúas desde la honra y el corazón puedes convertirte en una gran persona y evitar que la situación empeore.

  En las situaciones complejas, es necesario que vuelvas a conectar con tu corazón y contigo mismo. Procura encontrar un lugar donde puedas cerrar los ojos y respirar. Posteriormente, piensa en algo bello o en algo de lo que estés profundamente agradecido. Cuando el enfado haya pasado, vuelve a retomar el problema y pregúntate qué puedes hacer para que la situación se resuelva y cuál es el siguiente paso. Es fundamental escuchar el corazón.

- Sigue tu camino. Cuando un insulto de una persona inmadura te llega, en lugar de adoptar el rol de víctima puedes seguir tu camino. No permitas que las críticas te distraigan de tus principales objetivos. Procura pensar en esos comentarios como simple ruido.

  No dejes que la crítica dañina afecte tu bienestar y no permitas que todos los que te critican te dejen fuera de lugar. No toda crítica exige una respuesta o una atención. Procura mantenerte centrado en sostener cosas importantes en tu vida para que puedas potenciar tu bienestar y puedas seguir dando mucho a otros.

- Abre tu corazón a quienes te critican. Ocasionalmente, lo que te afecta no es tu culpa. Es posible que la persona que te critica esté pasando por un mal momento o tenga un problema de autoestima. En estas circunstancias, es probable que esa sea la manera de expresar que necesita ayuda.

- Por ejemplo, tu compañero de piso la está pasando mal con su pareja, pero te critica porque no recogiste tus platos. En este caso, puedes estar en su punto de mira porque eres una persona cercana a él, sin embargo, lo que sucede realmente es que no es capaz de gestionar el dolor emocional. Lo que puedes hacer es tenderle la mano en lugar de pelear con él para que la comunicación sea distinta.

Cuando logres detectar que ese puede ser el problema, pregúntale qué le sucede. También puedes decirle que sabes que no lo está pasando bien y que eso está afectando la relación.

- Sé firme y cortés en público. La humillación, aunque provenga de un compañero de trabajo o de un jefe, en una reunión, o incluso de un familiar, puede ser incómoda y vergonzosa. Lo ideal es que no critiques y no peles con ellos. Eso solo puede perjudicarte. Sé cortés, busca estar calmado y controla tus impulsos.

Si una persona tiene motivos, pero los ha expresado de forma inadecuada, sonríe y di algo para lograr romper la tensión y dile que dispondrás de un espacio más tarde para hablar de ello.

- No te tomes el asunto como algo personal. Si has explorado los puntos anteriores y has ajustado tu comportamiento, pero la crítica sigue estando presente, es el momento de seguir adelante. Lamentablemente, algunas personas buscan proyectar sus propios problemas mediante la constante crítica. Por esa razón es importante dejarlo a un lado, liberarte de esas personas, aceptarlo y seguir con tu vida.

# Capítulo 21: Ejercicios para mejorar y adquirir costumbres mentales sanas

Quiero mostrarte algunos ejercicios útiles para mejorar y adquirir costumbres mentales sanas.

## Un cerebro activo

Muchas personas, a medida que se vuelven conscientes de su envejecimiento, procuran mantenerse en forma física controlando su alimentación y haciendo ejercicio. No obstante, pocos prestan atención al envejecimiento cerebral o a la necesidad de mejorar sus aptitudes mentales.

Uno de los mejores caminos para aumentar la longevidad es, sin duda, realizar ejercicios relacionados para el cerebro: con esto se logra la independencia y la calidad de vida en la adultez. Que un cerebro se encuentre en buen estado depende de muchos factores y estos actúan en la capacidad intelectual, pero también en su envejecimiento y va desde la actividad física y la nutrición, hasta el sueño, la vida social y las actividades creativas.

Además de las influencias propias y genéticas de cada persona, la buena salud mental depende de que una persona incorpore hábitos que logren una conexión correcta entre la mente y el cuerpo, diariamente. Esto ayuda a que el funcionamiento esencial del cerebro sea refrescante. Estos hábitos son de fácil aceptación y garantizan buenos resultados.

- Calidad y cantidad de sueño. Sentirte completamente descansado después de una noche de sueño reparadora mejora la memoria y disminuye el riesgo de que padezcas insomnio, el cual aumenta con el paso de los años. El sueño reparador se logra solo si cumples con las horas de sueño aconsejadas, que en un adulto suele ser de siete a nueve horas por noche.

  Adicionalmente, es importante que acondiciones el ambiente de descanso de manera que sea oscuro, libre de ruidos, exento de pantallas brillantes que emiten luz y donde se evite el consumo prolongado de cafeína.

  Por último, es importante que procures crear rituales nocturnos como escuchar música suave, tomar un baño caliente o leer antes de dormir. Estos son métodos efectivos que además de permitir que puedas descansar mejor, te fortalecerán la memoria.

- Alimentación consciente. El cerebro es uno de los órganos con mayor cantidad de grasas del cuerpo. Por esa razón, es importante comer alimentos ricos en grasas saludables. De esta forma es posible nutrir la salud mental. Adicionalmente, la buena nutrición es crucial para el alivio de la depresión y permite que los adultos mayores puedan mejorar su estado de ánimo.

271

Se recomienda comer pescado, verduras de hojas verdes, fríjoles y nueces. Estos alimentos son ricos en ácidos grasos omega-3 que calman trastornos relacionados con el estado de ánimo. Las gaseosas y las bebidas saborizadas por otro lado, se encuentran vinculadas a la contracción del cerebro. Se recomienda entonces incorporar a la dieta el salmón y las espinacas.

- Actividad y ejercicio. La aptitud física se encuentra conectada directamente a la salud cerebral, en especial, en la capacidad de aprender. Cuanto más se ejercite un adulto, le permite a su cerebro crecer más. La actividad física puede aumentar significativamente la capacidad del cerebro para adaptarse a experiencias nuevas.

De esta manera, el ejercicio físico estimula el crecimiento de neuronas en el cerebro. Actividades como el Tai Chi Aumentan la agilidad y simultáneamente mejoran la movilidad y el equilibrio. Esto permite desencadenar un efecto dominó que motiva la realización de otras actividades de estimulación cerebral.

- Actividades del hemisferio cerebral derecho. Es importante invertir tiempo de calidad en una actividad creativa. Esto permite que haya una amplia concentración mental. De esta forma, un pasatiempo creativo puede prevenir la demencia. El poder curativo de los oficios y las artes se extiende también a las actividades que puedan realizarse con madera, cerámica y la costura. Estas, minimizan la probabilidad de que haya una degeneración cerebral leve en un 45%

Adicionalmente, la lectura es un excelente hábito para atesorar tanto en la adultez como en la vejez. Leer un libro aumenta la capacidad de centrarse y vivir mucho más tiempo. La lectura ofrece una amplia variedad de ventajas a la salud cognitiva, en especial en adultos mayores.

- Experiencias compartidas. Los hábitos, la estimulación intelectual y las actividades creativas pueden permitir el mejoramiento de la salud cerebral, sin embargo, el resultado podría ser mucho mejor si esto se hace en compañía.

La actividad social puede mejorar de forma significativa la claridad mental, ya que las relaciones son complejas y sutiles señales sociales que requieren de flexibilidad mental y atención. En otras palabras, las interacciones que se establecen de forma continua con la familia y los amigos hacen posible que se energicen los procesos de pensamiento de una persona, ofreciendo como resultado un razonamiento más claro y una capacidad de adquirir habilidades multitarea.

Se sostiene también que cuando existe un fortalecimiento en ese apoyo social, puede evitarse el declive cognitivo. Adicionalmente, las actividades grupales como las clases comunitarias o los clubes literarios son excelentes maneras de sentirse conectado. Otras formas de apoyo se encuentran en las redes sociales, las mascotas y el baile. Mantener una vida social que sea activa en la tercera edad será la clave para tener una mente despierta y sana.

- Escucha tu cuerpo. Presta suficiente atención a cualquier síntoma, independiente de que sea mental o corporal. Muchas veces está relacionado con las preocupaciones, los afanes y la atención que prestas a otras cosas.

- Motívate. Esta es la oportunidad para que demuestres cuánto te amas. Tener una autoestima alta te permite trabajar por tener buena salud en todo, incluyendo la salud mental.

- Procura enfocarte en las soluciones. De esta manera podrás darles un buen manejo a las preocupaciones, con lo que podrás disminuir los niveles de estrés.

- Analiza tu modo de relacionarte con los demás. Descubre si estas relaciones son buenas. Tener una buena red de apoyo con amigos y familiares puede ser de mucha ayuda cuando estés atravesando una dificultad.

- Procura mantener el equilibrio en tu vida. Puedes hacerlo descansando las horas suficientes, evitando las bebidas alcohólicas en exceso y alimentándote bien. Puedes evitar también ver programas de televisión durante mucho tiempo, y dedícate a las actividades de ocio y esparcimiento.

- Evita utilizar la tecnología por algunos minutos. Especialmente en la noche. Procura desconectar tus equipos en el momento en el que tomes tu descanso. Si no tienes sueño, puedes leer un libro y disfrutar de los efectos terapéuticos que trae la lectura.

- Aprende a vivir con tranquilidad. De esta forma, podremos tener una vida más sana y con calma.

# Conclusión

Hasta aquí, una enriquecedora lectura sobre la inteligencia emocional para quienes tengan a su cargo personas como un equipo de trabajo, o para quienes asumen un rol de tutores, asesores, coach o influenciadores. El propósito de esta lectura se legitima en la necesidad de la presencia de la inteligencia social en diversos aspectos de la vida, para que esto se convierta en una herramienta que facilite la interacción con otros y la aceptación personal. Es importante que recuerdes algunos aprendizajes obtenidos durante la lectura.

En primer lugar, existe un reconocimiento a diversos autores que descubrieron y acentuaron la importancia de la inteligencia emocional, como base del desarrollo personal y social. En este sentido, la inteligencia emocional no es inferior ni superior a otro tipo de inteligencias, en especial aquellas relacionadas con lo intelectual o lo lógico.

Posterior a esta afirmación, los poderes de la inteligencia emocional se hacen visibles al encontrar sus usos y beneficios en la vida de cualquier persona y en espacios como el trabajo, la vida en pareja y los adultos mayores. También se asumió una postura que mostrara la necesidad de cultivar la inteligencia emocional desde la infancia, en una apuesta porque el niño pueda crecer con un buen nivel de salud mental y con posibilidades de desarrollar mejor su carácter.

En segundo lugar, existen cinco características fundamentales en la inteligencia emocional que son la autoconciencia, como la capacidad para reconocer los estados emocionales y las reacciones que de ellas derivan, el autocontrol, como una apuesta por la regulación de las emociones en momentos concretos, la motivación, como una capacidad de descubrir las razones por las que emergen determinadas acciones, la empatía, como una manera de aceptarnos a nosotros mismos y comprender a otros y las habilidades sociales, como una herramienta para compartir espacios con otras personas.

A partir del reconocimiento de esas cinco características fundamentales, es posible conjugarlas luego con el conocimiento de las emociones que existen, cómo se categorizan y qué funciones tienen dentro de nuestro cuerpo. La presencia de las emociones nos permite ser asertivos y equilibrados, el que descuidemos de ellos nos produce enfermedades y su ausencia no nos permitiría vivir y convivir de una manera óptima.

Por esa razón, las emociones hay que conocerlas desde su formación, que cuenta con bases orgánicas que tienen una función específica que se va desarrollando con el crecimiento del cuerpo. En este punto, es fundamental comprender qué cosas han sucedido en la primera infancia respecto a la nutrición y al desarrollo de competencias en la escuela y de valores en el hogar.

Siempre será ideal que la inteligencia emocional sea un aspecto fundamental en la experiencia de vida y que esto genere la necesidad de que se establezcan metodologías y herramientas para que esto se lleve a cabo progresivamente y con éxito.

La experiencia de este libro tiene su foco en las personas que influencian, en los que asesoran, ofrecen tutorías y orientan a las personas en su desarrollo personal. Y esto significa que tienen un rol fuerte de liderazgo en el cual se hace fundamental su formación en inteligencia emocional, por el efecto que puede generar en sí mismos y en los demás, en relación con el bienestar y la convivencia.

También exploramos asuntos relacionados con la neurociencia, y cómo esta nos permite darle un peso a la experiencia de las emociones, a partir de experiencias científicas que así lo reconocen. De esta manera, la inteligencia emocional deja de ser un simple capricho del cuerpo, y pasa a formar parte de las inteligencias que poseemos.
Históricamente siempre se reconoció la inteligencia desde la lógica, el razonamiento y lo intelectual. Con la fuerza discursiva y probatoria de la ciencia, la inteligencia emocional ha sido determinante como para incluirla como aspecto fundamental para la selección de personal para trabajar en una empresa o para trabajar en un equipo. Desde este punto de vista, se vuelve obligatoria también la evaluación de las emociones de esa persona, para comprender si realmente puede ocupar el puesto.

La inteligencia emocional también pone en evidencia las posibilidades de resignificar los modos de liderazgo empresarial, donde es necesario que el líder tenga inteligencia emocional para orientar exitosamente a la empresa y pueda estar al mando de una manera responsable, sin que esto lastime su buena salud mental.

Finalmente, la inteligencia emocional debe reforzarse con prácticas que permitan que nuestra mente se reprograme y se limpie de información que no es valiosa para el desarrollo personal. Esto involucra fuertemente a la necesaria gestión de las críticas, las cuales pueden afectar la estabilidad en la salud emocional, cuando no se es consciente de esta necesidad.

Espero que este libro te invite a profundizar mejor el camino de la inteligencia emocional para que tu desarrollo personal como líder pueda ser exitoso y puedas, así, tener una vida emocionalmente estable, puedas disfrutar de los aprendizajes que traen las diversas experiencias de convivencia a lo largo de los años.

# PSICOLOGÍA OSCURA

Como Analizar A Las Personas Para No Caer En Engaño, Aprendiendo A Manejar Relaciones Con Pnl Y Psicología Del Comportamiento Oscuro.

## Por

## Fabián Goleman

.

# Fabián Goleman

Nacido en New York el 24 de agosto de 1960 en el seno de una familia burgués de origen española. Fabian desde muy joven mostró una vocación artística y una sensibilidad fuera de común. Obtuvo el doctorado de Psicología en Harvard.

Gracias a los consejos de sabiduría, inspiración y amor de Fabian Goleman, muchas personas han podido redescubrir los verdaderos valores de la vida y el optimismo necesario para tener una mayor confianza en sí mismo.

El principal mensaje filosófico de Fabian que nos deja en sus libros, es que toda persona en la tierra es un milagro y debe elegir dirigir su vida con confianza y congruencia con las leyes que gobiernan la abundancia.

...Mi vigor aumentará, mi entusiasmo aumentará, mi deseo de encontrarme con el mundo superará cualquier miedo que conocí al amanecer, y seré más feliz de lo que nunca pensé que podría ser en este mundo de lucha y dolor. F.G.

Si quieres dejar tu opinión y ganarte un cheque regalo Amazon, abre este QR Code a treves de la foto cámara de tu celular o entrando directamente en este enlace:

WWW.FABIANGOLEMAN.COM

Fabián Goleman (@fabiangoleman)

# Introducción

Voy a ser breve con esta introducción, respondiendo a la que podría ser la mayor inquietud de un lector que se encuentra por primera vez con un libro de psicología oscura: ¿cuál es el beneficio de estudiarla?

Si eres profesional de la psicología, esta pregunta ya la tendrás respondida, sin embargo, creo que es importante tocarla en un par de líneas.

Estamos en una era en la que el conocimiento es lo importante. Puedes encontrar información sobre las inquietudes más relevantes y las más superficiales. Pero, ¿qué hacemos con el conocimiento?

He allí el dilema.

No soy responsable por lo que haces y harás después de leer este libro, pero sí te daré un solo consejo: usa siempre el conocimiento para tu bienestar y evita dañar a los demás.

Este libro te entregará las herramientas para que puedas entender la psicología oscura. Comprenderás cuáles sobre las patologías y psicopatías que se encierran dentro de la psicología oscura. Pero también descubrirás técnicas de manipulación psicológica, y de persuasión.

Te invito a leer hasta el final y descubrir todo sobre este interesante, útil y provechoso conocimiento.

# Capítulo 1
## ¿Qué es la psicología oscura?

Durante años, la psicología ha sido la encargada de hallar explicaciones para entender el comportamiento humano. Esta se centra en el riguroso estudio de todos los andamiajes presentes en el interior de las personas. Lo que hace de la psicología una de las ciencias más complejas de la humanidad es, desde luego, su objeto de estudio: la mente humana. Estas son palabras mayores por varias razones, pero no hay que ir demasiado lejos para saber que la mente humana es el órgano más maravilloso de todos cuanto hayan sido registrados desde que el mundo ha existido.

Esa misma computadora que ha sido capaz de reordenar el origen del universo (junto a otros misterios) en teorías científicas complejas y reveladoras; que nos sorprende diariamente con cada nuevo descubrimiento proveniente de las ciencias médicas; que ha protagonizado hitos históricos de la talla de las pirámides egipcias, la concepción de la filosofía, el desarrollo de grandes obras de la literatura, la música o cualquier manifestación artística. ¿Imaginas el poder de un órgano del tamaño de un puño que es capaz de construir monstruosas estructuras arquitectónicas como el puente de San Francisco o enfoques económicos como el libre mercado?

De manera que, cuando hablamos de psicología, nos referimos a esa ciencia que estudia cada uno de los estados de la mente humana y, en consecuencia, su comportamiento. Esta es, en esencia, el objeto de estudio de los psicólogos desde tiempos inmemoriales. Ahora bien, entendiendo que la psicología gestiona y busca comprender la mente humana en su máxima expresión, ¿cuál es el papel de la psicología oscura?

Este capítulo ha sido construido desde la necesidad de encontrar respuestas concisas a preguntas como esta. Siguiendo una definición elemental, la psicología oscura pasa por el análisis e identificación del comportamiento de todas esas personas que actúan desde un propósito en sí mismo peligroso y dañino para quienes le rodean. En este sentido, cabe hacerse la siguiente pregunta: ¿cuáles son los motivos que llevan a alguien a tomar acciones de esta naturaleza, sin tener en cuenta a los demás? Existen muchas posibles razones. La psicología oscura busca, hoy día, recoger todas las migajas halladas en el camino para darle una respuesta mucho más funcional a quienes se plantean cuestiones como estas.

La importancia de entender los conceptos y acepciones más básicos de la psicología oscura radica en que, solo así, podrás forjar tus propias acciones desde el criterio propio y no por causas que te sean ajenas. Para ilustrar el comentario, utilizaré este ejemplo: cuando una persona sabe reconocer las señales más representativas de un experto en la psicología oscura, podrá levantar fortalezas que le protejan de futuras manipulaciones. Además, podrá hacer uso de su conocimiento para influir significativamente en los demás. En consecuencia, sacar un provecho sustancioso de sus habilidades y herramientas de influencia y persuasión.

La psicología oscura, en definitiva, examina todas las estrategias y tácticas utilizadas por las personas que persiguen objetivos siniestros. De manera que, siguiendo esa vieja premisa de que *el conocimiento es poder*, conforme aprendas todo lo concerniente a esta ciencia del comportamiento humano, estarás mucho más protegido de posibles estrategias contra ti.

## ¿De qué hablamos cuando hablamos de psicología oscura?

*" una tarde en un bar me encontraba con mi Mamá. Una camarera, aspirante madre sin hijo propio, dijo en broma a mi madre que me quería comprar. Mamá respondió: 'Una jarra de cerveza y es tuyo'. La camarera preparó la cerveza, mamá se quedó el tiempo suficiente para terminarla con calma y se fue del lugar sin mí. Varios días después, mi tío tuvo que buscar a la camarera por todo el pueblo y llevarme a casa".*

*Su madre era conocida por beber en exceso y pasó temporadas en la cárcel, e incluso, tuvo una condena por robo a mano armada.*

*Esta es la historia de Charles Manson. Nacido como Charles Milles Maddox el 12 de noviembre de 1934. Hijo de Kathleen Maddox, de 16 años, que se había escapado de casa a los 15 años. Poco después del nacimiento de Charles, se casó con William Manson. A pesar de su breve matrimonio, el hijo tomo el nombre, y fue conocido como Charles Manson durante el resto de su vida.*

*Como su madre no podía ocuparse de él, Manson pasó su juventud con varios parientes, que no fueron buenas experiencias para el joven. Su abuela era una fanática religiosa, y un tío ridiculizaba al chico por ser femenino. Otro tío, mientras Manson estaba a su cargo, se suicidó al enterarse de que sus tierras estaban siendo confiscadas por las autoridades.*

*Tras un infructuoso reencuentro con su madre, Manson comenzó a robar a los 9 años. Tres años más tarde fue enviado al Gibault School for Boys de Terre Haute, Indiana, que no sería su última experiencia en el reformatorio. En poco tiempo añadió a su repertorio el robo de viviendas y de coches. Se escapaba del reformatorio, robaba, lo pillaban y lo volvían a enviar al reformatorio, una y otra vez.*

*En 1958, Manson salió de la cárcel. Mientras estaba fuera, empezó a ejercer de proxeneta en Hollywood. Estafó a una joven de su dinero y en 1959 recibió una condena de 10 años con suspensión de la pena por robar cheques de los buzones.*

*Durante una condena, Manson comenzó a estudiar Cienciología y música, y se obsesionó con la actuación. Practicaba su música todo el* tiempo, escribió docenas de canciones y empezó a cantar. Creía que cuando saliera de la cárcel podría convertirse en un músico famoso.

Salió nuevamente de la cárcel. Esta vez se dirigió a California, donde, con una guitarra y drogas, comenzó a desarrollar un grupo de seguidores.

Mary Brunner fue una de las primeras en enamorarse de Manson. La bibliotecaria de la Universidad de Berkeley lo invitó a vivir con ella. Al poco tiempo empezó a drogarse y dejó su trabajo para seguir a Manson. Brunner ayudó a que otros se unieran a lo que finalmente se llamaría la Familia Manson.

En San Francisco, encontraron a muchos jóvenes que estaban perdidos y buscaban un propósito. Las profecías y las extrañas canciones de Manson crearon la reputación de que tenía un sexto sentido. Disfrutaba de su posición de mentor, y las habilidades de manipulación que había perfeccionado en la infancia y en la cárcel, alimentaban la atracción de los vulnerables hacia él. los seguidores veían a Manson como un gurú y un profeta.

Él y algunos de sus seguidores se trasladaron al rancho Spahn, que estaba al noroeste del valle de San Fernando. El rancho había sido un lugar de rodaje popular para películas del oeste en los años 40 y 50. Una vez que Manson y sus seguidores se mudaron, se convirtió en un refugio de culto para "La Familia".

A pesar de su habilidad para manipular a la gente, Manson sufría de delirios. Cuando los Beatles lanzaron su "Álbum Blanco" en 1968, Manson creía que su canción "Helter Skelter" predecía una próxima guerra racial, a la que se refería como "Helter Skelter". Creía que ocurriría en el verano de 1969 y que los "negros" se levantarían y masacrarían a los blancos de Estados Unidos. Dijo a sus seguidores que se salvarían porque se esconderían en una ciudad subterránea de oro en el Valle de la Muerte.

Cuando el Armagedón que Manson había predicho no ocurrió, dijo que él y sus seguidores tendrían que mostrar a los "negros" cómo hacerlo. En su primer asesinato conocido, mataron a Hinman el 25 de julio de 1969. La Familia escenificó la escena para que pareciera que los Panteras Negras lo habían hecho dejando uno de sus símbolos, la huella de una pata.

El 9 de agosto, Manson ordenó a cuatro de sus seguidores que fueran al número 10050 de Cielo Drive, en Los Ángeles, y mataran a las personas que estaban dentro. La casa había pertenecido a Melcher, que había despreciado los sueños de Manson de una carrera musical, pero la actriz Sharon Tate y su marido, el director Roman Polanski, la estaban alquilando.

*Charles "Tex" Watson, Susan Atkins, Patricia Krenwinkel y Linda Kasa-*
*bian asesinaron brutalmente a Tate, a su bebé no nacido y a otras cua-*
*tro personas que la visitaban. La noche siguiente, los seguidores de*
*Manson mataron brutalmente a Leno y Rosemary LaBianca en su casa.*

*La policía tardó varios meses en determinar quién era el responsable de*
*los brutales asesinatos. En diciembre de 1969, Manson y varios de sus*
*seguidores fueron detenidos. El juicio por los asesinatos de Tate y La-*
*Bianca comenzó el 24 de julio de 1970. El 25 de enero, Manson fue decla-*
*rado culpable de asesinato en primer grado y de conspiración para co-*
*meter un asesinato. Dos meses después, fue condenado a muerte.*

*Manson se salvó de la ejecución cuando el Tribunal Supremo de Califor-*
*nia prohibió la pena de muerte en 1972. Durante sus décadas en la pri-*
*sión estatal de California, Manson recibió más correo que cualquier*
*otro preso en EE.UU.*

Si tuviéramos que resumir la psicología oscura a una sola frase sería: el
estudio de la condición humana y psicológica de las personas en aras de
aprovecharse de los demás. La historia de la humanidad nos ha provisto
de un sinfín de ejemplos bastante ilustrativos de lo que significa la
psicología oscura como acabamos de ver. Es pertinente destacar que la
sociedad humana no está compuesta por negros y blancos. Cada individuo,
independientemente de sus condiciones materiales o sociales, tiene la
potencialidad para victimizar a quienes se encuentran en su entorno
inmediato. De manera que, aunque resulte un lugar común muy conocido,
la sociedad está compuesta por una gran variedad de tonalidades del gris.

Al margen de esto, es cierto que existen personas que alimentan una
tendencia ciega hacia el ejercicio de la psicología oscura. Muchos factores
podrían explicar este tipo de comportamientos, pero en líneas generales,
todos podemos convertirnos (eventualmente) en victimarios desde la
puesta en marcha de elementos de la psicología oscura. Hay un elemento
que debe ser puesto sobre el tapete en cualquier esfera donde se pretenda
hablar de un tema tan enrevesado y profundo como lo es el
comportamiento humano: la subjetividad de la mente. Después de todo,
es allí donde se fraguan los cambios más sustanciales en términos de
conductas y enfoque del día a día.

Para nadie es un secreto que la mente humana está llena de una serie de
subjetividades que, en parte, nos constituyen como individuos. Todas
estas pequeñas programaciones mentales que se encuentran en el interior
de nuestras mentes definen lo que somos y, en cierto sentido, nos orientan
en un sentido determinado en lugar de otro. Un ejemplo bastante común
es el que sirve como base para miedos o fobias de carácter patológicos. Es
posible que alguien haya tenido una mala experiencia con algún aparato
eléctrico durante sus primeros años de vida (viendo el ejemplo de Mason),
por lo que este temor se traslada inconscientemente a la adultez. Este es
solo un ejemplo de los cientos de condicionamientos que nos acompañan

a diario.

En definitiva, este derivado de las ciencias psicológicas busca comprender los pensamientos, sentimientos y emociones que llevan a una persona a sacar ventaja de sus contemporáneos a través de métodos como la manipulación emocional en sus distintos tipos. La premisa es que estos comportamientos se suceden con una clara marca racional. En resumidas cuentas, al margen de los condicionamientos mencionados anteriormente, una persona que opta por establecer un control psicológico sobre otra, lo hace desde su mente consciente, con pleno conocimiento de lo que procuran sus acciones.

Un porcentaje insignificante, sin embargo, apela a conductas inherentes a la psicología oscura de forma inconsciente, desconociendo así que sus acciones generan consecuencias palpables en los demás. No obstante, la amplitud de la mente torna prácticamente imposible discernir si un depredador psicológico ha actuado desde la racionalidad o como consecuencia de la manipulación mental a la que ha estado expuesto. Otro de los claros ejemplos que nos ayudan a definir la imposibilidad de discernir esto se presenta cuando alguien comete un crimen o delito influenciado por una suerte de autoridad psicológica que ha dejado caer su poderío psicológico.

La razón de este libro-guía pasa por entender algunos de los rasgos más fundamentales en todo lo concerniente a la psicología oscura. ¿Cómo operan estos especialistas? ¿Cuál es el denominador común en términos de personalidad y constitución individual? ¿Qué diferencia a un experto de la manipulación de un persuasor pasivo? Todas estas preguntas, diseminadas a lo largo de una serie de capítulos, persiguen el mismo fin: comprender todo lo concerniente a la psicología oscura en términos de concreción de objetivos y, a su vez, capitalizando la información como herramienta de prevención.

La psicología oscura es un tema fascinante porque implica el estudio de la mente humana a través de un conjunto de patrones comportamentales que nos definen como personas. Así mismo, la participación del victimario y de la víctima en una dinámica de relación de poder sobre la que se ha debatido poco.

Dicho esto, el capítulo que estás por leer es una de las primeras puertas a un mundo maravilloso, provechoso y muy profundo. Para entender la psicología oscura, lo primero en reconocer sus conceptos fundacionales y fundamentales. Bueno, pasemos a las sorpresas que te dejarán asombrado.

## ¿Por qué es tan importante aprender sobre psicología oscura?

En lo personal, creo de gran relevancia el entendimiento de todo lo relacionado con el comportamiento humano. En la medida en que aprendas a reconocer el conjunto de acciones que un experto en la manipulación puede llevar a cabo para sacar ventaja, serás menos propenso a convertirte en un victimario más de los que hoy abundan en el mundo. Más allá de que entender un conjunto intangible de mecanismos (como los que existen en el interior de nuestras cabezas) puede resultar un desafío para muchos, la realidad es que no existe nada tan transformador como hallar respuestas a todas esas preguntas que surgen en los momentos de mayor fragilidad emocional.

En la actualidad, toda acción preventiva es un verdadero triunfo. Esta realidad abarca cada ámbito de la vida misma, incluso aquellos escenarios que para muchos pueden resultar intrascendentes. Tal es el caso de la salud emocional. Para nadie es un secreto que una persona en posición de fragilidad, es propensa a caer en manos de expertos en la manipulación emocional o la psicología oscura. Ahora, para aclarar un poco más el panorama, ¿qué busca un depredador psicológico? Una característica habitual es que esta gente actúa intencionadamente para distorsionar e incluso destruir el pensamiento crítico de sus víctimas, su criterio, su visión del mundo. Solo así podrán inocular su propia cosmovisión para obtener una ventaja desde muchos puntos de vista posibles.

De acuerdo a lo establecido previamente, es posible encerrar la importancia de una comprensión de la psicología oscura en tres grandes grupos.

La prevención como arma: como ya fue referido, adquirir conocimientos sobre determinada amenaza te ayudará a reconocer patrones de comportamiento y actitudes a tiempo, reduciendo significativamente las posibilidades de caer en una dinámica psicológica que altere tu cosmovisión del mundo y te desequilibre emocionalmente.

La acción: una verdad incuestionable sobre la psicología oscura es que esta te puede ayudar a la consecución de objetivos, tanto buenos como malos. Aunque lo ideal es que hagas un uso correcto del conocimiento que adquirirás a lo largo de este libro, esta es una decisión individual que solo te compete a ti. Personalmente, me gusta recomendar el buen uso de la psicología oscura para alcanzar metas y concretar objetivos que, de otra manera, serían imposibles de alcanzar. No obstante, cada quien está en la capacidad de decidir por cuenta propia lo que hará con estos conocimientos.

La tranquilidad: desde el punto de vista del equilibrio emocional también surge una razón válida para aprender a identificar patrones conductuales propios de la psicología oscura. Tal como se profundizará más adelante, algunas de las características habituales en este tipo de *enfoque* son:

- Maquiavelismo.
- Narcisismo.
- Psicopatía.

De manera que, todo lo que nos permita establecer una línea clara entre los victimarios y nuestras posibilidades de ser victimarios repercutirá de forma directa en nuestra tranquilidad emocional. Para nadie es un secreto que la dinámica del mundo en que vivimos se encuentra atrapada en una especie de darwinismo social. Parece una norma implícita que solo los fuertes y capaces de utilizar a los demás serán capaces de sobrevivir. Aunque esto es parcialmente cierto, no representa una verdad absoluta ni objetiva. Contrario a lo que se cree, la psicología oscura puede ser utilizada para fines individuales que no entren en la categoría de lo "moralmente cuestionable".

# Capítulo 2

# Origen de la psicología oscura y cuándo se comenzó a usar

Desde su nacimiento, la psicología ha buscado métodos y formas para comprender el comportamiento humano. ¿Qué determina la acción de una persona que decide llevar a cabo un crimen? ¿Qué motivaciones internas llevan a alguien a actuar de determinada manera frente a determinada circunstancia? ¿Por qué alguien es capaz de manipular a alguien sin manifestar un pequeño ápice de empatía? Si hacemos un seguimiento preciso y concienzudo sobre El desarrollo de la psicología y sus derivados, encontraremos una clara demostración de ello.

Después de todo, si desconocemos el origen de algo, no podremos entender sus implicaciones en el presente.

Dicho esto, la información contenida en las páginas siguientes ahondará en los inicios de la psicología como ciencia abocada al comportamiento humano y, en consecuencia, tocará temas relacionados con la psicología oscura como principal herramienta de discernimiento en todas las conductas que, hoy, constituyen una forma de sacar provecho de las debilidades emocionales de quienes nos rodean. Si tú, como lector, estás tan interesado como yo en conocer esos recovecos de la mente humana, y cómo estos de algún modo configuran las acciones de la sociedad, este libro no solo es ideal para ti, sino que te ayudará a no ser una víctima.

En este respecto, cuestiones como la comparación con los otros, los constructos sociales acerca de *lo bueno* y *lo cuestionable*, son temas a tener en consideración si se quiere establecer un espectro de lo suficientemente sólido como para llegar a conclusiones básicas. ¿Quién determina lo correcto o lo incorrecto? ¿Por qué se presenta una distorsión? ¿Cómo estas incongruencias devienen en características inherentes a la psicología oscura? ¿Qué sentimos al compararnos con los demás? En relación a esta última pregunta, Richard Smith escribe lo siguiente en su maravilloso libro *La dicha por el mal ajeno*:

> Las comparaciones sociales no solo contribuyen a decirnos si estamos triunfando o fracasando, sino que también ayudan a *explicar la causa* de nuestro éxito o fracaso. Si «fracasamos» porque la mayoría de la gente está haciendo las cosas mejor que nosotros, inferimos una escasa capacidad; si «triunfamos» porque la mayoría de la gente está haciéndolo peor que nosotros, inferimos una gran capacidad. Las comparaciones sociales ejercen una doble influencia al definir si una actuación es un éxito o un fracaso, y al sugerir que la causa probable es nuestra capacidad, grande o escasa. No es de extrañar que las desgracias que les ocurren a los demás puedan sernos

286

gratas, ya que incrementan nuestra suerte relativa y mejoran nuestra autoevaluación.

En definitiva, una vez que abras las puertas de este capítulo, tendrás acceso a un cúmulo de información que te será de mucha utilidad en aras de conformar una idea clara en torno al comportamiento de los seres humanos desde una perspectiva "oscura". Y, en muchos casos, cruel. No obstante, también descubrirás por qué la psicología oscura se ha tornado una alternativa más en términos de crecimiento personal y capitalización de nuestras fortalezas emocionales y psíquicas más personales.

## El mal como objeto de estudio

Como es de esperarse, todo proceso científico que tenga por finalidad entender el comportamiento humano deberá enfrentarse a distintos objetos de estudio, siendo uno de los más fascinantes (y preocupantes), la figura del mal. El mal es uno de los ejes que componen la dicotomía universal (bien-mal), por lo que, haciendo una simple extrapolación estadística, podría asumirse que un alto porcentaje de la humanidad alberga tendencias orientadas hacia lo éticamente reprochable. Por ejemplo, cuando se presenta una situación trágica como un atentado terrorista, los ojos del mundo apuntan en dos direcciones:

1. Las víctimas del acto.
2. Las razones asociadas al victimario.

De allí que la psicología establezca como prioridad el análisis e identificación de los elementos que pueden participar de forma inconsciente en la "concepción" de una conducta negativa. Sin embargo, la cuestión del mal va mucho más allá del espectro de estudio de la psicología. Todas las personas sobre la faz de la tierra están expuestas a convertirse en víctimas por parte de especialistas de la psicología que han adoptado rasgos característicos de la psicología oscura. Independientemente de la cantidad de estudios y disertaciones que hayan tenido lugar en nuestras mejores universidades, el individuo frágil sigue en las calles, propenso a ser dañado. Es sobre este punto donde adquieren especial importancia libros como este, que propongan una visión esclarecedora de la manipulación y control mental en el marco de cualquier interacción social.

¿Es posible llegar a un consenso sobre el significado de la consciencia? Para responder a esta pregunta haría falta acudir a determinismos inherentes a cada región. Por ejemplo, el hecho de que una mujer cometa adulterio tiene connotaciones distintas de acuerdo al lugar en que se presente esto. Si la mujer del ejemplo radica en alguno de los países del Oriente Medio donde predomina una concepción rígida del Islamismo, el castigo por este acto sería mucho más radical que si, en contraparte, la infidelidad se presentara en algún país de Occidente. Aunque en ambos casos existe un acontecimiento *reprochable*, la reacción socio-legal varía significativamente. Ahora bien, ¿esta mujer es una representante de lo que conocemos como psicología oscura? Desde luego, no. La cuestión radica en la línea que marca las diferencias entre perder la consciencia (el consenso cultural y social) y perder la mente (la capacidad de discernir entre lo correcto y lo incorrecto). En este sentido, el escritor David Ballin Klein nos brinda la siguiente reflexión:

> Aunque la conciencia y la mente se encuentran muy relacionadas, sus connotaciones son diferentes. Por ejemplo, perder la conciencia no es lo mismo que perder nuestra mente. Todos perdemos la conciencia cuando nos quedamos profundamente dormidos; esto es normal. Pero es claro que perder nuestra mente es anormal. En vista de que la psicología estudia tanto la mente como la conciencia, podríamos esperar que el psicólogo explicara la diferencia que existe entre ellas. Muchas personas cultas piensan en la psicología como en la ciencia de la mente o de la conciencia, y no están del todo equivocadas, aunque los modernos libros de texto de psicología no se contentan con esta definición general.

Siguiendo este orden de ideas, ante la imposibilidad de llegar a un consenso sobre la consciencia, más allá de los estándares en muchos casos difusos, surge la necesidad de concebir un nuevo enfoque que se encargue de la parte oscura de la mente humana. Fue Steven Turner quien se propuso esto al acuñar la expresión psicología oscura como una guía para definir e identificar las características comunes entre aquellos individuos que acuden a la manipulación mental, emocional y psicológica para sacar ventaja frente a las fragilidades de otras personas. Es sobre este punto que toman forma conceptos como la Tríada oscura de la personalidad.

## La tríada oscura de la personalidad.

En los últimos años, la literatura ha virado hacia la oscuridad del ser humano. Cada día se publican decenas de estudios clínicos, de narrativa tradicional, de estudios forenses, todos orientados a un fin claro y conciso: determinar las razones que motivan a alguien a tomar acciones hasta cierto punto reprochables. La tríada oscura de la personalidad ha supuesto, así mismo, un punto de inflexión en todo lo concerniente al estudio del comportamiento humano. Ahora bien, ¿a qué se refieren los psicólogos con este pomposo título? ¿Lo has escuchado alguna vez? No temas por la locuacidad del título, en realidad se trata de un concepto bastante sencillo, aunque novedoso.

La tríada oscura de la personalidad pasa por el reconocimiento de un patrón conductual basados en tres rasgos de personalidad presentes en cierto tipo de personas. Estos rasgos característicos son:

- Narcisismo.

- Maquiavelismo.
- Psicopatía.

Estos rasgos característicos serán tratados a profundidad más adelante (ver capítulo 7). No obstante, creo pertinente hacer algunas observaciones en torno a cada uno de ellos en el marco de un perfil conductual que viene siendo tema de discusión en distintas esferas de la intelectualidad y el mundo artístico. Si algo puede concluirse directamente es que quienes comparten estas tres características interpretan el mundo de un modo bastante distinto al de los demás. Esto es lo que convierte a estos individuos en potencialmente peligrosos para quienes le rodean. ¿Puedes imaginarlo por un momento? Tener, al unísono, rasgos psicopáticos, narcisistas y maquiavélicos es una fórmula para andarse con mucho cuidado.

Ahora, ¿de dónde proviene este título? En el año 2002, los psicólogos Delroy Paulhus y Kevin Williams, catedráticos de la Universidad de Columbia, acuñaron la expresión tríada oscura a todas aquellas personas que compartieran estos tres rasgos de personalidad.

Se sabe, por múltiples estudios, que una persona maquiavélica tiende a manifestar comportamientos cínicos y acciones mediante las cuales solo buscan el beneficio propio. Por otro lado, como se sabe, los narcisistas se reconocen por un embelesamiento que en muchos casos puede tornarse patológico. Tal es el caso de los llamados trastornos narcisistas. Luis Hornstein, en su libro *Narcisismo*, se refiere a estos trastornos en los siguientes términos: *Los "trastornos narcisistas" se deben a que las personas, al abandonar la esperanza de controlar el entorno social más amplio, se repliegan a sus preocupaciones puramente personales: la "mejora" de su cuerpo y su psiquismo.*

Siguiendo la estela de los constructos sociales, cuando identificamos a alguien que comparte estos tres rasgos, inmediatamente le llamamos "una mala persona" o "una persona en la que no se puede confiar". Es válido, e incluso lógico, si se piensa con cabeza fría. Después de todo, ¿quién querría compartir un ascensor con alguien así? Además, la fórmula de la oscuridad aquí referida deja entrever una frialdad emocional poco compatible con la mayoría de los escenarios sociales que enfrentamos a diario. Sin embargo, hay que tener en consideración las situaciones que llevaron a ese individuo a desarrollar tal tendencia conductual.

Otro aspecto a tener en consideración es que todas las personas, lo admitan o no, tienen *algo* de estas características en su personalidad. El narcisismo es el elemento más conocido de la tríada. De hecho, se ha demostrado que un nivel "funcional" de narcisismo puede tener efectos positivos en cuestiones como el desarrollo académico y el crecimiento profesional. Lo mismo ocurre con quienes se comportan de forma *maquiavélica*. Esto se debe, en gran parte, a que se desentienden del entorno para enfocarse en sus propios intereses. El resultado que puede esperarse es: perfeccionamiento de sus capacidades en detrimento de las validaciones sociales.

Algunos especialistas, adicionalmente, han propuesto la incorporación del rasgo *sadismo* a la fórmula ya acuñada por Delroy Paulhus y Kevin Williams. Definiéndose el sadismo como "una tendencia a involucrarse en comportamientos crueles, degradantes o agresivos en busca de placer o dominación". Sin embargo, esta *tríada* aún no ha sido aprobada en términos clínicos oficiales. Por ahora, manteniéndonos en el espectro de la tríada oscura de la personalidad, es conveniente y necesario seguir aprendiendo acerca del comportamiento humano. ¿El fin justifica los medios?

# Capítulo 3
# Estudios sobre la psicología oscura

Se ha dicho (y se seguirá diciendo) mucho sobre la psicología oscura. La mayor parte de los comentarios parten de la premisa de que la psicología oscura consta únicamente de los rasgos de personalidad que conforman la tríada oscura y que tras algunas revisiones pasó a llamarse la tétrada oscura. Para nadie es un secreto que las palabras maquiavelismo, narcisismo, psicopatía y sadismo generan un impacto significativo para quien las escucha. Pero, al margen de constructos generados a partir de prejuicios o de malas interpretaciones involuntarias, ¿qué dicen los especialistas acerca de la psicología oscura?

Segmentos como *Sobre el narcisismo patológico*; *Sobre la psicopatía*; *Trastornos de la personalidad*; *La maldad, ¿es intrínseca al ser humano?* No te preocupes por los tecnicismos y las palabras complejas, estas han sido adecuadas a un lenguaje universal y adecuado para todo tipo de lectores.

La psicología oscura ha resultado para muchos en términos de éxito y desarrollo personal mientras que, en otros casos, ha significado la decodificación de sus estructuras mentales dentro de los trastornos de la personalidad.

Si bien es cierto que hay características (en muchos casos) físicas que predeterminan a un sujeto hacia la tendencia, también se sabe que un importante número de los hoy considerados psicópatas, han llegado a ese punto atravesando un complejo camino de autorrealización desde el constructo social establecido como "superior" o "psicópata".

## Sobre el narcisismo patológico

El tema del narcisismo es profundizado más adelante (ver capítulo 7), sin embargo, debe ser tenido en cuenta por el hecho de que representa una de las bases medulares que componen el concepto psicología oscura en su acepción tétrada oscura. Ahora bien, se sabe que el narcisismo está representado en la figura de la persona que tiene una profunda distorsión en su autopercepción. Se sabe, además, que gestiona su vida desde la premisa interiorizada de que es superior a todos cuanto le rodean. Esto es un hecho incuestionable y ampliamente estudiado por los psicólogos especializados.

En este sentido, Antonio Semerari indica lo siguiente en su libro *Los trastornos de la personalidad*:

> Como subraya el DSM, las fantasías de grandeza son un aspecto importante. Los pacientes suelen expresarlas con cierta desenvoltura: de una manera velada dan a entender que sus talentos e intereses son especiales, y sus

cualidades excepcionales e infravaloradas. A menudo, en la descripción de una falta de reconocimiento social, el clínico puede reconstruir la autoimagen de grandiosidad.

Ahora, ¿es todo negativo en el narcisismo? Cuando se trata de narcisismo como rasgo de personalidad, es posible que sus protagonistas tengan mayor probabilidad de éxito en cualquier esfera de la vida profesional. Esto se debe a una razón bastante sencilla: están tan convencidos de que son superiores al resto que no conciben la idea de que alguien los supere en algún campo, lo que los lleva a esforzarse mucho más para perfeccionar sus habilidades o destrezas y evitar, de esta manera, que un factor externo distorsione negativamente su realidad aceptada.

En el caso del narcisista patológico, toda la sintomatología relacionada se intensifica. Aspectos como la libido, el relacionamiento social, la percepción de sí mismo, se consolidan y radicalizan con el pasar de los años. Es un tipo más distorsionado, "se centra en la presencia de un sí mismo grandioso patológico" según observa Otto Kernberg, agregando que:

> Además, tienen una necesidad desordenada del tributo de los demás, su vida emocional es hueca y, por cuanto generalmente presentan alguna integración de su experiencia de sí mismos consciente, lo que los diferencia del paciente típico con organización límite de la personalidad, tienen una ausencia notable de la capacidad para un concepto integrado de los demás, sienten poca empatía por los otros, y presentan predominancia de las mismas operaciones defensivas primitivas que caracterizan la organización límite de la personalidad.

De manera que, a diferencia del tipo de narcisismo adulto o infantil, el narcisismo patológico se concibe desde un espectro amplificado. Teniendo en cuenta que la tétrada oscura es conformada, en esencia por este rasgo de personalidad, es comprensible que muchas personas teman la simple mención de esta patología. Pero, contrario a lo que se cree, un narcisista tiene una vida funcional medianamente normal en términos de integración social. Pueden ser exitosos, pueden ser funcionales y prácticos. Salvo en casos patológicos, el narcisismo no es intrínsecamente un rasgo asociado con conductas violentas u hostiles.

## Sobre la psicopatía

La sola idea de que podemos compartir la calle o el vagón del subterráneo con un psicópata nos pone los pelos de punta. En esto tiene mucho que ver la cultura popular, que se ha encargado de difundir la idea de los psicópatas como asesinos seriales que esperan cualquier momento para atacarnos.

En la actualidad se sabe que una persona con ciertos rasgos psicopáticos no necesariamente es un Jack El destripador, un Ted Bundy o un Jeffrey Dahmer. Puede ser que no lo sepas, pero la mayoría de estas personas cubre cargos y profesiones como estas:

- CEO.
- Abogados.
- Trabajadores en medios de comunicación.
- Cirujanos.
- Comerciales.

Esto no significa que debemos abstenernos de contratar a un abogado por miedo a que nos haga algún daño injustificado. De allí la importancia de no dar por hechos los estereotipos que nos arrojan desde los medios de comunicación o la cultura popular. En conclusión: la psicopatía no necesariamente implica la participación en hechos delictivos de forma automática, pero sí indica un alto grado de peligrosidad. De manera que, es nuestra responsabilidad aprender a identificar estos patrones para actuar con la prevención adecuada.

Las ciencias orientadas al diagnóstico e identificación de estos rasgos han resultado muy importantes para saber, por ejemplo, que la mayoría de psicópatas comparten características como: narcisismo, carecen de remordimientos, se aburren con facilidad y no se comprometen emocionalmente bajo ninguna circunstancia.

Los estudios han avanzado mucho en términos de diagnóstico. Hoy, en este sentido, se acude a la escala de evaluación de psicopatía (PCL) por sus siglas en inglés: *Psychopaty Checklist*. Se trata de la herramienta más utilizada en el mundo y fue diseñada por el psicólogo canadiense Robert Hare. Si bien es cierto que muchas veces se refuerzan los estereotipos por motivos oscuros, es importante destacar que el consenso en el marco de la psicología es evitar, en la medida de lo posible, el contacto con este tipo de personas.

Álvaro Burgos Mata, en su libro *Introducción a la psicopatía*, hace referencia a la consciencia sobre el mal inherente en la psicopatía: "*Consciente exhibe una falsa identidad. Con especial encanto y seducción arma un vínculo afectivo para después traicionarlo. Cuando actúa agresivamente lo hace como respuesta a la frustración y con clara motivación de venganza. Una vez descubierto en su conducta es maestro en esquivar y burlar la autoridad*".

## Sobre el sadismo

El sadismo es, sin lugar a dudas, el rasgo característico de la tétrada oscura que más preocupa a las personas. Buena parte de la sociedad, al escuchar la palabra sadismo, tiembla, transpira, se le ponen los pelos de punta. Es muy frecuente que se asocie la palabra sadismo con un psicópata violento o con la imposición del dolor para intensificar el placer. En cierto sentido, esta asociación es comprensible. Sin embargo, lo que las personas desconocen es que existe una diferencia conceptual entre el comportamiento sádico y una personalidad sádica. Ahora bien, ¿cuál es la diferencia sustancial entre uno y otro?

Si bien es cierto que un psicópata puede ser instrumentalmente agresivo, incluso hasta llegar al homicidio, el comportamiento se convierte en sádico solo cuando conoce que las víctimas sufren, esto le procura placer individual. En otras palabras, un individuo solo manifiesta un comportamiento sádico cuando proporcionar dolor físico o psicológico se constituye en la única base de placer. La intencionalidad es el único indicador lo suficientemente sólido como para desarrollar un constructo en términos de diagnóstico y clasificación. Por ejemplo, robar a una persona no es lo mismo que torturarle conscientemente sin razón aparente. De manera que, cuando se trata de definir si alguien manifiesta comportamientos sádicos, la columna vertebral es su intencionalidad.

Los estudios abocados a las psicopatías y al sadismo han determinado que existe una inmensa gama de posibles explicaciones a la transición normalidad-patología. La revista *Psycholical medicine* publicó un estudio en 2018 donde se concluyó que cuando un individuo tiene una infancia protagonizada por un trauma persistente, se producen algunas maduraciones aceleradas en las partes del cerebro que controlan el procesamiento emocional y cognitivo.

Para la debida identificación de un sádico entre nosotros, es necesario deshacernos del prejuicio y de las malinterpretaciones habituales. Los sádicos no son a priori reconocibles, no tienen características físicas concluyentes. Sin embargo, si prestamos atención es posible determinar algunas actitudes indicativas de un comportamiento sádico. Según Theodore Millon, en este fragmento extraído de su libro *Trastornos de la personalidad en la vida moderna*:

> En los casos en los que la crueldad se expresa más mediante el abuso emocional que físico, muchas personalidades sádicas son capaces de racionalizar sus acciones para ponerse a sí mismos en una posición favorable (...) Lo que es dominación e insensibilidad para los demás, es competitividad y carencia de sentimentalismo para el sádico, que considera que la amabilidad es una debilidad. Al normalizar sus características patológicas, las personalidades sádicas realzan su propia imagen de fortaleza, poder y rotundidad.

Por lo tanto, creo necesario reafirmar que todos los enfoques psicológicos que se abocan al entendimiento de las conductas humanas trabajan sobre la base primaria del pensamiento autocrítico, por lo que no existen definiciones demasiado concluyentes sobre este, ni otros trastornos de la personalidad más allá de lo estudiado hasta el día de hoy.

# Capítulo 4
# La influencia de las emociones en el comportamiento

Es bien conocido el hecho de que todas nuestras acciones generan, a su vez, emociones. Existen explicaciones biológicas y psíquicas para aceptar que la emocionalidad constituye buena parte de lo que somos como individuos. Algo tan sencillo y elemental como salir de casa supone para el ser humano un sinfín de oportunidades para poner a prueba su control emocional. El tráfico de la hora pico, una reunión de trabajo que no salió como esperábamos, una visita al odontólogo, una evaluación en la universidad. Estos son solo algunos de los escenarios a los que nos enfrentamos a diario. Todos ellos, por sí mismos, traen consigo una fuerte carga emocional.

Ahora, ¿has dedicado algunos minutos a pensar qué tan determinantes son estas emociones para nuestra vida? O, dicho de otra manera, ¿cómo afectan estas emociones a nuestro comportamiento? La psicología social se ha encargado de responder a muchas de las preguntas arraigadas en este tema tan trascendente para la sociedad. Este capítulo tiene como finalidad redefinir, para ti, algunos de los aspectos fundamentales en términos de emocionalidad y cómo esta influye en nuestras conductas diarias. De manera que, si quieres aprender un poco más acerca de este tema, te garantizo que encontrarás algunos detalles interesantes sobre un debate que ha estado en boca de muchos catedráticos desde hace algunas decenas de años.

El primer tópico a tratar es el de las emociones negativas. ¿Quién no ha tomado una decisión apresurada, y muchas veces imprudente, por sentirse agobiado por el estrés, la impotencia o la ira? He conocido personas que desestiman el peso de la emocionalidad humana en la toma de decisiones. Este primer segmento va dedicado única y exclusivamente a quienes entienden la reacción humana como un ejercicio pragmático más parecido al que se podría esperar de una máquina que a un ser humano lleno de subjetividades y condicionamientos.

El segundo segmento, titulado *Las emociones negativas en el bienestar*, busca profundizar un poco en torno a todas las posibles enfermedades y malestares inherentes a un cuadro constante de emociones negativas. En contraparte, también te hablaré de las ventajas que a menudo vienen acompañadas por un cierto equilibrio emocional. Los efectos, según el manejo de las emociones, varían significativamente.

En última instancia, me referiré a la importancia del control emocional en el desarrollo personal de cada individuo. Este es un tema que ha calado profundamente en muchas y diversas esferas de la sociedad. Desde que Daniel Goleman presentara al mundo su concepto de la inteligencia emocional, los cánones con los que se mide el crecimiento de un individuo dieron un giro radical. El manejo inteligente de nuestras emociones tiene muchas ventajas, siendo una de ellas la capacidad de interpretar la realidad y lo que nos ocurre desde un lente pragmático.

Teniendo en cuenta que muchas veces no sabemos reaccionar ante las situaciones de estrés (lo que genera problemas al tomar decisiones/acciones desde las vísceras y no desde el raciocinio), este segmento adquiere importancia no solo porque tratará sus definiciones más básicas sino porque te daré algunas recomendaciones que te serán de gran ayuda para desarrollar inteligencia emocional. Esto te permitirá controlar tus reacciones y restarle fuerza a la emocionalidad en la toma de decisiones.

No olvides que tienes la capacidad de transformar tu vida, de blindarte frente a las circunstancias externas y, en definitiva, frente a las personas que buscan socavar tu cosmovisión del mundo para sacar provecho de tus fragilidades emocionales. Me he propuesto ofrecerte todas las herramientas para que erijas una fortaleza contra los manipuladores y, al mismo tiempo, tomes ventaja frente a ellos.

No olvides la ironía de que posees una mente virtuosa, vasta y compleja, que sin embargo puede ser reprogramable como si se tratase de un ordenador. Después de todo, lo es, ¿no?

## Emociones negativas en la toma de decisiones

¿Recuerdas la última vez que tomaste una decisión en medio de un espasmo de rabia? Aun sin conocerte, puedo inferir que poco tiempo después te arrepentiste de esa decisión. No te preocupes. Caer en estas dinámicas es totalmente comprensible. Vivimos situaciones estresantes todos los días de nuestra vida. Si fuera posible aislarnos emocionalmente de lo que ocurre en nuestro entorno, el mundo sería un lugar mucho más aburrido.

Me gusta pensar en las emociones como esos pequeños mensajes que nos envía nuestra mente para recordarnos que seguimos vivos.

Lo que sí es cierto e incuestionable es que las emociones negativas tienen una implicación importante en nuestros comportamientos, en nuestra toma de decisiones. Una de las razones por las que la emocionalidad ha sido tema de debate en distintos ámbitos es porque se asocia su manejo *adecuado* con situaciones de éxito. Las empresas más importantes invierten mucho dinero y recursos logísticos para formar a sus colaboradores en términos de control emocional. Diversos especialistas, a través de minuciosas investigaciones, han llegado a la conclusión de que las emociones negativas mal gestionadas nos llevan a tomar decisiones poco funcionales, viscerales y, en consecuencia, improductivas.

Ahora bien, ¿cuáles son estas emociones que tanto impacto tienen en nosotros? Por definición, una emoción negativa es esa sensación que te impide ver con claridad, desde una perspectiva mucho más amplia. Es característica habitual el ensimismamiento, la bruma mental que nos impide ser asertivos en las acciones que tomamos. Estas son las emociones negativas más comunes. Pero no te dejes engañar, aunque parezcan sensaciones rutinarias, en una dinámica constante te afectarán significativamente.

- Rabia.
- Envidia.
- Impotencia.
- Tristeza.
- Estrés.

Es cierto. Todas estas emociones se encuentran muy presentes en nuestras jornadas diarias. ¿Para qué negar lo innegable? La diferencia básica entre alguien que es consciente de sus emociones (y las gestiona adecuadamente) y alguien que yace encerrado en una celda construida con sus emocionalidades más tóxicas, es que solo uno crecerá. Y cuando digo *crecerá* no me refiero a que dejará de sufrir, sino que se desarrollará como individuo en niveles insospechados. Esto sugiere que tienes que hacerte la pregunta del millón de dólares, ¿quieres ser un individuo que alcanza la plenitud de su vida o quieres estar atado de por vida a los grilletes de tus emociones?

La influencia que ejercen las emociones tóxicas o negativas en el comportamiento del ser humano es incuestionable. Por ejemplo, cuando te encuentras corto de tiempo y un transeúnte irrespeta las señales del semáforo, impidiéndote llegar a tu destino. El simple hecho de imaginar esta situación puede generar un cúmulo de estrés en tu mente. ¿Qué harías en ese lugar? He sabido de personas que, tras un incidente como el narrado (que, para efectos críticos, no es necesariamente una circunstancia de causa mayor), ha pisado el acelerador, motivado por la rabia y la impotencia, ocasionando un accidente de tránsito más adelante.

Puede que el ejemplo resulte simple, pero son estas vicisitudes simples las que (en la mayoría de los casos) nos ocasionan una mayor carga de emociones negativas. Además, la ilustración representa algo muy claro: una pésima toma de decisión/acción motivada por la ausencia de control emocional. Dupliquemos la apuesta, imagina que el individuo del ejemplo, además de ocasionar el accidente, lastima a otro transeúnte que no tuvo nada que ver con la molestia anterior. La solución, en cualquier caso, es la prevención. Es posible desarrollar un manejo más adecuado de las emociones.

En resumidas cuentas: advertir el vínculo existente, las emociones y el comportamiento es elemental, desde todo punto de vista, para fortalecer el control de las emociones y en consecuencia el éxito en los negocios, en la abundancia y en la felicidad. Basta leer un pequeño fragmento de las memorias de cualquier líder exitoso para saberlo.

# Emociones negativas en el bienestar

Es de vital importancia considerar, entre otras cosas, el impacto de las emociones negativas en el bienestar de los individuos. Cuando una persona vive atrapada en una constante sensación de estrés y pesimismo, a menudo no encontrará razones para seguir luchando. Estoy seguro de que esto te resulta familiar. Pero, a ver, ¿en qué otro lugar habrás leído algo parecido? No hace falta que busques entre tus libros, te ayudaré: la depresión. La depresión es uno de los asesinos seriales más fatales de los últimos años. Y, en definitiva, es una consecuencia directa del pésimo manejo de las emociones.

La buena noticia es que todos los procesos mentales que albergas en tu interior pueden ser programados nuevamente, esto incluye tus herramientas de afrontamiento. La depresión es un desajuste psíquico-emocional que tiene muchas posibles razones. Independientemente de cuál sea tu caso, es tu responsabilidad enfrentarte a tus cuadros emocionales para evitar que estos tomen el control de tus decisiones, acciones y, en última instancia, de tu cuerpo. Las emociones negativas tienen una influencia importante en el bienestar según diversos estudios. La depresión, sin embargo, es uno de los más relevantes. No obstante, existen otras consecuencias que han sido asociadas con un mal manejo emocional.

El estrés, por su parte, siendo una de las emociones más comunes en el ser humano, es otro elemento del que tienes que cuidarte de sobremanera. Identificar si el estrés empieza a afectar tu bienestar es una tarea medianamente sencilla. Solo tienes que prestar atención a las señales que envía tu cuerpo y tu mente. Estos, muchas veces, son infalibles para ayudarnos a establecer un diagnóstico. Estas son algunas de las manifestaciones que el estrés genera en tu organismo:

1. Frecuentes jaquecas.
2. Tensión muscular.
3. Dolor en el pecho.
4. Fatiga constante.
5. Cambios significativos en el deseo sexual.
6. Malestar estomacal.
7. Inquietud constante.
8. Ansiedad.
9. Tristeza.
10. Sentimientos de culpa.

Mi recomendación es que te autoevalúes. Solo así podrás discernir si encajas con la sintomatología. Sea cual fuere el diagnóstico al que llegues, es imprescindible que entiendas que el estrés puede ocasionarte tantos problemas como crees posible. Para ello, asume la responsabilidad de robustecer tu control emocional.

# El control emocional

Una de las buenas noticias que tengo para ti es que la influencia de las emociones en tu comportamiento puede ser mitigada. Solo necesitarás compromiso, responsabilidad y consciencia de la importancia de tu vida y de tus metas. Porque, en efecto, si consigues desarrollar un control emocional robusto, estarás mucho más cerca de alcanzar todos los objetivos que has trazado para tu vida. El control emocional ha sido definido como una de las herramientas necesarias para los líderes y colaboradores en un contexto corporativo. Este consenso también se extiende a terrenos como el emprendimiento, las disciplinas deportivas o en el cultivo del intelecto.

En el caso que aquí nos ocupa, cuando alguien desarrolla un control emocional sólido, reduce la influencia de las emociones en el comportamiento. En los segmentos anteriores fuiste testigo de cómo una situación de estrés mal manejada puede, en algunos casos, devenir en una tragedia inesperada. Las emociones subyacen en nuestra mente subconsciente; llegar hasta allá es imposible (físicamente), pero puedes reprogramar todos los patrones mentales que componen tu mentalidad. Así, en efecto, desarrollarás un enfoque más adecuado en todo lo relacionado a tus emociones. Solo a través de un manejo inteligente de tu emocionalidad tendrás acceso a inmejorables beneficios.

## Ventajas del manejo *inteligente* de tus emociones

*Favorece tu crecimiento personal y profesional:* Todas las personas, consciente o inconscientemente, alimentan la necesidad de ver cumplidos sus objetivos de vida. Esto, al margen de su área de interés o de su motivación individual. La necesidad del ser humano por su crecimiento personal y profesional está anclado a su código genético. Una de las ventajas más poderosas del control emocional es que te provee todas las condiciones para que alcances tus metas, independientemente de su naturaleza o grado de dificultad. La vida nos pone a pruebas en todo momento, posicionándonos en escenarios hostiles, complejos, que representan un verdadero desafío. Solo quienes aprovechan estas circunstancias para probarse a sí mismos que tienen el control racional de sus decisiones llegarán a la cima.

*Te haces consciente de tus fortalezas:* la médula del concepto de inteligencia emocional pasa por aceptar y permitir las emociones que llegan a nosotros. No solo estás levantando una fortaleza para evitar que tus emociones tomen decisiones que le conciernen a tu pensamiento crítico, sino que te haces consciente de que, como ser humano, está bien *sentir*. Conocerte a ti mismo es un paso elemental en cualquier nivel de la vida. Reconocer nuestras emociones (y cómo estás afectan en nuestra vida) es un paso gigantesco en aras de tu desarrollo integral como individuo.

***Refuerzas tu empatía:*** la empatía, como sabrás, es la capacidad de posicionarnos en la piel del otro para, así, entender sus preocupaciones, miedos, motivaciones y subjetividades. Una de las características más maravillosas del control emocional es que te ayuda a entender que los demás tienen sentimientos y, en consecuencia, actuarás de acuerdo a esta realidad. Esto significa que evitarás, a toda costa, herir susceptibilidades o atacar sus expectativas. Quienes actúan desde la empatía, a menudo son mejor apreciados por amigos, colegas y seres queridos.

***Mejoras tus habilidades sociales:*** a menudo infravaloradas, las habilidades sociales constituyen un componente más que relevante en la concreción de metas y sueños. En la medida en que aprendas a manejar tus emociones con inteligencia, reflejarás ante tus interlocutores una sensación de seguridad, de pragmatismo. Recuerda que no existe nada más contagioso que una emoción. Si tu lenguaje corporal y tus palabras transmiten tristeza, estrés, molestia, serás recibido por los demás como una persona tóxica a la que no conviene tener cerca. Si, por el contrario, sabes emitir buenas vibras, jefes, colegas y amigos te recibirán con los brazos abiertos.

***Evitas el estrés y sus consecuencias:*** ahora que conoces algunas de las consecuencias que el estrés puede traer a tu vida, ¿qué sentido tiene alimentar esa tendencia a irritarse con facilidad? Es bueno aceptar las emociones porque estas son parte de nosotros, pero no puedes cederle el control emocional de tu ser. Es comprensible, a veces, sentir estrés. Después de todo, vivimos días de celeridad, de apuro constante, donde todo es requerido para *ya*. Si consideramos que las emociones negativas (rabia, ansiedad, impotencia) están asociadas con niveles superlativos de estrés, la recomendación es entrenar la autodisciplina y controlar las emociones. Así, firmarás una garantía en lo concerniente a tu tranquilidad emocional.

## Tácticas para desarrollar el control emocional

Ahora que entiendes la importancia del control emocional, ¿qué te impide desarrollarla? Estas son las tácticas que debes ejecutar para fortalecer tu toma de decisiones incluso en los momentos más complicados. Los hábitos y competencias que te explicaré a continuación me ayudaron en todo lo concerniente a la inteligencia emocional. No olvides que, en la medida en que controles tus emociones con inteligencia y raciocinio, el impacto de estas en tu comportamiento será menos significativo. Lo que, en definitiva, te ayudará a crecer como persona.

***Autoconfianza:*** desarrollar autoconfianza puede resultar, en muchos casos, un verdadero desafío. Sin embargo, esto no está supuesto a debate ni a negociación. Quien quiere manejar sus emociones desde la inteligencia ha de hacerse consciente de sus habilidades, destrezas y oportunidades de mejora. Todo ser humano dispone de una serie de herramientas con las que enfrentar las vicisitudes del día a día. De manera que, una vez que interioricemos que somos seres capaces de conseguir casi cualquier cosa, estableceremos un patrón de pensamiento basado en mensajes armoniosos, cuidadosos y amables con nosotros mismos.

En este sentido, deberías abstenerte de confundir autoconfianza con egocentrismo. Mientras que la autoconfianza es un patrón mental para creerte capaz de superar cualquier obstáculo, el egocentrismo alimenta la creencia de que te encuentras en una nube diferente al resto.

*Resiliencia:* la resiliencia es, por definición, la capacidad que tiene un individuo de reponerse a las pérdidas o situaciones trágicas que han supuesto un impacto profundo en su psique, en su estructura emocional. La pérdida de un ser querido, por ejemplo, implica una serie de sensaciones incómodas y dolorosas para nosotros. En este sentido, en la medida en que aprendas a ser resiliente, tendrás mejores probabilidades de manejar tus emociones con inteligencia. Esto, en resumidas cuentas, te llevará a un equilibrio emocional lo suficientemente sólido como para evitar las acciones apresuradas e imprudentes. La base de la resiliencia es entender que existen cosas y acontecimientos inevitables, por lo que no vale la pena encerrarse en las emociones dolorosas más allá de un luto o dolor comprensibles.

*Aceptación:* la aceptación, muy asociada a la resiliencia, pasa por reconocer que muchas veces las cosas que nos afectan no pudieron evitarse en ninguna circunstancia. Por ejemplo, ¿quién puede dar por acabado el tráfico de la hora pico? Siguiendo este criterio, una persona que quiere desarrollar control emocional (y, así, restarles impacto a estas en la toma de decisiones), acepta que existen situaciones que escapan de sus manos. Esto le permitirá reestablecer el equilibrio emocional al menos parcialmente. ¿Quién puede detener la lluvia? ¿Las pérdidas físicas? ¿Las vicisitudes externas? Aceptar las emociones es una base fundamental para el control emocional desde cualquier punto de vista.

*Comunicación respetuosa y abierta:* aunque resulte difícil de creer, buena parte de nuestros encuentros "molestos" con las personas que nos rodean parten de una estructura comunicativa dañina. Esto sucede inconscientemente. Sin darnos cuenta, nos adaptamos a un sistema de comunicación en que no existe el respeto. Y, como te dije anteriormente, las emociones son tan contagiosas como cualquier virus. Lo que sugiere, pues, que si te comunicas de forma irrespetuosa recibirás una respuesta en los mismos términos. Cuando esto ocurre, es inevitable caer en una dinámica social donde la empatía y el respeto por el otro prácticamente es inexistente. Y, después de todo, ¿quién sale ileso de una conversación basada en adjetivos peyorativos, en el irrespeto?

# Capítulo 5
# Enfoque para entender el comportamiento humano

La psicología nació como una ciencia de acercamiento al comportamiento humano. Pero esta, a diferencia de otras ciencias, se ha desarrollado significativamente, diversificando sus enfoques para obtener mejores resultados en torno al tema principal: el ser humano. Si bien es cierto que todos estos enfoques apuntan a un fin más o menos común, las premisas de estos albergan, a su vez, ramificaciones que se distancian entre sí. Sería un gran error asumir que el estudio del comportamiento humano parte de la ampliamente conocida dicotomía bien-mal. Existen factores, instrumentos de la subjetividad de cada persona, elementos externos que han de ser considerados al momento de llegar a cualquier conclusión o acercamiento en relación al tema principal.

El capítulo que estás por leer busca dar un pequeño y fugaz paseo alrededor de los enfoques más importantes de la psicología en términos de comportamiento humano. Cada uno de estos enfoques ha aportado un grano de arena al todo de la comprensión humana desde la psicología y orientada hacia el paciente que sufre y no sabe bien por qué.

Los enfoques tratados a continuación serán, sin orden de ningún tipo (entendiendo que todos son igual de importantes para el propósito primario de la psicología): el enfoque humanista, cognitivo y psicodinámico.

## Enfoque humanista

¿Te ha pasado que inviertes tiempo y esfuerzo en buscar respuestas para preguntas que no significan absolutamente nada trascendente? A ver, intento decirlo de otra manera: las preguntas existenciales que muchas veces se apoderan de nosotros, que nos quitan horas de sueño, y cuyas respuestas no aportarían nada "objetivamente hablando" a nuestro bienestar. Estas preguntas... ¿son realmente necesarias? ¿O significa que hay una especie de avería cognitiva en nosotros? No necesariamente exista esa *avería*. Este apego a lo trascendente nos acompaña desde los primeros días de la humanidad, así que despreocúpate si eres de las personas que intenta encontrar respuestas a preguntas como "¿cómo se desarrolló mi personalidad?", "¿qué hago paseando por esta calle?".

El enfoque de la psicología humanista pasa por entender que la existencia humana es reflexiva gracias a la consciencia. Por otra parte, parte de otra premisa que dicta que la existencia del ser humano es cambiante y dinámica por su propia naturaleza, es decir, se va desarrollando. Dicho de otra manera, la psicología humanista bebe del existencialismo y de la fenomenología, al proponer un estudio del ser humano, desde entendiéndolo como un ser consciente, intencional y en constante desarrollo. La variabilidad de las experiencias humanas, pues, es la médula de la psicología humanista.

Otra de las características más notables de la psicología humanista es que propone la idea de que los comportamientos objetivables del ser humano son a su vez causados por las experiencias y procesos mentales subjetivos. Lo que, por sí mismo, representa una discrepancia radical de otro enfoque importante llamado Conductismo.

## Psicología cognitiva

La psicología cognitiva (también conocida como Cognitivismo) es una rama de la psicología que estudia todo lo concerniente a los procesos mentales en escenarios en el contexto del conocimiento. Las bases neurálgicas de la psicología cognitiva son procesos como la memoria, la percepción, la atención o el aprendizaje. En general, estudia y busca comprender el funcionamiento cerebral (tanto de niños como de adultos) para valorar sus capacidades cognitivas. De manera que, a partir de ahora, cuando te hablen de psicología cognitiva sabrás que su propósito pasa por evaluar las funciones cognitivas de los individuos.

En esencia, la psicología cognitiva también se desmarca radicalmente del pragmático conductismo, cuyo estudio consiste en extrapolaciones que no consideran en ningún sentido los procesos mentales del individuo. El cognitivismo, por su parte, se enfoca en estos y los hace su objeto de estudio, su protagonista único. Algunos de las referencias más importantes acerca de la revolución cognitiva son: Barlett, Turing, Festinger, Neisser (quien, en definitiva, acuñó el término psicología cognitiva), Chomsky y Shannon & Weaver.

Lo más importante del cognitivismo es que tiene muchas áreas de aplicabilidad. Por ejemplo, en la investigación básica resulta de gran ayuda al investigar esos procesos mentales esenciales como la motivación o la percepción. La psicopatología es, a su vez, enfoque y zona de aplicabilidad. Las terapias cognitivas, como es sabido, procuran que nuestros pensamientos sean más positivos, que sustituyan las creencias limitantes que nos agobian a menudo. Y, de esta manera, existen otras muchas áreas donde la psicología cognitiva es de gran ayuda. La psicología social, la psicología del desarrollo, la educación o la inteligencia artificial son solo algunas de ellas.

La revolución del cognitivismo supuso un antes y un después en la forma en que entendemos la mente humana. Rivalizó con dos enfoques mayoritarios de la época, el conductismo y el psicoanálisis, ambos concebidos desde un pragmatismo muy rígido, pero que no tomaba en cuenta el cúmulo de subjetividades que nos constituyen como individuo.

## La psicología psicodinámica

Uno de los aspectos que más ha interesado a la psicología desde su fundación ha sido esa parte de la mente llamada mente subconsciente. Sí, ese espacio inasible, compuesto por un conjunto de procesos mentales que suceden sin que nos demos cuenta. La psicología psicodinámica, pues, busca comprender todos los elementos que componen el inconsciente de un individuo y su influencia en los comportamientos resultantes. Encontrar el origen de esta terapia resulta un desafío de suma complejidad. Sin embargo, es posible establecer como un posible génesis el psicoanálisis de Freud y su asociación con las filosofías existencialistas y postmodernas.

Los dos enfoques en que la psicodinámica establece sus estudios son:

1. Establecer como foco la parte inconsciente de la mente humana, entendiendo que este es el motor desde donde se procesan los posteriores comportamientos y conductas del individuo.
2. Toma como base la premisa de que las personas interpretan la realidad y extraen conclusiones de forma individualizada. En resumidas cuentas, estos procesos se llevan a cabo en la medida en que cada individuo forja su vida conforme a experiencias y condicionamientos inherentes a su vida personal, pasada y presente.

Se entiende, pues, que los procesos mentales de un individuo responden a los distintos engranajes que conforman su inconsciente desde la subjetividad. Es decir, desde lo impalpable, lo que a priori no es posible identificar sin una profundización adecuada.

Si tuviéramos que resumir el objetivo que persigue la psicología psicodinámica es contribuir a que exista un equilibrio funcional en el comportamiento del ser humano. Y esto, por supuesto, no puede ser alcanzado si no se tienen en cuenta esos pequeños recovecos de nuestra mente subconsciente donde suceden, tienen lugar todos esos condicionamientos y programas mentales que determinan, en última instancia, la razón de nuestras acciones. De manera que, cuando hablamos de psicología psicodinámica, hablamos de tomar por cierto el hecho (vale decir: incuestionable) de que la mente humana es vasta y está henchida de subjetividades que resultan inasibles para la naturaleza rigurosa del método científico.

Para cerrar este rápido paseo, una maravillosa frase extraída del libro *Principios de la psicología*, del doctor William James:

> La psicología es la ciencia de la vida mental, tanto en sus fenómenos como en sus condiciones. Los fenómenos son cosas como las que llamamos sensaciones, deseos, cogniciones, razonamientos, decisiones, etc; y, considerados superficialmente es tal su variedad y complejidad que dejan una impresión caótica en el observador. El modo más natural y, consiguientemente, el más antiguo de unificar este material, fue, ante todo,

clasificarlo lo mejor posible.

# Capítulo 6
# Líderes que han usado la psicología oscura

La psicología oscura puede traerte beneficios y ventajas en todos los sentidos que puedes imaginarte. Si bien es cierto que este concepto de la psicología es usualmente asociado a conductas criminales o moralmente reprochables, no se trata más que de un efecto mediático. Desde los primeros días de la humanidad nos hemos sentido más atraídos por la maldad que por aquellas personas que han demostrado ser bondadosas incluso en las peores circunstancias. Esta es una de las muchas razones que explican la predilección de los estudiosos para orientar sus esfuerzos a estudiar los casos maliciosos.

En este sentido, todo cuanto pueda estudiarse en aras del comportamiento humano ha de tener, pues, múltiples enfoques. Los reduccionismos no favorecen el estudio integral del ser humano, principalmente porque ha de tenerse en cuenta la tantas veces mencionada subjetividad de nuestra mente. Es por esto que la información ofrecida por este libro representa una vasta fuente de valor para quienes, como tú, buscan familiarizarse con todos los conceptos inherentes a la psicología. Pero, por ahora, siguiendo el cauce de la historiografía universal, ¿qué te parece si damos un rápido pero sustancioso paseo por la mentalidad humana?

En los casos expuestos a continuación, encontrarás a dos políticos de gran renombre y a uno de los mejores deportistas y atletas de la historia de la humanidad. Seguramente te estarás preguntando cómo es que un político puede actuar desde la psicología oscura para llegar a sus objetivos. O, ¿cómo es posible que un atleta de renombre haya sido capaz de aplicar alguno de los principios básicos de la psicología oscura para instaurarse en nuestra mente subconsciente con tanta efectividad?

Bueno, te propongo que me acompañes en el siguiente camino, donde recorreremos los oscuros recovecos del siglo pasado, caminando en medio de trincheras y un conjunto de complejidades políticas que pusieron en jaque la paz mundial.

Encontrarás algunas características fundacionales de tres individuos que trastocaron nuestra forma de concebir el liderazgo y, en última instancia, la manipulación. Me refiero al líder unánime de la revolución soviética, Iósif Stalin; al protagonista del Nacionalsocialismo, Adolf Hitler; y, en última instancia, al muchas veces llamado "el mejor ciclista de todos los tiempos", Lance Armstrong. Tres ejemplos bastante ilustrativos de lo que se puede lograr cuando actuamos desde la psicología oscura para conseguir nuestras metas.

## Adolf Hitler, líder del Nacionalsocialismo.

Los historiadores más importantes de la humanidad han abocado sus recursos a estudiar cada uno de los aspectos relacionados a Adolf Hitler, el hombre que puso en jaque a todo el planeta desde sus arengas viscerales y una visión del mundo construida sobre la base de la superioridad aria. Todos los estudios acerca de la historia de Hitler nos han permitido identificar algunos aspectos básicos de su vida. Se sabe que nació el 20 de abril de 1889 en una pequeña población austriaca llamada Braunau de Inn. Su padre, Alois Hitler, fue empleado del imperio astrohúngaro en el área de Aduanas. La madre de Adolf se llamó Clara Pölzl y fue la tercera esposa del señor Alois.

De la infancia de Adolf se sabe poco o nada. De entre las pocas certezas, que su formación escolar se llevó a cabo en Austria, donde vivió hasta los dieciocho años, edad en que se traslada a Viena. No fue sino hasta los 24 años que toma una de las decisiones más trascendentales en su primera adultez: se incorpora a filas como voluntario. Seis años más tarde este soldado raso anónimo empieza su triunfal carrera política, imbuido por necesidades psíquicas e ideales todavía en formación.

Es posible que la carrera de Adolf sea uno de los ejemplos más imponentes de vertiginoso ascenso. Con apenas 44 años, ya estaba en la cancillería del Reich. Uno de los puntos más álgidos en cuanto a la historia de Hitler se encuentra en su nacionalidad. ¿Alemán o austríaco? En lo personal, este me parece un dato menor, principalmente si se analiza lo que provino después, cuando, año y medio después de haber llegado a la cancillería, ocupa la magistratura suprema del Reich, autodenominándose Führer de la nación.

En la actualidad, Adolf Hitler es reconocido como uno de los más grandes genocidas de la historia. Su ideal de la superioridad aria, apoyada por la visión provista por el fascismo del dictador italiano Mussolini, repercutió significativamente en todas sus decisiones posteriores. Pero, ¿Adolf actuaba desde la rabia, la ira, o era consciente de lo que hacía? Esta pregunta ha cruzado varios decenios de análisis por parte de las voces más autorizadas de la psicología o la historia. Lo que no está supuesto a debate es que su visión fue la causa que mutó en un ensañamiento injustificable y reprochable contra un punto de la sociedad alemana y europea: la comunidad judía.

Un inciso que ha servido a muchos historiadores para fomentar una inflexión en el estudio de Adolf Hitler tiene que ver con una presunta ascendencia judía. En muchos casos, se ha llegado a la (en lo personal, apresurada) conclusión de que todas las acciones llevadas a cabo por el Führer hacia los judíos tienen su razón de ser en este dato de su árbol genealógico. Sin embargo, la noción de que Hitler se abocó durante cuarenta a años a vengar la afrenta de su abuelo, proyectándola a los judíos, es demasiado reduccionista. Personalmente, tengo la certeza de que el líder del nacionalsocialismo tiene una idiosincrasia y estructura psíquica mucho más compleja.

En el ofuscamiento de algunos catedráticos por hallar explicaciones a los cuestionables actos de Hitler, han resuelto posicionar sus obsesiones raciales o su ensañamiento con los judíos en un conjunto de fracasos académicos que tuvieron lugar en la academia vienesa de Bellas Artes, donde en su juventud aplicase para ingresar y hacerse pintor. En efecto, este es otro reduccionismo que pretende dar respuestas rápidas a una constitución psíquica que va mucho más allá de una mala experiencia académica. Si damos por cierta esta conclusión apresurada, cabría hacerse una pregunta para redondear el diagnóstico: ¿qué justifica, entonces, su aversión hacia el bolchevismo? La respuesta, aunque sencilla, pasa por las conveniencias políticas de aquellos días. A fin de cuentas, un político es alguien que tiene que convivir diariamente con decisiones que no solo le afectarán a sí mismo. Y, en el cuadro político de aquel entonces, hacía falta un enemigo visible para justificar cualquier expansión o estratagema militar contra sus vecinos europeos.

Hitler, en palabras sencillas, fue capaz de capitalizar el creciente miedo y desdicha de la población alemana, que continuaba padeciendo las consecuencias de haber perdido la primera guerra mundial. En resumidas cuentas, era un pueblo que estaba hundido en su autoestima, devastado. De allí el éxito de un líder político que surgió desde la nada para dirigirse a los ciudadanos en los términos correctos. Ensalzar el nacionalismo como moneda de cambio fue su estrategia ganadora.

No puede culparse a la población alemana por sucumbir al encanto de un hombre de oratoria abrasadora, que supo tocar los botones adecuados para adentrarse en el subconsciente de la masa. Sobre este punto adquiere especial importancia lo que hemos definido como manipulación: es el proceso mediante el cual alguien socava/distorsiona/destruye la cosmovisión de alguien más para implantar su criterio personal. Está claro que el poder, una vez que se tiene, nos transforma. El arrogante Adolf Hitler, con su iracundo psiquismo, no sería la excepción. Hans Bernd Gisevius, en su biografía comentada *Adolf Hitler*, habla acerca de la transformación de la siguiente manera:

> La mutación decisiva no sobreviene en su interior, sino que él evoluciona adaptándose a las circunstancias inmediatas o procedentes del exterior. Cuanto mayor sea su dominio sobre el mecanismo transmisor de un gran Imperio y, por ende, sobre los medios técnicos para transportar a la realidad sus obsesiones, mayor será la irreversibilidad de sus antiguos postulados (cuya supresión parecía cosa fácil, pues eran, según una opinión generalizada, los superlativos desaforados del demagogo), y lo imperdonable de los actos venideros, inconcebibles para toda mente normal.

Adolf Hitler es, quizás, uno de los casos más representativos de psicología oscura aplicados a grandes masas de la sociedad. Si volvemos a la tríada oscura de la personalidad, Hitler manifestó claramente cada uno de sus elementos: narcisismo, maquiavelismo, psicopatía. Además, su cruel crueldad nos permite agregar un último elemento a la ya maliciosa tríada: el sadismo. Sus modos de hacer política, de tratar a la disidencia, de suprimir cualquier voz contraria, dan cuenta de cómo funciona la psicología oscura cuando es aplicada solo con fines egoístas.

Lo que postula al líder del Nacionalsocialismo como un caso excepcional es que Hitler, contrario a los preceptos de la psicología oscura que entienden la manipulación y el posicionamiento como herramientas, siempre optó por la fuerza y la intimidación para alcanzar sus propósitos. Se puede decir, entre otras cosas, que como estadista carecía de la experticia de contemporáneos como Winston Churchill, pero eso le tuvo siempre sin cuidado porque sus métodos, hasta cierto punto, fueron muy eficaces. A continuación, otra observación interesante de Hans Bernd Gisevius al respecto:

> Compromiso, negociación, deferencia, entre otros factores del poder político, son conceptos que no figuran en su nomenclatura política. Y aquello a lo que sólo recurre como ultima ratio un verdadero estadista, el empleo de la fuerza, es para él principio y fin de toda deliberación; y, por cierto, la fuerza en su expresión más extremada y brutal porque, según él, no hay otro medio de «hacerse respetar».

Resumiendo, un experto en la coacción y la intimidación. Impartir el terror a través de acciones moralmente más que reprochables y apelando al sentimiento nacional de sus connacionales fue su marca personal en el espectro político. Siendo, en consecuencia, uno de los tristes protagonistas de una gran guerra mundial que dejó varios millones de muertos a su paso.

## Stalin, el líder rojo.

Si Adolf Hitler fue un sinónimo de crueldad, sadismo y narcisismo, ¿qué podría decirse acerca del líder bolchevique, Iósif Stalin? Los anales de la historia han posicionado a Stalin como uno de los tres más grandes genocidas de la historia de la humanidad. Durante su gestión, la llamada dictadura del proletariado, el mundo pudo ver tantas luces como sombras. Existen datos y evidencias estadísticas que dan cuenta de un significativo crecimiento de la madre Rusia durante los primeros años de su mandato. Para ello, no hace falta ir muy lejos en el tiempo ni escarbar demasiado. En un período no mayor a 30 años, la llamada dictadura del proletariado llevó a Rusia de un país rural y subyugado por una monarquía zarista a convertirse en la segunda potencia del mundo, llegando incluso a superar a los Estados Unidos de Norteamérica en algunos indicadores.

En cuanto a los catalizadores que aceleraron su participación, estos no se diferencian del ascenso del nazismo tanto como se cree. En ambos casos, líderes nacientes aprovecharon el descontento de la ciudadanía para capitalizar sus objetivos políticos en cuanto a posicionamiento y victoria.

Es importante destacar que fue Lenin quien fundó la URSS, pero Stalin reafirmó la estructura de esta. Esto me permite concluir que, sin Stalin, la llamada Revolución de octubre (y sucesiva dictadura del proletariado) se habría desmoronado mucho más rápido de lo que realmente pasó.

Mientras que Hitler aprovechó la decaída autoestima de la sociedad alemana tras la primera guerra mundial; Stalin y Lenin supieron sacar ventaja de la rabia de un país abusado por años por la monarquía zarista. Ahora, es bien sabido que existen diferencias monstruosas en cuanto a lo ideológico. El carácter internacionalista de la dictadura comunista difería del ideal nacionalista que promulgaba Hitler al otro lado del continente. Otra coincidencia se encuentra en que, tanto los soviéticos como los alemanes, sintieron el resurgir de sus respectivas economías en el marco de ambos proyectos políticos.

La historia de Stalin en el poder empezó con la muerte de Lenin, en 1924. Esta fue la primera prueba del líder rojo, que obtuvo su primera victoria frente a todos los intentos dentro del partido por hacerse del poder y del protagonismo del legado de Lenin. Stalin forjó la industrialización de la Unión Soviética, es cierto, pero para llegar a este punto tuvieron que morir un importante número de campesinos. Del mismo modo, sus procesos de colectivización supusieron una impresionante cifra de decesos. La consolidación de Stalin como máxima figura del gran terror le llevó a recibir múltiples apodos, tanto de sus vecinos en Europa como de las naciones occidentales.

Sin embargo, con el transcurrir de los años las sombras han terminado apoderándose de las luces. Hoy día se sabe que la dictadura comunista, iniciada por Lenin y continuada por Stalin, basó muchos de sus éxitos en andamiajes políticos y propagandísticos que en la actualidad nos ponen los pelos de punta a los más inquietos lectores. Su constante expansión, de carácter militar e imperialista, hacia otros países de Europa, supuso una amenaza política significativa para países como Francia, Reino Unido y la propia Alemania nazi. De hecho, buena parte de las personas provenientes de los países "anexados" a la URSS, en la actualidad, siguen pensando que Stalin les trataba como un patio trasero en aras de su proyecto expansionista.

Stalin no solo defendió su opinión desde el terror y la fuerza bruta (lo que la psicología actual define como intimidación en el ámbito de la manipulación emocional) sino que se encargó de estigmatizar a quien se opusiera a sus ideas, sumergiendo cualquier voz disidente a la más extrema ignominia. Persiguiendo este objetivo monstruoso se dieron los gulags. De hecho, puede decirse mucho (y se ha dicho) sobre el dictador soviético, menos que carecía de la capacidad para adaptarse a las circunstancias políticas, económicas y sociales que les tocó vivir. Desde luego, nunca dejando de lado su brazo de acero y su sectarismo dilatado por un inaudito culto a la personalidad. El siguiente fragmento, extraído del libro *Stalin Una biografía*, de Robert Service, hace referencia a los sucesivos cambios que tuvieron lugar frente al Primer plan quinquenal de la URSS.

Durante el Primer Plan Quinquenal la URSS pasó por un período de cambios drásticos. A la cabeza estaban las campañas para expandir las granjas colectivas y eliminar a los kulaks, los clérigos y los comerciantes. El sistema político se haría más férreo. La violencia se intensificaría. El Partido Comunista Ruso, la OGPU y los Comisariados del Pueblo consolidarían su poder. Serían erradicados los restos de los antiguos partidos. Los «nacionalistas burgueses» serían arrestados.

Más adelante, Robert Service nos habla acerca de los grandes cambios que empezaban a darse en el marco de la situación económico-social de la nación. Stalin era consciente de que su tarea (por demás, titánica y tiránica) representaría un antes y un después en la historia política del mundo. Y no desperdiciaba oportunidad para dejarlo en claro en cualquier escenario y frente a cualquier multitud.

El Gulag, que era la red de campos de trabajo sujetos al Comisariado del Pueblo de Asuntos Internos (NKVD), se expandiría y se convertiría en un sector indispensable de la economía soviética. Se fundarían muchas ciudades y pueblos. Se crearían miles de nuevas empresas. Se produciría una enorme afluencia de gente de las aldeas, ya que las fábricas y las minas necesitaban fuerza de trabajo. Los programas educativos tendrían una enorme base estatal. La promoción de obreros y campesinos a cargos administrativos se ampliaría. Se cultivaría el entusiasmo por la desaparición del compromiso político, social y cultural. El marxismo-leninismo se difundiría de forma intensiva. El cambio sería obra de Stalin y sus colaboradores del Kremlin. Suyo sería el mérito y suya la culpa.

Sin embargo, Stalin quería más. Su proyecto expansionista engullía naciones como si se tratase de un dinosaurio. Esto, en muchos casos, no podía hacerse de forma amistosa. Si bien es cierto que muchas naciones cedieron fácilmente al avance de los ejércitos soviéticos, hubo algunas que se enfrentaron a sangre y fuego contra el invasor. Evidentemente, no podrían ganar. La hambruna en Ucrania, propiciada por Stalin desde Rusia, es uno de los ejemplos siempre citados al momento de definir el nivel de sadismo y crueldad de Stalin, que era capaz de pasar por fuego a niños, mujeres y ancianos si así garantizaba estar un paso más adelante en cuanto a sus proyectos políticos.

Stalin fue (y será) uno de los líderes más polémicos de la historia. Sus logros objetivos, que fueron muchos, no son suficiente para esconder la magnitud de sus horrores como líder de una revolución comunista que buscó expandir su imperio a cada rincón de Europa. Un hombre que se procuró el éxito de su proyecto en detrimento de millones de vidas. Un hombre que, incluso hoy, sigue siendo adorado por muchos de los rusos que vivieron aquellos portentosos cambios. Leon Trotsky, quien fuera uno de los líderes del movimiento y posteriormente enviado al destierro (donde sería asesinado por un mercenario bajo órdenes de Stalin) en su libro *Stalin y sus crímenes*, resume el legado de Stalin de la siguiente manera:

> El odio personal es un sentimiento demasiado exiguo, demasiado doméstico, demasiado íntimo para poder influir en una lucha histórica que excede inconmensurablemente a todos sus participantes. Stalin merece el castigo más severo por haber sido el sepulturero de la revolución y el organizador de crímenes sin número. una cosa que se cae de madura (...) No pretendo, al decir esto, disminuir la responsabilidad personal de Stalin. Al contrario, la extensión, sin precedentes, de sus crímenes es tal que la idea de hacerlos pagar por medio de un acto terrorista no acudirá a la mente de ningún revolucionario formal.

## Lance Armstrong, héroe y manipulador, pero nunca villano.

¿Quién no ha oído hablar, al menos de soslayo, la historia del ciclista norteamericano Lance Armstrong? Se trata de unos de los atletas más aclamados en el mundo. De hecho, para encontrar otra carrera tan exitosa en términos de títulos y campeonatos tendríamos que dirigir la mirada a íconos de talla mundial como Michael Jordan, el tenista suizo Roger Federer o Pelé, el mítico futbolista brasileño. Estos cuatro atletas tienen en común una vitrina repleta de trofeos, medallas y condecoraciones que dan fe de su alto nivel deportivo. Cada uno, en su disciplina, dominó la universalidad deportiva de sus respectivas épocas. Ahora bien, ¿cuál es la principal diferencia entre los deportistas mencionados y Lance Armstrong?

La respuesta rápida es: la polémica. Pero, ¿qué tal si damos un breve paseo por la vida de este ciclista norteamericano? Lance nació un 18 de septiembre en Plano, Texas. Siendo apenas un bebé, sus padres se divorciaron. A los tres años, Lance toma el apellido de su padrastro, Terry Armstrong. Si queremos establecer el inicio de lo que años más tarde se establecería como una leyenda deportiva, esto ocurrió cuando el pequeño Lance cumplió siete años. Su madre le regalaría su primera bicicleta, una Schwinn Mag Scrambler según reseña Lance en una de sus memorias. Aunque participó en deportes como béisbol y baloncesto, su pasión estaba en esos viejos pedales.

En la adolescencia ya participaba en carreras amateur. Con apenas 13 años obtuvo su primer premio, el primero de la que sería una carrera caracterizada por un sinfín de éxitos. Sin embargo, este primer premio se dio en el marco de una competencia de... ¡triatlón! ¿Lo veías venir? Poca gente sabe esto, pero Lance se convirtió en profesional en la compleja disciplina del triatlón. Los especialistas no tardaron en darse cuenta que ese joven tenía características especiales. Las conjeturas en torno a sus condiciones físicas fueron esclarecidas cuando fue invitado por el Cooper Institute for aerobic research, en Houston, Texas. ¿Qué descubrieron los investigadores? Un detalle trascendental: la cantidad de oxígeno que consumieron sus pulmones fue la más alta registrada hasta la fecha por el instituto de investigaciones aeróbicas. Un claro indicador de las capacidades físicas del joven Lance.

Lo más impresionante es que Armstrong era un atleta más que exitoso en el campo del triatlón. Cada año, ingresaba alrededor de 20.000 dólares, siendo apenas un adolescente. Los premios se sucedieron uno detrás de otro. Sin embargo, él sabía que su verdadera pasión se encontraba en el ciclismo, y hacia esa dirección orientó sus acciones. A partir de ese momento, su nueva carrera le proveyó de una cantidad ingente de premios y condecoraciones, llegando a ser campeón nacional amateur de los Estados Unidos en 1990. Seguir el trepidante ritmo de sus victorias es una tarea desafiante para el mejor investigador. Los premios llegaban en tropel. Para 1992, compitió en los juegos olímpicos que tuvieron lugar en Barcelona, España, obteniendo un décimo puesto. Fue en ese año en que se convirtió en un ciclista profesional, apadrinado por la multinacional Motorola.

Segundo lugar en la copa del mundo celebrada en Zürich, Suiza; Thrift Drug Classic; el Kmart West Virginia Classic; el campeonato profesional estadounidense CoreStates Race. Pese a algunos reveses, la carrera de Lance tomaba la cuesta a la cima a una velocidad incomparable. En su primera participación en el prestigioso Tour de Francia, Armstrong confirmó sus capacidades al ser el ciclista más joven en ganar una de las etapas. Los premios continuaron, al igual que la resonancia de su nombre en todas las latitudes. Campeón del mundo en el campeonato mundial celebrado en Noruega; premio Tour Dupong, entre otros. Ese mismo año, 1995, Lance terminaría su primer Tour de Francia.

Entonces llegaron las malas noticias. Algunas semanas después de cumplidos los 25 años, a la prominente figura del ciclismo mundial fue diagnosticado un cáncer testicular que, para el momento del diagnóstico oficial, se había extendido a sus pulmones, ganglios linfáticos y cerebro. La aparición de la enfermedad le permitió al mundo entender que Armstrong no solo era un gran atleta sino una persona con una resiliencia superlativa. El joven Lance se informó todo cuanto pudo acerca del tema, modificó radicalmente su dieta, eliminando elementos como el café y las carnes rojas. Además, rechazó el tratamiento asignado para el cáncer cerebral, una radioterapia que afectaría significativamente algunas de sus funciones vitales.

Todos los medios de comunicación especializados se abocaron a su situación. Entre sesiones de quimioterapia, el atleta manejaba su bicicleta en la medida de sus posibilidades. Muchas personas sentían una simpatía incomparable por el joven deportista norteamericano que, en el alba de su carrera, recibía un golpe que derribaría a cualquiera. Pero Lance no permitiría eso. Se dejaba ver en su bicicleta, declaraba amablemente a los medios de comunicación, concedía alguna que otra entrevista. Estaba, según dijo posteriormente, decidido a ganar. No caben dudas sobre su determinación. En 1997, luego de una ardua lucha, Lance vencía al cáncer.

Su retorno al ciclismo fue un boom mediático a niveles insospechados. El norteamericano no solo volvía luego de vencer al cáncer, sino que lo hacía por la senda victoriosa. Mejoró todos sus registros anteriores, incluso un par de records mundiales. Acumuló algunos premios más, pero, en el fuero de la comunidad internacional y de los aficionados, sabían que esas victorias no eran más que la preparación para el gran monstruo: el Tour de Francia, al que volvió en 1999 para destrozarlo de principio a fin. Por si esto fuera poco, Lance obtuvo los 5 tour de Francia siguientes, consolidando un dominio hasta entonces inédito en el mundo del ciclismo.

No obstante, la vida de Lance no ha estado exenta de polémica. Un tabloide belga acusó al ciclista norteamericano de haber ganado "indebidamente" muchos de sus premios. Para reafirmar tal aseveración, citó un documento desclasificado de la Unión Ciclista Internacional donde se afirmaba que Lance dio positivo por dopaje en 4 oportunidades en el Tour de Francia del año 1999.

En el año 2012, la Unión Ciclista Internacional procedería a retirar todas sus victorias, siguiendo lo establecido por un informe de la Agencia antidopaje de Estados Unidos (USADA). La prominente carrera de Armstrong se fue a pique sin que pudiéramos siquiera advertirlo. Finalmente, en una entrevista, Lance Armstrong confesó haberse dopado con Epo, cortisona y autotransfusiones de sangre para ganar cada uno de sus 7 tours de Francia.

Padre ejemplar, un incansable luchador que pudo sobreponerse al cáncer para retornar victorioso a su pasión deportiva, ¿por qué Lance Armstrong podría encajar perfectamente en lo que conocemos como psicología oscura? Lance es la antítesis de los dos primeros ejemplos, donde predominaba la intimidación y la coacción para el provecho propio.

Lance, por su parte, manipuló a la población total de una forma que puede preverse como inconsciente. A través del manejo de las emociones ajenas y no desde la ejecución de fuerza alguna. Hoy día, a quienes admiramos el ciclismo como la disciplina más completa de todas, sabemos que probablemente Lance no haya merecido ganar esos campeonatos de alto impacto físico, pero no nos importa. Su manipulación (repito, posiblemente inconsciente) ha calado tan hondo en el imaginario colectivo que, a la fecha, sigue siendo el flamante ganador de 7 tours de Francia. De los dopajes prácticamente no se habla. Este es el efecto que consigue un manipulador de larga data.

# Capítulo 7

# Rasgos característicos de los líderes que usaron la psicología oscura.

Tal como aprendiste en el capítulo anterior, los líderes que usaron la psicología oscura para sus fines egoístas actuaron desde motivos que todavía hoy permanecen indiscernibles e inclasificables. Se han suscitado cientos de estudios que buscaron entender la naturaleza oscura de personas como Adolf Hitler o Iósif Stalin, sin resultados exitosos. La naturaleza de un líder que manipuló a toda una nación para alcanzar sus propósitos tiene mucha importancia como razón explicativa de su comportamiento, pero con cada año que pasa la tarea de encontrar respuestas concretas en la infancia del líder comunista o del líder nacionalsocialista se vuelve un desafío cuesta arriba.

Mientras la humanidad siga existiendo, continuarán presentándose líderes que utilicen sus recursos y habilidades en la manipulación y subyugación de la sociedad para concretar sus proyectos o ideales. Desafortunadamente, llegarán nuevos protagonistas fascistas, nazis, comunistas o espirituales que pondrán el mundo al revés para demostrar su fuerza. Creo que ha llegado el momento de aceptar que estas naturalezas depredadoras persistirán en nuestros países hasta el fin de los tiempos. Solo a través de aceptar este hecho podremos avanzar hacia un nuevo enfoque de la psicología oscura; un enfoque que apunte en dos sentidos: la prevención, la utilización de sus valiosos elementos en aras del crecimiento personal y de la concreción de objetivos sin que esto implique vejar o herir a nuestros contemporáneos.

La existencia de personajes como Stalin, Hitler, Mao, Robert Mugabe, Pinochet, Trujillo, el reverendo Jim Jones, Charles Manson debió enseñarnos mucho acerca de cómo la psicología oscura, radicalizada en el interior de un individuo, puede generar un impacto sin comparación en grandes cantidades de personas. Que hoy, en un nuevo milenio, se siga hablando de la labor que Joseph Goebbels desempeñara para el nazismo, es una demostración magnánima de cuánto nos apasionan los recursos oscuros cuando son aplicados contra nosotros mismos. La propaganda de Goebbels fue determinante para aplastar cualquier intento de disidencia en la Alemania nazi. Edward Bernays, famoso escritor, hace una observación muy clara en su libro *Propaganda*:

> La propaganda moderna es el intento consecuente y duradero de crear o dar forma a los acontecimientos con el objetivo de influir sobre las relaciones del público con una empresa, idea o grupo. La práctica de crear circunstancias e imágenes en las mentes de millones de personas es muy común. Hoy en día, prácticamente no se lleva a cabo ninguna empresa de importancia sin su

concurso, con independencia de si la empresa consiste en construir una catedral, financiar una universidad, comercializar una película de cine, poner en circulación una importante emisión de bonos o elegir al presidente. En ocasiones, es un propagandista profesional quien crea el efecto deseado sobre el público; en otras, es un aficionado a quien se encarga el trabajo. Lo importante es que la propaganda es universal y continua, y que se salda con la imposición de una disciplina en la mente pública tanto como un ejército impone la disciplina en los cuerpos de sus soldados

Te recomiendo que te apropies de la información que leerás a continuación para que sepas identificar cuándo te encuentras frente a un experto en la manipulación, a un referente de la psicología oscura. En este capítulo daré algunos comentarios y observaciones sobre las cuatro características más marcadas y representativas de la psicología oscura. Ten en cuenta, claro, que estos rasgos están presentes en todos los líderes que han utilizado la psicología oscura para sus propios fines sin un ápice de consideración por quienes le rodeaban. En la medida en que incorpores estos conocimientos a tu psique, sabrás cuándo te encuentres frente a un maestro manipulador. Así, tendrás la oportunidad de neutralizar cualquier ataque y evitar convertirte en una víctima más de su sistema de subyugación del otro.

## Narcisismo.

El narcisismo es, posiblemente, el rasgo oscuro de personalidad con mayor resonancia en el mundo. Casi todas las personas tienen una idea bastante clara de lo que significa *ser narcisista* o estar anclado al *narcisismo*. En esto tiene mucho que ver la cultura popular, que, a través de la literatura, el cine y la música han difundido la noción genérica de lo que esta palabra significa. Todos tenemos más o menos claro que se considera que alguien es narcisista cuando tiene una percepción distorsionada sobre sí mismo y sus capacidades. Esta deformidad de autoimagen les hace creer que están por encima del resto, que tienen habilidades superiores al resto. En definitiva, están genuinamente convencidos de que son indispensables e insustituibles.

Es muy común hallar este tipo de rasgos en líderes políticos o religiosos, quienes crean y alimentan el relato de que han sido dotados con destrezas que le diferencian del resto. En el caso de un líder espiritual, a menudo les indican a sus acólitos que fue el "señalado" por la providencia para llevar a cabo algún tipo de misión universal que le involucra en todo momento como único protagonista de la escena. Una definición bastante clara acerca de este rasgo, proveniente del libro El Narcisismo, la enfermedad de nuestro tiempo, de Alexander Lowen, dicta lo siguiente:

El grado en que una persona se identifica con sus sentimientos es inversamente proporcional a su grado de narcisismo. Cuanto más narcisista es un individuo, menos se identifica con sus sentimientos. Además, en este caso, tiene una mayor identificación con su imagen (como opuesta al yo), junto con una idea de grandiosidad proporcional en grado. En otras palabras, existe una correlación entre la negación o la carencia de sentimientos, y la falta de un sentido del yo.

Por otro lado, una persona narcisista suele mostrarse encantadora. Esto se debe a que tienen una visión muy positiva de cuanto ocurre a su alrededor en relación consigo mismo. Existen muchos aspectos positivos en la conducta de un narcisista; esto no excluye, desde luego, que son expertos en manipular emocional y psicológicamente a individuos en distintos niveles jerárquicos. Por ejemplo, un narcisista cultiva relaciones sociales medianamente funcionales.

*En medio de la jungla de Guyana, Sudamérica, casi 1.000 personas bebieron ponche de cianuro letal o fueron asesinadas a tiros, siguiendo las órdenes de su líder, Jim Jones. Las madres y los padres dieron la bebida mortal a sus hijos y luego la bebieron ellos mismos. La gente gritaba. Los cuerpos temblaron. Y en unos pocos minutos, el 18 de noviembre de 1978, murieron 912 personas.*

*Los seguidores de Jones llegaron originalmente a la comunidad guyanesa, conocida como Jonestown, en busca del paraíso y un escape del racismo y la persecución en los Estados Unidos. En cambio, encontraron algo que se parecía a un campo de concentración en el que trabajaban largas horas con poca comida y mucho abuso, informaron los que escaparon de Jonestown.*

De este aspecto es posible extraer una posible explicación de por qué un hombre como Jim Jones (El templo del pueblo) o Charles Manson (La familia) fueron capaces de atraer a tantos seguidores en sus empresas criminales.

Sin embargo, otra característica que vale la pena mencionar es que este tipo de personas tienden a actuar desde la prepotencia una vez que han introducido su cosmovisión en otros individuos. Genuinamente, en su mente están convencidos de que te están ayudando al aprovecharse de ti. Esto contribuye a consolidar la distorsión en su autoimagen. Ahora, todos tenemos rasgos narcisistas en mayor o menor grado. La diferencia existente entre las características narcisistas de una persona promedio y un verdadero manipulador es lo que la ciencia define como trastorno de personalidad narcisista.

En contraparte, creo justo decir lo siguiente: en muchos casos, una persona narcisista desarrolla las habilidades y competencias necesarias para tener éxito. Cuando me preguntan acerca de por qué sucede esto, encuentro muchas posibles respuestas. No obstante, he aprendido a responder siempre de la misma manera: es muy probable que, si crees que estás por encima del resto en tu profesión, trabajes mucho más duro para probártelo a ti mismo. Esto trae implícito un resultado favorable en términos de desarrollo personal. Sin embargo, no es una garantía.

En lo personal, no me resulta curioso que los grandes líderes que han perpetrado acciones de manipulación masiva a lo largo de la historia hayan manifestado palpables demostraciones de una conducta narcisista. Después de todo, muchos estuvieron genuinamente convencidos de que estaban en la cima del mundo, de que sus palabras eran la profecía para muchos. Lo peor llega cuando estos rasgos narcisistas vienen acompañados de otros elementos que oscurecen más la personalidad del individuo en cuestión.

## Maquiavelismo.

No está claro por qué el maquiavelismo es uno de los rasgos menos conocido de todos cuanto componen una personalidad oscura. Se puede decir, en esencia, que el maquiavelismo se basa en el engaño y en la manipulación, características adecuadamente aderezadas con una visión bastante cínica del mundo y de sus aparentes realidades. Lo que caracteriza a una persona con este rasgo de personalidad es que manifiesta un claro desdén por las normativas que rigen el comportamiento humano desde la dicotomía bien-mal. Sin embargo, esto no significa que sean escépticos o se encuentren evaluando la verosimilitud de los preceptos éticos. Es que simplemente no le importan. Es por ello que resulta tan importante identificar a tiempo a alguien que manifieste un desprecio por lo éticamente correcto.

Rafael Palacios, en su libro La locura moderna, dice que *"Los individuos enajenados tienen los conceptos equivocados y la incongruencia de esos conceptos con la realidad es lo que les hace perder el contacto con ella. Sobre el éxito, por ejemplo; desarrollan una personalidad alternativa y falsa, a partir de la cual se separan del resto de los humanos"*. Si bien es cierto que el autor no se refiere específicamente a quienes han adoptado ciertas características maquiavélicas, es un concepto amplio en el que podrían ser incluidos sin problema alguno. Por otra parte, Peter Muris, un renombrado psicólogo, definió en 2017 al maquiavelismo como *"un estilo interpersonal doble, una indiferencia cínica por la moralidad y un enfoque por el interés y en las ganancias personales"*.

En resumidas cuentas, son capaces de tomar cualquier acción (sea esta buena, mala o reprochable) si así pueden alcanzar sus intereses personales. Sienten, además, un placer indescriptible al manipular a las demás personas ya que lo consideran un juego. Su total desconocimiento de la vida tal como ha sido construida, y de los valores humanos más básicos, hacen del maquiavelismo uno de los rasgos oscuros más complejos y nocivos en el mundo. Es posible identificar una relación entre este rasgo y el

320

narcisismo. En ambos, está implícita la creencia del sujeto de que sus intereses van de la mano con el interés común. De manera que, siguiendo esta premisa, ambas convergen en cuanto a la existencia de una distorsión enceguecida de la realidad donde el *yo* lo involucra todo.

Muris, en este aspecto, nos indica que el maquiavelismo consta de tres partes fundamentales:

I.    Tácticas manipuladoras.
II.   Una visión cínica de la naturaleza humana.
III.  Un desprecio por la moral convencional.

Resumiendo, una persona maquiavélica es capaz de hacer cualquier cosa solo si así garantiza un beneficio para sí mismo, aunque esto incluya dañar, vejar o humillar a alguien de su entorno. Es de vital importancia, reconocer que estos individuos carecen de lazos emocionales fuertes que le aten a cualquier contemporáneo. Todas sus relaciones se desarrollan de forma superficial porque, en efecto, nunca se sentirán emocionalmente conectados a nada ni a nadie más allá de sí mismos. Esta particularidad puede resultar curiosa porque, en la práctica, un maquiavélico entiende que alguien actúe de forma desinteresada; lo comprende y acepta, pero no es capaz de crear nexos emocionales con esta conducta ni mucho menos con esta persona. Como se ha dicho en repetidas ocasiones, su visión de la vida es absolutamente cínica y desprendida de todo salvo de ellos mismos.

Para el caso, un ejemplo; El filósofo británico Bertrand Russell llamó a El Príncipe "un manual para gángsters".

*En la película de Robert De Niro de 1993, Una historia del Bronx, el libro ocupa un lugar relevante.*

*El despiadado jefe del crimen Sonny LoSpecchio, cuenta a un adolescente del que se ha hecho amigo, que leyó a El Príncipe en la cárcel y que vive su vida en consecuencia.*

*Sus conceptos de liderazgo provienen directamente de El Príncipe. LoSpecchio explica la importancia de la "disponibilidad": mantenerse cerca de su territorio. De este modo, dice, sus aliados tendrán "más razones para amarle", porque pueden contar con su protección, mientras que sus enemigos tendrán más razones para temerle y "se lo pensarán dos veces porque saben que estoy cerca".*

*El adolescente le pregunta entonces: "¿Es mejor ser amado o temido?", a lo que LoSpecchio responde: "Es una buena pregunta. Es bonito ser ambas cosas, pero es muy difícil. Pero si pudiera elegir, preferiría ser temido. El miedo dura más que el amor".*

*"El truco", sigue diciendo, "es no ser odiado". Es casi como si hablara el propio Príncipe, pero ahí acaban las similitudes.*

LoSpecchio acaba siendo asesinado, algo que un príncipe más sabio podría haber evitado.

# Sadismo.

La característica medular del sadismo es la insensibilidad. Insensibilidad en su sentido más amplio. Este es otro de los rasgos ampliamente difundidos por la cultura popular, principalmente por el mundo del cine, que ha encontrado en el sadismo una representación llamativa, rentable y muy mediática. Como te mencioné al principio de este libro, el ser humano tiene una tendencia muy marcada a mostrarse interesados por lo malicioso. Esto no es una enfermedad de la modernidad; nuestros primeros filósofos dedicaron mucho tiempo a disertar en torno al alma, la consciencia y el mal. De manera que no estamos frente a un acontecimiento nuevo. Ahora bien, ¿qué hace tan especial al sádico? ¿Por qué fue incluido en la original tríada del mal, como se denominó a las personas caracterizadas por moverse alrededor del narcisismo, la psicopatía y el maquiavelismo?

Para responder a estas preguntas hace falta, en principio, definir la conducta sádica. Lo que hace especialmente peligrosos a estos individuos es que pueden desarrollar una vida perfectamente normal y funcional en sus rutinas diarias. Pueden licenciarse en las mejores universidades, optar por cargos públicos en sufragios, ser excelentes padres de familia, profesionales de alto nivel y excelentes amigos.

Dicho esto, cabe preguntarse si el sadismo es una máscara o si, en su defecto, la vida funcional es la tapadera para esconder motivaciones oscuras. Responder planteamientos como esto puede llevar años. Lo que sí es cierto es que cualquier contestación dada a vuelo de pájaro podría resultar un reduccionismo innecesario y poco efectivo.

Lo que sí es un hecho incuestionable es que los sádicos no solo disfrutan con el sufrimiento ajeno. Para ellos, el placer se encuentra precisamente en infringir el dolor, en dañar al otro. Muchas de las personas que han sido encerradas en esta clasificación a lo largo de la historia tuvieron una infancia difícil, marcada por la violencia o el sufrimiento. Esto podría ser una explicación suficiente si no fuese por el hecho de que, en contraparte, también se ha sabido de sádicos de primer orden que tuvieron familias funcionales, una crianza tranquila y que, desde temprano, manifestaron comportamientos oscuros típicos como matar animales o lastimar a otros niños.

El sadismo suele aparecer a edades tempranas, durante la primera etapa de desarrollo del individuo, a través de comportamientos sexuales explícitos o una tendencia ciega hacia la violencia. Sin embargo, también puede no presentarse hasta bien avanzada la adultez, cuando un desencadenante pudo ejercer como catalizador para que el sádico entienda que puede concederse placer con el dolor infringido en los demás.

Una de las principales diferencias entre el sadismo y rasgos como el narcisismo o el maquiavelismo es que los sádicos no se conforman con dañar al otro, con manipularlo para obtener un beneficio. Para el sádico es necesidad deleitarse con la crueldad, pero sobre todo con la crueldad excesiva. Otra diferencia a tener en cuenta es que el sádico es un sujeto activo, no pasivo. A menudo tomará acciones específicas para conseguir placer, aunque esto signifique hacerse daño a sí mismo con tal de herir a otros.

En esta ignominiosa categoría entran asesinos en serie especialmente violentos, violadores, torturadores.

*En 1888, el distrito londinense de Whitechapel se vio afectado por los informes de un despiadado asesino en serie que acechaba las calles de la ciudad.*

*El loco, no identificado, atraía a las prostitutas a las plazas oscuras y a las calles laterales antes de degollarlas y mutilar sus cuerpos sádicamente con un cuchillo.*

*Entre agosto y noviembre, cinco prostitutas fueron encontradas descuartizadas en el deprimido distrito de East End, lo que desencadenó un frenesí mediático y una persecución por toda la ciudad.*

*Aunque al principio se le conocía simplemente como el asesino de Whitechapel, pronto se ganó un nuevo y escalofriante apodo: Jack el Destripador.*

*Las teorías más populares sugieren que los conocimientos de anatomía y vivisección del asesino significan que posiblemente era un cirujano. Se han propuesto más de 100 posibles sospechosos, e incluso se ha acertado a acuñar el término "destripología" para describir el amplio estudio que sigue el caso.*

En definitiva, cualquier individuo que resuelva sus necesidades de placer generando daños irreparables en sus víctimas. Lo que hace tan difícil identificar a estos individuos es que saben mimetizarse, camuflarse en una sociedad que no presta la atención debida. Según investigaciones forenses sobre el sadismo, se ha logrado determinar que quienes comparten este rasgo de personalidad, optan por carreras universitarias u oficios que faciliten su acercamiento a potenciales víctimas.

Como podrás ver, el sadismo es una de las joyas más complejas de la psicología oscura. Además, se trata de un rasgo presente en casos tan universales como el de Jack el Destripador y Adolf Hitler, quien confinó a millones de judíos en campos de concentración, aniquilándoles sistemáticamente en el tristemente conocido holocausto.

## Psicopatía.

La psicopatía es, sin duda alguna, el rasgo más poderoso y peligroso de todos cuanto han sido mencionados en este capítulo. Esta tiene como base fundacional una carencia total de empatía por los demás. Del mismo modo que sucede con las personas con rasgos de sadismo, los psicópatas tienen la capacidad de desempeñar una vida totalmente normal y funcional, lo que dificulta su reconocimiento en circunstancias sociales específicas. Ahora bien, ¿de qué es capaz alguien que se encuentre en esta clasificación? Prácticamente pueden hacer cualquier cosa siempre y cuando esta les ofrezca placer o emociones fuertes.

A lo largo de la historia hemos conocido la historia de muchos psicópatas que han llegado a nuestras vidas para impactar incluso nuestros sueños. El cine y la literatura también han aportado su grano de arena para la monstruosa resonancia de cada uno de estos individuos. Lo que mueve a un psicópata a actuar es la esperanza de sentir una emoción potente. Sin embargo, mientras encuentran el momento indicado, desarrollan carreras y profesiones como cualquier otro ser humano. En algunos casos, se ha determinado que las características narcisistas (grandiosidad, sentimientos de grandeza) refuerzan la carencia de empatía por el sufrimiento ajeno.

Este trastorno de la personalidad afecta principalmente la impulsividad del individuo. El aspecto sexual, por ejemplo, es una de las manifestaciones más significativas y a su vez representativas de un patrón conductual psicopático. Álvaro Burgos Mata nos dice, en este sentido: "Exhiben un funcionamiento sexual perverso, poliformo y promiscuo, sin relación de objeto. Así el psicópata se manifiesta en lo que es: "verdadero explotador en forma continua de toda mujer u hombre que se encariña con él, o ella".

Un dato curioso es la aproximación conceptual existente entre la psicopatía y la sociopatía. Aunque la proliferación de investigaciones criminales ha contribuido a crear una especie de aura en la figura del psicópata, la verdad es que se trata de un perfil psicológico sobre el que hace falta estudiar mucho más en términos de diagnóstico y tratamiento. Ahora bien, para que caminemos en la misma línea, es conveniente acudir a una autoridad en cuanto a la categorización patológica de ciertas enfermedades o perfiles psicológicos. El Psychiatric Glossary de la American Psychiatric Asociation define las personalidades psicopáticas como "predominantemente amorales y antisociales. Con acciones fundamentalmente impulsivas, irresponsables y dirigidas a satisfacer sus inmediatos y narcisistas intereses".

Existen muchas dudas en relación a la calificación como personas asociales que, sin embargo, pueden tener una vida medianamente normal en los márgenes sociales. Esta discrepancia es la que separa la psicopatía del sadismo desde un enfoque conceptual. El desequilibrio entre los distintos componentes de la personalidad lleva a un psicópata a tomar acciones fuera de un margen ético. Sus principales características son:

1. Sienten una fuerte necesidad de protagonismo.
2. Realiza sus actos con plena consciencia de ellos.
3. Son expertos manipuladores.

4. Son emocionalmente fríos y distantes.
5. Delinquen con mucha facilidad.
6. Son profundamente egocéntricos.
7. Actúan de forma agresiva incluso sin tener razones.

Otra de las características más frecuentes en los psicópatas, es que suelen tener una fuerza de voluntad prácticamente inexistente en cuanto a las gratificaciones instantáneas o efímeras. Por lo que cualquier acción o conducta apunta a saciar esta necesidad perenne. En este sentido, Álvaro Burgos Mata, en su libro *Introducción a la psicopatía*, reflexiona en los siguientes términos:

> Los tipos psicopáticos exhiben una cálida simpatía. Personalidad amable, complaciente y subyugante hasta cierto punto, locuaces, bien hablados, pero en el momento propicio esta máscara dará paso a conductas violentas, frustrantes que dejarán en desconcierto a la víctima y al observador no comprometido. Como su encanto inicial era actuado, sin el correspondiente compromiso afectivo, no tendrá entonces sentimientos de culpa, de remordimiento ni vergüenza. Son personas que no guardan lealtad con nadie.

Y, así, existen muchos elementos de estudio cuando se trata de los trastornos psicopáticos. Entendiendo, en este sentido, que la psicopatía no es una enfermedad sino un trastorno de la personalidad, carece de sentido el debate acerca de posibles curas. Lo que podemos hacer, desde nuestras respectivas posiciones, es identificar a quienes manifiesten algún tipo de comportamiento asociable a la psicopatía. Los expertos, por su parte, corren con la enorme responsabilidad del diagnóstico y los tratamientos paliativos.

Aquí te dejo una historia escalofriante;

*Gilles de Rais fue un noble francés del siglo XV, soldado y compañero de armas de Juana de Arco durante la Guerra de los Cien Años. La carrera militar de Rais le valió muchos elogios, pero su distinguida reputación y su opulento estilo de vida ocultaban un horrible lado oscuro que incluía acusaciones de satanismo, violación y asesinato. Al parecer, a partir de la década de 1430, Rais empezó a torturar y matar brutalmente a niños pequeños, muchos de ellos campesinos que habían acudido a su castillo para trabajar como sirvientes. Después de abusar sexualmente de estos sirvientes, Rais los asesinaba cortándoles la garganta o rompiéndoles el cuello con un bastón. Otros eran decapitados y desmembrados, e incluso se sabe que Rais besaba las cabezas cortadas de algunas de sus víctimas.*

*Rais se entregó a estos hábitos sádicos sin control hasta 1440, cuando atacó a un sacerdote por una disputa de tierras. Esto provocó la ira de la Iglesia, que inició una investigación y pronto descubrió el historial de depravación del barón. Se celebró un famoso juicio en el que Rais fue acusado de asesinato y sodomía y de practicar la alquimia y otros ritos satánicos. Finalmente, confesó bajo tortura haber asesinado hasta 140 niños -aunque algunos afirman que la cifra puede ser mucho mayor- y fue ahorcado y quemado en octubre de 1440. Algunos historiadores han sugerido desde entonces que el Rais fue la influencia para el cuento popular del siglo XVII "Barba Azul", que sigue a un rico barón que asesina a sus jóvenes esposas.*

# Capítulo 8

## Lenguaje corporal; entenderlo y sacar provecho

Para nadie es un secreto que el éxito está íntimamente relacionado a nuestra capacidad para desenvolvernos en diversos escenarios. La vida, con cada día, nos provee un sinfín de oportunidades para crecer como personas y como profesionales. De allí la importancia de pensar en la psicología oscura como un conjunto de herramientas y tácticas que, en definitiva, nos puede acercar a la concreción de nuestros objetivos.

A lo largo de mi extensa trayectoria, he conocido personas que dedicaron sus vidas a capitalizar sus conocimientos en esta área para tomar ventaja en relación a sus competidores. Esta es una forma válida de entender la psicología oscura, pero no es la única. Insisto en que la información que puedes extraer de todos los capítulos que componen este libro puede ser de gran ayuda en tus proyectos personales, siempre y cuando sepas orientar estos conocimientos hacia un fin concreto.

No te mentiré al respecto: hay quienes han desarrollado los rasgos característicos de la psicología oscura (maquiavelismo, narcisismo, psicopatía e incluso sadismo) para alcanzar sus fines egoístas. Este tipo de individuos actúa desde un ensimismamiento que va mucho más allá de lo estudiado en este libro-guía.

Se acepte o no, todas las personas en el globo terráqueo hacen uso, consciente o inconscientemente, de algunas tácticas de manipulación mental. En cierto sentido, es comprensible porque toda interacción social puede ser interpretada como una especie de lucha por establecer nuestros criterios más allá de nuestras propias cabezas. La manipulación mental es, en esencia, uno de los brazos de la psicología oscura. No tiene caso negar esta realidad, pero, ¿una mujer que *manipula* a su pequeño hijo para que tome una decisión en lugar de otra, puede ser denominada como una representante de la psicología oscura? Por supuesto que no. En todo caso, ha llevado a cabo una estrategia de manipulación, nada más. Incluso cuando un jefe apela a la necesidad de aprobación de sus subalternos, está manipulando emocionalmente a su colaborador sin "irrumpir" en su visión personal para implantar la suya.

Entendiendo esto, he decidido preparar este capítulo para ayudarte a sacar provecho a uno de los elementos representativos de la psicología oscura: la manipulación. Pero, para conseguirlo, muchas veces es necesario adelantarnos a los demás. Esto es lo que propongo con cada segmento de los que leerás a continuación. El lenguaje no verbal, o corporal, es la puerta a la mente subconsciente de una persona. No lo creerás, pero una parte importante de lo que sucede en nuestro subconsciente se refleja, involuntariamente, en nuestro lenguaje corporal. Si tú quieres capitalizar una interacción social, a través de la influencia, es menester que aprendas a captar todos estos pequeños mensajes que el interlocutor nos expone desde su lenguaje no verbal.

Los segmentos contenidos en este capítulo (*Leer el lenguaje corporal como clave al éxito* y *Las emociones del otro, leerlas y sacar provecho*) te ofrecen algunas pautas relacionadas a este proceso que, para muchos, es una de las formas más sanas de influir en quienes nos rodean de una forma sencilla y poco invasiva. Querido amigo, la psicología oscura tiene muchas ventajas que puedes incluir en tu vida diaria para, así, acercarte cada vez más a tus metas. Entender el lenguaje corporal es esencial para ello.

## La importancia del lenguaje corporal en el éxito.

Lo que nos diferencia del resto de especies que habitan el planeta es el lenguaje. Esta es una de las maravillosas diferencias que albergamos en nuestra constitución como seres humanos. Ahora, ¿qué pasaría por tu cabeza si te digo que es posible entender lo que ocurre en la mente de nuestro interlocutor con el simple hecho de prestar la debida atención a sus gestos corporales? Es posible. De hecho, no solo es posible hacerlo; *es necesario*. Cuando alguien ha conseguido desarrollar esta cualidad, es capaz de interpretar lo que sucede en la mente subconsciente de la otra persona, permitiéndole así una ventaja significativa para ganar un debate o para influir en la toma de decisión de alguien más.

Antes de continuar, es imprescindible reevaluar la definición de mente subconsciente. ¿Qué significa? ¿Qué información alberga esa parte de nuestro cerebro? La mente subconsciente puede contener cualquier tipo de información sin que la persona esté debidamente consciente de ello. Claro está, existen métodos para hurgar en la mente subconsciente, pero el porcentaje de personas que están al tanto de estas tácticas es fútil, insignificante. Entendiendo esto, ¿tienes idea de la ventaja que supondrá para ti aprender a leer el lenguaje corporal de alguien más? Esto implica la oportunidad de orientar el sentido de una conversación, de influir, de implantar ideas en el otro sin que este consiga siquiera enterarse.

Esos pasillos inexplorados de la mente humana tienen su oportunidad de manifestarse, de exteriorizarse, a través de un conjunto de tics o pequeños gestos que nos permitirán entender qué está pasando en una cabeza ajena. Así, podemos determinar si el tema de la conversación resulta incómodo para el interlocutor, si está mintiendo e incluso si se siente vulnerable e inseguro frente a lo que está escuchando o diciendo. Impresionante, ¿no lo crees? Si tienes en cuenta que cerca del 90% de la comunicación con los otros es no verbal, imagina la cantidad de oportunidades que encontrarás en una simple conversación para sacar provecho de la misma.

¿Por qué crees que existe una relación entre el éxito y la lectura del lenguaje corporal? Piensa, por ejemplo, en los vendedores. El mundo comercial es la profesión universal. Absolutamente todo deviene en un servicio o en un producto que deberá, en consecuencia, ser vendido. Si los vendedores son expertos consolidados en el lenguaje corporal es porque de esta manera se adelantan a la decisión de su potencial cliente.

Si en los patrones leídos ellos identifican una negativa, readaptan su estrategia, ofrecen nuevas cosas, ventajas inéditas, cambian el tono de sus voces, doblan la apuesta. Sin embargo, los vendedores no son los únicos que necesitan de esta capacidad para ser exitosos. Gerentes, políticos, analistas, campesinos, obreros de una fábrica... ¡todos! La razón: todo oficio que requiera de interacción social es el caldo de cultivo para sacar ventajas desde la lectura del lenguaje corporal de nuestros interlocutores.

Resumiendo; en la función no verbal se encuentran todas las emociones de una persona. Emociones que subyacen ocultas en la mente inconsciente y que, más temprano que tarde, serán manifestadas de forma involuntaria. Es entonces cuando tú, con el conocimiento que adquirirás en este capítulo, podrás tomar una ventaja y capitalizarla a tu favor. No existe un ser humano que esté exento de la interacción social, porque somos esencialmente animales sociales, pero, ¿no te parece una gran idea ganar algunos puntos adicionales leyendo de forma adecuada lo que el subconsciente de otro intenta decirnos?

## Las emociones del otro, leerlas y sacar provecho

La buena noticia es que quiero regalarte algunas claves para que aprendas a leer las emociones del otro sin que este consiga saber que alguien ha entrado en su cabeza. Se trata de claves bastante sencillas, aplicables en tu día a día. La idea es que consigas desarrollar tu propio mecanismo de lectura corporal, un sistema en que te sientas lo suficientemente cómodo como para que fluya de forma genuina. Sin embargo, estas primeras pautas te darán una noción bastante clara de qué pequeños guiños o gestos deberás buscar al momento de hablar con alguien a quien quieres influir en tu favor.

En primer lugar, es importante que aprendas a identificar cuándo una persona se siente cómoda o de acuerdo con lo que dices. El cuerpo, en constante conexión con todos los recovecos que conforman la mente, te hará saber cuándo es momento de dirigir la conversación hacia otro tema o cuándo tienes que pisar el acelerador.

Una persona que se siente bien con todos los elementos de la conversación, lo manifiesta involuntariamente de la siguiente manera:

- Una sonrisa genuina, inocente.
- Contacto visual fijo con pocas variaciones.
- Los brazos se encontrarán a cada lado del cuerpo, lo que denota relajación.
- Se inclinará ligeramente hacia ti.

En cambio, las señales que denotan que la persona está incómoda o no se siente *metida* en el debate, son diametralmente opuestas a las anteriores:

- Evitará el contacto visual a toda costa, se sentirá tensa al mirarte.

- Los brazos o piernas estarán cruzados en señal de aversión o irritación.
- Ampliará la distancia entre ambos, alejándose.
- Se rascará la nariz o los ojos con mucha frecuencia.

Ahora bien, al margen de todas estas manifestaciones generales, existen otros gestos que puedes y debes leer en el marco de cualquier conversación que te sea de personal utilidad. Evaluemos, entonces, cada uno de estos rasgos teniendo en cuenta expresiones faciales y corporales.

### Expresiones faciales.

**La mirada:** dicen que los ojos son la ventana del alma. Esto tiene mucho de cierto. A través de una mirada se puede leer el estado emocional en que un individuo se encuentra. Te presentaré tres ejemplos que ilustran bastante bien esta idea.

- Cuando los ojos miran hacia los lados: esta señal puede ser de gran ayuda en algún momento. Significa manipulación. Cuando una persona esconde información que podría resultar importante para la otra persona, no solo evita el contacto visual, sino que lo hace dirigiendo la mirada hacia los costados.
- Cuando los ojos miran al suelo: este gesto denota que la persona podría estar presentando problemas de autoestima. Por cierta razón, se posiciona debajo de ti. Sin embargo, también podría significar un juego de manipulación en el que asume una posición de víctima para influir indirectamente en tus emociones.
- Cuando los ojos se centran en los tuyos: un rasgo que denota que la persona se encuentra totalmente concentrada en lo que le dices. Si pestañea poco y se concentra en el contacto visual, es posible que realmente le interese el tema que estás tocando.

### La boca.

- Labios que se muerden: aunque universalmente se asocie este gesto con el coqueteo o el placer, en la vida real es una manifestación de una mente subconsciente llena de ansiedades e inseguridades. En otras palabras, es un gesto que denota un gran nivel de tensión individual.
- Labios apretados: indica que la persona podría estar reprimiendo algo. Un secreto, por ejemplo. Los labios apretados denotan una actitud defensiva frente a algo que pugna por salir del interior.
- Sonrisa sutil: cuando alguien mantiene una sonrisa sutil o liviana, es posible que se encuentre en disconformidad con lo que está sucediendo o albergue dudas acerca de lo que le dices.

### Brazos.

- Brazos cruzados: una de las señales más inequívocas de una persona que atraviesa un momento de tensión visible.

Desconfianza, incredulidad. Estos factores llevan a la persona a establecer una pared que le proteja de su interlocutor.

- Manos sobre la cintura: cuando los brazos se cruzan, tomándose las manos sobre la cintura, estás frente a una persona con un nivel saludable de autoestima y autoconfianza. Cuenta con la capacidad de enfrentar cualquier recoveco de la conversación y no teme compartir su seguridad con los demás.
- Manos sostenidas en la espalda: es un rasgo que todos hemos visto en profesores, gerentes o figuras que representan una autoridad. En efecto, este gesto va asociado con sensación de superioridad frente a la situación.

Si consigues adaptar cada una de estas premisas del lenguaje corporal con tu propio sistema comunicativo, tendrás un proceso a través del cual la lectura de los demás te posicionará en un mejor lugar al momento de influir en ellos para que tomen decisiones en tu beneficio. La psicología oscura, al margen de lo que sabemos de ella por sus referentes negativos, tiene herramientas y enfoques que pueden sernos de gran ayuda puestos en práctica con una visión más pensada en la concreción de objetivos que en impactar negativamente en los demás.

# Capítulo 9
# Aspectos importantes de la psicología oscura

La psicología oscura contiene una serie de aspectos de vital importancia. Cada uno de estos, será cuidadosamente explicado a lo largo de las siguientes páginas. Te pido, entonces, que aproveches la información que te ofreceré y extraigas todo el valor que te sea posible. Si bien es cierto que muchos de los protagonistas referidos en capítulos anteriores han hecho un uso cuestionable de sus instrumentos, esto no es en absoluto definitorio ni concluyente.

La explicación más sencilla para entender por qué la psicología oscura ha ganado tantos detractores es porque ha sido malinterpretada en su base. Esta, contrario a lo que se cree, es una extensión de la psicología conductual que nos permite entender, canalizar y capitalizar el comportamiento humano. De manera que cualquier conclusión reduccionista en torno a esta es, a priori, equivocada. No se niega, en ningún momento, que los cuatro rasgos de personalidad (la denominada tétrada oscura), compuestos por el maquiavelismo, el narcisismo, sadismo y la psicopatía, representan el eje de muchas de las conductas reprochables que un cierto número de individuos ha ejercido a lo largo de la historia. Negar tal evidencia no solo supondría una irresponsabilidad de base, sino que nos sumaría al ya significativo número de personas que encierran la vastedad subjetiva de la mente en un cuadro de determinismos.

Siguiendo este orden de ideas es que he propuesto el diseño y desarrollo de un capítulo dirigido únicamente al discernimiento de algunos de los aspectos más importantes de la psicología oscura en términos de influencia y andamiajes comportamentales. Los segmentos que constituyen este capítulo (Reglas sobre la conducta humana, Persuasión, Manipulación, Control mental, Guerra psicológica y Negociación y posicionamiento) vienen a robustecer tu conocimiento en el amplio mundo de la psicología humana desde un enfoque conductual.

Todos estos elementos, cada uno en su esquema, contribuyen a nuestro relacionamiento con las personas que se encuentran en nuestro entorno. Para ello es imprescindible que te liberes de prejuicios y condicionamientos provenientes del exterior, porque estos solo pueden distorsionar nuestro encuentro con nuevos enfoques sobre cualquier tema.

En la medida en que te adentres en esta información con una mente libre de preconcepciones, entenderás mejor el mensaje que intento transmitirte, el cual en síntesis podría resumirse con una frase sencilla: más allá de lo que te han dicho, es posible crecer y desarrollarte como individuo a través de la psicología oscura. Pero, si por alguna razón te es imposible zafarte de estos condicionamientos, entonces te sugiero encarecidamente que enfrentes esta información con mente abierta y pensamiento crítico. Quienes se mantienen abiertos a un cambio en los paradigmas establecidos, usualmente toman mejores decisiones en circunstancias complejas. Te lo aseguro.

## Reglas sobre la conducta humana.

Al margen de lo que un individuo puede entender como lo "adecuado" o lo "correcto", existe todo un marco legal que nos ofrece un panorama mucho más claro de qué es aquello que se puede hacer y qué no. Desde los primeros ejercicios filosóficos, el mal y la consciencia humana han sido temas de vital importancia. Con el progreso y desarrollo de la humanidad, los seres humanos fuimos capaces de tipificar todo acto o práctica que de algún modo rompía con el paradigma de lo "bueno". Hoy día, la sociedad se encuentra cada vez más cerca de un consenso universal que nos señale el camino en este sentido.

Sin embargo, siguen existiendo discrepancias notorias, principalmente concebidas desde la heterogeneidad cultural latente entre países. Haciendo un ejercicio detectivesco, es posible identificar muchos de los cánones éticos que hoy imperan en nuestras sociedades como una derivación de la tradicionalidad judeocristiana. Después de todo, la religión y la vida espiritual son factores que deben ser considerados por su peso (en términos cuantitativos) sobre la disposición de leyes y legislaciones varias. Se puede decir que la sociedad se encuentra en un constante proceso de tipificación. Cada nuevo año, un cúmulo de nuevas leyes son expelidas para delimitar el comportamiento de las personas.

Se trata, en definitiva, de un tema enrevesado y lleno de aristas significativas. La relatividad conceptual es, aquí, un factor determinante. Para ilustrar este punto es necesario dirigir la mirada al Oriente Medio. El hecho de que existan países, tanto en Oriente Medio como en África, donde la homosexualidad permanezca categorizada como un delito punible, es un claro indicador de las marcadas diferencias en relación a la legislación de los países occidentales, que despenalizaron la homosexualidad hace varias décadas. No obstante, existe todo un andamiaje religioso-cultural que no puede ni desaparecerá de la noche a la mañana.

El dalái lama, consternado por el atentado terrorista que tuvo lugar en la sede de la revista satírica Charlie Hebdo, emitió una de las declaraciones más significativas de esta problemática presente en el fundamentalismo religioso que parece no tener fin.

> Hay días en los que creo que sería mejor que no hubiera ninguna religión. Todas las religiones y todas las escrituras sagradas albergan un potencial de violencia. Por eso necesitamos una ética secular más allá de todas las religiones. En los colegios es más importante que se impartan clases de ética que de religión. ¿Por qué? Porque para la supervivencia de la Humanidad es más importante ser conscientes de lo que tenemos en común que destacar constantemente lo que nos separa.

Las religiones, juegan un papel trascendental en la creación de reglas sobre la conducta humana. Es posible que en la actualidad se presenten consensos *generales* acerca de determinados comportamientos. Sin embargo, estos no están exentos de especulaciones y polémicas derivadas de la reflexión más elemental. Por ejemplo, hoy todos sabemos que asesinar a alguien más es una acción reprochable y que debe ser castigada con la privación de libertad para el homicida. Pero, por otro lado, hay quienes creen que un asesino debe ser castigado con la pena de muerte. Que la primera potencia mundial, Estados Unidos, aún albergue estados con la pena de muerte impide que se cierre el debate, al menos en Occidente.

Es posible identificar algunas bases para determinar las reglas relacionadas a la conducta humana.

- Ética.
- Valores.
- La consciencia.

Siendo estos conceptos asociables entre sí, han de ser tomados en cuenta en cualquier proceso que busque establecer límites al comportamiento humano. Sin embargo, estos elementos también pueden albergar contradicciones entre sí, lo que nos devuelve al problema inicial (la heterogeneidad cultural), agregando un concepto neurálgico como *el individuo* en su amplio espectro. Como establece Norbert Billbeny en su libro *Ética*, en apunte sobre la ética kantiana, es imposible llegar a un consenso único e indivisible porque, para ello, haría falta que el sujeto tenga un alma descontaminada de pulsiones y egoísmos.

De manera que las reglas sobre la conducta humana nunca representarán un estadio único y universal. Mientras que, para algunas personas, especialmente en los países de origen islámico, el adulterio es una falta moral imperdonable; para la mitad occidental del mundo, una infidelidad no es más que un "desbordamiento" de las pulsiones del individuo. En muchos casos, punible, pero de ningún modo un crimen que amerite el castigo máximo. Esto nos sugiere una conclusión parcial: un consenso universal sobre lo correcto y lo no correcto parece más una imposibilidad conceptual que un camino viable.

En muchos casos, todas estas contradicciones son resueltas por el propio individuo en su consciencia. Somos capaces de tener conceptos claros acerca de lo bueno y lo malo. Para nadie es un secreto que esta dicotomía, que ha trascendido cualquier estudio al respecto, sobrevivirá mientras dure la humanidad. Por ahora, la legislación ha hecho un trabajo encomiable, esto sin dejar de lado que todavía falta mucho por recorrer en cuanto a la tipificación y clasificación de nuevos comportamientos que se salgan del canon de lo moralmente aceptable.

Por ahora, es factible vivir con la certeza de que quitar la vida de alguien, robar, estafar, hacer daño físico o psicológico, son comportamientos contemplados en la legislación de todos los países del mundo. De manera que, aunque falte mucho por hacer, las bases son fuertes y soportarán cualquier nuevo paradigma.

# Persuasión

La persuasión es, por definición, el arte de provocar un cambio deliberado en la opinión de alguien más. Este proceso, presente en toda interacción social, tiene una estructura muy sencilla. Un emisor intenta convencer a un receptor para que haga o deje de hacer algo. Cuando el resultado es positivo para el emisor, entonces podemos afirmar que tiene una gran facultad persuasiva. Se trata de una herramienta muy útil en todas las esferas de la vida, teniendo su punto cumbre en el ejercicio de los políticos durante las campañas electorales o en los vendedores cuando se comunican con un potencial cliente. Esto podría resumirse a que la meta definitiva de un buen persuasor es lograr el convencimiento y la aprobación del otro.

La persuasión es una habilidad interpersonal que nos ayuda a conectarnos con los demás. Quien es capaz de persuadir en cualquier nivel tiene altas probabilidades de ser exitoso. Si prestas la debida atención, te darás cuenta que durante las 24 horas del día te encuentras con decenas de oportunidades para persuadir a alguien a que acepte tu premisa o actúe de acuerdo a ella. Es un ejercicio que se encuentra arraigado en nosotros, incluso cuando no somos plenamente conscientes de ello. Sucede, con la persuasión, lo mismo que con la influencia. Forma parte de nuestras habilidades sociales básicas, de manera que todos albergamos en nuestro fuero interno algo de persuasivos.

Una de las características más importantes de la persuasión es que a menudo es más efectiva que la fuerza o la coacción. Mientras que con la coacción forzamos la conducta de alguien (lo que a su vez sugiere un efecto efímero), con la persuasión realmente instauramos nuestro pensamiento o idea en la psique del otro. El concepto de persuasión ha ganado muchos adeptos en los últimos años, principalmente desde que los referentes en literatura de crecimiento personal entendieran su relevancia en el desarrollo de las personas en términos financieros, empresariales, individuales e incluso sociales.

Estas son algunas de las ventajas que disfrutan los que ejercen la persuasión en todas las áreas de su vida:

1. Nos ayuda a "vender" una idea sin socavar el criterio propio de la persona.
2. Es de especial ayuda en todas las profesiones.
3. Nos permite influir de forma natural y sin manipulaciones.
4. Es un proceso constante de retroalimentación en cuanto al perfeccionamiento de habilidades comunicativas.

Un punto de inflexión en nuestro entendimiento de la persuasión surgió con la publicación de 6 principios básicos. Este portentoso psicólogo ha sido hasta hoy uno de los profesionales que más valor ha aportado en lo concerniente a la persuasión como habilidad interpersonal. El mundo entero conoció su portentosa labor cuando, en 1984, publicara su libro *Influencia*, en el que nos enseñaría seis principios en apariencia sencillos, pero de un poder transformador que no puede ser cuestionado bajo ningún concepto. Estos son los 6 principios de Robert B. Cialdini para una persuasión exitosa:

1. Coherencia y Compromiso.
2. Reciprocidad.
3. Prueba social.
4. Autoridad.
5. Simpatía.
6. Escasez.

Estos 6 principios constituyen, hoy, la base sobre la que muchos otros especialistas desarrollan nuevas teorías. El mundo del marketing, por ejemplo, ha sabido sacarles un provecho incalculable a los cimientos establecidos por Cialdini en su libro Influencia. Es importante a su vez saber que la persuasión es uno de los elementos que dan cuenta de que la psicología oscura puede ser aplicada en el desarrollo personal y no necesariamente en comportamientos indebidos. De manera que, cada vez que escuches que alguien emite juicios de valor parcializados sobre la psicología oscura, pon en práctica los principios de Cialdini y persuádelo para que cambie de idea.

## Manipulación

Por muchos considerada un arte, la manipulación es uno de los aspectos más importantes de la psicología oscura. Por definición, puede decirse que la manipulación es un conjunto de acciones mediante el cual una persona interviene en el criterio propio de alguien más para imponer su visión. Esto, en muchos casos, implica la ejecución de enfoques como la manipulación emocional o psicológica. El fin primario de un manipulador es sacar provecho de la vulnerabilidad de sus víctimas. Para ello, es capaz de aplicar técnicas que estudiaremos más adelante, dentro de las que destacan el tratamiento silencioso, la proyección, la intimidación o los reforzamientos tanto positivos como negativos.

La manipulación a menudo tiene connotaciones negativas. Esto se debe a que es fácilmente asociable con actos reprochables, no obstante, esta es una generalización que no permite una evaluación panorámica de sus bondades. Ahora bien, todo depende de cada individuo. De manera que, si tú estás interesado en desarrollar técnicas de manipulación en aras de tu crecimiento como persona, te sugiero que ignores cualquier comentario prejuicioso al respecto. Es posible (la realidad diaria así lo demuestra) aplicar tácticas de manipulación para acercarnos a nuestras metas. Esto no supone, de ningún modo, que debamos ser clasificados como personas peligrosas para la sociedad.

Las generalizaciones siempre repercuten en prejuicios muchas veces carente de todo fundamento. Una de las razones por las que la psicología oscura, en la práctica, ha ayudado a tantas personas a concretar sus objetivos. Esto se debe a la suma de dos elementos básicos. En primer lugar, la consciencia individual de la persona (es decir, lo que esta interpreta como lo correcto y lo incorrecto) y las técnicas aplicadas en el ínterin. Por ejemplo, es un hecho que quien practique la intimidación para alcanzar un propósito está ignorando por completo los estándares definidos sobre el comportamiento humano. De allí la importancia del autoconocimiento, de tener muy claro qué es lo que queremos alcanzar y qué métodos nos permitiremos para hacerlo.

Ahora bien, existen expertos en el arte de la manipulación que poseen características conductuales específicas como el narcisismo o el maquiavelismo, lo que nos permite intuir que harán lo que sea necesario con tal de ser exitosos o de llegar a la cima. Todos recordamos esa frase atribuida a Nicolás Maquiavelo en la que expresa que "el fin justifica los medios". Esta máxima resume un enfoque conductual que hoy día es considerado maquiavélico.

Pero, ¿qué sucede cuando alguien intrínsecamente honrado y bondadoso aplica técnicas de manipulación para sacar rédito de una situación específica? Si se tiene en cuenta que la manipulación es una práctica del día a día (todos, en algún punto, hemos manipulado a alguien tanto como hemos sido víctimas), entonces es objetivamente imposible que no apliquemos alguna de las tácticas de manipulación, aunque sea de forma involuntaria.

La buena noticia, más allá de la estigmatización existente en el tema, es que la manipulación conforma buena parte de nuestras prácticas habituales. De manera que la psicología oscura, por sí misma, nos ofrece herramientas y estrategias para adecuarnos a una realidad que no puede prescindir de ella. En otras palabras, la psicología oscura *está entre nosotros*, por lo que aceptarla y entenderla es la mejor opción para quien ha decidido ser exitoso al margen de los prejuicios.

## Negociación y posicionamiento

Otro de los valores que nos ofrece la psicología oscura se relaciona con una capacidad óptima en términos de negociación y posicionamiento. Para nadie es un secreto que toda interacción social, independientemente del contexto en que esta se presente, es un proceso de negociación constante en el que nos abocamos a integrar nuestra idea en la mente de alguien más. Esto, sin embargo, puede presentarse en el caso contrario, cuando nuestros mecanismos de defensa son puestos a prueba por alguien que intenta "vendernos" una idea para que la aceptemos como propia y actuemos de acuerdo a ella.

Aceptar esta realidad es un gran paso al momento de entender las interacciones con nuestro entorno desde un punto de vista práctico, lo que supone la oportunidad de prepararnos de mejor manera para tomar acciones estratégicas cónsonas con todos los posibles escenarios del día a día. Una negociación es, para muchos, un proceso complejo y desafiante. Si bien es cierto que hay que tener en cuenta los rasgos de personalidad de cada individuo, es menester que la persona se aboque a mejorar sus herramientas de confrontación en aras de sus propósitos de vida.

Por ejemplo, si alguien es por naturaleza tímido, difícilmente salga vencedor en una negociación. Ahora, si analizamos la panorámica completa, la timidez es un rasgo que debes trabajar atentamente. Los grandes expertos negociadores saben identificar las vulnerabilidades de su contraparte, esto implica la timidez y la docilidad. El impacto de una carencia de herramientas de negociación en tu vida es superlativo.

Otro de los ejemplos que me gusta citar mucho es de alguien que participa en un proceso de selección para determinada empresa. Estos procesos generalmente son estresantes porque los candidatos están a la expectativa de la decisión por parte del especialista en Recursos Humanos. La negociación es como vender un producto. En la medida en que sepas proyectar todas tus actitudes, la viabilidad de tu idea, tus factores diferenciadores, la otra parte te considerará en mejores términos. ¿Te imaginas perder la oportunidad profesional de tus sueños por no prestarle la debida atención a tus herramientas de posicionamiento en el otro?

Es comprensible que cada individuo tiene sus rasgos de personalidad, pero la adaptabilidad juega aquí un papel fundamental. Si el objetivo de alguien es ser un orador exitoso, que participe en exposiciones y conferencias en todas las latitudes del planeta, deberá perfeccionar algunas características asociadas a esta profesión como carisma, habilidades didácticas, oratoria, entre otras. Lo mismo sucede en la vida diaria, cuando la negociación se encuentra inmersa en prácticamente todos los procesos sociales.

Regatear el precio de un producto, definir la hora de salida entre amigos, establecer concesiones con tu pareja sentimental, postularte a un ascenso, pedir apoyo a algún colega, realizar una investigación universitaria, comprar, vender, alquilar, subsidiar, todos estos son estadios de la negociación a la que nos enfrentamos durante todos los días de nuestra vida. De manera que no existe mejor opción que adecuarnos a una realidad que parece inobjetable. En ese sentido, el desarrollo de las habilidades y técnicas de la negociación es una cuestión a priori innegociable.

## Control mental

Desafortunadamente, la historia nos ha ofrecido muchos ejemplos prácticos de cómo la psicología oscura puede ser aplicada con fines egoístas, que buscan satisfacer los complejos y objetivos de unos pocos en detrimento de la mayoría. El control mental es uno de los métodos más representativos de este tipo de mezquindad. Líderes religiosos, políticos, estrategas militares o criminales comunes han conseguido generar un impacto mental tan profundo en sus seguidores que, en consecuencia, estos han terminado llevando a cabo cualquier cantidad de atrocidades motivados por las indicaciones de una persona que seguidores y acólitos asumen como una figura etérea e inalcanzable.

Estos profetas de la mente, como me gusta llamarles, no solo han sido capaces de adentrarse en la mente de otras personas (en muchos casos, millones) sino que han conseguido destruir por completo la visión individual de cada uno, sustituyéndola por una visión general que en realidad no es más que la visión del experto manipulador. Cuando Charles Manson condujo a aquellos jóvenes a perpetrar un crimen tan atroz como el cometido contra la actriz Sharon Tate y otras cuatro personas, ¿qué pasaba por la cabeza de los victimarios materiales? Esta es una pregunta que no podría ser respondida por nadie más que por los actores que participaron en aquella matanza; sin embargo, el autor intelectual fue ese joven aspirante a músico que manejó como quiso la mente de esas personas desde el culto La Familia.

O, siguiendo este orden de ideas, ¿cómo es posible que tantas personas persiguieran, hirieran y hasta asesinaran a los judíos durante el holocausto provocado y ordenado por Adolf Hitler en la Alemania nazi? Estas son demostraciones irrefutables de cómo el control mental puede destruir por completo el criterio propio de un individuo para adherirlo a una perspectiva que "le trasciende" y que proviene de la máxima autoridad que han terminado por aceptar. Las técnicas para *acceder* a la mente de alguien más varían según el escenario y el autor.

Otro ejemplo: existe documentación sólida que sugiere prácticas de control mental por parte de los líderes del grupo fundamentalista ISIS dirigidas a sus prisioneros. Por otro lado, se sabe que, durante la dictadura del proletariado comandada por Iósif Stalin, los disidentes eran conducidos a programas de reeducación donde se les enseñaban los nuevos conceptos idiosincráticos del partido único. Por muchos considerados el dictador más monstruoso de todos cuanto han existido, sus incursiones en la psique de los prisioneros iban mucho más allá de "reeducarles", tal como lo indica el escritor Robert Service en su biografía *Stalin, Una biografía*:

> Stalin inició y mantuvo el impulso hacia el Gran Terror. No le hacía falta que otros lo empujaran. Fue él y nadie más quien planeó los encarcelamientos, la tortura, los trabajos forzados y el fusilamiento. Recurrió al terror sobre la base de las doctrinas bolcheviques y de las prácticas soviéticas precedentes. También se dedicó a él al margen de un impulso psicológico interno. Aunque no necesitaba muchos incentivos para mutilar y matar, tenía una estrategia en mente. Cuando actuaba, su brutalidad era tan mecánica como una ratonera. Stalin sabía qué estaba cazando durante el Gran Terror y por qué lo hacía.

El control mental, por mala fortuna, ha ampliado su margen de acción a distintos campos. Lo que antes solo era visible en las prácticas militares o en un escenario bélico, ahora es parcialmente aceptado por las autoridades bajo la excusa de respetar las libertades de culto. Líderes religiosos de todo el mundo han conseguido dominar las mentes de sus acólitos de tal manera que muchas veces, cuando estos consiguen liberarse del yugo, necesitan años de terapia psicológica y psiquiátrica para superar los traumas acontecidos durante los prolongados periodos de abusos psicológicos y control mental.

## Guerra psicológica

En el mundo actual, nunca se sabe lo que se puede encontrar cuando se mira el periódico o se prende la televisión. Las imágenes perturbadoras de terror pueden desencadenar una respuesta visceral, independientemente de lo cerca o lejos que haya sucedido el acontecimiento.

A lo largo de la historia, todos los conflictos militares han implicado una guerra psicológica de un modo u otro, ya que el enemigo trataba de quebrar la moral de su oponente. Pero gracias a los avances tecnológicos, la popularidad de Internet y la proliferación de la cobertura informativa, las reglas de combate en este tipo de batalla mental han cambiado.

Tanto si se trata de un ataque masivo como de un Único acto horrible, los efectos de la guerra psicológica no se limitan al daño físico infligido. En cambio, el objetivo de estos ataques es infundir una sensación de miedo mucho mayor que la propia amenaza.

Por ejemplo, Bulliet dice que la crisis de los secuestros en irán, que comenzó en 1979 y duró 444 días, fue en realidad una de las cosas más inofensivas que ocurrieron en Oriente Medio en los últimos 25 años. Todos los secuestrados estadounidenses fueron finalmente liberados ilesos, pero el suceso sigue siendo una cicatriz psicológica para muchos estadounidenses que vieron impotentes cómo el noticiero de cada noche contaba los días que los prisioneros permanecían cautivos.

Bulliet afirma que los terroristas suelen explotar las imágenes de un grupo de individuos enmascarados ejerciendo un poder total sobre sus prisioneros para enviar el mensaje de que el acto es una demostración colectiva del poder del grupo y no un acto criminal individual.

"No se tiene la noción de que una determinada persona ha tomado un rehén. Es una imagen de poder grupal, y la fuerza se generaliza en lugar de personalizarse", dice Bulliet. "La aleatoriedad y la ubicuidad de la amenaza dan la impresión de una capacidad mucho mayor".

El psiquiatra Ansar Haroun, que sirvió en la reserva del ejército estadounidense en la primera Guerra del Golfo y más recientemente en Afganistán, dice que los grupos terroristas suelen recurrir a la guerra psicológica porque es la Única táctica que tienen a disposición.

340

"Ellos no tienen M-16, y nosotros tenemos M-16. No tienen el poderoso poder militar que tenemos nosotros, y solo tienen acceso a cosas como el secuestro", dice Haroun.

"En la guerra psicológica, incluso una decapitación puede tener el impacto psicológico que podría tener matar a 1.000 enemigos", dice Haroun. "En realidad no se ha dañado mucho al enemigo matando a una persona del otro bando. Pero en términos de inspirar miedo, ansiedad, terror y hacer que todos nos sintamos mal, ha logrado una gran desmoralización." Porqué nos perturban los terrores lejanos.

Cuando ocurre un acontecimiento horrible, los expertos dicen que es natural sentirse perturbado, aunque el acto haya ocurrido a miles de kilómetros de distancia.

"La reacción humana es ponerse en la situación porque la mayoría de nosotros tiene una buena salud mental y la capacidad de empatizar", dice Haroun. "Nos ponemos en el lugar de la persona desafortunada".

Presenciar a un acto de terrorismo psicológico también puede alterar nuestro sistema de creencias, dice el doctor Charles Figley, director del Instituto de Traumatóloga de la Universidad Estatal de Florida.

"Caminamos, psicológicamente, en una burbuja, y esa burbuja representa nuestro sistema de creencias y valores". "La mayoría de las veces asumimos incorrectamente que otras personas tienen los mismos valores y las mismas costumbres sociales que nosotros. Cuando eso se viola o se pone en duda, la primera respuesta suele ser un esfuerzo por proteger nuestras creencias y, en otras palabras, negar que haya ocurrido realmente."

Lo importante aquí es destacar que la guerra psicológica persigue un fin muy preciso: destruir la calma del oponente. Esto hace vulnerables a quienes son, por naturaleza, temerosos y débiles. Si tocamos ejemplos mucho más pequeños, cuando un jefe pone sobre el tapete la posibilidad de que no recibas la promoción por la que tanto has trabajado... ¡te genera miedo! ¡Te crea desconfianza e inseguridad! Esto, en una escala significativamente menor, es un tipo de guerra a la que debes hacer frente con la prevención y con todas las herramientas que tengas a tu alcance para defender tu psicología, tu integridad y tu visión.

# Capítulo 10
## Técnicas de manipulación psicológica

"Es claro que durante siglos la gente se ha comportado de determinadas maneras a causa de sus sentimientos. Come porque siente hambre, golpea porque se enoja, y en general hace lo que siente deseos de hacer. Sin embargo, si tal cosa fuese cierta, se sabría muy poco acerca de los sentimientos, y sería imposible alguna ciencia de la conducta. Pero lo que se siente no es una causa inicial ni desencadenante."

B. F. Skinner, El análisis de la conducta, una visión retrospectiva.

La manipulación psicológica es una de las principales causas en la infelicidad de las personas. A lo largo de mi trayectoria he aprendido a interpretarla con respeto y profesionalidad en vista de los efectos que esta puede producir en las víctimas. No hay que olvidar que el manipulador es un especialista en identificar potenciales víctimas en cualquier escenario posible. Y, siguiendo sus propósitos, dispondrá de un conjunto de herramientas o técnicas que le llevarán a imponer su control sobre quien así lo permita. Si la manipulación psicológica es considerada un arma tan poderosa es que ejerce un impacto tan profundo en quienes la reciben que más temprano que tarde estas personas pierden todo su sentido de la realidad, habituándose a una visión impuesta desde un factor externo.

Este capítulo tiene como finalidad enseñarte algunos aspectos relacionados a la manipulación psicológica. Todas estas estrategias pueden ser contrarrestadas desde la prevención; el fortalecimiento de la autoconfianza que es, la mejor defensa. En la medida en que estamos muy conscientes de nuestras capacidades, visión y expectativas, difícilmente seremos presa fácil de los especialistas manipuladores que habitan muy cerca de nosotros. La idea, es prepararte para que tengas las herramientas adecuadas (empezando, desde luego, por el conocimiento) y, así, evitar que el control de tus decisiones y acciones se te escapen como granos de arena de entre las manos.

He conocido personas que han sido sometidas y expuestas a manipulación psicológica durante prolongados lapsos de tiempo; la sensación que se tiene de las víctimas es similar a la que enfrentamos cuando alguien ha sufrido una especie de control mental. Todos los focos que componen su personalidad han sido cambiados por elementos que nada tienen que ver con lo que dábamos por sentado. Estos cambios no suceden de la noche a la mañana; es un proceso gradual en el que intervienen un sinfín de factores comandados por el control absoluto del manipulador.

Es desgarrador ver cómo la visión individual de alguien a quien queremos se hace pedazos por efecto de algunas de las técnicas que te enseñaré en las próximas páginas. De esta manera, aprender todo lo concerniente a las técnicas favoritas de los manipuladores no solo nos cuida a nosotros sino a nuestros seres queridos conforme nos comprometamos con la transmisión del mensaje, el cual no es otro que: existen especialistas que dominan al dedil el arte de la manipulación psicológica; ellos están en todas partes, al asecho, a la espera de que una personalidad vulnerable caiga en sus manos. No seas uno de los millones de víctimas que hoy han perdido las riendas de su vida por causa de alguien más.

Esta es la razón principal de este capítulo. Así que, sin más palabras, empecemos.

## Aislamiento

El aislamiento es una técnica poco conocida pero que supone un golpe profundo y rotundo en la psique de las personas. No en vano ha sido aplicada en escenarios bélicos contra prisioneros de guerra con la finalidad de obtener información estratégica sobre las posiciones del enemigo. Sin embargo, el aislamiento tiene muchos marcos de aplicabilidad. El día a día representa muchas oportunidades para iniciar un proceso de manipulación psicológica. En este sentido, existen especialistas manipuladores que entienden el aislamiento como un arma tan efectiva como precisa.

Así que, de ahora en adelante, cuando escuches hablar de aislamiento no pienses en primer lugar en las tácticas de lavado de cerebro utilizadas contra los prisioneros de guerra. Piensa, primeramente, en el ciudadano común que camina por las calles de su ciudad, que tiene una carrera profesional o un oficio, que tiene una familia y que es especialmente vulnerable a los ojos de los manipuladores. No lo creerás, pero el aislamiento funciona tan bien como dispararle a alguien que no posee escudo alguno.

Lo que hace del aislamiento una técnica tan querida por los manipuladores es que consiste básicamente en deshacer el escudo de sus potenciales víctimas. El escudo, en este caso, es el cúmulo de personas que nos conocen y que con facilidad podrían identificar si existe un cambio significativo en nuestro comportamiento. Pongamos por ejemplo a tu pareja. Es probable que tu pareja sentimental te conozca como a la palma de su mano, por lo tanto, le será fácil saber si algo ha cambiado en ti o si has empezado a compartir con nuevas personas. En la medida en que el manipulador consiga que te aísles, que te separes de tu pareja sentimental, entonces estarás caminando desnudo en medio de una balacera. Y, te lo aseguro, no saldrás ileso.

Las personas de nuestro entorno inmediato son un recurso social que podemos utilizar como botón de emergencia. Si alguien cercano a ti nota que te has vuelto odioso, grosero o que tu empatía ha desaparecido, te lo hará saber. Y hará todo cuanto esté en sus posibilidades para convencerte de que algo malo ocurre en tu comportamiento. Pero, si te aíslas, rechazarás cualquier consejo sin importar de donde provenga. Este es el escenario idóneo para el manipulador, que aprovechará para sentar su dominio en tu mente sin que puedas impedirlo.

Esta es una técnica especialmente aplicada por los líderes religiosos que planifican su dominio sobre la base del aislamiento. Esto quiere decir que no tendrás hacia dónde dirigirte cuando tengas una "duda de fe", porque por mucho tiempo has generado distancia y rechazo por parte de tus seres queridos. Para muchos, es una de las técnicas más duras de las presentes en esta lista porque no solo destruye tu visión individual del mundo, sino que te aleja de aquellos con quienes existe un vínculo emocional lo suficientemente fuerte como para sacarte del círculo de manipulación en que te encuentras encerrado.

## Intimidación

La intimidación, es una de las técnicas de manipulación psicológica mediante la cual un experto procura hacerse con el control de tu psique y dominarte desde todo punto de vista. Se trata de una táctica muy efectiva en la medida en que el victimario no ejerza resistencia alguna.

Uno de los escenarios más comunes y propicios para la intimidación como herramienta de manipulación psicológica es el mundo laboral o corporativo. La figura de un jefe autoritario, intransigente, sectario, que aprovecha cualquier oportunidad para amenazar a sus colaboradores con castigos o impedimentos en su desarrollo profesional es ampliamente conocida en el mundo.

Cada vez son más las empresas que dedican cuantiosos recursos para formar a sus gerentes y supervisores de cargos estratégicos para que ejerzan un liderazgo saludable y funcional, lo que implica respetar en todo momento la integridad de los subalternos. Los especialistas insisten en que un liderazgo concebido desde el respeto y la integración de los grupos de trabajo en un enfoque multidisciplinario es mucho más efectivo en términos de resolución de conflictos y concreción de metas. No obstante, la intimidación también puede ser aplicada en otros contextos como lo son las relaciones románticas, la amistad e incluso en el seno familiar.

El manipulador es capaz de mostrarse hostil, iracundo, para demostrar que tiene tendencias violentas. Para ellos, todo es válido cuando se trata de hacer que otros cumplan su voluntad. Por lo tanto, esta violencia podría trascender y tornarse física si la persona muestra resistencia a sus manifestaciones agresivas. Ahora bien, la intimidación puede también ser encubierta; esto supone la emisión de amenazas vagas, solapadas, con la finalidad de preparar el camino hacia tu psique.

En las relaciones de pareja, por ejemplo, la intimidación juega un papel fundamental porque el manipulador es capaz de trasladar la culpa o de amenazar directamente para posicionarse en la mente de su acompañante. Se trata, en definitiva, de una técnica que tiene muchos agravantes. La ira, cuando no es bien manejada y se encuentra con una víctima resistente, puede desencadenar escenarios violentos y posibles tragedias.

Mientras que la intimidación directa proviene de manipuladores que son dueños de la situación, en una relación de poder que les favorece; la manipulación encubierta se presenta cuando el victimario es consciente de que la sociedad juzga sus conductas y podría, posteriormente, traerle problemas mayores. De allí que esta última se presente mayormente en relaciones románticas mientras que jefes abusivos se encuentran en cualquier lado, por desgracia.

Muchas técnicas de manipulación psicológica son, en cierto modo, manejables. Sin embargo, con la intimidación entra en juego un elemento de relevancia incuestionable: la tendencia violenta del individuo. De manera que, en la medida de lo posible, evita cualquier relacionamiento con personas que procuren socavar tu visión desde la intimidación. Hay guerras que es preferible evitar.

## Refuerzo positivo

El ingenio del ser humano es tan vasto como inasible. La psicología, en su interés por conocer las bases del comportamiento humano, ha llevado a cabo distintos experimentos de los más diversos. Los refuerzos (positivos y negativos) son un claro ejemplo de ello. Pero, ¿estás al tanto de lo que significa el refuerzo positivo? Es una técnica desarrollada en el campo de la psicología conductual que funciona desde la base del condicionamiento. Sí, el condicionamiento como un elemento conscientemente inoculado. En líneas generales, el refuerzo se presenta como una recompensa esperada que busca fomentar comportamientos y actitudes en los demás.

La premisa de esta técnica es que la recompensa ofrecida aumenta las probabilidades de que suceda la conducta que estamos esperando. Se trata de una táctica que los manipuladores utilizan con menor frecuencia que las restantes expuestas en este capítulo, no obstante, han de tenerse todas las consideraciones preventivas al respecto. Recuerda que, si conoces el terreno decidirás más apropiadamente si ir, o si, por el contrario, te abstienes. Por lo tanto, es importante que sepas que este método puede ser aplicado por personas inescrupulosas que quieren adentrarse en tu psique.

Todas las personas utilizamos, en menor o mayor medida, el refuerzo positivo como una especie de orientación conductual. Generalmente se ve mucho en los padres hacia la formación de sus hijos. Pero también se presenta en relaciones laborales, amorosas o sociales. De manera que, no te sientas mal si te sientes identificado a lo largo de ese segmento tras conocer algunos ejemplos representativos. La verdad es que el refuerzo es utilizado mayormente de forma inconsciente. Pero también es conveniente decir que es un arma muy a la disposición de los expertos en manipulación, que han encontrado en los estudios de la psicología conductual una herramienta que utilizar a su beneficio.

El refuerzo positivo sucede cuando se "vende" la idea de que un regalo o una recompensa es la consecuencia de una acción. Lo que, se presume, orienta a la persona a actuar de determinada manera para recibir la gratificación. Por ejemplo, cuando una madre felicita a su hijo (recompensa) por ordenar su cuarto o hacer la tarea (comportamiento) está ejerciendo el refuerzo positivo de forma inconsciente. O cuando un padre le ofrece dulces a su hijo (recompensa) si prepara la mesa antes de la cena (comportamiento). Así, el niño entiende dentro de su mente subconsciente que recibir una felicitación o dulces es la consecuencia directa de ordenar el cuarto o preparar la mesa.

La manipulación psicológica se presenta cuando alguien se aprovecha de algún rasgo de personalidad particularmente atractivo para la maniobra. Se sabe que las personas tímidas tienden a buscar la aprobación de alguien más. Ellos son más vulnerables que el resto a caer en la dinámica de los refuerzos positivos, lo que en consecuencia devendrá en una manipulación psicológica externamente imperceptible pero tan potente como cualquier otra.

## Refuerzo negativo

Es muy común que las personas no sepan establecer diferencias claras entre el refuerzo positivo y el refuerzo negativo. En realidad, como sabrás, ambos parten de la misma premisa solo que desde un enfoque ligeramente distinto. Mientras que el refuerzo positivo establece una recompensa a cambio de un comportamiento determinado, el refuerzo negativo funciona de forma inversa: eliminando un estímulo (generalmente negativo o aversivo) a través de un comportamiento específico.

Uno de los errores más comunes con los que he tratado es que las personas creen que el refuerzo negativo es una especie de castigo correctivo. Conceptualmente, están muy separados. El castigo busca *suprimir* un comportamiento mientras que el refuerzo negativo busca *generar* el comportamiento. En resumidas cuentas, el refuerzo es utilizado para hacer que alguien se sienta obligado a actuar o comportarse de cierta forma. El caso que aquí analizamos tiene como finalidad fortalecer las respuestas voluntarias del individuo para liberarse de una sensación molesta; el castigo, en el caso totalmente opuesto, se encarga de debilitar las respuestas voluntarias del individuo a través de amenazas, intimidación y la imposición del miedo.

Este enfoque de la psicología conductual funciona *desde* castigo y no *desde* la recompensa. Es muy común encontrar este tipo de técnicas de manipulación psicológica en escenarios donde uno de los elementos requiere consolidar su autoridad frente al otro.

Sin embargo, al igual que el refuerzo positivo, también está muy presente en todas las interacciones sociales que tengan un mínimo de conexión emocional. No obstante, puede ser efectiva incluso en el caso de manipuladores con víctimas totalmente desconocidas. Aunque, de acuerdo a mi experiencia, su efectividad es mucho más sólida cuando va dirigida a personas en procesos formativos tempranos. Los niños, por ejemplo, por no haber desarrollado todavía un criterio propio, son objeto de los refuerzos, esencialmente por parte de sus padres. A continuación, dos ejemplos de refuerzo negativo.

1. El niño ordena su habitación justo después de levantarse para evitar los regaños de su mamá.
2. El joven profesional ha empezado a llegar más temprano a la oficina para que no le llamen la atención en la reunión de gestión.
3. La adolescente le baja el volumen a su reproductor musical para que no le duela la cabeza posteriormente.

Los manipuladores son expertos para sumergirse en la psique de su víctima, generando escenarios propicios para aplicar refuerzos negativos. Los refuerzos no son la técnica de manipulación psicológica más frecuentes, pero es imprescindible tener una noción lo suficientemente clara sobre el tema para evitar las redes y las trampas de oso que los expertos en el arte de la manipulación psicológica dejan por doquier, a la expectativa de su próxima víctima.

## Castigo

La manipulación psicológica puede ser ejercida desde distintos enfoques; puede llevarse a cabo desde acciones sutiles hasta temerarias. En todo caso, el objetivo del manipulador siempre será la misma: debilitar las respuestas voluntarias de la persona para que esta, a su vez, pierda su sentido crítico de la realidad y actúe desde y hacia los propósitos del victimario. Al igual que la intimidación, el castigo es otra de las demostraciones tangibles de la manipulación psicológica impuesta en cierto modo desde la violencia. Es necesario entender que la violencia va mucho más allá de una acción física concreta, de un golpe o de cualquier manifestación de agresividad palpable.

De hecho, se considera que el castigo es una técnica de manipulación psicológica porque instaura en la persona un miedo a la consecuencia de actuar (o no actuar) del modo que lo indica su victimario. En la actualidad, amenazar con una repercusión a quien tenga, o no, algún comportamiento específico, es muy común en casi todas las esferas de la vida. Todos hemos sido testigos oculares, cuando no directamente víctimas, de alguien que a través del castigo coacciona nuestras decisiones, condicionándonos a través del miedo. Lo que hace del castigo una de las estrategias más efectivas es que el manipulador atrapa la psique de la persona, aplicando en muchos casos una forma de terror en la que esta no puede actuar de acuerdo a sus instintos o criterio individual.

Al igual que los refuerzos, tanto positivos como negativos, son aplicables en las primeras etapas formativas de un niño (tal como lo indican los ejemplos expuestos en el segmento anterior), el castigo es para muchos padres una posibilidad didáctica. Una de las posibles razones para explicar esto es que han heredado este comportamiento de sus padres, por lo que conscientemente no están al tanto de que al golpear a un niño si no actúa de determinada manera o hace determinada actividad, es una forma de manipulación psicológica de la que no están enterados. Esto se debe a que han normalizado la violencia como una herramienta didáctica en lugar de una consecuencia que amplía el espectro del miedo en la criatura en formación.

De manera que, aunque sean aplicables en los mismos escenarios, los refuerzos y el castigo son diametralmente opuestos en términos conceptuales. Este último consta de una primera etapa, la intimidación, que posteriormente pasa a la acción concreta al ejercer el castigo contra la víctima. En los últimos años se han desarrollado centenares de conferencias o simposios ofrecidos a padres y representantes en aras de ayudarles a entender las implicaciones del castigo en la formación de un niño. Pero, por otro lado, es una verdad incuestionable que esta técnica de manipulación psicológica entra prácticamente en todos los escenarios donde exista una relación de poder dispareja. Relaciones amorosas, por ejemplo, pueden ser el caldo de cultivo para la puesta en marcha del castigo como herramienta de manipulación.

Lo importante, pues, en términos de prevención, es que te hagas consciente de que un manipulador busca apoderarse de tu pensamiento crítico, debilitando tus respuestas involuntarias para así tener acceso total a tu mente subconsciente. Si lo logra, todas las acciones que ejecutes no tendrán un fin personal más allá de satisfacer las necesidades del otro. A menudo, cuando los manipuladores sienten resistencia por parte de la víctima, aplicarán la fuerza si así lo consideran necesario. En resumidas cuentas, desde el momento en que identifiques algún patrón asociable a esta técnica de manipulación, deberás actuar con entereza y fuerza para evitar que la situación se vuelva más compleja e incluso inmanejable. Tu plenitud como individuo está en juego.

## El silencio.

El silencio, también conocido como tratamiento silencioso, es una técnica de manipulación psicológica que difiere mucho del castigo porque se ejerce desde un tipo de agresión que no implica contacto físico. En el argot popular, es posible que las personas conozcan esta técnica bajo el nombre de "ley del hielo". Es, pues, cuando una persona ejerce el distanciamiento para influir de una u otra manera en tu comportamiento. El tratamiento silencioso es un mensaje para muchos indiscernible, por su sutileza, pero quienes conocen la técnica y saben identificar sus patrones podrán leer entre líneas algo como "¿No quieres hacer lo que te digo? Entonces no tendrás mi atención". Porque, en efecto, esta es la finalidad del tratamiento silencioso.

Las relaciones donde existe una clara dependencia emocional es el marco ideal para llevar a cabo esta técnica porque el victimario entiende el apego como una "superioridad" de su parte en relación al otro, por lo que tiene la certeza de que la víctima más temprano que tarde hará lo que él indique para así recuperar de nuevo su atención. Aunque no tenga la popularidad y resonancia de otras técnicas, el tratamiento silencioso es especialmente cruel, sobre todo si se tiene en cuenta el grado de entrega emocional por parte de la víctima, que actuará desde la desesperación, desde el apego, para recuperar la atención del victimario.

Es totalmente comprensible que, como seres sociales, muchas veces requerimos la aprobación de alguien más para sentirnos realizados como individuos. Sin embargo, esta necesidad se vuelve un problema mucho más complejo cuando es aprovechado por la otra parte para sacar provecho e instaurar su visión en la mente subconsciente de la víctima. La praxis de esta técnica es tan sencilla, y común, que fácilmente puede pasar desapercibida si no se presta la atención adecuada.

Por ejemplo, el manipulador nos pide que hagamos algo que no nos conviene pero que "es de bien común". Si nos negamos, entonces el especialista marcará una distancia, se alejará, incluso dejando de hablar con nosotros. Así, se limitará a esperar que la dependencia emocional de nosotros hacia ellos actúe y nos obligue a actuar de acuerdo a sus intereses.

Se trata, en definitiva, de un hábito que amplifica la toxicidad en cualquier relación social. Independientemente de si hablamos de una relación amorosa, laboral, social o paternal. Todos los escenarios son viables para establecer el tratamiento silencioso como arma de manipulación psicológica. Lo importante, en todos los casos aquí referidos, es que el posible victimario sea consciente de que lo están manipulando. Solo así podrá aferrarse conscientemente a sus reacciones y no ceder ante los caprichos de aquella persona.

Resulta para muchos un verdadero desafío; no en vano el tema de la dependencia emocional ha calado tanto en la literatura de desarrollo personal. Se trata de un contexto muy complejo en que la persona deberá tomar algunas medidas para salir de él. Sin embargo, en síntesis, puede decirse que la dependencia emocional puede ser vencida cuando reforzamos nuestra autoconfianza.

En la medida en que nos percibamos a nosotros mismos como seres de valor, independientemente de quien nos acompaña en determinada etapa de nuestras vidas, el camino hacia la liberación empieza a pavimentarse con todos los elementos adecuados. La mente, querido amigo, puede ser tanto nuestra aliada como nuestra peor enemiga.

# Persistencia

Quizá se trata de la conducta más común de todas las técnicas que componen esta lista. La persistencia, por definición, es cuando instamos a alguien por mucho tiempo, y de distintas formas, a que haga algo con lo que no se siente particularmente cómodo o convencido. En honor a la verdad, es importante aclarar que la persistencia es un rasgo de personalidad que muchos tienen no de forma consciente, por lo que en la mayoría de los casos es utilizado como una herramienta de manipulación psicológica de forma automática y no con un fin dañino. Sin embargo, cuando la persona alimenta algún tipo de tendencia hacia la agresividad, la persistencia es la primera puerta hacia conductas mucho más complejas y, en definitiva, peligrosas.

Las mujeres, por lo general, tienen que lidiar mucho con este tipo de comportamientos por parte de hombres que intenten coquetear con ellas. Es importante, en este sentido, tener en cuenta que la persistencia es una forma de violencia sutil con que desafortunadamente se ha naturalizado con el transcurrir del tiempo. No deja de ser, por ello, una técnica de manipulación psicológica que busca debilitar los comportamientos voluntarios de un individuo. La persistencia, en muchas culturas, es vista como un rasgo de personalidad positivo asociado a la consecución del éxito. No obstante, cuando esta persistencia es *dirigida* a la psique de alguien más, se vuelve problemática.

En un marco general, esta no es más que una guerra de voluntades entre una o más personas. Sin embargo, la esperada intensificación del manipulador por conseguir que la otra persona actúe de acuerdo a sus intereses tiene un matiz mucho más complejo que debe considerar factores como la relación emocional previa entre ambos (donde el victimario tiene las de ganar) y los rasgos individuales de la víctima (la docilidad, por ejemplo, es caldo de cultivo para que la víctima ceda sus voluntades en aras de satisfacer al otro). De manera que, aunque sutil, no carece de relevancia como materia de estudio en lo concerniente a la manipulación psicológica.

Ahora bien, ¿todas las personas persistentes son manipuladores tóxicos? La verdad es que no. Este reduccionismo no tiene cabida en la persistencia porque, para muchos, esta es una herramienta didáctica que le permite fomentar actitudes adecuadas en otros. Cuando una persona insta constantemente a otra para que se aleje de las drogas, no persigue un fin negativo. Cuando una madre persiste en que su hijo se lave los dientes al despertar, tampoco lo hace desde la necesidad de instaurar su visión en la visión individual del pequeño. De manera que, encerrar la persistencia en un cuadro de connotaciones puramente negativas es, a todas luces, una generalización que no aporta nada productivo al debate sobre la manipulación.

La manipulación psicológica aversiva sucede cuando el manipulador tiene intenciones maliciosas sobre la víctima. Este es el caso de las mujeres que se han acostumbrado a soportar constantes acosos de quienes buscan una relación amorosa. En términos generales, la persistencia puede ser utilizada en ambos sentidos, aunque en todos los casos es, desde luego, manipulación. Una persona que insiste (fastidia) para que su amigo salga de una relación tóxica, lo hace desde una preocupación genuina, aunque el fin diste de ser malicioso. Se trata de un tema que ha de ser evaluado entendiendo el todo que le contiene y no como un elemento aislado de las interacciones sociales del día a día.

## Manipulación de los hechos

Un amigo abogado me dijo un día que su profesión se trata de encontrar huecos en las frases. Supongo que con esto quiso hacer referencia a los constantes vacíos legales que están presentes en todos los textos legislativos. Así como el abogado tiene que interpretar las leyes de acuerdo a su caso, para sacar algún provecho, lo mismo sucede con esta técnica de manipulación psicológica. Lo que hace de la manipulación de los hechos una táctica tan efectiva es que se basa en hechos no objetivos, sino en hechos que están de algún modo sujetos a interpretación por parte de los involucrados.

Si algo ha quedado claro es que los expertos manipuladores tienen una gran habilidad comunicativa; dominan el lenguaje a su merced, lo que sugiere que tienen la capacidad de torcer un mensaje cuanto sea necesario hasta que este le permita obtener ventajas al respecto. La manipulación de hechos no es técnicamente una mentira. Se trata de encontrar recovecos en el lenguaje para transmitir una idea desde una perspectiva que le resulta únicamente favorable al manipulador. A estas alturas, no debe asombrarte el hecho de que los manipuladores son virtuosos totales cuando se trata de (como me dijo mi amigo hace un tiempo), encontrar huecos en las frases.

Existen muchos métodos para manipular los hechos. Uno de los más conocidos es la descontextualización, que pasa por sacar de contexto un determinado mensaje para sacar un provecho de su nuevo escenario. Todos hemos optado por esta estrategia en algún momento para ganar una discusión, no puede negarse, pero los manipuladores lo hacen constantemente para debilitar la seguridad de la otra parte, obteniendo una ventaja significativa en cuanto a quién tiene la verdad. Ellos, en su experiencia, saben cómo exponer un argumento de mejor manera, característica que explotan a su beneficio en cuanto tengan oportunidad.

Uno de los "escudos" que alguien puede aplicar para defenderse de la manipulación de hechos es tomar notas constantemente acerca de conversaciones o debates de interés. De esta manera, es factible contrarrestar cuando el manipulador acuda a sacar de contexto un diálogo ocurrido tiempo atrás. Otra de las formas frecuentes de la manipulación de hechos es la invención de excusas. Una vez más, ¿quién puede asegurar nunca haber inventado excusas? Sin embargo, cuando esto se vuelve un denominador común puede tomarse como indicativo de una conducta manipuladora.

Las relaciones amorosas, laborales o sociales son propensas a participar en este tipo de dinámicas. La certeza, aquí, juega un papel fundamental. La certeza existe cuando estamos completamente seguros de lo que hemos dicho en ocasiones pasadas. Pero, cuando dudamos al respecto, es porque hemos sido expuestos a constantes manipulaciones de hechos por parte de los manipuladores expertos. De manera que, también esta técnica, la autoconfianza es un valor que debe ser reforzado para evitar a toda costa caer en las manos de quienes solo quieren debilitar nuestras acciones involuntarias para obtener una ventaja considerable.

Puedes anotar tus conversaciones importantes como un primer paso, pero la esencia de una defensa efectiva pasa por reconocer y recordar todo cuanto has dicho o hecho. De esta manera, impedirás que alguien más encuentre "huecos" en tus frases y las utilice contra ti.

## Gaslighting

El gaslighting es una de las técnicas de manipulación psicológica más nociva. Se trata del peligroso encanto de los abusadores o manipuladores que pueden, incluso, hacerte dudar de tu cordura. En los últimos años la cantidad de conferencias relacionadas a este tipo de abuso han crecido exponencialmente en distintos lugares del planeta. Los expertos en desarrollo emocional y personal han llegado a la conclusión de que el gaslighting ha de ser considerado como uno de los abusos emocionales y psicológicos más dañinos en términos de manipulación.

En resumidas cuentas, esta técnica de manipulación psicológica es sobre un patrón de abusos emocionales puestos en práctica con la finalidad de que la persona abusada dude acerca de sí misma en muchas formas. Generalmente las víctimas del gastlighting desarrollan ansiedad, confusión e inseguridad. El manipulador buscará de cualquier modo posible, que su objetivo cuestione cada una de sus decisiones o acciones. Menoscabar la autoconfianza de la víctima es el fin primario del manipulador, y para lograr su objetivo podrá intensificar sus estrategias cuanto lo considere necesario. Implica, por ejemplo, destruir la seguridad y autopercepción de la víctima, sembrándole la duda sobre todo lo que pueda.

Como en la mayoría de las técnicas de manipulación psicológica, es muy común encontrar gastlighting en relaciones amorosas o sociales donde exista un fuerte vínculo emocional. Ahora bien, ¿por qué es considerada esta técnica como la más letal?

Imagina por un momento que te encuentras molesto con alguien luego de que este te mintiera sobre un tema importante. Llegado el momento, querrás exteriorizar tus sentimientos y tendrás la necesidad de discutir acerca del engaño. El manipulador, en este tipo de casos, es capaz de torcer la situación, incluso al punto de hacerte creer que tal mentira nunca tuvo lugar, que no existió. Aunque parezca un ejemplo no tan posible, recuerda que el manipulador puede ser muy persistente, mucho más cuando se trata de socavar tu confianza y seguridad.

Un jefe abusivo, un cónyuge o un socio de negocios que, durante la confrontación, persiste en negar que ocurrió algo malo, es una representación clásica del gaslighting. Pero, ¿sabes cómo detectar esta técnica de manipulación psicológica? Estas son las manifestaciones o indicadores que la psicóloga Robin Stern nos ofrece en su libro *El efecto Gaslighting*:

1. Constantemente ofreces excusas a amigos, familiares o seres queridos por el comportamiento de tu pareja (esto en caso de abusos dentro de una relación romántica).
2. Te cuestionas tus ideas en todo momento.
3. No paras de disculparte. Con tus padres, con tu jefe, con tu pareja, con tus amigos.
4. Te preguntas por qué no eres feliz si en tu vida, según crees, pasan muchas cosas buenas.
5. Empiezas a mentir para evitar que tu realidad cambie.
6. Nada de lo que haces es suficientemente bueno para ti.
7. Te cuesta mucho tomar decisiones.

La buena noticia es que el gaslighting no es una situación irreversible. Todos los cuadros emocionales o psicológicos pueden ser revertidos con el enfoque y las acciones necesarias. En primer lugar, debes hacerte consciente de que eres una persona con habilidades, destrezas y competencias idóneas para tomar decisiones y acciones concretas y efectivas. Ahora bien, ¿qué hacer cuando hemos sido víctimas del gaslighting?

- No te obsesiones con la aprobación de los demás.
- Confía en tu intuición, aunque al principio te cueste.
- Recuerda que eres el único dueño de tus pensamientos.
- Hazte consciente de tus capacidades desarrollando hábitos y cambiando tu estructura de pensamientos.
- Rompe el contacto con quien te manipula.

Siguiendo estas pautas, progresivamente conseguirás dar el salto y salir de esa jaula de condicionamientos emocionales que han terminado por afectar de forma considerable tu autopercepción. No olvides que la mente humana puede ser reprogramada; tenemos la habilidad de eliminar los pensamientos limitantes que hemos cultivado a lo largo de un proceso de manipulación. De manera que, si sientes que no eres lo suficientemente bueno para algo, cambia el chip en tu subconsciente y actúa de acuerdo a tu intuición. Estoy seguro de que encontrarás cientos de razones por las que los demás te consideran valioso.

# Proyección

La proyección es un mecanismo de defensa utilizado por las personas para trasladar sus miedos e inseguridades a alguien más. En muchos casos, esto se presenta de forma inconsciente como un proceso automático que se da en nuestro cerebro, a través de condicionamientos y anécdotas del pasado. Sin embargo, existe un margen de acción en el que este mecanismo es utilizado por individuos para establecer un control psicológico sobre las decisiones y acciones de los demás.

En cierto modo, es comprensible el uso de esta práctica, pero, ¿qué pasa cuando se ejecuta persiguiendo fines maliciosos? Lo que convierte a la proyección en una técnica peligrosa, no es el impacto profundo en nuestra psique, sino que es socialmente aceptada por tratarse de un comportamiento sutil y que no revierte mayor agresividad. La razón del asunto se torna compleja cuando quien lo practica es una persona con rasgos narcisistas que busca socavar nuestras decisiones trasladándonos sus miedos e inseguridades. De manera que, aunque sutil, la proyección no deja de ser una técnica de manipulación psicológica que conlleva un peligro inminente.

Existen muchos ejemplos de proyección manipuladora en la vida diaria. Por ejemplo, una madre que limita la libertad de su hija adolescente puede tener causas inconscientes como una genuina preocupación por su hija o, en ciertos casos, lo hace para trasladar la culpa de un hecho que la marcó durante su propia adolescencia. Este es un enfoque de culpabilidad transmitida. En resumidas cuentas, las personas narcisistas son incapaces de aceptar que algo va mal en sus vidas como consecuencia de sus acciones. Para eliminar esta posibilidad acudirán a las excusas, a la intimidación o cualquier otra táctica que les facilite llevar a otros la culpa por su situación.

No hace falta ir demasiado lejos para hallar muestras representativas de este comportamiento. Los cleptómanos suelen acusar de ladrón a otras personas; los mentirosos señalan a otros como tal; los impuntuales dirigirán su atención a quien cometa el error de llegar tarde, aunque sea una vez. Es un comportamiento humano natural hasta cierto punto, que se torna peligroso cuando el objetivo perseguido por los acusadores pasa por desacreditar, manipular o debilitar las acciones de sus víctimas.

Es bien sabido que cuando estamos a la defensiva, irónicamente somos presa fácil. Los manipuladores también saben esto, por lo tanto, se proyectarán en ti para obligarte a cerrar filas. Así, las probabilidades de controlar tus acciones son significativamente mayores. La empatía, por otra parte, es un indicador que estos expertos reconocen con bastante facilidad. En el momento en que ellos noten que tú eres, por naturaleza, empático, se proyectarán sobre ti porque saben que tu respuesta inmediata será extender empatía y compasión hacia ellos. Es en este preciso instante en que instauran su control psicológico sobre ti, dominando así tus emociones, decisiones y acciones.

Una vez más, nos encontramos frente a una técnica de manipulación socialmente aceptada por lo frecuente que es su uso entre todas las personas. La diferencia esencial radica en el fin perseguido. Mientras que unos se proyectan como mecanismo de defensa, otros lo hacen para sacar una ventaja. Estos últimos, por naturaleza narcisistas y maquiavélicos, son los maestros manipuladores que debes evitar a toda costa o terminarás atrapado entre sus redes.

## Juegos mentales

Los juegos mentales llevados a cabo para controlar mentalmente a los demás es la última de las técnicas de manipulación psicológica que trataré en este capítulo. En el próximo capítulo ahondaré un poco más en este aspecto. Sin embargo, por ahora es importante destacar la naturaleza maliciosa del control mental en la vida de las personas. Para nadie es un secreto que el escenario idóneo para esta técnica se presenta en situaciones de específica conflictividad como guerras o conflictos de carácter bélico. Sin embargo, desafortunadamente el espectro del control mental ha sido ampliado de forma significativa, trasladándose a cualquier punto de la sociedad en que existan individuos vulnerables a manipulación psicológica.

Los cultos religiosos son el ejemplo más ilustrativo de este tipo de técnicas. Los juegos mentales son dinámicas mediante las cuales una figura manipuladora ejerce toda una cantidad de estrategias para nublar el raciocinio de alguien más (o de comunidades enteras). La reeducación, el lavado de cerebro o las técnicas coercitivas son instrumentos comunes en el control mental. Lo que diferencia esta técnica de muchas de las anteriores es que no existe forma en que sea aplicada de una forma inconsciente o involuntaria. Absolutamente todos los individuos que apliquen juegos mentales para controlar la psique de alguien más lo hacen desde fines mezquinos y maliciosos.

Jim Jones, el reverendo que por años controló a cientos de acólitos en el marco del templo del pueblo, fue capaz de destruir el pensamiento crítico de sus seguidores de tal manera que consiguió, en última instancia, uno de los suicidios masivos que más ha consternado a la población norteamericana en los últimos años. La historia de la humanidad está plagada de ejemplos magnánimos, de representantes que se autoproclamaron profetas en aras de un propósito individual y que controlaron la mente de miles de personas. Ahora bien, ¿el control mental es solo una herramienta de líderes y figuras "etéreas"? La única respuesta posible es: no.

Un cónyuge puede convertirse en un controlador mental de su pareja si así se lo propone. Para ello, deberá ejercer un conjunto de técnicas y estrategias que apunten a la distorsión o destrucción total de la individualidad de su pareja. El aislamiento, el lavado de cerebro, la propaganda, la intimidación o el castigo son solo algunas de las prácticas que estos seres (usualmente representantes de al menos tres de los rasgos que componen la tétrada oscura: narcisismo, maquiavelismo, psicopatía y sadismo), a los que solo les importan sus fines mezquinos, se dirigen hacia sus víctimas con el único propósito de controlarlas a placer.

Los juegos mentales, a su vez, son los instrumentos que el manipulador utiliza para alcanzar su propósito. Las técnicas estudiadas en este capítulo son generalmente enarboladas por estos narcisistas para apropiarse de la mente de sus víctimas (sean: acólitos, seguidores, un amigo, los padres e incluso su propia esposa). En condiciones normales, algunos elementos han de ser considerados para establecer una línea clara de quiénes son más vulnerables a este tipo de instrumentos psicológicos.

1. Personas que dependan objetivamente del agresor o victimario.
2. Personas que dependan emocionalmente del agresor o victimario.
3. Personas desesperadas por la aprobación del agresor o victimario.
4. Personas idealistas con poca capacidad de autocrítica.

# Capítulo 11
## Técnicas y ejercicios

Uno de los aspectos más importantes de la psicología oscura es que nos acerca a nuestros objetivos a través de la interpretación de la mente subconsciente de los demás. Esto sugiere que, si somos capaces de entender lo que alguien nos dice *sin decirlo*, podemos sacar provecho de la situación y cambiar el sentido de la conversación.

En efecto, si se entiende que la psicología oscura estudia el comportamiento humano a través de ciertos elementos constantes, esto no implica que la determinación de sus practicantes sea únicamente negativa o nociva para quien los acompañe en su entorno social.

Ahora bien, si partimos del hecho de que una persona puede ejercer la psicología oscura sin que esto tenga implícita una subyugación del otro, entonces adquiere especial sentido la comprensión de todas esas técnicas y ejercicios aplicables en la realidad para manipular a nuestros interlocutores desde múltiples enfoques. Hay que tener en cuenta un aspecto importante: absolutamente todas las personas practicamos la manipulación en menor o mayor grado. De manera que, uno de los primeros pasos es aceptar que la psicología oscura se encuentra arraigada en cada uno de nosotros, independientemente que sea aceptado o no.

Este capítulo ha sido estructurado y desarrollado con la idea de enseñarte algunas de las técnicas más importantes y efectivas de manipulación, con las cuales puedes sacar provecho en determinados momentos. Para facilitar tu comprensión, he optado por estructurar el capítulo por segmentos diferenciados para que cada uno represente, en conjunto, información focalizada que te será de gran utilidad en tu vida diaria. Los segmentos que, en definitiva, componen este capítulo son: Para lograr el posicionamiento, el control mental, la persuasión, la negociación y la manipulación.

Recuerda que, como animales sociales, estamos en constante interacción con nuestros contemporáneos. En muchos casos, la carencia de habilidades sociales puede arrojarnos a un abismo de malos resultados en cada empresa que abordemos en nuestra vida. Sin embargo, muchas de estas técnicas parten de la base del perfeccionamiento de las habilidades comunicativas. Después de todo, nunca he conocido a un experto de la manipulación que no haya desarrollado una gran pericia en el manejo de las relaciones sociales. La invitación, entonces, es que te adentres en las siguientes páginas y absorbas toda la información de valor que aquí te ofrezco. Todo, claro, en aras de la concreción de tus propósitos como individuo.

## Para la persuasión

¿Qué es la persuasión? Es, en líneas generales, la capacidad de un individuo para influir en la toma de decisión de alguien más, pudiendo apuntar a una única persona o a un grupo. La persuasión es la llave maestra para el éxito en muchas profesiones y oficios de la actualidad. Los vendedores, los políticos, incluso los artistas necesitan influir en los demás para que estos tomen decisiones cónsonas con sus objetivos. ¿Es posible, entonces, que un vendedor que no sabe persuadir alcance el éxito? Desde luego, no. De allí la importancia de conocer algunas técnicas o ejercicios que te ayuden a lograr un alto grado de influencia en las personas. Veamos algunas tácticas inmejorables para conseguir tus propósitos por medio de la persuasión:

**RECIPROCIDAD:** Las personas tienden a devolver un favor o a retribuir en especie cuando se les da algo. El acto de recibir o aceptar algo (por pequeño que sea), como una muestra gratuita o un pequeño regalo, influye en las personas para que hagan algo a cambio, incluso algo que no les agradece.

**Te en cuenta:** La extensión clásica de la reciprocidad es la popularidad de un obsequio o una cosa que les agrada, una vez aceptada, suelen responder positivamente. Te doy este ejemplo; Las "muestras" sanitarias pueden incluir situaciones en las que el paciente "experimenta" el servicio de la consulta o del proveedor en una pequeña medida. Otros ejemplos pueden ser una limpieza dental, la venta de productos tópicos por parte de un cirujano plástico, la venta de gafas de sol con receta por parte de un oculista, un pequeño regalo inesperado, o incluso información o una experiencia excepcionalmente positiva en la primera visita.

**COMPROMISO Y COHERENCIA:** Una vez asumido un compromiso (o una elección), las personas quieren mantener la palabra. El compromiso oral o escrito que creen que es lo correcto, es un deseo de mantenerse fieles a la decisión/convicción o, por el contrario, de no ser vistos como incoherentes o incluso poco fiables. Los compromisos públicos son los más eficaces.

**Te en cuenta:** Para que la gente diga "sí" (asumiendo el compromiso), primero hay que preguntar. Aunque preguntar es sorprendentemente fácil, a menudo se pasa por alto. Por ejemplo, las personas que reciben instrucciones pueden entender lo que se les dice. Pero, para conseguir que la persona cumpla con una promesa será más eficaz si se les pregunta: "¿Puedo contar contigo para hacer (esto) para nuestra próxima cita?"

También es posible conseguir mayores cambios de comportamiento si se empieza con una petición inicial más pequeña. El objetivo de un régimen de ejercicio regular podría lograrse pidiendo a la persona que empiece simplemente por pasear al perro dos veces al día. Cuando la decisión de "hacer ejercicio" es suya, es más probable que se mantenga.

**PRUEBA SOCIAL:** Las personas aprenderán de los demás lo que es correcto hacer. Lo que hacen los demas valida "lo correcto", y la gente hará aquellas cosas que ve hacer a las otras personas. (Al fin y al cabo, debe ser "lo correcto"). Esto es especialmente cierto cuando una persona está muy insegura sobre lo que ocurre, o cuando la gente observa el comportamiento de otros como ellos.

**Te en cuenta:** Ante las preguntas o la incertidumbre, las personas se guían por saber lo que otros han decidido o están haciendo. Los testimonios de pacientes, las referencias y el boca a boca son los ejemplos obvios, especialmente cuando se considera que provienen de compañeros u otros miembros del público objetivo. La popularidad de varias plataformas de medios sociales, como Facebook, se debe en parte a la "prueba social", así como al siguiente principio.

**Simpatía:** La persona se dejan convencer más fácil por las propuestas de personas que conocen y les agradan. (Como dice el refrán, a la gente le gusta hacer negocios con gente que conoce y le gusta. Pregúntale a cualquier vendedor). La simpatía puede ser el atractivo físico, la similitud con ellos mismos (edad, apariencia, intereses), la familiaridad, tener objetivos comunes, responder a los cumplidos, la apariencia de veracidad y otros factores.

**Te en cuenta:** Términos como "estoy satisfecho" e "involucrar amigos" a través de los medios sociales u otros medios es una prueba de "agrado". Las opciones de "me gusta" y "seguir" de las redes sociales son, como es lógico, ejemplos del Principio de Gusto. Sin embargo, lo más habitual es que las personas tiendan a gustar y a responder a situaciones en las que sienten que un proveedor, un servicio o un producto les reporta un beneficio. Así que, aunque ayuda tener la buena apariencia de un actor de televisión, también es útil identificarse con el público objetivo y mostrar cómo el producto o servicio aporta beneficios a otros como ellos.

**Autoridad:** Las personas tienden a responder, respetar y dejarse influir por las figuras de autoridad. En algunos casos, esto puede extenderse a la apariencia de autoridad o a responder a títulos o símbolos de autoridad como una bata blanca o un chaleco naranja.

**Te en cuenta:** Los títulos y las batas blancas suelen ser un hecho en la sanidad; todo el mundo tiene los mismos símbolos de autoridad. Por lo tanto, se necesitan otros puntos de distinción y diferenciación (que también forman parte de la marca) para comunicar la credibilidad como experto o autoridad. Ser autor, profesor, líder y/o tener el aval de otros expertos son otros símbolos que influyen y persuaden. Recuerda que es también muy importante un buen traje.

**Escasez:** Lo que está menos disponible o escasea se considera de mayor valor. Esto se aplica a los objetos (el oro, por ejemplo), a una cantidad limitada o a una oferta "por tiempo limitado". (Las oportunidades disponibles por poco tiempo parecen tener mayor valor debido al riesgo de que se pierdan sin una acción inmediata). Además, cuando un producto o servicio es único, o cuando los beneficios son únicos, esto también puede ser una expresión de escasez.

**Te en cuenta:** Ser raro (poco numeroso) implica inmediatamente un mayor valor (y posiblemente un precio más alto). Pero el concepto más fuerte puede ser que alguien sufrirá una pérdida al no actuar o capturar una oportunidad (rara). De ahí los mensajes publicitarios que advierten: "No te lo pierdas..." o "Esto es lo que te vas a perder...".

Increíble, ¿no?

# Para la manipulación.

Antes de enseñarte algunas de las técnicas más afectivas para manipular personas, es indispensable que te hagas consciente de una realidad pocas veces aceptada: la manipulación está en todos nosotros; en menor o mayor grado, todos manipulamos a otros en el día a día. Si bien es cierto que esto se presenta, principalmente, de forma inconsciente, esto no le resta peso a la idea de que la manipulación forma parte de lo que somos como individuos.

¿Quién no ha apelado a la emotividad de un amigo para sacar ventaja? O, ¿no ha utilizado estrategias específicas para convencer a alguien de que haga algo por ti? Esto es, en esencia, manipulación. Ahora que has aceptado una realidad incuestionable, el siguiente paso es aprender algunas de las técnicas y ejercicios más comunes para conseguir tus objetivos a través de la manipulación.

***Intimidación encubierta:*** se trata de un ejercicio de manipulación especialmente común en las relaciones afectivas sólidas como parejas románticas o amistades. La característica medular de este tipo de manipulación es que se trata de un lenguaje basado en amenazas indirectas o implícitas que buscan poner en situación de "decisión rápida" al individuo. Por ejemplo, cuando alguien nos dice "si no vas conmigo, creo que me perderé". De esta manera, traspasan la responsabilidad y posible culpa en el caso de que las cosas no salgan de acuerdo a lo planeado. La intimidación encubierta es una táctica a la que hay que prestarle especial atención, ya que puede devenir en situaciones hostiles de mayor importancia.

***Apelar a figuras de autoridad:*** los manipuladores expertos se caracterizan por ser personas locuaces y con un alto desarrollo de sus habilidades comunicativas. Esta destreza les permite torcer las ideas centrales para incluir referencias de figuras de autoridad que le permitan reforzar su punto de vista. Apelar a figuras de autoridad es una forma de falacia en la que muchas personas vulnerables terminan cayendo, cediendo así su criterio propio para tomar el del manipulador. En consecuencia, actuará de acuerdo a lo que le pida el experto que le manipula desde el otro lado.

***Crear inseguridad:*** una forma bastante compleja de manipulación que, en muchos casos, implica un trasfondo de hostilidad significativa. Los expertos en manipulación son capaces de convencer al otro de que no es capaz de llevar a cabo determinada tarea solo para motivarles a tomar acciones rápidas. También conocida como psicología inversa, esta táctica funciona bastante bien en personas con un cuadro emocional distorsionado o cuando son especialmente vulnerables. Es importante destacar que este ejercicio puede funcionar en dos sentidos. A) Atizando la motivación de la persona. B) Reforzando sentimientos de inseguridad, cohibiendo en ellos cualquier acción en torno a la idea de que no será capaz de lograrlo.

Al margen de lo que puede significar para muchos la palabra manipulación, esta se encuentra arraigada en cada pequeño recoveco de la sociedad. En la actualidad, es prácticamente imposible alcanzar objetivos (sean estos grandes o pequeños, individuales o universales) sin llevar a cabo algún tipo de manipulación hacia quienes nos rodean. Lo esencial radica en qué pretendemos hacer con esta información.

Recuerda que la psicología oscura también puede ser utilizada para el bien, aunque parezca una contradicción conceptual. En este sentido, te recomiendo que practiques el autoconocimiento. Nadie es más idóneo para saber lo que quieres que tú mismo. De manera que, ¿qué quieres lograr con todas estas técnicas de manipulación? Esta es la pregunta que debes responder frente al espejo.

## Para el control mental.

¿Es posible controlar la mente de otras personas? Esta es una pregunta que ha repercutido en infinidad de investigaciones científicas. Incluso, su espectro ha llegado mucho más allá. La literatura, la ciencia ficción, el cine, todos han rodeado el tema del control mental como tópico principal. Ahora bien, ¿qué tan capaces somos, como entes limitados, de controlar a alguien más a través de técnicas y ejercicios concretos? Yendo un poco más allá, ¿te resulta creíble que un líder pueda adentrarse en la psique de una comunidad para sacar provecho de sus vulnerabilidades mentales? Es cierto que, en la actualidad, todavía se mantienen algunas dudas al respecto.

Sin embargo, la historia de la humanidad nos ha regalado algunos ejemplos que solo podrían explicarse a través del control mental de un experto hacia individuos endebles y propensos a la manipulación o control mental. El caso del reverendo Jim Jones, mencionado hace algunos capítulos, ilustra el poder de un maestro del control mental que fue capaz de superponer sus intereses a los de sus acólitos. El control que este señor ejerció sobre sus acólitos fue tal que devino en el suicidio masivo más grande registrado hasta la fecha, donde alrededor de mil personas se quitaron la vida siguiendo las órdenes del magno líder de la secta.

Los especialistas han profundizado en el estudio de la psicología humana en la búsqueda de explicaciones fisiológicas o biológicas que permitan entender la razón por la que alguien puede entregar su visión a un elemento externo. Sin embargo, como he señalado con anterioridad, resulta un verdadero desafío encontrar respuestas palpables a un factor henchido de subjetividades como la mente humana. Pero bueno, a este propósito, te enseñaré algunas de las técnicas o ejercicios que muchos líderes ejercitan para establecer un control mental sobre otra persona e incluso sobre una comunidad entera.

**Hipnosis:** la cultura popular se ha encargado de darnos una idea bastante básica pero válida acerca de lo que representa la hipnosis en la sociedad actual. Para que tú y yo avancemos en la misma línea, entonces aboquémonos a la definición clásica, que concibe la hipnosis como un proceso a través del cual una persona puede conectarse con algunos de sus condicionamientos atados a la mente subconsciente. Esta técnica puede llevarse a cabo de dos formas: A) Autoinducida. B) Inducida por un experto o profesional de la hipnosis.

En ambos casos, el paciente espera encontrar respuestas mediante el "trance", lo que un hipnotista define como el espacio que existe entre la mente inconsciente y la mente subconsciente de un individuo. La idea de la hipnosis es que, al entrar en el trance, encontremos información que ha sido bloqueada o parcialmente eliminada por los andamiajes defensivos del cerebro. Ahora bien, muchas veces esta técnica puede ser contraproducente para quien la pone en práctica. Esto principalmente cuando el experto o hipnotista es quien ejerce el control de nuestros mecanismos mentales. En resumidas cuentas, cuando una persona está hipnotizada, se encuentra en su punto más alto de vulnerabilidad.

Imagina por un instante que un neurocirujano está operando a un paciente. En algún punto del procedimiento quirúrgico, el cirujano tendrá el cerebro de la persona a su merced. Por su lado, el paciente no tiene forma de defenderse ante un hipotético ataque. Este ejemplo es extrapolable al proceso de hipnotismo, en el que alguien no tiene la posibilidad de plantar defensa alguna.

**Lavado de cerebro:** es un título bastante sugerente, ¿no lo crees? Pero puede tener mucho sentido cuando se analiza el cambio radical que manifiesta una persona que ha sido sometida a un largo y extenuante proceso de reconversión.

La expresión "lavado de cerebro" fue acuñada por el periodista norteamericano Edward Hunter en el marco de la guerra de Corea. ¿La razón? Describir las técnicas a las que fueron sometidos los prisioneros de guerra por parte de las autoridades chinas.

*El sargento mayor William Olsen fue capturado durante la guerra de Corea por las fuerzas comunistas a finales de 1950 y llevado al campo de prisioneros. Allí, los chinos que dirigían el campo se propusieron "re-educar" a él y a sus compañeros de prisión sobre la verdadera natura-leza de la guerra, a saber, que "eran las víctimas de los guerrilleros y que eran los agresores en Corea". Esta "reeducación" no fue en absoluto aleatoria. Fue sistemática e implacable, con innumerables horas de conferencias, debates en grupo e interrogatorios. Los chinos llamaron a este tratamiento de los prisioneros de guerra "política indulgente", porque era corta en amenazas y larga en "persuasión". A lo largo de la guerra, tuvo un éxito sorprendente. Consiguió que los prisioneros de guerra estadounidenses hicieran cosas que los alemanes nunca habían conseguido que hicieran durante la Segunda Guerra Mundial.*

*Se delataron unos a otros, frustraron sus intentos de fuga y, de una forma u otra, casi todos colaboraron con el enemigo. La piedra angular de la estrategia china era "empezar poco a poco y construir", una técnica que ahora les describo así:*

*A los prisioneros se les pedía con frecuencia que hicieran declaraciones tan ligeramente antiamericanas o procomunistas que parecían irrelevantes. ("Estados Unidos no es perfecto". "En un país comunista, el desempleo no es un problema"). Pero una vez que se cumplían estas peticiones menores, los hombres se veían empujados a cumplir a solicitudes conexas aún más sustanciales. A un hombre que acababa de estar de acuerdo con su interrogador chino en que Estados Unidos no es perfecto se le podía pedir que hiciera una lista de esos "problemas con Estados Unidos" y que firmara en ella. Más tarde se le pedía que leyera su lista en un grupo de discusión con otros prisioneros. "Después de todo, es lo que crees, ¿no?" Más tarde, se le pediría que escribiera un ensayo ampliando su lista y discutiendo estos problemas con más detalle.*

*Los chinos entonces pudieron utilizar su nombre y su ensayo en una emisión de radio antiestadounidense transmitida no sólo a todo el campo, sino a otros campos de prisioneros de guerra en Corea del Norte, así como a las fuerzas estadounidenses en Corea del Sur. De repente, se vería como un "colaborador", por haber prestado ayuda y consuelo al enemigo. Consciente de que había escrito el ensayo sin ninguna amenaza o coacción fuerte, muchas veces el hombre cambiaría su imagen de sí mismo para ser coherente con el hecho y con la nueva etiqueta de "colaborador", lo que a menudo daría lugar a actos de colaboración aún más extensos.*

Desde entonces, la expresión ha adquirido popularidad y es asociada a sectas religiosas o procesos de "reeducación" política en los países donde imperan dictaduras militares. Con el transcurrir de los años, las investigaciones sobre este particular término han ofrecido algunos descubrimientos significativos en términos de tácticas y estrategias empleadas. Algunas de las más renombradas son:

- Lavado de cerebro a través del canto y del baile.
- Lavado de cerebro a través del aislamiento.
- Lavado de cerebro a través del miedo.
- Lavado de cerebro a través de la privación del sueño o de la comida.

Pero miremos otro ejemplo;

*Natascha, de 10 años, fue secuestrada cuando iba sola a la escuela por primera vez en Viena (Austria). Un hombre llamado Wolfgana Priklopil la capturó y se la llevó a un sótano secreto donde permaneció más de ocho años. Durante su secuestro, fue golpeada, maltratada mentalmente e incluso la hizo pasar hambre, para que estuviera demasiado débil para escapar. Priklopil practicó intensos juegos mentales con Kampush.*

Recuerdo perfectamente lo que dijo en una entrevista:

*"Una de las peores escenas de mi secuestro fue cuando me empujó, llevando sólo un calzón, medio muerta de hambre, cubierta de morados y con la cabeza completamente rapada, delante de la puerta principal me dijo: "Vamos, corre. Vamos a ver hasta dónde llegas"".*

*Continuó: "Estaba tan humillada y llena de vergüenza que no podía dar ni un solo paso. Me alejó de la puerta y me dijo: 'Ya ves. El mundo de afuera no te quiere de ninguna manera. Tu lugar está aquí y sólo aquí'".*

*Priklopil también la convenció de que las ventanas y puertas de la casa tenían trampas explosivas. Finalmente, cuando Kampusch tenía 18 años, aprovechó la oportunidad de escaparse. Su huida condujo a la muerte de Priklopil, que se acostó en una vía férrea y se suicidó al pasar de un tren durante unas horas después.*

La verdadera señal de lo mucho que había deformado la mente de Kampusch, fue cuando se enteró de la muerte de Priklopil, lloró por él.

**Propaganda:** La propaganda es una de las técnicas más eficaces cuando se trata del control mental *masivo*. Ha sido empleada por las grandes multinacionales en el impulso de sus bienes y productos, por líderes políticos que quieren crearse una oportunidad en medio de un acto electoral, por profetas espirituales que buscan que su misión trascienda más allá de su círculo inmediato. El propagandista por antonomasia es Joseph Goebbels, ese hombre de baja estatura y pésimo carácter que, a través de su gestión, encubrió los horrores del partido al que representaba.

El escritor Edward Bernays, en un fragmento extraído de su libro *Propaganda*, nos dice lo siguiente acerca del uso de la propaganda y su efectividad en el control de masas:

> La propaganda no es una ciencia en el sentido de que pueda comprobarse en el laboratorio, pero en todo caso ya no es aquella materia empírica que solía ser antes del nacimiento del estudio de la psicología de masas. Hoy es científica en el sentido de que trata de sentar sus operaciones en unos conocimientos precisos extraídos de

la observación directa de la mente de grupo y en la aplicación de principios que se han demostrado coherentes y relativamente constantes.

La propaganda es el arma de muchos de los líderes que hoy han impuesto sus respectivas banderas en las cimas del mundo. Personajes como Ángela Merkel, Donald Trump, Barack Obama o Boris Johnson contaron, en su momento, con mastodónticas maquinarias propagandísticas que le facilitaron el camino hacia lo que hoy disfrutan. En contraparte, hubo muchos líderes políticos y religiosos que no le dieron un uso propiamente correcto a esta. Para nadie es un secreto que la psicología oscura nos facilita las herramientas.

En la actualidad, es difícil encontrar a alguien que se mantenga escéptica ante la irrefutable evidencia de que la propaganda puede ejercer un control mental sin comparación en quienes, por diversas razones, se encuentren en un estado de vulnerabilidad tanto emocional como psicológica. El papel de la consciencia, aquí, adquiere especial importancia desde el punto de vista de la prevención. Por ejemplo, una persona que tiene un concepto de su propia consciencia y de lo que esta significa, difícilmente permita que factores externos intervengan en su cosmovisión del mundo, mucho menos para llevarle a cometer acciones moralmente cuestionables. Joaquín María Aragó Mitjans, en su libro Ética y valores, hace la siguiente observación en torno a los valores y la consciencia:

> La conciencia moral, pues, es la que valora las situaciones en orden a la praxis, a la actuación; pero ello tiene presente la *norma última* que rige el obrar humano, la dignidad de la persona humana; norma última que el dictamen de la consciencia, como norma próxima, actualiza y presenta como propia. A esta decisión personal se le denomina "dictamen práctico" (...) Para que un acto sea moralmente bueno *han de ser buenos cada uno de estos tres elementos: objeto, circunstancias y fin;* es obvio que no solo el objeto que se dirige una decisión, sino también las circunstancias y el fin o intención pueden matizar, y aun cambiar, el sentido global de la actuación.

Como habrás visto, el control mental es posible para quien sabe cuáles son las vulnerabilidades de su "objetivo" y qué técnicas podrían ser más efectivas. Pero, como he referido anteriormente, el uso *malicioso* de estas técnicas no es la única alternativa. Es posible darle un uso funcional y cónsono con nuestros objetivos sin menoscabar la voluntad y visión de quienes nos rodean.

Acá te dejo algunos ejemplos de manipulación gracias a la propaganda:

- Construir una imagen mental: Un político presentará una imagen de cómo sería el mundo con la inmigración o la delincuencia para que los votantes piensen en esa imagen y crean que votar por él reducirá esa amenaza.

- Exagerar la participación: El concepto de "subirse al carro" consiste en apelar a un gran número de personas encontrando puntos en común, como la religión, la raza o la vocación. El tema aquí es "todos los demás lo están haciendo, y tú también deberías hacerlo".
- Construir imágenes falsas: Los presidentes intentan aparentar ser "gente común", pero en realidad no lo son. Ejemplos son Bill Clinton comiendo en McDonald's o Ronald Reagan cortando leña.
- Generar miedo: El miedo se genera para cambiar el comportamiento de la gente. Un anuncio mostrará un accidente sangriento y luego recordará a la gente que se ponga el cinturón de seguridad.
- Prometer felicidad: Vender felicidad es un concepto que se utiliza en los anuncios, por ejemplo, un actor muy querido explicará por qué hay que comprar un producto para resolver un problema.
- Crear un falso dilema: Un ejemplo de falso dilema es cuando se ofrecen dos opciones como si fueran las únicas. Por ejemplo, un presidente que dice que para reducir el déficit, tenemos que gravar más a los ricos o pedir a los ancianos que paguen más por la medicación.
- Utilizar eslóganes: Si un eslogan se repite suficientes veces, el público acabará creyéndolo.
- Apelar a la tradición: Los buenos sentimientos se generan al pensar en determinados bienes y acciones, y se incluyen con frecuencia en anuncios como: "Béisbol, torta de manzana y Chevrolet".
- Cita errónea: Al sacar una cita del contexto se puede dar una falsa impresión al lector o al oyente. Para la película Live Free or Die Hard, se citó a Jack Mathews diciendo: "Histéricamente... entretenida". La cita real es: "La acción de esta película de ritmo rápido, histéricamente sobre producida y sorprendentemente entretenida es tan realista como un dibujo animado de Correcaminos".
- Insultos: Un ejemplo de insultos en la propaganda sería: "Mi oponente es un alcohólico"
- Afirmación: Se trata de presentar un hecho sin ninguna prueba, como en "Esta es la mejor crema de dientes contra las caries que existe".

***Para lograr el posicionamiento:*** posicionarme en la mente de alguien es una tarea que, para algunos, puede parecer desafiante cuando no imposible. Pero la verdad es que se ha avanzado mucho en este aspecto, principalmente desde el campo del marketing. Sin embargo, creo pertinente aclarar que no son los únicos protagonistas en la práctica del posicionamiento. Cualquier persona puede ejercer este efecto en alguien más. Si bien es cierto que se recomiendan algunas tácticas desde la Programación neurolingüística, la esencia del posicionamiento es mucho más sencilla. Una mente "en blanco" es el campo idóneo para implantar nuestra presencia (o la de una marca, una idea, un producto).

Piensa por un momento en el monte más alto del mundo. Lo primero que te viene a la cabeza es el Monte Everest, ¿correcto? Ahora, ¿qué dirías si te digo el nombre del segundo monte más alto? Seguramente no tendrás una respuesta automática. Esa hipótesis parte del término *Imprinting*, que los estudiosos del mundo animal definen como la idea generada en la mente de una cría al abrir los ojos por primera vez y encontrarse con la imagen de su madre. La extrapolación ha sido utilizada para explicar la teoría de que, la mejor forma de posicionarte en la mente de alguien, es establecer un vínculo que te permita ser "el primero".

Para la negociación: es increíble cuán difícil puede resultarles a algunas personas establecer un proceso de negociación y, en definitiva, obtener una ventaja de la misma. Esta área es la especialidad de los grandes gerentes y de profesionales abocados a los distintos procesos comerciales. Para ellos, la negociación es una tarea del día a día. De manera que han desarrollado técnicas y destrezas propicias para salir airosos de la dificultad que conlleva una negociación. Sin embargo, el mundo corporativo no es el único contexto en el que se dan las negociaciones. Todos los días, independientemente de a qué nos dediquemos, nos enfrentamos a situaciones que requieren negociación para la resolución de determinado conflicto.

Asociar la palabra "negociación" únicamente con escenarios empresariales es un reduccionismo que escapa de la realidad objetiva. Y es que todas las personas, en varios momentos de cada día, buscan afectar las emociones y conductas de alguien más para sacar provecho de la situación. Esto puede suceder consciente o inconscientemente, en todo caso, pasa con más frecuencia de lo que a menudo se admite.

El poder del posicionamiento consiste en presentarse a la persona adecuada, en el momento y lugar adecuado, de la forma correcta, con el mensaje adecuado. Si puedes hacer eso todo el día, todos los días, serás un profesional increíblemente exitoso. Esto se aplica a casi todos los aspectos, incluido en la parte privada. Siempre estamos intentando "vender algo", ya sea un producto, un servicio, una imagen, lo que sea.

Lo que separa a los verdaderos profesionales de los aficionados es su capacidad para hacer que lo que ofrecen sea de vital importancia para cada potencial receptor.

El posicionamiento no es algo que se pueda lograr rápidamente, o una vez para siempre. Es un proceso continuo de descubrimiento de nuevas formas de hacerse cargo de la forma en que tus receptores y prospectos lo ven.

Cuanto mejor planifiques tu estrategia de posicionamiento, más éxito tendrán tus esfuerzos. De hecho, hay nueve factores cruciales que hay que tener en cuenta a la hora de pensar en tus propias estrategias y tácticas de posicionamiento.

1. En primer lugar, te posicionas en tu propia mente. La forma en que te ves a ti mismo determinará la forma en que te ven los demás. La forma en que piensas en ti mismo determina cómo haces todo. Afecta a la forma en que conversas, a la forma en que haces preguntas, a la forma en cómo te presentas, a la forma en que concluyes una conversación, o la forma en que gestionas tu tiempo: determina todo lo que haces. Como resultado, la gente te verá de la forma en que te consideres a ti mismo.

2. Te posicionas con tu actitud. Algunas personas entran en una habitación y dicen: "¡Aquí estoy!". Otras personas entran en una habitación y dicen "¡Ah, ahí estás!". La diferencia consiste en si somos egocéntricos o centrados en las personas; si nos guiamos por el ego o por los valores. Nuestras actitudes hacia las personas o receptores siempre se mostrarán en la forma en que tratamos a la gente. Y, más que cualquier otro factor, la forma en que tratamos a los demás determinará la forma en que ellos nos respondan.

3. Te posicionas con tu apariencia. Las primeras impresiones, en primer lugar, se fijan muy rápidamente. Y te guste o no, tu aspecto es el factor más importante para dar forma a esas primeras y duraderas impresiones. Todo lo que tienes que hacer para ver lo vital que es la buena apariencia, es reflexionar sobre tus propias reacciones ante las personas que conoces. ¿No prestas más atención a las personas que tienen un aspecto importante que a las que tienen un aspecto descuidado? Lo más importante que tienes que recordar es que tus receptores te juzgan por tu aspecto.

4. Te posicionas con tus acciones. Tus receptores determinan tu importancia, tus intenciones, tu fiabilidad (y muchos otros factores críticos) observando todo lo que haces.

5. Te posicionas con las palabras. Cada palabra que dices te posiciona como una persona a la que hay que considerar importante o como alguien a quien hay que descartar lo antes posible.

6. Te posicionas con el enfoque. La pregunta más apremiante en la mente de tu receptor es siempre: "¿Qué hay para mí?". Los verdaderos profesionales se posicionan como consultores y socios comerciales de sus clientes. Siempre mantienen el foco de atención precisamente donde debe estar: en el receptor, no en ellos mismos y en sus fines.

7. Tu te posicionas con la presentación. La forma en que te preparas y haces tu presentación dice mucho a los destinatarios sobre lo importante que es escucharte.

8. Te posicionas por la forma en que manejas las objeciones. Los aficionados ven las objeciones como excusas e invitaciones a luchar.

Pero quien sabe cómo funciona el cerebro, entiende que las objeciones muestran las preocupaciones legítimas de un receptor, cuestiones que deben ser aclaradas antes de que el destinatario tome una decisión.

9. Te posicionas con la forma de hacer amistad. Uno de los factores más importantes para posicionarse es lo que haces una vez que has conocido una persona. El posicionamiento implica desarrollar una relación a largo plazo y mutuamente beneficiosa con cada persona. Es convertir a las personas de una sola vez en amigos que te ven como un recurso valioso.

Lo que realmente cuenta no es lo que tú sabes o crees, sino lo que tus destinatarios piensan y sienten de ti. Haz que crean en ti posicionándote como una persona con una grande energía positiva.

Otra de las recomendaciones que siempre me gusta extender a mis lectores es que se preparen. La preparación es imprescindible. Si quieres ser un negociador inmejorable, entonces acude a los máximos referentes en este sentido. Por ejemplo, ¿qué tal si te adentras en las memorias de Donald Trump? O, ¿por qué no, en la literatura especializada que nos ofrecen diversos expertos en el mundo de la negociación? Esto te permitirá ampliar tu margen de acción y perfeccionar tus habilidades.

# Capítulo 12
## Tipos de manipulación

Para fortalecer tu conocimiento en todo lo concerniente a la manipulación, he diseñado un capítulo entero que tiene como finalidad explicarte a profundidad cuáles son los tipos de manipulación que hoy día son frecuentes en la vida diaria.

Es importante destacar que la manipulación es uno de los elementos constantes en la psicología oscura. Para desligarnos de este prejuicio, he optado por hacer algunas observaciones que considero pertinentes desde un punto de vista de aprendizaje y conocimiento en términos generales sobre el tema que aquí nos reúne. Porque, después de todo, ¿cómo podemos liberarnos de los prejuicios y las generalizaciones improductivas si no es a través del estudio constante del tema que se encuentra en debate?

Esta es una de las razones por las que decidí escribir este libro. Las personas tienen una idea a menudo errada de lo que significa la expresión psicología oscura. Inmediatamente, al leer el adjetivo "oscura", lo asocian con algún tipo de comportamiento psicopático, perverso, nocivo.

Maria France Hirigoyen, en su excelente libro *El acoso moral*, nos ayuda a entender este punto con un párrafo conciso y didáctico:

> Cada uno de nosotros puede utilizar puntualmente un proceso perverso. Éste sólo se vuelve destructor con la frecuencia y la repetición a lo largo del tiempo. Todo individuo «normalmente neurótico» presenta comportamientos perversos en determinados momentos —por ejemplo, en un momento de rabia—, pero también es capaz de pasar a otros registros de comportamiento (histérico, fóbico, obsesivo...), y sus movimientos perversos dan lugar a un cuestionamiento posterior.

Los tipos de manipulación reflejan un comportamiento que puede presentarse en diversos escenarios y bajo diversas circunstancias. Ahora bien, el verdadero problema viene cuando se genera un patrón conductual que solo es compatible con un trastorno psicológico como el narcisismo, la psicopatía, el sadismo o el maquiavelismo.

Los segmentos descritos, pues, en este capítulo (*Manipulación romántica, Manipulación paternal, Manipulación ideológica, Dependencia emocional, Manipulación laboral*) representan las 5 formas de manipulación más comunes, por ende, nuestra propensión a convertirnos tanto en víctimas como en victimarios de forma consciente o inconsciente. Pero, como se sabe, cuando dominamos un tema entendemos mejor todos los factores que intervienen en su desarrollo.

El conocimiento es poder. O, como escucharías alguna vez en una película de superhéroes: un gran poder... requiere una gran responsabilidad. No imaginas cuánto valor puede agregar la psicología oscura a tu búsqueda personal. Sin embargo, todo depende de ti.

## Manipulación romántica

Se trata de uno de los escenarios donde la manipulación se presenta con mayor frecuencia. Como su nombre lo sugiere, la manipulación romántica es aquel tipo de control emocional o psicológico que se da en el marco de una relación amorosa o sentimental. Contrario a lo que se cree, todos hemos participado alguna vez en este tipo de dinámicas, bien sea como víctima o como victimario, de forma consciente o inconsciente. Lo que convierte a la manipulación romántica en una de las derivaciones más preocupantes es que puede presentarse en pequeños actos perversos que, por tamaño o dimensión, pueden tornarse indiscernibles. Sin embargo, existen.

Esta es una forma de destrucción moral que genera consecuencias palpables (principalmente en el estadio psíquico de la víctima) y que, en el peor de los casos, puede devenir en situaciones de hostilidad significativa. Mucho tendrá que ver la naturaleza psicológica del victimario. Para nadie es un secreto que una relación romántica es un gran desafío en términos de adaptabilidad y compromiso. La presión social, en este sentido, ejerce un protagonismo importante, principalmente cuando el contexto formativo de los integrantes contribuye a reforzar la manipulación.

Pero, ¿cómo es que el entorno social participa de este tipo de violencias? En primer lugar, por la idiosincrasia del victimario. No es un secreto que, en muchas familias tradicionales, el hecho de que una relación sentimental "fracase" (es decir, se dé por terminada) implica una estigmatización para la que muchas personas no se encuentran preparadas. Esto obliga a la víctima a mimetizarse con la manipulación para evitar ponerle fin a la dinámica de manipulación.

Se trata, en definitiva, de conceptos distorsionados que tienen que ver con la tradicionalidad que hemos heredado de nuestros antepasados. Marie France Hirigoyen describe maravillosamente esta problemática en la siguiente frase: *"En la mayoría de los casos, el origen de la tolerancia se halla en una lealtad familiar que consiste, por ejemplo, en reproducir lo que uno de los padres ha vivido, o en aceptar un papel de persona reparadora del narcisismo del otro, una especie de misión por la que uno debería sacrificarse"*.

La manipulación en un escenario romántico se presenta con pequeños actos que, de algún modo, trasladan la responsabilidad del éxito (o fracaso) de la relación a una de las partes, la víctima. Esto especialmente cuando se trata de una manipulación consciente por parte de la víctima, que se aprovecha del temor emocional arraigado en su pareja para señalarle el camino, las decisiones o acciones que deberá tomar para mantener el equilibrio en la pareja, es decir, la unión. Sin embargo, también puede presentarse de forma inconsciente, que es como la mayoría de las personas participa. Esta, aunque desprovista de una malicia genuina, también genera repercusiones importantes.

Por ejemplo, cuando un hombre le dice a su pareja alguna frase como "no debes salir vestida de esa manera porque tienes que cuidar tu imagen, nuestra imagen". Este tipo de clichés, asentados en una base pasivo-agresiva, implícitamente traslada una posible culpa, forzando en la víctima que cambie de ropa para evitarle incomodidades a su pareja.

El enfoque mayormente estudiado por los psicólogos en torno a este tipo de relación es el de la relación de poder. En efecto, una relación de poder construida sobre la base de ruptura como la peor de las consecuencias posibles. La importancia de determinar este tipo de manipulaciones es que nos ayudará, tanto a evitarlas como a tomar acciones concretas para establecer una relación que respire desde la funcionalidad y no desde la dependencia.

La psicología oscura es un canon que nos ofrece la posibilidad de interpretar adecuadamente, y en tiempo real, este tipo de escenarios. De manera que tendremos la facilidad de tomar decisiones y comportamientos que vayan de la mano con lo que esperamos de una relación sentimental y no con aquello que la sociedad nos ha impuesto como un concepto de felicidad que no parece ser el más indicado para nuestro bienestar.

## La manipulación paternal.

La manipulación paternal se presenta cuando nuestros padres son los protagonistas e inquisidores en un proceso (lento y extenuante) en el que cedemos nuestro criterio propio para adecuarnos al pensamiento crítico de ellos. Esto implica, a su vez, alejarnos de aquello que nos apasiona para perseguir algo que ha sido previamente aprobado en el "consenso familiar". En la mayoría de los casos, esto se debe a una acción intensa en aras de nuestro "bienestar" como hijos. Aunque esto puede tener sentido, después de todo, lo esperable es que un padre desee los mejor para sus hijos, esto no significa que la intervención psíquica y emocional en la decisión de los hijos no sea un acto de violencia perverso y tan nocivo como cualquier otro.

Ahora bien, ¿cuál es la particularidad de la manipulación paternal que le desmarca del resto de tipos estudiados en este capítulo? Si bien es cierto que en otros casos el victimario también puede actuar desde el desconocimiento, establecer una intencionalidad perversa a un padre o a una madre en relación a sus hijos es un tema por naturaleza enrevesado y complejo. Esta es una de las razones por las que siempre digo que la manipulación, en el marco de la psicología oscura, no es intrínsecamente mala o maliciosa. Un padre, comúnmente, quiere lo mejor para sus descendientes. En busca de este bienestar, es posible que incurran en actos de manipulación psicológica o emocional. La conclusión más palpable que puede extraerte de estos casos es que los padres no actúan con intenciones tóxicas o negativas.

Muchos psicólogos han definido la "influencia" de estos en sus hijos como agresiones tiernas. No puede retirarse la palabra agresión, pero sí es posible agregar el epíteto "tierno" porque, de otra manera, se tornaría imposible catalogar un conjunto de acciones claramente manipuladoras que no persiguen más que el bienestar (lo que el padre y la madre entienden por *bienestar*) de sus hijos. Cabe entonces, hacerse la siguiente pregunta: ¿es posible fijar un límite a estas acciones? Entendiendo, claro, que pueden entenderse las razones que llevan a un padre a manipular a su hijo, pero al mismo tiempo, dejando claro que hacerlo es una forma de tomar el poder sobre él.

Se hace más visible el tema cuando un hijo atraviesa la confusa etapa de la adolescencia, que es cuando su personalidad empieza a moldearse significativamente, dando paso al futuro adulto. Este momento, crucial para ambas partes, determina un primer enfrentamiento si el victimario es consciente de que sus voluntades empiezan a verse socavadas por la intencionalidad (buena o no, justificable o no) de sus padres. Sin embargo, la manipulación paternal tiene lugar en distintas etapas de la vida del hijo. Todo dependerá, claro, de la formación recibida por parte de los padres y por las circunstancias que se vivan.

Por ejemplo, es muy común que en procesos de separación los padres busquen ganar la lealtad de sus hijos en aras de sacar ventaja en un eventual juicio por custodia. Esta manipulación particularmente cruel, aunque el niño no sea del todo consciente, se da mucho más de lo que pudiéramos creer. En todo caso, es difícil establecer un diagnóstico único sobre la situación emocional de una familia. Muchos padres (me atrevería a decir que la mayor parte) solo toman acciones manipuladoras pensando en el bienestar y las necesidades de sus hijos. Sin embargo, ¿cómo podría dictaminarse cuando este no sea el caso?

Es por ello que me gusta enseñar el valor de la psicología oscura en la vida diaria, tanto desde un enfoque preventivo como activo. Sea cual fuere la situación de una persona, si esta tiene un conocimiento sólido de lo que implica la psicología oscura, y sus distintos elementos, sus probabilidades de defenderse se amplifican considerablemente. Adicionalmente, pueden tomar los instrumentos inherentes a este concepto de la psicología para establecer distancias o sacar provecho de cualquier interacción social en busca de la concreción de sus metas de vida.

## Manipulación ideológica.

En lo personal, creo que la manipulación ideológica es uno de los tipos más peligrosos de todos cuanto han sido explicados en esta lista. Esta implica una destrucción casi total de la cosmovisión de un individuo, al punto de que este termina apenas coexistiendo con sus propios intereses de forma desasociada. En otras palabras, quien es manipulado gracias a la figura de un ideal sufre una transformación monstruosa en términos de su personalidad y expectativas individuales. Cada vez que me preguntan acerca del espectro de la manipulación ideológica, respondo con uno o dos de los múltiples ejemplos que la historia de la humanidad nos ha provisto a lo largo de estos años de existencia humana.

Aunque la manipulación ideológica es mayormente entendida desde un enfoque general, como la subyugación mental de una persona por parte de un ideal político, esta no es la única forma en que alguien pierde prácticamente toda su capacidad de discernimiento en aras de una visión "oficial" que le trasciende. La figura del Gran Hermano, elemento principal de la novela 1984, de George Orwell, nos ha permitido entender en líneas generales cómo es que funciona la manipulación ideológica.

No obstante, la política es solo uno de los escenarios en que esta puede presentarse. En el estadio espiritual, por ejemplo, la participación de figuras mesiánicas, autoproclamados profetas que se adentran tan profundamente en la psique de sus acólitos, es un elemento de gran relevancia si buscamos entender cuán nociva resulta la manipulación ideológica.

¿Qué te parece si ahondamos en el tema de la manipulación ideológica a través de algunos ejemplos bastante ilustrativos? ¡Bien! La mayoría de las personas tienen una noción sólida de lo acontecido durante la segunda guerra mundial. Dos mitades del mundo enfrentándose entre sí, buscando limitar al otro, socavar al otro, destruirlo, en síntesis. La segunda mitad del siglo pasado estuvo protagonizada por nueva y compleja dicotomía que iba mucho más allá del bien y del mal. Se trataba del Capitalismo y el Comunismo. Parecía, en aquellos tiempos, que era responsabilidad innegociable tomar posición por alguno de los dos lados. Después de todo, quien ganara la guerra terminaría imponiendo su verdad frente al derrotado. Ahora bien, este es el contexto general, pero ¿qué ejemplos es posible tomar de este escenario?

Orientando el estudio al ciudadano común, y entendiendo que la guerra supone un sinfín de situaciones moralmente reprochables, ¿qué papel jugaron las ideologías, y sus líderes, en las sucesivas acciones de sus militantes? Quiero que pienses por un momento en un soldado de la SS alemana. Por ejemplo, un joven soldado que apenas tuvo la oportunidad de desarrollar alguna relación afectuosa con amigos y parejas sentimentales. Cuando, de sopetón, vino la guerra y tuvo que tomar decisiones que le trascendían como objeto moral. ¿Qué motivación pudo tener este soldado anónimo para contribuir activamente a la sistemática eliminación de judíos que nada tuvieron que ver con la explosión de la guerra y que, en definitiva, no eran el enemigo militar dentro del conflicto?

Está claro que todas las acciones llevadas a cabo por el soldado del ejemplo, quien *personalmente* no tiene ningún conflicto con algún judío, vienen establecidas desde una visión superior, del partido, que ha intervenido en su criterio individual para imponer el de una idea concebida fuera de sí. ¿Es consciente, este soldado, de que *el otro* (el judío) no es responsable de las acusaciones que se ciernen sobre él desde la figura del líder político? No lo es. Y no lo es porque ha dejado de utilizar su criterio propio, que ha sido sustituido por la cosmovisión del partido. En relación a este tema, nuestra configuración del *otro*, Norbert Bilbeny nos dice lo siguiente en su libro *Ética*:

> El otro es siempre una construcción: una construcción nuestra, pero influida por aquél. No es una invención. Ahora bien, entender al otro, como decíamos, significa por lo menos reconstruir su mundo. Es lo mínimo que se debe hacer, si de verdad tenemos en cuenta al otro y evitamos «construirlo» en solitario y a nuestro antojo. En tiempos de grave antagonismo social al otro se le adjudica esta naturaleza fantasmal y amenazante (el «bárbaro», el «salvaje», el «extranjero», el «fundamentalista», etc.).

Este *antagonismo social* es la representación. El marco sobre el que un ideal desaparece lo que entendemos como adecuado para que actuemos desde un nuevo concepto *moral* que no está relacionado con nuestra individualidad pero que ha sido impuesto a fuerza de manipulación.

## Dependencia emocional.

La dependencia emocional es la síntesis de todas las manipulaciones. Mucho se ha dicho sobre este concepto, pero la verdad es que todos y cada uno de nosotros hemos sido de algún modo partícipes en ella. Si conscientemente no somos capaces de ubicarnos en algún antecedente, es muy probable que hayamos conocido a alguien cuya situación emocional estuvo durante un largo tiempo atada a cierta dependencia. Pero, ¿de qué va esto de la dependencia emocional? Esta sucede cuando perdemos de vista la importancia del *yo* como individuo único. Es decir, cuando solo podemos concebirnos como entes importantes en un marco sentimental o afectivo determinado.

La dependencia emocional, más que un tipo de manipulación, es el estadio en que cae inmersa una persona que ha sufrido prolongados intervalos de manipulación afectiva. Se pueden encontrar ejemplos ilustrativos en cualquier escenario que involucre sentimientos. Sin embargo, el caldo de cultivo para este tipo de estadios se da en las relaciones amorosas. De hace un tiempo a esta parte, la dependencia emocional en las parejas románticas ha adquirido una consistencia de lugar común. Por ejemplo, cuando un individuo se siente incapaz de "superar una ruptura amorosa", esto se debe a múltiples factores, todos asociados a una dependencia emocional.

Este tipo de apegos se caracteriza, como dije, en una supresión paulatina de la consciencia del yo. Quien ha caído en un cuadro de dependencia emocional, a menudo le cuesta imaginar su vida sin la constante presencia del otro elemento que, en su criterio, *le complementa*. De manera que cuando se da la ruptura, le resulta muy doloroso (psíquicamente, claro está), adecuarse a una nueva dinámica en que la individualidad retorna tras un largo periodo de ausencia. Usualmente, este momento viene acompañado de pensamientos limitantes como "nadie me querrá" o "no soy suficientemente bueno para ser querido nuevamente".

Retornar al equilibrio emocional es un desafío titánico para quien ha sido emocionalmente dependiente por mucho tiempo. Sin embargo, algunas de las recomendaciones de los expertos se asocian a un elemento general: la reconexión. En la medida en que la persona dependiente consiga volver a definir las características que le hacen un individuo único, podrá liberarse del lastre que supone haber sido víctima de una dependencia emocional. Ahora bien, un caso aún más frecuente es cuando el victimario es plenamente consciente de esta situación y se aprovecha de ella. Esto viene representado con pequeñas agresiones tiernas que tienen como finalidad reforzar la idea de que el otro (la víctima) no *será* sin su presencia.

Es importante reconocer este escenario emocional. Para hacerlo, basta echar un vistazo profundo hacia nosotros mismos o hacia quien presumamos víctimas. Todo proceso de manipulación tiene implicaciones palpables a nivel de la personalidad de la víctima. Algunos de los aspectos mayormente afectados son:

- Autoestima.
- Estabilidad emocional.
- Autonomía.

Es posible abandonar esa celda sin barrotes que es la dependencia emocional. El primero paso, como es habitual, pasa por reconocer que nuestra individualidad se encuentra amenazada. El segundo paso es tomar acciones concretas para reconectarnos con la esencia de lo que somos como personas. El miedo es la mejor arma de un manipulador, por lo que quien aspire a retornar a la zona del equilibrio emocional deberá, en consecuencia, enfrentar el miedo a lo que pudiera pasar. Nadie es digno de nuestro afecto si así eso significa perder conexión con nuestra visión personal y nuestras expectativas.

## Manipulación laboral.

Está claro que la manipulación solo puede nacer y desarrollarse cuando existe una relación de poder naturalmente desequilibrada. Ahora, las relaciones de poder están en todos los resquicios de la vida tal como la conocemos, de manera que, ¿cuál es la solución? Te diré un secreto: estás ejecutando parte de la solución, porque esta solo puede ser puesta en marcha cuando nos hemos formado en torno al tema de la afectividad y la manipulación como elementos agresores. Las relaciones de poder desequilibradas pueden desarrollarse en el marco de una relación romántica, paternal, política y, la que aquí se evaluará, laboral.

Las relaciones en un escenario profesional o corporativo no escapan de esta realidad, principalmente cuando el líder es una persona con determinados rasgos de personalidad asociados a la psicología oscura. Cuando un gerente pide la colaboración de uno de sus empleados, estableciendo implícitamente la necesidad de que esta actividad se lleve a cabo para poder participar en un posible ascenso, la manipulación es evidente. Sin embargo, no es la única característica de un jefe manipulador. Por ejemplo, muchas de las técnicas de manipulación ampliamente referidas a lo largo de este libro son ejercidas en el marco de una relación laboral. La intimidación es la más notoria porque implica elementos hostiles y la afectación directa de la psique de un colaborador. Pero, ¿qué tal si hablamos de los otros modos?

Algunas de las técnicas explicadas en el capítulo anterior son puestas en marcha por jefes manipuladores que ejercen el liderazgo autocrático o manipulador desde distintos puntos de vista. Amenazar a un colaborador con someter a determinado castigo si no se cumple cierta actividad, aplicar un tratamiento silencioso, proyectar las inseguridades en los otros o hacer uso del referido refuerzo negativo son solo algunas de las estrategias presentes en cualquier relación de poder claramente desequilibrada.

En líneas generales, todo comportamiento que inocule en el subalterno la posibilidad de perder su empleo o de ser degradado es una forma de manipulación establecida desde la relación de poder. Es importante, entonces, tener en cuenta que cualquier manifestación o conducta abusiva (esto encierra: gestos, palabras, conductas y cualquier otra forma de transmitir un mensaje) constituye un grado significativo de manipulación. En el mundo actual, donde la competitividad profesional ha adquirido niveles insospechados, estos tipos de liderazgo han proliferado. Afortunadamente, muchas empresas han invertido recursos en la formación de líderes integrales que, más allá de delegar funciones desde un escritorio, establezcan una relación de poder equitativa entre todas las esferas jerárquicas de la corporación.

Maria France Hirigoyen nos advierte sobre este tipo de abusos y coacciones en su libro *El acoso moral*:

> Cuando el acoso aparece, es como si arrancara una máquina que puede machacarlo todo. Se trata de un fenómeno terrorífico porque es inhumano. No conoce los estados de ánimo ni la piedad. Los compañeros de trabajo, por bajeza, por egoísmo o por miedo, prefieren mantenerse al margen. Cuando una interacción asimétrica y destructiva de este tipo arranca entre dos personas, lo único que hace es amplificarse progresivamente, a menos que una persona exterior intervenga enérgicamente.

Esta, al igual que las otras formas de manipulación estudiadas a lo largo de este capítulo, tienen una consecuencia común: la destrucción del *yo individual*. De manera que, si eres líder en alguna empresa, existen otros métodos para influir en el comportamiento de tus colaboradores sin que ello signifique menoscabar su autoestima. Si, por el contrario, estás siendo víctima de algún tipo de manipulación laboral, puedes romper con esta dinámica desde el autoconocimiento, reconectándote contigo mismo, con tu visión y tus expectativas como individuo.

## Tipos de manipuladores

Es objetivamente imposible identificar a estos especialistas si no conocemos cuáles son los tipos más comunes, esos personajes con los que podemos toparnos en un café, en la biblioteca pública e incluso en la oficina donde trabajamos. Por lo tanto, creo pertinente hacer un inciso para hablarte de los tipos de manipuladores y sus comportamientos habituales. La finalidad, como sabrás, es que consigas reconocerlos a tiempo y evites, en la medida de tus posibilidades, caer en las garras de estos depredadores que seguramente estarán cerca de ti con el único propósito de manipular tu mente para sacar una ventaja significativa.

A continuación, los tres tipos de manipuladores más comunes en la actualidad:

### *El despótico:*

Generalmente es desagradable, grosero, impertinente. Cada uno de sus actos busca consolidar una relación de poder desequilibrada. Así, garantiza que estés abierto o abierta a sus técnicas que, a menudo, vienen acompañadas con gestos hostiles, amenazas a bocajarro o, en el peor de los casos, como una agresión directa.

Desde luego, es el tipo de manipulador que reconocerás a metros de distancia. Sus características, nada solapadas, transmiten un mensaje incluso antes de que pueda acercarse a ti. Estas personas están convencidas de que decir las cosas de mala manera le infunde autoridad, por lo que optan por un lenguaje muchas veces soez o de mal gusto.

### *El encantador:*

Es el caso diametralmente opuesto al manipulador despótico. En este caso, la persona expone una interminable cantidad de recursos sociales para resultarte especialmente simpático. A menudo son "el alma de la fiesta", disponen de un control escénico importante y saben manejarse en toda clase de escenarios. Sus habilidades comunicativas son, en esencia, su mejor arma. Se muestran alegres, conversadores, divertidos. Dicho esto, ¿cómo es posible identificarles?

El indicador más llamativo del manipulador encantador es que solapa todos sus comportamientos indebidos. No pierde oportunidad de exponer información personal sobre alguien más, disfrazándola en un contexto de broma. Son capaces de hacer chistes de mal gusto porque son de naturaleza narcisista y quieren humillar a los demás si así consiguen ser el centro de atención. Estas personas, aunque amigos de todos, realmente no consiguen entablar una conexión emocional importante con nadie.

## El culto:

Existe la posibilidad de que este tipo de manipulador acapare la conversación desde una erudición que a veces resulta forzada. Citan personalidades, extrapolan información, buscan siempre un dato supuestamente interesante con el que llamar la atención de todos y, así, quedar como el más culto del grupo. Una de las características más insoportables de estos manipuladores que explotan en exceso el error de los demás.

Por ejemplo, si en medio de una reunión alguien tiene una pequeña confusión acerca de las fechas de la segunda guerra mundial, el culto hará hasta lo imposible para humillarlo frente a todos sin tener en cuenta los sentimientos y emociones de la persona. También puede darse el caso de que alguien cometa un lapsus linguae o alguna incongruencia sintáctica, pero no hay que preocuparse porque allí está nuestro manipulador culto para decirle al mundo que hubo un pequeño error, procurando engrandecerlo innecesariamente.

# Capítulo 13
## Falsos ganadores

*Falsos ganadores* es un capítulo orientado a enseñarte la naturaleza intrínseca de esos personajes que ejercen la psicología oscura para sus fines mezquinos y egoístas. Los tipos de manipulador aquí expuestos representan solo una parte de un universo que crece cada nuevo día. La importancia de este texto radica en que me he propuesto enseñarte, a lo largo del libro, que la psicología oscura puede ser utilizada para crecer como individuo sin la necesidad expresa de pasar por encima de los demás, de distorsionar su pensamiento crítico ni apoderarte de su control a través del manejo malicioso de sus emociones. Una vez que se ha entendido esto, habrás dado un paso significativo en términos de crecimiento.

Si bien, como he señalado, hay ciertos aspectos transversales que deben ser tomados en cuenta al momento de determinar si un comportamiento persigue un fin o si surge más como un mecanismo de defensa interpersonal, está claro que la manipulación como elemento neurálgico de la psicología oscura ha permitido que muchas personas, de naturaleza psicopática, obtengan victorias efímeras que consolidan esa idea interiorizada de que sobrevive el más fuerte. En las siguientes páginas haré algunas observaciones relacionadas a los falsos ganadores; personas que ganan aprovechándose de otras, utilizando el comportamiento *coaccionado* para su beneficio.

Manipuladores de primer orden: *líderes políticos*, *profetas espirituales*, *estafadores*, *sociópatas* son los cuatro segmentos abordados en este capítulo. En la medida en que entiendas cómo funcionan sus mentes, cuáles son sus motivaciones y cómo es posible que saquen provecho de la psicología oscura, tendrás una idea mucho más clara de por qué la psicología oscura ha generado tanta controversia desde su clasificación en el mundo del comportamiento humano.

Al margen de los comentarios que a diario escuchas sobre ella, existe un plano mucho más amplio en el que la psicología oscura, más allá de propiciar medidas coercitivas, nos ofrece herramientas funcionales. Lo importante, es no caer en reduccionismos y obtener una visión panorámica de sus conceptos.

## Líderes políticos

En capítulos pasados te he hablado del papel que ciertos líderes políticos han protagonizado en cuestiones como el control mental, la intimidación, la guerra psicológica, el aislamiento, entre otros aspectos. La verdad es que el líder político es, por muchos, la máxima autoridad de una nación. Cuando me refiero a líderes políticos, no me refiero a aquellos asesores o políticos de segundo orden sino al *efectivamente* líder de un país. En resumidas cuentas: primeros ministros, presidentes democráticos, dictadores, líderes militares que tienen el control de las decisiones estructurales de una nación, entre otros de carga simbólica y objetiva parecidas. Ahora bien, ¿qué te parece si empezamos con una definición que nos ayuda a alinear nuestra visión?

De acuerdo con el diccionario de Psicología social, compilado y publicado por Pablo Cazau, un líder es:

> Rol mediante el cual un miembro del grupo asume en mando e impulsa y dirige la acción hacia una meta (por ejemplo, hacia el cambio o hacia la resistencia al cambio), haciéndose depositario de los aspectos positivos del grupo. Su rol complementario es el de seguidor, asumido por los restantes miembros que lo siguen. El liderazgo puede ser autocrático, democrático, laissez-faire y demagógico.

Con independencia de cuál ha sido la técnica utilizada por tal o cual líder, estas victorias no son victorias reales porque nunca superarán la prueba del tiempo. Todos los imperios despóticos, con el tiempo, se vienen abajo.

¿Quién habría creído que el imperio soviético, liderado por el todopoderoso Iósif Stalin, alcanzase su ocaso unos pocos años después de haber sido los protagonistas objetivos y materiales de una victoria en la segunda guerra mundial? ¿Quién habría imaginado que aquel carismático líder alemán, después de equipar a sus fuerzas armadas con las mejores tecnologías belicistas, terminaría suicidándose en su búnker por el avance del enemigo? O, dirigiendo la mirada al presente, ¿quién, desde el sentido común, es capaz de visualizar hoy día el fin del imperio que ha constituido tan hábilmente el imperio norteamericano?

Todos los líderes políticos que han utilizado la psicología oscura para consolidar sus ideas mezquinas terminan, tarde o temprano, viendo derrumbarse su castillo de naipes. Hombres como Stalin, Mao, Franco, Ho Chi Minh, Pinochet, Mugabe, Mussolini, entre otros tantos que ejercieron la intimidación, la fuerza, la violencia, y todos los recursos que tuvieron a su alcance para imponer a las masas su pensamiento como única salvación posible contra los enemigos externos, encontraron algunos chispazos de éxito en algunas circunstancias, pero todos, sin excepción, terminaron cargando una derrota mucho más pesada que sus escasas gratificaciones.

Se torna necesario fomentar este tipo de debates para tratar el "éxito" de estos hombres por lo que en realidad fue, victorias falsas y provisionales que no trascendieron más allá de lo repudiable. Todos, me parece, actuaron desde la consciencia absoluta. Albergaron, en su fuero interno, la certeza de que la colectividad les pertenecía, de que *ellos* y nadie más tenían la solución única a los problemas del mundo. Un ejemplo claro de esta *consciencia* de acción se refleja en el libro *Adolf Hitler*, de Bern Gisevius. El autor muestra la respuesta del líder nazi cuando se le aborda en torno a la protesta de "reaccionarios".

¿Han observado ustedes cómo afluyen las masas cuando disputan dos individuos en la vía pública? La crueldad conmueve los ánimos..., crueldad y fuerza bruta. El hombre de la calle no se impresiona fácilmente; sólo admira la brutalidad y la inexorabilidad. Además, las mujeres piensan igual, mujeres y niños. La gente necesita experimentar un saludable temor. Desea algo que le infunda miedo. Ansia la zozobra, quiere que alguien le haga sufrir y temblar... ¿Qué tonterías están diciendo ustedes sobre crueldad? ¿Por qué les indigna tanto la tortura? Las masas lo desean. Necesitan algo para horrorizarse.

## Estafadores

Los estafadores, ¡qué clase de ganadores! Puede que muchos de ellos consigan hacerse con una cantidad de dinero en un corto intervalo de tiempo, pero, ¿cuánto pueden durar estas pequeñas victorias para un individuo que ha naturalizado el timo y la manipulación de hechos como el oxígeno que respira? Se dice poco de los estafadores, pero están por todos lados. Pueden encontrarse en bares, en plazas, en rascacielos de alta gama o en las gerencias más importantes de una multinacional. No hay forma de detenerles, y solo lo harán cuando sea la única opción que se les presente.

Los estafadores no necesariamente son personas urgidas que atraviesen una situación económica precaria. En muchos casos, estos acuden a las estafas para sentir que vencen al otro. Es posible que vean la vida y las relaciones sociales bajo una lente lúdica. Sí, para ellos todo es un juego. En este sentido, la victoria es simbólica y objetiva.

Objetiva porque puede significarle dinero o cualquier otro bien material. Simbólica porque es la demostración definitiva de que ha obtenido una meritoria victoria frente a alguien "más débil". Ahora bien, personalmente considero que estos personajes de la vida diaria son falsos ganadores porque sus victorias no les sacian nunca. Independientemente de si consigue un robo multimillonario o un par de dólares, siempre necesitará más porque sus características narcisistas le exigen siempre acción.

Aunque se trate de estructuras psicológicas complejas, me permitiré la comparación. Los estafadores están atrapados en sus propias celdas, como les sucede a los ludópatas, mitómanos o cleptómanos. De manera que, aunque obtengan un beneficio cuantioso con sus comportamientos, nunca serán libres. Es, con algunas diferencias, lo mismo que le ocurre a una persona de la clase alta que tiene problemas con las drogas. El factor dinero no es una preocupación, pero de un modo se encuentra prisionero de sus propias necesidades fisiológicas. En el caso del estafador, al estructurar su vida en torno a la estafa, a la manipulación, es evidente que no podrá abandonar nunca la celda que, a su vez, le genera algunas sensaciones de victoria.

Son expertos en el arte de la manipulación, la coacción, la destrucción de nuestras defensas involuntarias. Es fundamental reconocerles en la primera oportunidad, de lo contrario corremos el riesgo de caer en sus redes y ver alterado nuestro equilibrio emocional. Al margen de lo que ahora sabes, que sus victorias son insignificantes y efímeras, has de valorar como prioridad tu salud. De allí la importancia de consolidar mecanismos de defensa como la autoconfianza y la intuición. De esta manera no caerás nunca en sus garras.

# Capítulo 14

# Cómo reconocer y analizar las características comportamentales de las personas influenciadas

Este capítulo persigue, como fin, ayudarte a entender cuáles son las implicaciones presentes o las características comportamentales más comunes en las personas que han afrontado procesos de influencia por parte de factores externos.

Ahora, ¿cuál es la importancia de entender e identificar estas características? En primer lugar, porque solo así seremos capaces de saber que la influencia, la persuasión y la manipulación representan una oportunidad de acceder significativamente a la psique de un individuo. Pero, además, porque al hacerlo podemos sacar ventaja o provecho de esto; lo que representa, por sí mismo, un conjunto de oportunidades. Esto viene a comprobar lo dicho con anterioridad. Quienes decidan aprender sobre técnicas de influencia y manipulación entiendan que no están *en el lado oscuro de la historia*.

Siguiendo este orden de ideas, el primer segmento del capítulo que tienes entre tus manos es *La psicología oscura para fines correctos*, donde te enseñaré cómo es posible que un concepto que implica manipulación puede orientarse hacia los fines adecuados, sin la necesidad de destruir la individualidad de los demás a través del manejo mezquino de sus emociones.

Además, te enseñaré algunas de las implicaciones que la influencia ejerce sobre las personas en el espectro conductual y en el psíquico.

## La psicología oscura para fines correctos.

Se ha dicho mucho (nunca demasiado para quien quiere entender cada cosa que existe en el mundo) acerca de la psicología oscura. A menudo, cuando se emiten juicios de valor sobre esta, se toma como base de la tríada oscura, o de lo que poco tiempo se denominó como la tétrada oscura. Tiene sentido tomar posición sobre la psicología oscura cuando lo primero que nos dicen sobre ella es que identifica a los individuos especialmente nocivos de acuerdo a 4 rasgos de personalidad bastante sugerentes:

1. Narcisismo.
2. Maquiavelismo.
3. Sadismo.
4. Psicopatía.

Sí, muchos se asustan al leer o escuchar estas palabras, lo que los lleva a cerrar filas inmediatamente para evitar ser lastimados. Mucho tiene que ver en esto la resonancia aportada por los medios de comunicación o los brazos de la cultura popular, que nos han vendido en los últimos años millones de dólares en producciones, libros, programas y documentales acerca de la vida de los psicópatas que nos aterrorizaron de forma incomparable. Así que, en cierto modo, la posición que adoptamos frente a estas 4 palabras no necesariamente nace de nosotros como individuos sino del contenido con que hemos sido bombardeados desde que alguien descubriese que la oscuridad humana (como producto) es de una rentabilidad incuestionable.

Si conseguimos deshacernos de este condicionamiento impuesto, tenemos una oportunidad de ver las cosas con mayor claridad. Existen razones suficientes para que la psicología oscura sea tenida en cuenta como un conjunto de herramientas e instrumentos que, en la práctica adecuada y orientada hacia fines correctos, nos ofrece posibilidades innegables para alcanzar nuestros objetivos. Por ejemplo, es posible evaluar la implicación de la psicología oscura en nuestra personalidad desde un punto de vista psicológico.

Ahora bien, ¿qué entiende la psicología por "personalidad"? En primer lugar, la personalidad incluye una serie de elementos relativamente estables en el tiempo. Estos elementos son:

1. Rasgos.
2. Disposiciones internas.

Elementos que a menudo son consistentes en diversas situaciones. Son estas características de la personalidad de naturaleza estable lo que nos ayuda a predecir la conducta de un individuo. Teniendo en cuenta esto, ¿cuáles son los factores de naturaleza estable, por ejemplo, en un narcisista? Un artículo de sugerente título, ¿Es en verdad tan malo el narcisismo?, publicado por el investigador Keith Campbell, este manifiesta, entre otras cosas, que *"el narcisismo puede ser una estrategia funcional para lidiar con el mundo actual. La idea de que los narcisistas son frágiles, mermados o deprimidos simplemente no cuadra con las investigaciones recientes que se han hecho con sujetos normales"*

Del mismo modo, el maquiavelismo. El individuo maquiavélico es capaz de hacer todo cuanto sea necesario para llegar a la cima; esta determinación, en un buen número de casos, repercute en resultados positivos. Imagina esta determinación en todas las personas que has conocido a lo largo de tu vida. Todos hemos tratado con una galería variopinta de individuos que, aunque talentosos, por pusilánimes no llegaron a donde querían. Esto me permite concluir, que la determinación del maquiavelismo es un elemento a considerar cuando hablamos de éxito.

Por otro lado, si aceptamos la manipulación como un factor causal de la psicología oscura, también existen beneficios inherentes. Se sabe, por ejemplo, que una persona que ha desarrollado habilidades para la manipulación tiene un mayor y mejor uso del lenguaje. Adicionalmente, el hecho de saber reconocer el conjunto de emociones que puede manifestar alguien más (por ejemplo, a través del lenguaje corporal), le ofrece una ventaja sustancial para sacar provecho de esa vulnerabilidad. Quien sabe influir en los demás tiene mejores posibilidades de alcanzar sus objetivos. Esto sugiere que las herramientas comunicativas, entendidas como un camino y no como una meta, perfectibles en el marco de la psicología oscura, nos serán de gran ayuda.

## Rasgos conductuales de las personas influenciadas.

Son muchas las posibles implicaciones de la influencia en las personas influenciadas, tanto a nivel psíquico como conductual. En este segmento te enseñaré algunas cosas acerca de los rasgos que caracterizan a una persona influenciada *desde el punto de vista comportamental*. Pero, antes de avanzar, es conveniente que nos movamos en la misma dirección. Para ello, he acudido al *Diccionario de psicología social*, compilado y publicado por Pablo Cazzau, donde se establece que la conducta es:

> Sistema dialéctico y significativo en permanente interacción intersistémica e intrasistémica, y que, normalmente, involucra una modificación mutua entre el individuo y su entorno social, así como una modificación de su mundo interno. Desde la psiquiatría, la conducta puede ser normal o patológica ("desviada"), y tanto en uno como en otro caso se manifiesta en las tres áreas del cuerpo, la mente y el mundo externo.

Siguiendo esta definición, una persona que ha sido influenciada por alguien más tiende a tomar como propios algunos comportamientos adicionales. Mucho tiene que ver la técnica utilizada por el experto al momento de influir. Antes de mencionarte algunos de los rasgos conductuales mayormente apreciados en estas personas, ¿qué te parece si damos un breve repaso acerca de los distintos enfoques asociados a la influencia?

- Influir a través de la autoridad.
- Influir a través del humor.
- Influir a través de la ética y los valores.
- Influir a través del ejemplo.

Estas son algunas de las técnicas más comunes y menos agresivas cuando se tratar de influir a alguien para que acepte nuestras premisas. Recuerda en todo momento que para triunfar debes influenciar, manipular y seducir solo en la medida exacta. Dominar las técnicas para hacerlo no es un salvoconducto para apropiarte del criterio propio de alguien más para tu beneficio personal.

***Se vuelven dóciles:*** las personas influenciadas a menudo se vuelven dóciles frente a quienes representan una autoridad. Por ejemplo, si has practicado algunas técnicas para posicionar tu idea en la mente de una persona, puedes esperar un comportamiento totalmente dócil en relación a la idea que has implantado. No olvides que la diferencia entre influencia y manipulación es que esta última destruye la cosmovisión de la persona mientras que la influencia solo inocula ideas puntuales sin intervenir ni coaccionar una decisión al respecto.

**Necesitan aprobación constante:** otra característica de fácil identificación en las personas que han sido influenciadas es que desarrollan una especie de conexión emocional con la persona que le ha influido. A partir del primer momento en que la idea ha sido establecida en su mente, buscará por todos los medios posibles desarrollar elementos o ideas derivadas para su respectiva aprobación. En el caso del mundo comercial, esta aprobación se lleva a cabo mediante la terminación de la compra. Es increíble el efecto que un proceso de influencia genera en personas que, en condiciones normales, actuarían de forma diametralmente opuesta.

**Puede perder autoconfianza:** aunque no sea el fin que persigue el experto, es posible que la persona influenciada pierda certeza y confianza en sus propias decisiones. Este rasgo conductual podría ser indicador de algo mucho más profundo, como una tendencia previa a la depresión o a la docilidad patológica. En todo caso, debes recordar en todo momento que tu tarea es influenciar, no manipular ni emocional ni psicológicamente. De manera que, si llegas a percibir alguna afectación significativa en la autoconfianza del individuo, tómate algo de tiempo para ayudarle.

Podemos resumir este protocolo en los cuatro pasos siguientes:

1. Identificar la audiencia

Averigua a quién tendrás que influir. Evalúa las variables como la diferencia de generación, el nivel de comprensión del proyecto, la personalidad y cualquier detalle que pueda causar un impacto significativo. A continuación, elije el estilo de liderazgo que mejor se adapte a tus objetivos.

Capta cualquier señal no verbal que muestre resistencia o aprobación.

Intenta determinar quién tiene más influencia en la decisión. Fomenta esas relaciones con un interés genuino.

2. Identificar los deseos y las necesidades

En una reunión, la mayoría de las personas llevan su propia agenda en primer lugar. Se adelantan con grandes razones y datos bien pensados. Esto es lo contrario de una técnica de influencia eficaz, ya que no se alinean los intereses de los demás antes de su solicitud.

Hay que predecir las áreas que podrían suponer un problema antes de promover tu idea. Saberlo de antemano es una gran manera de prepararse y puede dirigir las preguntas que se esperan.

3. Construir la confianza

Las investigaciones siguen demostrando que es importante crear una conexión antes de influir en los demás. El establecimiento de esta confianza se produce cuando la persona reconoce ciertas cualidades en ti:

- La gente confía en las personas que son como ellos mismos.
- Intereses alineados. Encontrar compromisos mutuos o valores comunes.
- Tener una preocupación genuina por los demás.
- Capacidad o competencia. La capacidad de cumplir sus promesas.
- Previsibilidad e integridad. Actitudes coherentes y dignas de confianza.
- Escuchar plenamente, oír otras opiniones y estar abierto a la discusión.

La confianza tarda en desarrollarse. Si el tiempo es escaso y necesitas mostrar más coincidencias con la persona, puedes utilizar una técnica llamada mirroring. Esto da a la persona una sensación de comodidad y familiaridad.

4. Explicar el beneficio

Si has seguido correctamente los pasos uno, dos y tres, es seguro que tendrás un público más receptivo para el paso cuatro. Aquí es donde entra en juego el razonamiento. Explica las ventajas con claridad y por supuesto, con ejemplos.

No hay nada mejor que un argumento sólido que muestre cómo la petición se relaciona con las necesidades de los demás. ¿Cómo se ven afectados los compañeros de trabajo si NO participan? Los puntos de dolor como éste pueden ser a menudo un motivador tan fuerte de apoyo como si participaran. Detalla en qué medida la persona o la empresa se verán perjudicadas si no actúan.

¡Ya tienes tu victoria!

Se trata de una victoria con la que puedes sentirte bien. Llegar a un acuerdo basado en el respeto mutuo crea relaciones más receptivas a largo plazo. La gente confiará en ti en futuras interacciones gracias a los cimientos que estás sentando ahora. Con la confianza viene la influencia.

Sigue este protocolo de cuatro pasos y pronto estarás en camino de llegar a un acuerdo y mejorar las técnicas de influencia en poco tiempo.

# Conclusión

Somos seres sociales, esta es una realidad inobjetable. La influencia, juega un papel fundamental para quienes aspiran alcanzar el éxito. De hecho, es imposible que un individuo carezca por completo de herramientas para influenciar a quienes les rodean. Absolutamente todos nosotros nos enfrentamos, día tras día, a circunstancias que suponen la necesidad de influir en los demás para alcanzar objetivos, sean estos grandes o pequeños. Independientemente del área a que te aboques en tu vida, si eres vendedor, publicista o programador para una multinacional de las tecnologías de la información, siempre ejerces influencia sobre alguien más, aunque de forma inconsciente.

Con este libro he buscado cambiar ese chip o enfoque que tienes acerca de la influencia. Entendiéndola, desde luego, como una herramienta que te acercará a la cima una vez que aprendas a ejercerla desde la consciencia plena y no desde la mente subconsciente. Durante mi trayectoria me he encontrado con individuos que tienen una capacidad superlativa para influir en su entorno, sin embargo, lo hacen involuntariamente o sin ser plenamente conscientes de ello. Sus estrategias fueron perfeccionadas con la práctica y la repetición, como quien afila un cuchillo una hora cada día de su vida. Pero, aunque la destreza estaba allí, su protagonista no podía sacarle todo el provecho posible.

En este sentido, creo imprescindible que nos hagamos conscientes de nuestras fortalezas tanto como de aquellas carencias que denominamos oportunidades de mejora. En la medida en que estamos al tanto de cuáles son nuestras herramientas y armas, le daremos un mejor uso y avanzaremos, a pasos agigantados, en el camino hacia nuestras metas. Me gustaría que te tomes unos minutos para pensar en el siguiente ejemplo: imagina por un momento que un niño de unos once años quiere encender una vela a mitad de la noche para ir a la cocina sin tropezarse. En su necesidad, busca en mesas y gavetas, pero solo encuentra una caja de cerillos y un juguete. Si este niño desconoce la función de los cerillos, es imposible que consiga su objetivo. Lo que le llevará a invertir mucho tiempo y energía en seguir buscando otro rato. Esto es lo mismo que sucede cuando no somos conscientes de nuestras armas y habilidades, las desaprovechamos.

Si bien es cierto que el ejemplo no se encuentra directamente asociado al tema de la influencia, sí permite una sencilla extrapolación donde la oscuridad en el camino a la cocina es el escenario como representación y la caja de cerillos un objeto de la representación que no será debidamente aprovechado desde el desconocimiento.

La capacidad de influir en los demás puede ofrecernos grandes cosas solo en la medida en que la llevemos a la práctica desde una integridad incuestionable. No olvides que la manipulación e influencia son diametralmente opuestos, tanto conceptual como empíricamente.

Mientras un experto en la manipulación suprime la visión de su víctima, el experto en influir en los demás sugiere/implanta ideas concretas sin ir más allá.

Para finalizar, me permito referir el siguiente fragmento, el cual ha sido extraído del libro *Psicología social, algunas claves para entender la conducta humana*, de Anastasio Ovejero Bernal, que a su vez cita a Lukes:

> A puede ejercer poder sobre B consiguiendo que éste haga lo que no quiere hacer, pero también ejerce poder sobre él influyendo en sus necesidades genuinas, modelándolas o determinándolas. De hecho, ¿no estriba el supremo ejercicio del poder en lograr que otro u otros tengan los deseos que uno quiere que tengan, es decir, en asegurarse su obediencia mediante el control sobre sus pensamientos y deseos?

# MANIPULACIÓN

Cuáles son las técnicas de persuasión usadas para la manipulación mental, para influenciar y negociar. ¡Cómo y por qué se termina diciendo que sí!

## Por
## Fabián Goleman

# Fabián Goleman

Nacido en New York el 24 de agosto de 1960 en el seno de una familia burgués de origen española. Fabian desde muy joven mostró una vocación artística y una sensibilidad fuera de común. Obtuvo el doctorado de Psicología en Harvard.

Gracias a los consejos de sabiduría, inspiración y amor de Fabian Goleman, muchas personas han podido redescubrir los verdaderos valores de la vida y el optimismo necesario para tener una mayor confianza en sí mismo.

El principal mensaje filosófico de Fabian que nos deja en sus libros, es que toda persona en la tierra es un milagro y debe elegir dirigir su vida con confianza y congruencia con las leyes que gobiernan la abundancia.

...Mi vigor aumentará, mi entusiasmo aumentará, mi deseo de encontrarme con el mundo superará cualquier miedo que conocí al amanecer, y seré más feliz de lo que nunca pensé que podría ser en este mundo de lucha y dolor. F.G.

Si quieres dejar tu opinión y ganarte un cheque regalo Amazon, abre este QR Code a treves de la foto cámara de tu celular o entrando directamente en este enlace:

## WWW.FABIANGOLEMAN.COM

Fabián Goleman (@fabiangoleman)

# Introducción
## ¿Cómo usar este libro?

El ser humano tiene todas las posibilidades para alcanzar sus metas personales. Desafortunadamente, en el camino nos cruzamos con individuos que socavan estas posibilidades desde el control. Esta es la esencia del libro que leerás: la manipulación mental. Todo cuanto hacemos en el día a día trae consigo un cúmulo de emociones. Pero, ¿cómo reaccionamos ante estas es lo importante? Esta es una pregunta que encontrarás presente en buena parte de los capítulos a continuación. La verdad es que, si me preguntaran por la razón que me llevó a escribir este libro, tengo que responder con otra pregunta que, en lo personal, considero mucho más importante que cualquier posible razón aislada: ¿qué nos impide tomar el control de nuestra vida?

Por desgracia, en este momento muchas personas se encuentran vulnerables en distintos factores. La razón de ser de estas vulnerabilidades puede encontrarse en:

a. Condicionamientos adquiridos durante los primeros años de nuestro desarrollo.
b. Condicionamientos adquiridos por experiencia propia.
c. Rasgos propios de nuestra personalidad.
d. El efecto de los otros sobre nosotros.

Independientemente de la razón que nos haya hecho vulnerables a los manipuladores, todas estas pueden ser solucionadas en el marco de acciones puntuales y el cerebro es la clave. En la medida en que entendamos cómo funciona nuestra mente, las posibilidades de encontrar la salida del laberinto aumentan significativamente. A este respecto apunta cada uno de los capítulos que componen este libro: ofrecerte las herramientas para liberarte de la manipulación (emocional, psicológica y afectiva), y entender la realidad que te rodea desde tu mapa personal.

Dicho esto, empecemos.

# Capítulo 1

# Definición de la manipulación mental y sus características

¿Te has preguntado alguna vez por qué siempre terminas cediendo ante los deseos de otras personas, incluso cuando estos no se encuentran alineados con tu propia voluntad? O, si se quiere, ¿por qué antepones la felicidad de otras personas sobre la tuya? Cuáles son esos factores que nos impiden retomar el control de nuestras vidas al tiempo que entregamos nuestro poder de decisión a alguien más. Estos elementos serán profundamente estudiados más adelante. Por ahora, quiero que te centres en este capítulo y en sus distintos componentes.

Todos somos manipulables, en mayor o menor medida, pero esto no quiere decir que debamos perder el control de lo que somos y queremos. En contraparte, es justo decir que todos nosotros hemos manipulado a alguien en diversos escenarios de nuestra vida. No vale la pena mentirnos al respecto. En líneas generales, considero que la manipulación forma parte de nuestro día a día, de lo que somos como especie. Pero, que sucede ¿cuándo esta característica relativamente natural se eleva a niveles insospechados de maltrato, dominio y destrucción emocional?

Un manipulador te mentirá activamente, pondrá excusas, te culpará o compartirá estratégicamente hechos sobre ellos y ocultará otras verdades. Al hacer esto, sienten que están ganando poder sobre ti y ganando superioridad intelectual.

## Exageración y generalización

Los manipuladores son expertos en exagerar y generalizar. Pueden decir cosas como: "Nadie me ha querido nunca". Utilizan acusaciones vagas para que sea más difícil ver los agujeros en sus argumentos.

## Humor cruel

Esta táctica utilizada por los manipuladores tiene por objeto señalar tus puntos débiles y hacerte sentir inseguro. Al hacerte quedar mal, tienen una sensación de superioridad psicológica.

En la medida en que aprendamos a identificar cuándo estamos siendo manipulados, tendremos un mayor control en cuanto a la toma de decisiones, acciones y consecución del éxito en la vida. Lo realmente importante, si me preguntas, pasa por no caer en este tipo de trampas. Está claro que, en muchos casos, la manipulación no tiene tintes corrosivos ni busca hacer daño. No obstante, esta es un arma de doble filo que termina (casi siempre, por no generalizar) provocando daños inminentes.

Independientemente de quién provenga, esta ha de ser suprimida o evitada por completo. Solo a través de estrategias y acciones orientadas a este fin, conseguiremos el control de nuestras vidas. Supongo que ya estarás harto de ser tratado como una simple marioneta que carece de alma y de inteligencia propia. No hace falta negarlo; todos los que hemos sufrido algún tipo de manipulación nos sentimos, más temprano que tarde, como juguetitos puestos a disposición de alguien más para cumplir metas que nos son ajenas.

## Definición y algunas consideraciones sobre la manipulación mental

En la literatura psicológica, existen algunos manuales que nos permiten plantear distintos tipos de definiciones; en todo caso, todas estas apuntan hacia un mismo objetivo: tomar ventaja sobre los programas mentales de otras personas para sacar un provecho específico. Si bien es cierto que, en la mayoría de los casos, la manipulación mental se da de una forma inconsciente por parte del manipulador, esto no significa que el daño sea menor. Por ejemplo, un líder tóxico puede ejercer su influencia sobre sus colaboradores más inmediatos a través de una presión concebida desde su posición de poder.

Para nadie es un secreto que, en ciertos sectores profesionales, la manipulación juega un papel fundamental en términos de control y subyugación de colegas o subalternos. Esto promueve una cierta aceptación implícita por parte de la sociedad, que no se atreve a emitir juicios de ningún tipo para que no se le considere como invasor en un proceso aparentemente normal. Ahora bien, ¿qué pasa cuando el manipulado termina llevando a cabo acciones éticamente reprochables debido a este tipo de coacciones? Es por esta razón que creo imprescindible saber definir e identificar la manipulación como una herramienta (corrosiva) por parte de ciertas personas y como un lastre para quien no consigue zafarse del peso que ella conlleva.

Lo preocupante de este tipo de violencia es que puede encontrarse en prácticamente todos los ámbitos de la sociedad. Incluso un matrimonio puede ser caldo de cultivo para que una persona de carácter manipulador despliegue sus tácticas para ejercer control sobre las decisiones de alguien más. Los contextos pueden variar significativamente, no obstante, el riesgo es el mismo. Independientemente de si nos ubicamos en escenarios sociales, académicos, profesionales, políticos, sociológicos o antropológicos, la manipulación mental es un factor a tener siempre en consideración.

Ahora, ¿qué propicia que un manipulador tome acción sobre otra persona de forma genuina, sin previos conocimientos sobre tácticas de persuasión? En esto tiene mucho que ver la naturaleza humana, sus programaciones y condicionamientos mentales. Un ejemplo válido es el de aquellos individuos que han tenido una infancia repleta de abusos emocionales o físicos. Sin entrar en detalles estadísticos, es muy común que este tipo de personas desarrollen un cuadro manipulador de forma empírica y no por haber estudiado a los grandes manipuladores de la historia. Sin embargo, esto es un mito que no ha podido ser comprobado por la ciencia, más allá de ciertos cuadros comparativos. Después de todo, la manipulación mental puede resumirse en ejercer poder sobre otro. Y, para ello, no hace falta haber estudiado en la mejor universidad de manipuladores del planeta Tierra.

La escritora Vitelleschi Belén, en su libro *Manipulación Afectiva*, nos ayuda a derribar este mito con el siguiente párrafo:

> La creencia de que los manipuladores responden únicamente al perfil de oscuros personajes de películas de suspenso con mentalidad maquiavélica y actos ruines ha pasado de moda. En nuestra actualidad, los medios de comunicación muestran diariamente, sin velo alguno, discursos, propagandas, escenas de ficción, noticias o situaciones convencionales donde el recurso de la manipulación es moneda corriente. Discursos políticos con tendencia a instalar una idea o derribar otras; publicidades donde se incita la posesión material como fuente de felicidad; personajes anónimos que adquieren popularidad sólo por aparecer en todos los medios, son claros ejemplos. Hoy, la cultura de la satisfacción inmediata y la vorágine mediática fomentan la manipulación como un recurso válido para asegurar el éxito.

Cojamos como ejemplo este caso: Antonio planea hacer Y, pero Luca quiere que haga X en su lugar. Luca ha intentado sin éxito dar a Antonio razones para hacer X en lugar de Y. Si Luca no está dispuesto a recurrir a la coacción o a la fuerza, podría desplegar cualquiera de las siguientes tácticas para intentar influir en la elección de Antonio. Por ejemplo, Luca podría...

- Engañar a Antonio para que quiera complacer a Luca haciendo X.
- Exagerar las ventajas de hacer X y las desventajas de hacer Y, y/o subestimar las desventajas de hacer X y las ventajas de hacer Y.
- Hacer que Antonio se sienta culpable por preferir hacer Y.
- Inducir a Antonio a un estado emocional que haga que hacer X parezca más apropiado de lo que realmente es.
- Señalar que hacer Y hará que Antonio parezca menos digna y atractiva para sus amigos.
- Hacer que Antonio se sienta mal consigo mismo y presentar Y como una opción que confirmará o exacerbará este sentimiento, y/o presentar X como una opción que lo desconfirmará o combatirá.
- Hacer un pequeño favor a Antonio antes de pedirle que haga X, para que se sienta obligada a cumplirlo.
- Hacer que Antonio dude de su propio juicio para que confíe en el consejo de Luca para hacer X.

- Dejarle claro a Antonio que si hace Y en lugar de X, Luca le retirará su amistad, se enfadará o se volverá irritable y desagradable en general.
- Centrar la atención de Antonio en algún aspecto de hacer Y que Antonio teme y aumentar ese miedo para conseguir que cambie de opinión sobre hacer Y.

Cada una de estas tácticas podría considerarse razonablemente una forma de manipulación. Muchas de ellas también tienen nombres más específicos y comunes, como "viaje de culpabilidad" (táctica 3), "luz de gas" (táctica 8), "presión de grupo" (táctica 5), "negación" (táctica 6) y "chantaje emocional" (táctica 9). Tal vez no todo el mundo esté de acuerdo en que todas las tácticas de esta lista se describan correctamente como manipulación. Y en algunos casos, que la táctica parezca manipuladora puede depender de varios detalles que no se especifican en el caso descrito. Por ejemplo, si Y es gravemente inmoral, tal vez no sea manipulador que Luca induzca a Antonio a sentirse culpable por haber planeado hacer Y. También es posible que revisemos nuestros juicios sobre algunas de estas tácticas a la luz de una teoría de la manipulación totalmente elaborada y bien respaldada, si la tuviéramos. No obstante, esta lista debería proporcionar una idea razonablemente buena de lo que entendemos por "manipulación" en el contexto actual. También debería servir para ilustrar la gran variedad de tácticas que se suelen describir como manipulación.

## Características reconocibles de la manipulación mental

Aunque no se le haya dado la resonancia que creo merece, la manipulación mental como estrategia para el éxito es un mal endémico que acosa a la sociedad en todos sus ámbitos si nos es echa para un fin positivo. Como se mencionó en el segmento anterior, mayormente esta se ejerce desde la involuntariedad. Lo que agrega mayor importancia a este mal. ¿Es necesario controlar las acciones de otras personas para alcanzar nuestros objetivos de vida? Desde luego, no. Sin embargo, parece imposible desarraigarnos de la idea de que esta es una táctica valiosa para la consecución de nuestras metas. Si tienes la sospecha de que pudieras estar siendo manipulado mentalmente por tu jefe, por algún amigo e incluso por tu pareja sentimental, es hora de aprender todo lo relacionado a esta forma de violencia que te afecta negativamente.

Una verdad inobjetable es que todos estamos expuestos a ser manipulados de diversas maneras. Cada estadio de la vida supone, así mismo, una exposición constante a otras personas. Si no nos abocamos a suprimir cualquier atisbo de manipulación, corremos el riesgo de sufrir efectos insidiosos tanto en nuestra salud física, psíquica, como en nuestra forma de relacionarnos con los otros. No hay que olvidar que esta es una agresión hostil que hemos interiorizado como algo normal. Conviene entender que muchas veces el daño se encuentra en haber normalizado la manipulación mental. Este ejercicio, solapado y arbitrario, cuando se vuelve crónico echo de manera negativa, disminuye nuestras posibilidades de éxito porque nos mantiene encerrados en una celda imaginaria de la que, en parte, somos responsables.

Las víctimas de este tipo de manipulación están, además, expuestas a:

- Desarrollar ansiedad.
- Entrar en un patrón depresivo crónico.
- No son capaces de desarrollar mecanismos de afrontamiento cónsonos con personas exitosas.
- Les cuesta confiar en los demás.
- No se sienten cómodos con la verdad, tendiendo siempre a mentir incluso en cuestiones anodinas.

Una de las razones por las que este mal es tan peligroso, es porque quien se encuentra atrapado en este tipo de dinámicas, a menudo es incapaz de establecer un criterio propio de la realidad que le rodea. En otras palabras, pueden llegar a cuestionar su percepción de la realidad. A nadie le gusta ser controlado, es cierto, pero, ¿qué pasa cuando hemos aceptado implícitamente que nuestras decisiones no son las más adecuadas? Esto sugiere, de forma inconsciente, que no somos capaces de ser efectivos en ningún aspecto, lo que nos lleva a ceder el control a alguien más que ha sabido vendernos la idea de que ceder nuestro control es una estrategia para que las cosas salgan como esperamos.

En este sentido, es tan común como espeluznante cómo cada día nos enfrentamos a manipuladores que han perfeccionado sus métodos para dominarnos. Como los virus. Lo que nos puede proteger de ellos es un cóctel de aceptación, autoconfianza y la puesta en práctica de hábitos que propicien una mentalidad adecuada. Los tipos de manipulación, según el entorno en que se desarrollan, son:

En el trabajo: mayormente representada por jefes controladores que basan su control en nosotros desde una relación de poder nada equitativa. Es indispensable reconocer este tipo de liderazgos; de lo contrario, liberarnos será cada vez más difícil.

En nuestras relaciones sociales: existe una relación muy marcada entre nuestra autoconfianza, lo que percibimos de nosotros mismos, y las posibilidades de ser manipulados por quienes conforman nuestro entorno inmediato. Si asumimos por un momento (solo como ejercicio) que todas las personas tienen un cierto grado de manipulador en su conformación genética, entonces la mejor defensa es sentirnos bien con nosotros mismos. De esta manera, no nos permitiremos ceder el control de nuestras decisiones bajo ninguna circunstancia.

En nuestra relación sentimental: otro de los escenarios más frecuentes se da en el ámbito sentimental o romántico. ¿Quién no se ha sentido alguna vez atrapado en una dinámica en la que apenas somos capaces de tomar alguna decisión? La manipulación puede hacer que una persona se sienta intimidada, sin valor o aislada. Se trata, en definitiva, de una cuestión compleja. Por ejemplo, una persona puede llegar a manipular a su pareja para evitar discusiones o para ganar confrontaciones. Sin embargo, la manipulación puede tomar muchas formas: la exageración, la violencia pasivo-agresiva, la entrega desmedida de responsabilidades, las críticas constantes o la adulación excesiva. Es por ello que, en un contexto sentimental, este tipo de conductas representan una bomba de tiempo.

Para darte un ejemplo, te cuento la historia de un muchacho que tuve en terapia;

*David, un abogado canadiense, tiene 28 años, pero ya ha tenido 11 relaciones serias. Dice que cada una de esas relaciones terminó con infidelidad por su parte, y con graves dudas por parte de las mujeres. Es un "gaslighter" confeso.*

*"Mirando hacia atrás, está claro que yo estaba iluminando con gas a las mujeres y haciéndoles dudar poco a poco de su versión de la realidad", dice.*

*Ahora habla para comprender la mente de un "gaslighter" y advertir a las mujeres de las señales que lo delatan.*

*El gaslighting se ha descrito como un abuso psicológico en el que se presenta deliberadamente información falsa a la víctima, con el fin de que ésta se cuestione su propia memoria y percepción de los hechos.*

*David se enteró de que era un gaslighter recientemente, mientras estaba en terapia.*

*Sitúa el inicio de su comportamiento en una relación cuando era un estudiante de derecho de 21 años.*

*Federica era cuatro años mayor y estaba terminando un máster. David describe la relación como "romántica pero inestable". Pronto empezó a tener encuentros sexuales con otras mujeres a espaldas de ella.*

*Pero Federica era una mujer inteligente y pronto se dio cuenta de que David le estaba siendo infiel. David dice que, para seguir engañándola, sin dejar de mantener su relación, tuvo que "alterar su realidad".*

*Comenzó a identificar "técnicas y caminos" en los que podía manipular a Federica, sentando las bases para hacer más creíbles las mentiras que vendrían después.*

*"Federica era extremadamente inteligente, pero era consciente de que estaba dejando huellas de la infidelidad en el mundo digital, en las redes sociales", dice David.*

*Dice que durante un tiempo le hizo bromas señalando su "obsesión" por las redes sociales, haciéndole sentir que era sospechosa de una manera poco saludable, incluso "loca".*

*"Utilicé deliberadamente un lenguaje denigrante para hacerla perder la confianza en su lectura de la situación y de mi infidelidad. Estaba 'paranoica', estaba 'loca', estaba 'llena de drama'.*

*"Todo esto lo decía en broma. Pero se acumulaban con el tiempo, y entonces ella empezó a creer".*

## A modo de conclusión

Como habrás notado, retomar el control de tus propias decisiones es el único modo para salvaguardarte de la actitud manipuladora de los otros. Para ello, te recomiendo que pongas en práctica ejercicios sencillos que te ayuden a reconectarte contigo mismo, con tu valor y con lo que percibes de ti mismo. Entendiendo que todos los seres humanos poseemos características maravillosas que nos hacen únicos e irrepetibles, tiene sentido que aceptemos lo que somos y podemos lograr. La autoconfianza es una de las herramientas doradas para alcanzar este punto. Prácticas como la meditación, la verbalización de tus deseos, habilidades y destrezas, la escritura de un diario y la visualización, tendrán un efecto significativo en tu autopercepción.

Todos somos capaces de reflexionar y tomar decisiones positivas para salir adelante. Lo único que nos impide hacerlo está en nosotros mismos. Si cuestionas cada una de tus acciones, es probable que hayas alimentado años de manipulación por parte de agentes externos. Sea cual fuere tu caso, puedes tomar las riendas de tu vida siempre y cuando te hagas consciente de que es la única opción válida para tener una existencia plena, próspera y feliz. En caso contrario, vivirás cada uno de tus días subyugado a alguien que antepone *su* felicidad a la tuya. Sobra decir que nadie (absolutamente nadie) quiere que las cosas te salgan bien más que tú mismo.

# Capítulo 2
# Estudios científicos y reglas sobre la manipulación mental

La manipulación ha formado parte de nosotros desde el primer día de la existencia humana. Si eres creyente, seguramente interpretarás aquella acción de Eva como uno de los primeros ejercicios de manipulación en la historia de la humanidad. Existen otros ejemplos más o menos representativos a lo largo de la historia de cómo el hombre ha desempeñado un papel fundamental en el control mental de sus contemporáneos.

Muchos especialistas han invertido años y recursos en dar cuenta de cómo funciona el cerebro humano en términos de autopercepción y autoconfianza. Todos ellos, en mayor o menor medida, han visto de soslayo la cuestión de la manipulación. ¿Cuáles son estas reglas sobre la manipulación? ¿A qué conclusiones han llegado los expertos en este tema tan importante para la consecución de la felicidad y la plenitud?

Ten en cuenta que para superar una problemática (sea esta microscópica o de dimensiones bíblicas) lo primero es entender de qué manera nos vemos afectados por esta, cómo se genera y qué acciones podemos ejecutar para evitar su incidencia en nuestras vidas. Dicho esto, es conveniente apoyarnos en quienes han dedicado años enteros a profundizar todo cuanto ha sido posible en el estudio de la materia que hoy nos compete: la manipulación mental.

Del libro *Manipulación Afectiva*:

> Así como la manipulación de la mente se convierte en el elemento clave de cualquier propaganda y de la industria del marketing en general, también ha socavado el concepto del éxito y sus derivados. Es más sencillo hacer uso de la difusión y el hacer creer a otros, ¿cómo?, Manipulando la visión de las personas, sosteniendo la idea de éxito, divulgándola y generando la sensación de veracidad que vuelve confiable y creíble una creencia.

## ¿Qué dicen los especialistas acerca de la manipulación mental?

A lo largo de los últimos años, la neurociencia se ha encargado de ofrecernos una cantidad variopinta de opciones, alternativas y tácticas, para mejorar nuestras condiciones de vida desde adentro, es decir, desde la comprensión de cómo funciona nuestra mente. Te sorprendería saber cuán efectivas son muchas de las estrategias recomendadas por los especialistas de la neurociencia en sus trabajos y conversatorios especializados. Sin embargo, muchos de ellos han optado por un enfoque más optimista y correctivo. En otras palabras, la mayor parte de los estudios de neurociencia consultados apuntan a mejorar condiciones como la autoconfianza, la determinación, la fuerza de voluntad y la motivación, siendo estas medidas correctivas que nos ayudan (en segundo grado) a no ser presa fácil de manipuladores.

En este sentido, nuestros especialistas recomiendan dinámicas y juegos mentales para fortalecer nuestra relación con nosotros mismos, es decir con nuestras habilidades, destrezas, limitaciones y oportunidades de mejora. Entre los ejercicios más comunes para *engañar a nuestra mente,* se destacan:

- El dilema del prisionero y la temperatura.
- El efecto McGurk.
- La ilusión del cuerpo invisible.

Además de recomendar la práctica frecuente de hábitos como:

- La visualización.
- La meditación.
- La gratitud.

Estas herramientas corresponden a un enfoque de "auto manipulación". En otras palabras, es cuando el enemigo se encuentra encerrado en la bóveda de nuestro cráneo. Infinidad de científicos han intentado comprender cómo funcionan esos mecanismos de aceptación y afrontamiento que cada uno de nosotros tenemos en nuestro haber mental. Los primeros en intentarlo fueron, sin dudas, los filósofos. Posteriormente el testigo fue tomado por los científicos de las ciencias sociales. Ahora bien, uno de los grandes desafíos que ha tenido que enfrentar la ciencia ha sido el siguiente: ¿Manipulación o influencia? ¿Persuasión, quizá? Este es un dilema que ha arrastrado siglos de conjeturas, conclusiones nada concluyentes y más preguntas que respuestas.

¿Dónde está, entonces, la frontera entre influir en alguien más y manipularlo? Marie-France Hirigoyen, quien se ha desempeñado como médico psiquiatra, psicoanalista y psicoterapeuta, nos dice lo siguiente:

> También a veces nosotros, conscientemente o no, manipulamos: una comunicación no siempre es completamente neutra. Puede ser por el bien del otro (un progenitor puede hacerle tomar un medicamento a su hijo; un profesor trata de transmitir mejor sus enseñanzas...). También puede hacerse de forma inofensiva, como en el caso del cónyuge al que manipulamos para que nos acompañe a una reunión que le parece aburrida. Ningún sector de la vida social se libra de la manipulación, tanto en el trabajo para que un compañero te eche una mano como en la amistad cuando disfrazamos los hechos para dar una

mejor imagen de nosotros mismos. En estos casos, la manipulación no es malévola ni destructiva, sino que forma parte, mientras exista una reciprocidad, del intercambio normal. Pero si uno toma el poder sobre otro, dicha "manipulación negativa" se convierte en abuso.

Cuestiones como estas han sido planteadas desde que el ser humano empezó a interpretar su realidad individual en comparación con la de quienes le rodean. A partir de ese momento, surge la necesidad de investigar todo cuanto sea posible para entender por qué existe la manipulación mental, por qué se ha arraigado tan profundamente en las sociedades y, en definitiva, quiénes son especialmente vulnerables para caer en ella. Por ejemplo, la especialista Graciela Chiale, licenciada en sociología, nos dice en su libro *Las Trampas de los Manipuladores*:

> Todas las personas tenemos puntos débiles, pero hay personalidades más vulnerables que otras, porque tienen ciertos traumas de la infancia no resueltos. La pérdida de un progenitor a edad temprana, la convivencia con adultos manipuladores en su entorno afectivo, el tener una madre o un padre que abandona, una educación represiva, entre otras razones, podrían ser la génesis de dicha vulnerabilidad. En esa realidad "donde los otros todo lo sabían" ha aprendido que no debe sentirse herido, aunque lo esté, pero, sobre todo, ha aprendido que, de alguna manera, por incomprensible que parezca, es responsable de lo que le ocurre. Puede sufrir el maltrato y sentirse merecedor de él.

Aunque se ha hecho un esfuerzo significativo por tener datos conclusivos, parece imposible sacar conclusiones cuando el objetivo de estudio es la mente humana, un vasto universo de subjetividades.

## La importancia de los hábitos, según la neurociencia.

Siguiendo la idea ofrecida por la socióloga argentina Graciela Chiale, algunas de las razones más comunes para que una persona desarrolle cierta vulnerabilidad son:

* Entorno familiar manipulador.
* Educación represiva.
* La pérdida de un progenitor en edad temprana.

Aplicando el enfoque de la neurociencia, la clave pasa por desarrollar nuevos procesos mentales que sustituyan las viejas programaciones enraizadas en el cerebro de estos individuos. Desarrollar nuevos procesos no es una tarea difícil, pero requiere constancia y mucha fuerza de voluntad. No hay que olvidar que un hábito no es más que un comportamiento apren-

403

dido a través de la repetición constante. Dicho esto, para crear nuevas conexiones neuronales y una reconexión emocional con nuestras habilidades y capacidades, conviene entonces realizar algunos ejercicios con mucha frecuencia y compromiso.

Por ejemplo, la gratitud. Se ha demostrado que, conforme nos mostremos agradecidos por todas las cosas buenas que ocurren a nuestro alrededor, consolidamos una conexión con nuestra esencia primaria. Diversos estudios en relación al tema confirman que quien practica la gratitud como un hábito diario muestra mejoras en los siguientes aspectos:

- Nos ayuda en el relacionamiento con los demás.
- Autopercepción positiva.
- Nos ayuda a reconectar mente y actitud en un mismo sentido.
- Nos permite hacernos conscientes de lo que ocurre a nuestro alrededor.

En líneas generales, una posible respuesta para liberarnos de los condicionamientos propios de nuestra niñez o adolescencia se encuentra en la práctica de conductas adecuadas, concebidas desde la tranquilidad y el encuentro con nosotros mismos. El punto focal para romper con esas ataduras pasa por tratarnos amablemente. Esto quiere decir que, quien quiera librarse de la manipulación mental a la que está siendo sometido, deberá eliminar todos los pensamientos limitantes que nos llevan a tratarnos mal. Por ejemplo, ¿qué sentido tiene decir "no puedo", incluso cuando no puedes? Ninguno. Te propongo que sustituyas este sistema de creencias, que no aporta nada, por uno en que tú seas el protagonista, uno en que tus habilidades sean una fortaleza digna de reseñarse. Y si no puedes, ¿qué pasa si no puedes? Entonces serás el guerrero que logró reponerse de las peores adversidades para así llegar a su meta. En todo caso, ¡nunca te rendiste!

Dicho de otra manera, solo te quitarás de encima el peso de los otros cuando te sientas bien contigo mismo. Sí, sé que esto puede resultar un desafío monstruoso, pero no es tan difícil como crees. Si hoy estás aquí, atento a lo que lees, es porque quieres dejar de ser manipulado por los demás y aprender a influir de manera positiva. La buena noticia es que has dado un gran paso al interesarte por ti y por mejorar tu situación, de manera que vas encaminado a ese punto en el que serás el único dueño de tu vida y de tu destino. ¡No te rindas! Mi última recomendación de este capítulo es: no cometas el error de creer que eres demasiado inteligente como para convertirte en una víctima de algún tipo de manipulación mental. Todas las personas, en determinadas circunstancias, podemos abandonar nuestro razonamiento crítico para adoptar el de alguien más. Evita, a toda costa, los aires de grandeza.

# Capítulo 3
## Tipos de manipulación

Es necesario ahondar en nuestro conocimiento de la manipulación. No somos capaces de enfrentar o superar cualquier circunstancia, sea esta sencilla o compleja, si no entendemos bien cuáles son sus tipos. En el caso que aquí nos compete, ¿cuáles son los tipos de manipulación que existen en la realidad? ¿Todas son responsabilidad de nosotros mismos o debe reconocerse el mérito en la otra parte, es decir, en el manipulador? Si bien es cierto que no considero que existan realidades absolutas, principalmente porque la mente humana es el órgano más complejo e indescifrable del mundo, es posible establecer patrones que nos faciliten la comprensión de esta.

Los estudios relacionados a este tema nos han ofrecido, al menos, una decena de tipos bastante frecuentes en la dinámica del día a día. Tal como te he mencionado anteriormente, desde padres hasta maravillosos oradores, la clasificación de manipuladores puede sorprenderte. La información ofrecida en este capítulo te ayudará a identificar y clasificar cada uno de estos tipos.

Si de algo estoy seguro es de que, si miras de soslayo, te toparás con varios de estos tipos de manipuladores en tu vida. Son como un virus, están por todas partes y parece imposible que nos libremos de ellos. No obstante, recuerda que no hay mejor sistema inmunológico que el conocimiento. Solo tienes que robustecer tu discernimiento y, poco a poco, desarrollarás los anticuerpos necesarios para que estos virulentos personajes no amenacen tu felicidad.

Cuando te manipulan para un fin negativo, el manipulado está siendo testigo pasivo de cómo se destruye su criterio para incorporar un razonamiento ajeno, el del manipulador. Desde luego, ¡todas las tácticas son válidas para evitar tremenda catástrofe! Pero, de entre todas, el conocimiento es la mejor de las virtudes posibles.

## Tipos de manipulación

¿Qué tal si doblamos la apuesta? Es bien sabido que la manipulación es un arma utilizada en casi todos los aspectos de la vida. Pero, ¿tienes alguna idea de cómo clasificar este tipo de actitudes? Evidentemente, no existe una fórmula perfecta para saber cuál es el más importante porque, en efecto, la importancia es solo relativa a la persona manipulada. Por ejemplo, si sientes que en la oficina eres constantemente manipulado por tu supervisor a través de distintas tácticas, para ti no será tan relevante el hecho de que existe un tipo de manipulación que crece como una planta en una pareja romántica. De manera que, la clasificación que leerás a continuación fue establecida por asiduidad y presencia entre las personas más que por su valor de relevancia.

Estas son los 7 tipos de manipulación más comunes:

## 1. *Manipulación paternal.*

Uno de los tipos más corrosivos es la manipulación paternal. Para nadie es un secreto que los niños, por encontrarse en una etapa de crecimiento y constante desarrollo, son más propensos a ser manipulables que cualquier adulto. Esto se debe, en primer lugar, a que ellos todavía están construyendo un razonamiento crítico de las cosas, un criterio propio. De manera que cualquier intromisión paternal que busque adentrarse en este proceso de construcción para "agregar un mapa externo", no solo es una invasión reprochable, sino que constituye un tipo de manipulación reconocido como "manipulación paternal".

Esto sucede con mayor frecuencia en los casos de padres que atraviesan un proceso de divorcio. Cuando esto ocurre, por desgracia, se suele ver a padres manipulando a sus hijos con diversas estrategias (amenazas, promesas, regalos) para ganar así su lealtad y poder enfrentar un juzgado con un arma a su favor. Sin embargo, este no es el único escenario donde es muy visible la manipulación paternal. He leído sobre casos en que ambos padres han inducido a sus hijos a brindar falsos testimonios por distintas razones: mayormente para conseguir alguna ventaja económica o jurídica.

Miremos el ejemplo de una niña que tuve en terapia, después que regreso nuevamente a vivir con su amada mama;

"Dijo que mi madre es una mentirosa, que todo lo que ha pasado es culpa suya, que no nos quiere, que ha sido una abusona con nosotros", cuenta en el programa Maria.

La experiencia de Maria es un ejemplo de la llamada manipulación parental, es decir, la manipulación deliberada de un niño por parte de uno de los progenitores contra el otro durante el divorcio o la separación.

Dos años después de la separación de sus padres, Maria y sus hermanos se fueron a vivir con su padre.

Dice que él les impedía deliberadamente ver a su madre, inventándose cosas como: "había salido a beber en la noche anterior y tenía mareo, así que ya no podía molestarse en venir a visitarlos".

"Nos mintió", dice Maria. "Como yo solo tenía nueve años, hasta los 12, no sabía nada y no entendía".

El punto de inflexión para Maria llegó en el 2013 cuando tenía 14 años, recibió un mensaje de texto de su madre diciendo que todavía la quería y la amaba mucho.

Maria dice que intuyó que su padre podía estar ocultando la verdad, y pidió ver a su madre.

"Me respondió: 'No, si sigues con este comportamiento, te pondrán en un orfanato y ahí, no podremos cuidarte más'", recuerda.

Maria decidió escaparse dos veces, y en la segunda ocasión, consiguió llegar a casa de una tía, donde habló por teléfono con su madre por primera vez después de tantos años.

Ahora vive con su madre y ha cortado todos los lazos con su padre.

"Cómo puede este hombre ser un padre, cómo puede cuidar a un niño pequeño si ha hecho esto", dice ella.

Este tipo de manipulación no tiene efectos inmediatos en los niños, pero condiciona su visión de la realidad una vez llegada la adolescencia, momento en que el joven preferirá esperar que nuevos agentes externos le digan qué hacer en lugar de tomar sus propias decisiones.

### 2. El que sabe jugar con las palabras.

Una de las características más comunes en los manipuladores es que poseen una capacidad casi infinita para torcer las palabras dichas de manera tal que estas, en la interpretación posterior, les favorezcan. Por ejemplo: le dices a tu pareja "pensé que iríamos al cine" a lo que él responde "Yo solo dije que no tenía problema con divertirme." El hecho de que los primeros comentarios relacionados a la salida al cine dejaran un espacio a la interpretación, facilitó el camino para que el manipulador jugara con las palabras de manera que estas no pudieran responsabilizarle de nada.

Parece un poco enrevesado, pero estas personas han perfeccionado esta habilidad con el pasar de los años, por lo que parecen casi invencibles. Un buen método para vencer esta estrategia es ser muy enfático con las palabras: en lugar de "pensé que iríamos al cine", mejor un "te he dicho que ya compré dos boletos para ir al cine". Así, cierras todos los caminos para que el manipulador escape con sus triquiñuelas. Está en tus manos retomar el control de la situación; para ello, entra en su juego, impídele las salidas semánticas, ¡toma las riendas! Estoy seguro de que existe algún manipulador de estos en tu vida.

### 3. Promesas imposibles.

¿Cuándo fue la última vez que prometiste algo prácticamente imposible de cumplir solo porque estabas siendo presionado? Los manipuladores son expertos en ponernos en este tipo de situaciones. Ejercen sobre nosotros una presión incalculable, nos acercan a la orilla, obligándonos a prometer cosas que no podremos cumplir. Toda esta pantomima tiene un fin muy claro y conciso: culparte. Si cedes a la presión y prometes algo, deberás cumplirlo sí o sí; de lo contrario, te caerá encima un aguacero de reproches y culpas. Este tipo de manipulación es muy común entre amigos; te recomiendo que tengas mucho cuidado y evites caer en esto.

Claro está, muchas veces la dinámica se da de una forma tan agresiva... tenemos tanto estrés encima, entonces apelamos a lo que los psicólogos sociales llaman la gratificación instantánea: creemos que, si prometemos algo, dejaremos de sentir esa presión sobre nuestros hombros. Si por alguna razón caíste en este juego, y prometiste algo, procura cumplirlo. Pero, si puedes, lo ideal es que evites a toda costa poner tu palabra en juego cuando te encuentres en una situación de estrés. Esto solo representa una cosa: cedes tu control y tu poder a alguien más.

¿Te parece bien un ejemplo?

Si un amigo te dice: me prometiste que me ayudarías, nos vemos en una hora.

Puedes responder: lo recuerdo, estaré libre en un par de días.

Así, no cedes a la presión al tiempo que reconoces que tu palabra está sobre la mesa y que cumplirás tu promesa.

### 4. *Manipulación romántica.*

Se ha dicho mucho acerca de la manipulación romántica. Es la punta del iceberg en cuanto a control y dominio mental se trata. Si bien es cierto que, estadística y culturalmente, el rol de poder y manipulación recae en el elemento masculino, es importante evitar generalizaciones de este tipo. Ahora bien, ¿en qué consiste la manipulación romántica? Para nadie es un secreto que el proceso de conocimiento de una pareja es uno de los más complejos de cualquier ámbito social. No solo nos enfrentamos a un individuo diametralmente opuesto a nosotros (en algunos casos), con sus propias subjetividades y complejos, sino que nos exponemos a ser manipulados de distintos modos posibles.

La base de la manipulación romántica está construida sobre una base indivisible: miedo. Por ejemplo, hay quienes manipulan con regalos o halagos. Pero también existen quienes imponen su visión a través del miedo, de la violencia física, psíquica o verbal; son estos quienes más daño pueden ocasionar, aunque toda manipulación genera una grieta invisible en nosotros.

Esta joven, por ejemplo, nos cuenta su testigo;

Adele pasó años viviendo con un hombre encantador, pero siempre parecía estar haciendo algo mal. Con el tiempo, empezó a darse cuenta de que el problema no era ella, sino él, y cuando conoció a una de sus anteriores novias, Camelia, todo cogió sentido. Aquí Adele cuenta su historia, seguida por Camelia.

Otras personas parecen arreglárselas, compartiendo una vida con alguien, contentos y tranquilos en compañía del otro. Pero la idea de una relación todavía me aterra. Muchos años después, sigo sintiendo pánico al mencionar el nombre de mi ex, ese hombre encantador al que temía y adoraba a partes iguales.

Un hombre encantador, hermoso y exitoso que me había hecho suya. Era todo lo que podía soñar. Era un hombre de altos vuelos, su carisma era magnético y yo estaba embelesada. Cuando estaba con ese hombre encantador, se nos abrían las puertas y las mejores mesas quedaban disponibles de repente. Viajamos por todo el mundo por su trabajo, alojándonos en los mejores hoteles y comiendo en los mejores restaurantes. Parecía ser capaz de encandilar la vida en cualquier idioma.

Pero yo le fallé.

Lo arruinaba todo: las cenas, las conversaciones, las salidas nocturnas, las vacaciones, al mencionar el nombre de un ex, al sacar mi bolso delante de sus amigos o al querer llevar mi propio pasaporte y dinero cuando estábamos en el extranjero.

Podía estar furioso durante días. Mi comportamiento inapropiado le había dejado en evidencia, no sabía si podía seguir estando con alguien como yo, podía hacerlo mucho mejor.

También arruiné los cumpleaños y las Navidades, simplemente por ser "demasiado estúpida y cruel" para entender lo que era mejor para él.

Quería que le comprara regalos caros: "Son sólo 4.000 Euros, usa tus ahorros", decía. "Pero son los ahorros de toda la vida", le respondía. "No puedo tocarlos, es imposible. Quiero hacerte feliz pero no puedo permitírmelo".

El encantador hombre lloró: le había defraudado y nada de lo que hiciera podría compensarlo.

Él no dormía mucho, así que yo tampoco. No se me permitía "arruinar su noche" yéndome a dormir antes que él. Si lo hacía, me despertaba de madrugada, queriendo hablar de nuestra relación y de lo que estaba haciendo mal. Estaba agotada. Tenía la sensación de ir por la vida a trompicones, cogiendo el sueño cuando y donde podía. El baño para discapacitados del trabajo se convirtió en un refugio para una siesta a la hora del almuerzo.

¿Por qué no me fui antes? Bueno, era encantador y mi familia lo quería. Y yo estaba en una edad en la que la vida era un torbellino de compromisos y bodas. Parientes bienintencionados me decían que yo era la siguiente. El tic-tac de mi reloj biológico se hacía más fuerte a medida que las bodas dejaban paso a los bautizos.

Además, le adoraba y este increíble hombre me había elegido. Tenía problemas y yo tenía que ayudarle. Sabía que le había hecho daño y quería mejorarlo.

Si salía con mis amigos se encerraba en su estudio. Sus gritos resonaban mientras se acurrucaba bajo su enorme escritorio de cuero, así que casi nunca salía sin él.

Me decía que era fácilmente reemplazable y me enseñaba fotos y cartas de las otras mujeres que lo querían, así que yo lloraba y trataba de ser una novia mejor.

Cada vez que era demasiado y trataba de salir, él se acurrucaba en posición fetal frente a la puerta llorando y gritándome que no lo dejara, así que no lo hacía. Me sentaba en el suelo y le abrazaba, prometiéndole que me esforzaría por mejorarlo.

Era agotador, pero las relaciones son un trabajo duro y nadie es perfecto.

"Nunca lo harás mejor que él, es perfecto, ¿no quieres tener hijos?", decía la gente.

Pero llegó un momento en que supe que no podía quedarme.

Sentía como si mi cuerpo y mi cerebro se estuvieran rompiendo por el puro agotamiento de tener que gestionar la vida con este hombre. Engordé, pero no podía hacer ejercicio porque no le gustaba que estuviera lejos de él. La comida se convirtió en mi mayor consuelo.

Temía la idea de irme, pero me aterraba la idea de pasar el resto de mi vida con él.

Al final llegó la oportunidad de escapar y pude empaquetar mis pertenencias sin que él sospechara mis verdaderas razones. Con el apoyo de mi hermana, pude alejarme en coche y caer exhausta en el suelo de su cocina.

Tuve que hacer terapia para entender que no era normal que tu pareja sacara la puerta del baño de las bisagras porque lo habías "dejado" para ir al baño o al retrete.

Solía atesorar mis momentos de soledad sentada en el baño con un libro. Cuando estaba con él, miraba el reloj, pensando en cuándo podría volver a escaparme para tener unos minutos de paz tras esa puerta cerrada. Pronto se dio cuenta de esto y mi corazón se hundía cada vez que oía el destornillador en las bisagras, con él llorando que sólo quería estar conmigo.

Cuando decía estas cosas en voz alta, podía empezar a reconocer que era una locura, pero en ese momento era sólo mi realidad.

La terapia me abrió todo un mundo nuevo de comprensión y terminología: palabras como "narcisista" y "gaslighting" eran nuevas para mí. No tenía ni idea de que el maltrato pudiera tener ese aspecto.

Gracias a la terapia con el Dr. Fabián, comprendí que había sido "gaslighting" y que mi percepción del mundo había cambiado durante esos años en los que intentaba hacer lo imposible: satisfacer a un narcisista.

¿Has pensado por qué una persona permite que se le manipule a través del miedo? La mayoría de las veces no se trata de una decisión consciente. Quizás esta persona ha interiorizado que no podrá conseguir otra pareja o que no es lo suficientemente importante como para ser valorado por alguien más. Sea cual fuere el caso, este tipo de manipulación puede devenir en consecuencias trágicas.

Desde micromachismos hasta la manipulación desde el sexo o desde la opinión, todo tipo de "imposición" debe ser erradicada para el bien común de la pareja. De lo contrario, será un largo camino de reproches e infelicidad.

### 5. *No soy culpable.*

Desafortunadamente, hay personas que tienen como una regla general en relación a su comportamiento: no soy el culpable. Esto es el resultado de una indiferencia absoluta (consciente o inconsciente) de las palabras, actitudes y reacciones de los demás. Ignorar por completo lo que las personas de nuestro entorno dicen o hacen es su escudo ante eventuales reproches. La actitud de este tipo de manipuladores no termina allí. No conforme con defender hasta lo indefendible que no es culpable, muchas veces termina culpando a los demás por sus propios errores. Ellos intentan transferir el peso a quien esté al alcance. Buscan que te sientas culpable, que te reproches, que te cuestiones tus comportamientos y te responsabilices de sus fracasos. Son, en definitiva, una de las joyas imperdibles de la lista.

Uno de los ejemplos que mejor ilustran este tipo de *actitud* es cuando el manipulador pierde el control de sus acciones por un momento de rabia. Entonces suelen decir algo como: mira lo que he hecho, ¡ha sido tu culpa! Rebatir este tipo de argumento es bastante sencillo, solo que nos dejamos dominar por la situación y callamos. Si se te llegase a presentar una situación así, solo di: no puedes perder el control cuando estés molesto. Son palabras sencillas, sí, pero asesinarán cualquier iniciativa por parte del manipulador.

### 6. *El niño-adulto.*

Aunque se trate de uno de los tipos más raros de la lista, no deja de ser muy cierto y preocupante a la vez. El manipulador niño-adulto es, usualmente, una persona adulta que es incapaz de tomar responsabilidades y acciones cónsonas con su edad. Estos individuos se aprovechan de padres naturalmente sumisos, que pueden pagar sus cuentas o alimentarle como si se tratase de un niño recién nacido. Los padres, en este caso, se sacrifican, se pluriemplean y hacen hasta lo imposible para que el niño-adulto no tenga que enfrentarse a la dura realidad de la vida.

Esta dinámica supone que los padres acepten que están siendo manipulados solo para mantener a su hijo cerca. Aunque, claro, también puede darse el caso de que no tengan idea de que realmente están siendo manipulados exageradamente por un adulto que se niega a madurar, a enfrentar la realidad y a tomar responsabilidades adecuadas con su edad. Esta es una situación perjudicial en ambos sentidos.

- Para los padres: que no verán mejorada su situación económica o social al no querer desprenderse de su hijo.
- Para el hijo: que no terminará de madurar conforme se mantenga esta manipulación. Hay que agregar el hecho de que los padres,

desafortunadamente, no duran para siempre. ¿Qué hará nuestro niño-adulto cuando los padres ya no estén?

## 7. *Manipulación laboral*

Me atrevo a afirmar que todos hemos enfrentado una situación en la que nuestro supervisor o algún colega del trabajo nos manipula abiertamente. Esto sucede por muchas razones posibles: un liderazgo de naturaleza tóxica por parte del líder; una sumisión demasiado marcada por parte de la persona manipulada o un excesivo interés por resultar agradable para todos. No obstante, la manipulación mental más frecuente es la que protagoniza el jefe o supervisor. Existen muchas pequeñas actitudes para identificar al manipulador. Por ejemplo, si en lugar de darte una instrucción, pone sobre el tapete la posibilidad de que te ganes un ascenso próximamente, estás siendo manipulado.

También existe la manipulación más "corrosiva". Es aquella en la que el jefe, en lugar de darte retroalimentación para que mejores tu desempeño (si cabe mejorarlo), esboza cada tanto el argumento del despido. Esta táctica busca intimidar a la persona manipulada desde el miedo. Nadie quiere quedarse sin empleo. Y, lo que es peor, nadie quiere ser despedido.

# Capítulo 4
## Conocimiento de la conducta humana

El comportamiento humano es absolutamente fascinante. Pero, ¿de qué otra forma podía ser? Estamos hablando, por no decir cualquier cosa, de la computadora más compleja y portentosa de la historia que la humanidad haya conocido. La mente humana, que ha sido capaz de crear las siete maravillas del mundo, ha conseguido clonar animales, hacer descubrimientos tan asombrosos como el bosón de Higgs, la relatividad o la física cuántica. Ese mismo órgano que nos dio a los artistas más virtuosos nunca antes vistos (músicos de la talla de Beethoven, escritores como William Shakespeare o pintores como Salvador Dalí). En resumidas cuentas, cuando hablamos de la mente humana, hablamos de un universo entero por descubrir.

Ahora, ¿imaginas la ventaja que podemos extraer del hecho de tener una noción bastante sólida acerca de la conducta humana? Esto nos posicionará varios escalones por encima del resto de personas, tanto en términos profesionales, académicos, sociales o políticos. Independientemente de tu búsqueda personal, conocer la conducta humana es una necesidad cada vez más grande en estos tiempos en que cada paso requiere un cálculo milimétrico y preciso para no caer en trampas de ningún tipo.

Es indispensable entender la importancia de conocer la conducta humana desde un punto de vista del crecimiento y del desarrollo integral como individuo. Pongo un dólar sobre la mesa si, al momento de llegar al punto final de este segmento, no has adquirido una serie de conocimientos más que relevantes para tu desarrollo personal. En lo personal, tengo la seguridad de que así será.

## ¿Por qué es importante comprender la conducta humana?

Observar a las personas e intentar predecir lo que harán puede proporcionarnos una herramienta de aprendizaje superlativa. Muchas de las personas que hoy son consideradas exitosas saben interpretar el comportamiento humano y, en consecuencia, obtener beneficios para sí mismos. La importancia de comprender la conducta humana pasa por adelantarnos a estas, sacando todo el provecho que sea posible. Esta es una idea que ha atravesado siglos enteros de investigaciones por parte de los especialistas en psicología, psiquiatría y otros estudiosos de la mente humana. Ahora bien, si la mente humana es un mecanismo tan complejo, ¿es realmente posible entender con precisión el comportamiento de las personas?

La respuesta es relativa. Si bien es cierto que no existe una fórmula matemática que nos garantice cuáles serán los movimientos de los demás, sí es posible entender los patrones de conductas para generar una idea mucho más clara y posible de estas. Los líderes del mundo han aprendido a entender esto a la perfección. Por ejemplo, un inversionista que mueve ingentes cantidades de dinero en las bolsas de valores, más allá de sus conocimientos técnicos acerca del mercado, deberá tener un conocimiento mucho más que básico acerca del comportamiento de las personas, para así preparar estrategias y acciones adecuadas que le ayuden a mitigar los riesgos.

Los líderes políticos, o estadísticas, aunque en un espectro totalmente distinto, apelan muchas veces a sus conocimientos para adelantarse a la reacción de la sociedad en relación a determinadas medidas económicas, políticas o sociales. Si no son capaces de hacer esto, es probable que el descontento de las masas se escape de sus manos y, como es de esperarse, las consecuencias sean terriblemente trágicas. Como habrás visto, entender la conducta humana es un factor necesario en términos de reacción, precaución y corrección. De otra manera, sería como nadar en un océano que por naturaleza es impredecible y hostil. La buena noticia es que la mente humana, aunque compleja, tiene patrones de conducta fácilmente reconocibles. Solo debes estar atento a cualquier manifestación que facilite esta lectura.

En este sentido, el científico y escritor B. F. Skinner nos dice, a través de su libro *Ciencia y Conducta Humana*, que:

> La conducta no es una de estas materias a las que es posible acceder solamente con la invención de un instrumento como el telescopio o el microscopio. Todos conocemos miles de hechos acerca de la conducta. Realmente no existe ningún tema con el que estemos más familiarizados, puesto que siempre estamos en presencia de, al menos, un organismo actuante (...) La conducta es un tema difícil, no porque sea inaccesible sino porque es extremadamente complejo. Puesto que se trata de un proceso más que de una cosa, no puede ser retenida fácilmente para observarla. Es cambiante, fluida, se disipa, y por esta razón, exige del científico grandes dosis de inventiva y energía. Pero no hay nada esencialmente insoluble en los problemas que se derivan de este hecho. Se hacen corrientemente varios tipos de afirmaciones acerca de la conducta.

## Enfoques para comprender la conducta humana

Es importante, antes de darle continuidad a este capítulo, que entendamos una verdad incuestionable: es imposible entender el comportamiento humano desde procesos mecanicistas. Esto se debe a que nosotros mismos, por poseer una mente, estamos atados a determinados condicionamientos y patrones mentales. Por lo que cualquier intento por entender *con exactitud* la conducta de otra persona, viene aderezada por nuestros programas mentales propios. El escritor Anastasio Ovejero plantea este tema en los siguientes términos:

> Nuestras creencias y expectativas afectan poderosamente la manera en la que percibimos e interpretamos los acontecimientos. Somos prisioneros de nuestros propios patrones de pensamiento. Y todo ello ocurre porque, y esto me parece una de las principales claves explicativas de la conducta humana, nuestras preconcepciones controlan nuestras percepciones, nuestras interpretaciones y hasta nuestros recuerdos.

Sin embargo, es posible entender la conducta humana desde nuestros propios programas mentales. Así, obtener ventaja por medio de la prevención es una opción bastante viable. En la actualidad, existen muchos enfoques que buscan este mismo objetivo. Los más importantes, en términos de efectividad y resonancia, son:

- Enfoque humanista.
- Enfoque cognitivo.
- Enfoque evolucionista.
- Enfoque sociocultural.
- Enfoque biológico.
- Enfoque psicodinámico.

# Capítulo 5

# Diferencia entre manipulación y persuasión

Independientemente de cuáles son las razones que hacen de nosotros personas vulnerables a ser manipuladas, es importante establecer parámetros para evitar confusiones, en cierto modo razonables, en todo lo relacionado con este tema tan amplio como importante. La verdad es que existen diferencias conceptuales significativas. Sobra decir que el ser humano goza de integridad, de un conjunto de habilidades y destrezas, de un propósito de vida. En este sentido, es imprescindible que aprendamos a identificar factores diferenciadores entre los conceptos aquí evaluados.

En la medida en que sepamos diferenciar entre persuasión y manipulación, seremos más fuertes y más capaces de enfrentarnos a los manipuladores de oficio que se acercan diariamente a nosotros para robarnos nuestra visión y obligarnos a adoptar las suyas. La posibilidad de analizar cada cosa o aspecto con un raciocinio crítico e individual es lo que nos diferencia del resto de mamíferos que pueblan el planeta. Cuando carecemos de este sentido crítico, carecemos de las herramientas para defendernos de un mundo cada vez más fluctuante e imprevisible.

Los mecanismos de afrontamiento, prácticamente no existen para quien está habituado a ser el manipulado en una dinámica de manipulación. Esto supone, a su vez, una escasa preparación para enfrentarnos a las distintas realidades inherentes a la vida. En otras palabras, quien no logra zafarse de la manipulación mental de otras personas, difícilmente consigue buenos resultados en sus búsquedas individuales. Lo cierto es que, cuando somos vulnerables a la manipulación, estaremos atados al deseo de otras personas en lugar de perseguir nuestras metas personales. De allí la importancia de saber reconocer todo cuanto sea posible en lo concerniente a la manipulación mental.

Pero, yendo mucho más allá, no me limitaré a darte conceptos básicos, muchos de los cuales ya te resultan familiares. En este sentido pretendo que aprendas a reconocer las diferencias entre persuasión y manipulación en términos de control mental. De esta manera, podrás fortalecer tu autopercepción y, en consecuencia, dejar de ser presa fácil de todos esos profesionales en el hábito de la manipulación. La esencia, del libro y de este capítulo, es que retomes las riendas de tus decisiones y conductas. Tus objetivos son más importantes que los del resto.

Del libro *El Acoso Moral*, de Marie France Hirigoyen:

> Ejercer una influencia sobre alguien supone conducirlo, sin argumentar, a que decida o se comporte de modo diferente a como lo haría de una forma espontánea. La persona que es el blanco de la influencia no puede consentir libremente a priori. El proceso de influencia se elabora en

función de su sensibilidad y de su vulnerabilidad. Y, esencialmente, se lleva a cabo mediante la seducción y la manipulación. Como en cualquier otra manipulación, la primera etapa consiste en hacer creer al interlocutor que es libre, aun cuando se trate de una acción insidiosa que priva de libertad al que se somete a ella.

## ¿Qué es la persuasión?

Conceptos como persuasión, coerción, manipulación o influencia son, en definitiva, elementos vinculados de todo un universo relacionado con el actuar y el pensar de otras personas. Ahora, ¿tienes una idea clara de lo que significa la palabra persuasión? Se trata, en esencia, de la habilidad de una persona para transmitir una idea y llevar al receptor de acuerdo al mensaje transmitido. Si necesitáramos palabras más sencillas para definir esta herramienta, sería de la siguiente forma: la habilidad de convencer a otros. Parece un buen elemento para incluir dentro de nuestras destrezas comunes, pero, ¿qué tan efectiva es? ¿De qué va esto de la persuasión? ¿Existen reglas para persuadir?

Muchos especialistas consideran la persuasión como una habilidad interpersonal que ayuda en la conexión con los demás. Usualmente, las personas persuasivas son también influyentes, respetadas y apreciadas en ambientes comunes. Por ejemplo, es poco probable que un empresario exitoso no tenga, dentro de su larga lista de caracteres, el de la persuasión. ¿De qué otra manera, si no fue a través de ella, consiguió hacerse nombre y espacio durante los primeros años de su historia como empresario? De manera que la persuasión es necesaria en términos de crecimiento y de relacionamiento social.

Sin embargo, desarrollar esta habilidad requiere de mucha constancia, enfoque y voluntad. Nadie puede convertirse en una persona persuasiva de la noche a la mañana. Esto es, a todas luces, imposible. En cuanto a las reglas, persuadir es como tener una conversación. Así de sencillo es cuando ya se ha desarrollado la destreza. No puedo decirte que existe un decálogo sobre cómo ejercitar la persuasión, pero sí existen las reglas del sentido común. ¿Sentido común?, te preguntarás. Sí. Lo que es poco ético o moralmente cuestionable en la vida, lo será también en la persuasión. Es una línea muy delgada la que separa la manipulación mental de la persuasión, y esa delgada franja está compuesta de ética y respeto por el criterio propio de los demás.

Si tu intención es perfeccionar tu capacidad persuasiva, estos son algunos de los pasos y hábitos que deberás incluir en tu día a día. De esta manera, serás capaz de interrelacionarte con los demás mucho más fluidamente:

- Escucha primero: la persuasión exitosa ocurre cuando puedes ofrecer una solución real a las necesidades de las personas. Sin embargo, no existe forma de captar la necesidad de tu interlocutor

417

si no prestas la debida atención a lo que te dice. Presta mucha atención a lo que te dicen; esta es la clave para procesar la información y ofrecer una respuesta adecuada, cónsona y funcional.

- Confía en ti mismo: del mismo modo en el que un vendedor requiere altas dosis de autoconfianza, el persuasor tiene la necesidad de sentirse bien consigo mismo porque, en caso contrario, no transmitirá su idea de la mejor manera posible. En este aspecto tiene mucho que ver el lenguaje no verbal de las personas, que puede delatarnos en cuestión de segundos. Esto, sobre todo, porque no hace falta ser un especialista en lenguaje corporal para sentir cuándo nos están mintiendo o cuándo intentan coaccionar nuestras decisiones.

- Conoce a tu audiencia, a quien te diriges: es el único camino posible para establecer una conexión sólida con tus interlocutores. Te propongo que pienses ahora en el último simposio al que asististe. ¿Recuerdas al orador? Apuesto a que su dominio del escenario y del tema eran únicos. Esta es la consecuencia de años de práctica. La experiencia en estas lides supone, a su vez, una ventaja importante: conocer la audiencia. Si estás interesado en persuadir a alguien para que tome determinado camino, tendrás que esforzarte mucho en conocer sus motivaciones, sus debilidades y sus temores. No olvides que la información es dinero.

- Respeta al otro: no importa cuánto necesites que la otra persona capte tu mensaje y modifique su forma de pensar sobre determinado tema, si tras varios minutos la respuesta sigue siendo un *no* rotundo, no insistas. Una de las diferencias entre persuasión y manipulación es que esta última es maliciosa, mientras que la persuasión busca cambios sin colonizar la cosmovisión de los demás.

## Ventajas de la persuasión

Para que tengas un mapa mucho más completo del tema, creo pertinente mencionarte algunas de las principales ventajas de la persuasión como herramienta diaria. Es importante destacar que la persuasión es, por naturaleza, muy efectiva en términos de transmisión de un mensaje e ideas de diversos tipos. Sin embargo, tal como se mencionó en el segmento anterior, no debe llevarse a cabo en circunstancias que puedan suponer una forma de coacción para el interlocutor. Por ejemplo, no tiene ningún sentido aplicar técnicas de persuasión para alguien que se encuentra en una situación de estrés superlativa, pues esta persona terminará aceptando cualquier condición solo para sentir algo de alivio inmediato.

Estas son las principales ventajas de la persuasión:

- Puedes influir de forma significativa en la cultura de otras personas.
- Puedes representar tus ideas en un marco publicitario.
- Puedes alcanzar a un mayor número de personas en eventos públicos o privados, sin la necesidad de ser buscado por cada uno.

- No irrumpes violentamente en la visión de los demás.
- Es una gran herramienta en carreras como las ventas, el mercadeo, las comunicaciones, la política, entre otras.

## ¿Manipulación o persuasión?

En vista de lo ya mencionado, cabe la pregunta: ¿manipulación o persuasión? Está claro que ambos enfoques tienen un fin común, pero existen diferencias significativas en torno a la praxis. Por un lado, la persuasión busca convencerte de que la idea del emisor es la mejor, instándote a actuar de acuerdo a esa nueva premisa. Por otro lado, la manipulación busca adentrarse en tu cosmovisión, destruyéndola y, en última instancia, sustituyéndola con la del emisor.

Como puedes darte cuenta, uno de ellos tiene una naturaleza colonizadora mientras que el otro enfoque es, de hecho, conciliador. Las diferencias entre un enfoque y otro son estructurales. Alguien que atropella con su visión personal no puede ser considerado un simple persuasor; en caso contrario, quien busca que cambies tu opinión sobre cierto tema sin pretender una colonización mental, no puede ser llamado manipulador. En todo caso, la diferencia principal y medular radica en la ética. Mientras que uno se abstiene de cruzar esa línea entre lo ético y lo moralmente cuestionable, el otro se aferra a una relación de poder para tomar control de los demás.

Aunque ambos tipos de comunicación buscan un objetivo en común, lo que aquí varía es la forma, el método. El escritor Alejandro Mendoza, en su maravilloso libro *Manipulación y Psicología Oscura*, se refiere a este tema de la siguiente manera:

> Puedes preguntarte; ¿Qué están tratando de hacer los manipuladores? ¿Por qué se esfuerzan tanto en manipular a otros, en lugar de centrarse en mejorar ellos mismos? El hecho es que los manipuladores tienen una profunda necesidad psicológica de controlar a los demás, por lo que buscan "debilitar" a sus víctimas para ganar dominio sobre ellas. Cuando manipulan a otros, intentan cancelar su fuerza de voluntad, destruir su autoestima, buscar venganza pasivo-agresiva contra ellos o confundir su realidad para que se vuelvan más maleables. Veamos cómo y por qué los manipuladores hacen esas cuatro cosas.

De allí la importancia de reconocer cuándo una persona está siendo persuasiva y cuándo trata de manipularte mentalmente. En la medida en que te sientas mucho más cómodo identificando estos patrones, dejarás de ser una presa fácil para quienes pretendan controlar tus decisiones y acciones para beneficio propio.

Como te comenté al principio; este capítulo surge de la necesidad de esclarecer todas las dudas posibles en relación a un tema que se presta a muchas confusiones. A lo largo de mi trayectoria me he topado con personas que, por desconocer las diferencias conceptuales entre un enfoque y el otro, caen en una dinámica de violencia dialéctica y manipulación mental con amigos, colegas y seres queridos. Claro está, una vez interiorizadas las diferencias, y comparadas con sus actitudes, notaron la marcada diferencia entre persuasión y manipulación mental.

# Capítulo 6
## Manipuladores de la historia

La historia de la humanidad nos ha provisto de una cantidad ingente de personas cuya principal arma ha sido la capacidad de manipular. Desde empresarios, políticos, propagadores de opinión o líderes religiosos. Este tipo de individuos, caracterizados por una mística incuestionable, han contribuido a distorsionar la tranquilidad de las masas desde que el mundo es mundo. Si algo nos ha demostrado la experiencia es que estos individuos, desde sus fortalezas, han conseguido apropiarse de grandes cantidades de personas para sus fines particulares. Si entendemos que la manipulación mental pasa por suprimir el pensamiento crítico de alguien para imponer el nuestro, adquiere especial importancia la participación de personalidades históricas como el líder del movimiento nacionalsocialista, Adolf Hitler como los fundadores de importantes cultos religiosos como la cienciología.

En muchos casos, esta experiencia ha supuesto una verdadera tragedia en la vida de quienes han caído en la manipulación mental de las personas de las que hablare más adelante. El poder colonizador como estrategia de control de las masas, este es el dilema. ¿Te has preguntado por qué cada cierto tiempo la sociedad se deja seducir por un nuevo líder que traslada su visión política o espiritual a niveles insospechados?

Si bien es cierto que cada caso tiene sus razones específicas, el denominador común es siempre el miedo. Por ejemplo, ¿qué motiva el ascenso de Adolf Hitler al poder? Los historiadores han llegado al consenso de que la razón nace del miedo de los alemanes a sentirse una nación débil. Después de todo, aún se encontraban asimilando las terribles consecuencias de haber perdido la primera guerra mundial, por lo que ese discurso con un enfoque nacionalista y esperanzador fue para ellos el bálsamo necesitado.

Lo mismo ocurrió, por ejemplo, en aquellas sociedades que vieron el nacimiento y establecimiento de dogmas religiosos o espirituales. Sobre este tipo de cultos hay mucho por decir; pero, para no entrar en detalles demasiado escabrosos, basta con decir que el surgimiento de estos se debió al miedo a la realidad, a la desesperanza o a la necesidad de las personas por sentirse parte de algo concreto. Independientemente de las circunstancias, el punto focal siempre ha sido el miedo. Si a esto se agrega la mística que desprenden ciertas personas para *hechizar* a las masas, entonces obtenemos un cóctel tan peligroso como impredecible. Conozcamos algunos de los grandes manipuladores de la historia de la humanidad. ¿De qué manera consiguen imponer su visión a los demás?

# Joseph Goebbels, el emperador de la propaganda nazi.

Una de las épocas más oscuras en la historia política y social de la humanidad se dio con el ascenso del nacionalsocialismo al poder. Aunque el contexto no permitía adelantarse a un evento de tamaña magnitud, con el paso del tiempo se ha podido comprender en cierto modo la facilidad con la que se dieron tales acontecimientos. Fijémonos en el contexto histórico: una Alemania sacudida, totalmente sumida en una crisis económica, que seguía pagando las consecuencias de haber perdido la primera guerra mundial. En otras palabras: todas las condiciones estaban dadas para que resurgiera una figura mesiánica que prometiera a los alemanes el retorno a la plenitud.

El protagonista de este movimiento fue, sin dudas, Adolf Hitler. Los primeros pasos hacia la conquista política de Alemania fueron dados por Hitler desde una oratoria reaccionaria, provista de todos los elementos requeridos por la situación histórica de su nación, y una mística incuestionable que consiguió adeptos en cada rincón de dicho país. No obstante, cuando se habla de manipulación y control mental, no es Hitler quien sale a relucir, sino Joseph Goebbels. Pero, ¿qué papel desempeñó Goebbels en la estructura política del movimiento nazi? Básicamente fue el padre y emperador de la propaganda nazi, además de desempeñarse como jefe del ministerio de educación popular y propaganda.

Fue a través de su gestión que el partido nacionalsocialista tomó el poder absoluto de las masas. Sus escritos y diarios siguen produciéndose y comercializándose en grandes lotes, pese a representar manifiestos deleznables y de una moralidad a todas luces incuestionable. Algunos de sus principios de propaganda dan cuenta de una capacidad de manipulación superlativa, razón por la que fue considerado uno de los representantes más importantes del movimiento hasta el final de sus días. Estos son algunos de los principios de propaganda que Goebbels promulgó durante su portentosa gestión en el nazismo:

- Principio de la orquestación: "La propaganda debe limitarse a un número pequeño de ideas y repetirlas incansablemente, presentadas una y otra vez desde diferentes perspectivas, pero siempre convergiendo sobre el mismo concepto. Sin fisuras ni dudas". De aquí viene también la famosa frase: "Si una mentira se repite suficientemente, acaba por convertirse en verdad".

- Principio de la transfusión: "Por regla general la propaganda opera siempre a partir de un sustrato preexistente, ya sea una mitología nacional o un complejo de odios y prejuicios tradicionales; se trata de difundir argumentos que puedan arraigar en actitudes primitivas".

- Principio de la unanimidad: "Llegar a convencer a mucha gente que se piensa "como todo el mundo", creando impresión de unanimidad".

- Principio de la simplificación y del enemigo único: "Adoptar una única idea, un único símbolo; individualizar al adversario en un único enemigo".

- Principio de la vulgarización: "Toda propaganda debe ser popular, adaptando su nivel al menos inteligente de los individuos a los que va dirigida. Cuanto más grande sea la masa a convencer, más pequeño ha de ser el esfuerzo mental a realizar. La capacidad receptiva de las masas es limitada y su comprensión escasa; además, tienen gran facilidad para olvidar".

Los métodos propagandísticos de Goebbels no solo han sido ampliamente difundidos; en muchos casos se ha aseverado que algunos líderes políticos, en su necesidad de calar en las masas, han optado por ejercer algunos de sus principios de manipulación mental. En todo caso, se trata de uno de los casos más representativos de cómo alguien puede orientar todos sus conocimientos para destruir el criterio propio de las personas y sustituirlos con una cosmovisión ajena. Goebbels basó la transmisión de sus ideas en un elemento clave: su oratoria. Brunhilde Pomsel, quien fuera su secretaria, hace referencia a esta habilidad tras presenciar su discurso "Guerra Total". El siguiente fragmento ha sido extraído de su biografía, que lleva por título *Mi Vida con Goebbels*:

> Nada más sentarnos empezó la función. Detrás teníamos a la señora Goebbels con dos de sus hijos y, a ambos lados, a varios hombres de las SS. Podría decirse que era la tribuna de la élite. Primero sonó algo de música, una marcha militar al uso, con coro y toda la parafernalia. Y luego salió Goebbels y soltó su discurso. Era un orador buenísimo, muy convincente, pero aquel discurso fue un verdadero arrebato, un arrebato de locura. Como si dijera: por mí podéis hacer lo que os dé la gana. Y entonces, como si una avispa hubiera picado a cada uno de los oyentes, el público se volvió loco y empezó a gritar y patalear. Se hubieran arrancado los brazos encantados. El estruendo fue insoportable.

## Jim Jones, líder espiritual.

El reverendo Jim Jones fue un carismático líder profundamente preocupado por la búsqueda de una justicia social. Esta es, digamos, la versión resumida de uno de los hombres más manipuladores jamás conocidos en la historia. Cuando se busca entender la resonancia de su culto encontramos muchas posibles razones. Sin embargo, la más lógica se debe a la extravagante naturaleza de su ideario, que se caracterizó por ser un híbrido entre la filosofía cristiana y los principios socialistas. Hoy en día pueden hacerse muchas conjeturas sobre este reverendo oriundo de Indiana, no obstante, todas las posibles interpretaciones que llegaron con su trágico desenlace no aclaran nada. Todo lo contrario, contribuyen a robustecer la mística en torno a su existencia.

Pues bien, ¿qué otro detalle se sabe sobre este líder religioso? Existen muchos libros, reportajes y crónicas que buscan arrojar luces sobre su endiosada imagen. De hecho, hay tanto material y evidencia documentada sobre su estilo de vida como de cualquier otra estrella de la cultura popular. Se dice, por ejemplo, que Jim Jones era un hombre muy vanidoso, que tenía ayudantes que arreglaban su cabello y guardaespaldas que le acompañaban a todos lados con maletines repletos de instrumentos estéticos como secadores de pelo y equipos de maquillaje.

¿Qué se ha descubierto sobre los inicios de este carismático líder religioso? En primer lugar, que fue el único hijo de una familia que luchaba con la pobreza en un pequeño pueblo de Indiana. Se trató, desde luego, de una familia signada por la soledad. Su padre, que participó en la primera guerra mundial, regresó de esta con una marcada discapacidad pulmonar. Además, durante los años siguientes fue simpatizante del Ku Klux Klan. Esto nos permite ir formando una idea del ambiente familiar que acompañó a Jim Jones durante los primeros años de su formación. Desde muy pequeño, sintió afinidad por la iglesia. Sin embargo, también era capaz de mostrar un humor tan fuerte como el de su padre.

Uno de los vecinos de la familia durante aquellos años, diría tiempo después lo siguiente:

> Era capaz de predicar un buen sermón. Recuerdo estar trabajando a unos cincuenta metros de la casa de Jones. Él tenía allí a unos diez niños a quienes hacía poner en fila y marcar el paso. Él los golpeaba con un bastón y ellos gritaban y lloraban (...) Solía preguntarme: ¿qué sucede con estos niños que le soportan todos sus caprichos? Pero ellos, al día siguiente, volvían a jugar con él. Él tenía una especie de magnetismo (...) Yo le decía a mi esposa que él iba a hacer mucho bien, o terminaría convertido en un Hitler.

Los recovecos de su formación idealista son tan enrevesados que apenas se ha podido establecer una línea medianamente lógica sobre estos saltos. Se sabe, gracias a su esposa, que para el año 1949 Jim Jones era un comunista confeso que se declaraba maoísta, aunque también simpatizaba con la retórica de Stalin. Hablaba de su idea como "socialismo religioso". Estos virajes en sus ideales, a priori, pueden ser considerados como una bomba de tiempo. Sin embargo, en aquel tiempo, se trataba de un joven evangelista que coqueteaba con la iglesia metodista y otras derivadas. Finalmente, no era más que el fundador de una pequeña iglesia de carácter evangélica, llamada El templo del pueblo.

Su carisma y sus energéticas arengas terminaron por suponerle una potencia mediática incomparable. Su iglesia crecía a pasos agigantados; el pobre Jim Jones ahora ostentaba lujosos, impecables trajes y vehículos de último modelo. Lo curioso es que, nadie encontró irónicos estos cambios tan drásticos. Estaban, por decirlo de alguna manera, enceguecidos por la verborrea de un líder que se adjudicaba milagros, poderes premonitorios y una idea única como la del socialismo religioso.

Seguramente te estarás preguntando por qué es que un reverendo, criado en la pobreza, es considerado como uno de los grandes manipuladores en la historia de la humanidad. Bien, la respuesta puede ser dicha de muchas formas, pero me limitaré a darte un número. Un simple número que te ayudará a formarte una idea sobre lo que te digo: 914. Este fue el número de personas que fallecieron en lo que hoy se sigue considerando el suicidio masivo más importante de la historia.

Cuando el reverendo Jones era la estrella del rock de los líderes religiosos, también se vio acosado. Los críticos se hacían masa, cuestionaban, reprochaban sus excentricidades. Le pusieron entre la espada y la pared. El 9 de diciembre de 1973, la primera comisión de La iglesia del templo llegó a Guyana, un pequeño pueblo en América del sur, atraídos por las facilidades ofrecidas por el gobierno del país y por la posibilidad de empezar de cero en nuevas latitudes. Con el tiempo, y tras una ardua labor por parte de Jones y sus emisarios, nació Jonestown: el principio del fin. Hubo procesos judiciales, escépticos e investigaciones de todo tipo. Y aunque la sede administrativa de la iglesia continuaba en San Francisco, el número de adeptos en Guyana adquiría proporciones bíblicas.

Los acólitos pronto sintieron las durezas del clima, además de las prolongadas y exhaustivas jornadas laborales a las que se veían obligados para darle continuidad al magno proyecto ideado por el reverendo. Adicionalmente, salieron a la luz testimonios sobre abusos sexuales y castigos físicos. Mientras tanto, los familiares de los adeptos que habían partido iniciaron una serie de protestas donde le exigían al gobierno norteamericano prestar ayuda a sus connacionales en tierras extranjeras. El imperio de Jones, en su nacimiento, empezaba a dar muestras de desesperación.

Tras varias semanas de protestas, una expedición norteamericana llegó a la ciudad del líder. Esta expedición sería liderada por un senador, asistentes y algunos periodistas de la cadena NBC. El encuentro transcurrió con sorpresiva naturalidad. Cuando algunos de los adeptos se dispusieron al entrar al avión para regresar a casa, el senador y sus acompañantes fueron ametrallados. Algunos murieron. Este fue el catalizador para que Jones diera inicio a su plan apocalíptico. Reunió a sus seguidores, convenciéndoles de que los norteamericanos pronto regresarían para matarlos a todos.

La solución propuesta por el magnánimo Jim Jones fue, como era de esperarse, el suicidio colectivo. El arma a utilizar: una mezcla entre arsénico, tranquilizante y una bebida azucarada. El cóctel mortal fue dado primero a los niños y luego a los adultos. Fue así como un manipulador de masas, de carácter religioso, dio a la humanidad el peor suicidio masivo de su historia, con un total de 914 fallecidos.

## Charlie Manson, una mente maestra de la manipulación.

Cuando se habla de manipulación mental, difícilmente podemos excluir uno de los casos más emblemáticos y aterradores de la historia contemporánea reciente. Se trata de Charles Manson, quien para muchos sigue siendo, hoy en día, un ejemplo bastante ilustrativo de cuán peligroso puede ser alguien cuando sabe cómo meterse en la mente de las personas y tomar el control de sus acciones. Este individuo, oriundo de un pequeño pueblo en Cincinnati (Estados Unidos), entró en los canales de la historia como uno de los asesinos seriales más temerarios de todos los tiempos. Sin embargo, en términos cuantitativos, su monstruosa lista de crímenes queda pequeña en comparación con criminales de la talla de Ted Bundy (36 víctimas), John Wayne Gacy, "Pogo el payaso" (33) o Vasili Komaroff (33). Dicho esto, ¿qué ha provocado que la fama de Manson haya trascendido hasta apoderarse de casi la totalidad de la cultura popular? Según algunos, su encanto.

Criado en un ambiente familiar hostil, plagado de violencia y abusos, Charles Manson es un claro ejemplo de cómo alguien asimila las duras condiciones de sus primeros años en el desarrollo de una personalidad sociópata y criminal. Todos los testimonios que buscan crear un perfil del pequeño Charles hacen referencia a características habitualmente presentes en manipuladores de alto nivel: encantador, tiránico, mentiroso compulsivo y violento. Con tan solo 12 años se inauguró en el mundo del crimen tras robar dinero en una tienda de comestibles. A partir de este momento, la curva no paró de ascender.

Su capacidad de engaño y manipulación ha resistido la prueba del tiempo. La conformación de esa secta llamada "La familia" marcó un antes y un después en el mundo del espectáculo, principalmente luego de ejecutada una de las masacres más terribles en la historia del cine: el asesinato de la actriz en ascenso Sharon Tate, su bebé nonato y otras cuatro personas que se encontraban de visita. Si bien es cierto que Charles Manson no fue el responsable material de la masacre, ha quedado claro que los asesinos actuaron desde la manipulación a la que fueron sometidos por su líder.

A medida que salen a la luz nuevos detalles sobre la vida de Manson hasta ese cruento 9 de agosto, comprendemos que este manipulador se vio golpeado por una serie de acontecimientos que terminaron por forjar en él una total desidia por la vida de los demás. Su frustrado intento por iniciarse en la industria musical, por ejemplo, es una de las razones más citadas por quienes buscan justificar las acciones de este individuo. Lo que sí no está sujeto a interpretación alguna es su capacidad para manipular las mentes de las personas, a quienes termina convirtiendo en acólitos de su culto personal.

Su indiscutible fuerza manipuladora es retratada con gran precisión en la obra *Manson, retrato de una familia*, de los autores Vincent Bugliosi y Curt Gentry:

> Este hombre sacó a la superficie sus odios latentes, su tendencia innata a la violencia sádica, centrándola en un común enemigo: la sociedad establecida. Despersonalizó a las víctimas, convirtiéndolas en símbolos. Y es más fácil clavarle un puñal a un símbolo que a una persona. Enseñó a sus discípulos una filosofía completamente amoral, que les daba total justificación a sus actos. Si todo está bien, entonces nada puede ser malo. Si nada es real y toda la vida es un juego, entonces nadie debe arrepentirse de nada.

Su poder de manipulación ha sido tal que incluso después de aprehendido, con una de las sentencias más duras del sistema penitenciario norteamericano, sigue acumulando adeptos que le ven como una especie de guía espiritual sobre la cual volcar todas sus discrepancias con la forma en que ha sido construido el mundo y su sociedad. Mucho tiene que ver, desde luego, la fragilidad de estas personas. Está claro que quien haya sido formado con el criterio propio como prioridad, difícilmente caiga en las garras de estos manipuladores expertos. Sin embargo, siempre existe la posibilidad (sobre todo cuando se alinean circunstancias puntuales) de que una persona termine sustituyendo inconscientemente su visión del mundo para adoptar la de estos expertos en el control mental.

# Capítulo 7

## Ejemplos de casos de manipulación.

La manipulación mental puede traer consecuencias trágicas para quien la sufre y, en menor probabilidad, para quien la ejerce. Está claro que todas las personas sobre la faz de la tierra somos propensos a ser manipulados mentalmente por alguien más. Siempre he creído que los ejemplos tienen una potencialidad didáctica increíble. Muchas de los aprendizajes más importantes que he obtenido en mi vida han surgido a través de ejemplos prácticos. Después de todo, seguro recuerdas eso de que la práctica hace al maestro.

La familia Manson es, en efecto, uno de los ejemplos más representativos de cuán corrosiva puede ser la presencia de un manipulador en la vida (principalmente) de individuos con una tendencia casi patológica a dejarse manipular, a ceder el control de sus vidas en aras de un líder supremo que oriente todos y cada uno de sus pasos. Sin embargo, con cada minuto que transcurre la vida de alguien se ve socavada por un maestro de la manipulación. No todas estas vidas llegan a la gran pantalla, como el caso del asesino en serie norteamericano, pero no por ello carecen de importancia en términos de aprendizaje y conocimiento.

También se dice que nadie aprende en cabeza ajena; en otras palabras, necesitamos vivir la experiencia para sacar un aprendizaje que se sostenga en el tiempo. Me permito discrepar sobre este asunto. Si tienes la posibilidad de cuidar tu salud, de dejar de fumar (por citar un ejemplo universal), estás obteniendo una victoria a priori. No necesitarás de varias sesiones de radioterapia o quimioterapia para entender que el cigarrillo es nocivo para tu salud. Debemos entender la importancia de cuidar nuestros patrones mentales y, finalmente, exponer algunos casos singulares de cómo una vida se puede destruir por medio de un extenuante proceso de manipulación mental.

## La importancia de los patrones mentales

No te diré que si descuidas tus patrones mentales terminarás como uno de los tantos acólitos de Charles Manson o del reverendo Jim Jones, porque cada cabeza es un mundo; sin embargo, sí considero relevante que aceptes, asimiles y gestiones tus patrones mentales como si estos se tratasen de pequeñas perlas preciosas que requieren tu constante cuidado. No olvides que estos patrones mentales, muchas veces, son obstáculos que nos impiden crecer. De manera que, ¿qué sentido tiene alimentar pensamientos limitantes o ideas improductivas?

Un alto porcentaje de lo que alcanzamos en la vida es el reflejo del orden en que tenemos nuestra mente. Si tienes una relación distorsionada con el dinero, difícilmente consigas atraer abundancia a tu vida o generar riquezas por encima de lo esperado. Este es solo un ejemplo de cómo tu estructura de pensamientos tiene implicaciones palpables en lo que somos y lo que logramos como individuos.

¿Quieres alcanzar la cima? ¿Quieres ser reconocido por tus ideas innovadoras y rompedoras? ¿Quieres ser el primer hombre en visitar, no Marte sino Júpiter? Sea cual fuere tu propósito de vida, necesitarás todos los aliados que puedas. De entre todas las posibles alianzas que tendrás, la más importante radica en tu cerebro, en tu mente y en tus programaciones mentales. Los hábitos, en este sentido, son el resultado de dichos programas.

Alguien que está habituado con despertar tarde o con posponer actividades, no llegará a ningún buen lugar como destino. Pero, si ese alguien cuida constantemente lo que sucede en sus conexiones neuronales, sabrá sustituir estas prácticas negativas por otras que representen una mayor productividad y opciones de éxito. En resumidas cuentas, eres el protagonista de tu historia de éxito. Solo debes lustrar tus armas y darles el sentido adecuado a tus pensamientos. Es posible, créeme.

# 3 casos de manipulación

Al margen de los rimbombantes casos expuestos en el capítulo anterior, donde tomé como base eventos desafortunados que marcaron la vida de muchas personas, en esta oportunidad te traigo tres casos de manipulación que se encuentran en el día a día. El hecho de que estos ejemplos no tengan la repercusión mediática que puede tener, por ejemplo, el líder de la propaganda nazi, no significa que carezcan de un valor a todas luces, trascendental.

### El síndrome de Estocolmo.

El síndrome de Estocolmo se ha vuelto un cliché en los programas televisivos que giran en torno a investigaciones criminales. En el caso de que desconozcas de qué va esta patología, se trata de la conexión psicológico-emocional que desarrolla una víctima de secuestro para con su secuestrador. La víctima desarrolla esta conexión por razones varias, pero en la mayoría de los casos es la consecuencia directa de una suma de factores como el miedo, la dependencia vital y emocional de su secuestrador y el efecto de la experiencia traumática. Es comprensible que una vivencia de estas características genere cambios emocionales importantes en nosotros, de manera que la víctima del síndrome de Estocolmo termina, dado el caso, sintiendo una fuerte conexión con su secuestrador.

### El idealismo radical.

Durante los años previos y posteriores a la segunda guerra mundial, el globo entero se vio polarizado por una dicotomía que persistiría varias décadas después: capitalismo o comunismo. Esas eran, al parecer, las únicas dos opciones posibles en un mundo que se debatía en los monstruosos pantanos de una gran guerra que amenazaba con destruir el planeta entero. Hoy en día, el idealismo radical sigue siendo un desafío en términos de riesgo civil y comprensión de la conducta humana. Este problema, que parecía menguado, revivió con la llegada de ISIS y sus propagandas islamistas. Sobra decir que el extremismo radical propagado por el Estado Islámico no se corresponde con los valores de esa cultura, sin embargo, ha servido como arma para diseminar el caos y el dolor por el Oriente medio.

### *Dependencia emocional.*

Desafortunadamente, todos conocemos a alguien que ha sufrido un doloroso proceso de divorcio. La separación romántica de una pareja es el caldo de cultivo ideal para que afloren todas las características propias de una dependencia emocional. Quien se ha apegado demasiado a su otra parte, por decirlo de alguna manera, termina por creer que es incapaz de conseguir a alguien más o de ser amado como lo fue hasta entonces. Las inseguridades están a flor de piel y todas las asociaciones impiden ver el panorama desde una perspectiva más realista. La dependencia emocional es uno de los ejemplos clásicos de manipulación mental más frecuentes en la historia.

# Capítulo 8
## Manipulación emocional

Como se explicó algunos segmentos atrás, la manipulación emocional es el tipo de manipulación más común en la actualidad. Y, como elemento preocupante, se trata de un tipo de control mental política y socialmente "mejor aceptado" que las otras opciones. Es increíble con qué facilidad podemos perdernos en esas dinámicas de violencia y colonización mental. Por ello encuentro indispensable abordar el tema, explicando algunos aspectos que considero neurálgicos en el tema de la manipulación emocional y cómo esta puede afectar significativamente nuestra noción de la realidad, nuestras capacidades objetivas e incluso nuestras expectativas como individuos.

Mucho se dice que lo que sucede en una pareja solo es asunto de los involucrados, y de cierta manera es así, por ello me he propuesto enseñarte todo lo que necesites para desarrollar una autoconfianza y un criterio propio lo suficientemente sólidos, que sirvan como una gran muralla frente a los maltratos y daños que supone una manipulación emocional. Es importante entender que, en la medida en que nos desprendamos de nuestra racionalidad crítica para darle paso a la visión de alguien más, perdemos todas las posibilidades de alcanzar nuestros sueños, de ser personas totalmente plenas y felices. Dicho esto, ¿tiene sentido prestarse a un juego en el que no ganas nada y, por el contrario, puedes perderlo todo?

Ofrecer herramientas y recomendaciones precisas es una necesidad para quienes se encuentren atrapados en esta situación. Es por ello que he decidido estructurar el contenido en estos tres puntos son:

- ¿Qué es la manipulación mental?
- Señales para advertir que estás siendo manipulado.
- Técnicas para romper con la manipulación emocional.

Estos tres puntos focales representan, en mi opinión, la base más sólida para entender, identificar y, sobre todo, liberarte de cualquier caso de manipulación emocional en tu vida. Sin embargo, mucho tiene que ver la autopercepción. Sin ella, sin una autoconfianza sólida y desarrollada en los mejores términos, abandonar esta jaula de miedos resultará una tarea verdaderamente desafiante. No hay que olvidar la razón principal (no la única, desde luego) por la que terminamos cayendo en dinámicas de manipulación en el marco de una relación sentimental, siendo esta romántica o general: el miedo o la inseguridad. En la medida en que nos sintamos mejor con nosotros mismos, aceptando lo que somos con humildad y transparencia, seremos presas más difíciles de encerrar en esa celda sin barrotes que muchos llaman manipulación emocional.

### ¿En qué consiste la manipulación emocional?

Para empezar, es importante entender todo lo concerniente a la expresión

431

"manipulación emocional". Aunque en líneas generales, no se diferencia de los otros tipos de manipulación (donde alguien busca obtener control o poder sobre ti mediante el uso de tácticas engañosas), este derivado del control mental se presenta en un contexto que involucra una fuerte carga sentimental. Es muy común encontrar este tipo de manipulaciones en las parejas románticas donde uno de los partícipes entiende la misma desde una estructura de inequidad en cuanto al poder. Sí, casi todas las discrepancias que conseguimos en el día a día surgen de una relación de poder poco equilibrada.

Por ejemplo, si un hombre (esposo, novio o pareja romántica) apela constantemente a la minimización de su pareja, bien sea en términos intelectuales, económicos o sociales, se va fortaleciendo un mapa común en el que la persona "atacada" no se siente capaz de enfrentar la realidad del mundo desde su criterio propio. Esto tiene mucho sentido si se tiene en cuenta que frecuentemente sus criterios personales se ven cuestionados por su acompañante. Si ese alguien ha establecido una especie de mantra entre ambos, condiciona el accionar de su contraparte. En otras palabras: los manipuladores minimizan la capacidad de los demás porque, de esta manera, pavimentan el camino para que sus opiniones y acciones sean las más "importantes" o "prudentes" al momento de tomar decisiones comunes. Existen otros tipos de manipulación, como la evasión, la intimidación encubierta, la difamación, entre muchas otras.

La manipulación emocional es una realidad mucho más común de lo que pensamos. Implica, entre otras cosas, una dinámica no violenta (en términos físicos y superficiales) de "posesión" o "colonización" del otro. Algunos de los manipuladores más expertos optan por crear un marco emocional adecuado en el que te sientas bien. Ganarán tu confianza, te harán sentir protegido, en paz, tranquilo, pero esto es solo una estratagema para ir ganando terreno y poder sobre ti. Sí, sé lo que estás pensando, es un estilo muy sutil y difícil de identificar, pero también te lastima y bloquea tus posibilidades de ser una persona plena y feliz.

Cuando conoces a alguien que siempre fue jovial y esta persona cambia de la noche a la mañana tras meterse en una relación sentimental con alguien más, es posible que se encuentre atrapada en una especie de manipulación emocional. Contrario a otros tipos de manipulación más hostiles, esta se caracteriza por funcionar progresivamente, como un golpe suave. De allí que nos cueste tanto identificarla cuando se presenta en nuestras vidas. Lo importante, en estos casos, es constituir un núcleo fuerte de autoconfianza y autovalidación para que los manipuladores emocionales encuentren una coraza impenetrable que no se debilita con condicionamiento alguno.

## Señales para advertir que estás siendo manipulado

La parte más difícil de ser manipulado emocionalmente es que a menudo no nos damos cuenta de que esto está pasando. Pasa tan gradualmente que muchas veces no somos capaces de advertir que algo malo sucede con nosotros. Piensa, por ejemplo, en que te encuentras saliendo con una persona que es diametralmente opuesta a ti en términos de personalidad y expectativas a futuro. Al principio no te molestará hacer pequeños cambios en ti para agradarle. Realmente te gusta mucho esta persona y temes perderla por no hacer un pequeño e insustancial sacrificio. Pero la verdad, es que todos los cambios que incluyamos en nosotros deben tener una razón de ser genuina y no forzada. Esta es la principal diferencia entre cambiar por ti mismo y cambiar por no perder el cariño de alguien más.

La buena noticia es que existen una serie de señales que te ayudarán a entender que estás siendo manipulado emocionalmente. Uno de los errores que se repiten con mayor frecuencia es creer que todas las manipulaciones pasan por procesos agresivos e identificables. Pero la verdad es que, cuando se trata de manipulación emocional, difícilmente logramos discernir lo que ocurre si no tenemos una idea bien establecida de qué significa ser manipulado. Recuerda que los manipuladores son expertos al momento de torcer criterios y pensamientos a su favor. De manera que todas las herramientas que puedas aplicar para no caer en estas dinámicas son totalmente válidas. A continuación, algunas señales inequívocas que te facilitarán este diagnóstico.

### Te sientes culpable.

La manipulación tiene su comienzo en la culpa. Es una característica inherente a la pérdida del importantísimo criterio propio. Los manipuladores son capaces de torcer tus emociones de tal manera que, antes de que te des cuenta, te sentirás culpable por algo en lo que probablemente no tengas responsabilidad alguna. Existen muchas torsiones del lenguaje, en esto son expertos los que manipulan desde la emocionalidad. Por ejemplo: "sí, la cena estuvo bien. Habría preferido que prepararas pizza, o algo diferente. Supongo que lo importante es que seas feliz y satisfecha y puedo sacrificarme si así consigo que estés bien". Claramente, aquí el manipulador le ha dado un giro de tuerca a un comentario inocuo para inocular una fuerte dosis de manipulación emocional. Debes ser muy cuidadoso con el lenguaje de los demás.

### Le das prioridad a sus inseguridades.

Si algo sabe hacer un manipulador es proyectar sus propias inseguridades en nosotros. De esta manera consiguen medir nuestra reacción cuando escuchamos sobre estas inseguridades ajenas, al tiempo que evalúan si somos capaces de anteponer estas inseguridades a las propias. A partir de este momento, no solo cargamos con el peso de nuestras taras emocionales sino con el de las de ellos. Por ejemplo: "he sufrido mucho en el pasado. Me han engañado muchas veces y eso ha sido muy difícil de superar para mí, por eso preferiría que no tengas amigos del sexo opuesto". Está claro que se trata de un ejemplo basado en una pareja romántica heterosexual, pero aplica en todos los casos posibles.

### Dudas de ti mismo.

Para el manipulador es fácil hacerlo porque se mueve dentro de su propia esencia. Para llegar a este punto, te lavan el cerebro de tal manera que empiezas a dudar de ti mismo. Cuestionas tus capacidades, tu empatía, tu forma de querer y tu emocionalidad. Una vez que empiezas a reprocharte tus acciones (porque con ellas "lastimas" al otro), entonces ya estás atrapada en la cárcel de la manipulación emocional. Es importante entender que, si te encuentres en un punto de tu vida en que cuestionas cada acción o decisión, debes romper inmediatamente con estas dinámicas de manipulación. Conforme dudas de ti mismo, el manipulador tomará tus inseguridades y las usará contra ti para sacar todo el provecho que le sea posible.

### Cambias tus planes de vida

No existe señal más definitoria de que alguien está siendo manipulado emocionalmente que un cambio drástico en los planes de vida de esta persona. Seguramente estás pensando en ese viejo amigo que cambió radicalmente sus expectativas y planes desde el momento en que inició una relación amorosa. Esto sucede tan comúnmente que propicia toda clase de autoengaños. Si antes querías vivir un tiempo, por ejemplo, en Montevideo, pero ahora has alineado esta visión con la de un nuevo amigo o pareja, entonces has sido manipulado. Autoengaños como "es que, haciendo cálculos, creo que es más conveniente irnos a vivir a Ciudad de México" no te servirán de nada. Todo lo contrario: refuerzas una estructura de pensamiento que es forzada por la posibilidad de perder a esa persona.

## Tácticas para protegerte de los manipuladores

Si tras leer las señales mencionadas anteriormente, has llegado a la conclusión de que te están manipulando, no te preocupes y ocúpate de tu bienestar. La buena noticia es que puedes protegerte de los manipuladores. Independientemente de cuán arraigadas se encuentren ciertas señales de manipulación emocional, existe la posibilidad de retomar el control de tu vida, robustecer tu criterio propio y detener a quien te ha cercado tras los gruesos muros de la manipulación.

Un estudiante cercano de casa me contaba:

"Yo participaba activamente en clase. Al ser la presidenta de nuestra sección, me asignaron la tarea de cuidar a una estudiante que empezó sus estudios con un mes de retraso por motivos personales. Le enseñé el nuevo horario de clases, los nombres de nuestros profesores, le presté mis apuntes y folletos. Sin que me diera cuenta, se encariñó demasiado, o más bien se volvió posesiva.

Se ponía celosa cada vez que hablaba con mis otros compañeros de clase con alegría. Encontrando defectos en sus caracteres, me convencía de que no era bueno unirse a esos círculos.

434

Me decía que no fuera "demasiado bueno" en la participación en clase. Decía que nunca tenía la oportunidad de responder a las preguntas de nuestros profesores porque levantaba la mano para contestar 'demasiado rápido' y había veces que le 'robaba' la idea.

Intenté distanciarme, pero ella se enfrentaba a mí, llorando, preguntándome qué había cometido para que yo me enojara. Le expliqué que tengo otros amigos y que también tengo que estar con ellos. Ella no se lo creyó, desafiándome a que si soy un buen amigo, tengo que estar con ella en todo momento.

Después de esa conversación, me quedé con ella.

Al estar harto de su posesividad, intenté hablar con ella sobre el tema. Se enfureció: "Lo sabía, no eres mi verdadera amiga". Con calma, le dije que era lo contrario. Ella no me escuchó y no me habló desde entonces.

Pocos días después, me sentí culpable, "tal vez me pasé de la raya". Así que le pedí disculpas y la seguí, de nuevo. Incluso le dejé copiar mi examen, mis pruebas y mis deberes. Y le hice algunos de sus análisis e informes. No puedo creer que haya hecho todo eso por ella.

Menos mal que mis compañeros me abrieron los ojos. Nunca volví a hablar con ella."

Todas las tácticas que conocerás a continuación representan soluciones sencillas y prácticas para afrontar de la mejor manera a tus manipuladores. ¿Estás preparado?

### Registra lo conversado

Sí, sé que suena poco ortodoxo eso de escribir en una libreta o en alguna aplicación móvil todo lo que se conversa con nuestra pareja o con ese amigo que creemos, podría estar manipulándonos. La verdad es que no deberías llegar a este punto en ningún momento, pero cuando tenemos la certeza de que nos manipulan, es imprescindible tomar acciones específicas y correctivas al respecto. Ten en cuenta que los manipuladores tienen una habilidad excepcional: tuercen el lenguaje, te hacen dudar de ti mismo, de tu memoria. No importa cuán seguro estés de haber tenido tal o cual conversación, ellos insistirán en que no fue así. Es por esta razón que te recomiendo que escribas lo dicho durante las conversaciones; de esta manera cierras el grifo de sus mentiras, impidiéndole que controle tus emociones desde la inseguridad.

### Aléjate

En este caso es imprescindible que pongas toda tu fuerza de voluntad en alejarte. Para algunas personas se vuelve especialmente desafiante mantenerse alejado de aquellos que han construido una celda cuyos barrotes provienen de la manipulación emocional, sin embargo, es una de las soluciones más efectivas en términos de crecimiento y liberación. Si no te sientes del todo cómodo en una relación, bien sea romántica o de amistad, lo más sano es que te alejes significativamente. De esta manera, te permites respirar un oxígeno más optimista. Esta es una táctica que te llevará a reencontrarte contigo mismo, a aceptar tus inseguridades (solo las tuyas) y a reconectar con tus planes de vida, fuera de lo que otros esperen de ti.

## Enfréntalo

Una de las cosas que más aprovechan los manipuladores es la capacidad casi nula de sus víctimas de enfrentarles. Si bien es cierto que, en estos casos, tienen la habilidad suficiente para dar un giro radical, el factor sorpresa adquiere especial importancia. Defiéndete, hazle saber que existen ciertas conductas y comportamientos que te hacen sentir incómodo. Te sugiero que no esperes una reacción madura, pues esto significa que se reestablece la relación de poder, y ellos no se lo permitirían. Cuando te enfrentes a tu manipulador, establece planes de acción alternativos, planifica tus respuestas y reacciones. En la medida en que dejes cabos sueltos, las posibilidades de caer nuevamente en su juego se incrementan de forma significativa. En todo momento debes recordar que la finalidad es retomar el poder de tu vida y de tus decisiones. Cualquier otra conclusión puede y debe ser considerada una derrota.

## Medita mucho

La meditación es uno de los ejercicios más contundentes en cuanto a la reconexión con nosotros mismos y nuestras emociones. Incluye pequeñas rutinas de meditación en tu vida diaria. Puedes dedicar 5 o 10 minutos durante las primeras horas del día para ubicarte en un ambiente relajante, cerrar los ojos o escuchar tu música favorita. Así, cuando prestas toda la atención posible a tus pensamientos, remarcas el camino de tus emociones. Piensa en lo que quieres alcanzar, en tu propósito de vida, en tus inseguridades, en tus fortalezas y en aquello que puedes mejorar. La idea de este ejercicio es que te hagas consciente de que solo tú eres el centro de tu propia existencia. Así restas poder a las inseguridades de los otros, pues te posicionas como núcleo de cada una de tus acciones y decisiones.

# Capítulo 9
## Dependencia emocional

Para nadie es un secreto que la dependencia emocional es un factor a tener en clara consideración al momento de analizar nuestra estabilidad y crecimiento en distintos sentidos. De allí la importancia de dedicar un capítulo entero a este estadio de la manipulación que pone en jaque nuestra felicidad y plenitud como individuos. Esta es la palabra clave para entender la relevancia del tema: felicidad. En la medida en que nuestra felicidad depende de agentes externos, nos exponemos de sobremanera a ser manipulados por estos. Si bien es cierto que esto puede ocurrir consciente o inconscientemente, la verdad es que debe evitarse a toda costa el caer en una dinámica de la que no se saca más que sufrimiento y dolor.

Con todo esto, pretendo ayudarte a entender cuán peligroso es depender emocionalmente de otras personas. Así mismo, me permito ofrecerte algunas herramientas y recomendaciones para protegerte a ti mismo cuanto sea posible. Vivimos en un mundo donde las relaciones personales son a menudo complejas y desafiantes, sin embargo, esto no significa que debamos vivir un infierno en aras de "finales felices". Vale decir que, como se dice a lo largo de este proyecto, la solución a los distintos tipos de manipulación o dependencia se encuentra en nosotros mismos. Esta es una buena noticia porque no dependemos de nadie más que de nuestra autopercepción para soltarnos de las amarras que supone ser engañados y controlados por otros.

¿Quién no ha sentido que el mundo se le viene encima cuando las cosas no resultan tal como las esperábamos en el plano romántico, por citar un ejemplo bastante común? Hay que derribar ciertos mitos al respecto. No está mal sentirse bien con alguien, estar cohesionados en una visión romántica y sentimental. De hecho, lo que comúnmente se conoce como amor, parte de compartir una visión del mundo y del futuro desde la perspectiva del "juntos". Ahora, ¿qué sucede cuando dejamos de pensar en nosotros mismos para anteponer la felicidad de otras personas? Esto es lo que pasa cuando nos manipulan. Una de las consecuencias más trágicas de la manipulación es, en efecto, la dependencia emocional.

Otro aspecto a tener en cuenta es que la dependencia emocional no necesariamente es culpa de los otros. Es difícil entender esto porque supone una aceptación implícita de la responsabilidad de los acontecimientos, pero es imprescindible estar abiertos a todas las alternativas posibles para así encontrar un diagnóstico y una solución funcionales. De otra manera, no saldríamos ilesos de ningún tipo de relacionamiento. En otras palabras: curarnos a nosotros mismos es el único camino válido para entender las relaciones sociales y amorosas desde un enfoque propio saneado y ecuánime.

# Dependencia emocional: un lastre que te impide ser feliz.

Todos hemos sufrido rupturas amorosas que supusieron un antes y un después en nuestro crecimiento como individuos. No hay que sentir pena o vergüenza cuando se trata de sanar nuestra concepción del mundo y de la relación entre los individuos. Resulta preocupante la facilidad con que nos entregamos, en el ámbito romántico, de tal manera que terminamos perdiendo nuestra capacidad de racionamiento crítico para asimilar y adoptar la visión de la otra persona. En honor a la verdad, conviene decir que, muchas veces, esto ocurre por culpa nuestra y, en otras oportunidades, como consecuencia de un largo y tortuoso proceso de manipulación afectiva. En todo caso, podemos salir de ese estadio si nos lo proponemos y tomamos acciones orientadas a retomar el control de la situación.

El escenario más común para representar un alto nivel de dependencia emocional es, por supuesto, una ruptura amorosa. La dependencia emocional funciona del mismo modo que los vicios, aunque parezca una analogía escatológica. Por ejemplo: un individuo adicto al tabaco, trabaja desde conexiones neuronales profundamente arraigadas en su cerebro. La repetición de esta conducta ha constituido un "camino fácil y automático" que nuestra mente toma para ahorrar energía. De esta manera, querrá encender un cigarrillo al despertarse, después de almorzar, poco antes de irse a dormir, para aligerar estrés o en situaciones sociales específicas. Es como tener un mecanismo invisible en nosotros que se encuentra en *On* en todo momento.

En el caso de los dependientes emocionales, la otra persona representa el papel del cigarrillo. Nos habituamos tan sólidamente a la presencia del *otro*, que no concebimos una rutina sin su existencia. Esto sucede de forma graduada, casi imperceptible. El verdadero golpe viene cuando, por la razón que fuere, la relación termina. Es entonces cuando nos cuestionamos nuestras conductas y comportamientos porque nos resulta imposible desasociarlas de la otra persona. La conexión emocional es tan fuerte que no nos permitimos apreciar el escenario desde una perspectiva externa. Abundan los reproches, las culpas, los condicionamientos. Estos, desde luego, nos impiden crecer. Aprender a sostenernos solos puede resultar una tarea desafiante y compleja, sin embargo, es más que necesario para quien aspira la tranquilidad emocional y la felicidad.

El verdadero desafío es liberarse de este lastre. Imagina lo bien que te sentirás al volver en ti, al poner tus zapatos de nuevo en su lugar, en el suelo, para así avanzar hacia tus metas personales al margen de lo que haya o no sucedido en esa relación. Es imprescindible que aprendamos a soltar todo eso que nos inquieta: los recuerdos, las culpas, los reproches. En caso contrario, estarás anclado a una ausencia sin posibilidades de salir del pozo. Otra de las claves son el autoengaño y la confusión. En esos momentos en que sentimos que todo se viene abajo, es fácil confundir la dependencia emocional con sentimientos de amor o cariño. Por eso, repite después de mí: el amor y la dependencia emocional no pueden ser la misma cosa. ¡Nunca!

¿Cómo superar este lastre?

Es necesario entender que la dependencia emocional no es más que la consecuencia de, al menos, dos elementos:

- Manipulación afectiva por parte del otro.
- Malinterpretación propia de las emociones ajenas.

En el primer escenario, existen consecuencias adicionales. Después de todo, ¿quién regresa de la guerra siendo el mismo individuo? Como es bien sabido, cuando hemos sido controlados afectivamente, desarrollamos problemas de autoestima, de identificación, de autenticidad. Esta es la clave del sufrimiento posterior. ¿Por qué nos cuesta tanto dejar ir a alguien? Está claro que la mente humana, con sus subjetividades, es muy amplia y sería prácticamente imposible reducirla a unas pocas opciones. Sin embargo, a lo largo de mi trayectoria he notado un denominador común bastante reconocible: lo que nos impide cerrar un episodio romántico o emocional pasa por la destrucción casi total de nuestra autoestima. En otras palabras: no nos sentimos capaces de despertar emociones positivas en nadie más porque, en esencia, hemos acaparado para nosotros todas las responsabilidades del hecho.

Sea cual fuere tu caso, carece de importancia la forma en que se dieron las cosas. Aquí lo realmente importante es tu bienestar, tu equilibrio emocional y tu crecimiento como ser humano. Llegado un punto, tendrás que desprenderte de todos los posibles factores que desencadenaron esta situación. Esto implica, a su vez, cuestiones no comprendidas al momento, como la dominación de una de las partes sobre la otra, del manipulador sobre el manipulado. De otra manera, estarías poniendo un límite en tu desarrollo personal. En un fragmento extraído del libro *El abuso de la debilidad y otras manipulaciones*, de Marie France Hirigoyen, se refiere el tema de la dominación de la siguiente manera:

> La dominación no siempre es un fenómeno negativo. Toda la dificultad consiste en detectar el momento en que una relación se vuelve abusiva. En los primeros tiempos de una relación amorosa, por ejemplo, uno puede desear entregarse totalmente al ser amado hasta el punto de disolverse completamente en él y perder su individualidad. En toda relación pasional se instauran lazos de dependencia que, sin embargo, no son patológicos. Pero algunas veces la relación prosigue con una asimetría relacional que hace que una de las partes manifieste una gran dependencia respecto a la otra.

# Tipos de dependencia emocional

Siguiendo este orden de ideas, es importante destacar que la dependencia emocional romántica no es la única a tener en cuenta. Existen, en general, tres tipos de dependencia emocional:

- Dependencia emocional en la pareja: es la dependencia más dañina de todas porque parte de la premisa de que el otro nos complementa. Es decir, que esa persona con quien compartimos determinado sentimiento le da sentido total a nuestra vida.

- Dependencia emocional en la familia: es el resultado de una formación familiar basada en el miedo o la ansiedad. Los padres, en primera línea, sufren este tipo de características y las transmiten inconscientemente a sus hijos, que terminan por adaptarlas dentro de sus estructuras de pensamientos y comportamientos.

- Dependencia emocional en el entorno social: caracterizada por la marcada necesidad de ser reconocido por aquellos que nos rodean en nuestro entorno social inmediato. La persona atrapada en este círculo se siente mal, en pánico, cuando sus comentarios o comportamientos no son aprobados en cualquier entorno.

Sin embargo, todas conforman un peligroso rasgo que tiene como característica principal la pérdida de nuestra autenticidad y sentido como individuos únicos. La buena noticia es que somos perfectamente capaces de romper con esta dependencia emocional. ¿Quieres saber cómo?

## 3 estrategias infalibles para superar la dependencia emocional

Si partimos del hecho de que el cerebro humano funciona como cualquier otra computadora, y que este puede reprogramarse en cualquier circunstancia, entonces todos esos condicionamientos que se conforman en nuestra mente pueden ser sustituidos o suprimidos a través de algunas tácticas específicas. En el caso de la manipulación mental (aquí, de la dependencia emocional), existen algunos ejercicios y enfoques que te permitirán dejar atrás la dependencia y retomar tu crecimiento como individuo. En la medida en que cambies el chip de tu mente, conseguirás salir de esta situación tan incómoda y dañina.

### *Hazte responsable de tu felicidad.*

Uno de los enfoques más necesarios para revertir una situación de dependencia emocional es hacerte responsable de tu propia felicidad. Permítete entender que todo lo que ocurre en tu vida (principalmente las cosas buenas y de valor) son la consecuencia directa de cómo abordas el mundo y sus distintas eventualidades. Evita regalar la responsabilidad de tu felicidad a otras personas. Está claro que, para desarrollar este enfoque, necesitarás hábitos como la auto observación, el autoconocimiento, la priorización de tus objetivos y la aceptación de tus oportunidades de mejora.

Nadie puede hacer más por ti que tú mismo. Aunque esta sea una verdad inobjetable desde cualquier punto de vista, para muchos es difícil cambiar el chip. Lo importante, en todo caso, es que pongas en práctica los hábitos mencionados anteriormente. Quien conoce cada ápice de su ser es un hueso duro de roer en muchos ámbitos.

### *Cuida de ti mismo con amor y afecto.*

Lo complejo de la dependencia emocional es que funciona como una desconstrucción absoluta de lo que somos. Nuestra autoestima se ha visto tan golpeada, que es prácticamente imposible reconocer cosas positivas en nosotros. En este sentido, uno de los enfoques adecuados para volver a sentirte bien con lo que eres, es cuidar de ti mismo con amor y afecto. Hacer esto no es nada complicado. Basta con establecerte pequeñas rutinas diarias de autodescubrimiento. Eres una persona maravillosa, todos los somos, pero a menudo no nos percatamos de ello porque le damos prioridad a las emociones negativas. Utiliza afirmaciones amorosas para hablar contigo mismo. Cuídate. Piensa que todo duelo o dolor es un escalón más que nos ayuda a ser mejores personas en el camino a la felicidad.

### *Piensa en el desapego como una forma de liberación.*

Aquí apelo a la ironía para que veas que no todo se evalúa en colores opacos. Piensa en el desapego como una forma de liberación, pero, para hacerlo necesitarás tener mucha fuerza de voluntad. Un aspecto complejo de la condición humana es que a menudo nos dejamos gobernar por nuestros deseos, sean estos apropiados o no. En este sentido, trabaja conscientemente en vencer a ese tirano interno que te lleva a pensar en lo que has perdido. Entiende, así mismo, que solo a través del desapego con esa dependencia emocional podrás salir adelante y conseguir todos tus sueños.

### *Carta de una terapista*

*Para resumir la historia, tengo 21 años y mi novio tiene 23. Llevamos saliendo unos 3 años. Es un gran novio, pero siento que depende demasiado de mí. Estoy en mi último año de universidad y mis padres me ayudan mucho. Mi padre paga el alquiler por mí, así que básicamente el dinero que gano trabajando se destina a gasolina y comida.*

*Vivo en una casa de estudiantes fuera del campus con otras tres chicas y todos los servicios están incluidos. Mi novio estaba en una situación difícil, así que le ofrecí quedarse conmigo hasta que se recuperara. Hace un año que vive conmigo sin pagar el alquiler. También es incómodo para mí saber que vivo con otras tres chicas y que mi novio siempre está aquí. Igualmente, como cuando los amigos de la Universidad quieren visitarnos, pero es como si nunca pudiéramos ser chicas y pasar el rato porque mi novio siempre está cerca.*

No me importaría tanto si al menos se ofreciera a ayudarme con cosas como sacar la basura, limpiar, comprar el jabón, pañuelos o el detergente para la ropa. A veces siento que es mi hijo porque estoy constantemente limpiando detrás de él.

Además, vivimos en el sur y él no tiene coche. Esto nunca fue un problema para mí, no soy vanidosa, pero siento que se aprovecha de mi amabilidad. Al principio no me importaba que manejara mi coche si tenía que hacer sus vueltas, pero ahora ha llegado al punto de que ni siquiera me pregunta si se lo puede llevar, simplemente, lo coge y se va. ¡¡¡¡Nunca se ofreció a cambiarme el aceite y nunca llena el depósito, sólo pone 10 dólares, lo que no sirve para nada!!!!

A veces me gasta toda la gasolina y cuando me subo al coche para ir a clase/trabajo tengo que dar la vuelta y echar más gasolina. Por no hablar de que siempre tengo que llevarlo de ida y vuelta al trabajo, a veces haciéndome llegar tarde a clase o al trabajo. Para empeorar las cosas, le pregunto constantemente si puede limpiar mi coche, lavarlo y nunca lo hace, pero se enoja cuando lo hago yo misma.

Como he dicho antes, este es mi último año en la universidad y me gradúo en mayo. Mi novio tiene un trabajo, pero también es un músico que se esfuerza. Entiendo que la escuela no es para todo el mundo, pero siento que necesita un plan de respaldo en caso de que su música no despegue.

Cuando le comento estos problemas, intenta hacerme sentir mal, describiéndome lo dura que fue su infancia y que su familia no tiene dinero como la mía. "No soy rica, pero mis padres trabajan muy duro". En su casa, su padre lleva años despedido y su madre es la única que lleva la comida. Me asusta que si continúo en esta relación vamos a terminar igual que sus padres. Aparte de todos los aspectos negativos, es un gran novio. Me pregunto si es hora de dejar ir a este gran novio porque todos estos aspectos negativos me están volviendo loca. A veces ni siquiera puedo mirarlo sin que me moleste.

# Capítulo 10
## Víctimas de manipuladores

Nadie quiere sentir que pierde el control de sus emociones, pensamientos y comportamientos. Ellos, sumadas, constituyen el criterio personal de cada individuo. Partiendo de esta premisa, creo imprescindible que conozcas más acerca del punto focal en el tema de la manipulación mental: las víctimas. Mucho se ha dicho e investigado acerca de las características más predominantes en los manipuladores de gran talla. Esto sugiere la necesidad de plantearnos la siguiente pregunta: ¿cuántos libros, películas, documentales e investigaciones se han llevado a cabo para determinar cuáles han sido las motivaciones o los disparadores que redundaron en la manipulación de los miembros de la secta La Familia, conformada por Charles Manson? Una cifra preocupantemente pequeña. Pero, en cambio, la cantidad de documentación publicada en torno al gran líder de la secta es monstruosa.

El misticismo y el encanto de este líder son de un magnetismo desbordante. Su sola presencia ejerce sobre quienes le rodean una fascinación sin compón. Esta es la única explicación del por qué se estudia tanto al manipulador en detrimento del manipulado. En pocas palabras: nos fascina aquello que no entendemos. Pero, si en caso contrario, consiguiéramos entender con mayor claridad cómo funcionan los distintos mecanismos que componen nuestra mente, entonces le prestaríamos más importancia a las características de quien ha sido abusado. Esto tiene mucho que ver con un tema de cultura o construcción social. De alguna manera nuestra atención tiende hacia lo macabro, lo complejo, lo difícil de entender. Para ser más claros: nos fascina saber más sobre aquello que, *creemos*, no nos pasaría a nosotros.

Me gusta pensar en los manipuladores como tiburones al asecho de una pequeña embarcación.

Seguramente has visto las versiones cinematográficas de *Tiburón*, ese clásico del cine que está basado en la película homónima de Peter Benchley. Pues bien, te diré lo que ocurre en la vida real: el tiburón ataca en el momento en que saborea un poco de sangre. Así funciona su instinto: un poco de sangre y el ataque será mucho más intenso. Lo mismo pasa cuando una persona manifiesta ciertas características frente a un manipulador: el ataque llegará. A partir de ahora, te pido que prestes entera atención al contenido que he dispuesto para ti. De esta manera podrás aplicar todos los correctivos que consideres pertinentes para no ser una presa fácil de todos esos tiburones que se encuentran siempre a la espera de su próxima víctima.

## ¿Qué características fascinan a los manipuladores?

Ha quedado claro que los manipuladores buscan, en esencia, socavar el poder y autocontrol de las personas. El único objetivo de estos pasa por eliminar el criterio propio de los demás para inocularles los suyos como si se tratara de un veneno indoloro. De esta manera garantizan que sus manipulados antepongan los deseos del manipulador a los propios. Se trata, en definitiva, de un juego de poder. En la medida en que cedemos el nuestro, nos preocupamos más por la felicidad de los demás. Es por ello que resulta tan preocupante que la manipulación mental se haga cada vez más común en la sociedad. A continuación, los rasgos característicos más buscados por quienes disfrutan de ejercer el control y la manipulación mental sobre otros.

### La inseguridad.

Los manipuladores prefieren personas que manifiesten problemas relacionados como inseguridad o dependencia emocional. Estos rasgos distintivos son especialmente atractivos para los controladores porque entienden, en cierto modo, el funcionamiento de la mente humana. La mala noticia en casos como este es que este tipo de personas son fáciles de reconocer. Por ejemplo: cuando alguien es inseguro suele estar a la defensa en situaciones de estrés o presión. Una corta conversación es suficiente para un gran manipulador; es lo único que necesita para identificar si eres una persona insegura, lo que le llevará a intensificar cualquier ataque. La ansiedad social es otra característica innata y muy detectable de las personas que sufren de inseguridad emocional.

### La sensibilidad.

Para empezar, ¿qué significa ser una persona sensible? Esto implica muchos aspectos genéricos, pero, en esencia, una persona sensible es aquella que entiende e interpreta lo que ocurre a su alrededor con una profundidad emotiva mucho más marcada. Claro está, a estos individuos no les gusta nada que esté mínimamente relacionado con la violencia o la crueldad en ninguna de sus formas. Ahora bien, ¿por qué la sensibilidad es tan bien apreciada por los manipuladores? Porque si eres sensible, eres presa fácil. Te explico la razón: un manipulador, como especialista en la dinámica emocional de la sociedad, apunta a objetivos sensibles porque le resulta fácil simular emociones, construir una falsa empatía. A partir de este momento, clavan sus garras.

### El miedo a la soledad.

Muchas personas tienen miedo a la soledad. La sencilla idea de morir solas les afecta en niveles muy profundos. En este sentido, son capaces de torcer sus propios cánones y percepciones para evitar a toda costa este escenario tan temido. Este miedo a la soledad es caldo de cultivo para los manipuladores, que ven en este tipo de individuos, potenciales víctimas. Un factor que le juega en contra a quienes temen a la soledad es que se apegan con mucha facilidad, al punto de parecer "pegajosas". De manera que un especialista lo notará rápidamente y, en definitiva, preparará el camino para manipularle desde su experiencia y agilidad.

### El idealismo.

Este es un rasgo distintivo que ha sido capitalizado a lo largo de la historia por distintos tipos de manipuladores. Si nos ubicamos en un contexto político, la sociedad alemana posterior a la primera guerra mundial era especialmente idealista desde un enfoque nacional. Por sentirse derrotados, buscaban cualquier símbolo que les devolviera la "grandeza de otrora". Es aquí donde manipuladores de la talla de Adolf Hitler ejercen toda su habilidad. Los idealistas son especialmente vulnerables porque suelen entregarse ciegamente a símbolos o pequeños profetas que simulen compartir su cosmovisión. Adeptos de alguna secta o de un culto religioso son solo algunos ejemplos para ilustrar este punto.

### Los que rehúyen enfrentamientos.

La ausencia de carácter, ¿conoces a alguien así? Son esas personas que, por miedo a enfrentar posibles discusiones, son capaces de hacerse a un lado. Este rasgo de personalidad es muy preocupante. Quien lo sufre no sabe cómo defender sus ideas, opiniones, proyectos o criterios. ¿Qué crees que ocurre con alguien así? En primer lugar, difícilmente consiga tener éxito en la vida, ya que esta nos enfrenta a desafíos cada día. Por otro lado, los manipuladores pueden tomar ventaja psicológica sobre ellos con un poco de presión. Sin embargo, se enfrentan a una reacción imprevisible. Este tipo de individuos terminan reaccionando de formas diversas tras años de represión y silencio acumulados

## No seas presa fácil

Sí, yo entiendo que nuestra personalidad es la suma de todas las experiencias y condicionamientos enfrentados a lo largo de la vida. Entiendo que es difícil cambiar algunos rasgos del *cómo somos*. Sin embargo, creo que es imprescindible si buscas evitar ser la presa fácil de la larga lista de manipuladores que están cada día al asecho. La idea es que te hagas consciente de tu propia felicidad, como fue mencionado anteriormente. En este sentido, ¿por qué poner tu plenitud emocional en manos de un controlador que no quiere sino imponerte su criterio y su forma de ver el mundo? No olvides que los manipuladores trabajan para sí mismos. Te utilizan, te marcan, te socavan. Dicho esto, ¿qué sentido tiene ser una víctima accesible?

No te pido que te transformes en un muro de insensibilidad y frivolidad. Todo lo contrario, sigue siendo quién eres, pero hazlo con toda consciencia. Tienes la posibilidad de mejorar aspectos de ti, pequeñas características que no solo te harán mejor persona, sino que te mantendrán alejado de quienes buscan hacerte daño, dominarte y quitarte el control de tu vida. Si habiendo leído el segmento anterior, te reconociste en alguno de los ítems expuestos, ¿qué esperas? ¿Quieres que alguien más domine tus actos como si fueses una marioneta? Estoy seguro de que no quieres tal cosa. Porque... ¡no eres una marioneta!

Eres un ser humano repleto de habilidades, destrezas, oportunidades de mejora y sueños. Sobre todo, sueños. No podrás alcanzar tus objetivos vitales si te dejas manipular por los demás. De manera que se hace menester que elimines de ti todos esos rasgos mencionados anteriormente. De lo contrario, trabajarás toda tu vida para alguien más, no para ti. Verbaliza lo que has sufrido, identifícalo y aplica correctivos. Permítete curarte.

A continuación, un interesante fragmento extraído del libro El acoso moral, de Marie France Hirigoyen:

> El hecho de nombrar la manipulación perversa no conduce a la víctima a repetirse, sino que, por el contrario, le permite liberarse de la negación y de la culpabilidad. Quitarse de encima el peso de la ambigüedad de las palabras y de los asuntos silenciados facilita el acceso a la libertad. Para ello, el terapeuta debe permitir que la víctima vuelva a confiar en sus recursos interiores. Sean cuales fueren las referencias teóricas del psicoterapeuta, debe sentirse lo suficientemente libre en su práctica como para comunicar esa libertad a su paciente y ayudarle así a sustraerse al dominio.

# Capítulo 11
# Efectos de una persona manipuladora sobre otros

Se habla, quizás demasiado, de los manipuladores, lo que en mi opinión es un error de enfoque absoluto. La prioridad, en cualquier escenario, es la víctima. Pretendo entonces, ayudarte a entender cuáles son esos efectos de una persona manipuladora en los demás. ¿Qué hacer? ¿Cómo blindarte de estos especialistas en el arte del control mental?

Desde la empatía, creo que es fundamental entender cuáles son estos efectos en las personas; de esta manera, dadas determinadas circunstancias, podríamos ofrecer una mano amiga a quien lo necesita. Recuerda que la vida a veces puede tornarse compleja, insostenible o difícil, pero todos los huracanes pasan. O como dicen por allí: es más oscuro cuando está por amanecer. De esta manera, me gustaría mostrarte como una especie de guía. Un pequeño manual para que sepas reconocer estos efectos en las personas de tu entorno y, si lo consideras pertinente, ofrecer tu ayuda. No olvides que un gran poder, con lleva una gran responsabilidad.

## Efectos de la manipulación emocional.

Esta es una lista de efectos de la manipulación emocional en las personas. Estos efectos, a largo, plazo te ayudarán a identificar la acción de un manipulador en tu entorno social inmediato.

### *Aislamiento.*

Un efecto muy común de los manipuladores en otras personas es hacer de estos últimos individuos aislados, que prefieren la contemplación antes que la acción. En vista de que la manipulación emocional lleva a las personas a dudar de sí mismas, afectando su autoestima, es lógico que quien lleve mucho tiempo sometida a un tipo de control emocional externo limite su vida a la contemplación. Esto se debe a que el manipulado se siente incapaz, dañado, poco apto para tomar acciones pertinentes en escenarios específicos. Se trata, en definitiva, de una secuela natural de alguien con una autoestima prácticamente nula.

### *Constante juicio sobre otros.*

Las personas que han sido manipuladas emocionalmente por un prolongado periodo de tiempo, como se vio en el ítem anterior, prefieren abstenerse de tomar posiciones protagónicas frente a las circunstancias de la vida. En contraparte, prefieren emitir juicios de distintos tipos. Esta es la forma en la que ellos se sienten en control, luego de pasar mucho tiempo sin control. Las herramientas para superar estos efectos son la compasión, el autoconocimiento y la aceptación. En la medida en que incluyamos estas bondades en nuestros sistemas de creencia, conseguiremos una actitud mucho más activa frente a las distintas eventualidades de la vida.

### Necesidad de aprobación.

Otro de los efectos palpables de los manipuladores en la vida de los manipulados es que les obligan (inconscientemente, tras años de abuso) a requerir la aprobación constante por parte de todos. Esto incluye tanto a las personas que conforman su entorno social inmediato como a aquellos que no tienen mayor representación en la vida del individuo. Tiene sentido si lo analizamos: luego de sentir que por mucho tiempo no hemos sido *suficientemente buenos* para alguien, el instinto del individuo manipulado le lleva a esforzarse a niveles insospechados para conseguir cualquier aprobación posible, incluso la de aquellos a quienes no conoce.

### Resentimiento.

El resentimiento es una característica adquirida luego de un tortuoso proceso de manipulación emocional. Este se manifiesta en actitudes como: irritabilidad, mal humor constante, impaciencia y sentimientos de culpa. Una vez más, es la consecuencia de años de abuso y de destrucción psíquica. Por ejemplo, si por mucho tiempo alguien ha estado siendo manipulado, eventualmente creerá que es incapaz de llevar a cabo acciones prudentes o sensatas. Recuperar la autoconfianza puede ser, para muchos, un desafío altamente complejo, y a menudo es el resultado de "no haber dado la talla" durante un prolongado período de tiempo. Dicho de otro modo, después de que alguien te trata mal, ver actitudes optimistas en los demás se tornará difícil.

### Ansiedad y trastornos depresivos.

Sentirnos ansiosos es un efecto lógico tras haber sido manipulados emocionalmente durante mucho tiempo. Por ejemplo, cuando nos han mentido muchas veces (esto aunado a los sentimientos de culpa que nos transmiten los manipuladores más hábiles), terminamos por adoptar las mentiras como parte de la dinámica social. Además, existe evidencia documentada de que estar atrapados en un patrón de abuso emocional puede situarnos en el complejo escenario de un trastorno depresivo. La buena noticia es que estas son secuelas curables, por lo que basta cambiar el chip, poner distancia y trabajar en nosotros mismos.

## Efectos de la manipulación psicológica a corto plazo

También existen, en mayor número, efectos a corto plazo de la exposición a la manipulación psicológica. A continuación, una lista de los efectos más comunes y dañinos en lo relacionado a este tipo de abusos:

### Evitar el contacto visual.

El manipulador ejerce un dominio en el manipulado a niveles tan profundos que, pronto, este termina habituándose a la necesidad de esconderse. A menudo, quien se ha expuesto demasiado a la manipulación psicológica, termina por evitar todo tipo de contacto visual. Esto con la ilusión de sentirse protegido. Quien evita el contacto visual piensa que de esta manera evitará ser molestado por su manipulador. En líneas generales, este es un rasgo que aplica en cada uno de sus relacionamientos sociales. Así, la persona manipulada cree estar a salvo. Es como cuando siendo niños tenemos la certeza de que al cerrar los ojos con fuerza el monstruo desaparecerá. Lamentablemente, este es un efecto que se presenta a muy corto plazo.

### Exceso de prudencia.

Como si se tratase de un derivado del miedo, otro efecto que contagia el manipulador en su víctima es la necesidad de pensar y repensar cada acción, por pequeña que esta sea. ¿A qué se debe esto? Precisamente al debilitamiento de nuestra autoestima. Conforme el manipulador nos hace sentir menos capaces de tomar acciones adecuadas, nos cohibimos de hacerlo. Pensar excesivamente en cada acción antes de tomarla es una consecuencia directa de las incongruencias en nuestra autoconfianza. Muchas veces, el manipulado justifica esta inhibición como "prudencia" cuando en realidad es temor a molestar o enojar a su victimario.

### Inseguridad.

Lo he mencionado anteriormente. La característica principal de un proceso de manipulación psicológica es la destrucción parcial o total de nuestra autoconfianza. No nos sentimos óptimos para tomar buenas decisiones, para actuar adecuadamente. En consecuencia, limitamos nuestra participación en cualquier estadio social solo para evitar que el manipulador se moleste o se irrite. Este efecto, se extiende a casi todos nuestros pensamientos. ¿Has cuestionado alguna vez tus decisiones? Esto es el resultado del reproche constante de quien ha tomado el control de nuestra forma de ver el mundo. Como he dicho, una consecuencia inequívoca de la manipulación psicológica.

### Pasividad.

Ser pasivo termina convirtiéndose en una especie de escudo que nos protege de reproches, reclamos o cuestionamientos por parte del manipulador. Este, al adentrarse en nuestra visión a través de la imposición de sus criterios, socava significativamente nuestra capacidad de actuar o de decidir, en distintos ámbitos de la vida. Dicho de otra manera: la pasividad es una respuesta inmediata del manipulado, que solo busca un espacio de neutralidad en el que no se cuestione cada una de sus decisiones. El miedo a ser juzgado es, nuevamente, el punto focal y determinante.

### Sentimientos de culpa.

Es posible que te culpes a ti mismo por la presencia de un manipulador que te ha subyugado a placer. Los sentimientos de culpa son frecuentes en aquellas personas que han visto o sentido la acción constante y asfixiante de un manipulador. En este sentido, una relación basada en la manipulación psicológica es una bomba de tiempo que funciona de forma unilateral. Es decir, solo existe una víctima. La verdad es que la sensación de culpabilidad puede tener una razón de ser anterior al acto de manipulación, pero en la mayoría de los casos esta no es más que una consecuencia natural del abuso psicológico al que la persona ha estado expuesta por mucho tiempo.

# Capítulo 12
# La culpa, la lástima y la intimidación.

Comprender cuáles son los efectos más nocivos que un manipulador ejerce sobre sus víctimas es una necesidad. En un contexto donde el contrato social nos exige cada vez más en relación con nuestros contemporáneos, resulta menester el conocimiento de todas las secuelas que nos puede dejar la exposición prolongada a ciertos tipos de abusos. La dependencia afectiva, la manipulación psicológica y emocional, entre otros. Todos los elementos que nos permitan establecer la dinámica mediante la cual nuestro sistema conductual se ve mermado y socavado como consecuencia del control emocional, son especialmente necesarios al momento de entender la relevancia del tema que aquí nos atañe.

Con todo esto, busco brindarte información certera acerca de cómo la manipulación emocional nos modifica desde adentro hacia afuera en términos de comportamiento y relacionamiento con los demás. Para nadie es un secreto que quien por años ha padecido algún tipo de abuso emocional o psicológico, desarrolla nuevas formas de relacionarse con su entorno. Esto, desde luego, en términos negativos. Ha quedado claro que una de las consecuencias inequívocas de todo proceso de manipulación mental es la deconstrucción casi absoluta de nuestros sistemas de afrontamiento. En otras palabras: conforme nos manipulan, menos capaces somos de reaccionar ante las distintas eventualidades presentes en el día a día.

Siguiendo este orden de ideas, quiero hablarte de la clasificación de 3 de las secuelas más corrosivas en cuanto a la manipulación mental, La culpa, la lástima y la intimidación. De esta manera, pretendo darle continuidad al análisis de las consecuencias que la manipulación mental tiene en nuestras vidas.

Recuerda que, si te has sentido alguna vez manipulado, no eres el culpable. Está claro que estos individuos trabajan con base a una amplia experiencia en el campo del control mental. Ellos se aprovechan de ciertas características para identificar a sus víctimas. De manera que, aunque hoy te acompañen sentimientos de culpa, es fundamental que aceptes esta realidad como uno de los muchos otros resultados en la constante interacción social de la vida. Ahora, si bien es cierto que no eres culpable de haber sido manipulado emocionalmente por alguien más, tienes en tus manos la responsabilidad de cambiar, de blindarte, de perfeccionar tus defensas para evitar que este tipo de trampas se repitan en el futuro. De allí la importancia de los conceptos ofrecidos a continuación. Para ello, te invito a que continúes la lectura y sigas robusteciendo tus conocimientos en torno al funcionamiento de la mente y conducta humana.

# Culpa

La culpa no solo se trata de una estrategia del manipulador para apropiarse de tus emociones. Es también un efecto lógico de la interacción con un especialista en el control mental. Como te he mencionado en capítulos anteriores, la culpa es uno de los efectos más comunes y corrosivos para las víctimas de manipulación mental (psicológica o afectiva, activa o pasiva), por lo que el primer paso para superar los sentimientos de culpa que se agolpan en nosotros es, en definitiva, aceptar que hemos sido heridos en nuestra constitución como seres humanos.

El hecho de haber sido violentados emocionalmente no significa que seamos directos responsables de lo sucedido. Recuerda que un manipulador es, por naturaleza, experto en ciertos menesteres. Entre ellos, el de identificar las vulnerabilidades de las personas. Piensa en ellos como en esos depredadores que tantas veces hemos visto en los documentales de la vida animal, porque es precisamente lo que son.

Del mismo modo que un depredador asecha a su presa hasta que encuentra el momento exacto para atacar, lo mismo hace un manipulador en distintos ámbitos de la vida social. Como fue referido en capítulos anteriores, estos tienen la capacidad de identificar a las personas más vulnerables debido a ciertas características específicas. Por ejemplo, si eres una persona que rehúye del conflicto, eres presa fácil para quien ha desarrollado la habilidad de manipular emocionalmente a los otros. Una de las consecuencias directas es el sentimiento de culpa.

La buena noticia es que puedes liberarte de estos sentimientos con algunas tácticas que apuntan a reprogramar tu estructura de pensamientos, a cambiar tu chip. A continuación, 3 recomendaciones prácticas para dejar de tener sentimientos de culpa en tu vida.

- Poner las cosas en perspectiva.

Por naturaleza humana, tenemos la tendencia a darle más importancia a las emociones o circunstancias negativas, que a aquellas que nos resultan agradables. En este sentido, es importante que aprendas a poner las cosas en perspectiva. Observa y evalúa los acontecimientos de tu vida desde distintas posiciones, así encontrarás soluciones prácticas desde perspectivas diametralmente opuestas.

- No interpretes la vida en blancos o negros.

Otro de los enfoques que te ayudarán a soltar esos sentimientos de culpa que te agobian es entender que la vida va mucho más allá de términos absolutistas. El mapa personal de cada individuo se compone por sus subjetividades y condicionamientos. Actuamos de acuerdo a experiencias pasadas que nos resultaron particularmente difíciles. Este es el modo en que nuestro cerebro nos protege de emociones negativas. Sin embargo, cuando nos centramos en *leer* la vida en términos de blancos y negros tomamos decisiones radicales que no necesariamente implican funcionalidad. La vida, por supuesto, está llena de múltiples matices. Deja los blancos y negros para los tableros de ajedrez.

- Acepta que la culpa no te lleva a ningún lado.

¿Por qué alimentar sentimientos de culpa cuando estos no nos llevan a ningún lado? Si nos apegamos a un objetivo de vida, los especialistas y líderes de la literatura de desarrollo personal nos recomiendan que tracemos pasos y tareas solo si esta nos acerca a nuestro propósito. No tiene sentido desperdiciar energías y salud en cuestiones que no aportan valor a cada una de tus búsquedas personales. Es bien sabido que muchas veces la culpa funciona como combustible, como una fuente positiva de motivación. Sin embargo, en la mayoría de los casos esta consume todo cuanto hacemos, ya que se establece como un patrón de pensamientos en nuestra mente, limitando nuestra reacción y nuestros mecanismos de afrontamiento.

## Lástima

Para nadie es un secreto que la lástima es una de las estrategias mediante las cuales un manipulador nos mete en su juego mental. Pero, ¿qué pasa cuando la lástima pasa de ser una forma de violencia y se establece como una secuela de la manipulación emocional?

Sentir lástima por ti mismo es una respuesta inmediata y lógica de tu mente luego de ser violentada en términos emocionales y psicológicos. El ser humano alimenta una tendencia ciega a sentir más intensamente las emociones negativas que las positivas, de manera que cualquier daño que hayamos sufrido se instala con mayor facilidad en nuestras programaciones mentales. Este tipo de condicionamientos es altamente perjudicial en nuestro desarrollo personal, ya que nos impide dar pasos sólidos hacia la consecución de nuestros objetivos.

Es fundamental, en principio, que reconozcas que sentir lástima por ti mismo no agrega valor positivo a tu vida. Si bien es cierto que no puedes culparte por haber caído en una dinámica de manipulación mental o psicológica, sí es tu responsabilidad tomar todas las acciones correctivas que consideres pertinentes para retomar el control de tus decisiones y comportamientos. En general, de tu vida.

La aceptación, en este caso, adquiere especial importancia. Acepta que la vida tiene momentos difíciles, que las circunstancias adversas forman parte del camino. Este ejercicio te ayudará a reconectarte con tu esencia, con lo que eres y con aquello que quieres alcanzar. Todos estamos expuestos a ser manipulados emocional o afectivamente. La cuestión está en cómo reaccionamos cuando esto sucede. Podemos cruzarnos de brazos y esperar que pase el huracán o buscar dónde guarecernos mientras esto ocurre.

Independientemente de las eventualidades enfrentadas, el enfoque es determinante porque solo a través de él somos capaces de seguir adelante.

Esto es lo que la psicología llama resiliencia, un término relativamente nuevo que representa la capacidad de un individuo para sobreponerse a eventos especialmente trágicos.

La buena noticia es que existen algunas tácticas que funcionan como un interruptor. Estas prácticas, llevadas a cabo con constancia y autoconsciencia, te ayudarán a dejar de sentir lástima contigo mismo. Solo así te liberarás del manipulador, que por un tiempo puso en jaque tu felicidad.

- Sal momentáneamente de ti mismo al practicar la bondad con otras personas.
- Plantéate nuevas metas.
- Permítete ayuda profesional o ingresa en un grupo de apoyo.
- Recuerda todas las cosas buenas que hay en tu vida.
- Piensa (de forma amigable) en tu futuro.

No olvides que tu tranquilidad emocional es el primer objetivo. Una vez que consigas un nivel óptimo de equilibrio afectivo, tendrás mayores probabilidades de encauzar tu vida hacia las metas que has pensado como plan de vida. Como habrás notado, muchas de las tácticas ofrecidas anteriormente pasan por sacarte de ti mismo. Cuando sentimos lástima por nosotros mismos, estamos atrapados. La fórmula es salir. Despréndete por un momento de aquello que crees que no está bien en ti y enfoca tus energías en ayudar a otras personas. Una simple conversación puede ser suficiente para ayudar a alguien más. La buena noticia es que, al hacerlo, también te permites sanar.

## Intimidación

La intimidación es una de las armas secretas de los manipuladores. Esta estrategia puede ser puesta en práctica en distintos niveles, muchos de los cuales pasan inadvertidos en la mayoría de los casos. Conviene identificar con precisión estos chantajes para no caer nunca más en las redes de quienes viven para destruir nuestra visión en aras de sus beneficios personales. ¿Por qué es tan importante hablar de la intimidación como arma? Esta no solo es una estratagema frecuente, sino que puede tornarse imperceptible para el individuo manipulado.

Al igual que otras técnicas como el silencio, la proyección, la minimización o el victimismo, la intimidación es una práctica que puede asentarse en el relacionamiento social entre dos individuos. Bien sea en el contexto de una relación romántica como entre dos amigos. Sea cual fuere tu caso, es imprescindible que aprendas a reconocerlos para evitar males mayores. En resumidas cuentas, quien ejerce la intimidación se caracteriza por:

- Amenazar frecuentemente.
- Exigencia desmesurada.
- Imprevisibles cambios de humor.

No obstante, existen pequeñas formas de darle un giro de tuerca a esta situación. Si sientes que te manipulan a través de la intimidación, puedes aplicar las siguientes recomendaciones:

- No te culpes.
- Di "no" cuando lo consideres necesario, sin miedo.
- Hazte consciente de las consecuencias de la intimidación.
- Aléjate del manipulador, establece distancias claras.

# Capítulo 13
## La autoestima

Ningún ser humano puede alcanzar sus objetivos sin poseer una buena autoestima. Si has sido víctima de manipulación emocional durante un prolongado espacio de tiempo, es probable que tu autoconfianza y autopercepción se haya distorsionado significativamente. En consecuencia, encontrarás mayores dificultades en el camino hacia la concreción de tus objetivos. Los tres ejes que constituyen que explicare son: la importancia de la autoestima, cómo construir una autoestima de acero y, en última instancia, cuáles son los beneficios por los que vale la pena trabajar en ti.

¿Quién no ha sentido alguna vez que carece de las habilidades para ser exitoso? Si bien es cierto que esta es una sensación presente en un considerable porcentaje de individuos, su impacto es mucho más profundo en aquellas personas que han sufrido múltiples abusos psicológicos y afectivos. Sea cual fuere tu caso, es innegable que trabajar en ti y en lo que sientes en relación a ti como individuo, es una tarea que todos deben cumplir en aras de su plenitud y felicidad. Una excelente opinión sobre ti mismo es la clave para sentirte capaz de cualquier cosa.

En este sentido, las personas que se hacen responsables de sí mismos, tratándose con amabilidad, incluso en medio de las adversidades más complejas, están preparadas para llegar a la cima. Y, ¿quién no sueña con una vida plena y rebosante de felicidad? Sin embargo, para alcanzar el nivel óptimo de plenitud, la autoestima juega un papel fundamental. No olvides que tú eres el activo más valioso en tu vida. De manera que puedes lograr todo lo que te propongas siempre y cuando tu mente y tus conductas estén alineadas en la dirección correcta.

La vida misma nos exige valentía y coraje. Nuestra historia personal pudo impulsarnos a determinados comportamientos; no obstante, está en nosotros hacer todos los ajustes necesarios para retornar al sendero. No olvides que, como víctima, no eres culpable de tu situación actual, pero sí de mejorar esas condiciones. Para ello, este capítulo.

## ¿Por qué es tan importante tener una autoestima saludable?

Parece una obviedad, pero es preocupante la cantidad de personas que tienen dudas (serias, por cierto) sobre ellas mismas. Sí, te concedo una cosa: la vida puede ser definitivamente compleja. En algunos casos, cada pequeño paso supone un desafío para quien se enfrenta a circunstancias especiales. Sería un despropósito negar que el contexto y las circunstancias externas muchas veces promueven este tipo de sensaciones en nosotros mismos. ¿Quién no se ha sentido impotente ante determinada problemática? ¿Quién no ha fallado en el camino? ¿Quién de nosotros no ha estado a punto de darse por vencido? Nadie podría emitir juicios de valor en términos de resistencia porque, como he repetido en varias ocasiones, cada ser humano es distinto. De manera que, despreocúpate, mi intención jamás será juzgarte. Solo busco ayudar.

Ahora bien, en el caso de las personas que han tenido que soportar años de maltratos psicológicos (entiéndase: manipulación emocional, afectiva o abusos de diversas índoles), el impacto suele ser mucho más profundo. Pongamos por ejemplo a una mujer que por años estuvo encerrada en un marco de abusos emocionales dentro de su vida familiar, en su matrimonio. Si el manipulador basó su dominio en la minimización, en el constante desprecio e incluso en la indiferencia, es totalmente comprensible que uno de los efectos desarrollados por parte de la manipulada sea el de creerse menos que otras personas. Si conoces a alguien así, entonces es fundamental que entiendas que sus patrones conductuales son la consecuencia de la exposición al abuso.

Todos estamos expuestos, en cierto sentido, a ser manipulados por alguien más. Puede darse el caso de que seamos muy entregados, este tipo de personas es presa fácil de los expertos en el control mental a través de las emociones. Lo que sugiere una mayor probabilidad de desarrollar complejos de inferioridad en relación al resto de individuos. Pero, ¿por qué es tan importante, entonces, promover un cambio radical en términos de autoconfianza y autopercepción? Como te mencioné al principio de este capítulo, si no te crees capaz... no lo serás. En otras palabras, cuando alguien se deja vencer por un sistema de creencias pesimista (lo que los especialistas en la neurociencia llaman creencias limitantes), no tomará acciones concretas para llegar a su meta.

Quiero darte otro ejemplo: si un atleta ha desarrollado complejos de inferioridad, ha visto atrofiarse su autoestima y autoconfianza, no trabajará al cien por ciento de sus capacidades. Independientemente de si es un virtuoso o el mejor de su generación, en su mente él no lo acepta, se limita. En resumidas cuentas, cada esfuerzo que haga para mejorar sus registros atléticos, lo hará condicionado por sus propias limitaciones mentales. No cree en sí mismo, entonces, ¿por qué esforzarse si, en definitiva, no tiene las habilidades y destrezas para ser el mejor atleta? Esto es lo que pasa por la mente de alguien que no se siente lo suficientemente valioso como para intentarlo con todas sus fuerzas. Es un escenario muy común entre aquellos que han sufrido abusos emocionales.

## ¿Quieres construir una autoestima de acero?

## ¡Te digo cómo!

La buena noticia es que el atleta del ejemplo anterior puede reprogramar su mente. Sí, reprogramarla. Como si se tratase de un ordenador informático. Y es que, en esencia, nuestro cerebro funciona del mismo modo que una computadora cualquiera. Claro está, las diferencias cualitativas entre la mente humana y la computadora más compleja de la humanidad son superlativas. Es bien sabido que el cerebro humano es el conjunto de mecanismos más portentoso que se haya descubierto a la fecha.

Para confirmar esto, basta pensar en las grandes maravillas que han surgido de su actividad. Obras arquitectónicas, teorías científicas que demuestran cuestiones tan complejas como el inicio del universo, obras de arte, monstruosos avances de la ingeniería. Todas estas son pequeñas evidencias de lo que el ser humano, a través de su mente, es capaz de hacer.

Dicho esto, ¿imaginas cuán poderosa puede llegar a ser nuestra mente si sabemos aplicar los ajustes necesarios? Incluso el más arraigado de los hábitos puede ser suprimido o sustituido si sabemos cómo hacerlo. Lo mismo ocurre con las estructuras de pensamientos que albergamos en nuestro interior. Cabe destacar, en este sentido, que la autoconfianza es una de esas armas que el ser humano puede desarrollar y ejercitarla como si se tratase de un músculo cualquiera.

Pero, ¿cómo hacerlo? ¿Has pensado alguna vez en cuáles serían los pasos o las tácticas a seguir para mejorar tu autoestima? Te propongo, antes de continuar, que olvides momentáneamente al manipulador que intentó destruir tu ego y tu autopercepción. No te pido que lo olvides del todo porque puede ser contraproducente. Solo quiero que le restes poder a su presencia en tu vida. Hazte consciente de que tienes el poder para cambiar eso que está ligeramente averiado en tu opinión sobre ti mismo. ¿Listo? Bien, por favor lee con atención las siguientes recomendaciones porque estas, llevadas a cabo, transformarán tu vida. Te ayudarán a reconectarte contigo mismo: con ese *yo* valioso que se ha escondido pero que jamás desaparece.

### *Recuerda las cosas que has logrado.*

Sé que cuando tenemos una percepción de nosotros mismos muy distorsionada, nos cuesta encontrar aspectos en los que somos buenos. Claro que entiendo la posición de esas personas porque yo mismo he estado allí. Y aquí tenemos un punto importante. Yo mismo he conseguido salir de ese oscuro túnel que es la baja autoestima. Para lograrlo, me propuse cada día, antes de dormir, un pequeño ejercicio: cerrar los ojos y ejercitar la memoria.

El hecho de que las emociones positivas sean menos "rimbombantes" que las negativas, no significa que pasen al olvido con facilidad. Remueve los anales de tu memoria, busca entre esos muebles mohosos que están en tu mente. Estoy seguro de que encontrarás momentos, cosas, pequeños logros que te recordarán las cosas buenas que has logrado. Absolutamente todos los seres humanos hemos alcanzado pequeñas o grandes metas. La idea es que te reconectes con tu *yo* exitoso. No olvides que existe, solo debes encontrarlo.

### *Evita en lo posible las comparaciones.*

¡Es una clave en el proceso de saneamiento! Tiene mucha razón esa frase popular que dicta que las comparaciones son odiosas. En efecto, lo son. Nos sitúan en una perspectiva desventajosa, nos mide de acuerdo a conceptos y circunstancias muchas veces carentes de todo equilibrio. No te voy a engañar, cuando nos comparamos siempre hallamos a alguien más que parece mejor que nosotros en algunas cosas. Pero, ¿qué sentido tiene compararte con los demás?

A cada ser humano lo conforman factores como: experiencias, formación académica, rasgos de carácter, condicionamientos, miedos, entre otros. Partiendo de todas estas variables, ¡nunca se parte de la misma línea de arranque! Evita en lo posible compararte con otras personas y reconoce que tú tienes cosas valiosas en tu interior, que tienes habilidades y destrezas perfectibles, que eres tú mejor recurso.

### *Utiliza un diario para dialogar contigo mismo.*

La utilización de un diario es uno de los consejos más difundidos por la literatura de superación personal e incluso por especialistas de la psicología social o la psiquiatría. El efecto de empezar un diario es inmediato. Imagina el desorden de pensamientos que día tras día pululan en tu cerebro. Son incontables, sobra decir. Es como entrar en una habitación desordenada. Cuando incorporamos a nuestra vida el hábito de la escritura, verbalizamos esos pensamientos o reflexiones. No necesariamente tienes que escribir cosas profundas. Eso murió con André Gide. Limítate a trasladar al lenguaje de las palabras lo que sientes, o sentiste, durante distintas etapas del día, e incluso de tu vida.

# Capítulo 14

# ¿Por qué es tan importante saber y entender la persuasión?

Este capítulo puede ser tomado como la continuación del capítulo 5, donde me referí a las principales diferencias conceptuales y prácticas entre los conceptos *persuasión* y *manipulación*. En aquel momento, utilicé la siguiente definición para tipificar lo que representa, en líneas generales, la persuasión: habilidad para convencer a otros. En un mundo tan cambiante y lleno de competitividades de todo tipo, es más que necesario desarrollar la destreza de la persuasión. Esta, mayormente utilizada por profesionales de las ventas o de las ciencias políticas, es aplicable casi en cualquier ámbito de la vida misma. De hecho, cualquier evento que requiera el relacionamiento entre dos o más individuos es un escenario propicio para ponerla en práctica.

Busca profundizar en algunas de las características que hacen de la persuasión una herramienta que conviene conocer a profundidad. Esto, por dos razones esenciales:

1. Para no vernos influenciados por cualquier individuo.
2. Para ponerla en práctica en cualquiera de los posibles escenarios que nos plantea la vida.

Por ejemplo, si tú eres vendedor, necesitarás sí o sí ser persuasivo. Tu carrera dependerá exclusivamente de la capacidad que hayas desarrollado para convencer a otras personas de que el producto o servicio que comercializas es tan necesario como vital en sus vidas. En caso contrario, si no consigues ser persuasivo, no podrás alcanzar el éxito. Puede que esto suene un poco frívolo, pero tal como ha sido constituido el mundo en que hoy vivimos, la persuasión es fundamental.

Ahora, quien entiende cómo funciona la persuasión, difícilmente será influenciado por malas ideas o malas prácticas. Esto no quiere decir que te estés protegiendo de manipuladores emocionales, sino que repliegas todas tus defensas para evitar, por ejemplo, que te convenzan de comprar algo que en realidad no necesitas. Claro está, todos tenemos características asociables a un persuasor cualquiera. De hecho, es muy probable que, inconscientemente, hayamos persuadido a otros.

La cuestión aquí no es presentarte al persuasor como un monstruo mítico del que debes protegerte. Todo lo contrario, conforme entiendas la dinámica en que se mueve un persuasor, podrás reconocerlo con mayor facilidad y activarás tus defensas. También creo importante que te permitas la experiencia de conocer un poco más acerca de los beneficios de la persuasión y de cómo puedes convertirte en uno de ellos sin que esto implique renunciar a tus principios básicos.

En resumidas cuentas, la persuasión forma parte del día a día. Está en ti incluirla dentro de tus competencias diarias. En lo personal, creo que es una buena opción desde cualquier punto de vista. Tanto para entornos sociales como para desarrollarte más apropiadamente en un mundo profesional y voraz, en el que convencer a otros parece ser una necesidad medular.

## ¿Cómo mejorar tus habilidades persuasivas?

La persuasión tiene connotaciones negativas porque es asociada a la manipulación emocional o psicológica. Sin embargo, las diferencias son bastante claras en cuanto al fin. Mientras que los persuasores expertos quieren convencerte de algo (sin permitirse, por ello, ser invasivos), los manipuladores trabajan desde la deconstrucción: distorsionan tu visión del mundo a través de las emociones, para implementar las suyas. De manera que no es conveniente tomar la persuasión como algo intrínsecamente negativo.

Ahora, si lo que te interesa es mejorar tus posibilidades de éxito, tanto profesional como socialmente, estas son algunas técnicas o recomendaciones que deberás poner en práctica para mejorar tus habilidades persuasivas. ¿Estás listo?

### *Haz tu tarea.*

Una de las características primordiales de los grandes persuasores es que hacen su tarea al dedil. Investigan todo cuanto sea necesario para conocer a su audiencia, el contexto y las circunstancias específicas en que entrarán en juego. Para persuadir a alguien debes establecer una credibilidad. Si, por el contrario, te muestras inseguro de lo que dices o de lo que intentas transmitir, la credibilidad se pierde y con ella tus posibilidades de éxito. Un buen persuasor domina el tema casi sin hablar. De hecho, se dice que la labor de un persuasor eficiente es precisamente escuchar con atención en lugar de disparar palabras por doquier.

El posicionamiento es algo (la percepción) que ocurre en la mente del mercado objetivo. Es la percepción agregada que el mercado tiene de una empresa, producto o servicio en particular en relación con sus percepciones de los competidores de la misma categoría. Sucederá tanto si la dirección de una empresa es proactiva, reactiva o pasiva respecto al proceso en curso de evolución de una posición. Pero una empresa puede influir positivamente en las percepciones a través de acciones estratégicas inteligentes.

En marketing, el posicionamiento ha llegado a significar el proceso por el que los profesionales del marketing intentan crear una imagen o identidad en la mente de su mercado objetivo para su producto, marca u organización. Es la "comparación competitiva relativa" que ocupa su producto en un mercado determinado, tal y como lo percibe el mercado objetivo.

El reposicionamiento implica cambiar la identidad de un producto, en relación con la identidad de los productos de la competencia, en la mente colectiva del mercado objetivo.

El desposicionamiento consiste en intentar cambiar la identidad de los productos de la competencia, en relación con la identidad de su propio producto, en la mente colectiva del mercado objetivo.

**¿Qué siete conceptos son fundamentales para el posicionamiento de la marca?**

1. La percepción (la de ellos, no la tuya)
2. Diferenciación
3. Competencia
4. Especialización
5. Simplicidad
6. Liderazgo
7. Realidad

**Para vender conceptos, productos y servicios, los profesionales del marketing tienen que entender cómo funciona la mente:**

1. La mente es un contenedor limitado.
2. La mente crea "escaleras de productos" para cada categoría (coches, pasta de dientes, servicios de contabilidad, hamburguesas, etc.) Siempre hay un peldaño superior y otro inferior en cada categoría.
3. La mente sólo puede recordar siete elementos en una categoría de alto interés. La mayoría de las personas sólo recuerdan dos o tres elementos de una categoría.
4. En la escala de productos, las posiciones uno y dos suelen representar más del 60% de las ventas de esa categoría. En otras palabras, las Posiciones Tres, Cuatro y Posteriores no son rentables.
5. La mente odia la complejidad. Para la mente, la complejidad es igual a la confusión. La gente no tiene tiempo para entender la confusión.
6. La mejor manera de entrar en la mente es SIMPLIFICAR en exceso el mensaje.
7. El posicionamiento más poderoso es reducir tu mensaje a una palabra simple y fácil de entender.
8. Las mentes son inseguras. La mayoría de la gente compra lo que otros compran: es la "mentalidad de rebaño".
9. Las mentes no cambian fácilmente.

### Aférrate a los puntos en común.

Una vez hallados los puntos en común, aférrate a ellos como si se te fuera la vida. Para nadie es un secreto que las personas se sienten más cómodas cuando hablan de cosas que conocen, de temas que dominan a la perfección, de anécdotas que involucraron para ellos emociones fuertes e inolvidables. Hablar sobre áreas similares de experiencia puede abrirte todas las puertas necesarias de todas las personas que quieras. Esto significa establecer un terreno sólido para transmitir tu idea.

### Sé empático.

*Hay una historia sobre dos escépticos que asistieron a un taller de curación de la nueva era. El taller les pareció ridículo y poco científico. Cuando los organizadores del taller aceptaron preguntas, uno de los participantes preguntó si el proceso de curación que vendían curaría el insomnio. Dijeron que sí. Otro preguntó si le ayudaría a mantenerse despierto durante más tiempo. Dijeron que sí. Los escépticos se levantaron y señalaron que era imposible que el mismo proceso ayudara a alguien a mantenerse despierto y a dormirse. Procedieron a desmentir las afirmaciones de los organizadores.*

*Al final del seminario, había el doble de inscripciones que de costumbre.*

*Cuando los escépticos preguntaron a los asistentes -¿por qué os habéis apuntado si lo hemos desmentido todo? - se enteraron de que los asistentes tenían problemas reales. Uno de ellos sufría dolores físicos por no poder dormir. No quería que lo convencieran de algo que podría tratar su problema. Aunque los argumentos de los escépticos eran válidos, esos argumentos no resolverían sus problemas. El método de curación podría hacerlo. Esto no era un ejercicio filosófico para los asistentes. Tenían un dolor real.*

*En otras palabras, aunque sus argumentos eran sólidos, los escépticos no habían empatizado con las personas a las que se dirigían.*

Nada cultiva más a alguien que la empatía. A menudo, cuando conocemos a alguien que es capaz de salirse de sí mismo y de ponerse en los zapatos del otro, le damos toda nuestra atención. Este rasgo de personalidad es una pequeña perla preciosa en cada uno de nosotros. No olvides que un persuasor no es más que alguien que busca ofrecer una solución. En este sentido, ¿cómo puede alguien solucionar determinada problemática si no se muestra *comprometido* con la misma? Esta es la esencia de la persuasión: la empatía.

## Áreas donde la persuasión es un requisito imprescindible.

Es bien sabido que la capacidad de convencer a otros de nuestras ideas o planes es fundamental en muchos ámbitos de la vida. Desde temas académicos, pasando por la vida profesional o hablando de nuestro relacionamiento con los otros miembros de la sociedad. Independientemente de nuestra área de interés o profesionalización, la capacidad de persuadir a los demás adquiere especial importancia cuando lo hacemos desde la ética. No olvides que lo que diferencia a la persuasión de la manipulación es que en esta última se busca imponer una visión del mundo, mientras que quien persuade solo quiere convencer sin que esto implique una colonización del otro.

De tal modo que esta competencia de *convencer a los demás* es especialmente importante en algunos sectores específicos. Al margen de su relevancia en el contrato social, la persuasión funciona como un eje vital en áreas muy variadas. ¿Qué te parece si hablamos de algunos ejemplos clásicos y tangibles?

### Las ventas.

No cabe duda alguna de que un buen vendedor es, por naturaleza, alguien que ha desarrollado un nivel óptimo de persuasión. Esto se debe a que el sector comercial busca, y analiza, a sus audiencias en términos de necesidades y posibles soluciones. Sin haber estudiado tu mercado, resultaría prácticamente imposible discernir qué necesidades buscan satisfacer y de qué manera hacerlo. Es en este punto donde la persuasión se vuelve la llave maestra del vendedor. No existe posibilidad alguna de que un vendedor consiga indicadores de éxito si no sabe hacer uso de la persuasión como principal arma comercial.

Además, si se tiene en cuenta que las ventas son la profesión universal, adquiere mayor relevancia su eficiencia. He conocido profesionales en el área de las nuevas tecnologías que, contrario a lo que pudiera creerse, han desarrollado una carrera basada en la comercialización. Y esta no es una excepción a la regla. La realidad es que todas las áreas productivas del mundo requieren, en distintos niveles, ser vendidas. Da igual si hablamos de las ciencias exactas, de la medicina, de las artes o de la ingeniería. Independientemente de la profesión, las ventas son el punto vinculante con el resto de la sociedad. Entendiendo esto, se hace evidente que todas las herramientas o habilidades que apunten a su efectividad son importantes. La persuasión, en este sentido, es una de las grandes protagonistas.

### Mercadeo y publicidad.

¿Quién no ha quedado prendado de una campaña comercial al punto de salir corriendo a verificar si lo ofrecido es realmente tal como lo plantean? El marketing y la publicidad no sobrevivirían sin la portentosa capacidad persuasiva de sus grandes profesionales. En un mundo donde el consumo es la moneda de cambio diaria, era necesario estudiar todas las fórmulas posibles para garantizar un impacto significativo en todas las formas de marketing y publicidad. Desde tiempos inmemoriales, la persuasión ha sido el elemento clave en estos procesos.

Lo has pensado, supongo. ¿Qué hace que una campaña publicitaria sea exitosa? El hecho de que sus especialistas hablen desde la empatía. Para algunos, esto puede ser una forma de frivolidad, y en cierto modo lo es, pero no es para una nada un elemento de coacción. El efecto de la publicidad en nosotros pasa por "facilitarnos" la aceptación de una necesidad.

Una necesidad que, en condiciones normales, no habríamos identificado. Posteriormente, nos ofrecen la solución. Esto hace que la correlación entre marketing y ventas sea incuestionable. Ambos trabajan hacia el mismo fin: convencernos. Por un lado, la publicidad quiere arraigarse en nosotros; por el otro, las ventas capitalizan el proceso iniciado por el marketing y la publicidad.

### *El liderazgo.*

Da igual si eres el vicepresidente de una empresa de tecnología o de una cadena funeraria, siempre necesitarás establecer una comunicación efectiva y funcional con todos los miembros que componen tu grupo de trabajo. Sin este elemento, te convertirías en un tirano que impone actividades y responsabilidades desde la autocracia, no desde el liderazgo genuino. Es por ello que la persuasión se ha convertido, en los últimos años, en materia de estudio y análisis para los grandes oradores del crecimiento profesional y el liderazgo de grupos de trabajo.

Nada fomenta mejores resultados corporativos que un líder que sabe transmitir ideas desde la comunicación, sin pisotear a nadie y estableciendo mecanismos de retroalimentación constante. Los colaboradores agradecen a los líderes persuasivos porque, en muchos casos, les convencen de lograr objetivos que en condiciones normales no habrían creído posibles. Esto, desde un contexto de cohesión absoluta entre todos los elementos del grupo de trabajo. Ahora bien, cuando se habla de liderazgo no me refiero únicamente al que se establece en una organización empresarial. Por ejemplo, en la política también aplica la persuasión como llave maestra. Un político que no es persuasor por naturaleza está condenado al ostracismo más radical. Porque, en esencia, todo se trata de la comunicación.

## Conviértete en el persuasor ideal.

Puedes dar el paso definitivo. Una vez comprendido el significado de la persuasión y cuál es su importancia en la vida, estarás listo no solo para mejorar tus habilidades comunicativas sino para identificar a los manipuladores de oficio que van mucho más allá de convencerte de algo. No olvides que quien persuade quiere convencerte y quien manipula solo busca destruirte como persona a través de las emociones. En este sentido, convertirte en el persuasor ideal es una defensa muy efectiva contra este tipo de victimarios que rondan en cada esquina, como depredadores, a la espera de personas vulnerables sobre las que dejar caer el peso de sus inseguridades.

# Capítulo 15

## Los principios de la persuasión de Cialdini.

No se puede hablar de persuasión sin tener en cuenta, y sin hacer especial referencia, a Robert B. Cialdini, portentoso psicólogo y profesor universitario que ha teorizado durante buena parte de su carrera en torno a este tema tan complejo y maravilloso. El aporte de sus investigaciones al tema de la persuasión ha levantado revuelo, al tiempo que ha transformado la forma en cómo concebimos su trascendencia en cualquier esfera de la acción social.

Dicho esto, pretendo mostrarte la esencia de su obra científica en el campo de la psicología, así como uno de los aportes más relevantes de las últimas décadas en términos de autoconocimiento y perfeccionamiento de nuestras habilidades persuasivas: los 6 principios de Cialdini.

Además, te enseñaré algunas tácticas infalibles para incluir estos 6 principios esenciales en tu vida diaria. Está claro que quien tenga el anhelo de alcanzar la felicidad y la plenitud, ha de fortalecer ciertos aspectos de su vida, entre ellos el de la capacidad de comunicarnos efectivamente al tiempo que convencemos a los demás sin apropiarnos de cosmovisiones ajenas. De allí la importancia de estudiar los 6 principios propuestos por el doctor Cialdini.

Es increíble cuánto podemos lograr si nos habituamos a esta competencia y la tomamos como una actividad común en nuestro sistema de conductas. Hacia esa meta pretendo dirigirte. ¿Quieres conocer más acerca de esta teoría que transformó la forma en que convencemos a los demás? Entonces te invito a que continúes la lectura.

## Los 6 principios de Cialdini.

Los 6 principios de Cialdini son el resultado de la larga trayectoria del doctor Cialdini en la investigación de cómo funciona la persuasión y la influencia entre los seres humanos. Pero, si buscamos ser más específicos, Cialdini saltó a la fama mundial tras la publicación de su libro *Influencia. La psicología de la persuasión*, que vio la luz en 1984. El propio autor ha dicho en multitud de entrevistas que, para llevar a cabo la investigación que luego resultaría en el libro, tuvo que trabajar por tres años en distintos tipos de negocios. De esta manera, la investigación de campo le valió la idea que posteriormente trasladaría al papel.

Cialdini configura su teoría a partir de 6 principios neurálgicos en todo proceso de persuasión. Estos son:

1. Reciprocidad.
2. Coherencia y compromiso.
3. Prueba social.
4. Autoridad.

5. Simpatía.
6. Escasez.

En el prólogo de su libro *Influencia: ciencia y práctica*, Cialdini hace referencia a sus motivaciones más primarias:

> Deseaba saber por qué una petición formulada de determinada manera es rechazada, mientras que otra petición con el mismo contenido, pero planteada de una forma ligeramente diferente era atendida. Por ello, en mi calidad de psicólogo social experimental, empecé a estudiar la psicología de la sumisión. La investigación tomó inicialmente la forma de experimentos, realizados en su mayor parte en mi laboratorio y con estudiantes universitarios. Deseaba averiguar qué principios psicológicos influyen en la tendencia a acceder a una petición. Ahora los psicólogos saben ya algo de estos principios, de su naturaleza y su funcionamiento. Los he clasificado como armas de influencia.

Pero, ¿cuál es el significado de cada uno de estos principios, de estas armas de influencia? A continuación, algunas consideraciones relacionadas a los 6 principios del doctor Robert B. Cialdini.

### Reciprocidad.

El principio de la reciprocidad tiene que ver con nuestra necesidad y obligación de devolver un favor. Sí, todos disponemos de esta característica en nuestra personalidad, algunos mejor desarrollados que otros, pero es un denominador común en los seres humanos. De forma inconsciente, cuando recibimos una ayuda queremos compensar a quien se comportó tan generosamente con nosotros. A menudo buscamos distintas formas de devolver la ayuda, de esta forma pretendemos manifestar agradecimiento y consolidar cierto vínculo de confianza entre los participantes.

La historia de Etiopía que donó 5.000 dólares de ayuda en el 1985 a México para socorrer a las víctimas de los terremotos de ese año en Ciudad de México, a pesar de las enormes necesidades del propio país.

"El dinero se enviaba porque México había enviado ayuda a Etiopía en el 1935, cuando fue invadida por Italia... La necesidad de corresponder había trascendido las grandes diferencias culturales, las largas distancias, la hambruna aguda y el interés propio inmediato. contra todas las fuerzas contrarias, triunfó la obligación".

Alguien nos hace un favor y automáticamente (como si se tratase de un pequeño mecanismo incontrolable en nuestro cerebro) le debemos un favor a ese alguien. En este contexto, sobra decir que es más probable que las personas acepten ideas o propuestas de quien les haya brindado ayuda en el pasado.

*Aplicar la reciprocidad:*

- Cuenta una historia que, en sí misma, invoque la reciprocidad: una historia que sea convincente y aporte un valor genuino a la audiencia. Una buena historia que conecte con el público hará que éste se sienta más inclinado a escuchar y a actuar según su mensaje.
- Se vulnerable. Comparte una historia de un momento embarazoso o de un fracaso que tenga un final feliz, para provocar que el público quiera corresponder y estar atento y ser real con contigo.

### Coherencia y compromiso.

El segundo principio consiste en ser siempre coherentes entre lo que hemos dicho y lo que hacemos. Seguramente has escuchado un trillón de veces esa frase de "somos lo que hacemos". Y es que, en efecto, no existe un mejor indicador de nuestras intenciones o de nuestra personalidad que esas actitudes (pequeñas o grandes), mediante las cuales nuestra mente subconsciente se manifiesta al mundo exterior. Un buen persuasor busca sentirse bien consigo mismo y quiere que los demás lo evalúen de esa manera.

Los chinos utilizaban tácticas de compromiso y coherencia para conseguir que los prisioneros estadounidenses colaboraran con el enemigo de una u otra forma. La idea era empezar con algo pequeño, con peticiones menores.

"A los prisioneros se les pedía con frecuencia que hicieran declaraciones tan levemente antiamericanas o procomunistas que parecían intrascendentes ('Estados Unidos no es perfecto'. 'En un país comunista, el desempleo no es un problema'). Pero una vez que se cumplían estas peticiones menores, los hombres se veían empujados a someterse a peticiones conexas aún más sustanciales.

...Una vez que se había explicado así, se le pedía que hiciera una lista de estos 'problemas con Estados Unidos' y que firmara en ella. Más tarde se le pedirá que lea su lista en un grupo de discusión con otros presos. Después de todo, es lo que realmente crees, ¿no? De repente se encontraría con que era un "colaborador", que había prestado ayuda al enemigo".

Para nadie es un secreto que una persona que mantiene un alto nivel de consistencia entre lo que hace y lo dicho en el pasado es alguien que inspira confianza. Este principio se ve claramente reflejado en el consumidor estándar. Se sabe que una persona tiende a realizar determinada actividad que ya ha hecho en el pasado. Esta es la razón por la que el principio de compromiso y consistencia es tan bien capitalizado por los vendedores profesionales en la actualidad.

_Aplicar el compromiso y la coherencia:_

- Señala las creencias que tiene el público o los compromisos que ha contraído. Y luego habla de cómo su estado actual no es coherente con sus compromisos (lo que les hace sentir mucha tensión), pero tú tienes la solución para ayudarles a volver al buen camino y resolver la tensión.

- Obtenga el "Sí" a una pequeña petición y luego aumente a partir de ahí.
- Consiga un compromiso por adelantado: Si pudiera... ¿lo haría? Si pudiera mostrarte/ahorrarte dinero/etc., ¿lo harías?
- Consiga que el cliente potencial exponga sus objetivos y expectativas en relación con tu producto y, a continuación, cuenta una historia que enmarque tu producto/servicio de forma que se ajuste a esos objetivos.

## *Prueba social.*

El principio de la prueba social (también conocido como principio de consenso) parte de una premisa sencilla y fácilmente reconocible: la tendencia de las personas en sumarse a los demás. Este principio explica la expansión de ciertas modas o tendencias a lo largo del planeta tierra. ¿Te has preguntado alguna vez por qué un centenar de personas avanzan en tropel hacia la última tienda para adquirir ese producto que ha ganado tanta resonancia, por ejemplo, en Europa? Por naturaleza, las personas muestran un mayor interés por algún artículo, producto o comportamiento que ha "superado" la prueba social.

Sé que, si estuviera buscando un nuevo juego de cartas, me sentiría mucho más inclinado a comprar después de ver que el producto tiene más de 30.000 opiniones de cinco estrellas.

Me quita de encima la necesidad de investigar: puedes confiar en que las grandes cifras que respaldan la compra significan que el vendedor vende el artículo tal y como se describe y cumple las expectativas de otros consumidores. Es más probable que compre porque otras personas han comprado en pasado.

Notificaciones en línea para crear urgencia;

Si alguna vez has estado en el proceso de reservar un vuelo, habrás notado una herramienta sutil pero eficaz que las aerolíneas utilizan para animarte a hacer una compra rápida. A medida que avanzas en el proceso de compra, el sitio te avisará si queda un número limitado de asientos en el avión.

En el caso anterior, United Airlines utiliza las notificaciones de "1 asiento libre" y "3 asientos libres" como prueba social de que el vuelo que estás mirando es popular, lo que estimula la acción por parte del usuario.

En resumidas cuentas, si ellos lo hacen, yo también quiero hacerlo.

*Aplicar la prueba social:*

- Al poner en marcha una nueva iniciativa, cuenta historias sobre la experiencia de los "empleados-embajadores" con su adaptación al nuevo sistema de software, o a los modelos de vehículos de la empresa, etc. Mejor aún, haz que cuenten su propia historia como campeones del cambio.

- Recoge y comparte testimonios de clientes e historias de éxito.

Incluye investigaciones y datos interesantes que sugieran una prueba social.

## *Autoridad.*

El cuarto principio (principio de autoridad) está relacionado con la tendencia de las personas por seguir a figuras que reconocen como autoridades. Aunque parezca contradictorio o problemático, las personas siguen figuras de autoridad, aunque esto implique realizar actividades que no les resulten del todo cómodas. Este principio se pone a prueba en encrucijadas donde no tenemos la confianza para tomar una decisión de contingencia. En momentos como estos, no seguiremos a un niño o a una persona desequilibrada. Usualmente, seguimos el paso de quien para nosotros represente una autoridad. Personas carismáticas o que impongan su conocimiento en un área que nos es desconocida.

Los médicos, los profesores, los líderes religiosos, los bomberos, la policía y los oficiales del ejército, ¿qué tienen en común estas personas? Ocupan puestos de autoridad y son personas a las que los demás tienden a respetar porque la naturaleza humana tiende a respetar y obedecer automáticamente a la autoridad. Confiamos en lo que nos dice el médico. Cuando un policía nos dice que hagamos algo, lo hacemos. Creemos lo que nos enseñan nuestros profesores. Confiamos en personas con conocimientos o formación superiores en un área específica.

Uno de los activadores es la estética: cómo te presentas ante los demás. La estética tiene un impacto directo en cómo te perciben los demás. Para que te perciban como una autoridad, empieza por parecerlo.

Conducir un coche elegante y llevar ropa cara son señales que comunican que alguien tiene un estatus elevado. La persona es una autoridad legítima en algo, pero no necesita tener un aspecto elegante para que le tomen más en serio como líder en su organización. Simplemente, vístete para triunfar. Conduzca un vehículo bien mantenido. Mantén tu pelo aseado y presta atención a tu higiene personal. No estás siendo superficial. Estas cosas comunican autoridad.

Aunque la estética es más importante durante la primera impresión, también marca la diferencia para tus empleados a largo plazo. Si tienes un aspecto elegante, tus empleados te percibirán como alguien preparado. Tendrán más confianza en ti y será más probable que te sigan. Así es como está conectado nuestro cerebro. Además, si presta atención a la estética, aumentará tu propia confianza.

*Aplicar la autoridad:*

- Demuestra que tienes la experiencia y las credenciales adecuadas para contar la historia. Haz referencia a los logros que sean relevantes para tu audiencia. Por ejemplo, si vas a hacer una presentación a un inversor para tu startup, querrás destacar cosas como: haber recaudado 100 millones de dólares en capital riesgo, haber vendido la empresa anterior por 500 millones de dólares, haber escrito un libro superventas, haber obtenido un doctorado, etc.
- Conviértete en un líder de opinión con artículos y libros publicados, que aumentan tu exposición y credibilidad en el mercado.

### Simpatía.

Es un principio básico del comportamiento humano. Cuando alguien nos gusta o nos resulta especialmente simpático, permitiremos el contacto suficiente como para que se presenten los primeros elementos de persuasión. Este tipo de simpatía puede provenir desde un enfoque superficial o profundo. Por ejemplo, cuando estamos conversando con alguien con quien compartimos la pasión por los vehículos antiguos, es más probable que esta persona nos persuada de tomar ciertas decisiones. Aunque, claro, este principio también aplica en el caso de simpatía física.

Un experimento realizado con hombres en Carolina del Norte, muestra lo indefensos que podemos ser ante los elogios. Se obtuvieron tres conclusiones interesantes.

En primer lugar, el evaluador que sólo proporcionaba elogios era el que más gustaba a los hombres. En segundo lugar, esto fue así a pesar de que los hombres se daban cuenta de que el adulador se beneficiaba de su agrado. Por último, a diferencia de los otros tipos de comentarios, el elogio puro no tenía que ser preciso para funcionar.

Los comentarios positivos producían tanta simpatía por el adulador cuando eran falsos como cuando eran verdaderos".

Por ejemplo, si esa vendedora que te abordó hace dos días te resultó impactantemente hermosa, es probable que inconscientemente estés esperando su llamada para concretar ese negocio que estuvo mencionándote por treinta minutos.

### Aplicar la simpatía:

- Aprovecha los puntos en común con tu público. ¿Conoces a algunas de las mismas personas? ¿Son de la misma ciudad o región? ¿Asistieron a la misma escuela? ¿Participáis en los mismos grupos? ¿Participan en aficiones similares? ¿Comparten prácticas religiosas?
- Utiliza un discurso civilizado cuando tengas que defenderte de palabra o por escrito para rebajar la tensión y crear la oportunidad de resolverla.

## *Escasez.*

El principio de la escasez es, quizá, el más reconocido en la historia. Como su nombre lo indica, este principio está relacionado con el comportamiento humano más básico. Si no tenemos algo, entonces lo querremos más apasionadamente. En esencia, cuando hay menos disponibilidad de algo, aumenta su valor en nuestros deseos. Por ejemplo, el valor que una bebida refrescante o energética tiene para ti varía de acuerdo al escenario en que te encuentres. Supongamos que estás deshidratado porque te quedaste sin combustible en medio del desierto.

En estos casos, pagarías incluso tres veces el precio habitual de esa bebida, porque la necesitas. Pero, si estás en tu casa y tienes la opción de acercarte a la cocina y servirte un vaso con agua, entonces no tendrás una sensación de urgencia en relación a la bebida energética.

"¡Sólo con invitación!"

SocialCam - Lanzó la aplicación a un pequeño grupo de personas y consiguió un millón de usuarios en cuatro meses.

Cuando Justin Kan lanzó SocialCam en marzo de 2011, se centró en abrirla a un grupo seleccionado de personas, que luego podrían invitar a otras.

Dijo "Empezamos con un núcleo de usuarios que pensamos que lo extenderían a todo el mundo".

Gracias a esta estrategia, consiguieron más de un millón de usuarios en cuatro meses. Superaron los 16 millones de descargas en julio de 2012 y fue adquirida por Autodesk por 60 millones de dólares.

Así funciona el principio de escasez.

*Aplicar la escasez:*

- Enmarca tu historia o tu argumento en términos de lo que el público puede perder si no actúa inmediatamente.
- Habla de todo lo que está en juego y explica por qué se acaba el tiempo, por qué es tan urgente.
- Cuenta historias de otras personas que no actuaron a tiempo en un tema concreto y lo que les ocurrió como resultado.
- Fija una fecha límite con tu llamada a la acción.

## Cialdini como estilo de vida

Independientemente de cuál sea tu profesión o a lo que te dediques, de tu situación actual o de lo que desees obtener en tu vida, estos 6 principios de persuasión te ayudarán a dar pasos gigantescos en el sentido que así tú determines. Las habilidades sociales son fundamentales por dos razones. En primer lugar, porque somos animales sociales, lo que sugiere que el éxito en nuestras vidas está atado a la forma en que nos relacionamos con nuestro entorno. Y, en segundo lugar, porque con la práctica y el enfoque adecuado, la persuasión se transforma en un arma de vital trascendencia en términos de influir y entender la toma de decisión de los demás.

En este sentido, soy un ávido creyente de incluir estos principios de Cialdini en el día a día. Conforme aceptemos el trabajo de Cialdini como estilo de vida, obtendremos resultados maravillosos en ámbitos tan distintos como el trabajo o las relaciones románticas. Ahora bien, ¿qué crees que sucede con alguien que desconoce y no aplica estos principios? Lógicamente, no sabrá identificar cuando otros los aplican contra sí, de manera que son más propensos a ser persuadidos. Si bien es cierto que la persuasión no es intrínsecamente negativa, el hecho de que seamos vulnerables a ella es indicador de algo más profundo y potencialmente preocupante: somos vulnerables a manipulaciones de índole emocional o psicológica. Y ese sí es un problema contra el que tenemos que enfrentarnos con entereza.

# Capítulo 16
# ¿Cómo se desarrolla el comportamiento de un manipulador?

Sin duda alguna es una de las preguntas que más nos intrigan, por esto pretendo que te adentres aún más en la mente de un manipulador estándar ¿Cuáles son las características más o menos comunes en el comportamiento de estos individuos? ¿Existe una explicación neurológica? Todas estas preguntas forman parte de la esencia medular del capítulo que estás por leer. A menudo me he encontrado con personas que han transitado por tortuosos caminos como víctimas de la manipulación mental o emocional.

Existen algunos rasgos característicos para identificar qué tipo de personas son más vulnerables a este tipo de abuso (este tema se trató más ampliamente en el capítulo 10, *Víctimas de los manipuladores*). Estos detalles de personalidad nos han permitido diseñar una clasificación estándar de qué hace que determinado individuo resulte "atractivo" para un maestro de la manipulación. Si bien es cierto que toda investigación supone constantes nuevos hallazgos, la esencia ya ha sido significativamente definida por la ciencia y sus especialistas.

¿Existe algún denominador común que nos permita identificar a alguien con una tendencia ciega hacia este tipo de conductas mezquinas y sociópatas? Está claro que este tema debe ser considerado con mucha atención.

Te pido, en este sentido, que saques todo el provecho posible para que mis experiencias y conocimientos te lleven a construir un muro contra la manipulación que sea lo suficientemente alto y sólido como para protegerte de todo mal. No olvides, pues, que quien sabe identificar a estos maestros tendrá, a su vez, algunos pasos de ventaja en relación al resto.

## ¿Todos somos manipuladores mentales?

Existe la creencia de que los manipuladores son, por así decirlo, depredadores *desde* la genética. En otras palabras, hay quienes tienen la certeza de que todos estos comportamientos propios de los manipuladores provienen de una patología subyacente. Algún trastorno mental, quizás. La única respuesta a estas suposiciones es... no. No existe una correlación científicamente comprobada entre un trastorno de personalidad y el comportamiento de un manipulador. Si bien es cierto que, en muchos casos, los trastornos representan ciertas tendencias, esto no quiere decir que el individuo sea un manipulador de acuerdo a su conformación genética o neurológica.

Existen personas con características narcisistas, rasgos maquiavélicos o de psicopatía. Esto, en sí, no representa evidencia alguna de que estemos frente a un manipulador. En resumidas cuentas, todos los manipuladores son narcisistas o maquiavélicos, pero no todos los narcisistas son manipuladores. Aquí se extiende una brecha que, en la actualidad, sigue siendo material de estudio para los especialistas en el mundo del comportamiento humano. Hasta el momento, la ciencia no ha llegado a un consenso definitivo, pero sí existen "realidades estadísticas". Una de ellas es que la mayoría de los maestros manipuladores comparten rasgos como:

- Narcisismo.
- Maquiavelismo.
- Sadismo.
- Psicopatía.

El escritor Alejandro Mendoza, en su libro *Manipulación y Psicología Oscura*, dice lo siguiente:

> Los Depredadores vienen en diferentes formas y tamaños; hay acosadores, criminales, pervertidos, terroristas, matones, estafadores e incluso trolls. No importa qué tipo de depredadores sean, todos tienden a ser conscientes de que están dañando a otros. También tienden a hacer todo lo posible para cubrir sus huellas, lo que significa que no quieren que las personas que los conocen en la vida real descubran que tienen un lado oscuro.

Ahora, una vez aclarado este punto, surge una pregunta, creo que igual de importante: ¿todos somos manipuladores mentales? En efecto. Cada individuo sobre la faz de la tierra puede convertirse en un manipulador mental si se dan algunas circunstancias específicas. Por ejemplo, el maquiavelismo es un rasgo hereditario que podría intensificarse gracias al entorno familiar y social. Existen distintos trastornos de personalidad, estos pueden devenir en dificultades como: ansiedad, disociación, sentimientos de culpa, depresión e incluso ataques de pánico. En muchos casos, quien padece algún trastorno de personalidad puede terminar ejecutando acciones maquiavélicas.

La verdad es que todos somos potencialmente manipuladores. Mucho tiene que ver con cómo reaccionamos ante las circunstancias negativas o ante el estrés que estas suponen. Lo imprescindible, en este sentido, es que te desprendas de prejuicios. Conforme aceptes que la mente humana es tan subjetiva y compleja como clasificable en cánones rígidos, te harás más consciente de que incluso tú puedes ser un manipulador mental si se dan las condiciones adecuadas. Saber esto, créeme, te ayudará a cuidarte mejor para que ese día no llegue jamás.

## Escenarios que fomentan comportamientos manipuladores

Como es bien sabido, cada cabeza es un mundo. Esta frase contiene tanta verdad como hojas en un árbol milenario. Por ejemplo, se sabe que una persona que atravesó una infancia difícil, llena de abusos psicológicos, físicos y emocionales, tiene una mayor probabilidad de convertirse en un adulto manipulador. Esto se debe a que, en su mente subconsciente, no quiere volver a desempeñar el papel de alguien débil, por lo que cada una de sus relaciones sociales está orientada a garantizar una "autoridad" que, a su vez, subyuga a la otra persona.

También puede darse el caso de que alguien entre al juego de la manipulación emocional como una respuesta inmediata a un evento traumático: un divorcio, la bancarrota de su empresa, por citar solo dos ejemplos. Estas personas no necesariamente comparten algunas de las características mencionadas en el segmento anterior (narcisismo, maquiavelismo, sadismo, psicopatía), sino que actúan desde una emoción negativa muy fuerte que ha supuesto un debilitamiento de sus razonamientos críticos. En estos casos, el individuo ejerce la manipulación con la certeza de que es el método más efectivo para defenderse. Lo que, a su vez, implica consecuencias palpables en las demás personas.

No obstante, existen otras opciones que pueden repercutir en el comportamiento de una persona, facilitando así su transformación en un maestro de la manipulación. Otro de los ejemplos más comunes sucede cuando nos vemos forzados por un escenario específico. Estas condiciones excepcionales pueden llevarnos a saltarnos códigos relativamente éticos para no perder algo. Por ejemplo, cuando una pareja está atravesando un proceso de divorcio, es muy común que ambas partes busquen ganar la lealtad de los hijos, entendiendo que estos tendrán protagonismo en las siguientes etapas del proceso judicial. Si bien esto no implica necesariamente una tendencia manipuladora por parte de los padres, son conductas específicas que buscan dislocar el criterio propio de los infantes en aras de un beneficio personal (manutención, custodia, entre otras).

Sea cual fuere el escenario, este puede tener una incidencia significativa en los cambios conductuales de una persona. Bien sea por miedo, por asimilación de un evento traumático o por condicionamientos adquiridos en el pasado, el manipulador es capaz de entrar en el juego del control emocional por diversos factores. Ahora bien, lo realmente importante es entender que esto no se trata de una fórmula exacta. No todos reaccionamos del mismo modo a la misma situación.

## Características propias de un manipulador

Siguiendo este orden de ideas, creo pertinente integrar al debate el tema de las características. Todo manipulador posee una serie de rasgos distintivos o conductas comunes que deben ser estudiadas para evitar caer en cualquier dinámica orientada a socavar nuestro criterio propio. Después de todo, nadie quiere que su visión del mundo sea sustituida por la de alguien más a fuerza de tácticas o comportamientos invasivos.

las tres características conductuales típicas en un maestro de la manipulación. Conocer esta información te será de gran ayuda para enarbolar estrategias que minimicen sus efectos en tu vida. ¿Estás preparado?

### *Los manipuladores son expertos en las verdades a medias.*

Para nadie es un secreto que los maestros de la manipulación tienen un doctorado en habilidades sociales. Son expertos en distorsionar el lenguaje, torciéndolo de manera tal que no somos capaces de percibirlo. Esto implica muchas veces jugar la carta de las verdades a medias. Ellos saben distorsionar el mensaje para que este siempre les favorezca. De allí la importancia de entender este mecanismo y establecer estrategias defensivas como ser enfático o documentar conversaciones importantes.

Este último escudo es, a mi parecer, una táctica infalible porque elimina en su totalidad las excusas (ese típico salvavidas de los manipuladores). De esta manera, ganarás la batalla del "no fue lo que dije", que ha servido de llave maestra para estos individuos durante mucho tiempo.

### *Los manipuladores saben cómo presionarte.*

Los manipuladores y los vendedores comparten este método: son capaces de presionarte de tal manera, con tal intensidad, hasta que te rompas y tomes una decisión que seguramente le favorecerá. Ellos saben cómo presionarte, cómo volcar sobre tus hombros todo el peso de algo que no estás seguro de soportar. Pero, ¿por qué es tan efectiva esta técnica? Porque nadie quiere sentirse presionado. Son pocas las personas que saben quitarse de encima a los insidiosos, pero la mayoría prefiere sacarse el peso de encima yendo por el camino rápido, que es precisamente el que les está ofreciendo su manipulador: tomar una decisión rápida para que no le sigan presionando.

### *Los manipuladores se victimizan.*

Si de algo son capaces estos individuos es jugar la carta de la victimización. Todos hemos tenido la desdicha de ceder en una discusión solo porque el interlocutor ha puesto en marcha un concierto de estratagemas para tomar el papel de la víctima. Son capaces de inventar problemas personales, de llorar, de simular un ataque de nervios. Todos los recursos son válidos para sacarle provecho a la victimización. Esta es una característica inequívoca. Es, de hecho, señal universal de manipulación emocional o afectiva. Esto incluye mostrarse como un individuo frágil y débil, porque solo así consigue lo que se ha propuesto desde sus necesidades mezquinas.

# 3 técnicas básicas de manipulación psicológica

Solo estaremos seguros cuando hayamos comprendido, a profundidad, las motivaciones que contribuyen a ciertas conductas por parte de los manipuladores. Sin embargo, para robustecer este conocimiento, creo pertinente hablarte de 3 técnicas básicas de manipulación psicológica. Estos métodos, aplicados hasta el cansancio en la actualidad, representan la columna vertebral del maestro manipulador en términos conductuales.

Ahora que ya sabemos cuáles son los disparadores que usualmente devienen en comportamientos manipuladores, ¿qué tal si hablamos un poco de las 3 técnicas más corrosivas y puestas en práctica por estos individuos?

### Refuerzo positivo.

Según B.F. Skinner, especialista en la orientación conductista, el reforzamiento es un tipo de aprendizaje que se basa en la asociación por parte del individuo entre una acción y un resultado inmediato. En el caso del refuerzo positivo, esto implica asociación entre una conducta positiva y un premio a consecuencia de esta. La psicología ha descubierto que estos métodos de aprendizaje pueden tener resultados interesantes en la formación de un niño. No obstante, también es aplicado por parte de los manipuladores en sus diversas formas.

Asociación, es la palabra clave. Imagina que por mucho tiempo recibes una pequeña recompensa al limpiar tu escritorio. Cada vez que limpies tu escritorio tendrás tu chocolate preferido. ¿Qué crees que ocurrirá en tu mente? Pues que te verás motivado a mantener tu escritorio ordenado en todo momento porque así recibirás siempre el chocolate. Este ejemplo, aunque rudimentario, representa bastante bien lo que significa el refuerzo positivo. Ahora pregúntate, ¿has caído en estas dinámicas por parte de un manipulador?

### Refuerzo negativo.

La contraparte del refuerzo positivo es, lógicamente, el negativo. Partiendo de la misma premisa (la asociación), el refuerzo negativo parte del hecho de que podemos cambiar nuestros patrones conductuales de forma inconsciente cuando asociamos un determinado acto con un castigo. Este tipo de manipulación lleva a las personas a sentirse obligadas a actuar de cierta forma para evitar la consecuencia de dicho comportamiento. Esto ocurre de forma "voluntaria". A diferencia de un castigo tradicional, en el refuerzo negativo se busca que la persona actúe desde su voluntad, que no es otra que escapar del castigo asociado. Podría ser definido como un chantaje psíquico.

### Silencio.

Se trata de una de las técnicas de abuso emocional más comunes. Pero, ¿cómo es posible que alguien pueda manipularnos a través del silencio? Aunque parezca increíble, esto sucede con mayor frecuencia de la que quisiéramos creer. El silencio no es más que un mensaje que el manipulador envía al manipulado. Una traducción sensata sería "no te daré más mi atención hasta tanto hagas lo que yo diga". Está claro que esta forma de coacción tiene un gran impacto, principalmente en las relaciones sociales o románticas. Aunque, claro, no deja de ser un chantaje de magnitudes bíblicas. El hermano gemelo de la extorsión. También es importante aclarar que el silencio apunta a un tipo de víctima específico: el que ya está atrapado en un círculo de dependencia emocional. En cualquier otro caso, es una técnica poco efectiva.

# Capítulo 17

# Estrategias para leer el lenguaje corporal de las personas

Muchos especialistas de la programación neurolingüística (PNL) y el comportamiento humano han dedicado infinidad de recursos y tiempo en la investigación del cuerpo humano. Específicamente, del cuerpo humano como un patrón reconocible. Pero, ¿qué intento decir con esto? No te preocupes, es muy sencillo. Existen formas de leer a las personas; su lenguaje corporal, para ser más específicos.

La escritora Camila Díaz hace referencia a la importancia de entender el lenguaje corporal en su libro *La Ciencia del Lenguaje Corporal*:

> El uso de estas herramientas de lenguaje no verbal es un camino directo al éxito a través de la propia escucha y del cambio de pequeñas actitudes corporales. La mayor parte de estas actitudes corporales son aprendidas, y en este mundo rápido y en constante cambio es fundamental tener herramientas que te permitan responder apropiadamente a las situaciones que te encuentres en tu vida, tanto en los aspectos profesionales, sociales o de pareja.

Siguiendo lo afirmado por Camila Díaz, pretendo ayudarte a comprender, en primer lugar, cuán necesarias son las técnicas de lectura del lenguaje corporal y verbal de las personas en aras de saber qué pasa por sus mentes y, en consecuencia, adelantarnos a sus comportamientos externos. A continuación, estudiaremos tres ejes fundamentales:

a.   La importancia de leer a las personas.
b.   El lenguaje verbal.
c.   El lenguaje corporal.

De acuerdo a estas bases podemos perfeccionar nuestro entendimiento de los otros. Este tipo de conocimientos ayuda en dos direcciones posibles. Primero, porque nos ayuda a relacionarnos mejor con quienes conforman nuestro entorno social. En segundo lugar, para poner en práctica una estrategia defensiva concebida desde la precaución. Al ser humano le cuesta reprimir las manifestaciones físicas de lo que acontece en las profundidades de su mente. De allí la importancia de interpretar adecuadamente todos estos factores.

Te sorprenderá saber que el lenguaje corporal dice mucho más que las palabras. En resumidas cuentas, las acciones representan un porcentaje mayor de lo que somos. Detectar las micro expresiones, los gestos, las posturas o la apariencia es fundamental en distintos puntos. Si bien es cierto que el lenguaje verbal constituye la base de nuestro relacionamiento como especies, existen mucho más. Lo que decimos es apenas la punta del iceberg. En las profundidades yacen muchas otras manifestaciones que solo unos pocos son capaces de entender. Tú, al término de este capítulo, formarás parte de esta relevante minoría.

Todo se concentra en una pregunta tan simple como trascendental: ¿quieres conocer todo aquello que la mente de las personas nos dice fuera del lenguaje verbal? ¿Imaginas cuáles son las ventajas de hacerte un experto en el lenguaje corporal?

## El lenguaje verbal.

Hace algún tiempo conocí a una persona que aseguraba que el lenguaje es lo más cercano que podremos estar nunca de Dios. Así es. Esta persona, sorprendentemente exitosa en todos los objetivos que se ha trazado, me dijo que el lenguaje constituye cada uno de los avances que la humanidad ha alcanzado a lo largo de la historia. En cierto sentido, esta parece una aseveración irrefutable. Después de todo, ¿qué somos sin el lenguaje? A través de él podemos comunicarnos entre nosotros, conformar relaciones, erigir imperios y ayudar a los demás. En todo caso, su impresión me dejó pensando por mucho tiempo.

Da igual si hablamos de grandes líderes políticos, de figuras religiosas, organizaciones o profesionales exitosos. Siempre el lenguaje verbal es una herramienta fundamental en la consecución de los objetivos que nos planteamos como individuos. No en vano los grandes especialistas en el crecimiento personal o en el éxito empresarial (por citar solo dos ejemplos) han dedicado tantos años a transmitir la importancia de las habilidades sociales desde el enfoque comunicativo. Y esta necesidad tiene mucho sentido en un mundo globalizado, donde la comunicación ha mutado significativamente en sus *formas*, aunque manteniendo la esencia.

En la actualidad podemos participar en una reunión de hasta veinte o treinta personas a través de la tecnología. Las formas han cambiado con la llegada de las nuevas tecnologías, es cierto, pero la médula de estos procesos comunicativos sigue permaneciendo en el lenguaje. Tanto si participamos en un curso en línea como si asistimos a un salón henchido de alumnos, la herramienta primaria sigue siendo el lenguaje verbal. En cuanto a la comunicación tradicional, cara a cara, te recomiendo que pongas en práctica los siguientes consejos. Estas recomendaciones, tomadas como hábitos, representarán un avance considerable en cuanto a la efectividad de tus formas.

- Antes de decir una palabra, piensa lo que quieres decir.
- Habla con toda la claridad que te sea posible.
- Practica la escucha activa.

Ahora, el contacto cara a cara no es la única forma de comunicación, ¿verdad? El lenguaje escrito ha ganado puntos de importancia con la inclusión de nuevas plataformas tecnológicas como las redes sociales o cualquier otra plataforma de mensajería instantánea. Un correo electrónico, por ejemplo, ha de cumplir ciertos parámetros para que el mensaje llegue fuerte y claro a los interlocutores. De manera que, si quieres fortalecer tu comunicación escrita, estas son mis recomendaciones:

- ¿Personaliza tus escritos, busca cuáles son sus faltas, que están buscando?... ¡te estás dirigiendo a personas como tú!
- Sé claro y conciso.
- Imagina la reacción de tus interlocutores al leer tu mensaje.

Independientemente del ámbito en que apliques estas recomendaciones, conseguirás una comunicación efectiva y adecuada. Recuerda que el lenguaje verbal y escrito son los caminos comunes para relacionarnos con el resto. Si quieres ser un emprendedor exitoso, deberás desarrollar tus habilidades comunicativas. Si quieres ser presidente de tu país, también. Del mismo modo, si tu interés pasa por reconectarte con tu pareja sentimental. Sea cual fuere tu caso, el lenguaje adecuado puede facilitarte el camino hacia la plenitud.

## Estrategias para leer el lenguaje corporal

Si antes te dije que el lenguaje es lo que nos diferencia de otras especies animales, ¿qué podría significar, entonces, la lectura del lenguaje corporal? No es un secreto que la mente humana tiene un conjunto de recovecos inexplorados, que esta se manifiesta a través de señales superficiales, gestos y conductas que llevamos a cabo sin siquiera percibirlo. Desafortunadamente, no podemos filtrar todo el cúmulo de información que se traslada a través de nuestras miles de conexiones neuronales. Es lógico que muchas veces esta información nos exponga en un escenario comunicativo.

La buena noticia es que puedes aprender a leer el lenguaje corporal de las otras personas. Aprender esto no es para nada complicado; de hecho, para algunos es un tema tan apasionante como cualquier otro. Se trata, en definitiva, de perfeccionar nuestros mecanismos de lectura. Pequeños gestos, micro expresiones, posturas, todo esto tiene una razón de ser (en la mayoría de los casos, inconsciente para todas las partes relacionadas). Entre los indicadores más ilustrativos de un lenguaje corporal positivo (cuando el otro se siente cómodo en tu presencia o con el tema que se toca), se destacan:

- Una ligera inclinación corporal hacia ti.
- Sonrisa natural.
- Prolongados intervalos de contacto visual.
- Brazos relajados a cada lado del cuerpo.

En contraparte, existen manifestaciones que deberás tomar como alarmas porque indican que la persona no está del todo cómoda o que incluso está molesta e irritada. Las más frecuentes son:

- Se alejará, ampliando la distancia entre su cuerpo y el tuyo.
- Evitará el contacto visual.
- Gestos o tics como rascarse constantemente la nariz o los ojos.

- Brazos o piernas cruzados.

Teniendo en cuenta estas manifestaciones elementales, a continuación, te enseñaré algunas consideraciones relacionadas al lenguaje corporal para que sepas discernir cuándo alguien se siente cómodo o no.

## *Expresiones faciales.*

Seguro tienes una idea bastante clara de cuánto podemos transmitir a través de una expresión facial. De hecho, nosotros mismos podemos darnos cuenta cuando hemos exteriorizado una emoción dirigida al interlocutor. Una ceja enarcada, desde luego, es el ejemplo más claro. Un ceño fruncido manifiesta desaprobación o molestia; en contraparte, una sonrisa transmite tranquilidad, alegría y felicidad. La expresión de la cara incluso puede transmitir confianza o incredulidad. Estas son algunas de las emociones que podemos conocer por medio de una correcta y atenta lectura de las expresiones faciales:

- Molestia.
- Rabia.
- Emoción.
- Deseo.
- Desprecio.
- Asco.
- Felicidad.

La importancia de leer lo que las personas dicen desde sus expresiones faciales trasciende fronteras e idiomas. Es por ello que se trata de una herramienta eficiente y directamente asociada al éxito y a la capacidad comunicativa del ser humano.

## *Gestos.*

Los gestos son posiblemente la manifestación más clara y evidente del lenguaje no verbal o lenguaje corporal. Desde agitar las manos o señalar, todas estas son formas de transmitir un mensaje sin el uso del lenguaje verbal o escrito. Por ejemplo, está la señal de la "V", que realizamos alzando solo el dedo índice y el medio. En la mayoría de los países, este gesto representa la palabra paz o victoria. Otro de los ejemplos clásicos es el gesto de "ok" o "bien", que se hace a través de la unión del dedo pulgar y el índice. Cada día utilizamos muchos gestos de forma consciente y formal. Sin embargo, cuando no estamos comprometidos con la conversación, difícilmente los captemos, aunque se trate de símbolos tan reconocibles.

## *Postura.*

Como sostenemos nuestro cuerpo durante una conversación también es un tipo de mensaje. Asume este desafío como si se tratase de un juego: más allá de si lo crees o no, el cuerpo humano arroja mensajes en todo momento. Mensajes encriptados que deben ser interpretados por el interlocutor. En este caso, por ti. Las posturas no escapan de esta realidad. Presta atención en tu próxima conversación. Si la persona se sienta derecho es porque está debidamente concentrada y atenta a lo que le dices. Existen dos tipos de posturas en términos de lenguaje corporal:

- Postura abierta: cuando el individuo expone el torso de su cuerpo. Esto sugiere disposición y apertura por parte de la persona.
- Postura cerrada: mantener los brazos o piernas cruzados, esconder el torso del cuerpo al tiempo que se inclina hacia adelante. Esto sugiere hostilidad, incredulidad y ansiedad.

### La boca.

Sí, la boca puede enviarnos múltiples señales sin que esto implique utilizar el lenguaje hablado. Si quieres aprender a leer el lenguaje corporal de las personas, es menester que te familiarices con el significado de ciertos dobleces o gestos de la boca. Recuerda que el lenguaje corporal te permitirá estar un paso delante de tu interlocutor. De esta manera no solo te adelantarás a interpretar si la persona se siente cómoda, también podrás deducir cuestiones como irritabilidad o confusión.

- Labios fruncidos: distintos especialistas han determinado que los labios fruncidos pueden estar asociados a desesperación, desaprobación o desconfianza.
- Morderse los labios: esta es una señal inequívoca de que tu interlocutor se encuentra ansioso, preocupado o estresado.
- Hacia arriba, hacia abajo: el movimiento de la boca también es un signo que deberás leer. Si la boca está ligeramente hacia arriba, representa felicidad, comodidad u optimismo. Si, por el contrario, está hacia abajo, este es un indicador de tristeza o desaprobación.

# Capítulo 18
## Herramientas para influenciar

Es importante conocer el poder de la influencia en los otros, como estrategia de éxito. La idea, en esencia, es que conozcas algunos aspectos neurálgicos sobre un tema que ha dado mucho de qué hablar en las últimas décadas.

Existen marcadas diferencias entre influir y manipular. Esto se ha dicho en segmentos anteriores del libro, sin embargo, es pertinente ahondar un poco más en todos los contrastes conceptuales que existen entre la influencia y la manipulación. A estas alturas, ya tienes claro que la manipulación tiene como objetivo primordial socavar la cosmovisión de un individuo para que este, a su vez, adquiera la del manipulador. La influencia va mucho más allá, sin tomar recovecos invasivos. En resumidas cuentas, quien sabe influir en las otras personas no coacciona su libertad de decisión, sino que *convence* desde una serie de estrategias ampliamente desarrolladas por la psicología social.

Existen muchos escenarios en la vida. Cada uno de ellos requiere, así mismo, un enfoque totalmente distinto si se quiere alcanzar una influencia óptima en quienes nos rodean. Entendiendo esto, pretende enseñarte los siguientes temas: *Influir en la vida social, Influir desde lo racional* y, en última instancia, *Influir, no manipular*, que refresca y amplía las diferencias entre un concepto y otro.

Como es sabido, muchas personas existen como depredadores en esto de las emociones. Su alimento diario pasa por descubrir a los individuos que manifiesten vulnerabilidades para, de esta manera, atacar con toda la intensidad que requiera el caso. Recuerda que el objetivo de un manipulador es sacar provecho de su control sobre los demás. En este sentido, se hace necesario estudiar todas las posibles medidas de prevención para evitar que esto ocurra. ¿Quién quiere que sus emociones sean el laboratorio para que otros experimenten cuanto consideren necesario en aras de sus metas personales? Desde luego, nadie.

Mi recomendación personal es que tomes toda la información presente en las próximas páginas. Puedes mejorar tus condiciones de vida si incluyes en ella nuevos hábitos y un nuevo enfoque, que contribuyan a protegerte, al tiempo que fomentan tu crecimiento como ser humano. Para muchos, la vida es un camino difícil, lleno de dificultades y desafíos. Esto es inobjetable, pero, ¿qué pensarías si te digo que es posible darle un giro radical a tu vida? Quien influye positivamente sobre los demás, no solo mejora la vida de quienes le rodean sino la propia. Esta premisa me ha acompañado a lo largo de mi existencia y, créeme, ¡ha sido un viaje maravilloso!

## Influir en la vida social.

Construir relaciones sociales fuertes es sencillo porque actuamos desde la emocionalidad. La mayoría de las personas no recuerdan el momento exacto en que sus mentes asimilaron a determinado individuo como un "posible buen amigo". Esto se debe a que nuestras emociones tienen su propio código de funcionamiento. Como es bien sabido, existen emociones positivas y negativas. Estas últimas son particularmente más potentes, después de todo nos es más sencillo recordar un evento doloroso que uno feliz. De allí la importancia de tener un óptimo control emocional para poder establecer nexos que soporten la prueba del tiempo.

Ahora, ¿te imaginas como una influencia para quienes te rodean? La buena noticia es que, como casi todo en la vida, puedes desarrollar enfoques diversos para que tu influencia en las personas sea mucho más notoria y sostenible en el tiempo. Influir en los demás no solo te ayudará a mejorar tus condiciones sociales y de éxito, sino que tendrá una implicación positiva en los otros. Todo está, claro, en no sobrepasar los límites ni apelar a los chantajes emocionales. Existen algunos enfoques que deberás tener en cuenta al momento de influir en términos sociales. A continuación, tres de los más infalibles:

- Socializando: conocer a otras personas, ser amable, agradable, encontrar puntos en común. Estas son algunas de las características presentes en todo proceso de socialización. Prácticamente todas las amistades empiezan por pura casualidad, pero, ¿qué te parece la idea de tener el dominio de la situación para así, deliberadamente, conocer a los demás en niveles de profunda relatividad? Se sabe que nuestros amigos tienen un significativo poder de influencia sobre nosotros. Esto se debe a la confianza que se ha creado bilateralmente desde el origen de la amistad. De allí la importancia de familiarizarse con la socialización como un enfoque para influir en los otros.

- Como aliado de negocios: para nadie es un secreto que existen personas que tienen una mentalidad tan pragmática que solo entienden de ventajas y beneficios en términos de negocios. Esta mentalidad puede ser una herramienta muy poderosa para alcanzar el éxito, no tengo dudas al respecto, pero también ejerce un peso negativo en cuanto al relacionamiento con los demás. Sin embargo, cuando nos mostramos como un posible aliado de negocios, obtenemos atención por parte de estos interlocutores. No siempre es tan efectivo como quisiéramos, pero es una forma muy sólida de influir en los demás. Después de todo, quien quiere generar abundancia o poder en los negocios, usualmente tiene la mente abierta para escuchar nuevos enfoques.

- Consultando: este enfoque de influencia funciona muy bien en personas inteligentes, que se sienten capaces de generar ideas nuevas e innovadoras y soluciones palpables. Si quieres influir en las demás personas, inclúyelas en tu sistema de creencias, en tus dudas del día a día. Permítete consultarle cosas, hacer preguntas de todo tipo. En este sentido, inclúyelas en las posibles soluciones. Siempre me ha parecido sorprendente cómo es que el hecho de ayudar a alguien más (respondiendo sus preguntas, ofreciendo posibles soluciones) ejerce un peso de influencia mucho mayor en quien es consultado, que en aquel que está buscando respuestas. Puedes intentarlo y notarás que tu opinión adquirirá más relevancia para tus interlocutores.

## 5 estrategias para influir en el día a día.

¿Quieres convertirte en un verdadero líder? ¿Quieres desarrollar habilidades comunicativas y de influencia cónsonas con los tiempos que estamos viviendo? Independientemente de lo que te motive a profundizar en este tema, existe una solución. En realidad, existen 5 grandes soluciones. Hablo de estrategias que muchas veces están incluidas en nuestro sistema de comportamientos pero que no hemos sabido aprovechar.

No hay que olvidar que siempre estamos expuestos a diversos escenarios sociales. En otras palabras, podemos influir en los demás o terminaremos siendo influenciados. Esta última opción no siempre es mala, pero, recuerda que los maestros de la manipulación siempre están al asecho de su próxima víctima. En este sentido, ¿qué te parecería aprender 5 estrategias para influir en el día a día? No me refiero a pócimas mágicas ni a brebajes milagrosos. Son 5 comportamientos que ya están arraigados en tus hábitos diarios, pero no han sido debidamente capitalizados. De manera que, despreocúpate, no hablaremos de complejas operaciones aritméticas. ¿Estás listo?

### *Influir desde la ética.*

La ética es una de las armas más poderosas en cuanto a influencia en otras personas. Si bien es cierto que esta estrategia solo funciona bien en aquellas personas con un sistema ético adecuado al tuyo, cuando es bien aplicado resulta una técnica inmejorable.

Por ejemplo, cuando en una reunión de trabajo alguien se niega a hacer algo que considera incorrecto o inmoral, inconscientemente está ejerciendo un tipo de influencia sobre otros miembros de la reunión, que verán en él a alguien íntegro y en quien vale la pena confiar. En consecuencia, cada vez que esta persona diga algo o tenga alguna posible solución en mente, tendrá la atención de quienes estuvieron presentes en la reunión. Una vez fortalecidos los puntos en común, la influencia no tiene vuelta atrás.

### *Influir desde y con el ejemplo.*

Esta es una técnica muy utilizada por las personas encargadas de transmitir ideas o mensajes importantes. Quiero que pienses en la última conferencia o simposio especializado al que asististe. Estoy seguro de que el orador fortalecía sus opiniones o comentarios con ejemplos constantes.

Quienes han perfeccionado sus habilidades comunicativas saben que el primer aluvión de palabras no siempre es suficiente para que una idea se materialice en la mente del interlocutor, por lo que utilizar ejemplos para afianzar la idea es, desde luego, una técnica muy efectiva. Las personas, desde el subconsciente, interpretan esta habilidad como el dominio del tema. Y, como se sabe, quien genera confianza... genera influencia.

### Desde la mentalidad de abundancia.

Se ha determinado que robustecer los puntos comunes entre tus interlocutores y tú es el camino más sencillo para ejercer un tipo de influencia sobre ellos. Ahora, no solo se tienen en común gustos musicales, literarios o los viajes realizados. La mentalidad es un factor a tener en cuenta. Partiendo del ejemplo anterior: si en un conversatorio sobre ser un empresario exitoso, el orador no da pruebas sólidas de que está hablando desde la experiencia, desde una trayectoria incuestionable, entonces los participantes perderán interés y dejarán de prestar atención a sus palabras.

También sucede en caso contrario. Puede que en un café te topes con un desconocido y, por casualidad, inician una conversación. Aunque sean dos extraños, si tu mentalidad de abundancia es adecuada con su visión del mundo y del éxito, escuchará cada una de tus palabras sin siquiera interrumpir, más que para ahondar en tu discurso. Esto es influir.

### Desde el humor.

El humor es otra de las herramientas fundamentales. Hace mucho tiempo leí en algún artículo que las personas más inteligentes son aquellas que tienen un sentido de humor saludable y pleno. ¿Estás de acuerdo con esta frase? Lo cierto es que el humor implica un conjunto de emociones positivas que, en consecuencia, alinearán la atención de los interlocutores con lo que estés diciendo. Cuando alguien sabe hacer un buen uso del humor (un humor inteligente, sensible y global), llega con más profundidad a la psique de las personas porque se asocia con emociones positivas como la alegría, la paz, la euforia, entre otras.

### Desde la autoridad.

Se ha tejido una gran polémica sobre este tema. ¿Es la autoridad un arma para influir, para coaccionar o para manipular? Si bien es cierto que la autoridad es un arma sensible, muchos de sus resultados dependerán del hecho en que esta es aplicada sobre las otras personas. Por ejemplo, si alguien se muestra arrogante y autocrático, no conseguirá, sino que los demás actúen desde el miedo a posibles consecuencias. Sin embargo, este no es el único tipo de autoridad posible. Hay quien influye desde la autoridad de haber alcanzado el éxito en determinada área.

Por ejemplo, si tu objetivo de vida es romper con los paradigmas establecidos en términos sociales, cada palabra que escuches o leas de Mark Zuckerberg será oro para ti. Aquí, el creador de Facebook no ejerce su influencia desde una autoridad tóxica sino desde el empoderamiento que implica haber llegado a una meta que tú compartes.

# Capítulo 19

# Formas amables y eficaces para conseguir que las personas hagan lo que uno quiere

Mientras que un manipulador destruye la visión de los demás a través del control emocional, la subyugación y la intimidación, la persona influyente trabaja desde la persuasión sin necesidad de imponer su propia cosmovisión del mundo en quienes conforman su entorno social o profesional. Muchas veces hemos sido víctimas de maestros de la manipulación que nos utilizaron para sacar provecho de nuestras acciones sin que pudiéramos siquiera percibir que estábamos sufriendo una extorsión emocional.

De acuerdo a muchos estudios llevados a cabo por expertos de la psicología social, un alto porcentaje de nuestros comportamientos se debe a la influencia que otros han ejercido sobre nosotros. Sin embargo, esto no implica una claudicación en nuestros principios. De lo contrario, si abandonamos nuestras búsquedas personales para satisfacer la visión de otros, es porque estamos siendo víctimas de una manipulación mental. Ahora bien, ¿crees que existen formas amables y eficaces para conseguir que las personas hagan lo que quieres? Bueno, pues esto es lo que busco, enseñarte a convencer e influir en los demás sin entrar en los tenebrosos rincones de la psicología oscura.

Toda la información que encontrarás a continuación ha sido diseñada con el propósito de que mejores tus habilidades para influir en los demás. Recuerda en todo momento que, aunque no lo parezca, influir y manipular no son lo mismo. Sin embargo, las diferencias conceptuales no serán tratadas aquí en vista de que ya se ha profundizado sobre ellas en capítulos anteriores. A partir de ahora, te recomiendo que utilices las páginas siguientes como una especie de pequeña guía práctica que te permitirá entender que existen formas amables de conseguir que otros hagan lo que queremos sin mancillar sus voluntades individuales.

Muchos investigadores han buscado la frontera entre la manipulación y la influencia. Entre ellos, la anteriormente citada Marie France Hirigoyen. El fragmento a continuación fue extraído de su obra *El Abuso de la Debilidad y Otras Manipulaciones*.

> ¿Dónde empieza la influencia normal y sana y dónde empieza la manipulación? ¿Cuál es la frontera?
>
> También a veces nosotros, conscientemente o no, manipulamos: una comunicación no siempre es completamente neutra. Puede ser por el bien del otro (un progenitor puede hacerle tomar un medicamento a su hijo; un profesor trata de transmitir mejor sus enseñanzas...). También puede hacerse de forma inofensiva, como en el

caso del cónyuge al que manipulamos para que nos acompañe a una reunión que le parece aburrida. Ningún sector de la vida social se libra de la manipulación, tanto en el trabajo para que un compañero te eche una mano como en la amistad cuando disfrazamos los hechos para dar una mejor imagen de nosotros mismos. En estos casos, la manipulación no es malévola ni destructiva, sino que forma parte, mientras exista una reciprocidad, del intercambio normal. Pero si uno toma el poder sobre otro, dicha manipulación se convierte en abuso.

Creo pertinente decirte que aquí no aprenderás a distorsionar la voluntad de los demás, sino a convencerles desde la influencia directa. Como aprendiste en el capítulo anterior, es posible emplear distintos métodos para generar confianza en los demás. En consecuencia: influir efectivamente. Estas herramientas han sido estudiadas y confirmadas por oradores de todas las latitudes, que tras largos años de investigaciones han conseguido llegar a la conclusión de que el ser humano tiene una tendencia natural a dejarse influir por otros. Bien sea desde la autoridad, la emocionalidad, la ética, la mentalidad de abundancia e incluso desde el humor. Ahora bien, ¿te imaginas capitalizando estas herramientas en aras del convencimiento a tus contemporáneos?

## 10 formas amables de conseguir que otros hagan lo que quieres.

Si algo ha caracterizado a los especialistas del marketing desde siempre ha sido su capacidad de ejercer cierta influencia en las personas. La necesidad de influir en los demás es una cuestión que abarca cada pequeño fragmento de la sociedad. Pero, para los expertos en marketing es una forma de vida. Su profesión los ha llevado a entender mejor que nadie cuáles son las flaquezas de las personas y cómo capitalizarlas en beneficio propio. Influir en los demás no es socavar sus voluntades sino convencerles. De allí la importancia de esta rama de negocios en todas las empresas del mundo, incluso en aquellas que uno pudiera creer que no necesitan ejercer influencia alguna.

Ahora, ¿hace falta ser un experto en marketing para conseguir que otros hagan lo que queremos? No, por supuesto. Ellos han aprendido de esto a través de la experiencia, y en parte gracias a ellos el resto de investigadores han encontrado las bases para dirigir sus estudios del comportamiento humano. La buena noticia es que todos podemos perfeccionar esta arma. ¿Cómo? Incluyendo pequeñas prácticas en nuestro sistema de conductas de cada día. A continuación, 10 formas amables de conseguir que otros hagan lo que quieres.

1.  Muestra interés genuino por los demás.

Si quieres un pequeño ejército de devotos compañeros de vida, nada es tan efectivo como mostrar interés genuino por sus preocupaciones, logros, incomodidades o metas. Ten en cuenta que todas las emociones positivas son tan contagiosas como cualquier virus, de manera que cuando te interesas por los demás, enciendes en ellos motivaciones profundas. ¿Se enfermó el hijo de tu colaborador? ¿Tu socio está por casarse? ¿Cómo va el hijo de tu jefe en la universidad? En la medida en que las personas perciban que te interesas por ellos, establecerán un nexo emocional contigo. Esto facilitará que hagan cosas por ti con solo pedírselas.

2. Dirígete a las personas por sus nombres.
Se ha demostrado que cuando nos dirigimos a los demás por sus nombres, creamos cables emocionales y de reciprocidad. El trato personalizado es un arma muy efectiva para influir en las personas y conseguir, así mismo, que estas se muestren siempre atentas a tus deseos e intereses. Se trata de un pequeño ejercicio psicológico para robustecer nuestras habilidades comunicativas. La psicología, desde luego, funciona para conseguir de una forma amable que otras personas hagan lo que queremos. En resumidas cuentas, no hables de forma impersonal; esto es interpretado (inconscientemente) como desconocimiento de tu parte. Menciona el nombre de tus interlocutores siempre que lo consideres necesario y tendrás su atención y ayuda en todo momento.

3. Practica la escucha activa.
Una conversación es, en términos generales, el intercambio de ideas y opiniones sobre distintos temas. Estas se presentan en la oficina, en un establecimiento, en un centro comercial, en el núcleo familiar o en la universidad. Entendiendo que el ser humano es un animal social, el relacionamiento con los demás forma parte de lo que somos. En este sentido, cuando escuchas atentamente a tus interlocutores, puedes ofrecer soluciones o hacer preguntas que le permitan al otro asimilar el hecho de que estás prestando toda la atención que se requiere de ti. En contraparte, siempre que necesites un consejo o ayuda, le tendrás a tu disposición.

4. Pide favores.
Sí, sé que puede parecer una estrategia en cierto modo contradictoria, pero no lo es. Pedirle favores a alguien hará que sea mucho más probable que ese alguien te ayude sin condiciones ni objeciones en futuras oportunidades. Existen estudios científicos que avalan la trascendencia del "pedir favores" como una técnica amable para conseguir que otros hagan lo que queremos. Está claro que el cerebro humano, henchido de subjetividades, interpreta que, si en algún momento le hiciste un favor a alguien, es porque ese alguien te agrada de sobremanera. De manera que, si buscas una forma amable de convencer a alguien de que te ayude, pide favores.
5. No te autosabotees.

Todos hemos cometido el error de comportarnos como unos imbéciles en determinadas circunstancias. Al margen de todas las formas y técnicas enseñadas a lo largo de este capítulo, una de las más importantes es: no autosabotearte. Esto implica: no ser grosero, no hablar desde la arrogancia, no subestimar las habilidades de las personas, no ser altanero o prejuicioso. Nadie quiere ayudar a alguien que se comporta de forma grosera, que atropella a sus interlocutores, que se cree superior en todos los aspectos. En otras palabras: no seas un idiota. Este es un primer paso necesario para convencer a los demás.

6. Sé genuinamente agradecido.

No en vano se considera que la gratitud es uno de los hábitos más poderosos y transformadores de cuantos podemos echar mano. Esta práctica repercute, a su vez, en las emociones resultantes de las demás personas. Si quieres que alguien haga algo que quieres, céntrate en algo que te guste de esa persona y cuéntale. Debe tratarse de un agradecimiento genuino, natural. No subestimes la capacidad interpretativa de tu interlocutor. Todos los seres humanos quieren un aprecio sincero, no halagos vacíos. De manera que esta es una forma bastante eficaz de convencerles para que hagan tu tarea, por decirlo de un modo jocoso.

7. No temas preguntar.

¿Por qué crees que las preguntas son una herramienta imprescindible para convencer a los demás? Porque las personas no ayudan a cualquiera; para hacerlo, requieren una suma de emociones positivas y mucha confianza. En este sentido, cuando haces preguntas relacionadas al tema que tu interlocutor toca, demuestras que estás escuchando activamente, que prestas toda la atención requerida por este. De manera que, punto a favor, has empezado a ganar su confianza. Otro de los enfoques en las preguntas es que son el sustituto perfecto de las órdenes. ¿Cómo crees que reaccionaría mejor alguien, si le ordenas hacer algo o si le preguntas si puede hacerlo?

8. Desafía a las personas.

Si estás en una posición de liderazgo y quieres fortalecer la motivación de tus colaboradores de una forma amable, desafíales. Señala a uno al azar, di su nombre y explícale con un discurso claro y conciso lo que esperas de él. Dale Carnegie, autor del libro *Cómo ganar amigos e influir en las personas,* deja claro que cuando nos sentimos desafiados (en buenos términos, claro está) nuestra motivación se eleva a niveles insospechados. Este es un pequeño truco psicológico muy eficaz al momento de convencer e incentivar a alguien a que tome determinada acción. También puedes ponerlo en práctica desde la amistad. Un pequeño desafío amistoso no desagrada a nadie.

9. Sé humilde y acepta tus errores.

No tomes demasiado tiempo para aceptar tus errores y pedir disculpas. Se sabe que todos los seres humanos somos propensos a tomar malas decisiones que afectan a otros individuos. En este sentido, nada genera más confianza e influencia en los demás que el hecho de saber que somos lo suficientemente maduros como para dar un paso atrás y pedir disculpas de forma genuina por los errores cometidos en el camino. También debes ser muy claro. No divagues demasiado ni te muestres inseguro. ¡Estás totalmente seguro de que cometiste un error! Pero... ¡también estás totalmente seguro de que lo mejor es aceptar el error y disculparse! Así, tu percepción en los demás cambiará significativamente.

10. Evita las críticas innecesarias.

Te haré una pregunta directa desde el corazón, ¿a quién le gustan las críticas? Sí, sé que se dice mucho acerca de las críticas constructivas y las destructivas, pero, seamos sinceros, las críticas son desagradables para todos, independientemente de la forma en que nos las hicieron. Está claro que, una vez recibida, hay que actuar desde la madurez emocional para que ello no afecte nuestra efectividad. La variable, aquí, es que no tienes la certeza de cuál será la reacción de tus interlocutores frente a estos reproches. En resumidas cuentas, evita las críticas innecesarias. Practica la retroalimentación genuina y, así, conseguirás establecer un cable emocional para futuras situaciones.

Cada una de estas prácticas te será de gran ayuda al momento de influir en las demás personas, para que estas hagan cosas por ti. Sin embargo, debes tener en cuenta que todas estas técnicas o trucos psicológicos requieren ser ejercitados desde la ética. Recuerda que el fin no es manipular sino influir. Mientras que en la manipulación eliminas el criterio propio del individuo para instalar el tuyo; en la influencia solo estás convenciendo a través de pequeñas estrategias para que las personas hagan algo por ti. Sin embargo, esto pierde todo sentido cuando utilizas los trucos para socavar la voluntad propia de los individuos.

En la medida en que perfecciones lo aquí aprendido, estas herramientas formarán parte de tu accionar diario de forma inconsciente. El objetivo es influir en la toma de decisiones, no coaccionar. Esto es lo que nos diferencia de los maestros de la manipulación. La buena noticia es que, a estas alturas del libro, tengo la certeza de que tu sentido de la ética ha sido alcanzado en niveles muy profundos. Se trata, en definitiva, de pavimentar el camino al éxito. Y, para ello, las habilidades comunicativas y de influencia son imprescindibles, por no decir vitales.

# Capítulo 20

## PNL: ¿Qué es? ¿Cómo reconocerlo y cómo utilizarlo para nuestra ventaja?

Seguramente habrás escuchado muchas veces la expresión programación neurolingüística, pero, ¿realmente sabes a qué se refiere este novedoso concepto de la neurociencia? El universo de la programación neurolingüística (PNL) es tan amplio, complejo y excelso como cualquier otro. Su descubrimiento y clasificación supuso un rompimiento absoluto en la forma en que concebimos nuestro relacionamiento con los demás. La idea de abordar este tema nace de dos factores: 1) la amplitud de un tema que ha sido materia de estudio en las últimas décadas por especialistas de distintas ramas. 2) descubrir la importancia de esta en la vida diaria de las personas.

¿Te has preguntado alguna vez si la mente humana tiene formas mecánicas de trabajar o si se adecúa de acuerdo a las circunstancias vividas? Si bien es cierto que no existe un consenso en relación a cuestiones tan vastas como los mecanismos del cerebro humano, se han descubierto algunos patrones que sirven como base para las sucesivas investigaciones. ¿Cuál es la ventaja de conocer, en líneas generales, el funcionamiento de la mente humana? Bueno, existen muchas respuestas posibles, pero, en esencia, *el mundo será de quien entienda cómo funciona la mente del hombre.*

Dicho esto, pretendo que conozcas:

- ¿Qué es la programación neurolingüística?
- ¿Es posible usar la PNL a nuestro favor? ¿Cómo?
- El mundo será de quien entienda cómo funciona la mente del hombre.

Cada uno de estos subcapítulos, en sumatoria, representan una guía práctica acerca de cómo cada individuo es capaz de comprender todo lo relacionado a la mente humana. Me refiero a esas pequeñas programaciones de pensamientos que hemos ido acumulando a lo largo de nuestra historia. Condicionamientos, miedos, motivaciones, disparadores, todos estos conceptos, entendidos por la neurociencia, vienen a englobar un tema tan complejo como importante en términos de crecimiento personal.

Te recomiendo que consumas el contenido de este capítulo como si se tratara de un pequeño curso intensivo sobre el cerebro humano. No solo serás capaz de identificar cuando alguien aplica métodos de la PNL en su vida, sino que podrás darle un fin a tus nuevos conocimientos para potenciar tu crecimiento integral como individuo. El éxito de la PNL se ha comprobado en escenarios tan diversos como el mundo corporativo, las relaciones interpersonales, románticas e incluso entre quienes se dedican a impartir conocimientos varios en distintas latitudes del planeta.

# ¿PNL? ¿Qué significa? ¿Para qué sirve?

¿Alguna vez te has preguntado por qué unas personas llegan a la cima de sus respectivas carreras mientras que otros, la inmensa mayoría, apenas consigue ser un profesional promedio? ¿Cuál es el denominador común entre quienes hoy día son considerados líderes y referentes en sus áreas de interés y desarrollo? ¿Acaso unos son más capaces que otros? Sin duda, todos nos hemos hecho este tipo de preguntas a lo largo de nuestra vida. En muchos casos, movidos por un cuestionamiento existencial; en otros, por curiosidad intelectual. Sea cual fuere tu caso, es válido buscar las respuestas adecuadas a las preguntas más elementales.

La programación neurolingüística es una teoría que busca entender lo subjetivo de las personas para sacar un provecho de estas subjetividades. En otras palabras, entender y corregir nuestros patrones de pensamientos. Una vez que entendemos que nuestro éxito es el reflejo inmediato de las programaciones mentales que albergamos en nuestro cerebro, muchas cosas adquieren sentido. Pues, en esencia, esto es lo que busca la PNL. Esta, en definitiva, es una capacitación constante que tiene por finalidad el entendimiento de cada uno de los comportamientos que nos definen como seres humanos racionales. La mente humana, tan vasta como es, interpreta el mundo a través de los cinco sentidos según se presente cada nueva circunstancia.

El doctor Harry Alder, en su libro *El Arte y Ciencia de Obtener lo que Deseas*, amplifica esta definición en los siguientes términos.

> En resumen, la PNL trata de la manera en que filtramos, a través de los cinco sentidos, nuestras experiencias del mundo exterior y de cómo usamos esos mismos sentidos interiores, adrede y también sin saberlo, para conseguir los resultados que deseamos. Todo tiene que ver con la forma en que percibimos o pensamos. Y es nuestro pensamiento —la percepción, la imaginación, los patrones de creencias— el que determina lo que hacernos, y lo que conseguimos.

Este novedoso concepto, desarrollado por los especialistas John Ginder y Richard Bandler en 1970, rompió todos los paradigmas previamente establecidos acerca de la comprensión del comportamiento humano desde adentro, es decir, desde las programaciones mentales que fluctúan constantemente en nuestro cerebro.

Por darte un ejemplo muy sencillo y común: un simple condicionamiento adquirido en la infancia, podría ser la razón por la que te cuesta tanto tomar la iniciativa en una reunión de trabajo. Si ahondamos un poco más, es probable que esta "timidez escénica" haya sido uno de los puntos en contra al momento de ser evaluado y considerado para ese ascenso por el que has soñado durante los últimos años. Ahora, ¿qué pasaría por tu cabeza si te digo que este condicionamiento puede ser eliminado y sustituido por una estructura de pensamiento mucho más productiva para tu crecimiento? Seguramente quedarás boquiabierto, pero es verdad. De tal manera funciona el cerebro humano, y la PNL te ayuda a entender cómo funciona cada uno de sus pequeños engranajes. Así podrás modificar cada característica de tu personalidad que está ejerciendo un peso de grillete en tus tobillos.

En este sentido, la escritora Wendy Jago nos dice:

> La personalidad suele darse por sentado, como si fuese algo inamovible, una suposición que alimenta la suposición de que resulta difícil —cuando no imposible— realizar cambios fundamentales. Quienes han rellenado un perfil de personalidad (por lo general en el trabajo) a veces tienen la sensación de que sus "resultados" los han encasillado (...) La suma de tus preferencias metaprogramadas no constituye tu personalidad.

## ¿Cómo usar la programación neurolingüística a nuestro favor?

La utilidad de la programación neurolingüística es incuestionable. No en vano su resonancia en los últimos años ha llegado a niveles insospechados. Después de todo, ¿cómo no podría ser positivo tener todas las herramientas para identificar nuestros patrones dañinos y aplicar todos los correctivos pertinentes para que estos no obstaculicen nuestro camino al éxito? Si la PNL ha adquirido tanta relevancia en los últimos años, se debe principalmente a que tiene una efectividad plena en términos de crecimiento personal y capitalización de circunstancias específicas.

Ahora, ¿crees que es posible que el vicepresidente de una gran multinacional pueda ser eficiente si desconoce las bases de la PNL? Incluso si hablamos de un gerente departamental, para liderar a su equipo de trabajo ha de tener en consideración sus motivaciones y cómo funcionan sus mentes, ¿no lo crees? Toda historia de éxito nace de una habilidad específica, te lo concedo, pero, ¿puede alguien ser realmente exitoso solo con sus destrezas técnicas? Desde luego, y esto se debe a que no existe una sola persona sobre la faz de la tierra que pueda alcanzar la cima del éxito sin antes enfrentarse a distintos escenarios sociales. Está claro, si se sabe que somos animales sociales y que cada peldaño se alcanza desde el espectro social.

Te propongo que pienses en una profesión que requiera aislamiento. ¿Qué es lo primero que te llega a la cabeza? Siempre que le planteo esto a la gente suelen responder: programación. Es evidente que un programador pasa mucho tiempo a solas mientras desarrolla sistemas complejos desde sus conocimientos de ciertos lenguajes de programación. Pero, en todo caso, este profesional debe lidiar con las exigencias de un cliente, que es quien en definitiva paga sus servicios. Eventualmente tendrá que participar en una junta de proyecto donde se amplíen las condiciones del mismo o se tenga que llevar a cabo una tormenta de ideas. En todo caso, es imposible ascender a la cima sin tener en cuenta el aspecto social. Y esta es la especialidad de quien ha desarrollado habilidades propias de la PNL.

A continuación, te enseñaré algunas técnicas propuestas por la Programación neurolingüística para ser aplicadas a tu favor. ¿Estás listo?

Las primeras tres estrategias están relacionadas a la redefinición de nuestras percepciones. Después de todo, muchos de los obstáculos que hoy nos han impedido alcanzar los objetivos trazados, se encuentran en nosotros mismos y en nuestros patrones de pensamientos. Existen métodos que buscan constituir nuevas percepciones que sustituyan viejas prácticas mentales. A este respecto apuntan las siguientes estrategias:

### Afirmaciones positivas.

Las creencias limitantes representan uno de los flagelos más importantes en cuanto al crecimiento integral de un individuo. Cuando las personas se dejan apabullar por esa voz interior que asegura que no son capaces de realizar determinada tarea o alcanzar un objetivo, instaura una fuerza compleja que le impiden siquiera tomar acciones concretas para llegar a la meta que se hayan trazado. Para contrarrestar estas creencias limitantes, la PNL propone un ejercicio diario de afirmaciones positivas. Estas afirmaciones son pequeños mantras que te dirás a ti mismo durante cinco minutos cada día. De esta manera, tu cerebro se irá adecuando a una autopercepción mucho más amable. Recuerda que quien carece de autoconfianza no podrá nunca descubrir su verdadero valor como ser humano.

### Redefinir nuestra conducta hacia el dinero.

Los grandes especialistas en la mentalidad de abundancia saben que muchos de nuestros problemas para generar riqueza y abundancia provienen de la forma en que nos relacionamos con el concepto dinero. Existen muchas posibles razones que expliquen esta conducta. Por ejemplo, es muy común que cuando alguien ha sido criado con premisas como "ser rico es malo" o "el dinero solo trae problemas", esta persona terminará tomando como propios estos condicionamientos que, en definitiva, no le ayudarán a tomar acciones concretas para generar abundancia. Una vez que hayamos identificado de dónde proviene esta relación tóxica con el dinero, podremos ejercitar afirmaciones positivas que nos permitan reprogramar nuestros patrones de pensamientos.

### La visualización positiva.

Del mismo modo que en las estrategias anteriores, la reprogramación de nuestra estructura de pensamientos pasa por tratarnos amablemente. Esto significa, de acuerdo a este caso, una visualización positiva. Se trata de un ejercicio beneficioso en muchos aspectos. En primer lugar, porque al imaginarnos en la meta, sintiendo las emociones propias de haber alcanzado nuestros objetivos, se verá fortalecida la motivación para seguir adelante. En segundo lugar, porque acostumbramos al cerebro a pensar *en términos optimistas*. En consecuencia, ninguna tarea le resultará ardua o imposible porque asocia la imagen visualizada con las emociones sentidas durante el ejercicio. Mi recomendación es que practiques esta rutina cada noche justo antes de irte a dormir.

Pero también existen técnicas de la PNL en cuanto al trato con los demás. Está claro que el espectro social es tanto o más importante que nuestros programas mentales. En este sentido, estas son 2 técnicas que podrás aplicar en tu día a día para que la PNL funcione a tu favor en todo momento.

### *Rapport.*

El rapport es una de las joyas ocultas de la Programación neurolingüística. Se trata de un ejercicio terapéutico-psicológico en el que un individuo busca consolidar una relación emocional con su contraparte, a través de una serie de pequeños trucos. Es, en definitiva, la creación de una empatía inconsciente entre uno o varios individuos. Pero, ¿cuáles son estos *pequeños trucos*? Es, en el argot de la PNL, la coincidencia y la duplicación. Es un proceso que funciona cuando nos movemos al ritmo de la otra persona para "capitalizar" los puntos comunes.

Fisiológicamente hablando, estas son algunas de las cosas que podemos reflejar:

- Lenguaje corporal.
- Postura.
- Gestos.
- Voz.
- Frecuencia respiratoria.

Esto consolidará una afinidad emocional entre los interlocutores. Es una técnica muy utilizada en entrevistas de trabajo o mesas de negociación. De esta manera, quien la aplica consigue una ventaja emocional sobre su acompañante al situarse en el espectro-reflejo.

### *Leer el lenguaje corporal.*

Otro beneficio de la PNL es que nos enseña a leer el lenguaje corporal de las personas. Tal como te lo mencioné algunos capítulos atrás, la mente humana manifiesta emociones y subjetividades a través de pequeños tics corporales que suceden de forma inconsciente. Si algo debemos agradecer a los que han desarrollado el concepto de la programación neurolingüística es que nos han ofrecido algunas opciones interesantes para sacar crédito de lo que nuestros interlocutores nos dicen, sin decirlo. De esta manera podemos evitar temas que resalten emociones negativas, corregir en tiempo real algún comportamiento que incomode al otro e incluso adelantarnos a sus respuestas con la correcta interpretación de todas estas micro expresiones o manifestaciones del subconsciente.

Del libro *El Arte y Ciencia de Obtener lo que Deseas*:

> El impacto de la PNL ya ha sido trascendente, pues sus aplicaciones se han extendido a más y más áreas de la vida

humana. Sus conceptos sencillos pero profundos y los registros de seguimiento de éxitos prácticos han dado como
resultado su notable crecimiento, y ahora desafía el
puesto que ocupa la psicología ortodoxa en la relevancia
que tiene para la gente normal. Al mismo tiempo, hace
que generaciones enteras de libros de autodesarrollo y
pensamiento positivo resulten muy incompletos y anti-
cuados.

# Capítulo 21
# ¿Qué es la hipnosis? Técnicas y cómo utilizarla.

Adquirir estas herramientas te permitirán mejorar tus condiciones de vida y dar un salto significativo hacia la concreción de tus propósitos.

La hipnosis. Existen muchos mitos y mucho escepticismo en torno a la idea de la hipnosis como una terapia funcional, no obstante, todo aquello que incluye adentrarnos en las profundidades de nuestra mente subconsciente tiene una trascendencia reveladora.

No importa si el cerebro humano es una máquina compleja y extraordinaria; en la medida en que descubras cada uno de sus rincones, obstáculos y motivaciones, mejorarás tus posibilidades de reprogramar cada estructura de pensamientos, alineándola con tu vida y con tus metas personales. Abordare temas tan importantes como:

- ¿Qué es la hipnosis?
- ¿Cuáles son las ventajas de la hipnosis?
- 5 técnicas básicas para mejorar tu vida a través de la hipnosis.

Porque, en efecto, es posible mejorar tus condiciones de vida. Todo está relacionado con una reconexión contigo mismo. Para nadie es un secreto que las (muchas veces) violentas dinámicas de la vida nos han llevado a una posición diametralmente distinta a la de nuestras primeras motivaciones. Sin embargo, esta es una característica asociable a la madurez y al crecimiento personal. La buena noticia es que, contrario a lo que pudiera creerse, la hipnosis no es un ejercicio desafiante o que esté solo al alcance de unos pocos virtuosos. Muchas veces practicamos algún tipo de hipnosis en nuestra rutina sin siquiera tener idea de esto. Increíble, ¿no te parece?

Como es bien sabido, la hipnosis ha tenido que enfrentarse a una serie de prejuicios y estigmatizaciones de distintos niveles desde su aparición en el espectro terapéutico. El doctor Michael Yake, en su libro *Lo Esencial de la Hipnosis*, nos indica lo siguiente:

> El hecho de que la hipnosis se use como espectáculo en los medios de comunicación (sobre todo en espectáculos en directo pero también en el cine y la televisión) contribuye a mantener los estereotipos populares que la representan como una forma mágica de solucionar los problemas de forma instantánea mediante poderosas sugestiones (...) A la hora de promover concepciones equivocadas es igual de peligroso el hipnotizador de espectáculos que el que, a causa de la ignorancia o la avaricia, usa la hipnosis de manera que ofrece ideas falsas al público. Dichas personas normalmente tienen escasa o ninguna formación oficial

en hipnosis y en las ciencias de la educación, pero saben lo suficiente como para engañar a la gente afirmando falsamente que poseen un poder sensacional.

Ahora bien, al margen de todas estas asociaciones erradas por parte de algunos, personalmente he sido testigo de la monstruosa efectividad de la hipnosis como conjunto de técnicas terapéuticas para entender mejor el cúmulo de subjetividades que flotan en nuestro interior.

## ¿Qué es la hipnosis?

Esta práctica fue constituida y acuñada por el doctor inglés James Braid durante el siglo XIX. Seguramente sabrás que esta práctica recibe su nombre de Hypnos, el dios del sueño según la mitología griega. Existen muchas definiciones posibles (y todas más o menos válidas) para entender en pocas palabras de qué va esto de la hipnosis. Sin embargo, optemos por una representación genérica para que te sea más fácil su comprensión. La hipnosis es un estado alterado de consciencia al que se tiene acceso mediante una serie de técnicas aplicadas por un profesional en esta práctica. La hipnosis puede ser:

- Autoinducida.
- Inducida por un agente externo.

La idea de la hipnosis es apreciar cambios, tanto psicológicos como fisiológicos, reconocibles en ese espacio entre la mente subconsciente y la mente consciente, comúnmente llamado "trance". Una vez que hemos llegado a este punto, encontramos momentos o anécdotas del pasado que por diversas razones cayeron en una especie de bloque o autosabotaje por parte de los mecanismos defensivos del cerebro. Uno de los terapeutas más reconocidos e importantes en el mundo de la hipnosis, Horacio Ruiz, nos cuenta en su libro *Guía Práctica de Hipnosis* lo siguiente:

> El estado alterado de conciencia es como ese aforismo que afirma que para resolver un problema imposible solo hay que cambiar el punto de vista, mirarlo desde otros ángulos. En los estados alterados de conciencia se ven con claridad los conflictos subconscientes y a menudo también su mejor solución. Pues bien, los expertos están de acuerdo en considerar al hipnotismo como la técnica o conjunto de técnicas que nos llevan de la manera más rápida y eficaz a ese especial estado de nuestra mente. Es el sistema por antonomasia para lograr un estado alterado de conciencia.

En la actualidad se han definido distintos tipos de hipnosis. A continuación, resumo brevemente estos tipos para tu conocimiento general:

- Autohipnosis.
- Hipnosis cognitivo-conductual.
- Hipnosis ericksoniana.

- Hipnosis tradicional.
- Hipnosis enfocada en la solución.
- Programación neurolingüística (PNL).

La verdad es que, más allá de los prejuicios y consideraciones erradas en torno a la hipnosis, esta es una herramienta terapéutica muy válida para quienes buscan encontrar esos pequeños condicionamientos que, de alguna u otra forma, han desajustado sus posibilidades de éxito. La hipnosis, en lo personal, surge como un proceso terapéutico que, lejos de infravalorar la importancia de la mente humana, entiende con humildad que un porcentaje significativo de nuestros obstáculos tienen su razón de ser en los programas mentales que nos constituyen como individuos.

Si aún tienes dudas en lo concerniente a la hipnosis, te invito a que continúes leyendo. En el siguiente subcapítulo te mencionaré algunas de las ventajas más importantes de la hipnosis como proceso terapéutico para la comprensión de nuestras pequeñas subjetividades. En muchos casos, pequeñas, sí, pero en sumatoria estas tienen el potencial para socavar nuestras opciones de vivir una vida plena y feliz.

## ¿Cuáles son las ventajas de la hipnosis?

A lo largo de la historia se ha demostrado que la hipnosis aporta a las personas una cantidad significativa de ventajas. Sus beneficios son tan importantes, y tienen un impacto tan profundo, que nos proveen una mejora considerable en muchos aspectos de nuestra vida diaria. El mejoramiento de estas condiciones trae, a su vez, consecuencias palpables en cuanto a rendimiento y productividad. En efecto, cuando aplicamos la hipnosis como terapia de reconexión con nosotros mismos, podremos:

### *Romper con malos hábitos.*

Una de las características más sorprendentes de la hipnosis es que nos ayuda a romper definitivamente con malos hábitos que se encuentran arraigados en nuestra estructura mental de comportamientos. Como ya sabrás, un hábito es una conducta aprendida a través de la repetición. La neurociencia explica los hábitos como pequeñas conexiones neuronales que se consolidan con cada repetición. Por ejemplo, quien quiere dejar de fumar navegará por una lista interminable de medicamentos sustitutivos de la nicotina o medicinas herbáceas.

Pero, ¿qué efecto tiene la hipnosis en nosotros y en nuestros hábitos? Partiendo de la premisa de que los hábitos (mala alimentación, tabaquismo, ludopatía, mitomanía) son conexiones de nuestro cerebro, ¿qué mejor manera de solucionarlos que a través de la reprogramación mental? Esto es lo que ofrece la hipnosis por medio de sus distintos tipos. Descubrir los eventos condicionantes y gestionarlos desde adentro hacia afuera, entendiendo el mal que estos generan en nuestro organismo.

### Perder peso sin efecto rebote.

Esta es la consecuencia directa de la ventaja anterior. En la medida en que mejoramos nuestros hábitos alimenticios, perdemos peso sin exponernos a un efecto rebote. ¿Cómo sucede esto? Porque la hipnosis nos ayuda a incluir una nueva programación mental en nuestra estructura de pensamientos. Imagina por un momento que tienes la posibilidad de entrar en tu cerebro y dejar en uno de sus anaqueles una pequeña ficha donde aparecen, clasificas, todas las consecuencias negativas de tener una alimentación desordenada e irresponsable. Esto es, en esencia, lo que se logra con la hipnosis. Después de todo, estamos nadando en el interior de nuestra mente subconsciente.

### Reducir nuestros niveles de estrés.

Del mismo modo que funciona con la meditación, en la medida en que profundicemos en los pequeños factores que afectan nuestra tranquilidad, tendremos un mejor manejo de las situaciones de estrés. La hipnosis puede ajustar tu proceso de pensamiento, consiguiendo así una actitud mucho más relajada frente a las vicisitudes de la vida diaria. La hipnoterapia es, en este sentido, una opción mucho más saludable y menos invasiva que la interminable lista de fármacos ofrecidos por la industria farmacéutica. Muchos de los cuales generan adicción y farmacodependencia. Recuerda que la hipnosis nos ayuda, en definitiva, a eliminar los malos hábitos mentales como la obsesión o el pensamiento repetitivo.

### Mejorar nuestro sueño/descanso.

Se ha demostrado con suficiente evidencia que cuando no descansamos lo suficiente, vemos afectadas muchas de las actividades primarias de nuestro organismo. Además, perdemos la capacidad de tomar decisiones y acciones adecuadas para salir adelante. De manera que, si te está costando conciliar un sueño reparador e ininterrumpido, la hipnosis puede ser una buena opción para ti. Según indica Kelley Woods, hipnotista de renombre, el sueño se encuentra anclado en nuestro subconsciente. Lo que quiere decir que no tiene sentido apelar a los procesos conscientes para solucionar una problemática que tiene su razón de ser en la mente subconsciente del individuo.

### Aliviar los dolores crónicos.

Se sabe que el dolor es una señal que nos envía nuestro cuerpo para indicarnos que algo no está funcionando bien. Esto es inobjetable, pero, ¿qué pasa cuando el dolor se vuelve patológico, disfuncional e impredecible? La hipnosis ha sido utilizada con amplio éxito en el tratamiento de dolores crónicos. Existen casos en que se sigue presentando determinada dolencia incluso después de que el cuerpo se encuentra curado. Este desbarajuste tiene su razón de ser en la mente subconsciente, por lo que una alternativa más que viable es la aplicación de la hipnosis como proceso terapéutico para reconducir el subconsciente a un estado de salud. Así, el cerebro dejará de reproducir manifestaciones de dolor cuando en realidad no existe evidencia física de alguna molestia.

### Aliviar la ansiedad.

La ansiedad es una de las sensaciones más complejas y (psíquicamente) dolorosas que puede afrontar un individuo. Decenas de testimonios dan cuenta de una mejora significativa en sus condiciones psíquicas luego de haber participado en algún tipo de hipnosis. El doctor Michael Yapko, en un fragmento extraído de su libro *Lo Esencial de la Hipnosis* nos explica esto desde su autoridad y experiencia en el tema:

> La hipnosis como herramienta de trabajo puede ayudar a crear habilidades para relajarse y dar una sensación de autocontrol. Yo creo que enseñar a los clientes la autohipnosis (inducciones hipnóticas y utilizaciones que pueden llevar a cabo ellos mismos cuando quieran) es una parte necesaria del trabajo hipnótico en contextos clínicos. El simple hecho de saber que uno puede relajarse profundamente y reconocer sus pensamientos, sentimientos y conductas puede tener un efecto poderoso a la hora de controlar el estrés y la ansiedad.

## 2 técnicas de hipnosis para mejorar tus programas mentales.

Ha llegado el momento de agregar un poco de práctica a toda esta teoría. Lo que hace de la hipnosis un proceso terapéutico tan especial es que no hace falta ser un experto para hacer algunas pruebas o técnicas en nuestras rutinas diarias. A continuación, las tres técnicas de hipnosis para mejorar tus programas mentales.

### Técnica de fijación visual.

El objetivo es inducir a la persona en un estado hipnótico a través del cansancio de sus músculos oculares y los párpados. El éxito de esta técnica radica en la no-resistencia del individuo, ya que el estado hipnótico se alcanza al este cansarse o aburrirse por la natural fijación durante un tiempo prolongado a determinado punto inmóvil. La repetición de las sugestiones juega aquí un papel fundamental. Ahora, como apenas somos aprendices de la hipnosis, lo ideal es que hagas este ejercicio contigo mismo.

1. Siéntate cómodamente en algún espacio que te resulte agradable.
2. Fija tu mirada en un punto exacto e inmóvil, puede ser un punto marcado en la pared que esté por encima de tu línea visual.
3. Mantén tu atención y mirada puesta sobre este punto. Luego de unos minutos, este se tornará difuso o distorsionado. Presta atención cuando esto ocurra.

4. Conforme pase el tiempo, sentirás una pesadez importante en los párpados. Es normal, tus músculos oculares empiezan a sentirse naturalmente agotados. Aunque te resulte tentadora la idea de cerrar tus ojos,
   no lo hagas. No los cierres hasta el momento en que te resulte más
   agradable.
5. Transcurrido cierto tiempo notarás que un estado de relajación y bienestar se apodera de tu cuerpo. Tu respiración se tornará regular y
   placentera. Llegado este punto, respira tres o cuatro veces y continúa
   disfrutando de la sensación de bienestar que se propaga por tu cuerpo.
   En tu mente, experimenta tus propias sugestiones para fomentar la
   tranquilidad y mantener los ojos cerrados. A partir de este momento,
   permítete unos minutos de silencio y tranquilidad. Disfruta de esta
   sensación mientras piensas en tus objetivos desde esas sensaciones
   placenteras.
6. A partir de este momento, habla contigo mismo. Comunícate que al
   abrir los ojos te sentirás totalmente renovado y pleno. Cuenta de 5 a 0
   y finalmente abre tus ojos.

## *Técnica de relajación.*

El método de relajación es una mezcla de tres factores principales: la relajación muscular, sugestiones de tranquilidad y una respiración suave. La
finalidad es que la persona consiga un estado de trance apacible mediante
un ritmo de respiración regular. Para ello, los pasos son:

1. Siéntate cómodamente. Busca un sitio que no perturbe tu tranquilidad.
2. Dirige toda tu atención hacia tu respiración. Esto quiere decir que debes concentrarte en todas las sensaciones inherentes a la respiración,
   por ejemplo, cómo sube y baja el oxígeno inhalado, el movimiento del
   tórax, entre otros.
3. Permítete abstraerte poco a poco de acuerdo al ritmo de la respiración.
   Esta tranquilidad facilitará los procesos restantes. No intervengas en
   la respiración; deja que esta se calme por su propia cuenta hasta alcanzar un ritmo regular.

4. Conforme la respiración se haya tornado regular, pasa tu atención al
   cuerpo. Haz una especie de recorrido calmo por cada una de las zonas
   que componen tu cuerpo; en el ínterin, puedes encontrar tensiones físicas o mentales, conscientes o inconscientes.
5. Una vez localizada alguna tensión, libérala a través de una honda respiración. Siente cómo la tensión física o mental se va diluyendo en la
   medida en que el aire sale de tu cuerpo.
6. Después de que estas tensiones hayan sido liberadas, concéntrate en
   el estado de bienestar en el que te encuentras. Recorre tu cuerpo nuevamente, fijándote en las sensaciones agradables de cada uno de los
   puntos. Identifica aquel punto de tu cuerpo que sientes más cómodo y

relajado. Siente cómo cada inhalación bombea tu cuerpo de mayor bienestar.

7. Cuando esta sensación se encuentre en todo tu cuerpo, trabaja por unos minutos en tus objetivos. Visualiza imágenes y sugestiones para conseguir un saneamiento más profundo.

8. Sugiérete que, desde el momento en que abras los ojos, te sentirás mucho más renovado y dispuesto a ser mejor. Cuenta de 5 a 0 y luego abre tus ojos.

# Capítulo 22
## Cómo ser patrones del lenguaje

Poco a poco nos acercamos al final de este libro. Te pido que mires cada capítulo como un escalón más; un conjunto de escalones que te dieron herramientas, conocimientos, interpretaciones y sorpresas perfectas para incluir en tus hábitos diarios. Porque, en esencia, la idea de este proyecto fue desde el principio ayudarte a mejorar tus condiciones de vida desde la libertad individual. No sirve de nada ser la persona más hábil del mundo en determinada acción si esta no viene acompañada de patrones mentales cónsonos con lo que buscamos. Esto sugiere que, a veces, el enemigo no está en las circunstancias externas sino en nosotros mismos, incrustado en nuestra mente subconsciente como un pequeño monstruo al que no podemos tocar.

La buena noticia es que, como te he demostrado a lo largo de los capítulos anteriores, estos programas mentales no son monstruos milenarios con tres cabezas y garras inmensas. Son pequeñas estructuras que podemos cambiar y sustituir por mejores hábitos solo si así lo decidimos. El objetivo de estudiar el arte del lenguaje es ofrecerte razones y sugerencias, que nos permitan lograr superar la resistencia psicológica de las personas a través de una práctica basada en mentalidad positiva. Somos capaces de cambiar el estado emocional de la mente de otras personas sembrando ideas y cambiando la dirección de sus pensamientos. Pero, ¿sabes cómo?

Con independencia de la actividad a la que te dediques, siempre estarás en la necesidad de influir en las personas. Algunas de las sugerencias que te ofrezco en el contenido de este capítulo pasan por entender la importancia de la influencia en la vida diaria y cómo adentrarte en la mente subconsciente de los demás, para que estos actúen de acuerdo a tus planes. Sobra decir que ello implica, en la base, un respeto por el libre albedrío de la sociedad. Todo cuanto hacemos debe estar regido por cierto canon moral para que nuestras acciones no sean las mismas de un simple manipulador mental. La buena noticia es que es posible hacerlo.

Los pequeños trucos que aprenderás a continuación serán de gran ayuda en tu camino al éxito. Solo tienes que ejecutarlos desde el respeto, sin pretender con ello socavar la visión de los demás más que superficialmente. En este sentido, todo cuanto hacemos tiene consecuencias directas o indirectas, tanto en nosotros mismos como en las personas involucradas, por lo que solicito que actúes siempre desde la integridad ética. No vale la pena manipular mentalmente a las demás personas porque, más temprano que tarde, estas consecuencias llegarán a nosotros. Lo ideal es *influir*. Generar ideas e implantarlas en los otros. Que sean ellos, en definitiva, quienes tomen las decisiones.

## El valor de las ideas.

Para nadie es un secreto que el mundo, tal como lo conocemos, es liderado por aquellas personas que han sabido llevar a buen puerto una idea específica. Independientemente de si hablamos de líderes políticos, líderes religiosos, grandes empresarios o un padre abnegado que ha sabido inculcar los valores adecuados en sus hijos. Sea cual fuere tu caso, las ideas son el núcleo del desarrollo de la humanidad. Con ellas podemos trascender, superar la prueba del tiempo, ser felices desde la proliferación de una idea que surgió en nosotros y que representó una solución palpable para muchos.

Cada vez que hago referencia a soluciones innovadoras pienso en el creador de Netflix, que interpretó tan precisamente el mundo y las nuevas tecnologías al momento de darle forma a su idea de transmisión por *Streaming*. Sin embargo, este es solo uno de los cientos de casos que se presentan a diario en el mundo. Ahora bien, está claro que nadie que haya desarrollado una idea exitosa ha conseguido llevarla a buen puerto totalmente solo. Esto es, a priori, imposible. Necesitamos de los otros para generar un efecto inmediato y sustentable.

Esta es la razón por la que muchos políticos han alcanzado niveles insospechados de éxito. Porque saben transmitir una idea e implementarla en el subconsciente de sus acólitos. Sin estas herramientas, las sociedades basarían sus decisiones en aspectos más superficiales y subjetivos como la personalidad, el tono de voz o la forma de vestir.

Sin embargo, con el desarrollo de instrumentos como la programación neurolingüística, la hipnosis o la psicología, las ideas han pasado a un espectro mucho más amplio. Ahora no solo podemos tener una idea novedosa, también es necesario (para su respectivo éxito) inculcarlas en los demás. Por ejemplo, el gerente de una multinacional que ha pensado en una posible solución a las problemáticas de su empresa, necesitará convencer a una junta directiva acerca de la viabilidad de este proyecto-solución. Lo mismo ocurre, en mayor o menor medida, en cada recoveco de la vida misma.

Por esta razón (entre muchas otras) es que creo pertinente que redondees tus conocimientos en términos de implantación de ideas. Hacerlo no es especialmente difícil, pero deberás dedicar tiempo y constancia para que perfecciones la práctica con cada nueva repetición. Ten en cuenta que llevar a cabo alguna sugestión o estrategia psicológica tiene un efecto en los demás y en ti mismo.

## Tres técnicas perfectas para sembrar ideas en los demás.

Es difícil seguir el ritmo endemoniado con el que el mundo nos hace andar. Las dinámicas cada vez más impredecibles (de los mercados, del intelecto,

508

del aprendizaje, de la profesionalización, entre otros) pueden llegar a hacernos sentir débiles o demasiado pequeños para afrontar todas estas fluctuaciones que parecen no tener fin. El espectro de las ideas no escapa de esta realidad. ¿Quieres influir en las decisiones de otras personas? Es normal, todos quieren eso; solo unos pocos son capaces. Entonces, ¿qué diferencia al ciudadano promedio de ti? Que tú tienes hambre de conocimientos, que sabes que el mundo es grande pero que tú lo eres más. De manera que, por ello estás aquí, leyendo este libro, porque sabes que aquí se encuentran muchas de las respuestas que has buscado a lo largo de tu vida.

En esencia, todos tenemos ideas, pero el porcentaje de personas que saben cómo implantar sus ideas en el subconsciente de los demás es significativamente pequeño. Como tengo la certeza de que tú no quieres formar parte de esa gran masa de personas que desconocen el *cómo*, quiero ofrecerte mi experiencia y conocimientos para que desarrolles tus ideas con todas las ayudas pertinentes.

Entendiendo todos los escenarios a los que estamos expuestos durante el día a día, he preparado una rápida explicación de las tres técnicas más maravillosas en términos del convencimiento y transmisión de una idea a otra persona.

### Psicología inversa.

La cultura popular se ha encargado de darle a la psicología inversa un enfoque humorístico. Sin embargo, es un instrumento totalmente válido e infalible al momento de implantar ideas en las demás personas sin necesidad de coaccionar sus voluntades individuales. Todos tenemos una idea más o menos clara de lo que significa la psicología inversa; la aplicación de una inversión lógica para modificar las determinaciones del otro. ¿Quién no ha cambiado de planes por verse atrapado en una pequeña jaula de psicología inversa? Para nadie es un secreto que esta es una de las armas más comunes para implantar ideas y modificar las intenciones de un individuo a través de un pequeño truco psicológico.

### Las afirmaciones positivas.

Las afirmaciones positivas son maravillosas porque tienen un margen de aplicación vasto como el océano. Estas nos ayudan en la intimidad, cuando las incluimos en nuestras rutinas para reprogramar determinadas conductas mentales en nuestro cerebro. En primer lugar, las utilizamos para deshacernos de esas creencias limitantes que ejercen sobre nosotros un peso invisible que nos impide avanzar. Pero también puede aplicarse para implementar ideas en otras personas.

Funciona exactamente del mismo modo que con nosotros, solo que en este caso estamos dirigiendo perdigones a alguien más para que este cambie sus pensamientos negativos y pesimistas. Tú puedes hacerlo. Yo confío plenamente en ti. He visto en ti un talento inimaginable, no tiene sentido detenerse. Estos son solo algunos ejemplos prácticos y muy comunes.

### *El contagio de emociones por asociación.*

Se ha determinado que las emociones son tan contagiosas como un virus. Seguramente te preguntarás cómo funciona esto del contagio de emociones. Es tan sencillo como abrazar a alguien que tiene gripe. Es cuestión de días para que termines con síntomas propios de un resfriado. Ahora, si entendemos que las emociones se contagian, solo hace anclar estas a una idea. Funciona como una especie de condicionamiento que lleva a la persona a sentirse bien con el solo hecho de pensar en la idea que hemos asociado con emociones como la euforia, la alegría, la esperanza o el éxito.

Puedes, por ejemplo, mostrarte eufórico y esperanzado con la idea de hacer un viaje de verano al extranjero (incluyendo al otro, *solo si quiere*). Cada vez que tengas oportunidad, tendrás que establecer los mismos lineamientos: hablar del viaje y mostrar euforia y esperanza. Así, la asociación empieza a tomar forma en la mente de tu amigo. Llegado el punto, este no podrá pensar en el eventual viaje sin sentirse esperanzado.

## Sembrar una idea, no imponerla.

Uno de los errores más frecuentes en quienes intentan convencer a otros de seguir una idea es que lo hacen desde la fuerza, no desde la emoción. Si bien es cierto que muchas veces actuamos por temor o miedo, esta no es la naturaleza genuina del ser humano. Sobre todo, en un mundo globalizado donde el ser humano redescubre cada día el valor de su voluntad como instrumento de éxito, e incluso de integridad. Para sembrar una idea hace falta aplicar instrumentos o herramientas propias de la psicología, la PNL o la persuasión. Estas, al no ser invasivas, favorecen la familiarización de las personas con ideas que le son (en principio) ajenas u hostiles.

Si eres vendedor, no necesitas aplicar la fuerza para que tus potenciales clientes terminen comprando tu producto o servicio. Contrariamente, si le das un buen uso a tus mecanismos de persuasión no solo terminarás concretando una venta, sino que ganarás la lealtad de un comprador que se ha sentido muy bien atendido durante todo el proceso. Esta es la diferencia entre un manipulador y un persuasor, tal como se profundizó en capítulos anteriores.

Si algo nos ha enseñado la psicología a lo largo de la historia es que el cerebro humano tiene algunas reacciones inmediatas solo ante los estímulos adecuados. Posiblemente cuando usas la intimidación o la manipulación mental para conseguir que alguien "adecúe" tu idea, obtendrás resultados inmediatos pero que no se sostendrán en el tiempo. Obtendrás, en otras palabras, una bomba de tiempo que más temprano que tarde explotará en tu rostro.

Para cerrar este capítulo, un maravilloso fragmento extraído del libro *Presuasión*, del doctor Robert B. Cialdini:

Ya no debemos concebir el lenguaje como una herramienta de transmisión, como un medio para comunicar la concepción de la realidad de un emisor, sino como un mecanismo de influencia, como un medio para inducir a nuestros interlocutores a que compartan nuestra concepción o, al menos, a que actúen según ella. Cuando damos nuestra opinión de una película, por ejemplo, lo que hacemos no es tanto explicar nuestra posición a los demás como intentar persuadirles de la misma. Logramos ese objetivo empleando un lenguaje que oriente su atención hacia esos ámbitos de la realidad que están cargados con asociaciones en potencia favorables a nuestro punto de vista.

# Conclusión

Hemos llegado al final de este libro. Desde un principio tuve la certeza de que me acompañarías hasta el final de este paseo maravilloso y transformador. Recuerdo que, poco antes de empezar, mientras cavilaba sobre las opciones, necesidades y soluciones que ofrecería a los lectores, me surgió una pregunta que posteriormente reflejaría en la introducción. Esta interrogante era: ¿qué nos impide retomar el control de nuestras vidas? Me propuse, en este sentido, que el lector pudiera responder a esta simple pregunta luego de terminada la lectura. Para lograrlo, volqué toda mi experiencia y conocimientos a través de una serie de capítulos que buscaban, desde luego, facilitar todas las herramientas pertinentes para agarrar con fuerza el volante de nuestras vidas y, así, seguir adelante.

Elementos que personalmente considero neurálgicos como la autoestima, la autoconfianza y la motivación fueron profundamente tratados durante distintos segmentos del libro. ¿La razón? No existe crecimiento alguno si no creemos que somos capaces de crecer. Tal como lo indica la especialista Gabriela Husmann:

> La autoestima positiva es la clave para comprendernos y comprender a los demás. Nos permite, además, el reconocimiento de nuestras capacidades y nos habilita para confiar en nosotros mismos. Todas las personas tenemos un valor, no es necesario ser él o la mejor, alcanza con saber que somos capaces de hacer nuestro mejor esfuerzo y quedar satisfechos. Esto permite apreciarnos con nuestras limitaciones, emociones, sentimientos, necesidades, etc., aceptando que éste es el equipaje que tenemos para recorrer nuestra existencia. También tomando en cuenta que hay conductas o rasgos de nosotros que podemos modificar.

Buscando respuestas al problema de la manipulación, revisé infinidad de teorías, casos, síndromes y actividades paliativas para evitar que quien haya sido expuesto a determinado tipo de abuso emocional consiguiera mejorar sus condiciones de vida. Porque la esencia de este libro es mostrar el valor y la importancia de la mentalidad en nuestras vidas. Nuestros programas mentales tienen implicaciones directas o indirectas en los resultados que obtenemos día tras día.

Cada uno de los capítulos fue diseñado bajo un enfoque didáctico. En lo personal, nunca he visto con buenos ojos esos libros que prometen "ayudarte a crecer" pero que, en contraparte, divulgan una cantidad ingente de tecnicismos y conceptos abstractos. Es por ello que, aquí, he optado por un lenguaje sencillo, a partir de ejemplos y clasificaciones idóneas para robustecer el aprendizaje de la teoría.

A partir de ahora, tienes una responsabilidad más contigo mismo: ya no hay excusas para tomar las riendas de tu vida, romper con cualquier tipo de manipulación que se haya cernido sobre ti y ascender a pasos agigantados hacia una vida llena de plenitud, abundancia y felicidad. Tienes un número importante de estrategias y técnicas que podrás aplicar en tu día a día para conseguir esos resultados que, hasta ahora, te han resultado esquivos. Una vez más, gracias por tu atención. Confío en que le darás un uso adecuado a todos estos nuevos conocimientos que has adquirido en el transcurso de estas páginas.

Me gustaría dar las gracias a todas esas personas que han opinado positivamente todos mis libros anteriores y dejarles un abrazo virtual. Como ya saben, los comentarios positivos, son la savia energética de mi trabajo, cada opinión es mi motor.

Y ti que estas leyendo, y que seguramente te interesaste en llegar hasta aquí. Me gustaría que dejaras una buena opinión, agradeciéndote con un pequeño regalo.

Si quieres dejar tu opinión y ganarte un cheque regalo Amazon, abre este QR Code a treves de la foto cámara de tu celular o entrando directamente en este enlace:

WWW.FABIANGOLEMAN.COM

Fabián Goleman (@fabiangoleman)

.....*Gracias.*

Made in the USA
Middletown, DE
22 August 2024

59579391R00285